Zander/Wagner (Hrsg.)
Handbuch des Entgeltmanagements

Handbuch des Entgeltmanagements

Herausgegeben

von

Prof. Dr. Ernst Zander

und

Prof. Dr. Dieter Wagner

Mit Beiträgen

von

Prof. Dr. Karl-Friedrich Ackermann, Dipl.-Kfm. Jens Bahner,
Prof. Dr. Thomas Doyé, Dipl.-Betriebswirtin Sabine Eschmann, Dr. Kurt Femppel,
Dipl.-Kffr. Sonja Festerling, Prof. em. Dr. Dres. h.c. Eduard Gaugler,
Prof. Dr. Achim Grawert, Dipl.-oec. Christoph Hauke, Dr. Andreas Hoff,
Prof. Dr. Thomas R. Hummel, Hon.-Prof. Dr. Heinz Knebel,
Prof. Dr. Leonhard Knoll, Prof. Dr. Heiner Langemeyer,
Dipl-Verw.wiss. Alexander Legel, Dr. Gerfried J. Popp,
Prof. Dr. Dieter Wagner, Dipl.-Kffr. Daniela Wilks
und Prof. Dr. Ernst Zander

Verlag Franz Vahlen München

ISBN 3 8006 2708 6

© 2005 Verlag Franz Vahlen GmbH
Wilhelmstraße 9, 80801 München
Satz: Fotosatz Buck
Zweikirchener Straße 7, 84036 Kumhausen
Druck und Bindung: Druckhaus „Thomas Müntzer" GmbH
Neustädter Str. 1–4, 99947 Bad Langensalza

Umschlaggestaltung: simmel-artwork, Offenbach

Gedruckt auf säurefreiem, alterungsbeständigem Papier
(hergestellt aus chlorfrei gebleichtem Zellstoff)

Vorwort

Es gibt mehrere Gründe, ein aktualisiertes Buch zum Thema Entgeltmanagement vorzulegen. Dabei ist zunächst das große Interesse an Fragen einer sinnvollen und angemessenen Vergütung zu nennen. Der Verkaufserfolg des bereits in mehreren Auflagen erschienenen „Handbuches der Gehaltfestsetzung" *(Ernst Zander)* und des „Sozialleistungsmanagements" *(Achim Grawert/Dieter Wagner)* spricht schon alleine für sich.

Auch wenn es den „gerechten" Lohn nicht gibt, steht die angemessene Vergütung immer wieder im Mittelpunkt des Interesses. Dies zeigt zum Beispiel die aktuelle Diskussion um die Höhe der Vorstandsgehälter und das Bemühen der Politik, notfalls durch gesetzlichen Druck für mehr Transparenz zu sorgen. Mehr dürfte allerdings auch nicht möglich sein, denn die Entgeltfindung erfolgt nun einmal im Rahmen der Tarifautonomie einerseits und dem Zusammenspiel von Angebot und Nachfrage auf dem Arbeitsmarkt andererseits. Mehr oder weniger arbeitswissenschaftlich fundierte Systeme der Arbeits- und Leistungsbewertung können hier für mehr Systematik sorgen; mehr aber auch nicht.

Mittlerweile haben sich die Systeme der Entgeltflexibilisierung und der Entgeltindividualisierung immer stärker durchgesetzt. Alle Möglichkeiten sind jedoch noch längst nicht ausgeschöpft. Dies betrifft auch den Zusammenhang zwischen Entgelt und Arbeitszeit. Die diversen Maßnahmen des Gesetzgebers im Entgeltbereich, auf die in den einzelnen Kapiteln dieses Buches immer wieder einzugehen ist, haben auch nicht immer für stärkere Klarheit gesorgt. Obwohl der politische Gestaltungswille nicht verkannt werden soll, kommt es z.B. immer wieder zur Verwirrung, wenn die Besteuerung der Sozialleistungen geändert wird. Insgesamt zeigt aber auch die aktuelle Diskussion um die variable Vergütung im Öffentlichen Dienst und um die geplante Erleichterung des Wechsels zwischen dem Öffentlichen Dienst und der Privatwirtschaft, dass auch hier wieder einmal Bewegung in einen auf lange Zeit weithin erstarrten Bereich gekommen ist.

Vor diesem Hintergrund sind die einzelnen Beiträge dieses Buches zu sehen. *Achim Grawert* skizziert zunächst die Grundlagen des Entgeltmanagements und stellt die dabei zu berücksichtigenden Ziele aus Unternehmersicht und aus Sicht der Arbeitnehmer einander gegenüber. In vielerlei Hinsicht weichen Sie durchaus voneinander ab. Andererseits sind aber auch viele Übereinstimmungen in der Zielsetzung festzustellen.

Gerfried J. Popp beschreibt die rechtlichen Grundlagen des Entgeltmanagements und geht dabei insbesondere auf die tarifvertraglichen und die betriebsverfassungsrechtlichen Aspekte näher ein. Generell stellen die grundgesetzlich verbriefte Koalitionsfreiheit, aber auch die Rolle des Betriebsverfassungsgesetzes als eines „Drehbuches" der Sozialpartnerschaft im Betrieb die Eckpfeiler des deutschen Systems der Arbeitsbeziehungen dar. Gleichwohl scheint einiges in Bewegung zu geraten, beginnend beim Flächentarifvertrag und endend beim ebenfalls typisch deutschen System der paritätischen Mitbestimmung.

Vor diesem Hintergrund ist der Beitrag von *Kurt Femppel* und *Ernst Zander* zur Integrierten Entgeltpolitik zu sehen. Systeme der Arbeits- und der Leistungsbewertung, aber auch Konzepte zur Integration von Basis- und Zusatzleistungen bedürfen stets einer gewissen Systematik und einer gewissen arbeitswissenschaftlichen Grundlage. Gleichzeitig unterliegen sie aber auch dem sich ständig verändernden Spiel der Kräfte von Angebot und Nachfrage auf dem Arbeitsmarkt, und dies bei immer weiter zunehmenden Globalisierung. *Christoph Hauke* und *Sabine Eschmann* zeigen hierbei ergänzend, auf welcher methodischen Basis in der Praxis Entgeltvergleiche und Benchmarking-Studien erfolgen. Dies geschieht alles mit dem Ziel, konzeptionelle und wissenschaftliche Grundlagen mit der empirischen Praxis zu kontrastieren.

Zwei Beiträge gehen in unterschiedler Form auf aktuelle Aspekte der variablen Vergütung näher ein. Während *Heinz Knebel* eher programmatisch den Zusammenhang von variabler Vergütung, gekoppelt an Zielvereinbarungen beleuchtet, beschreibt das Autorenteam um *Karl-Friedrich Ackermann* (mit *Jens Bahner* und *Sonja Festerling*), welche Kennzahlen der Unternehmensführung für eine variable Vergütung in Betracht gezogen werden können. Hier dürfte im Hinblick auf die Zukunft noch in vielerlei Hinsicht nicht das letzte Wort gesprochen worden sein. Die bisherige Erfahrung zeigt jedoch auch, dass Zielvereinbarungen immer mehr zu einer Selbstverständlichkeit werden und auch eine stärkere Quantifizierung der Leistung durchaus denkbar ist, auch wenn vor Technokratisierungstendenzen hier zu warnen ist.

Die nächsten Beiträge zeigen den konzeptionellen Hintergrund und einige empirische Ergebnisse zu Fragen der Entgeltindividualisierung und -flexibilisierung. Dabei geht *Dieter Wagner* zunächst auf grundsätzliche Gestaltungsmöglichkeiten von Cafeteria-Systemen ein. Auch wenn sich der Begriff letztendlich nicht in der deutschen Praxis durchgesetzt hat, sind viele Elemente von Cafeteria-Systemen recht selbstverständlich geworden. Wenn nur der Gesetzgeber mit seinen regelmäßig stattfindenden (wohlmeinenden?) Änderungen nicht wäre. Ein vom selben Verfasser koordiniertes Untersuchungsteam *(Th. Doyé, A. Grawert, H. Langemeyer, A. Legel)* stellt in diesem Zusammenhang aktuelle Ergebnisse zur Individualisierung und Flexibilisierung von Entgeltbestandteilen vor.

Auf dieser Grundlage erfolgt die Behandlung der wichtigsten Sozialleistungen im Rahmen eines modernen Entgeltsystems. Dabei nimmt die betriebliche Altersversorgung sicherlich eine Schlüsselstellung ein. *Achim Grawert* geht zunächst generell auf das System der betrieblichen Altersversorgung in Deutschland mit seinen aktuellen Entwicklungstendenzen näher ein und behandelt dann mit *Daniela Wilks* die spezielle und sehr aktuelle Problematik der betrieblichen Altersversorgung für Gesellschafter-Geschäftsführer und obere Führungskräfte in unserem Land.

Eduard Gaugler beschreibt wiederum im umfassenden Sinne die Möglichkeiten der Beteiligung der Mitarbeiter am Erfolg und am Kapital ihrer arbeitgebenden Unternehmung. Trotz diverser Gestaltungsmöglichkeiten ist hier der breite Durchbruch noch nicht gelungen. *Leonard Knoll* beleuchtet dabei kritisch eine spezielle, zeitweilig „sehr hoch" gehandelte Beteiligungsform: Stock Options in Deutschland: Gestaltungsperspektiven im Lichte historischer Fehlentwicklungen.

Der letzte Beitrag in diesem Zusammenhang geht noch spezieller auf die Einsatzmöglichkeiten und -grenzen des Dienstwagens näher ein. *Thomas Doyé* diskutiert dies sowohl aus Unternehmens- als auch aus Mitarbeitersicht. Dabei zeigt diese Darstellung in besonderem Maße, welche vielfältigen Formen denkbar sind, aber auch, wie kompliziert die Bewertungs- und Vergleichsproblematik sich darstellt.

Andreas Hoff und *Thomas Hummel* gehen wieder allgemeiner vor. Einerseits wird von *Andreas Hoff* der Zusammenhang von Arbeitszeitflexibilisierung und Entgelt insbesondere am Beispiel von Arbeitszeitkonten beleuchtet. Hier hat sich inzwischen vieles etabliert, was vor wenigen Jahren noch weitgehend als nicht durchführbar bezeichnet worden ist. Andererseits ist vieles noch ergänzungs- und erweiterungsbedürftig. Vieles lässt hier noch „hoffen".

Thomas Hummel beleuchtet wiederum die wichtigsten internationalen Aspekte der Entgeltfindung. Hier ist sicherlich vieles abhängig von der jeweiligen Unternehmenssituation, bzw. von der jeweiligen Personalstrategie. Insgesamt zeigt sich jedoch, dass wegen des starken situativen Bezuges diverse Möglichkeiten der Individualisierung und Flexibilisierung, trotz des unverkennbaren Druckes zu einer stärkeren Globalisierung, noch nicht hinreichend genug ausgeschöpft sind.

Der Band schließt mit einem Ausblick von *Heinz Knebel* über die wichtigsten Entwicklungstendenzen in der Entgeltpolitik. Dabei knüpft er nahtlos an die Veränderungen an, wie sie bereits in den vorherigen Beiträgen schon erkennbar waren.

Insgesamt soll dieses Buch einen Brückenschlag zwischen Theorie und Praxis leisten. Die Anwendungsorientierung stand jedoch jeweils immer im Vordergrund. Dabei zeigte sich immer wieder, dass trotz vieler klassischer Grundelemente im Rahmen der Entgeltfindung diese dennoch einem starken und permanenten Wandel unterliegen.

In diesem Sinne wünschen wir Ihnen eine interessante Lektüre. Für Verbesserungsvorschläge sind wir Ihnen stets dankbar. Last but not least bedanken wir uns bei Herrn cand. Phil. *Jens Wagner* für die vielfältigen Korrekturarbeiten und seine wertvollen Bearbeitungshinweise.

Berlin und Hamburg, im Februar 2005
Dieter Wagner
Ernst Zander

Inhaltsverzeichnis

Grundlagen des Entgeltmanagements: Ziele aus Unternehmenssicht und aus Sicht der Arbeitnehmer

Prof. Dr. Achim Grawert

Inhalt

1. Der Entgeltbegriff und seine Komponenten

Versteht man unter Entgelt jeden geldwerten Vorteil, den der Mitarbeiter als Gegenleistung für seine mit dem Unternehmen vereinbarte bzw. geleistete Arbeit erhält, dann bietet sich eine Unterscheidung zwischen „Direktentgelt" und „Sozialleistungen" an. Dabei versteht man unter **Direktentgelt** den regelmäßig gezahlten festen Lohn bzw. das fixe Gehalt, das unter Beachtung der Kriterien für Anforderungs-, Leistungs- und Marktgerechtigkeit ermittelt wird. Die **Sozialleistungen** stellen die oft umfangreichen geldwerten Vorteile außerhalb des Direktentgelts dar. Sie werden in der Regel nicht unmittelbar leistungsbezogen vergeben, sondern werden entweder für jeden Mitarbeiter „pro Kopf" in gleicher Höhe zur Verfügung gestellt, wie z.B. der Betriebssportverein, der Kindergarten sowie die Essenzuschüsse, in Abhängigkeit von persönlichen Kriterien, wie Kinderzahl sowie Alter etwa bei Kinderzulagen oder Altersteilzeitmöglichkeiten vergeben, oder quotal zum fixen oder gesamten Direktentgelt gezahlt, wie z.B. die betriebliche Altersversorgung, das Urlaubsgeld oder Beiträge des Arbeitgebers zur gesetzlichen Sozialversicherung.

Unter Zugrundelegung des **umfassenden Entgeltbegriffs** hat die Unterscheidung zwischen Sozialleistungen und Direktentgelt nur eine untergeordnete Bedeutung, die in Zukunft wohl weiter abnehmen wird. Denn in modernen Vergütungssystemen werden die Unterschiede zwischen den beiden Entgeltbestandteilen weitgehend aufgehoben, indem man es dem Arbeitnehmer selbst überlässt, in welcher Form er sein Gesamtentgelt ausgezahlt bekommt (vgl. dazu den Artikel über „Cafeteria-Systeme" von *Dieter Wagner* in diesem Band.). So kann er z.B. auf Direktentgelt verzichten, um seine betriebliche Altersversorgung zu erhöhen, um einen

Langzeiturlaub zu finanzieren oder einen größeren Dienstwagen zu fahren. Hier wird deutlich, dass auch die **Arbeitszeit** nur eine bestimmte Dimension des Entgeltes ist, wenn sich die Höhe des Direktentgeltes und die Länge der Freizeit umgekehrt proportional verhalten. Daher wird in diesem Band auch die Arbeitszeit zum Bereich des Entgeltmanagements gezählt.

Gleichzeitig wird auch eine enge **Verbindung von leistungsbezogenen Entgeltbestandteilen und Sozialleistungen** und damit zumindest mittelbar zwischen der Leistung des Arbeitnehmers und der Vergabe attraktiver Sozialleistungen hergestellt. Denn gerade die variablen, d.h. meist mittelbar oder unmittelbar leistungsbezogenen, Vergütungsbestandteile stehen häufig für die Umwandlung in optionale Sozialleistungen zur Verfügung. Damit erhalten die leistungsbezogenen Vergütungsbestandteile zusätzliche Anreizwirkung und können damit die Leistungsmotivation der betroffenen Mitarbeiter verstärken.

Durch eine **bedürfnisgerechte Vergabe** der Entgeltbestandteile soll die subjektive oder individuelle Attraktivität und damit die Anreizwirkung der Gesamtvergütung optimiert werden. Diese Individualisierung der Sozialleistungen und des Direktentgelts wird über ein sog. **Cafeteria-System** verwirklicht (vgl. den entsprechenden Abschnitt in diesem Buch von *Dieter Wagner*).

Daher wird das (Direkt-)Entgelt- und Sozialleistungsmanagement hier als Einheit gesehen und die folgenden Ausführungen unter dem Begriff des Entgeltmanagements subsumiert. Dabei verstehen wir unter Entgeltmanagement die konkrete Definition der Ziele der Entgeltpolitik und die Gestaltung des Gesamtentgelts und seiner einzelnen Komponenten als Mittel zu der Erreichung dieser Ziele. Zentrales Anliegen des Entgeltmanagements ist die Optimierung der Motivation der Mitarbeiter. Wie sich die Ziele des Entgeltmanagements im einzelnen fassen lassen, wird im folgenden Abschnitt behandelt

2. Ziele des Entgeltmanagements aus betrieblicher Sicht

2.1 Historische Entwicklung der Entgeltpolitik

Betrachtet man die Entgeltpolitik im historischen Kontext, wird deutlich, dass es hierbei vor allem um die Gestaltung der Sozialleistungen und der Zielsetzung ihrer Vergabe geht. Denn im Hinblick auf die Gestaltung des Direktentgelts standen neben der traditionellen Form des Zeitentgelts lediglich die **tayloristischen Prinzipien** – vor allem die Form des leistungsbezogenen Entgeltes als Akkordlohn – zur Förderung der Motivation zur Verfügung.

Sozialleistungen haben in vielen deutschen Unternehmen eine recht lange Tradition. Als im 19. Jahrhundert der Unternehmer *Suchard* die erste Werksküche einrichtete, oder *Krupp* seinen Mitarbeitern in der Nähe seiner Betriebsstätten Werkswohnungen, sog. Menagerien, zur Verfügung stellte, geschah dies – zumindest auf den ersten Blick – aus einer **patriarchalischen Fürsorgepflicht**, um die existenzielle Not der damaligen Arbeitnehmer ein wenig zu lindern (vgl. *Cisek* 1997, S. 249 f.). Sozialleistungen bezogen sich auf die Verpflegung der Arbeiter, ihre Versorgung im Krankheitsfall, ihre Absicherung im Alter und die Absicherung der Hinterblienen. Diese Leistungen wurden damals von den Arbeitnehmern auch als „Gnadenlohn" empfunden. Allerdings darf man dabei nicht übersehen, dass auch zu diesem Zeitpunkt bereits **wirtschaftliche Gesichtspunkte** eine Rolle zu spielen begannen: „Wenn die Wohlfahrtsapostel unter sich sind, wissen sie kein besseres Argument, sich in ihren gegenseitigen Bestrebungen zu unterstützen, als die Versicherung: aber solche Maßnahmen seien ja ganz ‚rentabel', die Kosten kämen ja indirekt wieder hinein." (*Abbe* 1906, S. 54). Bindung und Motivation der Mitarbeiter waren bereits im letzten Jahrhundert beachtete Aspekte der Sozialleistungspolitik. Darüber hinaus war den „aufgeklärten" Unternehmen klar, dass eine mögliche Verelendung und politische Radikalisierung nicht in ihrem Sinne sein konnte. Zudem war der Anteil der Personalkosten an den Gesamtkosten deutlich geringer als heute, so dass der Spielraum für zusätzliche Leistungen erheblich größer als heute war.

Gleichwohl kann man im nachhinein sagen, dass die üppige und „kostenlos" erscheinende Vergabe von Sozialleistungen in vielen industriellen Großbetrieben eine wesentliche Ursache dafür bildete, dass sie zum Teil bis heute als selbstverständlich angesehen wurden und sowohl ihre Kosten als auch ihr Nutzen für die Arbeitnehmer kaum hinterfragt worden sind. Diese Entwicklung führte dazu, dass insbesondere in den Großunternehmen eine breite Palette von Sozialleistungen angeboten wurde, der in bezug auf die Kosten durchaus den Rang eines „**Zweiten Lohnes**" einnahm und einnimmt. Auch heute noch wird bei Sozialleistungen weniger als bei anderen Vergütungselementen in wirtschaftlichen Dimensionen gedacht. Dabei wird das Motiv der sozialen Fürsorge in der Praxis zuweilen immer noch betont. Die Handlungsrelevanz dieses Zieles dürfte aber bezweifelt werden. Bei zunehmenden Arbeitsmarktproblemen und angesichts zunehmenden Kostendrucks durch globale Konkurrenz wird vielmehr der Aufwand dafür zunehmend als zu hoch und damit als bedeutender Wettbewerbsnachteil empfunden. Dieses Phänomen gilt grundsätzlich für alle etablierten Industriegesellschaften; amerikanische Großunternehmen unterscheiden sich in dieser Hinsicht keineswegs von deutschen Firmen. Typisch für die deutsche Situation ist jedoch die **hochgradige gesetzliche und tarifvertragliche Absicherung** der Sozialleistungen und damit eine unterentwickelte Anpassungsfähigkeit und Individualisierung der betrieblichen Sozialpolitik.

Gerade deshalb steht in der Bundesrepublik Deutschland vor allem in den etablierten Großunternehmen die Palette der freiwilligen Sozialleistungen auf dem Prüfstand. Angesichts der starken kollektiven Absicherung ist eine Individualisierung der Sozialleistungen meist äußerst schwierig, so dass meist nur eine recht **pauschale Kürzung der freiwilligen Leistungen** in Betracht kommt. In dieser Hinsicht können Klein- und Mittelbetriebe, aber auch erst in der Nachkriegszeit gegründete Großunternehmen ihren „Rückstand" als strategischen Vorteil betrachten. Eine besondere Situation besteht darüber hinaus in den Neuen Bundesländern, wo der Anteil der Sozialleistungen noch deutlich zurückliegt. Allerdings ist im Laufe der Tarifverhandlungen ein unverkennbarer Angleichungsprozess an die Verhältnisse im Westen festzustellen. Dabei bestehen über die Festschreibung von Flexibilisierungs- und Individualisierungsmöglichkeiten in den Tarifverträgen durchaus gewisse Chancen für eine moderne Sozialleistungspolitik.

2.2 Zielaspekte des Entgeltmanagements

Im Hinblick auf das Direktentgelt gibt es zwei grundsätzliche Möglichkeiten: die Auszahlung als Fixgehalt (Zeitentgelt) oder die variable Vergütung, wobei in der Praxis fast ausschließlich Kombinationen von beiden Extremen vorherrschen. Zielsetzung der variablen Vergütung besteht vor allem im Leistungsanreiz durch die Kopplung des Entgeltes an das Leistungsergebnis sowie die damit verbundene Festschreibung der Relation von Personalkosten und Leistung. Demgegenüber soll die Vergütung in Form von festen Entgelten ceteris paribus die Aufmerksamkeit stärker auf die Gesamtaufgabe lenken, die Risikobereitschaft der Beschäftigten erhöhen oder die Bedeutung der Sorgfalt im Rahmen der Gesamtaufgabe betonen. Mit dieser Problematik beschäftigt sich der Aufsatz von Ackermann in diesem Buch. Daher steht hier im folgenden die Zielsetzung bei der **Gestaltung der Sozialleistungen** im Vordergrund.

Wie oben erläutert, sind die betrieblichen Sozialleistungen im Zeitalter der Industrialisierung zwar aus einer sozialen Notwendigkeit heraus entstanden. Doch schon bald traten ethische und humane Ziele in den Hintergrund. Heute ist die betriebliche Sozialpolitik kein Ausdruck karitativen Denkens mehr, sondern primär auf die **Grundfunktion des Unternehmens** in einer marktwirtschaftlichen Ordnung ausgerichtet. Das bedeutet nicht, dass ein Unternehmensleiter nicht auch aus altruistischen Gründen oder um gesellschaftliche Anerkennung zu erlangen, Sozialpolitik betreiben könnte. Die weitgehende Absicherung durch die staatliche Sozialpolitik und die Vorgaben hinsichtlich der gesetzlichen Sozialleistungen sowie das international vergleichsweise hohe Einkommensniveau lässt diese Zielsetzung jedoch zunehmend unnötiger und damit unwahrscheinlicher erscheinen. Trotzdem kann man dieses Motiv der Sozialleistungsvergabe in der Praxis nicht völlig außer Acht lassen.

Das **Fürsorgemotiv** wird aber regelmäßig von ökonomischen Zielsetzungen überlagert, die bei bewusst gestalteten Sozialleistungssystemen die eigentlich handlungsrelevanten sind. Insgesamt bilden die betrieblichen Sozialleistungen – wie oben erläutert – heute einen integrativen Bestandteil des Entgeltmanagements mit allen – positiven wie negativen – Auswirkungen auf das Verhalten der Mitarbeiter und damit auf die Produktivität und Rentabilität des Unternehmens.

Als ein **formales Oberziel** der Sozialleistungsvergabe fungiert die **Sicherung der (internationalen) Wettbewerbsfähigkeit**. Dabei ist die jeweilige Kosten-Nutzen-Relation der Sozialleistungen sowohl aus unternehmensbezogener als auch aus mitarbeiterbezogener Sicht zu berücksichtigen. Damit gelten für die Sozialleistungspolitik und deren Umsetzung innerhalb des Entgeltmanagements keine anderen Zielsetzungen als für die gesamte Entgeltpolitik, die wiederum mit den allgemeinen Grundsätzen der Personalpolitik einen integrativen Zusammenhang bildet. Insbesondere im Rahmen eines differentiellen **Personalmarketings** (vgl. *Wagner/Hummel* 1996) spielt auch das Angebot an modernen Sozialleistungskonzepten eine wichtige Rolle, um am Arbeitsmarkt konkurrenzfähig zu sein.

Vor diesem Hintergrund sind die weiteren Motive einzuordnen, die im Zusammenhang mit der Wirkung von Sozialleistungen auf die **Beitrittsentscheidung** potentieller Arbeitnehmer zu sehen sind. In diesem Zusammenhang treffen aus der Sicht des Arbeitnehmers Überlegungen aus der Sphäre der Anreiz-Beitrags-Theorie mit marktbezogenen und ressourcenorientierten Abwägungen zusammen. Sozialleistungen zählen neben dem Direktentgelt zu den wenigen betrieblichen Faktoren, über die sich potentielle Arbeitnehmer bereits vor dem Eintritt in ein Unternehmen relativ objektiv informieren und die sie mit den Leistungen alternativer Arbeitgeber vergleichen können. Als Informationsquellen dienen dem potenziellen Arbeitnehmer z.B. Unternehmensdarstellungen in Form von Broschüren oder aus dem Internet sowie Stellenanzeigen. Andere Kriterien, welche die Beitrittsentscheidung eines Arbeitnehmers beeinflussen würden, wie z.B. das Niveau an Arbeitszufriedenheit, das Betriebsklima oder die Kultur der Führung und Zusammenarbeit, kann der Arbeitssuchende schließlich erst nach Eintritt in das Unternehmen beurteilen. Daher ist die Bedeutung der Sozialleistungen für das Image eines Unternehmens als Arbeitgeber und damit für seine Position auf dem hart umkämpften Arbeitmarkt um sog. High-Potentials und Spezialisten beachtlich.

Daneben stellt die **Förderung der Leistungsmotivation** eine vordringliche Zielsetzung der Sozialpolitik dar. Dazu kommt es hauptsächlich darauf an, die Sozialleistungen wirkungsvoll, d.h. transparent und verständlich, in ein leistungsorientiertes Entgeltsystem zu integrieren. Dabei wird – in den meisten Fällen auch nicht zu Unrecht – davon ausgegangen, dass die Anstrengung, d.h. die Leistungsbereitschaft der Mitarbeiter umso größer sein wird, je attraktiver die Belohnung ist, die für die geforderte Leistung in Aussicht gestellt wird. Da die Sozialleistungen aus verschiedenen Gründen eine Direktentgeltzahlung an Attraktivität übertreffen können, dürfte, sofern eine entsprechende Verknüpfung mit leistungsorientierten Vergütungen gegeben ist, die Anreizfunktion des Entgeltsystems steigen. Unter anderem deshalb bilden in vielen Entgeltsystemen vor allem die leistungsbezogenen Vergütungsbestandteile, wie Prämien, Boni, Tantiemen und andere Erfolgsbeteiligungen die Basis der Umwandlungsmöglichkeiten in verschiedene Sozialleistungen.

Zu den in einer Befragung Anfang der 1990er Jahre genannten vorrangigen Zielen für die Einführung eines flexiblen Sozialleistungssystems gehört neben der Steigerung der Leistungsmotivation und der Attraktivität des Unternehmens auf dem Arbeitsmarkt auch noch die **Förderung der Arbeitszufriedenheit** und des Betriebsklimas (vgl. *Wagner/Grawert/Langemeyer* 1993). Auch die folgenden Zielsetzungen stehen hierzu in einem unmittelbaren Zusammenhang:

- Vermeidung innerbetrieblicher Konflikte,
- Verbesserung der Beziehung zwischen Mitarbeitern und Betrieb.

Die modernen Sozialleistungssysteme, bei denen Mitarbeiter selbstbestimmt entscheiden können, ob und was für Sozialleistungen sie in welcher Höhe innerhalb ihres Gesamteinkommens beziehen möchten, haben neben den Sozialleistungen selbst auch nicht unerhebliche Auswirkungen auf die Wertschätzung, die die Mitarbeiter ihrem Unternehmen entgegenbringen. Dieser Wertschätzung oder anders ausgedrückt, dem internen Image als innovatives Unternehmen, kommt eine erhebliche Bedeutung für **die Unternehmenskultur** und damit für die **Identifikation** mit dem Unternehmen und den Unternehmenszielen (Commitment) zu. Wenn Mitarbeiter sich mit ihrem Unternehmen identifizieren, erfahren sie eigene Erfolgserlebnisse dadurch, Ziele des Unternehmens erreicht zu haben. Nur dann sind sie in der Lage, selbständig im Sinne des Unternehmens zu handeln und darüber Befriedigung zu empfinden. Daher ist die Identifikation der Mitarbeiter eine der wesentlichsten Grundlagen für die strategische Steuerung des Mitarbeiterverhaltens und eine entsprechende Leistungsmotivation. Über die positive Wirkung auf die Arbeitszufriedenheit ist überdies eine Verringerung des Absentismus, also der Fehlzeiten der Arbeitnehmer zu erwarten.

Häufig wird bestimmten Sozialleistungen im Hinblick auf die Verringerung der mitarbeiterseitigen Kündigungen (**Fluktuationsbereitschaft**) eine gewisse direkte Rolle zugeschrieben. Indirekt übt die Attraktivität des gesamten Sozialleistungspaketes eine Bindungswirkung aus, indem ein Stellenwechsel u.U. mit einer Verschlechterung der Sozialleistungsversorgung einhergeht. Direkt wurde vor allem der **betrieblichen Altersversorgung** eine spezielle Bedeutung zugeschrieben. Hier ist eine Bindungswirkung dann zu erwarten, wenn der Mitarbeiter seine Rentenanwartschaften bei einem Betriebswechsel verlieren würde. Dies war bis zur Verabschiedung des Gesetzes zur Verbesserung der betrieblichen Altersversorgung (BetrAVG) am 19.12.1974 der Normalfall. Besonders bei einer längeren Betriebszugehörigkeit und einem daraus resultierenden höheren Anspruch auf Betriebsrente dürfte die Bereitschaft der Arbeitnehmer zum Wechsel des Betriebes damals deutlich gemindert worden sein. Ob dies allerdings im Sinne des Unternehmens ist, wenn ein Arbeitnehmer nur deshalb im Betrieb bleibt, um die Unverfallbarkeit des betrieblichen Rentenanspruchs zu erreichen, ist mehr als fraglich (sog. „Goldene Fesseln"). Von „Goldenen Fesseln" spricht man immer dann, wenn durch einen Betriebswechsel bedeutende, bereits erworbene Ansprüche eines Arbeitnehmers – nicht nur auf Betriebsrente – verloren gehen. Der dadurch verursachte Zwang zum Verbleib in einem Unternehmen kann durchaus negative Auswirkungen auf die Motivation der Betroffenen zeitigen. Durch die Einführung einer gesetzlichen Unverfallbarkeit der Anwartschaften bei Unternehmenswechsel nach Einhaltung bestimmter Fristen und deren Verkürzung auf höchstens fünf Jahre im Rahmen des Altersvermögensgesetz zum 1.1.2002 verliert dieser Aspekt jedoch zunehmend an Bedeutung. Altersversorgungsanwartschaften, die auf der Umwandlung von Barlohn (Deferred Compensation) basieren, erreichen ihre Unverfallbarkeit sogar sofort (vgl. § 1 b Abs. 5 BetrAVG). Damit sind bei praktisch allen Formen der betrieblichen Altersversorgung negative Begleiterscheinungen im Hinblick auf „Goldene Fesseln" nicht mehr zu erwarten.

Eine unter Umständen erhebliche Bindungswirkung ergibt sich dagegen bei den sog. **Zeit-Wertkonten** (vgl. dazu den Beitrag von *Andreas Hoff* in diesem Buch). Hier spart der Arbeitnehmer steuerfrei Beträge aus dem Direktentgelt oder Zeitguthaben an, um in den Freistellungsphasen während des Berufslebens realisieren zu können oder in den vorgezogenen Ruhestand bzw. die Altersteilzeit gehen zu können. Hat ein Wertguthaben eine gewisse Höhe erreicht, so entsteht für den Mitarbeiter ein Anreiz, die Realisierung der monetären Vorteile nicht durch den Wechsel des Arbeitgebers und damit einer Versteuerung und rückwirkenden Verbeitragung zu gefährden. Dieser Anreiz wächst mit der Höhe des Guthabens und daher indirekt mit der Länge der Betriebszugehörigkeit. Gleichzeitig wird dem Mitarbeiter auch der relativ kostspielige Verbrauch durch Freistellung vor Augen geführt. Insgesamt ergibt sich hieraus ein Effekt, der eine Bindungswirkung mit zunehmendem Ansparzeitraum impliziert, so dass entsprechend gestaltete Zeit-Wertkonten als Instrument der Mitarbeiterbindung gesehen werden könnten.

Werden Systeme mit individuellen Wahlmöglichkeiten implementiert, werden die Mitarbeiter dadurch implizit gezwungen, sich bewusst mit dem persönlichen Kosten-Nutzen-Verhältnis der einzelnen Leistungen auseinander zu setzen. Kostenbewusstes Handeln ist der erste Schritt zu **unternehmerischem Denken**, welches als Mitarbeiterqualifikation einen hohen Stellenwert in der strategischen Personalpolitik gerade in innovativen und kooperativ geführten Unternehmen einnimmt.

Abbildung 1 zeigt die diskutierten Wirkungsaspekte der betrieblichen Sozialleistungspolitik.

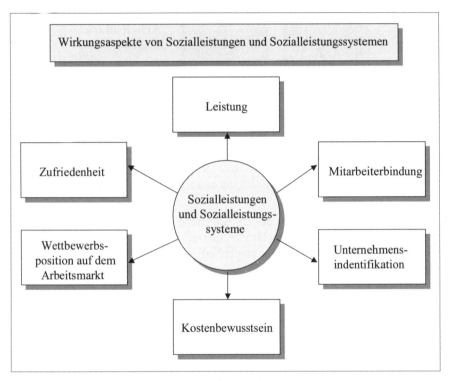

Abb. 1: Zielaspekte des Sozialleistungsleistungsmanagements

In der „Quinter Studie zur Praxis der Personalpolitik in Europa" (QUIPPE) wurden 82 Unternehmen in je vier Brachen in vier Ländern zu verschiedenen Bereichen betrieblicher Personalpolitik des Jahres 1992 befragt. Die Frage nach den Zielen der Gewährung betrieblicher Sozialleistungen zeigte ähnliche Ergebnisse wie die oben zitierte Untersuchung. Im Mittelpunkt standen allerdings neben der Verbesserung der Arbeitsmarktposition und der Zufriedenheit der Mitarbeiter deren Bindung an das Unternehmen, während direkte Leistungssteigerungen – anders als bei Zielen eines Cafeteria-Systems – eine untergeordnete Rolle einnahm (vgl. *Backes-Gellner/ Böck/Wienecke* 1994). In einem Forschungsprojekt über Flexibilisierung von Vergütungssystemen des Verfassers im Jahre 2001 in deutschen Großunternehmen (vgl. *Grawert/Wagner/Voigt* 2003) wurden die Ziele der Sozialpolitik in ähnlicher Abfolge bestätigt (vgl. *Abb. 2*). Durch die Entspannung am Arbeitsmarkt sind die beitrittsbe-

Abb.2: Hauptmotive der betrieblichen Sozialleistungspolitik in der Praxis

zogenen Ziele im Vergleich mit der Untersuchung am Anfang der 1990er Jahre etwas in den Hintergrund getreten. Da hier nur nach wirtschaftlichen Motiven gefragt wurde, kommt das Ziel „Arbeitszufriedenheit" nicht vor.

Allerdings sieht die **aktuelle Diskussion** zum Thema Sozialleistungen anders aus. Abbau und Umschichtungen von Sozialleistungen, die Senkung der Personalkosten oder Kündigung entsprechender Betriebsvereinbarungen stehen eindeutig im Vordergrund der Veränderungsbemühungen. Dass hierbei die oben genannten Zielsetzungen beeinträchtigt werden können, dürfte außer Frage stehen. Insofern kommt der nachvollziehbaren Reform von Sozialleistungskonzepten eine zusätzliche Bedeutung zu.

Die vielfältigen Ziele von Sozialleistungen und Sozialleistungssystemen werden m.E. am ehesten erreicht, wenn einerseits eine Individualisierung der Vergabe eine persönliche Präferenzoptimierung sicherstellt, zum anderen die Sozialleistungssysteme mit leistungsorientierten Vergütungssystemen gekoppelt sind. Begrenzt wird die Perfektion vieler Anreizsysteme in der Praxis allerdings durch eine mit wachsender Betriebsgröße und zunehmender Anzahl von Leistungskriterien progressiv wachsende Komplexität. Diese behindert die Operationalität und Transparenz, so dass das Vergütungssystem seine Ziele nicht oder nur in verminderter Qualität erreicht.

3. Entgeltmanagement aus der Sicht des Arbeitnehmers

Andere Optionen im Vergleich mit dem Direktentgelt können für den Mitarbeiter nur dann attraktiv sein, wenn sich dadurch entweder ein **höheres Nettoeinkommen** ergibt oder sich der **individuelle Nutzen** in immaterieller Dimension erhöht. Wie aus der *Tabelle 1* hervorgeht, können diese Nutzenerhöhungen durch mehrere Faktoren erreicht werden.

3.1 Überblick über die Einflussfaktoren der Attraktivität

Zum einen wird die quantitativ messbare materielle Erhöhung des Nettoeinkommens über die Ausnutzung von **Steuervorteilen** erreicht. Der so genannte geldwerte Vorteil, der die Grundlage der Besteuerung bildet, muss dann aufgrund steuerlicher Behandlung niedriger sein als die Kosten, die ein Arbeitnehmer für diese Leistung aufwenden müsste, wenn er sie außerhalb des Unternehmens erwerben würde (z.B. betriebliche Altersversorgung, Dienstwagen zur privaten Nutzung; vgl. den Beitrag von *Thomas Doyé* in diesem Band).

Höheres Nettoeinkommen wird auch dann erzielt, wenn der Betrieb eigene **Kostenvorteile** an Mitarbeiter weitergibt. Diese entstehen ihm im Verhältnis zum Marktpreis z.B. durch die **Eigenfertigung** der Produkte. Beispiele wären die Jahreswagen der Automobilhersteller oder der Personaleinkauf im Einzelhandel. Daneben erhält ein Unternehmen gewöhnlich weit bessere Konditionen bzw. **Rabatte** als eine Privatperson, z.B. bei Leasingverträgen oder Gruppenversicherungen.

> ➤ Preisvorteile durch Eigenfertigung
> ➤ Rabatte
> ➤ Selbstaktualisierung
> ➤ Selbstbestimmung
> ➤ Statusnutzen
> ➤ Steuervorteile
> ➤ Verfügbarkeit

Tab. 1: Attraktivität der Optionen

Nicht weniger wichtig sind die Vorteile im **immateriellen Bereich**. Dabei spielt der **Statusnutzen** bei einzelnen Zusatzleistungen eine Rolle, wenn sie, wie z.B. der Firmenwagen, die hierarchische Position des Mitarbeiters betonen.

Die **Verfügbarkeit** ist beispielsweise beim Arbeitgeberdarlehen als Eigenkapitalersatz für jüngere Führungskräfte ein Attraktivitätsmoment. Wegen fehlender Sicherheiten ist dieses Darlehen, – trotz eines hohen Einkommens – oft die einzige Möglichkeit, einen weiteren Kredit für die Schaffung von Wohneigentum bei Banken, besonders bei Hypothekenbanken, zu erhalten.

Selbstbestimmung als Faktor individueller Wertschätzung kommt bei Arbeitszeitmodellen zum Tragen, die dem Arbeitnehmer eine höhere Zeitsouveränität gewähren. Weiterbildungsmöglichkeiten, die nicht unmittelbar zur Erfüllung der eigentlichen Arbeitsaufgabe notwendig sind, wie es z.b. bei einem japanischen Sprachkurs in Tokio der Fall sein kann, erweitern den Horizont des Mitarbeiters, verstärken sein Selbstvertrauen und dienen damit seiner **Selbstaktualisierung**.

Bei der individuellen Präferenz für die einzelnen Sozialleistungen kommt es jedoch nicht nur auf die generelle Einstellung zu diesen an, sondern vor allem auf ihre **Kosten**. Die Wirtschaftlichkeit der einzelnen Entgeltbestandteile wird ausschließlich durch das Verhältnis des subjektiven Wertes, den der Mitarbeiter diesen Leistungen beimisst, und den vom Betrieb dafür aufgewendeten Kosten bestimmt. Nur wenn das Verhältnis von subjektivem Wert und Kosten mindestens 1 beträgt, ist von einem wirtschaftlich besseren Verhältnis seines Entgeltmixes, als er durch die Auszahlung dieser Leistungen als Direktentgelt erzielen würde, auszugehen. Wirtschaftlich heißt hier also, dass das Unternehmen durch die kostenneutrale Auszahlung als Sozialleistungen einen höheren motivationalen Anreizwert schafft als durch die Auszahlung als Direktentgelt. Dies wird besonders bei Entgeltsystemen deutlich, bei denen der Arbeitnehmer selbst zwischen den einzelnen Entgeltbestandteilen wählen kann. Der subjektive Wert, den der Arbeitnehmer einer Sozialleistung beimisst, wird demnach durch die Opportunitätskosten bestimmt: muss er für eine Woche zusätzlichen Urlaub auf ein Direktentgelt von 1.000 EUR verzichten, wird seine Präferenz dafür deutlich höher sein als wenn er dafür auf 2.000 EUR aufwenden muss.

Dabei muss weiterhin beachtet werden, dass die Präferenz in Abhängigkeit der Kosten keine absolute Größe ist, sondern sich mit der **Quantität der gewählten Einheiten** ändert. Im Normalfall sinkt der Grenznutzen mit jeder zusätzlich gewählten Einheit. Die Abnahme des Grenznutzen und damit der Wertschätzung kann ganz äußerst stark sein, wie es z.B. bei einem Dienstwagen zum privaten Gebrauch zu erwarten ist, denn ein zweites Auto wird im Normalfall einen erheblich geringeren Zusatznutzen bringen als das erste Dienstfahrzeug. Andererseits kann die Abnahme des Grenznutzens auch weniger deutlich sein, wie dies beim Direktentgelt zu beobachten ist. Hier behält ein zusätzlicher Bonus auch bei einem hohen Gehaltsniveau oft eine beachtliche Attraktivität. Bei der Arbeitszeit hingegen konnten in der Praxis sehr unterschiedliche subjektive Wertschätzungen für verschieden große Einheiten ermittelt werden (vgl. *Wagner/Grawert/Langemeyer* 1993). Ein Zusatzurlaub von drei Tagen ist den Befragten wesentlich mehr wert, als die Kosten dafür betragen. Dagegen nimmt die Wertschätzung für eine höhere Quantität ab. Wenn dann aber die Quantität für einen Extra-Urlaub reicht, steigt der Wert dieser freien Zeit wieder an und fällt nach Erreichen dieser Zeitgrenze bei weiterer Zunahme kontinuierlich ab.

Die Wertschätzung für die verschiedenen Entgeltbestandteile ist also abhängig von der Quantität der jeweiligen Einheiten. Dies wird für einen **effizienten Einsatz**, d.h. die Optimierung der Motivation unter Beachtung wirtschaftlicher Gesichtspunkte, umso wichtiger, je mehr Leistungen angeboten werden, die sich gegenseitig beeinflussen, wie z.B. Freizeit und monetäre Leistungen, Betriebsrente und Vorruhestand.

Insgesamt sind die meisten der aufgezeigten Vorteilsaspekte nicht allgemeingültig, sondern hängen von der individuelle Situation – vor allem in steuerlicher Hinsicht – des Arbeitnehmers und seinen persönlichen Präferenzen ab. Um hier einen optimalen individuellen Anreiznutzen zu erzielen, erscheint es geboten, individuelle Wahlmöglichkeiten einzuführen. Das **Cafeteria-System** (vgl. den anschließenden

Beitrag von *Dieter Wagner*) überlässt es durch die Wahlmöglichkeiten dem Mitarbeiter selbst, welche Art und Quantität von Entgeltbestandteilen er präferiert. Er wird so genau die Zahl der zusätzlichen Urlaubstage oder die Höhe der betrieblichen Altersversorgung wählen, die für ihn vor dem Hintergrund vorgegebener Verrechnungssätze den optimalen Nutzen stiften. Dabei erfolgt die Berücksichtigung der Kosten des Unternehmens durch diese Verrechnungssätze, etwa die Vorgabe der Relation von Freizeit und Entgeltverzicht. Dadurch wird sichergestellt, dass auch der Anreizwert des Entgeltmixes bei konstanten Kosten optimiert wird.

3.2 Steuerliche Aspekte

Steuerliche Aspekte spielen für die Attraktivität vieler Sozialleistungen eine Schlüsselrolle. Demzufolge werden vorrangig diejenigen Sozialleistungen präferiert, die bei der geltenden Gesetzeslage die höchsten Steuervorteile versprechen. Dies ändert sich erfahrungsgemäß im Zeitablauf. Ein Beispiel dafür ist etwa der Pauschalzinssatz, mit dem Zuführungen zur Direktversicherung besteuert werden. Dieser betrug bis zum Jahr 1989 10 %, dann 15 % und wurde 1995 auf 20 % heraufgesetzt. Zum 1.1.2005 wurde die Pauschalbesteuerung durch das Alterseinkünftegesetz für Neuverträge abgeschafft. Aber auch die umgekehrte Entwicklung lässt sich feststellen. Möchte der Staat eine bestimmte Sozialleistungen fördern, wird er die steuerlichen Möglichkeiten verbessern. Dies ist z.B. bei der betrieblichen Altersvorsorge der Fall, bezüglich der der Staat ab 2002 den Arbeitnehmern nicht nur ein Umwandlungsrecht ihres Direktentgeltes in Höhe von 4 % der BBG pro Jahr eingeräumt hat, sondern diese Beträge auch steuer- und sozialabgabenfrei (letztere befristet bis 2008) stellt. *Tabelle 4* gibt einen Überblick über die wichtigsten steuerlich begünstigten Leistungen in Deutschland.

Art des steuerfreien Bezugs	Höchstbetrag
Beihilfe für Notfälle wie Krankheit, Unfall, Todesfall (R11 Abs. 2 LStR)	pro Jahr 600 €
Hochzeit, Geburt eines Kindes (§ 3 Nr. 15 EStG, LStR 15 Abs. 1 u. 2)	315 €
Aufmerksamkeiten: Gelegenheitsgeschenke (LStR 73 Abs. 1 Satz 3)	40 €
Auslagenersatz (LStR 22)	ohne Begrenzung
Private Nutzung von betrieblichen Telekommunikationseinrichtungen (BMF-Schreiben v. 16.10.2000, BStBl I 2000, S. 1421, § 3 Nr. 45 EStG)	ohne Begrenzung
Abfindung (§ 3 Nr. 9 EStG) *maximal 5 Jahre zwischen Ausscheiden und Zahlung* *15 Jahre im Betrieb und mindestens 50 Jahre alt* *20 Jahre im Betrieb und mindestens 55 Jahre alt*	7.200 € 9.000 € 11.000 €
Personalrabatt (LStR 32)	pro Jahr 1.080 €
Trinkgelder (§ 3 Nr. 51 EStG)	ohne Begrenzung
Aktienüberlassung, verbilligt/kostenlos bis zum halben Wert (§ 19 a EStG)	pro Jahr 135 €

Art des steuerfreien Bezugs	Höchstbetrag
Sachbezüge, monatlich (§ 8 Abs. 1 u. 2 EStG)	44 €
Werkzeuggeld, monatlich (LStR 70)	ohne Begrenzung
Fehlgeldentschädigung (Kasse) – Mankogeld (LStR 70 Abs. 2 Nr. 1)	pro Monat 16 €
Erstattung von Übernachtungskosten anlässlich einer Dienstreise ohne Beleg/ausnahmsweise Schätzung (BMF-Schreiben v. 29.11.1995, R 40 Abs. 2 LStR)	pauschal 20 €
Betriebsveranstaltung, übliche (LStR 72)	110 €
Umzugskostenpauschale bei Arbeitgeberwechsel (LStR 14 Abs. 4) *Ledige* *Verheiratete* *Pro Person zusätzlich*	561 € 1.121 € 247 €
Fahrtkostenzuschuss öffentl. Verkehrsmittel (§ 3 Nr. 34 EStG)	ohne Begrenzung
Typische Berufskleidung (Schutzkleidung, Uniform), auch als Barablösung bei gesetzlicher Vorschrift (R 20)	ohne Begrenzung
Kindergartenzuschuss (R 21 c LStR 2001)	ohne Begrenzung
Zinsersparnis bei Arbeitgeber-Darlehen über 2.600 € (LStR 31 Abs. 8)	ab 5,5 %
Verpflegungsmehraufwand bei Reisen von mindestens (R 37 Abs. 3–5 LStR) *8 Stunden Abwesenheit* *14 Stunden Abwesenheit* *24 Stunden Abwesenheit*	6 € 12 € 24 €
Betriebliche Altersversorgung *Beiträge zur Direktzusage/Unterstützungskasse* *Beiträge zu Pensionskasse/Pensionsfonds (§ 3 Nr. 63 EStG)* *Beiträge zur Direktversicherung (§ 40 b EStG)*	ohne Begrenzung bis 4 % der BBG, für Verträge ab 1.1.2005 zzgl. 1.800 €/Jahr Pauschalsteuer 20 % bis 1.752 € (nur noch für Verträge, die vor dem 1.1.2005 abgeschlossen wurden.)

Tab. 2: Steuerfreie Aufwendungen des Arbeitgebers

3.3 Sozialleistungsmarketing

Die Attraktivität der Sozialleistungen hängt nicht nur von ihrem Wert und ihrem individuellen Nutzen, sondern auch von ihrer **Wahrnehmung** ab. Objektiv gleiche Sozialleistungen können zu einer unterschiedlichen Motivation führen, wenn trotz gleicher Bedürfnisstruktur und Arbeitssituation der Mitarbeiter Vorteile dieser Leistungen unvollständig oder falsch wahrgenommen werden.

Um eine optimale Wahrnehmung sicherzustellen, kann auf Erfahrungen aus dem Marketingbereich, speziell der Kommunikationspolitik zurückgegriffen werden. Bei diesem **Sozialleistungsmarketing** kommt es aber anders als im Konsumgütermarketing, nicht auf eine gefühlsmäßige Beeinflussung der Mitarbeiter an, da der

Arbeitnehmer nicht zum Kauf überredet werden soll. Vielmehr kommt es darauf an, durch die Wahrnehmung der Sozialleistungen und ihrer Nutzenaspekte den Anreizwert der Leistungen zu gewährleisten. Sozialleistungen, die nur auf Initiative der Arbeitnehmer gewährt werden, wie z.B. Personaleinkauf, Ferienwohnungen etc., können überhaupt nur in Anspruch genommen werden und damit motivational wirksam werden, wenn dem Arbeitnehmer bewusst ist, dass es sie gibt und unter welchen Umständen bzw. Bedingungen sie ihm gewährt werden. Zu diesen **Initiativ-Leistungen** gehören gerade diejenigen, die in immaterieller Form zunehmend größere Bedeutung erlangen (wie z.B. psychologische und rechtliche Beratung), aber auch traditionell wichtige Leistungen, wie z.B. das Arbeitgeberdarlehen. Die drei Dimensionen des Sozialleistungsmarketing zeigt die *Abbildung 3*.

In diesem Zusammenhang unterscheidet man auch zwischen **demonstrativer und instruktiver Information**. Erstere weist ausschließlich auf die Existenz, Qualität und Quantität der Sozialleistung hin, die zweite klärt über die Vergabebedingungen auf.

So wird ein Arbeitnehmerdarlehen nur dann motivationale Effizienz zeigen, wenn dem Mitarbeiter bekannt ist, dass er Anspruch darauf hat, und in welcher Höhe und zu welchen Konditionen er es erhalten kann. Er wird die Attraktivität viel geringer schätzen, wenn ihm z.B. die damit verbundenen Steuervorteile oder die Kosten eines extern aufgenommenen Darlehens unbekannt sind. Wird der monetäre Wert einer Sozialleistung unterschätzt, verliert der Arbeitgeber Geld, da der Anreizwert der Leistungen dadurch generell vermindert wird. Eklatante Fehleinschätzungen konnten in Deutschland durch verschiedene Untersuchungen nachgewiesen werden: In einer Befragung von fast 1.000 repräsentativ ausgewählten Führungskräften mit Jahresgehältern über 200.000 DM wurde das Bündel der Sozialleistungen mit durchschnittlich 10.000 DM bewertet (vgl. *Schulte* 1989). Der tatsächliche Aufwand dafür betrug jedoch im Durchschnitt 35.000 DM.

Diese Mängel nicht nur auf eine schlechte Informationspolitik zurückzuführen, sondern auch der geringe **Einfluss der Mitarbeiter** auf die Ausgestaltung seines Entgel-

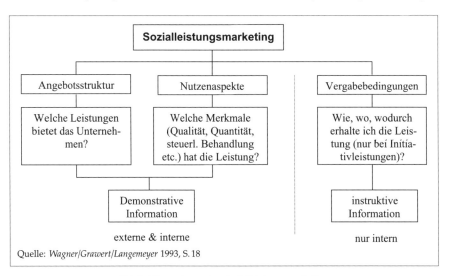

Quelle: *Wagner/Grawert/Langemeyer* 1993, S. 18

Abb. 3: Dimensionen des Sozialleistungsmarketings

tes kann Grund für ein gewisses Desinteresse sein. Da sie nie eine Entscheidung treffen müssen, werden alle Informationen nur passiv aufgenommen. Demgegenüber würde die Implementation von Wahlmöglichkeiten, wie beim Cafeteria-System, die **Vermittlung aktiver Informationen** begünstigen. Die Transparenz des Sozialleistungsangebotes wächst: Der Mitarbeiter muss sich vor der Wahl seiner Optionen zunächst über das Gesamtangebot informieren und darüber hinaus seinen persönlichen Nutzen für jede Leistung abschätzen. Sofern ihm klar geworden ist, dass er bei einer fehlerhaften Schätzung vor allem im Führungsbereich mit einem bedeutenden Nutzenentgang rechnen muss, ist sein Interesse an der Information ziemlich groß. Daher werden die betreffenden Informationen offener und intensiver wahrgenommen.

Trotzdem bzw. gerade deshalb kommt es auch in einem System individueller Vergütung darauf an, den Mitarbeitern über die Art, Ausgestaltung und Nutzenaspekte der Sozialleistungen intensiv und systematisch zu informieren. Dies gilt besonders auch für die Information über das Cafeteria-Systems selbst.

Die Sicherung eines hohen internen Informationsniveaus ist vor allem dann besonders wichtig, wenn die Mitarbeiter über die Implementation der verschiedenen Optionsmöglichkeiten mitentscheiden sollen.

Wie die tatsächliche Präferenz für die Optionen dann aussieht, hängt neben ihrer Art und Gestaltung von den individuellen Präferenzen des einzelnen ab, seinen Bedürfnissen, seinem Bedarf und seinen Vorlieben. Eine individuelle Optimierung kann daher nur erfolgen, wenn der einzelne Arbeitnehmer über sein eigenes Sozialleistungs- bzw. Entgeltmix selbst bestimmen kann. Dies geschieht durch die Implementierung eines Cafeteria-Systems, wie es in dem Beitrag von *Dieter Wagner* in diesem Band geschildert wird.

Literaturverzeichnis

Abbe, E.: Sozialpolitische Schriften, Jena 1906

Backes-Gellner, U./Böck, R./Wienecke, S.: Quinter Studie zur Praxis der Personalpolitik in Europa: Konzeption und erste Befunde. Tier: Institut für Arbeitsrecht und Arbeitsbeziehungen in der europäischen Gemeinschaft, Quint-Essenzen Nr. 41

Cisek, G.: Entgelt-Politik, in: *Schneider, H.J.*: Mensch und Arbeit, Köln 1997, S. 197–255

Grawert, A./Wager, D./Voigt, B.: Flexibilisierung und Flexibilisierung von Vergütungs- und Arbeitszeitsystemen, in: *Wagner, D./Ackermann, K.-F.*: Wettbewerbsorientiertes Personalmanagement, 2. Auflage, Potsdam 2003, S. 195–208

Wagner, D./Grawert, A./Langemeyer, H.: Cafeteria-Modelle, Stuttgart, Zürich 1993

Wagner, D./Hummel, T.R.: Differentielles Personalmarketing, Stuttgart 1996

Rechtliche Grundlagen des Entgeltmanagements, insbesondere tarifvertragliche und betriebsverfassungsrechtliche Aspekte

Dr. Gerfried J. Popp

Inhalt

1. Einleitung

In rechtlicher Hinsicht ist das Arbeitsengelt der zentrale Teil der Hauptleistung, die der Arbeitnehmer vom Arbeitgeber verlangen kann. Arbeitsleistung und Arbeitsentgelt stehen rechtlich gesehen in einer synallagmatischen Beziehung zueinander, jeder Vertragspartner verspricht seine Leistung hauptsächlich um der Gegenleistung willen. Somit gehen die Vertragsparteien des Arbeitsverhältnisses inzident von der Prämisse aus, dass beide Leistungen in einem gleichwertigen Verhältnis zueinander stehen, dass Arbeit und Entgelt einander äquivalent sein müssen. Vor diesem eher banalen rechtlichen Hintergrund stellt sich freilich eine zentrale, überaus komplexe Frage, die Frage nach dem „gerechten" Arbeitsentgelt. Mit diesem zentralen Problem hat sich sowohl die Philosophie, aber auch die Jurisprudenz seit jeher intensiv auseinandergesetzt.

Zahlreiche Lösungsansätze sind dokumentiert und leicht aufzufinden: Das aristotelische System etwa widmet dem Anspruch auf eine gerechte Austauschbeziehung eine eigene institutionelle Kategorie, die „ausgleichende Gerechtigkeit (iustitia commutativa)"[1]. Nach deren Maßstab soll jeder Leistende gerade soviel an Wert zurückerhalten, wie er selbst gibt. Auch das Neue Testament geht auf die Problematik ein: Im Gleichnis von den Arbeitern im Weinberg[2] entlohnt ein Winzer alle seine Beschäftigten mit dem gleichen Tagelohn, jeder erhält einen Denar, gleichgültig wieviel Arbeitsstunden er am Arbeitstag für seinen Dienstherrn erbracht hat. Eine großzügige Geste, die allerdings im Licht moderner Führungstheorien wegen des damit verbundenen akuten Anreizmangels auf arge Bedenken stoßen muss. Schließlich die Marxistische Heilslehre, nach der jeder soviel bekommen soll wie er braucht, um seine Bedürfnisse zu decken. Das klingt interessant und plausibel, aber wie man inzwischen weiß, hat diese Doktrin den Praxistest nicht bestanden.

Die rechtliche Indifferenz von solchen abstrakten Gerechtigkeitsmodellen scheint demnach völlig evident auf der Hand zu liegen (vgl. *Gast* 1995, S. 67 ff., 77 f.). Die Praxis verlangt mit all ihrer detaillierten Realität nach „bedarfsgerechten" Lösungsvorschlägen, in denen die konkreten Rechts- und Regelungsfragen aufgegriffen und abgehandelt werden, sowie diese sich im Arbeitsalltag durchgängig stellen.

2. Historische und dogmatische Grundlagen

Bei uns in Deutschland wurde deshalb legislativ ein anderer, ein institutioneller Weg eingeschlagen: Die Forderung nach Entgeltgerechtigkeit im Arbeitsverhältnis hat zu einem Konvolut von rechtlichen Bestimmungen geführt, nach dem die freie Entscheidungsbefugnis der Vertragsparteien, über Gegenstand und Inhalt der arbeitsrechtlichen Austauschbeziehung nach Belieben befinden zu können, zu relativieren ist. Prinzipiell gilt, dass die individualrechtlich garantierte Abschlussfreiheit von kollektivrechtlich gesetzten Rahmenbedingungen flankiert wird, deren generelle Ausrichtung die Verhandlungsposition des einzelnen Arbeitnehmers stärken und seine persönliche Interessenverfolgung absichern soll. Diese Rahmenbedingungen werden in Ausfüllung eines dualen Vertretungsprinzips determiniert, dessen Wurzeln weit in die Geschichte zurück ragen.

2.1 Der Status bis zur Industrialisierung

In der feudalen Gesellschaftsordnung vorindustrieller Zeiten war die Arbeitsverfassung bereits durch die Herrschaft über Grund und Boden abschließend festgelegt. Die personenrechtliche Gebundenheit des zum Frondienst verpflichteten Höri-

---

[1] Vgl. *Aristoteles*, Nikomachische Ethik, V 5, 1130 b.
[2] Vgl. Evangelium nach *Matthäus* 20, 1–16.

gen, die noch stark an die leibeigene Position des Römischen Sklaven erinnerte, gestattete kaum Überlegungen, die in Richtung eines wie auch immer ausgestalteten Systems zur Gewährleistung von Entgeltgerechtigkeit hätten deuten können.

Die beginnende Liberalisierung, die vom Aufklärungsgedanken beflügelt wurde und in einer ständischen Ordnung mündete, vermochte zwar ein Mindestmaß an materieller Sicherheit zu garantieren. Allerdings ausschließlich für diejenigen, die das Glück hatten, ihre Heimat in einem der etablierten Stände zu finden. Für alle anderen brachte das Prinzip der uneingeschränkten Vertragsfreiheit, das fortan dominieren sollte, lediglich die unbeständige Dienstmiete hervor, die den Verpflichteten unsichere, zumeist ausschließlich temporär angelegte Verdienstmöglichkeiten eröffnete. Eine solch vage individuelle Ausgangsposition[3], die den Beginn des industriellen Zeitalters markiert, erforderte zwangsläufig die Bündelung gemeinsamer Interessen, um ihrer Durchsetzungschance überhaupt eine einigermaßen realistische Basis verleihen zu können. Damit schlug die Geburtsstunde kollektiver Überlegungen und Initiativen.

2.2 Vom „Vormärz" zur Gewerkschaftsbewegung

Der Zeitabschnitt bis zum Ausbruch der so genannten „Märzrevolution", der oberflächlich zwar vom beschaulichen Idyll des Biedermeier geprägt war, in Wirklichkeit aber die Psyche der Gesellschaft in ihrem tiefsten Innern stürmisch bewegt hat, brachte bereits die ersten Protagonisten hervor, die die beginnende Industrialisierung auch mit der kollektiven Einflussnahme der Arbeitnehmerschaft auf die Arbeits- und Vertragsbedingungen verknüpfen wollten. Dabei stand als die alles beherrschende Ursache für jegliches Veränderungsbemühen ein bedrückendes gesellschaftliches Phänomen ganz im Zentrum, der „Pauperismus". Mit diesem euphemistischen Schlagwort wurde – dem damals herrschenden Zeitgeist entsprechend latinisiert und schamhaft verschleiert – nach 1815 gemeinhin die zunehmende Verelendung weiter Teile der Bevölkerung umschrieben. Arbeitslosigkeit, aber auch die verhängnisvolle Willkür bei der Entlohnung der kaum noch vorhandenen Arbeit waren die wesentlichsten Ursachen dafür. Die Besorgnis über diese Zustände prägte nicht nur die gesellschaftliche Diskussion, sondern setzte auch erste theoretische Akzente zur Behebung der gravierenden Strukturkrise.

Freilich dauerte es noch geraume Zeit, bis sich die Idee der gemeinsamen kollektiven Interessenverfolgung in der Gründung der ersten Arbeitervereine konkretisiert hatte. Aber allen Widrigkeiten zum Trotz gewann die Vision von freien Gewerkschaften an Konturen. Zwar waren die Gewerkschaften im heutigen Sinne noch bis zur Mitte des 19. Jahrhunderts rigoros verboten. Erst 1869 wurden durch die Gewerbeordnung die Koalitionsverbote der einzelnen deutschen Länder aufgehoben. Die „Sozialistengesetze" von 1878 führten zwar nochmals zu einem weitreichenden Verbot, dies konnte aber die weitere Entwicklung der Bewegung nicht mehr aufhalten.

---

[3] Das offenkundige Dilemma dieser Position findet seinen ungleich besten Ausdruck im *Marx*'schen Bild des „doppelt freien Lohnarbeiters", der einerseits ohne Bindung an einen Lehnsherrn zwar frei über seine Arbeitskraft verfügen darf, andererseits aber auch „freigestellt" ist von der Verfügungsgewalt über jegliche Produktionsmittel und deshalb auf die Kommerzialisierung seiner Arbeitskraft, seiner einzigen verfügbaren Ressource, angewiesen ist.

Denn schließlich waren bereits greifbare Erfolge zu verzeichnen, der Abschluss des ersten Tarifvertrags bei den Buchdruckern im Jahre 1873 war längst ein konkreter Beleg für die nunmehr tatsächlich etablierte Tarifautonomie, die sich bis heute als gewichtiger rechts- und gesellschaftspolitischer Faktor erhalten hat. Ganz im Mittelpunkt steht dabei nach wie vor die Funktion der Tarifautonomie als ein Korrektiv zur Förderung der „Machtsymmetrie" (vgl. *Gast* 1984, S. 66 ff.) im Einzelarbeitsverhältnis. Der Tarifvertrag hat folglich seit jeher eine Schlüsselfunktion zur Gewährleistung von Entgeltgerechtigkeit im arbeitsrechtlichen Austauschverhältnis.

2.3 Der Funktionsgehalt der Tarifautonomie

Nach der seit geraumer Zeit feststehenden Auffassung des BVerfG ist der Funktionsgehalt der Tarifautonomie darin begründet, in Situationen, in denen die Parität der einzelvertraglichen Interessenverfolgung gestört ist, auf ein übergeordnetes Regulativ zuzugreifen. Soweit sich also der Einzelarbeitsvertrag als „ein unzureichendes Instrument zur Begründung eines sozial angemessenen Arbeitsverhältnisses darstellt"[4], sollen die übergeordneten Regelungen eines einschlägigen Tarifvertrags korrigierend zur Anwendung kommen.

Der Einfachheit halber hat sich deshalb der Sprachgebrauch etabliert, dass durch die Regelungen der Tarifverträge „Mindestarbeitsbedingungen"[5] festgeschrieben werden, die der Arbeitgeber bei der Gestaltung der regelmäßig von seiner Seite vorgegebenen Vertragsbedingungen unabdingbar zu berücksichtigen hat. Die konkrete Definition solcher Mindestarbeitsbedingungen bleibt den arbeitsrechtlichen Koalitionen im freien Kräftespiel zwischen zwei gleich mächtigen Organisationen vorbehalten.

Die vordringlichste Aufgabe der Koalitionen ist demnach die Absicherung individueller Interessenpositionen durch deren kollektive Zusammenfassung und gemeinsame, betriebsübergreifende Geltendmachung. Diese unabdingbare Schutzfunktion des Tarifvertrags (vgl. *Gamillscheg* 1997, S. 8 ff.) wird durch die gesetzlich vorgegebene unmittelbare und zwingende Wirkung der Tarifvertragsnormen gewährleistet, die dann ausgelöst wird, wenn und soweit die tarifliche Regelung zur Anwendung kommt (vgl. § 4 Abs. 1 TVG). Überbetrieblich scheint damit alles bestens geregelt zu sein.

2.4 Die Konsolidierung des dualen Vertretungsprinzips

Allerdings darf neben der überbetrieblichen Regelungsebene auch der akute Bedarf an kollektiven Interessenvertretungen nicht übersehen werden, die näher am jeweiligen betrieblichen Geschehen angesiedelt sind. Gemeint sind die bekannten Be-

---

[4] Vgl. BVerfG vom 27.2.1973, BVerfGE 34, 307 ff. (316).

[5] Zum offenbar bestehenden Problem, dass die Regelungen in Tarifverträgen häufig den Charakter von solchen Mindestarbeitsbedingungen verloren zu haben scheinen, weil sie die ursprünglich intendierte, elementare Absicherung bei weitem überschreiten, vgl. schon den Beschluss zu 2.a), zweiter Absatz des 61. Deutschen Juristentages, abgedruckt in NZA 1996, S. 1277 f., in dem die ausdrückliche Empfehlung gegeben wird, zügig zu den Standards zurückzukehren. Vgl. überdies die aktuelle Gefährdung des Systems der Flächentarifverträge durch völlig überzogene, gesamtwirtschaftlich katastrophale Gewerkschaftsforderungen, etwa in der Metall- und Elektroindustrie der Neuen Bundesländer.

triebsratsgremien, denen nach zunächst nur temporär geglückten Versuchen[6] erst in der Weimarer Zeit der ihnen gebührende Stellenwert von Gesetzes wegen eingeräumt wurde: Erst das Betriebsrätegesetz (BRG) von 1920 ermöglichte die flächendeckende Errichtung solcher Gremien.

Mit der Konstituierung des BRG wurde zudem das duale System der Mitarbeiterrepräsentanz auf der überbetrieblichen und der betrieblichen Ebene (Gewerkschaft – Betriebsrat) besiegelt und stabilisiert. Grundlage dafür war das vorkonstitutionell geschlossene so genannte Stinnes-Legien-Abkommen vom 18.11.1918, das zu Recht als die „Magna Charta des Arbeitsrechts der Weimarer Republik" bezeichnet wird (vgl. *Ramm* 1980, S. 225 ff., 232; ders. 1988, S. 157 f.). In diesem Abkommen zwischen den arbeitsrechtlichen Koalitionen wurden die Gewerkschaften von den Arbeitgebern explizit als die berufenen Vertreter der Arbeiterschaft anerkannt. Damit akzeptierten die Beteiligten mittelbar auch die Unantastbarkeit der reziproken Koalitionsfreiheit (vgl. *Richardi* 2000, S. 25), ein Faktum, das durch die weitere legislative Willensbildung retrospektiv bestätigt worden ist.

Diese prinzipielle Entscheidung zugunsten zweier Repräsentationsebenen hat sich zurückblickend als eine ungemein wichtige systematische Grundsatzentscheidung der Legislative erwiesen. Angesichts der im Lauf der Zeit mit dem dualen Mitbestimmungsmodell gewonnenen Erfahrungen, darf hier sogar von einer „erstaunlichen Weitsicht" (vgl. *Blanke* 1995, S. 12 ff., 24) des historischen Gesetzgebers gesprochen werden, denn die funktionale Aufteilung der einzelnen Mitbestimmungstatbestände hat eine außerordentlich stabile Gesamtkonstruktion generiert.

Die enorme innere Stabilität dieser Konstruktion basiert auf einem plausiblen, strategisch durchdachten Zuordnungsmuster: Die generelle Festlegung der heiklen und außerordentlich konfliktären Eckwerte der arbeitsrechtlichen Austauschbeziehung – zu denen insbesondere das Arbeitsentgelt zählt – erfolgt überbetrieblich in der Regie der Gewerkschaften, denen dazu das Arsenal der – im Arbeitgeberlager mehr als unpopulären – Kampfmittel im Tarifstreit an die Hand gegeben ist. Damit werden alle Irritationen und Imponderabilien, die der harte materielle Verteilungskampf notgedrungen mit sich bringt, aus den Betrieben herausgelöst. Die betriebliche Auseinandersetzung kann sich deshalb völlig frei von der Sorge um die Aushandlung der allgemeinen arbeitsrechtlichen Rahmenbedingungen im Idealfall ganz auf die Gegenstände konzentrieren, die weitaus weniger ideologisches Konfrontationspotenzial in sich tragen. Beispielsweise läßt sich über Fragen der sozialen Betriebsgemeinschaft oder über die Durchführung personeller Einzelmaßnahmen in einer derart bereinigten Atmosphäre weitaus unproblematischer verhandeln, als dies bei der latenten Drohung, demnächst weitaus konfliktgeladenere Sachthemen erörtern zu müssen, der Fall wäre. Die Betriebsverfassung kann sich angesichts dieser Privilegierung ihre prinzipiell auf Konsens gerichtete Tendenz durchaus erlauben.

---

[6] Der wohl eindrucksvollste Versuch, die Belegschaft über Vertretungsgremien an der betrieblichen Willensbildung zu beteiligen, ist von *Heinrich Freese* in seiner „Konstitutionellen Fabrik" unternommen worden. *Freese*, ein „Berliner Jalousien- und Holzpflasterfabrikant", hatte bereits im Jahre 1884 in seinen Betrieben eine Fabrikordnung mit der Arbeitervertretung vereinbart, in der sogar ein erstes Mitbestimmungsrecht bei der Festlegung von Gewinnbeteiligungsquoten verankert worden war. *Freese* selbst hat seine Erfahrungen mit diesem Modell erst 25 Jahre später in einem einheitlichen biographischen Werk zu Papier gebracht – vgl. *Freese*, Die konstitutionelle Fabrik, Jena 1909 –, um seine „Berufsgenossen wissen zu lassen, wie seine Versuche ausgefallen sind", vgl. Vorwort, S. IV.

Vor dem Hintergrund dieser strikten kollektiven Aufgabenverteilung gewinnt auch der anfänglich in § 66 Nr. 5 BRG lediglich rudimentär verankerte (vgl. *Lüttke* 1920, S. 29) – heute in § 77 Abs. 3 BetrVG wesentlich verfeinert dargestellte – Primat des Tarifvertrags eine erweiterte funktionale Dimension: Er soll nicht nur die Gewerkschaften vor einer „betrieblichen Schmutzkonkurrenz" (vgl. insbesondere *Sinzheimer* 1976, S. 158) bewahren, sondern er soll gleichermaßen die betriebliche Sphäre vor arbeitgeberseitigen Unterwanderungsversuchen dadurch freihalten, dass er den Betriebsräten ein mit dem puren Gesetzeswortlaut zu begründendes und mithin überzeugendes Verweigerungsargument liefert: Offerten zum Abschluss eines – gerade erst jüngst wieder in die judikative Kritik[7] geratenen – „Betrieblichen Bündnisses für Arbeit" kann der Betriebsrat bereits aus formalen Kompetenzgründen zurückweisen, wenn ihn der Arbeitgeber nicht von der existenziellen Notwendigkeit der vorgesehenen Einzellösung zu überzeugen vermag.

3. Die Rechtslage auf der überbetrieblichen Ebene

Soweit es zwei Bezugsebenen gibt, auf denen sich die institutionalisierte Mitbestimmung vollzieht, sind zunächst gewiss die Aufgabenstellung, die Organisation und die Grenzen von Zuständigkeit und Betätigungsfreiheit, so wie diese den betriebsübergreifend handelnden Akteuren von Gesetzes wegen zugewiesen sind, von Interesse. Auf diese Weise können Konvergenzen und Divergenzen zur Betriebsverfassung angemessen definiert werden.

3.1 Aufgaben und Bedeutung der Koalitionen

Die Koalitionen des Arbeitsrechts, Gewerkschaften und Arbeitgeberverbände, spielen in der Staats- und Wirtschaftsordnung Deutschlands eine bedeutende Rolle. Ihre Tätigkeit besteht nicht nur in der unmittelbaren Auseinandersetzung mit dem Tarifpartner (Abschluss von Tarifverträgen, Austragung von Arbeitskämpfen), sondern ist zunehmend auch darauf ausgerichtet, die Verbandsinteressen im politisch-staatlichen Bereich zu artikulieren und durchzusetzen. Die Gewerkschaften sind zudem in verschiedener Weise in das Betriebsverfassungswesen und in die Unternehmensmitbestimmung einbezogen. Unverzichtbar ist auch die Arbeit, die die Verbände durch Beratung und Unterstützung ihrer Mitglieder[8] und durch die Weitergabe und Verbreitung von Informationen leisten.

Kennzeichnend für das deutsche Gewerkschaftswesen ist die Ausgestaltung nach dem Industrieverbandsprinzip. Die wichtigsten Einzelgewerkschaften sind im *Deutschen Gewerkschaftsbund (DGB)* zusammengeschlossen. Insgesamt sind etwa 40 % aller Arbeitnehmer gewerkschaftlich organisiert. Die Arbeitgeberverbände sind im einzelnen stärker zersplittert. Sie sind in der *„Bundesvereinigung der Deutschen Arbeitgeberverbände" (BDA)* zusammengeschlossen, mit Ausnahme des Arbeit-

---

[7] Vgl. das Verdikt des BAG zur Antragsbefugnis der Gewerkschaften, arbeitsgerichtlich gegen solche betrieblichen Verabredungen vorzugehen, wenn sie im Widerspruch zu verbindlichen tarifrechtlichen Vorgaben stehen, BAG vom 20.4.1999, NZA 1999, S. 887 ff.

[8] Beispielsweise auch durch deren Prozessvertretung, vgl. BAG vom 16.5.1975, Der Betrieb 1975, S. 1658.

geberverbands der Eisen- und Stahlindustrie und der öffentlichen Arbeitgeber. Die Koalitionen verfügen über erhebliche wirtschaftliche und publizistische Macht, allerdings schon seit geraumer Zeit mit abnehmender Tendenz.

Denn bereits seit Jahren klagen sowohl die Arbeitgeberverbände[9], als auch die Gewerkschaften[10] über akuten Mitgliederschwund und bangen als Folge davon um ihre Geschlossenheit und ihren Einfluss. Das gilt für die Arbeitgeberseite insbesondere dann, wenn sich sogar namhafte Großunternehmen aus dem unbeliebt gewordenen Verbandsumfeld zurückziehen (vgl. *Adomeit* 1996, S. 63 ff.) oder ganze Zusammenschlüsse ihre korporative Existenz aufgeben[11]. In den Neuen Bundesländern nimmt diese Entwicklung sogar schon dramatische Züge an, was die nachstehende Übersicht über die Entwicklung der ostdeutschen Unternehmen illustriert:

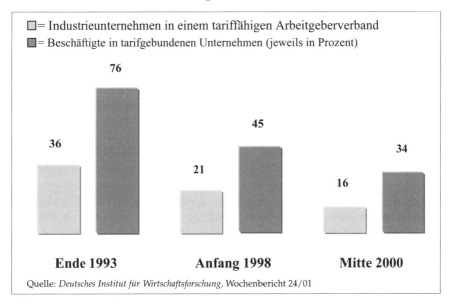

☐ = Industrieunternehmen in einem tariffähigen Arbeitgeberverband
■ = Beschäftigte in tarifgebundenen Unternehmen (jeweils in Prozent)

Ende 1993   **Anfang 1998**   **Mitte 2000**

Quelle: *Deutsches Institut für Wirtschaftsforschung*, Wochenbericht 24/01

Der Organisationsgrad bei gewerblichen Arbeitnehmern soll nahezu die Marke von 50 % erreichen, bei den Angestellten soll der Organisationsgrad nur bei knapp einem Viertel liegen. Die größten Einzelgewerkschaften, sogar in europaweiter Dimension, sind die Dienstleistungsgewerkschaft *ver.di* mit 2,7 Mio. und die *IG-Metall* mit etwa 2,5 Mio. Mitgliedern, obwohl gerade deren jüngst in aller Öffentlichkeit ausgetragener Führungsstreit zu schmerzlichen Abwanderungen von Mitgliedern geführt hat[12].

3.1.1 Voraussetzung einer Koalition

Wann eine Vereinigung als Koalition anzusehen ist, ergibt sich nicht aus dem Gesetz. Die Voraussetzungen sind vielmehr mit Blick auf die historische Entwicklung

---

[9] Vgl. DIE WELT, Ausgabe vom 17.3.1993, S. 13.
[10] Vgl. F.A.Z., Ausgabe vom 20.11.1993, S. 11.
[11] So etwa der geschlossene Austritt der Verbände der Bauindustrie aus der BDA, der als Reaktion auf das „Entsendegesetz" vollzogen wurde, vgl. F.A.Z., Ausgabe vom 13.6.1996, S. 15.
[12] Vgl. etwa den Bericht „Mitgliederschwund bei IG-Metall", DIE WELT vom 27.8.2003, in dem der Verlust von ca. 1 Mio. Mitgliedern seit 1990 beklagt wird.

aus dem Zweck der verfassungsrechtlichen Privilegierung zu ermitteln. Koalitionen sind danach nur solche Vereinigungen, die nachstehende Kriterien erfüllen[13]:

- Die Vereinigung muss **auf Dauer** angelegt sein,
- sie muss **vereinsmäßigen (= korporativen) Charakter** aufweisen und
- sie muss die **Wahrung und Förderung der Arbeitsbedingungen** als Hauptzweck haben.
- Die Mitgliedschaft in der Vereinigung muss **freiwillig** sein,
- **Gegnerfreiheit** und **Gegnerunabhängigkeit** müssen gewährleistet sein, genauso wie
- die **Unabhängigkeit von Staat, Kirchen** oder **politischen Parteien**.

3.1.2 Koalitionsfreiheit

Die Koalitionsfreiheit, die erstmals durch Art. 159 der Weimarer Reichsverfassung garantiert worden war und in der Zeit des Nationalsozialismus wiederum aufgehoben wurde, ist heute durch Art. 9 Abs. 3 GG[14] gewährleistet. Danach steht jedermann das Recht zu, Vereinigungen zur Wahrung und Förderung der Arbeitsbedingungen zu bilden. Dadurch ist gleichzeitig das Recht garantiert, einer bereits bestehenden Vereinigung beizutreten (positive Koalitionsfreiheit)[15]. Andererseits darf aber auch niemand zur Koalitionsbildung oder zum Beitritt gezwungen werden (negative Koalitionsfreiheit). Das BAG stützt hierauf zum Beispiel das Verbot tarifvertraglicher Differenzierungsklauseln[16], nach denen es einem tarifgebundenen Arbeitgeber untersagt sein soll, nicht organisierten Arbeitnehmern tarifliche Vergünstigungen auf einzelvertraglicher Basis zu gewähren.

Auf die Koalitionsfreiheit kann sich nicht nur der einzelne Bürger berufen. Vielmehr wird hierdurch auch der Schutz der Koalition selbst gewährleistet (kollektives Grundrecht)[17]. Der Staat darf deswegen eine Koalition nicht auflösen oder ihren Fortbestand unnötig erschweren. Ferner wird – zumindest in ihrem Kernbereich – die „spezifisch koalitionsmäßige Betätigung" garantiert[18]. Daraus folgt die verfassungsrechtliche Absicherung der Tarifautonomie, ferner die Mitwirkungsbefugnis der Gewerkschaften im Bereich der Betriebsverfassung sowie das Recht der Koalitionen auf Mitgliederwerbung.

Die Koalitionsfreiheit ist nicht nur Abwehrrecht gegen den Staat, ihr kommt auch Drittwirkung zu[19]. Aus diesem Grund sind alle Abreden und Maßnahmen, die die Koalitionsfreiheit einzuschränken oder zu behindern versuchen, gemäß Art. 9 Abs. 3 GG nichtig.

3.1.3 Gewerkschaftliche Vertrauensleute

Aufgabe der gewerkschaftlichen Vertrauensleute ist es, die Präsenz der Gewerkschaften im Betrieb zu gewährleisten, gewerkschaftliche Verbindung zur Beleg-

---

[13] Vgl. BAG vom 25.11.1986, Der Betrieb 1987, S. 947.

[14] Vgl. BVerfG vom 17.2.1981, Betriebs-Berater 1981, S. 1150.

[15] Zum so genannten Kontrahierungszwang vgl. BGH vom 1.10.1984, Der Betrieb 1985, S. 701 und BAG vom 10.12.1984, Betriebs-Berater 1985, S. 397.

[16] Vgl. BAG GS vom 29.11.1967, Betriebs-Berater 1968, S. 993.

[17] Vgl. BVerfG vom 18.11.1954, Recht der Arbeit 1955, S. 39.

[18] Vgl. BAG vom 14.2.1967, Betriebs-Berater 1967, S. 330.

[19] Vgl. BGH vom 6.10.1964, Betriebs-Berater 1964, S. 1299.

schaft zu halten und ebenso deren Wünsche an die Gewerkschaftsleitung heranzu-
tragen, wie auch umgekehrt Gewerkschaftspolitik am Arbeitsplatz zu vertreten. Die
Stellung der Vertrauensleute ist etwa zur Mitte der vergangenen Siebzigerjahre in
Literatur und Rechtsprechung massiv problematisiert worden[20]. Heute gilt, dass in
vielen Tarifverträgen zumindest ein Benachteiligungsverbot wegen der Tätigkeit als
Vertrauensperson statuiert ist. Die tarifvertragliche Gewährung von Privilegien (erweiterter Kündigungsschutz, Freistellung für Schulung und Zusammenkünfte[21]
etc.) bildet dagegen die absolute Ausnahme.

3.2 Tarifverträge

Die ungleich wichtigste Konkretisierung der gewerkschaftlichen Einflussnahme auf
die Arbeitsbedingungen vollzieht sich im Abschluss einschlägiger Tarifverträge. Hier
wird für ein abgegrenztes Zuständigkeitsgebiet der Grundstein für die Absicherung
existenzieller Arbeitnehmerrechte gelegt, und das, obwohl immer wieder der unauf-
haltsame Abschied vom ursprünglichen Flächentarifvertrag verkündet wird[22].

Funktional unterscheidet man nach den jeweiligen Regelungsinhalten verschiedene
Erscheinungsformen der Tarifverträge: Im Manteltarifvertrag werden übergreifen-
de Regelungen zu allgemeinen Arbeitsbedingungen, etwa zu Urlaubsansprüchen,
zur Arbeitszeit oder zu Kündigungsfristen getroffen. Im Entgelttarifvertrag sind
Regelungen zu den individuellen Vergütungsansprüchen, zu Lohn und Gehalt,
zusammengefasst. Im Entgeltrahmentarifvertrag, der für bestimmte Branchen –
beispielsweise im Metall- und Elektrobereich – typisch ist, sind weitere generelle
Entlohnungsfragen geregelt, etwa die Entgeltarten oder die Entgeltgruppen.
Schließlich gibt es noch eine große Anzahl weiterer selbständiger Tarifverträge zu
sonstigen spezifischen Regelungsmaterien, etwa zur Vermögensbildung, zu Sonderzahlungen oder zum Rationalisierungsschutz.

3.2.1 Kriterien und Inhalt des Tarifvertrags

Der Tarifvertrag ist seinem Wesen nach zweigeteilt: Er besteht regelmäßig aus einem normativen und aus einem schuldrechtlichen Teil. Für beide Teile gilt das Prinzip der verfassungskonformen Auslegung[23].

Der normative Teil enthält Regelungen, die nicht für die Beziehungen der Tarifpartner selbst gelten, sondern vielmehr die gegenseitigen Rechte und Pflichten der dem
Tarifvertrag unterworfenen Arbeitgeber und Arbeitnehmer betreffen[24]. Das Tarif-
vertragsgesetz unterscheidet dabei verschieden Arten: Inhalts- und Abschlussnor-

---

[20] Vgl. BAG vom 8.12.1978, Der Betrieb 1979, S. 1043.

[21] Zustimmend ArbG Kassel vom 5.8.1976, Der Betrieb 1976, S. 1675; ablehnend ArbG Kiel
vom 28.9.1977, Betriebs-Berater 1978, S. 152; indifferent allerdings BAG vom 5.4.1978, Der Betrieb 1978, S. 1937.

[22] Vgl. etwa die Prognose des Präsidenten des Arbeitgeberverbandes Gesamtmetall *Martin
Kannegiesser*, DIE WELT vom 5.5.2003.

[23] Vgl. BAG vom 21.1.1987, AP Nr. 47 zu Art. 9 GG; BAG vom 23.9.1992, AP Nr. 159 zu § 1
TVG Tarifverträge: Bau.

[24] Zu den Auslegungsregeln dieses Teils vgl. BAG vom 22.1.1960, Recht der Arbeit 1960,
S. 476, BAG vom 26.4.1966, Betriebs-Berater 1966, S. 942 und BAG vom 12.9.1984, Der Betrieb
1985, S. 130.

men beziehen sich auf den Inhalt und Abschluss des individualrechtlichen Arbeitsvertrags (Beispiel: Probezeitregelung). Durch Betriebsnormen werden betriebliche Verhältnisse geregelt, etwa bestimmte Einrichtungen zugunsten der Arbeitnehmer geschaffen (so genannte Solidarnormen, Beispiel: Weiterbildungsausschuss) oder die Ordnung im Betrieb festgelegt (so genannte Ordnungsnormen, Beispiel: Torkontrollen). Unter betriebsverfassungsrechtlichen Normen versteht man Bestimmungen, durch die Regelungen des BetrVG abgeändert oder ergänzt werden, soweit diese dispositiv sind (vgl. § 3 und 86 BetrVG). Daneben gibt es Normen über gemeinsame Einrichtungen der Tarifvertragsparteien (Beispiel: Urlaubskasse und Lohnausgleichskasse im Baugewerbe).

Der schuldrechtliche Teil enthält die Bestimmung von Rechten und Pflichten, die die Tarifvertragsparteien selbst betreffen. Ganz im Vordergrund steht hier die tarifliche Friedenspflicht[25]. Als relative, nämlich auf den Tarifvertrag bezogene Friedenspflicht ist sie jedem Tarifvertrag immanent. Insoweit enthält sie das Verbot, während der Laufzeit eben dieses Tarifvertrags durch Arbeitskampf eine Abänderung der getroffenen Vereinbarungen herbeiführen zu wollen. Wegen der Verletzung der Friedenspflicht haftet nur der jeweilige Verband. Anspruchsberechtigt sind hingegen auch die Mitglieder der gegnerischen Koalition. Dem Tarifvertrag kommt in dieser Hinsicht die Qualität eines Vertrags mit Schutzwirkung für Dritte nach § 328 BGB analog zu[26].

3.2.2 Tariffähigkeit und Tarifvertragsabschluss

Tariffähigkeit (= die Fähigkeit, Partei eines Tarifvertrags zu sein) besitzen die Gewerkschaften und Arbeitgeberverbände, die einzelnen Arbeitgeber, die Spitzenorganisationen der Gewerkschaften und Arbeitgeberverbände, ferner die Handwerksinnungen (§ 54 Abs. 1 Nr. 3 Handwerksordnung). Für die Gewerkschaften und die Arbeitgeberverbände sind die Voraussetzungen der Tariffähigkeit weitgehend gleich mit den Voraussetzungen der Koalitionseigenschaft[27]. Wegen der weitreichenden Folgen für die Verbandsmitglieder ist es jedoch für die Tariffähigkeit zusätzlich erforderlich, dass der Abschluss von Tarifverträgen satzungsmäßig vorgesehen ist. Nach der Rechtsprechung des BAG bedarf es auch der Fähigkeit, auf die Gegenseite Druck ausüben zu können (soziale Mächtigkeit)[28].

Ein Tarifvertrag kommt nach den allgemeinen Vertragsregeln zustande (Angebot – Annahme – keine Unwirksamkeitsgründe). Er bedarf allerdings der Schriftform (§ 1 Abs. 2 TVG).

3.2.3 Die Wirkungen der Tarifnormen

Tarifnormen wirken unmittelbar und zwingend, sie unterliegen dabei aber dem Günstigkeitsprinzip[29] (§ 4 Abs. 3 TVG). Ob eine arbeitsvertragliche Regelung im Einzelfall günstiger ist als der Tarif, ist nach folgenden Kriterien zu bestimmen:

---

[25] Vgl. BAG vom 31.10.1958, Betriebs-Berater 1958, S. 1132.

[26] Vgl. BAG vom 14.11.1958, Betriebs-Berater 1959, S. 79.

[27] Zur Abgrenzung vgl. BVerfG vom 18.11.1954, Recht der Arbeit 1955, S. 39.

[28] Vgl. BAG vom 15.3.1977, Betriebs-Berater 1977, S. 1449.

[29] Vgl. BAG GS vom 16.9.1986, Betriebs-Berater 1987, S. 265. In der Entscheidung ist das so genannte kollektive Günstigkeitsprinzip kreiert worden. Danach soll im Einzelfall nur das Gesamtinteresse der Betriebsgemeinschaft, nicht jedoch die Individualinteressen der Mitarbeiter in die spezifische Günstigkeitsabwägung einbezogen werden.

- Tarifvertrag und Arbeitsvertrag sind miteinander zu vergleichen, dabei ist auf das Interesse des einzelnen Arbeitnehmers abzustellen.

- In den Vergleich einzubeziehen sind alle Normen des Tarifs und des Arbeitsvertrags, die in einem inneren Zusammenhang stehen (**Gruppenvergleich**).

- Die Abwägung hat nach **objektiven Kriterien** der Gesamtrechtsordnung zu erfolgen.

- **Im Zweifel** kommt die **tarifvertragsrechtliche** Regelung zum Zug (insoweit setzt sich das Rangprinzip gegenüber dem Günstigkeitsprinzip durch)

3.2.4 Voraussetzungen der Tarifnormenwirkung

Grundsätzliche Voraussetzung für die Anwendbarkeit eines Tarifvertrags auf ein Arbeitsverhältnis ist, dass die beiden, den Arbeitsvertrag schließenden Parteien tarifgebunden sind, das heißt der jeweiligen Tarifvertragspartei als Mitglied angehören[30]. Daneben gewinnen die so genannten Firmentarifverträge immer mehr an Bedeutung, bei denen auf der Arbeitgeberseite kein Verband, sondern lediglich ein Einzelunternehmen auftritt.

Eine Ausnahme besteht für die bereits erwähnten Betriebsnormen (Solidarnormen und Ordnungsnormen) und für die Betriebsverfassungsnormen, für deren Anwendbarkeit es ausreicht, dass lediglich der Arbeitgeber tarifgebunden ist[31]. Unabhängig von jeder Verbands- und Gewerkschaftszugehörigkeit gelten die Regelungen eines Tarifvertrags immer dann universell, wenn dieser für allgemeinverbindlich erklärt worden ist[32]. Einen Überblick über diese verschiedenen Bindungsalternativen gibt nachstehende Tabelle:

TARIFBINDUNG entsteht durch			
Verbandsvertrag	Firmentarifvertrag	Betriebsnormen Betriebsverfassungsnormen	Allgemeinverbindlichkeit
§ 3 Abs. 1 Alt.1 § 2 Abs. 1 Alt.1 und § 3 TVG	§ 3 Abs. 1 Alt.2 § 2 Abs. 1 Alt.2 TVG	§ 3 Abs. 2 TVG	§ 5 Abs. 4 TVG
Der Arbeitgeber gehört dem Verband an	Der Arbeitgeber schließt den Tarifvertrag direkt mit der Gewerkschaft ab	Der Arbeitgeber gehört dem Verband an oder schließt den Tarifvertrag direkt mit der Gewerkschaft ab	Der Tarifvertrag gilt für alle Arbeitsverhältnisse in seinem Zuständigkeitsbereich, völlig unabhängig von jeglicher Verbands- und Gewerkschaftsmitgliedschaft
Der Arbeitnehmer ist Gewerkschaftsmitglied	Der Arbeitnehmer ist Gewerkschaftsmitglied		

---

[30] Wegen der Möglichkeit der Inanspruchnahme von tariflichen Leistungen bei einer nachträglich eintretenden Tarifbindung vgl. BAG vom 30.4.1969, Betriebs-Berater 1969, S. 873.

[31] Kritisch hierzu BAG vom 21.1.1987, NZA 1987, S. 233.

[32] Dabei soll allerdings die Ausklammerung von Einzelvorschriften unzulässig sein, vgl. OVG Nordrhein-Westfalen vom 23.9.1983, Betriebs-Berater 1984, S. 723.

Darüber hinaus muss der Tarifvertrag nach räumlichen (Tarifgebiet), betrieblichen (Branchenbezug), fachlichen (zum Beispiel technische oder kaufmännische Tätigkeiten), persönlichen (zum Beispiel Arbeiter- oder Angestelltenstatus) und zeitlichen Kriterien anwendbar sein, denn grundsätzlich gibt es keine Rückwirkung von Tarifverträgen.

Gleichermaßen führt der Austritt aus dem Arbeitgeberverband nicht zur unverzüglichen Beendigung der Tarifbindung, vielmehr wirkt diese Bindung grundsätzlich bis zur Beendigung der Laufzeit des entsprechenden Tarifvertrags fort (§ 3 Abs. 3 TVG). Diese Nachwirkungsfrist ist eindeutig bestimmbar, soweit der Tarifvertrag zeitlich befristet ist oder durch Kündigung sein Ende findet. Bei Verträgen, die auf unbestimmte Zeit abgeschlossen sind, versuchen maßgebliche Literaturstimmen die Ungewissheit über die konkrete Dauer der Tarifbindung dadurch zu relativieren, dass sie maximale Bindungszeiträume von zwei oder allenfalls fünf Jahren für angemessen halten (vgl. *Bernuth* 2003, S. 2215 ff., 2216).

3.2.5 Verfalls- und Ausschlussfristen

Nahezu jeder Manteltarifvertrag enthält Regelungen, die den Bestand tariflicher Rechte und die Möglichkeiten der Anspruchstellung von bestimmten Fristen abhängig machen. Solche Verfalls- und Ausschlussfristen sind insbesondere für die Geltendmachung von Entgeltansprüchen von immenser Bedeutung. Die Regelungen dienen der Rechtssicherheit und sollen gewährleisten, dass innerhalb kurzer Fristen Klarheit über die Willensbildung der anderen Seite besteht. Viele Ausschlussfristenregelungen sind mehrstufig ausgestaltet. Manche verlangen zunächst (schriftliche) Geltendmachung und bei Ablehnung unmittelbare Klageerhebung. Fast alle Regelungen sehen im beendeten Arbeitsverhältnis maximal drei Monate Frist zur Anspruchsverfolgung vor. In der Praxis ist die sorgfältige Beachtung tarifvertraglicher Ausschlussfristen dringend erforderlich, da der individuelle Anspruch von Rechts wegen, das heißt ohne dass die Partei sich darauf berufen müsste, erlischt. Auf die konkrete Kenntnis von der tarifvertraglichen Ausschlussfrist kommt es dabei nicht an[33].

3.2.6 Grenzen der Tarifautonomie

Inhaltlich können aber auch Tarifverträge nicht völlig beliebige Regelungen treffen. Grenzen der Tarifautonomie ergeben sich etwa aus der beschränkten Regelungsbefugnis gegenüber Außenseitern (= nicht tarifgebundene Arbeitnehmer)[34], aus dem Günstigkeitsprinzip und aus der notwendigen Beschränkung der Regelungsmaterie auf arbeitsrechtliche Fragen[35]. Auch Eingriffe in die Individualsphäre des einzelnen Arbeitnehmers[36] (z.B. außerdienstliches Verhalten, Verwendung des Arbeitsentgelts etc.), oder in die des Arbeitgebers sind unzulässig. Ferner muss die Tarifautonomie stets die rechtsstaatlichen Grundsätze[37] und das Gemeinwohl beachten. Insgesamt

---

[33] Vgl. BAG vom 16.8.1983, Der Betrieb 1984, S. 55.

[34] Vgl. BAG vom 31.1.1979, Der Betrieb 1979, S. 1039.

[35] Zur tarifvertraglichen Abgrenzung von Rechts- und Regelungsfragen vgl. BAG vom 19.6.1984, Der Betrieb 1984, S. 2415.

[36] Vgl. BAG vom 21.8.1980, Betriebs-Berater 1981, S. 671.

[37] Vgl. BAG vom 21.7.1988, NZA 1989, S. 559.

gesehen steht die Tarifautonomie somit unter dem Vorbehalt des Verhältnismäßigkeitsgrundsatzes[38].

3.3 Muster eines Entgelttarifvertrags (Auszug)

§ 1 Geltungsbereich

Dieser Tarifvertrag gilt für alle der abschließenden Gewerkschaft zugehörigen Arbeitnehmer, die bei einem Unternehmen beschäftigt sind, das dem abschließenden Arbeitgeberverband zugehört, nach Maßgabe der Regelungen des TVG.

§ 2 Entgelt

(1) Alle Arbeitnehmer erhalten ein monatliches Entgelt, dessen Höhe sich nach der Entgelttabelle (Anlage 1) unter Berücksichtigung der jeweiligen Beschäftigungszeit und der Entgeltgruppe (Anlage 2) bemisst.

(2) Ein Beschäftigungsjahr gilt jeweils mit Ablauf des Monats als vollendet, der dem Monat vorangeht, in dem sich die Einstellung jährt.

(3) Teilzeitbeschäftigte erhalten ein anteiliges Entgelt, das sich nach folgender Formel errechnet:

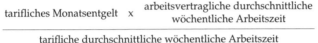

$$\text{tarifliches Monatsentgelt} \times \frac{\text{arbeitsvertragliche durchschnittliche wöchentliche Arbeitszeit}}{\text{tarifliche durchschnittliche wöchentliche Arbeitszeit}}$$

(4) Hat der Arbeitnehmer nur für Teile eines Monats Anspruch auf Entgelt, so ist ihm für jeden Tag, für den ihm kein Entgelt zusteht, das monatliche Entgelt um 1/30 zu kürzen.

§ 3 Eingruppierung

(1) Maßgebend für die Zuordnung der Tätigkeiten zu den Entgeltgruppen ist das Verzeichnis der Tätigkeitsmerkmale für Arbeitnehmer (Anlage 2).

(2) Wird einem Arbeitnehmer innerhalb eines Kalendermonats eine andere höherwertige Tätigkeit ständig übertragen, so ist er, wenn ihm die höherwertige Tätigkeit für mindestens 15 Kalendertage in diesem Monat übertragen ist, vom Beginn dieses Monats an, andernfalls vom Beginn des folgenden Monats an, in die entsprechende Entgeltgruppe höher zu gruppieren.

(3) Dem Arbeitnehmer ist jede Höhergruppierung schriftlich mitzuteilen.

§ 4 Tätigkeitszulage

(1) Für eine höherwertige Tätigkeit an mindestens 15 Kalendertagen im Monat, die die in den Tätigkeitsmerkmalen vorgeschriebenen sonstigen Voraussetzungen erfüllt, erhält der Arbeitnehmer für jeden Kalendermonat eine Tätigkeitszulage. Als Kalendertage gelten die Tage vom Beginn der Übertragung der höherwertigen Tätigkeit bis zu dem Tag, an dem der Arbeitnehmer seine ursprüngliche Tätigkeit wieder ausübt bzw. bei regelmäßigem Verlauf aufgenommen hätte. Die Tätigkeitszulage wird in Höhe des Unterschiedsbetrages zwischen der Vergütung seiner Entgeltgruppe und der entsprechenden höheren Entgeltgruppe gewährt.

(2) Wurde die Tätigkeitszulage nach Absatz 1 ununterbrochen ein Jahr lang gewährt und ist eine Beendigung der zulageberechtigenden Beschäftigung innerhalb der folgenden 3 Kalendermonate nicht abzusehen, so ist der Arbeitnehmer mit Beginn des Monats, der auf die 12-monatige ununterbrochene Gewährung der Tätigkeitszulage folgt, in die höhere Entgeltgruppe einzugruppieren.

---

[38] Vgl. dazu ausführlich BVerfG vom 24.4.1996, BVerfGE 94, 268.

§ 5 Stundenvergütung

Die aus dem monatlichen Entgelt gebildete Stundenvergütung wird nach folgender Formel errechnet:

$$\frac{\text{tarifliches Monatsentgelt}}{\text{tarifliche durchschnittliche} \quad \text{x} \quad 4{,}348}$$
$$\text{wöchentliche Arbeitszeit}$$

§ 6 Auszahlung des Entgelts

(1) Das Entgelt ist am 15. eines jeden Monats für den laufenden Monat zu zahlen. Die Auszahlung erfolgt unbar. Fällt der vorgesehene Zahltag auf einen Sonntag, Feiertag oder allgemein arbeitsfreien Werktag, so tritt an die Stelle eines solchen Tages der vorherige Werktag. Scheidet der Arbeitnehmer aus seinem Arbeitsverhältnis aus, ist das ihm noch zu gewährende Entgelt im Folgemonat nach Ablauf des Arbeitsverhältnisses auszuzahlen.

(2) Der Arbeitnehmer hat etwaige Differenzen des gezahlten Betrages mit der Abrechnung sofort zu beanstanden. Zuviel gezahlte Beträge sind in angemessenen Teilbeträgen zurückzuzahlen. Die Bestimmungen des Bürgerlichen Gesetzbuches über die Herausgabe einer ungerechtfertigten Bereicherung finden entsprechende Anwendung. Der Kenntnis des Mangels des rechtlichen Grundes der Zahlung steht es gleich, wenn der Mangel so offensichtlich war, daß der Empfänger ihn hätte erkennen müssen. Von der Rückforderung kann aus Billigkeitsgründen ganz oder teilweise abgesehen werden.

(3) Eine Abtretung des Entgelts oder von Teilen des Entgelts ist nur mit der Zustimmung des Arbeitgebers möglich. Diese Zustimmung muss schriftlich erteilt werden.

§ 7 Schlussbestimmungen

(1) Dieser Tarifvertrag einschließlich der Anlagen tritt am 1. Januar 2004 in Kraft. Er kann mit einer Frist von 6 Wochen zum Monatsende, frühestens jedoch zum 31. Dezember 2005 insgesamt oder in einzelnen Regelungen bzw. einzelnen Anlagen gekündigt werden.

(2) Soweit einzelne Bestimmungen dieses Tarifvertrages unwirksam sind, wird hiervon die Wirksamkeit des gesamten Vertrages nicht berührt. In diesem Fall verpflichten sich die Parteien, unverzüglich Verhandlungen über die Ersetzung durch eine inhaltliche entsprechende Regelung aufzunehmen.

Anlage 1 (Entgelttabelle)

Grundentgelt	nach 3 Jahren	nach 6 Jahren	nach 9 Jahren	nach 12 Jahren
1) 1.438,82 €	1.485,81 €	1.532,85 €	1.580,40 €	1.627,44 €
2) 1.586,53 €	1.661,98 €	1.736,85 €	1.812,05 €	1.887,68 €
3) 1.740,94 €	1.873,37 €	2.005,79 €	2.137,71 €	2.270,14 €
4) 2.014,49 €	2.170,24 €	2.367,28 €	2.543,67 €	2.720,07 €
5) 2.409,71 €	2.610,65 €	2.811,08 €	3.012,02 €	3.212,44 €
6) 2.828,46 €	3.067,23 €	3.306,13 €	3.544,76 €	3.783,55 €

Anlage 2 (Entgeltgruppen)

Die Eingruppierung der Arbeitnehmer erfolgt anhand der nachstehenden Regelbeispiele, sofern die ausgeübte Tätigkeit von einem Beispiel erfasst wird. Die Beispiele konkretisieren das entsprechende Obermerkmal und gehen diesem vor.

Entgeltgruppe 1

Arbeitnehmer/innen mit Tätigkeiten, die in der Regel durch praktische Berufserfahrung erworbene Kenntnisse erfordern, zum Beispiel:

- Arbeitnehmer/in in der Posteingangsstelle.

Entgeltgruppe 2

Arbeitnehmer/innen mit Tätigkeiten, die gründliche Fachkenntnisse des Aufgabenbereichs erfordern, zum Beispiel:

- Leiter/in der Posteingangsstelle oder Arbeitnehmer/in in der Posteingangsstelle nach 2-jähriger Bewährung in Entgeltgruppe 1.

Entgeltgruppe 3

Arbeitnehmer/innen mit Tätigkeiten, die gründliche und vielseitige Fachkenntnisse erfordern, zum Beispiel:

- Arbeitnehmer/in, die komplexe Sachverhalte bearbeiten oder Abrechnungen sachlich prüft oder Zahlungen sachlich feststellt.
- Leiter/in der Posteingangsstelle nach 4-jähriger Bewährung in Entgeltgruppe 2.

Entgeltgruppe 4

Arbeitnehmer/innen mit Tätigkeiten, die gründliche und umfassende Fachkenntnisse und selbständige Leistungen erfordern, zum Beispiel:

- Kundenbetreuer/in.
- Arbeitnehmer/in im Geschäftszimmer mit selbständigem Aufgabenbereich.

Entgeltgruppe 5

Arbeitnehmer/innen mit Tätigkeiten, die gründliche, umfassende Fachkenntnisse und selbständige Leistungen erfordern und mit einer besonderen Verantwortung verbunden sind, zum Beispiel:

- Kundenbetreuer/in nach 2-jähriger Bewährung in Entgeltgruppe 4 oder entsprechender Berufserfahrung von mindestens 2 Jahren.
- Arbeitnehmer/in im Geschäftszimmer, die sich durch das Maß der Verantwortung und die Bedeutung des Aufgabenkreises aus der Entgeltgruppe 4 herausheben.

Entgeltgruppe 6

Arbeitnehmer/innen mit Tätigkeiten, die eine abgeschlossene wissenschaftliche Hochschulbildung oder gleichwertige Kenntnisse und Fähigkeiten erfordern, zum Beispiel:

- Leiter/in eines Servicezentrums
- Bereichsleiter/in im Kundendienst.
- Abteilungsleiter/in oder Referent/in bei der Hauptverwaltung.

4. Die Rechtslage nach dem BetrVG

Ergänzend zu den soeben dargestellten, spezifisch auf die Absicherung eines akzeptablen Entgeltniveaus zugeschnittenen überbetrieblichen Regelungen, sind auch im betrieblichen Bereich einige Vorgaben vorhanden, die diesen Zweck verfolgen. Allerdings ist deren Tragweite aus den bereits erwähnten Gründen bei weitem geringer als diejenige, die etwa vom Tarifvertragsrecht ausgeht. Immerhin hat der Gesetzgeber aber die wirtschaftlichen Interessen der Arbeitnehmer auch hier nicht übersehen, er hat sogar individuelle Detailregelungen in den Gesetzeskanon aufgenommen: So ist etwa in § 87 Abs. 1 Nr. 4 BetrVG ein Mitbestimmungsrecht des Betriebsrats vorgesehen, soweit es um Zeit, Art und Ort der Auszahlung des Arbeitsentgelts und um die Erstattung der damit verbundenen Kosten geht[39].

---

[39] Vgl. BAG vom 24.11.1987, Der Betrieb 1988, S. 813 und vom 10.8.1993, NZA 1994, S. 326.

4.1 Kollektive und individuelle Lohntransparenz

Das BetrVG trägt solchen wirtschaftlichen Interessen ansonsten an verschiedener Stelle Rechnung, einerseits etwa dadurch, dass dem Betriebsrat ein Einblicksrecht in Lohn- und Gehaltslisten zugestanden wird. Nach § 80 Abs. 2 BetrVG darf der Betriebsrat jederzeit, sogar ohne einen konkreten Anlass darlegen zu müssen, die Liste der Bruttolöhne und -gehälter einschließlich der außer- und übertariflichen Zulagen und der freiwillig gewährten Prämien einsehen[40]. Das gilt uneingeschränkt für die Entgeltlisten über alle Belegschaftsgruppen hinweg, mit Ausnahme der leitenden Angestellten. Der Betriebsrat darf freilich keine Kopien oder Abschriften fertigen, er darf sich aber persönliche Notizen machen[41]. Entgegen der noch immer weit verbreiteten betrieblichen Praxis, die Einsichtnahme in diese überaus sensiblen Listen nur in Anwesenheit einer Aufsicht führenden Vertrauensperson des Arbeitgebers zu gestatten, hält das BAG solche Überwachungen für unzulässig[42].

Zusätzlich zu dieser kollektiven Lohntransparenz wird in § 82 Abs. 2 Halbs. 1 BetrVG auch die individuelle Lohntransparenz garantiert. Dem Arbeitnehmer müssen im Bedarfsfall die konkreten Berechnungsgrundlagen offengelegt und erläutert werden, die sein Arbeitsentgelt der Höhe nach festlegen. Gleichermaßen muss ihm sein Arbeitgeber auf Verlangen die einzelnen Entgeltbestandteile darlegen und auseinandersetzen. Fakultativ ist dabei ein Mitglied des Betriebsrats hinzuzuziehen, sofern der jeweilige Arbeitnehmer das wünscht (§ 82 Abs. 2 Satz 2 BetrVG).

Eine derartige, lediglich optional ausgestaltete und vom Willen des Einzelarbeitnehmers abhängige betriebsrätliche Beteiligungsform ist für das BetrVG eher ungewöhnlich. Sie macht deutlich, dass sich an dieser Stelle eine der wenigen Situationen realisiert hat, in der ein echtes Individualrecht in den kollektiven Rahmen des BetrVG eingestellt worden ist. Der im Arbeitsvertrag wurzelnde, individualrechtliche Fürsorgegedanke (vgl. *Schaub* 2004, § 108 Abs. II) überlagert damit die ansonsten strikt von der Existenz eines Betriebsratsgremiums abhängige Dimension der betrieblichen Mitbestimmung. Eine auf den ersten Blick bemerkenswert unsystematische Entscheidung des Gesetzgebers.

Die praktische Folge davon ist, dass die Ausübung der hier zugesicherten Rechte grundsätzlich sogar im betriebsratslosen Betrieb erfolgen kann. Vorausgesetzt allerdings, es handelt sich um einen Betrieb, der aufgrund seiner Belegschaftsstärke an sich betriebsratsfähig wäre, in dem aber die Konstituierung einer Arbeitnehmervertretung unterblieben ist (vgl. *Däubler* et al. 2004, § 81 Rdnr. 4). Ob diese kollektivrechtlich verankerten Individualrechte hingegen auch in Kleinstbetrieben gelten, in denen die Eingangsschwelle des § 1 BetrVG nicht überschritten wird, ist in der Literaturmeinung umstritten.

Nach der einen Auffassung, die für die Akzeptanz dieser Rechte auch in einem solchen Umfeld plädiert, gibt es kaum einen nachvollziehbaren Grund, den Arbeitnehmern in Kleinstbetrieben solche Befugnisse vorzuenthalten. Immerhin sei deren individuelle Interessenlage völlig identisch mit der von Arbeitnehmern in anderen,

---

[40] Ständige Rechtsprechung, vgl. BAG, AP Nrn. 1, 3, 6, 7, 12 und 15 zu § 80 BetrVG 1972.
[41] Vgl. BAG vom 15.6.1976, AP Nr. 9 zu § 80 BetrVG 1972 und vom 3.12.1981, AP Nr. 17 zu § 80 BetrVG 1972.
[42] Vgl. BAG vom 16.8.1995, NZA 1996, S. 330.

größeren Betrieben und die Ansprüche hätten dem Grunde nach einen individualrechtlichen Hintergrund (vgl. *Hess* et al. 1997, S. 1071; ebenfalls *Däubler* et al. 2004, § 81 Rdnr. 4). Im Ergebnis konträr votiert allerdings die Gegenmeinung mit dem Einwand, die Anwendbarkeitsgrenze werde zweifellos durch den Geltungsbereich des Gesetzes gezogen (vgl. *Fabricius* et al. 2002, S. 496 f.; ebenso *Weiss/Weyand* 1994, S. 307). Dieser Geltungsbereich sei aber völlig eindeutig durch die Belegschaftsgröße determiniert. In nicht betriebsratsfähigen Betrieben müssten sich die Arbeitnehmer, wenn sie Auskunftsansprüche dieser Art geltend machen wollten, mithin auf die „dubiose und nebulöse Kategorie der Fürsorgepflicht" (vgl. *Weiss/Weyland* 1994, S. 306) verweisen lassen.

Gewiss muss diese marginale Meinungsverschiedenheit an dieser Stelle nicht unbedingt abschließend entschieden werden, insbesondere weil es sich um eine akademische Kontroverse handelt, die lediglich die dogmatische Begründung problematisiert. Denn im Ergebnis kommen beide Meinungen völlig zu Recht zu ein und demselben Resultat. Allerdings scheint das ablehnende, auf den Geltungsbereich des Gesetzes bezogene Argument stichhaltiger zu sein. Das folgt aus der parallelen Einbeziehung und Bewertung einer Entscheidung, die der Erste Senat des BAG bereits relativ kurz nach Inkrafttreten der BetrVG-Novelle 1972 zu den leitenden Angestellten getroffen hat. Danach sollen die betriebsverfassungsrechtlich reglementierten Individualrechte zu deren Gunsten nicht zur Anwendung gelangen[43]. Zur Begründung wurde darauf Bezug genommen, dass entgegen einer Initiative des Bundesrates, die die leitenden Angestellten ausdrücklich in den Geltungsbereich einbeziehen wollte[44], diese Ergänzung in der Schlussfassung des Gesetzes unterblieben sei (vgl. *Wiese* 1973, S. 1 ff., 7, Anm. 72). Angesichts dessen könne eine ausfüllungsbedürftige Regelungslücke kaum angenommen werden. Vielmehr habe der Gesetzgeber eine bewusste Entscheidung getroffen und die Geltung der betriebsverfassungsrechtlichen Individualansprüche strikt auf den tatsächlichen Anwendungsbereich des Gesetzes beschränkt.

4.2 Sozialer Entgeltschutz

Drei weitere, die Einkommenshöhe beeinflussende gesetzliche Anordnungen sind im Katalog des § 87 BetrVG verzeichnet. Konkret handelt es sich dabei um eine mittelbar einwirkende Vorgabe (§ 87 Abs. 1 Nr. 3 BetrVG) und um zwei zusätzliche mit unmittelbarer Wirkung (§ 87 Abs. 1 Nr. 10 und Nr. 11 BetrVG).

4.2.1 Die Mitbestimmung nach § 87 Abs. 1 Nr. 3 BetrVG

In § 87 Abs. 1 Nr. 3 BetrVG wird die Mitbestimmung bei vorgesehen Veränderungen der betriebsüblichen Arbeitszeit angeordnet. Die Auswirkungen, die solche zeitlichen Veränderungen heraufbeschwören, liegen auf der Hand, sie lösen stets Abweichungen hinsichtlich der individuellen Entgeltansprüche aus. Insbesondere wenn es um die Verkürzung der betriebsüblichen Arbeitszeit geht und die Arbeitnehmer in der Folge davon eine Reduzierung ihrer Entgeltansprüche zu erwarten

---

[43] Vgl. BAG vom 19.2.1975, AP Nr. 9 zu § 5 BetrVG 1972.
[44] Vgl. BR-Drucks. 715/70 S. 8 Nr. 17.

haben, sind die Konsequenzen für den Einzelnen besonders brisant. Deshalb ist gerade bei der Anordnung von Kurzarbeit die konsequente Anwendung der „Theorie der Wirksamkeitsvoraussetzung"[45] zum kollektiven Schutz der Individualinteressen von besonderer Bedeutung (vgl. *Simitis/Weiss* 1973, S. 1240 ff., 1241). Erst durch die darin zum Ausdruck kommende latente Drohung an den rechtsbrüchigen Arbeitgeber, er werde trotz der Entgegennahme einer in ihrem Umfang reduzierten individuellen Arbeitsleistung dennoch das volle, vertraglich geschuldete Entgelt zahlen müssen, ist seine Bereitschaft, sich auf Verhandlungen mit dem Betriebsrat einzulassen, letztlich zu garantieren.

Der gegen diese Doktrin vereinzelt vorgebrachte Einwand, ihre Anwendung führe partiell zu einer Entmündigung der Belegschaftsmitglieder (vgl. *Richardi* 1971, S. 621 ff., 628 f.; ders. 1970, S. 755 ff., 783), ist nur vermeintlich überzeugend. Letztlich entscheidend ist, dass nur durch die vordergründig als „Fremdbestimmung" anmutende Intervention des Betriebsrats der individuelle Schutz vor Übervorteilung sichergestellt werden kann. „Die „Fremdbestimmung" ist insofern ein bewusst in Kauf genommenes Korrektiv formal existenter, inhaltlich aber fragwürdiger Selbstbestimmung" (vgl. *Simitis/Weiss*, 1973, S. 1241, Anm. 8).

Vergleichbares gilt für die Beteiligung bei den Fragen der betrieblichen Lohngestaltung (§ 87 Abs. 1 Nr. 10 BetrVG) und der Festsetzung von leistungsbezogenen Entgelten (§ 87 Abs. 1 Nr. 11 BetrVG). Beide Varianten dominieren die unmittelbar auf das Arbeitsentgelt einwirkenden Aspekte, die im ersten Fall die betriebsweite strukturelle Einkommensrealität thematisieren, um so die betriebliche Entgeltgerechtigkeit sicherzustellen[46], und die im zweiten Fall sogar die lohnpolitischen Entscheidungen über die individuelle Entgelthöhe beeinflussen können[47].

4.2.2 Die Mitbestimmung nach § 87 Abs. 1 Nr. 10 BetrVG

Nach der zentralen Vorschrift des § 87 Abs. 1 Nr. 10 BetrVG hat der Betriebsrat bei Fragen der betrieblichen Lohngestaltung mitzubestimmen, insbesondere bei der Aufstellung von Entlohnungsgrundsätzen und bei der Einführung und Anwendung neuer und bei der Änderung bestehender Entlohnungsmethoden. Die Vorschrift betrifft nach der herrschenden Auffassung nicht nur das laufende monatliche Entgelt, sondern praktisch alle Leistungen des Arbeitgebers mit Entgeltcharakter. Darunter fallen nach der Rechtsprechung mithin auch Gewinn- und Ergebnisbeteiligungen[48], Provisionen[49], zinsbegünstigte Darlehen[50], Mietzuschüsse und Kosten

---

[45] Ständige Rechtsprechung des BAG, vgl. BAG GS vom 3.12.1991, AP Nr. 51 zu § 87 BetrVG 1972 Lohngestaltung; BAG vom 3.5.1994, AP Nr. 23 zu § 23 BetrVG 1972; BAG vom 7.2.1996, AP Nr. 85 zu § 87 BetrVG 1972 Lohngestaltung; BAG vom 9.7.1996, AP Nr. 86 zu § 87 BetrVG 1972 Lohngestaltung; BAG vom 23.7.1996, AP Nr. 68 zu § 87 BetrVG 1972 Arbeitszeit.

[46] Gerade diese Funktion hat das BAG immer wieder betont, vgl. BAG GS vom 3.12.1991, AP Nr. 51 zu § 87 BetrVG 1972 Lohngestaltung; ebenso BAG vom 19.9.1995, vom 7.2.1996 und vom 9.7.1996, AP Nrn. 81, 85 und 86 zu § 87 BetrVG 1972 Lohngestaltung.

[47] Vgl. BAG vom 29.3.1977, AP Nr. 1 zu § 87 BetrVG 1972 Provision; BAG vom 22.1.1980, AP Nr. 3 § 87 BetrVG 1972 Lohngestaltung; BAG vom 19.3.1983 und vom 16.12.1986, AP Nrn. 3 und 8 zu § 87 BetrVG 1972 Prämie.

[48] Vgl. LAG Bremen vom 27.10.1978, DB 1978, S. 1668.

[49] Vgl. BAG vom 13.3.1984, AP Nr. 4 zu § 87 BetrVG 1972 Provisionen.

[50] Vgl. BAG vom 9.12.1980, AP Nr. 5 zu § 87 BetrVG 1972 Lohngestaltung.

für Familienheimflüge[51], ermäßigte Flugtickets[52], sonstige Lohnzulagen[53], Prämien bei Überschreitung eines bestimmten Umsatzsolls[54], Vergütung von Bereitschaftsdienst[55] oder die Ausgabe von Essensmarken für die Kantine[56].

Voraussetzung für die Anwendbarkeit der Vorschrift ist allerdings stets die verbindliche Feststellung, dass ein kollektiver Regelungstatbestand vorliegt. Das kann immer dann angenommen werden, wenn es um die Festlegung abstrakt-genereller Grundsätze der Entgeltgestaltung geht, so etwa wenn der Arbeitgeber den Grund und das Ausmaß seiner jeweiligen Leistung von allgemeinen Merkmalen abhängig macht (Beispiel: Grad der Leistungserbringung, Fehlzeitenverhalten, Anzahl der zurückliegenden Lohnerhöhungen etc.), die jeweils von einer gewissen Menge einzelner Arbeitnehmer erfüllt wird (vgl. *Wiese* 1995, S. 355).

Ist diese Voraussetzung erfüllt, so stehen alle Gestaltungsentscheidungen des Arbeitgebers mit entgeltlichen Auswirkungen grundsätzlich unter dem Mitbestimmungsvorbehalt, und zwar sowohl was die Entlohnungsgrundsätze, als auch was die Entlohnungsmethoden anbelangt. Das bedeutet zunächst, dass der Arbeitgeber mit seinem Betriebsrat Konsens darüber erzielen muss, wie sich die Vergütung im einzelnen strukturell zusammensetzen soll – beispielsweise ob Zeit- oder Leistungslohn oder ob eine Grundvergütung nebst Leistungszulagen, Prämien oder Provisionen gezahlt wird – und wie sich die einzelnen Entgeltbestandteile prozentual zueinander verhalten. Das bedeutet aber auch, dass das gesamte Verfahren der Arbeitsbewertung, etwa die Entscheidung, ob ein summarisches oder ein analytisches Bewertungsverfahren gewählt wird, grundsätzlich der Mitbestimmung unterliegt.

Besonders massive praktische Probleme stellen sich zudem hinsichtlich der Frage, wie bei den turnusmäßig anstehenden Tariflohnerhöhungen zu verfahren ist. Prinzipiell besteht insoweit für den Arbeitgeber ja faktisch die Möglichkeit, solche Erhöhungen auf bereits gewährte freiwillige Entgeltbestandteile (= übertarifliche Zulagen) anzurechnen, oder die jeweiligen Erhöhungsbeträge als effektive Einkommenssteigerungen an die Arbeitnehmer weiterzugeben. Die bedeutsame personalpolitische Komponente, die eine solche Option für die Arbeitgeberseite eröffnet, ist unverkennbar. Was sich allerdings zunächst als eine der wenigen motivationsträchtigen Chancen für die Verwirklichung leistungsbezogener Differenzierungen im Betrieb darstellt, entpuppt sich in der Lesart der Richter des BAG als ein überaus kompliziertes Vabanquespiel, in dem Gewinner und Verlierer im vorhinein nur schwer auszumachen sind.

In der zentralen Entscheidung des Großen Senats des BAG zu diesem Themenkreis[57] kommen die erkennenden Richter nämlich zum dem Ergebnis, die Mitbestimmung werde immer dann ausgelöst, wenn der Arbeitgeber durch eine Gestaltungsentscheidung die Verteilungsgrundsätze ändert und darüber hinaus für eine

---

[51] Vgl. BAG vom 10.6.1986, AP Nr. 22 zu § 87 BetrVG 1972 Lohngestaltung.

[52] Vgl. BAG vom 22.10.1985, AP Nr. 18 zu § 87 BetrVG 1972 Lohngestaltung.

[53] Vgl. ArbG München vom 22.3.1979, Der Betrieb 1979, S. 204.

[54] Vgl. LAG Hamm vom 18.12.1975, Arbeit und Recht 1976, S. 122.

[55] Vgl. LAG Frankfurt am Main vom 26.2.1985, Betriebs-Berater 1986, S. 259.

[56] Vgl. BAG vom 15.1.1987, AP Nr. 21 zu § 75 BPersVG.

[57] Vgl. BAG GS vom 2.12.1991, AP Nr. 51 zu § 87 BetrVG 1972 Lohngestaltung.

anderweitige Anrechnung oder Kürzung der übertariflichen Zulagen ein Regelungsspielraum verbleibt. Das bedeutet, dass der Arbeitgeber also immer dann seinen Betriebsrat beteiligen muss, wenn er bezogen auf die einzelnen Belegschaftsmitglieder differenzieren will, zumeist um die Gesamtsumme zu reduzieren, und dadurch das Verhältnis der Zulagen zueinander ändert. Das bedeutet im Umkehrschluss aber auch, dass der Arbeitgeber seine Entscheidung nur dann mitbestimmungsfrei treffen kann, wenn er entweder die Tariferhöhung an alle Arbeitnehmer vollständig weitergibt oder bei allen Arbeitnehmern eine prozentual gleiche Anrechnung vornimmt, respektive die Tariferhöhung in ihrer Gesamtheit auf die Zulagen anrechnet.

Verletzt der Arbeitgeber in diesem Zusammenhang ein bestehendes Mitbestimmungsrecht, dann sind seine Entscheidungen gegenüber den einzelnen Arbeitnehmern rechtsunwirksam. Der Arbeitgeber darf die Mitbestimmung auch nicht dadurch unterlaufen, dass er die Tariferhöhung zunächst vollständig auf die außertariflichen Zulagen anrechnet, um dann kurz darauf individuell neue Zulagen zu verteilen[58]. Denn auch mit einer solchen Verfahrensweise, die in der Personalpraxis zuweilen als die einzig sinnvolle Handhabung angesehen wird, löst er die Mitbestimmung aus.

Angesichts der personalpolitischen Brisanz dieser judikativen Beschneidung ihrer Entscheidungskompetenz hat das BAG der Arbeitgeberseite allerdings in einer Folgeentscheidung zumindest zugestanden, zunächst eine mitbestimmungspflichtige Anrechnung vornehmen zu können, um diese dann rückwirkend durch eine neue Verteilungskonzeption auf der Grundlage einer abzuschließenden Betriebsvereinbarung abzulösen. Voraussetzung für dieses zweistufige Verfahren soll allerdings dessen Ankündigung bereits zum Zeitpunkt der Anrechnung sein, gemeinsam mit dem zeitgleichen Vorschlag für eine einschlägige rückwirkende Betriebsvereinbarung an den Betriebsrat[59].

4.2.3 Die Mitbestimmung nach § 87 Abs. 1 Nr. 11 BetrVG

Der Oberbegriff „leistungsbezogene Entgelte", so wie er in der Vorschrift des § 87 Abs. 1 Nr. 11 BetrVG gebraucht wird, beschreibt nach der Rechtsprechung eine Vergütungsform, „bei der eine „Leistung" des Arbeitnehmers … gemessen und mit einer Bezugsleistung verglichen wird und bei der sich die Höhe der Vergütung in irgendeiner Weise nach dem Verhältnis der Leistung des Arbeitnehmers zur Bezugsleistung bemisst"[60]. Dieser Oberbegriff wird im Gesetz selbst durch die Begriffe „Akkord- und Prämiensätze" konkretisiert. Daneben wird die Mitbestimmung auf die ergänzende Kategorie des „Geldfaktors", mit der nach der Rechtsprechung des BAG die Vergütung für die in Bezug genommene Ausgangsleistung gemeint ist[61], ausgedehnt.

Angesichts dieses umfassenden Definitionsvolumens zum Leistungslohn müssen sämtliche diesbezüglichen Bezugsgrößen der Mitbestimmung unterworfen werden. Beim Zeitakkord betrifft das also die Vorgabezeit (= die Zeit, die bei Normalleistung

---

[58] Vgl. BAG vom 17.1.1995, NZA 1995, S. 791 und vom 14.2.1995, NZA 1995, S. 795.
[59] Vgl. BAG vom 19.9.1995, NZA 1996, S. 386.
[60] Vgl. BAG vom 28.7.1981, Recht der Arbeit 1981, S. 407.
[61] Vgl. BAG vom 13.9.1983, Recht der Arbeit 1984, S. 63.

für die Herstellung eines Stückes benötigt wird)[62], den Akkordrichtsatz (= Verdienst, der bei Normalleistung pro Stunde erzielt werden soll), den Zeitfaktor (= Zeitvolumen, das für den einzelnen Arbeitsvorgang vorgegeben wird) und den soeben bereits erwähnten Geldfaktor[63]. Darüber hinaus sind auch die Festlegung von Dauer und Lage der Erholungszeiten als Bestandteil der Vorgabezeiten[64] und die in den Betrieben immer wieder vehement diskutierte Frage, ob solche Erholungszeiten zu verbindlich festgelegten Kurzpausen zusammengefasst werden sollen, mitbestimmungspflichtig nach § 87 Abs. 1 Nr. 11 BetrVG[65].

Beim Geldakkord ist die Intensität der Mitbestimmung geringer, im Wesentlichen weil hier lediglich eine konkrete Vergütung für die Herstellung eines Werkstückes festgesetzt wird. Der Betriebsrat ist deshalb faktisch auf die Mitbestimmung bei der Festsetzung des jeweiligen Akkordsatzes für dieses Werkstück beschränkt.

Wird im Betrieb Leistungslohn als Prämienlohn gezahlt, so sind sowohl die Prämienarten, als auch alle weiteren Bezugsgrößen, Anknüpfungspunkte und die zugrunde zu legende Entgelteinheit der Mitbestimmung unterworfen. Das betrifft allerdings ausschließlich die Lohnform des leistungsbezogenen Entgelts. Alle anderen betrieblichen Zusatzleistungen, die landläufig etwa als Treueprämie, Jahresabschlussprämie oder Anwesenheitsprämie bezeichnet werden, unterliegen nicht der Mitbestimmung des § 87 Abs. 1 Nr. 11 BetrVG[66].

4.3 Lohn- und Gehaltsgruppen

Die betriebsrätlichen Beteiligungsrechte bei personellen Einzelmaßnahmen können gleichermaßen unter dem Aspekt der materiellen Absicherung des einzelnen Arbeitnehmers gesehen werden. Sie übernehmen insbesondere in Situationen, in denen die arbeitsvertraglichen Beziehungen erst in ihrer Anfangsphase stehen, wichtige Korrekturfunktionen. Denn gerade in dieser Phase steht der Arbeitnehmer zumeist ohne jeden Rückhalt in der Belegschaft da, weil die dazu notwendigen informellen Beziehungen noch nicht geknüpft werden konnten. Das potenzielle Widerspruchsrecht nach dem Katalog des § 99 BetrVG erfüllt demnach eine wichtige individuell wirksam werdende Aufgabe, wenn und soweit es um Maßnahmen wie Einstellungen und die damit verbundenen Eingruppierungen oder um Umgruppierungen geht.

Zusätzliche Voraussetzung der Mitbestimmung ist insoweit allerdings eine Belegschaftsgröße, die über die generelle Eingangsschwelle zur Betriebsverfassung hinausreicht und mindestens 21 wahlberechtigte Belegschaftsmitglieder erfordert (§ 99 BetrVG Eingangssatz). Die Feststellung der notwendigen Belegschaftsgröße erfolgt betriebsbezogen, während die Belegschaftsstärke auf Unternehmensebene hingegen unerheblich ist (vgl. *Federlin*, S. 125 ff., 126 f.). Als Konsequenz der erhöhten Eingangsschwelle ist zur Ausübung der Mitbestimmung bei personellen Einzelmaßnahmen stets ein Kollegialorgan berufen, das aus mindestens drei Betriebsratsmitgliedern bestehen muss.

---

[62] Vgl. LAG Berlin vom 11.7.1988, LAGE § 87 BetrVG 1972 Leistungslohn Nr. 4.
[63] Vgl. BAG vom 16.12.1986, NZA 1987, S. 568.
[64] Vgl. BAG vom 24.2.1987, Der Betrieb 1987, S. 1435.
[65] Vgl. BAG vom 24.11.1987, NZA 1988, S. 320.
[66] Vgl. LAG Hamm vom 18.12.1975, Arbeit und Recht 1976, S. 122.

5. Zusammenfassung und Fazit

Die betriebliche Lohnpolitik ist Sache des Arbeitgebers[67]. Ungeachtet dieser kategorischen Grundaussage hat die rechtspolitische Entwicklung in der Bundesrepublik zu einem Konvolut von Vorschriften und zu einer Fülle von institutionellen Vorgaben geführt, von denen die interessengerechte Ausführung dieses lohnpolitischen Auftrags begleitet und flankiert wird. Der Arbeitgeber muss bei der konkreten Gestaltung der spezifischen Entgeltpolitik in seinem Betrieb also einige rechtliche Dinge beachten.

Ungeachtet dessen hat sich unser bestehendes System als erfolgreiches Modell erwiesen. Eine Diskussion darüber, ob die Zweckmäßigkeit dieses dualen Vertretungsmodells und seiner Komponenten prinzipiell in Frage zu stellen sei – vgl. etwa die bereits erwähnten Zweifel an der weiteren Zukunft des Flächentarifvertrags – ist daher gewiss deplatziert. Für den anhaltenden methodischen Erfolg ist es allerdings erforderlich, dass die Chancen, die bereits jetzt in ausreichendem Maße vorhanden sind, zukünftig noch besser genutzt werden. So kann etwa die Vereinbarung von tariflichen Öffnungsklauseln und die damit verbundene Verlagerung der Entscheidungskompetenz auf die betriebliche Ebene eine wichtige Option sein. Jedenfalls schaffen die bestehenden rechtlichen Rahmenbedingungen, so wie diese vorstehend komprimiert dargestellt worden sind, eine angemessene Grundlage sowohl für eine adäquate Interessenverfolgung der Beteiligten, als auch dafür, die notwendigen systematischen Innovationen zu realisieren.

Literaturverzeichnis

Adomeit, Klaus: Regelung von Arbeitsbedingungen und ökonomische Notwendigkeiten – eine Untersuchung zu aktuellen Fragen des Deutschen Tarifrechts, Landsberg am Lech 1996

Aristoteles: Nikomachische Ethik, übersetzt von *Franz Dirlmeier,* Stuttgart 2003

Bernuth, Wolf von: Austritt aus dem Arbeitgeberverband, Neue Juristische Wochenschrift (NJW) 2003, S. 2215

Blanke, Thomas: 75 Jahre Betriebsverfassung: Der Siegeszug eines historischen Kompromisses, Kritische Justiz (KJ) 1995, S. 12

Däubler,Wolfgang/Kittner, Michael/Klebe, Thomas: Betriebsverfassungsgesetz, 9. Auflage, Köln 2004

Fabricius, Fritz/Kraft, Alfons/Wiese, Günther/Kreutz, Peter/Oetker, Hartmut: Gemeinschaftskommentar zum Betriebsverfassungsgesetz, Band 2, 7. Auflage, Neuwied 2002

Federlin, Gerd: Die Mitbestimmung des Betriebsrats bei personellen Einzelmaßnahmen nach § 99 BetrVG, in: Betriebsverfassung in Recht und Praxis (BV), Gruppe 5, S. 125

Freese, Heinrich: Die konstitutionelle Fabrik, Jena 1909

---

[67] Vgl. diese unmissverständliche Feststellung des LAG Rheinland-Pfalz vom 8.8.1975, Der Betrieb 1975, S. 1996.

Gamillscheg, Franz: Kollektives Arbeitsrecht, Band 1: Grundlagen/Koalitionsfreiheit/Tarifvertrag/Arbeitskampf und Schlichtung, München 1997

Gast, Wolfgang: Das Arbeitsrecht als Vertragsrecht, Heidelberg 1984

Gast, Wolfgang: Arbeitsrecht 2000 – Welches Recht brauchen Unternehmen?, Heidelberg 1995

Hess, Harald/Schlochauer, Ursula/Glaubitz, Werner: Kommentar zum BetrVG, 5. Auflage, Neuwied 1997

Lüttke, H.: Gesetz über die Betriebsräte, Eine Anleitung, Leipzig 1920

Ramm, Thilo: Die Arbeitsverfassung der Weimarer Republik, in: In memoriam Sir Otto Kahn-Freund, München 1980

Ramm, Thilo: Das deutsche kollektive Arbeitsrecht zwischen den beiden Weltkriegen, Zeitschrift für Arbeitsrecht (ZfA) 1988, S. 157

Richardi, Reinhard: Die Beschränkung der Vertragsfreiheit durch das Mitbestimmungsrecht des Betriebsrats in sozialen Angelegenheiten, in: Festgabe für Ulrich von Lübtow, Berlin 1970

Richardi, Reinhard: Kritische Anmerkungen zur Reform der Mitbestimmung des Betriebsrats in sozialen und personellen Angelegenheiten nach dem Regierungsentwurf, Der Betrieb (DB) 1971, S. 621

Richardi, Reinhard: in: Münchener Handbuch zum Arbeitsrecht, Band 1, Individualarbeitsrecht I, 2. Auflage, München 2000

Schaub, Günter: Arbeitsrechts-Handbuch, 11. Auflage, München 2004

Simitis, Spiros/Weiss, Manfred: Zur Mitbestimmung des Betriebsrats bei Kurzarbeit, Der Betrieb (DB) 1973, S. 1240

Sinzheimer, Hugo: Der Tarifgedanke in Deutschland, in: Arbeitsrecht und Rechtssoziologie, Band I, Frankfurt 1976

Weiss, Manfred/Weyand, Joachim: Betriebsverfassungsgesetz, 3. Auflage, Baden-Baden 1994

Wiese, Günther: Individualrechte in der Betriebsverfassung, Recht der Arbeit (RdA) 1973, S. 1

Wiese, Günther: Mitbestimmungspflichtige kollektive Tatbestände bei der Anrechnung von Zulagen auf Tariflohnerhöhungen, Recht der Arbeit (RdA) 1995, S. 355

Integrierte Entgeltpolitik

Dr. Kurt Femppel/Prof. Dr. Ernst Zander

Inhalt

1. Integrierte Entgeltpolitik als Bestandteil der Personalpolitik

Versteht man unter einem Ziel die Richtschnur des Handels und unter einer Aufgabe die zu erledigende Arbeit, dann bedeuten für das Personalmanagement die Bereitstellung und der zielorientierte Einsatz von Personal sowohl Ziel als auch Aufgabe.

Die Bereitstellung, die positive Beeinflussung und die Nutzung der menschlichen Arbeitskraft bilden zunächst wirtschaftliche Ziele. Der Beitrag des Personalmanagements zur Wirtschaftlichkeit besteht bei dieser Betrachtung in der Optimierung der Relation zwischen dem Personalaufwand und dem Leistungsbeitrag des Faktors Arbeit. Die Arbeit ist ausschließlich Kostenfaktor und das Wirtschaftlichkeitsprinzip die alleinige Orientierung für die Aktivitäten des Personalmanagements. Da jedoch der Faktor Arbeit einerseits untrennbar an die menschliche Person gebunden ist, andererseits die Unternehmen auch Teil der Gesellschaft sind, ist eine solche Betrachtungsweise zu einseitig. Zusätzlich zu den wirschaftlichen Zielen müssen daher auch die Mitarbeiter selbst mit ihren individuellen Bedürfnissen und Erwartungen vor allem hinsichtlich ihrer Existenzsicherung – Arbeitsplatz und Einkommen – sowie die Gesellschaft mit ihren Forderungen nach Humanisierung der Arbeit berücksichtigt werden.

Soziale Ziele sind Ausdruck des Strebens nach Zufriedenheit. Zufriedenheit bildet die Grundlage der Motivation und die Motivation wiederum erhöht die Leistungsbereitschaft und verbessert damit das Leistungsergebnis der Mitarbeiter.

Um beiden Zielen gerecht zu werden, benötigt das Personalmanagement eine in ihren Komponenten aufeinander abgestimmte **Personalpolitik**. **Ein** wesentliches Element dieser Personalpolitik bildet die **Entgeltpolitik**. Sie besitzt einen Doppelcharakter: Entgelt bedeutet für das Unternehmen Kosten, für den Mitarbeiter Existenzsicherung (*Abb. 1*, vgl. *Oechsler* 2000).

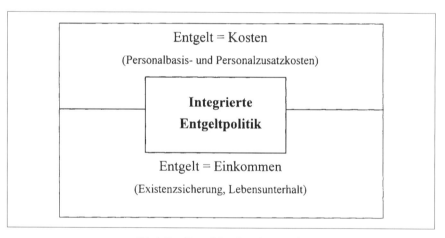

Abb. 1: Der Doppelcharakter des Entgelts

Das Entgelt beeinflusst aber gleichzeitig auch die Motivation und damit über die Leistungsbereitschaft das Leistungsergebnis. **Die Entgeltpolitik eines Unternehmens muss daher als integrierter Bestandteil der gesamten Personalpolitik gesehen und verstanden werden.** Sie muss daher auf das übrige personalpolitische Instrumentarium abgestimmt und gewichtet sein (vgl. *Abb. 2*).

Die Palette der Gestaltungsmöglichkeiten von Aufgaben und Aufgabenumfeld, die einem Unternehmen zur Verfügung stehen, ist ausgesprochen vielfältig. Die Aufgabe selbst, ihre Strukturierung, ihre hierarchische Einordnung, die Kollegen, die Führungskräfte, die Aufstiegschancen und nicht zuletzt die Verdienstmöglichkeiten wirken sich positiv oder negativ auf die Zufriedenheit eines Mitarbeiters aus – und damit auf dessen Motivation und Leistungsbereitschaft.

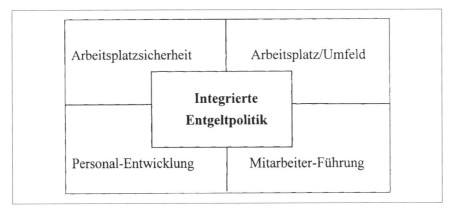

Abb. 2: Entgeltpolitik im Rahmen der Personalpolitik

Betrachtet man die Realität, so stellt man fest, dass die einzelnen Instrumente der Personalpolitik nur in Ausnahmefällen alle positiv oder alle negativ ausgerichtet sind. Die Regel ist ein Positiv-Negativ-Mix. Die Bindung eines Mitarbeiters an ein Unternehmen wird umso stärker, je mehr positive Faktoren wirken. Eine wichtige Rolle kommt bei dieser Betrachtung dem Entgelt zu: stimmt dies, sieht der Mitarbeiter auch über stärkere negative Aspekte der Aufgabe und des Aufgabenumfelds hinweg – und umgekehrt. Zur **(rechtlichen)** Kündigung kommt es, wenn Entgelt **und** Aufgabe nicht stimmen. Zumindest zur **inneren** Kündigung kann es kommen, wenn **eine** oder mehrere der übrigen Faktoren nicht stimmen. Motivation und Bindungswirkung sind dagegen dann gegeben, wenn beide als positiv empfunden werden (vgl. *Abb. 3*). Ausschlaggebend ist dabei die **subjektive** Bewertung durch den Mitarbeiter selbst.

Dieser weit gefassten Betrachtung einer integrierten Entgeltpolitik ist eine weitere, etwas engere, hinzuzufügen. Unser heutiges Wirtschaftssystem ist nicht zuletzt dadurch gekennzeichnet, dass in ihr die Arbeitsteilung vorherrscht. Hierarchische Stufung, funktionale Trennung und Spezialisierung führen dazu, dass sowohl der Leistungsbeitrag des einzelnen Mitarbeiters als auch dessen Honorierung differenziert

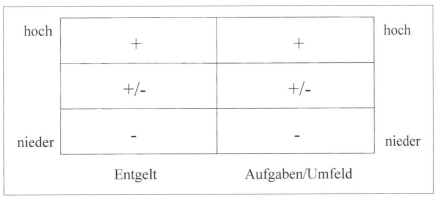

Abb. 3: Motivations- und Bindungswirkung

gesehen werden muss. Eine zusätzliche Forderung an die Entgeltpolitik lautet daher: **Ein in sich stimmiges, in seinen Elementen auf die einzelnen Ziel-(Mitarbeiter-)
gruppen ausgerichtetes integriertes Entgeltsystem in einer ganzheitlichen Betrachtung als Gesamtvergütungspolitik** (*Abb. 4*, vgl. *Zander* 1990).

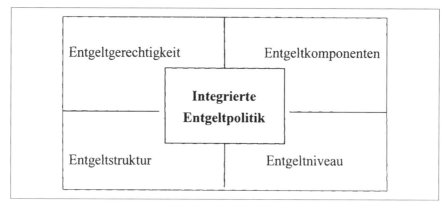

Abb. 4: Innere Stimmigkeit des Entgeltsystems

2. Anforderungen an eine integrierte Entgeltpolitik

Vor dem Hintergrund der international zunehmend schwieriger gewordenen Wett-
bewerbssituation stehen für viele Unternehmen die Flexibilisierung der Personalkosten und parallel dazu der Einsatz flexibler Leistungsanreize im Mittelpunkt
ihrer aktuellen personalpolitischen Zielsetzungen. Mit der zunehmenden Erkenntnis des hohen Stellenwerts der Humanressourcen verbunden ist auch ein wachsen-
des Verständnis dafür, dass einer Senkung der Personalkosten natürliche Grenzen
gesetzt sind, wenn dadurch nicht leistungsstarke und für das Unternehmen wichtige Mitarbeiter verloren gehen sollen (vgl. *Femppel/Reichmann/Böhm* 2002).

Hieraus folgen als zentrale Zielsetzungen der gegenwärtigen und künftigen Entgeltpolitik: **Kostenflexibilität und Flexibilität beim Setzen von Leistungsanreizen.**
Verknüpft mit diesen beiden Zielen ist die **Individualisierung** des Entgelts. Um bei
gegebenem Budget eine optimale Anreizwirkung bei den Mitarbeitern zu erzielen,
dürfen monetäre Leistungen und Sachleistungen nicht mehr nach dem „Gießkan-
nenprinzip" verteilt werden. Vielmehr muss versucht werden, die für eine Verteilung zur Verfügung stehenden Geld- und Sachleistungen soweit wie möglich an die
individuellen Wünsche der einzelnen Mitarbeiter oder zumindest bestimmter Mitarbeitergruppen anzupassen, um so deren individueller Lebens- und Bedürfnis-
situation besser gerecht zu werden.

Zunehmend in den Blickpunkt – neben den unmittelbaren Kosten- und Leistungszielen – rückt als weiteres Ziel der Entgeltpolitik die Förderung und Sicherung der
Beschäftigungsfähigkeit. Einerseits können dadurch Entlassungen und damit verbundene Sozialplankosten vermieden werden, andererseits können die Mitarbeiter
angeregt werden, sich aus eigenem Antrieb für neue, tendenziell anspruchsvollere

Aufgaben zu qualifizieren – um damit den „Aufstieg aus den eigenen Reihen" als einen Eckpfeiler der Personalpolitik zu fördern.

2.1 Flexibilisierung der Personalkosten

Ziel der **Flexibilisierung** der Personalkosten ist es, durch eine stärkere Kopplung des Entgelts an die wirtschaftliche Lage des Unternehmens Möglichkeiten zur Kostenanpassung zu gewinnen, ohne den Personalstand (nach unten) verändern zu müssen. Anzustreben ist dabei keine bloße Senkung der Personalkosten, sondern vielmehr deren ertragsabhängige Flexibilisierung. Eine Senkung sollte daher immer dann möglich sein, wenn die wirtschaftliche Lage des Unternehmens dies erfordert, während in ertragsstarken Jahren ein Teil der erwirtschafteten Gewinne an die Mitarbeiter weitergegeben wird.

Voraussetzung für eine solche Flexibilisierung der Personalkosten ist eine Verringerung des Anteils der fixen Entgeltbestandteile – und im Gegenzug eine Vergrößerung des Anteils der variablen Entgeltelemente. Nur ein hoher Anteil solcher variabler Entgeltelemente ermöglicht in wirtschaftlich schwierigen Lagen eine notwendige Anpassung. Die Personalkosten verlieren so zumindest zeit- und teilweise ihren bisherigen Fixkostencharakter. Für die Mitarbeiter bedeutet dies zwar in wirtschaftlich schwierigen Zeiten Einkommenseinbußen, in guten Jahren aber auch eine höhere Teilhabe an den Erfolgen des Unternehmens.

2.2 Leistungsanreize

Ziel des Ausbaus und der **Flexibilisierung von Leistungsanreizen** ist es, die Höhe des individuellen Entgelts an die (im Zeitablauf nicht immer konstante) individuelle Leistung des Mitarbeiters anpassen zu können.

Über das Ziel einer Ausweitung des Anteils der leistungsbezogenen Entgeltelemente an dem Gesamtentgelt hinaus besteht zunehmend der Bedarf, auch den Leistungsbegriff selbst flexibel an die sich verändernden Aufgaben im Unternehmen anzupassen. Die Ursache hierfür sind einerseits veränderte Unternehmensstrukturen: Selbständige Geschäftsbereiche und flachere Hierarchien führten und führen auch in Zukunft für viele Mitarbeiter zu größerer Verantwortung und erweiterten Entscheidungsspielräumen. Andererseits verändern sich bei veränderten Organisationsstrukturen zwangsläufig auch die Leistungsanforderungen an viele Mitarbeiter.

Vor diesem Hintergrund wird es zunehmend wichtiger, den Leistungsbegriff nicht über Jahre hinweg unverändert zu fixieren, sondern diesen den sich verändernden Anforderungen anzupassen – und aufgabenabhängig auch für verschiedene Funktionen und Funktionsgruppen unterschiedlich zu definieren. Viele vergütungspolitische Diskussionen drehen sich daher um flexible Verfahren der Leistungsermittlung und entsprechend flexible Entgeltkomponenten als Voraussetzung für eine transparente und nachvollziehbare Honorierung einer individuellen Leistung. Hierzu müssen auch die vielfach auf einheitlichen Leistungsbegriffen aufbauenden Verfahren der Leistungsbeurteilung und Leistungsbewertung angepasst werden.

Eine wesentliche – und häufig noch ungelöste – Frage in diesem Zusammenhang ist, wie zunehmend leistungs- und erfolgsabhängige Entgeltbestandteile **kosten-neutral** eingebaut werden können. Da zahlreiche Vergütungsstrukturen und auch Vergütungsniveaus einzelvertraglich und/oder tarifvertraglich festgeschrieben sind, ist eine einseitige Änderung seitens der Unternehmensleitung kaum möglich. Aber auch personalpolitisch sind Einkommensreduzierungen nur schwer durchzusetzen – meist nur, wenn einem Unternehmen das Wasser bereits bis zum Halse steht. Vielfach bleibt daher nur **ein** Weg, nämlich allgemeine Entgelterhöhungen für den Aufbau variabler Entgeltkomponenten zu nutzen oder freiwillige Leistungen entsprechend umzugestalten.

2.3 Individualisierung

Vor dem Hintergrund kleiner werdender Spielräume für Entgelterhöhungen und knapper Budgets steigt der Stellenwert individuell wählbarer Anreizelemente, um in Abhängigkeit von den individuellen Präferenzen eine möglichst optimale Gesamt-Anreizwirkung zu erzielen. Während eine Steigerung der monetären Leistungen bei einer nettobezogenen Betrachtung wegen der hohen Abgabenlast häufig kaum wirksam wird, bietet die **Individualisierung** betrieblicher Leistungen die Möglichkeit, solche Leistungen zu wählen, die dem Mitarbeiter insbesondere steuerliche Vorteile bieten. **Eine solche Individualisierung kann damit gleichzeitig den individuellen Nutzen des Mitarbeiters verbessern, die Anreizwirkung des Entgelts erhöhen und zudem noch die Personalkosten konstant halten.**

2.4 Verbesserung der Beschäftigungsfähigkeit

Neben der Flexibilisierung und Individualisierung soll eine Sicherung der Beschäftigung auch mit Anreizen zur selbständigen Förderung der **Beschäftigungsfähigkeit** durch den Mitarbeiter selbst erreicht werden. Diese Zielsetzung lässt sich von dem doppelten Gedanken leiten, dass es zwar primär im Interesse des Unternehmens liegt, durch entsprechende Maßnahmen den flexibleren Einsatz der Mitarbeiter zu fördern, dass aber auch die Mitarbeiter selbst eigenverantwortlich Sorge dafür tragen müssen, ihre Beschäftigungsfähigkeit in Form zusätzlicher Fähigkeiten und Fertigkeiten zu erhalten. Damit steigen einerseits die Chancen des Mitarbeiters auf den Erhalt seines Arbeitsplatzes auch in wirtschaftlich schwierigen Zeiten, andererseits wird gleichzeitig eine Steigerung der Wettbewerbsfähigkeit erreicht: Da sich in vielen Branchen die Produkte und Dienstleistungen der Wettbewerber immer stärker angleichen und Innovationen nicht lange unkopiert bleiben, ist es häufig nur mit Hilfe eines besser ausgebildeten Mitarbeiterstamms möglich, ein besonderes Profil und stabile Kundenbeziehungen aufzubauen.

Um diese Eigenverantwortung zu unterstützen und die selbstständige Anpassung und Erweiterung der Qualifikation seitens der Mitarbeiter zu fördern, sind Entgeltkomponenten erforderlich, die dieses Engagement der Mitarbeiter entsprechend anregen und honorieren. Diese können in Form der Beteiligung der Mitarbeiter am Ergebnis ihres eigenen wirtschaftlichen Handelns und/oder in der Honorierung einer besonders breiten Vielseitigkeit und Einsetzbarkeit Anwendung finden. Auch kann das Unternehmen im Rahmen einer individualisierten Vergütung einzelne, für den Mitarbeiter wertvolle Personalentwicklungsmaßnahmen als Wahlleistungen innerhalb der Gesamtvergütung anbieten, indem der Mitarbeiter für bestimmte Fortbildungsmaßnahmen freigestellt wird oder die Weiterbildungskosten vom Unternehmen getragen werden.

2.5 Zehn Thesen zur integrierten Entgeltpolitik

Die dargestellten vergütungspolitischen Ziele sind nicht erschöpfend, sie thematisieren jedoch die wesentlichsten Aspekte einer integrierten Entgeltpolitik. Nicht alle Ziele sind für alle Unternehmen von gleicher Bedeutung – es gibt und wird auch in Zukunft wesentliche Unterschiede in Abhängigkeit von der Branche, der Unternehmensgröße, der Unternehmens- und Mitarbeiterstruktur, der Unternehmenskultur und auch vom Reifegrad des Personalmanagements geben (vgl. *Wunderer* 2003).

Trotzdem gibt es unternehmensunabhängige, allgemein gültige Vergütungsgrundsätze, die als Anhaltspunkte für eine unternehmensspezifische Gestaltung einer neuen oder modifizierten Entgeltpolitik dienen können. Die folgenden zehn Thesen, hin und wieder ins Gedächtnis gerufen, können daher dazu beitragen, Systemfehler von vornherein zu vermeiden.

These 1: **Ein Entgeltsystem muss Anreiz und Belohnung ermöglichen.**

Der Vergütung als **Anreiz** liegt eine **zukunftsorientierte** Betrachtung zu Grunde. Eine Erhöhung der Leistungsbereitschaft im Sinne der Motivation mit Vergütungsanreizen kann nur eintreten, wenn einerseits die dem Mitarbeiter vorgegebenen Aufgaben oder die mit ihm vereinbarten Ziele realistisch erreichbar sind und zweitens der Aufgabenerfüllungs- oder Zielerreichungsgrad tatsächlich vom Mitarbeiter selbst und seiner individuellen Leistung beeinflussbar ist. Unrealistische Ziele demotivieren eher, nicht vom Mitarbeiter beeinflussbare Einflüsse auf die Zielerreichung führen zu Grundsatzdiskussionen über das System selbst und verringern dessen Akzeptanz.

Die Vergütung als **Belohnung** hat **vergangenheitsbezogenen** Charakter. Ihr muss ein Soll-Ist-Vergleich der in der Vorperiode vorgegebenen Aufgaben oder vereinbarten Ziele mit dem tatsächlich erreichten Ergebnis zugrunde gelegt werden. Ein solcher Soll-Ist-Vergleich setzt unabdingbar voraus, dass Aufgaben und Ziele klar definiert wurden und der Aufgabenerfüllungs-/Zielerreichungsgrad möglichst objektiv festgestellt und begründet werden kann. Die „Belohnung" muss vom Mitarbeiter als angemessen empfunden werden, was bedeutet, dass ihr Volumen nicht nur wenige Prozent einer monatlichen festen Grundvergütung betragen kann. Eine Bindung an quantifizierbare Messgrößen darf jedoch nicht dazu führen, dass der Unternehmensleitung kein Spielraum mehr für autonome Entscheidungen über darüber hinaus gehende individuelle Sonderzahlungen bei herausragenden Einzelleistungen bleibt.

These 2: **Ein Entgeltsystem muss flexibel gehandhabt werden können.**

Der weitgehende Fixkostencharakter der Personalkosten muss sich ändern. Dies setzt voraus, dass sich die im Zeitablauf nie konstante Kosten- und Ertragssituation eines Unternehmens auch in der Vergütung nieder schlägt. Die in Deutschland weithin und auch weiterhin dominierenden Tariflöhne und -gehälter sind, auch bezogen auf den einzelnen Mitarbeiter, nahezu fix. Allgemeine tarifliche Veränderungen sind in der Regel eine nach oben gerichtete „Einbahnstraße". Beschäftigungs- und sozialpolitisch ist es jedoch falsch, eine notwendig werdende Senkung der Personalkosten ausschließlich oder überwiegend über eine Reduzierung der Zahl der Mitarbeiter erreichen zu wollen – auch wenn dies der vermeintlich leichtere Weg ist. Vielmehr muss eine Kostensenkung primär über eine Senkung der Personalkosten der im Unternehmen verbleibenden Mitarbeiter erreicht werden. Dieser Weg ist nur gangbar, wenn ein Vergütungssystem möglichst viele **variable** Einkommensbestandteile enthält. Konkret: abgesehen von der jeweiligen Grundvergütung sollten individuelle Leistungssteigerungen ebenso wie eine verbesserte Ertragssituation des Unternehmens ihren Niederschlag primär in variablen Einmalzahlungen finden. Unbefristete, laufende Vergütungsregelungen stehen einem solchen Vorhaben entgegen.

These 3: Ein Vergütungssystem muss anforderungs- und leistungsorientiert sein.

Maßstab für die Bewertung der **Anforderungen eines Arbeitsplatzes** oder einer Tätigkeit – und damit auch der Anforderungen an den jeweiligen Stelleninhaber – ist der Schwierigkeitsgrad der Tätigkeit. Kenntnisse und Fähigkeiten, erworben durch Ausbildung und Erfahrung, sowie die Verantwortung, unter anderem für Personal, Investitionen sowie Kosten und Ertrag, müssen die Grundlage der Arbeits- bzw. Arbeitsplatzbewertung bilden – an welcher wiederum sich die Grundvergütung orientiert. Anforderungsorientierung bedeutet daher eine Ausrichtung an dem Schwierigkeitsgrad der Aufgabe unabhängig von der zu einem bestimmten Zeitpunkt oder in einem bestimmten Zeitraum gezeigten Leistung des Stelleninhabers.

In einem Vergütungssystem sind die anforderungs- und leistungsorientierte Betrachtung streng auseinander zu halten. Maßstab für die **Bewertung der individuellen Leistung** ist der bereits erwähnte Soll-Ist-Vergleich der Aufgaben/Ziele und des Aufgabenerfüllungs-/Zielerreichungsgrads. Ihr liegt damit eine Zeitraumbetrachtung zugrunde.

In der Praxis werden fälschlicherweise positive Leistungen anstatt mit einer (kurzzeitigen oder einmaligen) Leistungsprämie nicht selten mit einer höheren (langfristig wirksamen) Eingruppierung honoriert. Eine möglicherweise einmalig herausragende Leistung der Vergangenheit schlägt sich damit zukünftig langfristig in einer höheren Grundvergütung nieder – und erhöht damit wiederum den Fixkostencharakter der Personalkosten.

These 4: Ein Entgeltsystem kann die individuellen Erwartungen und Bedürfnisse der einzelnen Mitarbeiter nur bedingt berücksichtigen.

Die **Grundbedürfnisse** wie Nahrung, Kleidung oder Wohnung können sich nur in (für Männer und Frauen gleichen) gesetzlichen oder tariflichen Mindestlöhnen niederschlagen, nicht jedoch in Kindergeld, Ortszuschlägen oder Urlaubsgeld. **Sicherheits- und Schutzbedürfnisse** sind primär durch die Gestaltung der sonstigen Arbeitsbedingungen, nicht durch ein Vergütungssystem abzudecken: die Dauer der Betriebszugehörigkeit oder das Lebensalter sind kein (oder nur bedingt ein) Kriterium der Vergütung. Die Anforderungen an vielen Arbeitsplätzen ändern sich zunehmend so rasch und häufig, dass ein früher vielleicht berechtigter „Bewährungsaufstieg" in einem heutigen Vergütungssystem nicht mehr gerechtfertigt erscheint.

Soziale Bedürfnisse im Sinne eines positiven Betriebsklimas oder der Information und Einbindung in ein Unternehmen können ebenfalls keine unmittelbare Berücksichtigung im Vergütungssystem finden. Sie sind jedoch genau so wie **Ich-bezogene Bedürfnisse** z.B. nach Anerkennung oder das Streben nach **Selbstverwirklichung** mittelbar in der Gesamtvergütung zu berücksichtigen – zum einen in der Bewertung der Arbeit, zum andern in der Honorierung der Leistung. Die Größe und Bedeutung des Aufgabenbereichs, die Frage der Selbstständigkeit und Verantwortung sowie die Honorierung der (input- oder outputorientierten) individuellen Leistung müssen dagegen in der individuellen Vergütung ihren unmittelbaren Niederschlag finden.

These 5: **Ein Vergütungssystem soll von den Mitarbeitern als gerecht empfunden werden.**

Eine absolute Gerechtigkeit bei der Vergütung gibt es nicht. Auch (scheinbar oder tatsächlich) messbare Leistungs- und/oder Erfolgskriterien unterliegen der subjektiven Bewertung. Eine **objektivierte** Bewertung ist jedoch besser als eine subjektive und besser als gar keine. Mitarbeiter empfinden eine Vergütung als ungerecht, wenn sie den Eindruck haben, dass vergleichbare Leistungen (aus ihrer subjektiven Sicht) willkürlich ungleich und ungleiche Leistungen willkürlich gleich honoriert werden. Sie haben für diese Tatsache ein sehr feines Gespür. Mitarbeiter messen die Gerechtigkeit nicht absolut, sondern relativ. Ihre Zufriedenheit mit ihrer absoluten Vergütung erlischt in dem Moment, in dem sie ihre eigene Vergütung mit der von vergleichbaren Mitarbeitern im Unternehmen vergleichen.

These 6: **Ein Entgeltsystem muss die eintretenden technisch/technologischen und organisatorischen Veränderungen innerhalb eines Unternehmens berücksichtigen können. Einheitliche Entgeltsysteme für Arbeiter und Angestellte werden dabei zwingend.**

Die Tendenz zu immer vielfältiger werdenden Aufgaben, die zudem einem rascheren zeitlichen Wandel unterliegen, erfordert neue Technologien sowohl im Produktions- als auch im Verwaltungsbereich. Industrieroboter und Handhabungsautomaten verändern insbesondere in Überwachungs- und Servicefunktionen die Anforderungen an gewerbliche Mitarbeiter: manuelle Tätigkeiten werden von Maschinen übernommen, die mengenmäßige Ausbringung wird vom einzelnen Mitarbeiter weniger beeinflussbar. Einzelarbeitsplätze werden zunehmend durch Gruppenorganisation ersetzt. Die Datenverarbeitung verändert darüber hinaus Produktion und Qualitätswesen, Logistik, Rechnungswesen und allgemeine Verwaltung. Eine wesentliche Konsequenz dieser technischen und organisatorischen Entwicklungen ist eine Angleichung der bisherigen traditionellen Arbeiter- an die Angestelltentätigkeiten: insbesondere im Facharbeiterbereich – aber nicht nur dort – werden zunehmend Anforderungen gestellt, die denen von Angestelltentätigkeiten sowohl hinsichtlich Kenntnissen und Fähigkeiten als auch Kompetenzen ähnlich sind. Schlankere Organisationen mit weniger Hierarchiestufen und breiteren Führungsspannen führen zu mehr Selbstständigkeit und Eigenverantwortung der Mitarbeiter.

These 7: **Ein Entgeltsystem braucht Akzeptanz seitens der Mitarbeiter.**

Akzeptanz seitens der Mitarbeiter bedeutet zunächst einmal, dass sie nicht das Gefühl haben, es sei in das Ermessen des Unternehmens – genauer gesagt des jeweiligen Vorgesetzten – gestellt, wer wie viel Lohn, Gehalt oder Bonus erhält. Das Entgeltsystem muss daher nachvollziehbare Entscheidungskriterien enthalten. Akzeptanz bedeutet jedoch auch, dass bei weniger nachvollziehbaren Entscheidungskriterien das Vertrauen in die richtige Entscheidung des Vorgesetzten gegeben ist. An diesem Sachverhalt zeigt sich, dass ein Entgeltsystem nicht losgelöst von der übrigen Personalpolitik eines Unternehmens gesehen werden darf (die sich nicht zuletzt auch in der Auswahl der geeigneten Führungskräfte niederschlägt), sondern vielmehr als integrierter Bestandteil desselben.

These 8: Ein Entgeltsystem muss einfach und transparent sein.

Komplexe Entgeltsysteme sind in ihrer Handhabung – vor allem in der Datenermittlung – mit hohem Kosten- und Zeitaufwand verbunden. Ein System, welches auch Feinjustierungen ermöglichen soll, führt zu einem überproportional steigenden Verwaltungsaufwand, ohne deshalb mehr Gerechtigkeit in der Vergütung zu erreichen. Hinter einer „rechnerischen Scheingenauigkeit" werden sowohl Systemmängel als auch Argumentationsschwächen seitens einzelner Vorgesetzter versteckt. Ein weniger komplexes System wird von allen Beteiligten – von der Unternehmensleitung über die Vorgesetzten und den Betriebsrat bis zu den Mitarbeitern – leichter verstanden, wird dadurch auch eher akzeptiert (weil auch das Misstrauen reduziert wird) und ist außerdem zwangsläufig auch transparenter.

These 9: Ein Entgeltsystem muss die unterschiedlichen Anforderungen an die verschiedenen Gruppen von Mitarbeitern berücksichtigen; es bedarf daher einer Systematik und inneren Stimmigkeit:

Ein Entgeltsystem kann nicht den differenzierten Aufgaben, Kompetenzen und der Verantwortung jedes einzelnen Arbeitsplatzes und jedes Mitarbeiters Rechnung tragen, da sonst die Zahl der „Entgeltgruppen" nahezu der Gesamtzahl der Mitarbeiter entsprechen würde. Ein Entgeltsystem muss daher in einer praktikablen Zahl von „Entgeltgruppen" die funktions- und hierarchiespezifischen Anforderungen bündeln, die sowohl in ihrem Inhalt als auch in der Relation zueinander „stimmig" sind. „Stimmig" bedeutet in diesem Zusammenhang vor allem, dass die den einzelnen Entgeltgruppen zugeordneten Entgeltelemente (fix und variabel) sowohl in ihrer Auswahl als auch in ihrer Höhe den gruppenspezifischen Gegebenheiten Rechnung tragen: Führungskräfte haben zwangsläufig einen höheren Einfluss auf das Unternehmensergebnis; der variable Entgeltanteil muss daher verstärkt Ergebnis- und Erfolgskomponenten berücksichtigen. Dabei muss innerhalb der einzelnen Entgeltgruppen so viel Spielraum gegeben sein, dass auch den Leistungsunterschieden der vergleichbaren (Entgelt-) Gruppenmitglieder in gewissen Bandbreiten Rechnung getragen werden kann.

These 10: Ein Entgeltsystem darf den externen Arbeitsmarkt nicht vernachlässigen.

Anreiz und Belohnung sowie Kosten und Ertrag sind zwar wesentliche Aspekte der Entgeltpolitik eines Unternehmens. Nachdem ein Unternehmen jedoch in aller Regel mit anderen Unternehmen um Arbeitskräfte konkurriert, darf das betriebliche Entgeltniveau die Gegebenheiten des Arbeitsmarktes nicht vernachlässigen. Andernfalls wirbt es entweder vergeblich um zusätzliche Arbeitskräfte oder verliert gute Mitarbeiter an die Wettbewerber. Arbeitsmarktbedingte Zugeständnisse an qualifizierte Bewerber oder Mitarbeiter (wie aktuell bei IT-Spezialisten) müssen jedoch außerhalb einer Entgeltsystematik praktiziert werden, um ein in sich stimmiges System nicht zu verwässern.

3. Entgeltkomponenten im Rahmen einer integrierten Entgeltpolitik

Entgeltpolitik als ein bewusst und kompetent eingesetztes Führungs-**Unterstützungsinstrument** – und nicht als ein Führungs-**Ersatzinstrument** – muss nicht nur die betriebswirtschaftlichen Konsequenzen im Sinne einer Kosten-Nutzen-Betrachtung beachten, sondern auch deren motivationale Wirkungen. Für eine integrierte Entgeltpolitik stehen daher am Anfang jeder Überlegung die Auswahl geeigneter Entgeltkomponenten und die Einschätzung des Stellenwertes derselben. Als Bestandteile eines integrierten Entgeltsystems stehen grundsätzlich folgende Komponenten zur Verfügung (vgl. *Lang* 1998):

- Grundvergütung
- Leistungsvergütung
- Erfolgsbeteiligung
- unternehmenswertorientierte Vergütung
- Kapitalbeteiligung
- betriebliche Altersvorsorge sowie
- sonstige Zusatzleistungen.

Einen Überblick über die umfassende Palette von Entgeltelementen gibt *Abbildung 5*.

Zeitpunkt	Höhe	Auszahlung[1]	Ausgestaltung
Long-Term-Incentives	Variabel	Einmalig	**Stock-Options** **Deferred Income** **Deferred Compensation**
	Fix/ Variabel	Laufend	**Betriebliche Altersvorsorge**
Aktuelle Vergütung **„Geldwerte Vorteile"**	Variabel	Einmalig/ Laufend	**Betriebskasino** **Gesundheitsvorsorge** **Versicherungsprämien** **Deputate** **Geschäftswagen**
Aktuelle Vergütung **Monetäre Leistungen**	Variabel	Einmalig	**Erfolgsprämie** **Bonus** **Tantieme** **Leistungsprämie**

[1] Laufend bedeutet dabei in der Regel **monatlich**, einmalig dagegen **jährlich**.

Zeitpunkt	Höhe	Auszahlung[1]	Ausgestaltung
Aktuelle Vergütung Monetäre Leistungen	Fix	Einmalig	**13. Gehalt** (tariflich) **Weihnachtsgeld** (tariflich) **Zusätzl. Urlaubsvergütung** (tariflich)
	Variabel	Laufend	**Umsatz-, Abschluss-Provisionen**
	Fix	Laufend	**Monatsgehalt/-lohn** Freiwillige Zulagen Leistungszulagen Tarifgehalt, -lohn

[1] Laufend bedeutet dabei in der Regel **monatlich**, einmalig dagegen **jährlich**.

Abb. 5: Elemente einer integrierten Entgeltpolitik

3.1 Grundvergütung

Die Höhe der Grundvergütung als feste, regelmäßig gezahlte Entgeltkomponente bestimmt sich traditionell aus den Anforderungen des jeweiligen Arbeitsplatzes. Der hierbei verfolgte Grundsatz „gleiches Geld für gleiche Arbeit" führt dabei in der Regel zu verschiedenen Entgeltgruppen, so dass die Mitarbeiter, die eine anspruchsvollere Arbeitsaufgabe ausführen, auch eine höhere Grundvergütung erhalten als jene mit einfacheren Tätigkeiten. Ausgangspunkt für die Bestimmung der Grundvergütung sind somit ausschließlich die Anforderungen jenes Arbeitsplatzes, nach denen die Zuordnung zu einer bestimmten Entgeltgruppe durchgeführt wurde. Damit soll nicht eine generell vorhandene Qualifikation vergütet werden, sondern nur diejenige, welche für die Ausführung einer ganz bestimmten Aufgabe erforderlich ist. Die Ermittlung und Bewertung eines solchen stellenabhängigen Anforderungsprofils erfolgt in der Praxis regelmäßig mit den Instrumenten der **Aufgabenbeschreibung** und **Arbeitsbewertung**.

Ausgehend von einer Aufgabenbeschreibung der Stelle, in der die zu verrichtenden Arbeitsaufgaben, -abläufe und -umstände hinsichtlich Art und Umfang erfasst sind, werden im Folgenden die Anforderungen der Stelle ermittelt und in einem Anforderungsprofil zusammengefasst. Auf der Basis des ermittelten Anforderungsprofils wird mit dem Verfahren der **Arbeitsbewertung** für jede Aufgabe ein so genannter Arbeitswert ermittelt, d.h., die Anforderungen an den Arbeitsplatzinhaber werden gewichtet und bewertet. Die Arbeitsbewertung ermöglicht es, die verschiedenen Tätigkeiten innerhalb eines Unternehmens vergleichbar zu machen, um damit eine (relative) Ordnung dieser Aufgaben im Hinblick auf deren Anforderungen zu erreichen. Eine auf diese Weise erreichte Ordnung ist nicht Selbstzweck, sondern Mittel zum Zweck: als Bestandteil einer Entgeltdifferenzierung und damit als Beitrag zur betrieblichen Lohngerechtigkeit. Sie berücksichtigt nur solche Eigenschaften und Fähigkeiten, die zur Bewältigung der **grundlegenden** Arbeitsanforderungen notwendig sind.

In der Praxis haben sich zahlreiche Verfahren der Arbeitsbewertung herausgebildet. Gemeinsame Bewertungskriterien sind die Arbeitsanforderungen, die sich aus der Aufgabenstellung unter den jeweils gegebenen Arbeitsbedingungen ergeben. Hierbei wird von den individuellen Fähigkeiten und Eigenschaften des jeweiligen Arbeitsplatzinhabers abstrahiert und vorausgesetzt, dass dieser diese Anforderungen mitbringt und er daher für diese Arbeitsaufgabe auch geeignet ist. Die Unterschiede zwischen den verschiedenen Verfahren liegen im **Umfang** und in der **Gewichtung** der berücksichtigten Anforderungskriterien (vgl. *Abb. 6*). Während bei den summarischen Arbeitsbewertungsverfahren die Gesamtanforderungen an einem Arbeitsplatz als Ganzes bewertet werden, berücksichtigen die analytischen Verfahren bei einzelnen Anforderungsarten (wie Können oder Erfahrung) deren unterschiedlichen Ausprägungsgrade und berechnen hieraus einen **Gesamtarbeitswert** (vgl. *Femppel/Zander* 2000).

Im Grunde genommen kann jedem Arbeitswert ein bestimmtes Entgelt zugeordnet werden. Aus Vereinfachungsgründen werden jedoch in der Praxis ähnliche Arbeitswerte in Arbeitswertgruppen zusammenfasst, die wiederum bestimmten **Entgeltgruppen** zugeordnet werden.

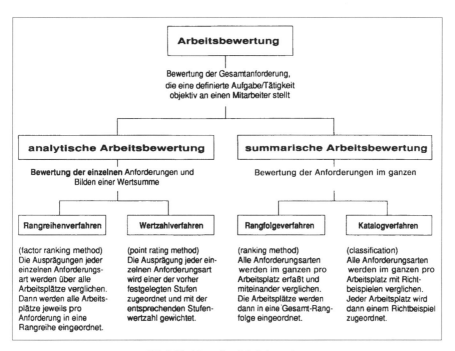

Abb. 6: Verfahren der Arbeitsbewertung

3.2 Leistungsvergütung

Während sich die Höhe der Grundvergütung an den Anforderungen des Arbeitsplatzes ausrichtet, stellt die individuelle Leistung des Stelleninhabers im Rahmen
seiner Aufgaben die entscheidende Komponente für die Bestimmung der Leistungsvergütung dar, die in aller Regel zusätzlich zur Grundvergütung gewährt
wird (vgl. *Becker* 2003). Eine Honorierung der individuellen Leistung kann dabei
durch den Einsatz verschiedener Entgeltverfahren erreicht werden. Hierzu zählen
mit dem Akkord- und Prämienlohn sowohl die traditionellen Leistungslöhne als
auch „moderne" Instrumente wie die Leistungszulage und der Zielbonus. Diese
Verfahren unterscheiden sich grundsätzlich in ihrer Funktionsweise und den zugrunde gelegten Leistungskriterien.

Akkordlohn

Der Akkordlohn sieht als Bezugsgröße für das gezahlte Entgelt die produzierte
Ausbringungsmenge vor. Zusätzlich zu seinem Grundlohn erhält der Mitarbeiter
entsprechend seiner Mengenleistung einen Akkordmehrverdienst. Der Lohn entwickelt sich proportional zu den hergestellten Mengeneinheiten. Als Bezugsleistung, mit der letztendlich die tatsächliche Leistung des Mitarbeiters verglichen
wird, wird im Rahmen des Akkordlohns eine Normalleistung definiert. Hierunter
wird die Leistung verstanden, die bei gegebener Arbeitsmethode von einer hinreichend geeigneten Arbeitskraft bei normalem Kräfteeinsatz ohne Schädigung der
Gesundheit auf Dauer und im Mittel erreichbar ist.

Bei Erreichen dieser Normalleistung sowie bei deren Unterschreitung erhält der
Mitarbeiter den Akkordgrundlohn. Bei Überschreiten der Normalleistung erhält er
für jede zusätzlich geleistete Mengeneinheit einen festen Satz zusätzlich zum Akkordgrundlohn.

Voraussetzung für die Einführung einen Akkordlohnsystems ist die „Akkordfähig-
keit" und die „Akkordreife" der jeweiligen Tätigkeit. Akkordfähig ist eine Arbeit
nur dann, wenn ihre Arbeitsmethode vorher bekannt ist und das Arbeitsergebnis
mengenmäßig erfasst werden kann. Nur wenn die Arbeitsabläufe zudem so gestaltet sind, dass der Mitarbeiter nach hinreichender Übung auch tatsächlich die Mengenleistung beeinflussen kann, ist auch die notwendige Akkordreife gegeben.

Prämienlohn

Der Prämienlohn setzt sich aus der vereinbarten Grundvergütung und einer Prämie
für **quantitative oder qualitative** Mehrleistungen zusammen. Der Vorteil des Prä-
mienlohns liegt in der Variabilität der Bezugsbasis. Neben der reinen Mengenleistung können quantitative und qualitative Kriterien als Bezugsbasis für die Prämie
gewählt werden. Als Bezugsbasis kommen neben einer Mengenleistungsprämie
u.a. Qualitätsprämien, Ersparnisprämien und Nutzungsprämien in Betracht.

Analog zum Akkordlohn muss beim Prämienlohn zunächst eine Prämienausgangs-
leistung bestimmt werden. Bei Erreichen dieser Ausgangsleistung wird als Grundlohn der Prämienausgangslohn gezahlt; erst beim Überschreiten dieser Ausgangsleistung erhält der Mitarbeiter in Abhängigkeit von dem tatsächlich erreichten Ergebnis eine zusätzliche Prämie. Der Prämienlohn kann sowohl als Einzelprämie als
auch als Gruppenprämie gestaltet werden. Bei der Gruppenprämie erhalten die in

einer Arbeitsgruppe zusammengefassten Mitarbeiter (z.B. in Fertigungsinseln) eine einheitliche Prämie auf der Basis des gemeinsam erarbeiteten Arbeitsergebnisses.

Leistungszulage

Der Grundgedanke, ein mehr oder weniger messbares Leistungsergebnis im Verhältnis zur Leistungserwartung zu honorieren, wie es beim Akkord- und Prämienlohn der Fall ist, ist weitgehend auf den Produktionsbereich anwendbar. In den übrigen Funktionsbereichen ist es schwieriger, Leistungsergebnisse eindeutig zuzuordnen und qualitativ zu bestimmen. Für diese Bereiche bietet sich deshalb das Verfahren der **Leistungsbeurteilung** mit daran geknüpften **Leistungszulagen** an. Als inhaltliche Bezugspunkte einer Leistungsbeurteilung zum Zwecke der Entgeltdifferenzierung kommen sowohl aufgaben bezogene Verhaltensweisen („input") als auch Arbeitsergebnisse („output") in Betracht. Die Beurteilung erfolgt in der Regel durch den Vorgesetzten.

Leistungsbeurteilungsverfahren, an welche monetäre Belohnungen in Form der Leistungszulage gekoppelt werden, müssen neben den rein ökonomischen Anforderungen der Wirtschaftlichkeit und Praktikabilität weitere Anforderungen wie Objektivität und Zuverlässigkeit erfüllen. Sie müssen daher so weit wie möglich frei von subjektiven Einflüssen sein, über einen längeren Zeitraum bei gleichen Leistungen auch zu dem gleichen Ergebnis führen und die tatsächlich erwünschten Dimensionen der Leistung auch erfassen können. Bei den Verfahren der Leistungsbeurteilung kann zwischen **freien** und **gebundenen** Verfahren unterschieden werden. Während bei den freien Verfahren der Vorgesetzte die Leistungsbeurteilung in einer freien Eindruckbeschreibung vornimmt, erfolgt bei den gebundenen Verfahren eine Beurteilung im Rahmen von mehrstufigen Skalen, einer Rangordnung (zwischen vergleichbaren Mitarbeitern), vorformierten (differenzierenden) Verhaltensaussagen oder von Ziel-Soll-Ist-Vergleichen.

Ausgehend von den Ergebnissen der Leistungsbeurteilung werden Leistungszulagen in Form eines laufenden prozentualen Zuschlags zum Grundentgelt gewährt. Dabei wird in der Regel die in der vergangenen Beurteilungsperiode (meist Geschäftsjahr) gezeigte Leistung durch eine für die kommende Beurteilungsperiode gezahlte Leistungszulage honoriert, die in der Regel monatlich ausgezahlt wird. Nach Ablauf der folgenden Beurteilungsperiode kann dann eine Neufestsetzung dieser Leistungszulage erfolgen.

Zielbonus

Grundgedanke des Zielbonusses ist die nachträgliche Honorierung einer erbrachten Leistung in Form einer auf einen bestimmten Zeitraum bezogenen Einmalzahlung. Durch einen unmittelbaren zeitlichen Zusammenhang zwischen Beurteilungszeitpunkt und Auszahlungszeitpunkt des Zielbonusses kann dem Mitarbeiter die Verknüpfung zwischen individueller Leistung und Entgelt bewusst gemacht werden und damit für eine stärkere (künftige) Anreizwirkung sorgen.

Die Höhe des Zielbonusses ist abhängig von der individuellen Zielerreichung, die im Rahmen einer Leistungsbewertung auf der Basis eines Zielvereinbarungsverfahrens ermittelt wird. Zielvereinbarungsverfahren sind in der Regel in ein umfassendes Management-by-Objectives-Konzept als Führungsinstrument eingebunden. Gemessen wird die Effektivität eines Mitarbeiters an dessen Beiträgen zu den Zielen des Unternehmens. Die Zielsetzung für den einzelnen Mitarbeiter ist eingebettet in die Zielformulierung für dessen übergeordnete Führungsebene. Die Leistungsbeurteilung/Leistungsbewertung erfolgt auf der Basis eines Vergleichs zwischen den zu Beginn einer Periode vereinbarten Zielen und dem nach Ablauf dieser Periode festgestellten Zielerreichungsgrad (Soll-Ist-Vergleich).

Ausgehend von den Zielen des Unternehmens werden für die einzelnen organisatorischen Einheiten Teilziele abgeleitet („top down"), aus denen wiederum zwischen Vorgesetztem und Mitarbeiter (oder Arbeitsgruppe) gemeinsam die Ziele zu Beginn der Periode festgelegt und in der Regel schriftlich fixiert werden. Während der Periode werden die Ziele zwischen Mitarbeiter und Vorgesetztem regelmäßig anhand der Zwischenergebnisse daraufhin überprüft, ob sie weiterhin als realistisch angesehen werden können oder aufgrund von Umfeldveränderungen oder Fehleinschätzungen korrigiert werden müssen. Nach Ablauf der Periode wird der Zielerreichungsgrad mit den vorher festgelegten Zielen abgeglichen, wobei mögliche Abweichungen begründet werden. Auf der Basis der festgestellten Zielerreichung wird anschließend die Höhe des Zielbonusses für die vergangene Periode festgelegt.

Besondere Bedeutung im Rahmen der Zielvereinbarung (vgl. *Becker/Engländer* 1994) kommt im Hinblick auf die Koppelung von Entgeltleistungen der Zielformulierung zu. Zielformulierungen müssen folgende Kriterien erfüllen:

Realistisch   (Ist das Ziel erreichbar?)
Herausfordernd   (Ist das Ziel motivierend?)
Spezifisch und konkret (Ist das Ziel präzise und verständlich?)
Messbar   (Woran erkennt man, ob das Ziel erreicht ist?)
Ergebnisorientiert   (Das Ziel ist erreicht, wenn?)
Beeinflussbar   (Kann das Ziel durch den Mitarbeiter beeinflusst werden?)
Terminiert   (Bis wann soll das Ziel erreicht sein?)
Verbindlich   (Sind die Verantwortlichkeiten klar geregelt?)

Die Ziele sollten zunächst realistisch sein, da unrealistische Ziele vom Mitarbeiter nicht akzeptiert werden. Gleichzeitig müssen sie jedoch auch – um eine entsprechende Motivationswirkung zu entfalten – herausfordernd sein. Da die Zielvereinbarungen am Ende der Periode auf ihre Erreichung hin überprüft werden müssen, müssen sie von Anfang an konkret und so weit wie möglich in messbaren Ergebnissen formuliert werden. In diesem Zusammenhang sollte auch klar definiert werden, wann ein Ziel als erreicht angesehen wird. Damit von den vereinbarten Zielen eine Motivationswirkung ausgehen kann, muss die Erreichung des Ziels im Einflussbereich des Mitarbeiters liegen – er muss durch entsprechendes Handeln die Zielerreichung positiv beeinflussen können. Die Anforderungen der Verbindlichkeit und der Festlegung eines Termins zur Erreichung des Ziels dienen ebenfalls der besseren Überprüfbarkeit der Zielerreichung am Ende der Periode. Hierbei sind vor allem auch die vom Mitarbeiter benötigten Unterstützungsmassnahmen, die bei der Vereinbarung der Ziele vorausgesetzt wurden, zu berücksichtigen, um später Verantwortlichkeiten klar zuweisen zu können.

3.3 Erfolgsbeteiligung

Die Grundidee der Erfolgsbeteiligung besteht in der Teilhabe der Mitarbeiter am Erfolg des Unternehmens. Zu den konstitutiven Merkmalen des Arbeitsvertrags gehört, dass der Mitarbeiter seinen Entgeltanspruch unabhängig vom Erfolg des Unternehmens erwirbt und der Kapitalgeber alleine das finanzielle Risiko des Unternehmens trägt. Die verschiedenen Formen der Erfolgsbeteiligung dagegen ermöglichen eine Teilhabe des Mitarbeiters am Unternehmenserfolg. Im Unterschied zur individuellen Leistungsvergütung orientiert sich das Volumen der Erfolgsbeteiligung nicht an der Leistung des einzelnen Mitarbeiters, sondern an einer übergeordneten, kollektiven Erfolgsgröße (vgl. den Beitrag von *Eduard Gaugler* in diesem Band).

Als Ziele der Erfolgsbeteiligung können sowohl die Förderung der Mitarbeitermotivation als auch die Flexibilisierung der Personalkosten gesehen werden. Als Anreizinstrument soll die Erfolgsbeteiligung vor allem die Verantwortungsbereitschaft, die Motivation und die Identifikation des Mitarbeiters mit dem eigenen Unternehmen stärken. Darüber hinaus soll auch eine Verstärkung des Kostenbewusstseins erreicht werden.

Traditionell können drei Formen der Erfolgsbeteiligung unterschieden werden (vgl. *Abb. 7*):

* Leistungsbeteiligung
* Ertragsbeteiligung und
* Gewinnbeteiligung.

Bei der **Leistungsbeteiligung** dient die Gesamtleistung (u.a. Produktivitätserhöhung oder Kostensenkung) einer organisatorischen Einheit wie z.B. eines Cost-Centers, eines Geschäftsbereichs oder des gesamten Unternehmens als Bezugsgröße für das Gesamtvolumen der Beteiligung. Zunächst wird ein Ziel- oder Soll-Ergebnis definiert. Wird diese überschritten, partizipieren die Mitarbeiter an dieser Überschreitung. Bei der **Ertragsbeteiligung** orientiert sich das Beteiligungsvolumen an den am Markt erzielbaren Erlösen (Umsatz, Wertschöpfung). Sie eignet sich daher vor allem für verkaufsorientierte Bereiche sowie die oberen Führungskräfte. Im Rahmen der **Gewinnbeteiligung** stellt die Bilanzgewinnbeteiligung derzeit die dominante Form

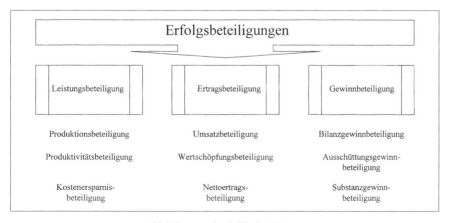

Abb. 7 Formen der Erfolgsbeteiligung

dar. Die Gewinnbeteiligung kann entweder in der Form gewährt werden, dass ebenfalls eine Gewinnerwartung im Voraus definiert wird, bei deren Überschreiten die Mitarbeiter am Gewinn teilhaben, oder aber, indem den Mitarbeitern ein prozentualer Anteil am erwirtschafteten Gewinn zugesagt wird. Zudem besteht die Möglichkeit, die Höhe der Erfolgsbeteiligung ins Ermessen der Unternehmensleitung zu stellen, indem diese eine erreichte Gewinnsituation bewertet.

Neben der Bestimmung der insgesamt zur Verfügung gestellten Erfolgsbeteiligungssumme bestehen unterschiedliche Gestaltungsmöglichkeiten bei der Verteilung dieser Gesamtsumme auf die einzelnen Mitarbeiter. Hierbei ist insbesondere zu entscheiden, inwieweit (individuelle) Leistungsaspekte bei der Verteilung der Gesamtsumme eine Rolle spielen sollen. Einen weiteren Themenkreis bildet die Form der Ausschüttung / Auszahlung an die Mitarbeiter.

3.4 Unternehmenswertorientierte Vergütung

Mit der anhaltenden Diskussion um den Shareholder Value versuchen viele Unternehmen, die gesamte Unternehmensführung wertorientiert auszurichten und hierfür Steuerungsinstrumente wie die Entgeltpolitik ebenfalls wertorientiert zu gestalten. Für eine stärkere Verzahnung mit der Entwicklung des Unternehmenswertes gibt es eine Reihe von Möglichkeiten.

Neben einer Kopplung von variablen Entgeltbestandteilen an die Entwicklung des Aktienkurses besteht die Möglichkeit, traditionelle Kennzahlen durch unternehmenswertorientierte Kennzahlen zu ersetzen. Während eine **kennzahlenorientierte Vergütung** unabhängig von der Rechtsform eines Unternehmens eingesetzt werden kann, beschränkt sich die Möglichkeit einer **aktienkursbasierten Vergütung** auf börsennotierte Aktiengesellschaften.

3.5 Kapitalbeteiligung

Die Mitarbeiter-Kapitalbeteiligung sieht eine Beteiligung der Mitarbeiter am Eigen- oder Fremdkapital des Unternehmens vor (vgl. *Abb. 8*). Die Beteiligung ist dabei im

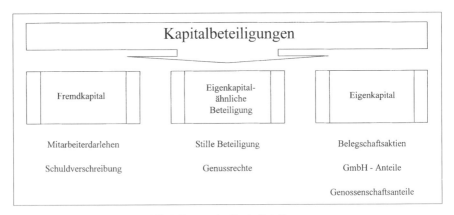

Abb. 8: Formen der Kapitalbeteiligung

Gegensatz zur Erfolgsbeteiligung stets mit einer Kapitaleinlage des Mitarbeiters in das Unternehmen verbunden.

Bei der **Eigenkapitalbeteiligung** wird der Mitarbeiter zum Eigenkapitalgeber und damit sowohl am Gewinn als auch am Verlust des Unternehmens beteiligt. Die Rückzahlung des eingesetzten Eigenkapitals ist abhängig vom Erfolg des Unternehmens und wird daher nicht garantiert. Die **eigenkapitalähnliche Beteiligung** kann grundsätzlich auf zwei Weisen erfolgen: entweder über die Ausgabe von Genussscheinen oder indem die Mitarbeiter zu stillen Gesellschaftern werden. Durch den Erwerb von Genussscheinen erhalten die Mitarbeiter zwar Vermögensrechte an der Gesellschaft, jedoch keine Mitgliedschafts- oder Beteiligungsrechte. Die Vermögensrechte umfassen dabei in der Regel eine Beteiligung am Gewinn und Verlust des Unternehmens. Bei einer Beteiligung als stiller Gesellschafter leistet der Mitarbeiter eine Einlage in das Geschäft seines Arbeitgebers, die in das Vermögen des Geschäftsinhabers übergeht. Der stille Gesellschafter ist am Gewinn zu beteiligen, eine Verlustbeteiligung kann vertraglich ausgeschlossen werden.

Charakteristisch für die Beteiligung am **Fremdkapital** eines Unternehmens ist die Tatsache, dass der beteiligte Mitarbeiter keinen Einfluss auf das Unternehmensgeschehen erhält und die Verzinsung ebenso wie die Rückzahlung der Beteiligung unabhängig vom Unternehmenserfolg ist. Die bekannteste Form der Fremdkapitalbeteiligung ist das Mitarbeiterdarlehen, wobei sowohl ein fester als auch ein variabler Zinssatz vereinbart werden kann.

3.6 Betriebliche Altersvorsorge

Neben den während des Erwerbslebens gewährten Einkünften kann die betriebliche Entgeltpolitik durch die Gewährung von Leistungen der betrieblichen Altersvorsorge auch die Phase nach dem Ausscheiden aus dem aktiven Erwerbsleben in ihren Gestaltungsbereich einbeziehen. Innerhalb des aus drei Säulen bestehenden Systems der Alterssicherung in Deutschland spielt die betriebliche Altersvorsorge neben der gesetzlichen Rentenversicherung und der privaten Vorsorge eine zunehmend wichtigere Rolle. Während der gesetzlichen Rentenversicherung die Aufgabe einer Grundversorgung zukommt, dienen sowohl die betriebliche als auch private Altersvorsorge einer ergänzenden Sicherung des Alters.

Leistungsarten der betrieblichen Altersvorsorge sind in der Regel Invaliditäts-, Alters- und Hinterbliebenenrenten.

Die verschiedenen **Leistungssysteme** der betrieblichen Altersvorsorge unterscheiden sich in den Methoden, nach denen sich die an die Mitarbeiter zu erbringenden Leistungen bestimmen. Dabei ist zwischen statischen und dynamischen Systemen zu unterscheiden. Während die statischen Systeme von einer konstanten Leistungshöhe ausgehen, ändern sich bei dynamischen Systemen die Leistungen in Abhängigkeit von bestimmten, sich ändernden Parametern. Ein weiteres Unterscheidungsmerkmal der verschiedenen Systeme liegt in der Frage, ob der Versorgungsaufwand, d.h. die Mittel, die das Unternehmen zur Verfügung stellt, im Vordergrund stehen soll – oder alternativ die Höhe der Versorgungsleistung an den Mitarbeiter (vgl. *Abb. 9*).

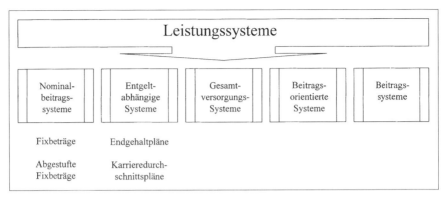

Abb. 9: Leistungssysteme der betrieblichen Altersvorsorge

Kennzeichnend für **Nominalbeitragssysteme** ist, dass den begünstigten Mitarbeitern feste Rentenbeträge in Form von monatlichen, jährlichen oder einmaligen Kapitalzahlungen zugesagt werden. **Entgeltabhängige Leistungssysteme** setzen die Höhe der Arbeitgeberzahlungen an den Mitarbeiter ins Verhältnis zu dessen Entgelt während seines Erwerbslebens. Entscheidend sind damit das individuelle Einkommen und die Dienstjahre. Bei **Gesamtversorgungssystemen** orientiert sich die Höhe der Zahlungen aus der betrieblichen Altersversorgung an einem definierten Gesamt-Versorgungsniveau (bspw. %-Satz des letzten Nettoeinkommens vor der Pensionierung). Die Unternehmensleistung bildet dann die Differenz zwischen diesem angestrebten Gesamtniveau und der gesetzlichen Rente. Die aus festen Finanzierungsbeiträgen des Unternehmens folgenden Leistungen werden den Mitarbeitern bei **beitragsorientierten Systemen** zugesagt. Diese Beiträge werden nach versicherungsmathematischen Grundsätzen in eine laufende Rente umgerechnet, die bei Eintritt des Versorgungsfalls gewährt wird. Bei **Beitragssystemen** schließlich erhalten die Mitarbeiter nur einen Finanzierungsbeitrag zugesagt. Die endgültige Höhe der Versorgung ergibt sich aus den konkret erwirtschafteten Anlageerträgen.

3.7 Zusatzleistungen

Zusatzleistungen werden zunehmend als Bestandteil einer integrierten Entgeltpolitik betrachtet, die ebenso wie alle anderen Komponenten eines Entgeltsystems einer systematischen Abstimmung auf die strategischen und strukturellen Vorgaben eines Unternehmens bedürfen und nur noch in den seltensten Fällen als reine Sozialleistungen betrachtet werden. Das Management dieser Zusatzleistungen beschäftigt sich daher vermehrt mit der Frage, wie den Mitarbeitern im Rahmen eines gegebenen finanziellen Budgets eine für sie nutzenoptimierte Leistung gewährt werden kann (vgl. *Wagner* 1991).

Inhaltlich lassen sich die betrieblichen Zusatzleistungen wie folgt klassifizieren (vgl. *Abb. 10*):

Abb.10: Inhaltliche Klassifizierung von Zusatzleistungen

Geldleistungen können gewährt werden in Form von Urlaubs- oder Weihnachtsgeld, als Zuschüsse zum Krankengeld oder Fahrtkostenzuschüsse. Zu den **Sach- und Dienstleistungen**, welche zu einem geldwerten Vorteil für den Mitarbeiter führen, zählen u.a. Geschäftswagen mit Privatnutzung, verbilligtes Kantinenessen und regelmäßige Gesundheitschecks. Versicherungsleistungen können über die betriebliche Altersvorsorge hinaus gewährt werden durch die Übernahme von Lebensversicherungsprämien. Leistungen in Form von Freizeit können z.B. zusätzliche Urlaubstage (auch für Vorsorgekuren) oder auch unbezahlten Urlaubstage umfassen.

Im Rahmen von **Cafeteria-Systemen** versuchen die Unternehmen dabei, der erwünschten Flexibilisierungs- und Individualisierungstendenz gerecht zu werden. Dem einzelnen Mitarbeiter wird es überlassen, zwischen verschiedenen Entgeltbestandteilen bzw. Firmenleistungen innerhalb eines bestimmten Budgets zu wählen, um dadurch seinen individuellen Bedürfnissen und seiner finanziellen Situation am besten zu entsprechen.

4. Probleme betrieblicher Entgeltpolitik

4.1. Entgeltgerechtigkeit

„Gleicher Lohn für gleiche Arbeit" ist eine Forderung, mit der sich nicht nur motivational, sondern auch emotional sehr viel bewegen lässt. Es ist schwierig, gegen eine solche Forderung zu argumentieren. Dahinter verbirgt sich auch der Grundsatz, vergleichbare Tätigkeiten nicht willkürlich ungleich und ungleiche Tätigkeiten nicht willkürlich gleich zu bezahlen.

Einer solchen an sich selbstverständlichen Forderung stehen jedoch in der Praxis zahlreiche Hindernisse im Wege. Zunächst ist hier das Problem der **Leistungsmessung bzw. Leistungsbewertung** anzusprechen (vgl. *DGFP* 1995). Welches Leistungsergebnis ist wem zuzurechnen? Wie hoch ist der Beitrag des einzelnen Mitarbeiters tatsächlich? Ist die Bewertung eines bestimmten rechnerischen Ergebnisses seitens der Führungskräfte gerecht, objektiv oder subjektiv, richtig oder falsch?

Darüber hinaus gibt es weitere tarifliche und/oder betriebliche Gründe, die der Realisierung eines solchen Postulats entgegenstehen:

- Tarife orientieren sich nicht selten am sog. Senioritätsprinzip: Ältere Mitarbeiter erhalten automatisch eine höhere Grundvergütung als jüngere – unabhängig von der individuellen Leistung,

- vergleichbare Arbeitertätigkeiten sind tariflich anders eingestuft als vergleichbare Angestelltentätigkeiten,

- neu eingestellte Mitarbeiter erhalten arbeitsmarktbedingt höhere Entgelte als Mitarbeiter, die seit vielen Jahren im Hause sind und umgekehrt (vgl. *Weber* 1993),

- tarifliche Öffnungsklauseln ermöglichen dem Arbeitgeber, in schwierigen Geschäftsjahren neu eingestellten Mitarbeitern niedrigere Löhne zu bezahlen als den Mitarbeitern, die schon länger im Unternehmen tätig sind.

All diese Faktoren tragen dazu bei, dass zwischen der Forderung „gleicher Lohn für gleiche Leistung" in der Praxis eine nicht geringe Diskrepanz besteht. **Trotzdem – oder gerade deshalb – ist jedes Unternehmen gut beraten, im Interesse einer motivierten Mitarbeiterschaft dem Grundsatz der (relativen) Entgeltgerechtigkeit eine hohe Bedeutung zuzumessen.**

4.2 Entgeltstrukturen

Relative Lohngerechtigkeit setzt – unabhängig von allen bereits genannten Aspekten – voraus, dass die betrieblichen Mittel zur Realisierung der Entgeltgerechtigkeit auch voll genutzt werden. Hierzu gehören in erster Linie die Entgeltstrukturen: Entgeltabstände zwischen den einzelnen Entgeltgruppen, die Möglichkeit der leistungsdifferenzierenden Vergütung innerhalb derselben Entgeltgruppe (Entgeltbandbreite) sowie die richtige Gewichtung von fixen und variablen Entgeltbestandteilen. Ein Verzicht auf diese Instrumente bedeutet gleichzeitig den Verzicht auf die Lohngerechtigkeit.

4.3 Entgeltniveau

Mitarbeiter fühlen sich – wie bereits ausgeführt – dann ungerecht behandelt, wenn sie sich im direkten Vergleich mit vergleichbaren Kolleginnen oder Kollegen ungerecht bezahlt fühlen.

Dieser relativen Betrachtung ist im Rahmen der integrierten Entgeltpolitik eines Unternehmens eine weitere Betrachtung hinzu zu fügen: das absolute betriebliche Entgeltniveau im Vergleich mit externen Wettbewerbern am Arbeitsmarkt. Hier gilt es, ein Niveau zu erreichen, welches

- das Unternehmen einerseits kostenmäßig verkraften kann,

- andererseits aber ermöglicht, am Arbeitsmarkt um qualitativ gute Mitarbeiter mit den Wettbewerbern konkurrieren zu können – d.h., sowohl gute Mitarbeiter im Unternehmen zu halten als auch gute Bewerber für das Unternehmen zu interessieren.

Ersteres scheint zumindest zunächst etwas leichter zu sein als letzteres, ist es aber doch nicht: wenn ein Unternehmen merkt, dass gute Mitarbeiter das Unternehmen in zunehmender Zahl bereits verlassen haben, weil andere Unternehmen eine höhere Vergütung zahlen, kann es bereits zu spät sein. Es gilt daher für die Unternehmen, rechtzeitig zu wissen, ob sie am Arbeitsmarkt mit ihrer Vergütung konkurrenzfähig sind. Solche Informationen sind allerdings nur begrenzt verfügbar, die Transparenz am überbetrieblichen Arbeitsmarkt ist relativ schwach ausgeprägt. Auch direkte Einkommensvergleiche auf regionaler, tariflicher oder funktionaler

Ebene haben nur eine begrenzte Aussagefähigkeit, da sie die jeweiligen Tätigkeiten vergleichsweise unvollkommen abbilden. Vor diesem Hintergrund gilt es für alle Unternehmen, alle Möglichkeiten des Informationsaustausches – auch mit den Wettbewerbern am Arbeitsmarkt – intensiv zu pflegen.

5. Angewandte Entgeltpolitik

5.1 Die Bildung von Entgeltgruppen

Die Grenzen der Praktikabilität wären überschritten, wenn jedem Arbeitsplatz nicht nur ein individueller Arbeitswert, sondern auch ein individuelles Grundentgelt zugeordnet würde. In der Praxis werden daher eine Reihe ähnlicher Arbeitswerte **gebündelt** und zu Entgelt**gruppen** (gleichbedeutend mit Einkommens- oder Vergütungsgruppen) zusammengefasst. Eine kleinere Zahl von Vergütungsgruppen führt zu einer stärkeren Bündelung und damit tendenziell zu einer Nivellierung, eine zu hohe Zahl vernachlässigt die Grenzen einer exakten individuellen Arbeitswertbestimmung und führt somit zu einer rechnerischen „Scheingenauigkeit" und geringerer Praktikabilität (vgl. *Eyer* 1995).

Für tarifgebundene Mitarbeiter bilden die Entgeltgruppen die **Tarif-, Lohn- oder Gehaltsgruppen**. Ihre Zahl schwankt von Tarifvertrag zu Tarifvertrag und innerhalb der einzelnen Tarifverträge zusätzlich zwischen den Zeit- und Akkordlohntätigkeiten einerseits und den Angestelltentätigkeiten andererseits. Die Notwendigkeit der Bildung einer begrenzten Zahl von Entgeltgruppen ist nicht auf den Tarifkreis beschränkt. Auch im Führungskreis eines Unternehmens kann nicht jedem individuellen Arbeitswert ein individuelles Entgelt zugeordnet werden. Je größer die Zahl der Führungskräfte und je tiefer strukturiert ein Unternehmen ist, desto größer ist die Notwendigkeit einer Bündelung (vgl. *Abb. 11*).

Tarif				kreis						Füh	rungs	kreis
AW 1-5	AW 6-10	AW 11-15	AW 16-20	AW 21-25	AW 26-30	AW 31-35	AW 36-40	AW 41-45	AW 46-50	FK1	FK2	FK3
.	.	.	.	.	.	.	.	.	.			
.	.	.	.	.	.	.	.	.	.			
.	.	.	.	.	.	.	.	.	.			
LG 1	LG 2	LG 3	LG 4	LG 5	LG 6	LG 7	LG 8	LG 9	LG 10	VG 1	VG 2	VG 3

Erläuterungen: AW =Arbeitswert, FK = Führungskreis, LG = Lohngruppe, VG = Entgeltgruppe

Abb. 11: Bündelung von Arbeitswerten zu Entgeltgruppen

5.2 Die Staffelung der Einkommen zwischen den Entgeltgruppen

Nachdem die Arbeitswerte die Anforderungen des jeweiligen Arbeitsplatzes an den Stelleninhaber widerspiegeln, müssen höheren Anforderungen auch höhere Vergütungen entsprechen. Dabei interessiert in einer ersten Betrachtung nicht der **absolute** Wert des Grundentgelts, sondern der **relative**. Es gilt zunächst einmal festzulegen, um wie viel Prozent die jeweils nächste Entgeltgruppe über der vorhergehenden liegen soll.

Unternehmen, die erstmals vor einer solchen Frage stehen, haben – nachdem sie nicht irgendwo isoliert auf einer Wiese stehen, sondern eingebettet sind in ein Geflecht von Wettbewerbern am Produkt- und am Arbeitsmarkt – als Orientierungspunkte die verschiedenen Tarifverträge und den Arbeitsmarkt zu berücksichtigen. Darüber hinaus spielt jedoch auch die Unternehmensphilosophie eine Rolle: Soll tendenziell dem Grundsatz der Differenzierung oder der Nivellierung gefolgt werden? Soll das Entgeltniveau im Vergleich zu Wettbewerbern relativ hoch oder relativ nieder sein?

Betrachtet man die tarifvertraglichen Grundvergütungen in der deutschen Wirtschaft so zeigt sich, dass die Differenzierung bei Angestelltentätigkeiten wesentlich größer ist als bei Lohnempfängertätigkeiten und dass darüber hinaus auch bei vergleichbaren Mitarbeitergruppen erhebliche Branchenunterschiede bestehen (vgl. *Abb. 12*).

Prozentualer Abstand zwischen Eingangs- und Höchsttarifgehalt (Basis K1-Eingangsgehalt = 100 %)

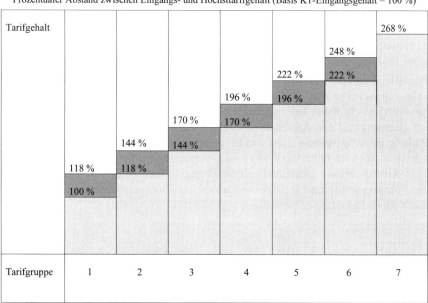

Abb. 12: Beispiel einer tariflichen Grundentgeltstaffelung

5.3 Leistungsorientierte Vergütungsbandbreiten

Bildet der **Arbeitswert** die Richtschnur für die Eingruppierung in eine Tarif- oder Vergütungsgruppe, dann bildet die **individuelle Leistung** – sofern sie im festen Monats- oder Jahresgehalt abgegolten wird – die Richtschnur für die Einkommensfestlegung innerhalb der jeweiligen Gruppe. Ein Sachverhalt, der in der Praxis nicht selten übersehen wird: eine individuelle Höherleistung wird nicht mit einer Leistungszulage im Rahmen der „richtigen" Vergütungsgruppe honoriert, sondern mit einer Höhergruppierung in die nächst höhere Vergütungsgruppe – mit der Folge einer Verwässerung der Struktur des Vergütungssystems.

Tarifliche Regelungen sehen in der Regel individuelle Leistungszulagen als Zuschläge zum tariflichen Grundentgelt vor, die zu zahlen sind, sobald die individuelle Leistung die dem Grundentgelt zugrunde liegende „Normalleistung" überschreitet.

Bei der Einführung eines neuen Vergütungssystems oder der Modifizierung eines bestehenden ist eine Entscheidung darüber zu treffen, wie viel Prozent der „Höchstleister" einer Vergütungsgruppe mehr verdienen soll als der arbeitswertmäßig vergleichbare Mitarbeiter an der unteren Leistungsskala. Die Festlegung solcher Einkommensbandbreiten kann jedoch nicht nur die Leistungsunterschiede in Form von **Leistungszulagen** berücksichtigen. Sie muss darüber hinaus auch noch arbeitsmarktbedingte Einkommensdifferenzierungen in Form „freiwilliger, übertariflicher Zulagen" ermöglichen. Für die Mitarbeiter im Tarifkreis, aber auch für den Führungskreis, ist daher im Interesse einer leistungs- und auch marktgerechten Differenzierung eine große Einkommensbandbreite zwischen Niedrigst- und Höchstleister empfehlenswert (vgl. *Abb. 13*).

Für die betriebliche Einkommensstruktur ergibt sich daraus die Konsequenz, dass beispielsweise ein leistungsstarker Mitarbeiter der Entgeltgruppe 3 ein höheres Effektiveinkommen erreichen kann als ein leistungsschwächerer Mitarbeiter der höheren Entgeltgruppe 4.

5.4 Das Verhältnis fixer und variabler Vergütungsbestandteile

Bedingt durch die tarifliche Festschreibung nicht nur von Lohn und Gehalt, sondern auch von einmaligen Zahlungen wie 13. Monatseinkommen, Weihnachtsgeld oder Urlaubsgeld, bleibt den tarifgebundenen Unternehmen im Tarifkreis wenig Spielraum für eine Honorierung besonderer individueller Leistungen oder Ergebnisse. Wollen solche Unternehmen den Anteil variabler Einkommensbestandteile erhöhen, gibt es meist nur den Weg über eine zusätzliche Zahlung, nicht jedoch über die Umwandlung fixer in variable Einkommensbestandteile. **Nicht-tarifgebundene** Unternehmen sollten jedoch verstärkt anstreben, auch bei ihren Mitarbeitern im „Tarifkreis" den Anteil variabler – leistungs- und erfolgsabhängiger – Einkommensbestandteile zu Lasten der fixen zu erhöhen. Da es auch in solchen Unternehmen schwierig ist, ohne eine Besitzstandsgarantie Teile des bisherigen Fixeinkommens künftig variabel zu gestalten, bietet sich der Weg an, anstelle genereller, linearer Einkommenserhöhungen, z.B. im Zusammenhang mit einer allgemeinen Tariferhöhung, stufenweise eine flexible, variabel gestaltbare Vergütungssystematik zu entwickeln (vgl. *Reichmann* 2002).

Bei **Führungskräften** sind die betrieblichen Gestaltungsmöglichkeiten bezüglich der variablen Vergütung wesentlich größer, nachdem tarifliche Einschränkungen nicht greifen. Trotzdem überrascht, dass eine variable Vergütung von Führungskräften, die diesen Namen auch verdient, in der deutschen Wirtschaft noch nicht sehr weit verbreitet ist.

Für die Gestaltung der variablen Entgeltbestandteile im Führungskreis bieten sich zunächst zwei Eckpunkte. Geht man davon aus, dass ein Mitarbeiter im Tarifkreis einschließlich Einmalzahlungen wie 13. Monatseinkommen oder Weihnachtsgeld rund 10 % seines Gesamtjahreseinkommens „variabel" erhält und bei einem Organ-

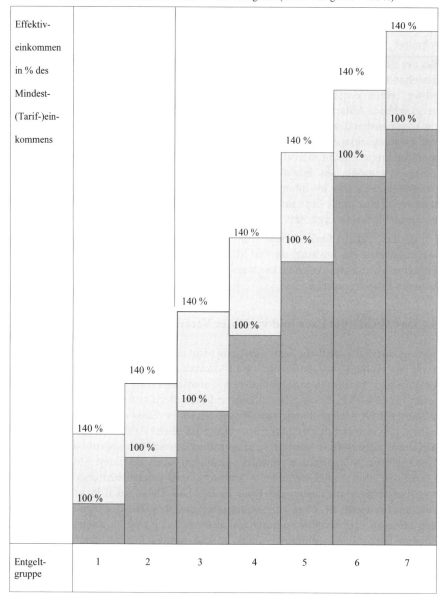

Prozentualer Abstand zwischen Effektiv- und Tarifgehalt (Basis: Tarifgehalt = 100 %)

Abb. 13: Beispiel für leistungs- (und markt-)orientierte Einkommensbandbreiten

mitglied (Vorstand oder Geschäftsführer) der variable Einkommensanteil bezogen auf das Gesamtjahreseinkommen bei 50 % liegt, dann verbleibt im Rahmen einer durchgängigen Einkommenssystematik für den Kreis der Führungskräfte ein variabler Spielraum zwischen 15 % und 45 %. Nachdem der Einfluss einer Führungskraft auf das (wie auch immer definierte) Unternehmensergebnis mit steigender hierarchischer Einstufung tendenziell steigt, folgt daraus zwangsläufig, dass auch der variable Anteil mit steigender Vergütungsgruppe auch prozentual zunehmen sollte.

Eine Möglichkeit, das Einkommen der Führungskräfte progressiv variabel zu gestalten, besteht darin, für die Erfüllung einer bestimmten Zielsetzung ein **Richt-** oder **Zieleinkommen** (in diesem Fall als Jahreseinkommen) vorzugeben. Ein solches Richteinkommen = 100 % gesetzt wird dann erreicht, wenn die vorgegebenen Ziele voll erfüllt wurden. Wurden sie nicht oder nur unzureichend erfüllt, kann das tatsächliche Einkommen bis zur Höhe eines Garantieeinkommens unter dem Richteinkommen absinken, wurden sie übererfüllt, kann das tatsächliche Einkommen das Richteinkommen bis zu einem vorher festgelegten Prozentsatz überschreiten (vgl. *Abb. 14*).

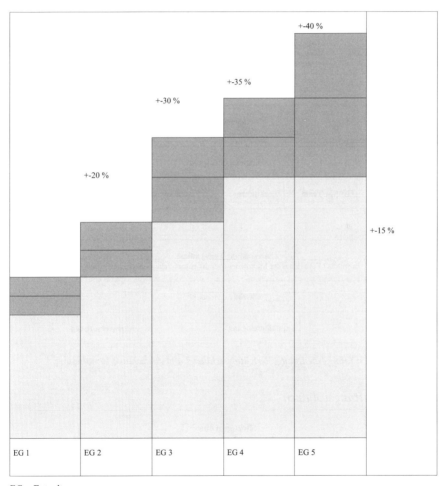

EG = Entgeltgruppe

Abb. 14: Beispiel einer variablen Gestaltung der Führungskräftevergütung

5.5 Verknüpfung von Erfolg, Leistung und Auszahlungsform

Erfolgsbeteiligung, Leistungsvergütung und Form der Auszahlung bzw. Verwendung stehen in der Praxis nicht isoliert nebeneinander – sie sind vielmehr in vielfältiger Form im Rahmen eines integrierten Entgeltsystems miteinander verknüpft: Volumenbestimmung, Verteilungsschlüssel und Auszahlung/Verwendung müssen daher einer ganzheitlichen Betrachtung unterzogen werden (vgl. *Abb. 15*).

Bezugsgröße Erfolgsbeteiligung			
An was orientiert sich die betriebliche Leistung „Ausschüttung" (Volumen)?			

alternativ oder additiv

Umsatz (Unternehmen/Geschäfts-bereich)	Ergebnis vor/nach Steuern (Unternehmen)	Wertschöpfung (Unternehmen/Geschäfts-bereich)	Dividende (Unternehmen)

Verteilungsschlüssel				
Wie wird das Gesamtvolumen auf die einzelnen Mitarbeiter verteilt?				

alternativ oder additiv

Kopfzahl	Gruppe/Team	Dienstjahre	Festeinkommen	Individuelle Leistung

Auszahlung/Verwendung		
In welcher Form kann der Mitarbeiter über die betriebliche Leistung verfügen?		

alternativ oder additiv

Bar	Kapitalbeteiligung	Altersversorgung

Abb. 15: Erfolgsbeteiligung, Verteilungsschlüssel und Auszahlung/Verwendung

5.5.1 Ausschüttungsvolumen

Bezugsgröße			
An was orientiert sich die betriebliche Leistung „Ausschüttung" (Volumen)?			

alternativ oder additiv

Umsatz Unternehmen/ Geschäftsbereich	Ergebnis vor/nach Steuern Unternehmen	Wertschöpfung Unternehmen/ Geschäftsbereich	Deckungsbeitrag Unternehmen/ Geschäftsbereich

Abb. 16: Ausschüttungsvolumen einer erfolgsabhängigen Mitarbeitervergütung

- Das **Volumen der Ausschüttung** liegt so lange in der alleinigen Entscheidung der Unternehmensleitung, als keine automatische Verknüpfung zwischen der Höhe der Ausschüttung und der Bezugsgröße hergestellt ist. **Umsatz** sowie **Ergebnis vor Steuern** spiegeln in erster Linie den Erfolg des Unternehmens am Markt wider. Solche Bezugsgrößen sollten daher dann verwendet werden, wenn den Mitarbeitern die Bedeutung des Marktes bewusst gemacht werden soll – oder die Mitarbeiter diese Größen in besonderem Maße beeinflussen können (Führungskräfte).

- **Wertschöpfung und Deckungsbeitrag** sind in starkem Maße vom wirtschaftlichen Denken und Handeln der Mitarbeiter abhängig. Diese Bezugsgrößen sind daher dann vorzuziehen, wenn primär das Arbeitsverhalten und die Arbeitseinstellung (positiv) beeinflusst und honoriert werden soll.

- Ob im Einzelfall das **Unternehmensergebnis** (im weitesten Sinne) oder das **Ergebnis eines Geschäftsbereichs** oder einer Sparte als Bezugsgröße gewählt wird – oder additiv beides – ist eine Ermessensfrage, bei der es kein Richtig oder Falsch gibt. Das **Unternehmen als Bezugsbasis** stärkt den Einheitsgedanken („Wir sitzen alle in einem Boot") und erleichtert innerbetriebliche Versetzungen von Führungskräften. Der **Geschäftsbereich als Bezugsbasis** führt u.U. zu einem unerwünschten innerbetrieblichen Konkurrenzkampf (auch um Mitarbeiter) und macht aus einem (positiven) Ressort**denken** einen (negativen) Ressort**egoismus**.

- Wenn möglich, sollten sowohl unternehmens- als auch geschäftsbereichsbezogene, sowohl markt- als auch mitarbeiterbezogene Bezugsgrößen gewählt werden, um das interne **und** externe Unternehmensumfeld bewusst zu machen.

5.5.2 Verteilungsschlüssel

Verteilungsschlüssel Wie wird das Gesamtvolumen auf die einzelnen Mitarbeiter verteilt?				
alternativ oder additiv				
Kopfzahl	Gruppe/Team	Dienstjahre	Festeinkommen	Individuelle Leistung

Abb. 17: Mögliche Verteilungsschlüssel

- Ein **kopfzahl- oder dienstjahrbezogener** Verteilungsschlüssel hat soziale Aspekte, ist jedoch nivellierend und damit eher leistungsfeindlich. Er ist daher in der Regel nicht zu empfehlen.

- Ein **gruppen- oder teambezogener** Verteilungsschlüssel setzt voraus, dass der Leistungsbeitrag einer organisatorischen Einheit auch tatsächlich messbar oder zumindest bewertbar ist.

- Spiegelt das **Festeinkommen** tatsächlich den Beitrag des einzelnen Mitarbeiters im Sinne seiner Bedeutung für das Unternehmen und damit für das Unternehmensergebnis (wiederum im weitesten Sinne) wider, dann bildet dieses Festeinkommen einen wichtigen Verteilungsschlüssel unter dem Aspekt „Belohnung" (für die Vergangenheit) – und damit gleichzeitig Anreiz für die Zukunft.

- Die **individuelle Leistung** als Verteilungsschlüssel setzt eine Leistungs**messung**, zumindest aber eine Leistungs**beurteilung** und Leistungs**bewertung** voraus. Die Bewertung der **Leistung als individueller Einsatz, als Ergebnis oder als Erfolg** wiederum erfordert eine Soll-Vorgabe und einen Soll-Ist-Vergleich.
- **Grundsätzlich** gilt: Gruppe/Team, Festeinkommen und individuelle Leistung sollten als additive Verteilungsschlüssel betrachtet und verwendet werden.

5.5.3 Auszahlung/Verwendung

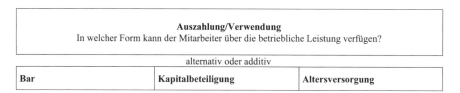

Auszahlung/Verwendung		
In welcher Form kann der Mitarbeiter über die betriebliche Leistung verfügen?		
alternativ oder additiv		
Bar	Kapitalbeteiligung	Altersversorgung

Abb. 18: Auszahlung/Verwendung

- Die **Bar**-Auszahlung stellt für die Mehrzahl der Mitarbeiter die interessanteste Beteiligungsform dar. Trotz einer hohen Steuer- und Sozialversicherungsbelastung ziehen viele Mitarbeiter cash den Risiken einer fernen und ungewissen Auszahlung vor. Der Wechsel von einer Barauszahlung zu einer alternativen Verwendungsform muss daher eindeutige und nachvollziehbare Vorteile für den Mitarbeiter bringen, wenn dieser einen solchen Wechsel akzeptieren soll.
- Eine **Kapitalbeteiligung** kann die Form eines Mitarbeiterdarlehens, des Mitarbeiter-Genussrechts, der stillen Mitarbeiterbeteiligung, der Belegschaftsaktie (oder des GmbH-Anteils) oder von Stock-Options haben. Aus Unternehmenssicht ist eine steueroptimale Gestaltung dann gegeben, wenn die Mitarbeiterbeteiligung steuerlich Fremdkapital darstellt, so dass sie als Betriebsausgabe abzugsfähig ist. Aus Sicht des Mitarbeiters handelt es sich in aller Regel um Einkünfte aus Kapitalvermögen, womit diese im Rahmen der Einkommensteuererklärung letztendlich wie Einkünfte aus selbständiger oder nichtselbständiger Tätigkeit behandelt werden. Eine Kapitalbeteiligung aus Sicht des Mitarbeiters ist im Übrigen für diesen nur interessant, wenn das Risiko gleich Null oder zumindest minimal ist und er andererseits eine höhere Verzinsung für sein eingesetztes Kapital erhält als bei einer privaten Anlage.
- Verzichtet ein Mitarbeiter ganz oder teilweise auf die Auszahlung betrieblicher Sonderzahlungen und legt das Unternehmen diese zugunsten des Mitarbeiters als **zusätzliche Altersversorgung** an, sparen Unternehmen und Mitarbeiter zunächst einmal die darauf entfallenden Sozialversicherungsbeiträge, der Mitarbeiter zusätzlich die anfallende Einkommensteuer. Im Gegenzug verzichtet er auf einen Teil seines Nettoeinkommens. Der Mitarbeiter wird auch einen solchen Schritt nur dann mitgehen, wenn er eindeutige und nachvollziehbare Vorteile aus diesem Einkommensverzicht sieht. Diese interessante Variante der Verwendung von Sonderzahlungen setzt daher eine fundierte versicherungsmathematische Berechnung eines Altersversorgungsfachmannes voraus. Schätzungen reichen für eine solche Entscheidung nicht aus.

- **Grundsätzlich** gilt: Die verschiedenen **Kapitalbeteiligungsformen** sind weniger interessant als die Barausschüttung und die zusätzliche Altersversorgung. Die Kapitalbeteiligung sollte daher in erster Linie für das Top-Management überlegt werden. Für diese wie auch für die übrigen Mitarbeiter sollten die Form der Auszahlung und der Verwendung eher additiv und nicht alternativ betrachtet werden.

5.6 Entwicklungstendenzen in der Entgeltpolitik

5.6.1 Grundvergütung und Arbeitsbewertung

Das Ziel der Arbeitsbewertung ist hinlänglich bekannt: mit ihr sollen die Tätigkeiten innerhalb eines Unternehmens vergleichbar gemacht werden, um damit eine relative Ordnung dieser Tätigkeiten im Hinblick auf deren Anforderungen zu erreichen. Ordnung ist dabei nicht Selbstzweck, sondern Mittel zum Zweck: als Bestandteil einer Entgeltdifferenzierung und damit als Beitrag zur betrieblichen Lohngerechtigkeit (vgl. *Femppel/Knebel* 2002).

Der kritische Betrachter gewinnt den Eindruck, dass sich in der Praxis der Arbeitsbewertung in der jüngeren Vergangenheit wenig bewegt hat und auch in den kommenden Jahren wenig Bewegung zu erwarten ist. Zwar sind viele Unternehmen mit ihren derzeitigen Arbeitsbewertungsverfahren nicht zufrieden; sie scheuen jedoch offensichtlich den enormen (Zeit-)Aufwand einer grundsätzlichen Umstellung und befürchten außerdem höhere Eingruppierungen – ohne unter dem Strich eine höhere Mitarbeitermotivation und Leistung zu erreichen. Selbst Branchen, in denen sich auch in Bezug auf die Grundvergütung einiges bewegt – so in der Chemie mit ihrem einheitlichen Entgelttarifvertrag oder in den ehemals kommunalen Versorgungsbetrieben mit neuen Vergütungsstrukturen – halten weitgehend an ihren bestehenden (und tatsächlich oder vermeintlich bewährten) Arbeitsbewertungssystemen fest.

Zumindest theoretisch wird heftig diskutiert zwischen den Anhängern der analytischen Arbeitsbewertung auf der einen Seite und den Verfechtern der summarischen Verfahren auf der anderen.

- Eine gewisse Einigkeit scheint nur zu bestehen hinsichtlich einer „Entfeinerung" komplizierter analytischer Verfahren – verbunden mit einer gewissen Neuorientierung bei den Bewertungsmerkmalen und deren Gewichtung.

Die in den letzten Jahren sich verstärkende Diskussion über die Bedeutung von „competencies" als Mittel der Stellenbewertung hat sich offensichtlich wieder abgeschwächt. Die Gefahr der Bewertung der angebotenen und nicht der abgeforderten Qualifikationen, die ambivalente Heranziehung von competencies auch zur **Leistungsbewertung** sowie die Tatsache, dass eine kausale Verknüpfung derselben mit der Vergütung in der Praxis auf erhebliche Schwierigkeiten stößt, scheinen hierfür ursächlich.

5.6.2 Variable Vergütung und Leistungsbewertung

Wesentlich klarer als bei der Arbeitsbewertung zeigt sich die Entwicklung in Bezug auf die variable Vergütung und deren Grundlage, die Leistungsbewertung (oder -messung):

- Zielvereinbarungen und Ergebnis bezogene Vergütungsbestandteile liegen im Trend.

- Der Anteil variabler Vergütungselemente an der Gesamtvergütung steigt.

Diese Aussage gilt in stärkerem Maße für Führungskräfte als für Nicht-Führungskräfte; sie gilt auch in stärkerem Maße für nicht Tarif gebundene Unternehmen (vgl. *Schneider* 2003). Hemmnisse liegen in erster Linie im tarifrechtlichen Bereich, aber auch in ökonomischen Barrieren. Es zeigt sich bei den meisten Unternehmen, die eine höhere variable Vergütung anstreben, dass sie sich nicht trauen, fixe in variable Vergütungsbestandteile umzuwandeln. Sie fürchten die fehlende Akzeptanz der betroffenen Mitarbeiter und sehen daher die höhere Variabilität ausschließlich „on top". Besitzstandszusagen werden als demotivierend betrachtet und deshalb wird mit der Einführung eines variableren Vergütungssystems so lange gewartet, bis die Ergebnislage des Unternehmens eine de facto Erhöhung der Gesamtbezüge zulässt. Diese Unternehmen verwirken damit die Chance einer Erhöhung ihrer Kostenflexibilität (vgl. *Knebel/Malleskat* 1998).

Literaturverzeichnis

Becker, K./Engländer, W.: Zielvereinbarungen. Ein Weg zu motivierten Mitarbeitern, in: Angewandte Arbeitswissenschaft, Nr. 141, 1994

Becker, M.: Die Taube auf dem Dach oder der Spatz in der Hand. Anmerkungen zur Gestaltung, Akzeptanz und Motivationswirkung variabler Entlohnung, in: Personalführung, Heft 11/2003

DGFP: Neue Wege der Vergütung, DGFP-Schriftenreihe Nr. 56, Köln, 1995

Eyer, E.: Entgelt und Entgeltsysteme: Aufbau, Philosophie, Tendenzen, in: *Hromadka, W.:* Entgeltsysteme der Zukunft, Stuttgart 1995

Femppel, K./Knebel, H. u.a.: Vergütungstrends, in: Personal, Heft 11/2002

Femppel, K./Zander, E.: Leistungsorientierte Vergütung, Köln 2000

Femppel, K./Reichmann, L./Böhm, H.: Ganzheitliche Vergütungspolitik, *DGFP* (Hrsg.), Düsseldorf 2002

Knebel, H./Malleskat, W.: Zukunftsfähige Vergütungssysteme, in: Personal, Heft 12/1998

Lang, J. M: Moderne Entgeltsysteme, Wiesbaden 1998

Oechsler, W. A.: Personal und Arbeit, 7. Auflage, München, Wien 2000

Reichmann, L.: Entgeltflexibilisierung, Lohmar, Köln 2002

Schneider, H./Fritz, S. u.a.: Total Compensation, in: Personal, Heft 10/2003

Wagner, D.: Anreizpotentiale und Gestaltungsmöglichkeiten von Cafeteriamodellen, in: *Schanz, G.:* Anreizsysteme in Wirtschaft und Verwaltung, Stuttgart 1991

Weber, W.: Entgeltsysteme in personalwirtschaftlicher Perspektive, in: *Weber, W.* (Hrsg.): Entgeltsysteme, Lohn, Mitarbeiterbeteiligung und Zusatzleistungen, Stuttgart 1993

Wunderer, R.: Führung und Zusammenarbeit, München, Neuwied 2003

Zander, E.: Handbuch der Gehaltsfestsetzung, 5. Auflage, München 1990

Entgeltvergleiche und Benchmarking-Studien

Dipl.-oec. Christoph Hauke/Dipl.-Kffr. Sabine Eschmann

Inhalt

1. Einführung

Die Vergütungspolitik ist ein wichtiger Bestandteil der Personalpolitik. Deshalb stellen sich immer wieder die Fragen „Was zahlen andere Unternehmen an Gehalt?" und „Wie können wir unsere Vergütungen attraktiver gestalten?".

Die Informationen zur Beantwortung dieser Fragen sind nicht so leicht zu beschaffen. Einerseits geben Unternehmen diese vertraulichen Informationen nicht ohne weiteres an Dritte weiter, andererseits handelt es sich um sensible Daten, die oftmals der Erläuterung bedürfen.

Gerade bei wettbewerbsrelevanten Funktionen erhöht sich die Problematik der Informationsbeschaffung deutlich. Detaillierte Aussagen zur vollständigen und tatsächlichen Vergütung von Führungskräften oder Vertriebsmitarbeitern sind von Unternehmen nur schwerlich zu erhalten.

Deshalb suchen viele Unternehmen den indirekten Weg über Entgeltvergleiche und Benchmarking-Studien. Die anonymisierten Auswertungen der regelmäßigen Untersuchungen verschiedener Institute und Unternehmensberatungen liefern den teilnehmenden Unternehmen die gewünschten Informationen.

Die nachfolgenden Ausführungen geben eine Übersicht über Ziele, Inhalte und Nutzen von Entgeltvergleichen und zeigen die Konzeptionen und Abläufe von Benchmarking-Studien auf.

2. Entgeltvergleiche

Für eine Vielzahl von Unternehmen und den dort für Compensation verantwortlichen Personalmanagern steht die Frage nach der marktgerechten Vergütung der Mitarbeiter im Vordergrund ihrer Tätigkeit. Auf der einen Seite gilt es dem ständig steigenden Kostendruck zu genügen, auf der anderen Seite ist eine attraktive Vergütung einer der wesentlichsten Aspekte gute Mitarbeiter verpflichten und vor allem aber auch halten zu können.

Was bedeutet „marktgerechte" Vergütung? Es ist der Betrag, zu dem ein Unternehmen den gewünschten Mitarbeiter einstellen kann und gleichzeitig der Betrag, der es diesem Mitarbeiter, abgesehen von dessen sonstigen Entscheidungsgrößen, schwer fallen lässt, das Unternehmen zu verlassen, um zu einem besser zahlenden Wettbewerber zu wechseln. Vor allem sobald es um das Entgelt in nicht tarifgebundenen Unternehmen bzw. um die Vergütung für Führungskräfte und AT-Angestellte geht, sind Informationen durch unabhängige externe Quellen sehr gefragt.

Sowohl im Rahmen der Vergütungspolitik zur Festlegung oder Standortbestimmung der unternehmensinternen Vergütungsstruktur als auch zur Bestimmung absoluter Entgelthöhen einzelner Positionen und der Zusammensetzung von Entgeltbestandteilen bieten Entgeltvergleiche allen Unternehmen, unabhängig von ihrer Größenklasse oder Branchenzuordnung, eine wertvolle Orientierungshilfe.

2.1 Arten von Entgeltvergleichen

Ein Entgeltvergleich ist die verdichtete Darstellung einer empirischen Sammlung von Entgeltdaten zu einem bestimmten Zeitpunkt. Bezogen auf einen konkreten Zeitraum werden IST-Daten erfasst und nach festgelegten Differenzierungskriterien ausgewertet. Auf diese knappe Aussage reduziert sich die Definition des Begriffs „Entgeltvergleich", möchte man mit ihr die Vielfalt der Ausprägungen des am Markt vorhandenen Angebots an Vergütungsinformationen abdecken.

Welche Entgeltdaten, welche Positionen, welche Datenbasis, welche Darstellungsweise, welcher Umfang – für welchen Nutzer? Bereits hier wird durch die aufkommenden Fragen deutlich, dass es keinen „besten", sondern nur den auf den jeweiligen Bedarf ausgerichteten „richtigsten" Entgeltvergleich geben kann.

Wesentlich für den Nutzer ist die genaue Abstimmung seines Bedarfs – wozu werden die Daten benötigt – mit den Inhalten der unterschiedlichen Studien. In der Regel ist die benötigte Tiefe der Auswertung maßgebend. Genügt ein grober Anhaltspunkt wie z.B. der Mittelwert des Jahresgesamtentgelts zu einer bestimmten Position, der, im Weiteren undifferenziert, alle Nennungen aus allen beteiligten Unternehmen darstellt, oder ist die genaue Betrachtung der Entgeltbestandteile im

Umfeld einer Branche oder einer Wirtschaftsregion notwendig um die Daten entsprechend der eigenen Zielsetzung nutzen zu können.

Entgeltvergleiche lassen sich drei Kategorien zuordnen. Für die weiteren Betrachtungen ist nur die erste Gruppe von Bedeutung.

(1) **Überbetriebliche Vergütungsvergleiche mit nationaler oder internationaler Ausrichtung:** Sie unterscheiden sich neben ihren inhaltlichen Ausprägungen in den Darstellungsmethoden und sind in vielen Kombinationen anzutreffen.

- Inhaltliche Ausprägungen
  - Bar- oder Gesamtvergütungsstudien, die auch nicht-monetäre Entgeltbestandteile berücksichtigen
  - Branchenspezifische oder branchenübergreifende Entgeltvergleiche
  - Mitarbeitergruppenorientierte und funktionsbezogene Studien (Geschäftsführer, Führungskräfte und AT-Angestellte, Fachkräfte und Spezialisten z.B. Ingenieure, Sekretärinnen etc.)
  - frei erwerbbare, offene Studien oder geschlossene Studien, deren Ergebnisse ausschließlich dem Teilnehmerkreis vorbehalten bleiben

- Methoden
  - Datenerfassung per Erhebungsbogen oder Dateneingabe über ein online-tool des Anbieters
  - gedruckter Auswertungsbericht oder Datenabfrage über ein online-tool des Anbieters

(2) **Konzern-/unternehmensinterne Entgeltstrukturanalysen:** Sie können im Rahmen einer Vergütungsberatung individuell bei einzelnen Anbietern beauftragt werden. Die Ergebnisse stehen nur dem Auftraggeber zu Verfügung.

(3) **Online-Vergütungsdatenbanken:** Über das Internet abrufbare Entgeltangaben zu einzelnen Positionen. Diese Datenbanken beziehen sich oftmals auf eine vom Anbieter nicht überprüfbare Datenbasis, die vielfach anonym und im Selbstauskunftverfahren aufgebaut wird.

Sie wenden sich in der Regel an Arbeitnehmer/Einzelpersonen, die die Höhe ihres eigenes Entgelts überprüfen möchten und sind nicht für eine Abfrage von größerem Umfang geeignet.

Alle vorgenannten Gruppen bieten eine kostenpflichtige Dienstleistung an, wobei sich die Preisspanne von einigen wenigen Euro bis zu mehreren Tausend Euro erstreckt. Die Preise sind abhängig von Umfang, Tiefe und Individualität der angebotenen Auswertungen. Preis- und Leistungsvorteile existieren bei offenen, frei erwerbbaren Studien für den Kreis der teilnehmenden Unternehmen.

Kostenfreie Informationen bieten öffentlich zugängliche Quellen wie z.B. HR-Portale im Internet sowie Internetseiten und Printversionen von Zeitungen und Zeitschriften aus Marketing- und Serviceaspekten heraus an. An diesen Stellen werden in Kooperation mit Studienanbietern einzelne Studienergebnisse aufgenommen und zumeist nochmals extrem verdichtet dargestellt. Gelegentlich geben auch Interessenvereinigungen und Verbände zu Gunsten der Mitglieder Studien in Auftrag und veröffentlichen die Ergebnisse.

2.2 Auswahl eines Entgeltvergleichs

Grundsätzlich ist zu beachten, dass es sich bei empirischen Vergütungsvergleichen nicht um die Bereitstellung statistisch repräsentativen Datenmaterials, sondern um eine Stichprobe handelt, die auf der zufälligen Zusammensetzung des Teilnehmerkreises basiert. Alle Entgeltangaben sind daher als unverbindliche Richtwerte zu betrachten.

Der Zweck, zu dem die Studien genutzt werden soll, ist ausschlaggebend für das Minimum der an sie gestellten Anforderungen. Entgeltvergleiche werden benötigt

- zur Entgeltfindung, z.B. bei der Einrichtung einer neuen Stelle, als Argumentationshilfe bei Gehaltsverhandlungen,

- zum unternehmensinternen Vergleich des Entgeltgefüges,

- zum überbetrieblichen Vergleich des Vergütungsniveaus und der Vergütungsstruktur.

Je spezieller die Anforderungen an die Vergleichbarkeit der Studien bzw. der in ihnen dargestellten Positionen mit den unternehmensindividuellen Gegebenheiten werden, desto geringer wird die Anzahl der Nennungen, die in die Berechnung passender Ergebnisse einfließen. Für den Nutzer eines Entgeltvergleichs bedeutet das, dass er die Maßstäbe festzulegen hat, mit denen er sich für den „richtigen" Entgeltvergleich entscheidet. Er muss seinen Markt definieren, d.h. er hat die Vergleichsgruppe von Unternehmen zu identifizieren, die für die Vergütung im Unternehmen den Wettbewerb darstellen.

Vielfach ist dabei der „Blick über den Tellerrand" zweckmäßig, die regelmäßig an erster Stelle geforderte Branchenorientierung der Studien sogar nachrangig, wenn nicht gar überflüssig. Sobald es beispielsweise um die Honorierung von Positionen geht, in denen keine oder nur wenig branchenspezifische Spezialkenntnisse benötigt werden, ist einer Studie, die die Wirtschaftsregion des Unternehmens berücksichtigt aufgrund der sicherlich höheren und relevanteren Datenbasis eindeutig der Vorzug zu geben. Es ist wichtiger, am eigenen Standort konkurrenzfähige, fluktuationshemmende Entgelte zu zahlen, als einem überregionalen Branchenvergleich standzuhalten.

Die Höhe der „richtigen" Vergütung lässt sich mit Hilfe von Vergütungsstudien aber auch bei „marktgerechten" Vergleichsgruppen nur annähernd bestimmen. Innerhalb der dort dargestellten Bandbreiten bleibt ein großer Spielraum zur Interpretation der Entgeltdaten. Es existiert außerdem immer eine Vielzahl von Faktoren, die das interne Vergütungsniveau eines Unternehmens (z.B. eingeschränkte Gestaltungsfreiheit durch Tarifbindung, traditionell hohe Nebenleistungen etc.) beeinflussen und die in keiner Studie adäquat berücksichtigt werden können. Die Antwort auf die Frage „Wie viel soll ich meinem Vertriebsleiter zahlen" muss lauten „Zahlen Sie so, wie Sie sich am Markt positionieren möchten."

2.3 Checkliste zur Auswahl von Entgeltvergleichen

Auf welche Details sollte der Nutzer hinsichtlich Inhalt und Aufbau der Ergebnisberichte und der Struktur der Datenbasis achten – *Tabelle 1* soll die Interessenten bei der Auswahl einer Vergütungsstudie unterstützen und kann zum Abgleich von Studieninhalten und dem eigenen Bedarf angewendet werden. Die Informationen der

Anbieter: Name der Studie:	wird an- geboten		ist für den Bedarf	
	ja	nein	erforderlich	wünschenswert
Wie oft wird die Studie durchgeführt und aus welchem Anlass? • einmalig (z.B. im Kundenauftrag) • sporadisch (je nach Aktualität der Thematik) • regelmäßig/jährlich • permanent oder stichtagsbezogen (bei Online-Datenbanken und -Tools)				
Wem stehen die Studienergebnisse zur Verfügung? • Studie ist frei erwerbbar • Studienteilnahme ist erforderlich				
Ist die Studie auch in Auszügen zu beziehen? • für ausgewählte Positionen • für eine bestimmte Branche • für eine bestimmte Region				
Welche Datenquellen werden genutzt? • Befragung einzelner Positionsinhaber (Selbstauskunft) • Befragung von Unternehmen (Geschäftsleitung/Personalabteilung) • Fortschreibung/Hochrechnung von vorliegenden Daten aus Vorjahren • Verwertung von Entgeltdaten aus weiteren Quellen z.B. frei zugängliche Statistiken und Veröffentlichungen				
Art und Umfang der Datenbasis • Anzahl der an der Studie beteiligten Unternehmen • Zusammensetzung des Teilnehmerkreises/Teilnehmerliste • Mindestzahl der pro Position ausgewerteten Datensätze				
Wie werden die Entgeltdaten erfasst? • schriftliche Erhebung mittels Fragebogen • Befragung mittels elektronischem Tool, Datei • Online – Befragung, Speisung einer Datenbank • Interview				
Erfolgt die Auswertung in anonymisierter Form?				
Wie aktuell sind die ausgewerteten Daten? • Erscheinungstermin der Studie • Stichtag/Bezugszeitraum der erfassten Entgeltangaben **Erfolgt eine rückwirkende Betrachtung von IST-Daten?** **Sind Aussagen zu Vergütungstrends enthalten?**				
Zu welchen Positionen/Funktionen werden Entgeltdaten angeboten? **Sind die benötigten Positionen enthalten?** • Liste der ausgewerteten Positionen • ggf. mit Beschreibung der ausgewerteten Positionen				

Anbieter: Name der Studie:	wird an- geboten		ist für den Bedarf	
	ja	nein	erforderlich	wünschenswert
Wie erfolgt das Job-Matching? • über die Definition von ausführlichen Stellen- und Tätigkeitsbeschreibungen • mit Hilfe von Stellenbewertungs-/Punktsystemen (z.B. Hay, Strata, Watson Wyatt, Mercer) • durch die Abfrage von stellenbezogenen und mitarbeiterindividuellen Zusatzinformationen				
Nach welchen Kriterien ist die Auswertung differenziert? • Branchen • Wirtschaftszweige • Wirtschaftsregionen • Größenklassen der Unternehmen (gemessen an Anzahl der Mitarbeiter, Jahresumsatz) • Tarifbindung • Unternehmen im DAX				
Bietet die Studie auch international Vergleichsmöglichkeiten?				
Welche vergütungsrelevanten mitarbeiterbezogenen Kriterien werden erfasst und in der Auswertung berücksichtigt? • Alter • Geschlecht • Ausbildungsabschluss • Berufserfahrung • Betriebszugehörigkeit				
Welche vergütungsrelevanten stellenbezogenen Kriterien werden erfasst und in der Auswertung berücksichtigt? • Personalverantwortung • Führungsspanne • Budgetverantwortung • Hierarchische Ebene				
Enthält die Studie Entgeltangaben zu Vorstands-/und Geschäftsführungspositionen?				
Welche Vergütungselemente werden differenziert dargestellt? • Jahresgesamtgehalt • Jahresgrundgehalt • Übertarifliche Zulagen • Vertraglich vereinbarte Zusatzbezüge • Freiwillige Sonderzahlungen • Variable leistungs-/erfolgsabhängige Vergütungsbestandteile hier: Berücksichtigung der IST-Vergütung oder der Zieleinkommen • Geldwerte Vorteile • Vergütung für Überstunden • Sonstige Zulagen • Einstiegsgehälter				

Anbieter: Name der Studie:	wird an- geboten		ist für den Bedarf	
	ja	nein	erforderlich	wünschenswert
Werden nicht-monetäre Leistungen/geldwerte Vorteile in der Studie detailliert berücksichtigt? • Dienstwagen • Betriebliche Altersversorgung • Versicherungsprämien				
Durch welche statistischen Streumaße werden die Entgeltdaten beschrieben? • Minimum/Maximum • Percentile • Quartile • Mittelwert (arithmetisches Mittel/Durchschnitt) • Median (geometrisches Mittel) • Standardabweichung • Anzahl der gültigen Nennungen				
Gibt der Entgeltvergleich neben der absoluten Entgelthöhe Auskunft über dessen Zusammensetzung/die Entgeltstruktur? • zu einzelnen Positionen • zu Mitarbeitergruppen • innerhalb von Unternehmensbereichen • bezogen auf den gesamten Teilnehmerkreis				
Wie werden die Ergebnisse dargestellt? • tabellarisch • grafisch				
In welcher Form werden die Ergebnisse zur Verfügung gestellt? • in gedruckter Version • als Datei/auf CD-ROM • Online-Tool über das Internet aufrufbar				
Welchen Datenumfang erhält man als Teilnehmer/Käufer der Studie? • nur Entgeltdaten zur eigenen Vergleichsgruppe • die Gesamtauswertung, Einblick in andere Vergleichsgruppen				
Fragen zu Handling/Service: • Sind für Studienteilnehmer die eigenen Daten in der Auswertung erkennbar? • Wird für Studienteilnehmer eine individuelle Auswertung erstellt und somit die Analyse der Ergebnisse vereinfacht? • Können über die zur Verfügung gestellten Ergebnisse nachträglich eigenständig Auswertungen gezogen werden? • Bietet der Herausgeber die Möglichkeit an, zusätzliche Auswertungen zu erstellen?				

Anbieter: Name der Studie:	wird angeboten		ist für den Bedarf	
	ja	nein	erforderlich	wünschenswert
• Ist der Herausgeber den Teilnehmern bei der Datenerfassung, z.B. beim Job-Matching behilflich? (per Hotline, durch persönliche Betreuung)				
• Werden, falls beidseitig gewünscht, Kontakte zwischen Studienteilnehmern vermittelt?				
• Ist die Angabe von Referenzen z.B. bisherige Studienteilnehmer/Nutzer möglich?				
• Bietet der Herausgeber ggf. ergänzende Dienstleistungen/ Vergütungsberatung an?				

Tab. 1: Auswahlkriterien bei Vergütungsstudien

Studienanbieter zu den erfragten Details geben sowohl bei einer geplanten Teilnahme als auch beim Erwerb von Auswertungen Anhaltspunkte zur Zuverlässigkeit und zum erwünschten Nutzen der Entgeltdaten.

2.4 Teilnahme an Entgeltvergleichen

Häufig scheuen Unternehmen den Aufwand, der mit einer Teilnahme an Vergütungsstudien verbunden ist. Die Erhebung des erfragten Datenmaterials scheint auf den ersten Blick zu aufwendig zu sein und die vorhandene Kapazität im Personalbereich zu stark zu belasten. Diese Unternehmen sind in der Regel jedoch bereit, die Auswertungsberichte der Studien, soweit für Nicht-Teilnehmer überhaupt möglich und zu einem höheren als dem Teilnehmerpreis, käuflich zu erwerben. Hierbei handelt es sich dann aber, will man den größtmöglichen Nutzen aus den Auswertungen ziehen, lediglich um eine zeitliche Verschiebung des Arbeitsaufwandes. Auch in diesem Fall muss die Zusammenstellung der unternehmensinternen Daten erfolgen, um einen Abgleich mit den Auswertungsberichten herbeiführen zu können. Ebenso muss man als Nicht-Teilnehmer auf den Zusatznutzen von individuellen Auswertungen, d.h. die direkte Gegenüberstellung der eigenen Entgeltangaben mit den Ergebnissen der Studie, die von den Anbietern für beteiligte Unternehmen ausgearbeitet werden, verzichten. Benötigt man also mehr als einen groben Hinweis auf die Entgelthöhe einzelner Positionen, ist die Teilnahme an einer Vergütungsstudie daher immer empfehlenswert.

Beispiel für den Ablauf einer Studienteilnahme bei der DGFP:

Von der Entscheidung eines Unternehmens zur Teilnahme an einem Entgeltvergleich bis zur Vorlage der Ergebnisberichte vergehen mehrere Monate. Diese Entscheidung sollte daher nicht erst zu einem Zeitpunkt getroffen werden, zu dem bereits akuter Bedarf an Vergleichszahlen besteht. Eine Teilnahme ist insbesondere

	Teilnehmer	DGFP	Zeitrahmen
Projektplanung	• Informationen zu Studien sammeln • Inhalte mit dem eigenen Bedarf abgleichen • interne Verfügbarkeit der benötigten Daten prüfen • Kapazitäten vorhalten • Projektverantwortlichen/ Bearbeiter benennen • verbindliche Anmeldung	• Informationen zu Ablauf und Inhalten der Studie geben • Studieninhalte an den Bedarf und die Wünsche potentieller Teilnehmer anpassen	
Start der Datenerhebung		Übersendung der Erhebungsunterlagen an den Projektverantwortlichen im teilnehmenden Unternehmen	nach Ablauf der Anmeldefrist (Anfang/Mitte 1. Quartal)
Bearbeitung der Erhebungsunterlagen durch die Teilnehmer	Der Bearbeitungsaufwand ist abhängig von der internen Verfügbarkeit der zu erfassenden Daten sowie von der Anzahl der Positionen/Nennungen, die in die Auswertung seitens des Teilnehmers einfließen sollen.	Während dieser Phase stehen die Projektbetreuer den Teilnehmern für ihre Fragen zur Verfügung. Fragen sind erwünscht, da eine nachträgliche Korrektur für alle Beteiligten wesentlich aufwendiger ist.	4–6 Wochen
Auswertung der Daten durch die DGFP	Während dieser Phase sollten die Bearbeiter der Erhebungsunterlagen/die Projektverantwortlichen für Rückfragen erreichbar sein.	• Plausibilitätsprüfung der eingegangenen Erhebungsunterlagen • Nachfrage und Korrektur der Daten bei Unstimmigkeiten • Erstellung der Auswertung	6–8 Wochen
Vorlage der Studienergebnisse		Übersendung der Auswertung an den Projektverantwortlichen	Mitte/Ende 2. Quartal
Analyse und Umsetzung	unternehmensindividuell	• Fragen zur Auswertung beantworten • ergänzende Beratungsleistungen anbieten (separat zu beauftragen)	

Tab. 2: Ablauf eines Entgeltvergleichs bei der DGFP

hinsichtlich der benötigten personellen Kapazitäten zur Bereitstellung der Daten, zur Analyse der Studienergebnisse und nicht zuletzt, sollte sich ein Veränderungsbedarf abzeichnen, zur Entwicklung und Umsetzung geeigneter Maßnahmen strategisch vor zu planen. *Tabelle 2* gibt einen Überblick zu den einzelnen Projektschritten und dem Zeitrahmen einer schriftlichen Erhebung sowie den damit verbundenen Tätigkeiten auf Seiten der Teilnehmer und der DGFP.

2.5 Anbieter von Entgeltvergleichen in Deutschland

Tabelle 3 zeigt einen Überblick zum Angebot der Herausgeber von Entgeltvergleichen in Deutschland. Die Auflistung erfolgt alphabetisch, ohne jede Wertung und ohne Anspruch auf Vollständigkeit.

Anbieter	Bezeichnung der Studie	Internetbasierte Datenbankabfrage	Art der Studie geschlossen: Ergebnisse nur für Teilnehmer offen: Ergebnisse frei erwerbbar	branchenübergreifende Studien	branchenspezifische Studien	funktionsbezogene Studien	Spezialisierung Branchen, Funktionen,
DGFP Deutsche Gesellschaft für Personalführung mbH Niederkasseler Lohweg 16 40547 Düsseldorf www.dgfp.de/ personalcontrolling	„Entgelt für Fach- und Führungskräfte" „Ingenieurgehälter – Vergütungsstruktur und Zusatzleistungen" „Anfangsgehälter für akademischen Nachwuchs"		offen	x		x	
Ernst & Young AG Mergenthalerallee 10–12 65760 Eschborn www.ernst-young.de			geschlossen	x			Technology, Communications and Entertainment (TCE)
GEVA-Institut Elisabethstraße 25 80796 München www.geva-institut.de	„Gehaltstest"	x	offen, auch Privatkunden	x			
Hay Management Consultants GmbH Hahnstraße 70 60528 Frankfurt/ Main www.haypaynet.com	„PayNet® Gehaltsdatenbank" „PayNet Report"	x	offen	x	x	x	
Hewitt Associates GmbH Hagenauer Straße 42 65203 Wiesbaden www.hewitt.com/ compensationcenter	„Total Compensation Measurement™" „Salary Increase Survey"		geschlossen und offen	x	x	x	

Anbieter	Bezeichnung der Studie	Internetbasierte Datenbankabfrage	Art der Studie geschlossen: Ergebnisse nur für Teilnehmer offen: Ergebnisse frei erwerbbar	branchenübergreifende Studien	branchenspezifische Studien	funktionsbezogene Studien	Spezialisierung Branchen, Funktionen,
Kienbaum Management & Consultants GmbH Ahlefelder Straße 47 51645 Gummersbach www.kienbaum.de/ext/online/main	Kienbaum Vergütungsstudien „Online Gehaltsabfrage"	x	offen	x	x	x	Geschäftsführer, Leitende Angestellte, Fach- und Führungskräfte, Sekretariats- und Bürokräfte, Außendienst, IT, Banken, Versicherungen, Verbände, Krankenhäuser
Klaus Lurse Personalberatung GmbH Gut Winkhausen 33154 Salzkotten http://www.lurse.de	Lurse Vergütungsstudien „Trends in Vergütung" „Survey-Manager-Web"	x	geschlossen		x		Versicherungen IT Telekommunikation Hi-Tech Automobilzulieferung Beratungsunternehmen
Mercer Human Resource Consulting Herriotstrasse 3 60528 Frankfurt http://www.imercer.com/GlobalContent/Compensation/Intro.asp	„Global Compensation Planig Report" Mercer Pay-Monitor™,	x	offen	x			
ORC Germany GmbH Holbeinstr. 8 D-81679 München http://www.orcworldwide.de	– Global Market Pricing Service		offen	x			Auslandentsendung
PersonalMarkt Services GmbH Hoheluftchaussee 15 20253 Hamburg http://www.personalmarkt.de	„Variable Vergütungssysteme" „Gehalts Spiegel" „Gehalts Report"	x	offen, auch Privatkunden	x			

Anbieter	Bezeichnung der Studie	Internetbasierte Datenbankabfrage	Art der Studie geschlossen: Ergebnisse nur für Teilnehmer offen: Ergebnisse frei erwerbbar	branchenübergreifende Studien	branchenspezifische Studien	funktionsbezogene Studien	Spezialisierung Branchen, Funktionen,
Pricewaterhouse Coopers PWC Deutsche Revision/strata GmbH Marie-Curie-Straße 24–28 60439 Frankfurt am Main http://www.pwcglobal.com/de/ger/main/home/index.html	c-port	x	geschlossen	x	x		
r+p Management Consulting Deutschland AG Stresemannstraße 342 22761 Hamburg www.rohrundpartner.de	„IT-Vergütungsstudie"		offen		x		IT
Towers Perrin Eschersheimer Landstr. 50–52 60322 Frankfurt http://www.towers.com/towers/germany/default_germany.htm	– European Compensation Databank (CDB) – INSitE – IN bank comp online™	x	geschlossen	x	x	x	Pharma, Chemie, Hightech, Automotive, Informations- u. Kommunikationstechnik Banken,
Watson Wyatt GmbH Königsallee 86 40212 Düsseldorf http://www.watsonwyatt.de	„Gehaltsbericht Deutschland" „Global 50 Remuneration Planning Report" Club-Surveys		offen geschlossen	x	x		Chemie, Pharma, Konsumgüter, Diagnostik-/Analytik-/Biotech- und medizinische Instrumente, Elektrotechnik, Elektronik und IT Ausrüstung, Metallverarbeitung, Maschinenbau und Automotive, Dienstleistung Logistik, Energiewirtschaft, Direktvertrieb, Online, Pharma

Tab. 3: Herausgeber von Entgeltstudien in Deutschland

3. Vergütungs-Benchmarking

3.1 Was ist Benchmarking?

Benchmarking ist ein modernes Instrument zur Verbesserung der Wettbewerbsfähigkeit, das nicht nur von großen, international tätigen Konzernen, sondern auch von mittelständischen Unternehmen zunehmend eingesetzt wird. Bei einem Benchmarking wird systematisch und strukturiert nach den besten Praxislösungen gesucht, um dadurch von anderen zu lernen und selbst bessere Ergebnisse erzielen zu können. Ein Benchmarking kann mit Unternehmen der gleichen Branche oder der gleicher Größenordnung, konzernintern mit Tochtergesellschaften oder unternehmensintern mit Niederlassungen oder Werken durchgeführt werden.

Das Ziel eines Benchmarking-Projektes ist es, die eigenen Leistungen zu verbessern. Dazu werden zunächst das eigene Leistungsniveau im Vergleich mit anderen Unternehmen definiert und Stärken und Schwächen identifiziert. Die Erkennung der Ursachen für Schwachstellen führt dann zur gezielten Suche nach Lösungsmöglichkeiten bei den Benchmarking-Partnern. Durch diesen Prozess kann die Lernkurve erheblich verkürzt werden, so dass sich eine Verbesserung schnell und kostengünstig realisieren lässt. Die erlernten Methoden und Maßnahmen basieren auf praxisbewährten Lösungen, die von den Benchmarking-Partnern bereits beurteilt werden können. Beim Benchmarking geht es nicht darum, von anderen Unternehmen abzukupfern, sondern bewährte Praktiken in das eigene Umfeld zu adaptieren und damit noch besser zu gestalten als das Vorbild.

3.2 Vergütungs-Benchmarking

Das Ziel eines Vergütungs-Benchmarkings ist generell die Überprüfung und Verbesserung der Attraktivität der Vergütungen bzw. Vergütungspakete.

Dadurch sollen qualifizierte Mitarbeiter auf Dauer an das Unternehmen gebunden bzw. neue Mitarbeiter gewonnen werden. Es geht um die Arbeitgeber-Attraktivität auf dem Arbeitsmarkt und um die Optimierung des Personalaufwands.

Je genauer das Benchmarking-Objekt definiert wird und je klarer die Zielsetzung ist, desto besser werden die Erkenntnisse und Verbesserungspotenziale sein. Hier einige Beispiele für Objekte eines Vergütungs-Benchmarkings:

- Vergütung für Vorstände und Geschäftsführer
- Vergütung für Führungskräfte
- Vergütung von Außendienst-Mitarbeitern
- Vergütung von Gruppenarbeit
- Deferred Compensation
- Betriebliche Altersversorgung.

Der umfassendste Ansatz bei einem Funktions-Benchmarking ist die Total-Compensation-Betrachtung. Dabei werden das Grundgehalt, Sonderzahlungen, variable Vergütung, Zusatzleistungen, Versorgungsleistungen und sonstige geldwerte Vorteile berücksichtigt.

Je nach Zielsetzung und Ausrichtung werden zusätzlich regionale oder globale Standortkriterien betrachtet und Vergütungen in gesetzliche, tarifliche und freiwillige Leistungen unterschieden.

Bei einem Benchmarking von ausgewählten Vergütungsbestandteilen liegt der Schwerpunkt eher auf der Struktur, dem Prozess und der Differenz zu den Benchmarking-Partnern.

3.3 Benchmarking in Eigenregie oder Teilnahme an offenem Projekt?

Für die Durchführung eines Benchmarking-Projektes bieten sich zwei generelle Vorgehensweisen mit unterschiedlichen Vorteilen an:

Initiative und Koordination in Eigenregie:

- Unternehmensindividuelle Definition des Benchmarking-Objektes mit starker Fokussierung auf besonders wertschöpfende oder kostensenkende Bereiche oder auf bereits bekannte Schwachstellen
- Bestimmung von Projektbeginn, Ablauf und Dauer
- Definition der Zielgrößen und Festlegung der Ausprägungstiefe
- Bestimmung des gewünschten Daten- und Informationsmaterials
- Auswahl und Direktansprache der gewünschten Benchmarking-Partner
- Unternehmensindividuelle Auswertung mit Empfehlungen zu Maßnahmen für nachhaltige Verbesserungen.

Teilnahme an einem Benchmarking-Projekt einer Institution oder Unternehmensberatung:

- Projektleitung durch Experten zum Benchmarking-Thema
- Erfahrungen in der Definition des Benchmarking-Objektes
- Erfahrungen im ziel- und zeitgerechten Prozessablauf
- Erfahrungen in der Zusammenarbeit mit Benchmarking-Partnern, insbesondere bei Auftreten von schwierigen Situationen
- Unterstützung bei der Suche und Auswahl von Benchmarking-Partnern
- Vermittlung von Kontakten, auch zu Unternehmen außerhalb des Benchmarking-Kreises
- Erfahrungen bei der Auswertung und Darstellung von Stärken und Schwächen
- Übernahme der kompletten Administration und methodischen Auswertung.

Aus Gründen der Effizienz sollte zunächst geprüft werden, ob ein offenes Benchmarking-Projekt zu dem gewünschten Thema angeboten wird und ob die Inhalte den unternehmensindividuellen Zielen und Erwartungen entsprechen. Eine Teilnahme erspart oftmals viel Zeit und Geld und setzt meistens auf einem höheren Erfahrungslevel auf.

3.4 Erfolgsfaktoren

Ein erfolgreiches Vergütungs-Benchmarking hängt von verschiedenen Erfolgsfaktoren ab, die den gewählten Benchmarking-Ansatz und den Benchmarking-Prozess betreffen. Grundvoraussetzung für den Austausch von Daten und Informationen ist die Vertraulichkeit, die von allen Benchmarking-Partnern schriftlich garantiert werden muß.

Der Benchmarking-Prozess gliedert sich mehrere Schritte (vgl. *Abb. 1*).

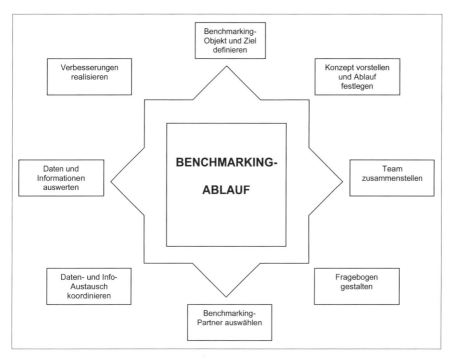

Abb. 1: Benchmarking-Ablauf

3.4.1 Benchmarking-Objekt und Ziele definieren

Zunächst gilt es, das Benchmarking-Objekt eindeutig zu definieren und die mit dem Benchmarking verbundenen Ziele festzulegen. Nur dadurch ist eine Konzentration aller Resourcen auf Verbesserungen gewährleistet und nur dadurch lassen sich unterschiedliche Erwartungen der Benchmarking-Partner zu den Ergebnissen und Erkenntnissen vermeiden.

Die in *Übersicht 1* und *2* dargestellten Beispiele für Projektbeschreibungen vermitteln einen Eindruck für Benchmarkings zur Betrieblichen Altersversorgung und zur Vergütungspolitik für Führungskräfte.

PROJEKTBESCHREIBUNG (Kurzform)

Benchmarking-Objekt:

Vergütungspolitik für Führungskräfte

Ziele:

- Führungskräfte-Vergütung im Vergleich zum Markt beurteilen, insbes. Vergütungsniveau und Vergütungsstruktur
- Zusatzleistungen auf Marktüblichkeit und Anreiz überprüfen
- Lösungsansätze zur Verbesserung der Effizienz als Führungsinstrument finden
- Gestaltung eines attraktiven und nachhaltig wirkenden Vergütungssystems für Führungskräfte

Methode:
Kennzahlensystem mit Daten und Informationen über Führungskräftevergütung

Erhebung von Daten und Informationen:

- Führungskräftestruktur
- Führungskräftevergütung
- Vergütungselemente der Vergütungsgruppen
- Vergütungsstruktur
- Grundvergütung
- festes Grundgehalt
- feste Einmalzahlungen
- Variable Einmalzahlungen
- Leistungsbeurteilung
- Zielvereinbarung
- Unternehmensergebnis
- Zusatzleistungen
- Stock-options
- Betriebliche Altersversorgung
- Geschäftswagen mit Privatnutzung
- (Risiko-)Lebensversicherung
- Unfallversicherung
- Bewertung des eigenen Vergütungssystems
- Schwachpunkte mit Handlungsbedarf
- Änderungsüberlegungen
- Ziele für die nächsten 2–3 Jahre

Auswertung:

- Statistische Werte
- Arithmetischer Mittelwert
- Median
- Unteres und oberes Quartil
- Minimum und Maximum
- Textliche Zusammenfassungen

Übersicht 1: Projektbeschreibung Vergütungspolitik für Führungskräfte

PROJEKTBESCHREIBUNG (Kurzform)

Benchmarking-Objekt:

Betriebliche Altersversorgung (BAV)

Ziele:
- Überprüfung des Altersversorgungsystems im Vergleich mit ausgewählten Unternehmen
- Ermittlung von Verbesserungslösungen

Methode:
Kennzahlensystem mit Daten und Informationen über arbeitgeberfinanzierte BAV

Erhebung von Daten und Informationen:
- Formen der BAV/Durchführungswege
- Direktzusage
- Unterstützungskasse
- Arbeitgeberfinanzierte Direktversicherung
- Pensionskasse
- Persionsfonds
- Anspruchsvoraussetzungen
- Betriebszugehörigkeit
- Alter
- Eintrittsdatum
- Arbeitnehmer- und Betriebsrentner-Strukturen
- Personal- und Gesamtaufwand für BAV
- Zahlungsformen und Anpassungsmodalitäten
- Einschätzung der Aufwandsentwicklung in den nächsten 5 bzw. 10 Jahren
- Höhe der Betriebsrenten
- Berechnung der Leistungen der BAV

Auswertung:
- Statistische Werte
- Arithmetischer Mittelwert
- Median
- Unteres und oberes Quartil
- Minimum und Maximum
- Textliche Zusammenfassungen

Übersicht 2: Projektbeschreibung Betriebliche Altersversorgung

3.4.2 Konzept vorstellen und Ablauf festlegen

Üblicherweise startet ein Vergütungs-Benchmarking mit einem ersten Treffen aller Benchmarking-Partner, bei dem vom initiierenden Unternehmen oder vom veranstaltenden Institut das Konzept vorgestellt und der Ablauf einvernehmlich festgelegt wird:

Projektziele

* Zielsetzung
* Erwartungen

Ablaufplan

* inhaltlichen Schwerpunkte
* methodische Vorgehensweise

Zeitplan

* Zeitraum der Daten- und Informationserhebung
* Terminabstimmung für Treffen der Benchmarking-Partner
* Termin für Abschlusspräsentation

Benchmarking-Partner

* Auswahl
* Vorstellung der Unternehmen und Ansprechpartner

Inhalte

* Vorstellung des Fragebogens
* Abstimmung von grundsätzlichen Definitionen und Begriffen
* Vorstellung des Auswertungsdesigns.

Die Vereinbarung der Vertraulichkeit gehört mit zu den wichtigsten Punkten einer Abstimmung. Es empfiehlt sich, dazu eine schriftliche Vereinbarung zu treffen bevor der Daten- und Informationsaustausch beginnt (vgl. *Übersicht 3*).

Agreement

Benchmarking-Projekt „BEZEICHNUNG"

Ein effizientes und vertrauliches Benchmarking-Projekt erfordert, dass die teilnehmenden Unternehmen den folgenden Prinzipien uneingeschränkt zustimmen:

Austauschprinzip

Seien Sie bereit, das selbe Maß an Informationen, das Sie erhalten, bei jedem Benchmarking-Austausch zur Verfügung zu stellen.

Vertrauensprinzip

Behandeln Sie das Benchmarking als vertraulichen Austausch zwischen den beteiligten Personen und Unternehmen. Erhaltene Informationen dürfen nicht ohne vorherige Zustimmung der beteiligten Benchmarking-Partner an Dritte (z.B. andere Unternehmen, Organisationen, Verbände, Presse etc.) weitergeleitet werden. Die Teilnahme eines Unternehmens an einem Benchmarking-Projekt sollte nicht ohne vorhergehende Erlaubnis nach außen getragen werden.

Nutzungsprinzip

Nutzen Sie bitte die im Rahmen einer Benchmarking-Partnerschaft erhaltenen Informationen lediglich für den Zweck der Verbesserung firmeninterner Konzepte und erfahren. Der externe Gebrauch wie auch die Verbreitung des Namens eines Benchmarkingpartners – verbunden mit seinen Daten oder mit beobachteten Verfahrensweisen – erfordert stets die Erlaubnis des Partners.

Prinzip des direkten Kontaktes

Knüpfen Sie bitte Kontakte nach Möglichkeit nur über die genannten Benchmarking-Ansprechpartner.

Prinzip des Kontaktes zu Dritten

Besorgen Sie sich im Einzelfall die Erlaubnis, bevor Sie Namen auf eine Kontaktanfrage weiterleiten.

Sobald der Benchmarking-Prozess zum Austausch von Daten und Informationen führt, wird von den Benchmarking-Partnern erwartet:
- die vorstehenden Benchmarking-Prinzipien zu kennen und einzuhalten,
- den Benchmarking-Prozess laufend zu verfolgen und
- die Autorität zur Weitergabe von Informationen zu besitzen.

Mit dem Inhalt dieses Agreements sind wir einverstanden:

_____

Ort, Datum

_____   _____

Firma   Unterschrift

Übersicht 3: Schriftliche Vereinbarung

3.4.3 Team zusammenstellen

Für den Erfolg eines Vergütungs-Benchmarkings ist es unerlässlich, im eigenen Unternehmen ein Team aus Fach- und Methoden-Experten zusammenzustellen. Dieses Team sollte aus den Vergütungs-Experten für das betreffende Benchmarking-Objekt und Personalmanagern oder Personalcontrollern, die die Verbindung zu anderen Personalmanagement-Themen gewährleisten, bestehen. Wenn Team-Mitglieder bereits über Erfahrungen in der Durchführung eines Benchmarking-Projektes verfügen, führt dies sicherlich zu einem reibungsloseren Ablauf des ganzen Prozesses.

Vorteilhaft ist es, einen Projektleiter zu benennen, der den internen Auftraggebern berichtet und die interne Information und Kommunikation koordiniert. Gleichzeitig steht er den Benchmarking-Partnern als direkter Ansprechpartner zur Verfügung. Der Projektleiter sollte darauf vorbereitet sein, während des Benchmarking-Prozesses kurzfristige Entscheidungen treffen zu müssen. Diese beziehen sich erfahrungsgemäß immer wieder auf die Herausgabe von Daten und Informationen und die Vereinbarung von Terminen zum gegenseitigen Unternehmensbesuch. Seine persönliche Präsenz bei den Treffen der Benchmarking-Partner ist Voraussetzung für ein vertrauensvolles Verhältnis und trägt wesentlich zum Gelingen des Projektes bei.

Bei größeren Vergütungs-Benchmarkings, bei denen verschiedenste Stellen im Unternehmen mit eingebunden werden müssen, erscheint die Einrichtung eines Lenkungsausschusses zweckmäßig und nützlich zu sein. Das gilt auch, wenn das Vergütungs-Benchmarking in ein übergeordnetes Unternehmensprojekt, z.B. eine Restrukturierung, eingebunden ist.

Bei der Teilnahme an einem offenen Benchmarking-Projekt ist zusätzlich darauf zu achten, dass der von der Institution oder Unternehmensberatung eingesetzte Projektleiter über die erforderliche Fach-, Methoden- und Sozialkompetenz sowie über Erfahrungen in der Durchführung mit einem heterogenen Teilnehmerkreis verfügt.

3.4.4 Fragebogen gestalten

Der Benchmarking-Fragebogen ist das zentrale Instrument zur Erhebung von Daten und Informationen bei den Benchmarking-Partnern. Hier spiegelt sich die Zielsetzung wider und hier werden die Ausprägungen deutlich.

Es empfiehlt sich den Fragebogen in drei Teile zu gliedern. Der 1. Teil betrifft Angaben zum Unternehmen, zu den verantwortlichen Personen und zu den Erwartungen, die jeder einzelne Benchmarking-Partner mit dem Projekt verbindet. Dazu gehören bei einem Benchmarking zur Vergütung von Führungskräften beispielsweise Basiskennzahlen wie Umsatzerlöse, Tarifzuständigkeit, Altersstruktur, Betriebszugehörigkeit, Anteil der Führungskräfte an der Gesamtbelegschaft usw.

Im 2. Teil werden dann gezielte Fragen zum Objekt des Vergütungs-Benchmarkings formuliert. Üblicherweise werden die Fragen strukturiert und systematisch nach ihrer Wichtigkeit aufgebaut. Die Fragen der ersten Priorität betreffen alle Daten und Informationen, die für den Erfolg des Benchmarking-Projektes absolut notwendig und die von allen Benchmarking-Partner ausnahmslos zu beantworten sind. Die Fragen der zweiten Priorität betreffen Details, die differenzierenden oder erklärenden Charakter zu den Antworten der Fragen der 1. Priorität haben. Je nach gewünschtem Detaillierungsgrad setzt sich die Fragen-Pyramide so weiter fort. Erfahrungsgemäß endet die Auskunftsfähigkeit und -willigkeit bei Fragen der 3. Priorität. Hier steht dann die Abwägung des Aufwands zur Ermittlung der Daten und des Nutzen für den eigenen Entscheidungsprozess im Vordergrund.

Der 3. Teil betrifft erklärende oder ergänzende Informationen. Oftmals bedarf es einer zusätzlichen Erläuterung von bestimmten Datenangaben, insbesondere über unternehmensspezifische Berechnungen oder Ermittlungsmethoden, aber auch über besondere tarifliche Regelungen. Hierfür sollte genügend Raum zur Darlegung sein, um spätere Mißverständnisse bei der Auswertung zu vermeiden. Zu diesem 3. Teil gehören auch ergänzende Informationen wie beispielsweise Organisationsübersichten, Informationsbroschüren zum Thema des Benchmarkings, Betriebsvereinbarungen, vertragliche Muster-Regelungen, Muster für Zielvereinbarungen, Abrechnungsbeispiele für variable Vergütungen, Leitlinien, Führungsrichtlinien usw.

Der Fragestellung und den Antwortmöglichkeiten muß besondere Aufmerksamkeit und Sorgfalt gewidmet werden. Zum einen hängen die Erkenntnisse aus der Auswertung der Antworten und die daraus zu ziehenden Schlussfolgerungen davon ab. Unklare Definitionen von Begriffen oder Berechnungsformeln führen zu fehlerhafter Datenerhebung und zu Mißverständnissen bei der Bewertung der Ergebnisse, die dann zu Fehlentscheidungen führen können. Zum anderen sollte versucht werden, mit diesem Fragebogen alle relevanten Themenbereiche abzudecken. Die

Zeit, die die Mitarbeiter für die Datenerhebung benötigen, und die damit verursachten Kosten, sollte nur einmal eingesetzt werden. Die mehrmalige Erhebung von Daten aufgrund geänderter Definitionen verursacht überproportionale hohe Kosten und führt meist zu einer erheblichen Verzögerung des Projektes, ganz abgesehen von der Demotivation der damit betrauten Mitarbeiter.

Auch wenn mit dem Fragebogen ein möglichst umfassendes Bild zum Benchmarking-Objekt erfasst werden soll, so ist doch auf den Umfang zu achten. Der 2. Teil des Fragebogen sollte nicht mehr als 20 Fragen beinhalten. Für das Ausfüllen des Fragebogens sollten ca. drei bis vier Wochen Zeit gelassen werden. Insbesondere sollte auf nice-to-know-Informationen verzichtet werden, sie lenken von den Prioritäten ab und vermindern das Interesse der Benchmarking-Partner. Der Aufwand für die Bereitstellung der gewünschten Daten und Informationen sollte je nach Spezialisierungsgrad zwischen drei bis fünf Bearbeitungstagen liegen.

3.4.5 Benchmarking-Partner auswählen

Die Qualität der Erkenntnisse aus einem Benchmarking-Projekt ergibt sich hauptsächlich aus der Qualität der Benchmarking-Partner. Hier gilt es eine Balance zwischen der Aussagekräftigkeit der zu erhebenden Daten und Informationen und dem Aufwand für die Koordination der Benchmarking-Partner zu finden. Erfahrungsgemäß eignet sich ein Benchmarking-Kreis mit fünf bis sieben Partner optimal für den Austauschprozess. Beim Benchmarking von Instrumenten, wie beispielsweise Betriebliche Altersversorung oder Deferred Compensation, kann ein größerer Kreis von Benchmarking-Partner wegen der daraus entstehende Vielfalt durchaus sinnvoll sein, jedoch gilt eine Gruppengröße von 15 Unternehmen als koordinierbare Obergrenze.

Die Anzahl der Benchmarking-Partner ist oftmals auch eine Frage der Kostenverteilung. Während bei einem Benchmarking in Eigenregie die Projektkosten vom initiierenden Unternehmen üblicherweise allein getragen werden, verlangen Institute oder Unternehmensberatungen eine fixe Teilnahmegebühr unabhängig von der Anzahl der Benchmarking-Partner.

Bei der Auswahl der Benchmarking-Partner ist vor allem darauf zu achten, dass mit der Einbeziehung eine Win-win-Situation gestaltet wird. Nur wenn alle Benchmarking-Partner von Austausch profitieren, werden auch das notwendige Interesse geweckt und die entsprechenden Ressourcen zur Verfügung gestellt. Deshalb sollte vor der gezielten Ansprache von Benchmarking-Partner bereits Informationen vorliegen, und zwar nicht nur zur Unternehmensgröße und Branche, sondern beispielsweise auch zur Strategie, Unternehmenskultur und zum Image. Internet-Seiten und Unternehmensbroschüren liefern hierzu bereits im Vorfeld viele Informationen.

Die Ansprache von Benchmarking-Partnern geschieht üblicherweise über die oberste Führungsebene. Eine ausführliche Projektbeschreibung mit Ablauf- und Zeitplan und Kostenregelungen erleichtert eine schnelle Entscheidung. Zur Erklärung und Abstimmung eignen sich am besten persönliche Gespräche, bei den sich die Ansprechpartner besser kennenlernen können.

3.4.6 Daten- und Informationsaustausch koordinieren

Der Daten- und Informationsaustausch wird meistens vom initiierenden Unternehmen koordiniert und administriert. Bei der Teilnahme an einem offenen Benchmarking-Projekt übernimmt der eingesetzte Projektleiter diese Aufgaben. Meist werden auch Besuche des Projektleiters vor Ort angeboten, um bei der korrekten und umfassenden Daten- und Informationserhebung zu unterstützen – ein Lerneffekt der genutzt werden sollte.

Der Daten- und Informationsaustausch findet zunächst auf schriftlichem Wege statt. Nach einer ersten Auswertung werden die Zwischenergebnisse an alle Benchmarking-Partner zur Überprüfung und Erörterung versandt.

In zwei bis vier Treffen der Benchmarking-Partner werden die bisherigen Erkenntnisse diskutiert und insbesondere Informationen darüber ausgetauscht, wie die Strukturen, Prozesse oder Instrumente „gelebt" werden.

Zur Vertiefung von Erkenntnissen und zur genaueren Analyse erweisen sich bilaterale Firmenbesuche als nützlich. Dabei ist es dann möglich auf unternehmensspezifische Gegebenheiten, die nicht alle Benchmarking-Partner interessieren, einzugehen. Die vorherige Zusendung der speziellen Fragen hilft dem Benchmarking-Partner bei der Vorbereitung und erhöht die Effizienz des Meetings.

3.4.7 Daten- und Informationen auswerten

Die Auswertung der Daten und Informationen richtet sich ganz nach dem Ziel des Benchmarkings. Der individuelle Auswertungsbericht, den jeder Benchmarking-Partner erhält, gliedert sich üblicherweise in drei Teile.

Der 1. Teil besteht aus einer sog. Executive Summary, in der die wesentlichen Ergebnisse und Erkenntnisse des Benchmarking-Projektes komprimiert darstellt werden.

Der 2. Teil beinhaltet in einer ausführlicheren Beschreibung die Darstellung der unternehmensindividuellen Stärken und Schwächen und die abschließende Positionierung des eigenen Unternehmens im Vergleich zu den anderen Benchmarking-Partnern. In Verbindung damit werden praktische Lösungsansätze zur Verbesserung dargestellt und Prioritäten für Maßnahmen mit dem höchsten Wirkungsgrad erläutert.

Der 3. Teil enthält die komplette Daten und Informationen mit den Berechnungsgrundlagen, Analysen, Graphiken und Hinweisen zur besonderen Berücksichtigung von unternehmensspezifischen Gegebenheiten.

3.4.8 Verbesserungen realisieren

Ziel eines jeden Benchmarking-Projektes ist es, nicht nur Ansätze für schnelle und kostengünstige Verbesserungen zu finden, sondern diese auch zu realisieren.

Es erscheint sinnvoll und zweckmäßig, dass das interne Benchmarking-Team zunächst die wichtigsten Ergebnisse und Erkenntnisse dem internen Auftraggeber präsentiert und konkrete Vorschläge für Verbesserungsmaßnahmen darstellt. Diese Vorschläge sollten konkrete Maßnahmen mit Ablauf- und Zeitplan und Verantwortlichkeit beinhalten. Die Umsetzung muß nicht zwingend vom internen Benchmarking-Team selbst übernommen werden, jedoch sollten die Team-Mitglieder als Ansprechpartner zur Verfügung stehen. Dies ist insbesondere bei Detailfragen oder bei nochmaligem Nachfragen beim Benchmarking-Partner hilfreich.

Institute oder Unternehmensberatung bieten bei offenen Benchmarking-Projekten an, diese interne Präsentation zu übernehmen oder das interne Benchmarking-Team zu unterstützen. Bei Ergebnisvorstellungen im Vorstands- oder Geschäftsführungskreis ergeben sich dadurch oftmals Vorteile, weil externe Expertise die internen Vorschläge unterstützen und fördern kann.

Die Wiederholung des Projektes in einem Zeitraum von zwei bis vier Jahren ist erfahrungsgemäß notwendig, um einerseits den ständigen Bezug zum Markt zu gewährleisten und andererseits die stetige Anpassung des Unternehmens an neue Gegebenheiten zu institutionalisieren.

Für Unternehmen aller Branchen und Größenordnungen wird es immer wichtiger werden, ihre Attraktivität zu steigern, um die besten Mitarbeiter zu binden und neue kreative Köpfe für das Unternehmen zu gewinnen. Nur so kann die Leistungs- und Wettbewerbsfähigkeit gesteigert werden. Angesichts der demographischen Entwicklung wird es in den nächsten Jahren zu Engpässen bei vielen qualifizierten Funktionen kommen und der Wettbewerb der Unternehmen um kluge Mitarbeiter wird sich erheblich verschärfen. Die Vergütung ist dabei ein wesentlicher Attraktivitätsaspekt, den das Personalmanagement gestalten kann. Deshalb ist eine stete Überprüfung und Anpassung der Vergütungssysteme unerlässlich. Vergütungsvergleiche oder Vergütungs-Benchmarkings unterstützen dabei als nützliche und effiziente Instrumente.

Der Teil „Benchmarking" beruht fast ausschließlich auf unseren Praxiserfahrungen mit der Vorbereitung, Durchführung und Auswertung von Vergütungsbenchmarkings. Daher kann leider kein direkter Bezug zu Fachbüchern oder Fachartikeln hergestellt werden. Die angegebene weiterführende Literatur kann dem Leser helfen, sich eingehender mit dem Thema zu befassen. Gleiches gilt für den Bereich „Entgeltvergleiche".

Literaturverzeichnis

Weiterführende Literatur zum Thema Benchmarking

Böhnert, Arndt-Alexander: Benchmarking. Charakteristik eines aktuellen Managementinstruments, Hamburg 1999

Füser, Karsten: Modernes Management. Lean Management, Business Reengineering, Benchmarking und viele andere Methoden, 3. Aufl., München 2001

Heindl, Heinrich: Benchmarking – best practices, Wuppertal 1999

Leibfried, Kathleen H.J./Mc Nair, Carl Jan: Benchmarking – von der Konkurrenz lernen, die Konkurrenz überholen. Freiburg i. Br. 1993

Komus, Ayelt: Benchmarking als Instrument der intelligenten Organisation. Ansätze zur Steuerung und Steigerung organisatorischer Intelligenz, Wiesbaden 2001

Meyer-Stamer, Jörg: Was ist Meso? Systemische Wettbewerbsfähigkeit. Analyseraster, Benchmarking-Tool und Handlungsrahmen, Duisburg 2001

Reider, Rob: Benchmarking strategies. A tool for profit improvement, New York 2000

Sieber, Gunnar/Kempf, Stephan: Benchmarking. Leitfaden für die Praxis, München, Wien 1998

Simon, Hermann/von Gathen, Andreas: Das große Handbuch der Strategieinstrumente. Werkzeuge für eine erfolgreiche Unternehmensführung, Frankfurt am Main 2002

Zdrowomyslaw, Norbert/Kasch, Robert: Betriebsvergleiche und Benchmarking für die Managementpraxis. Unternehmensanalyse, Unternehmenstransparenz und Motivation durch Kenn- und Vergleichsgrößen, München 2002.

Weiterführende Literatur zum Thema Entgeltvergleiche

Horak, Birgit: Vergleich der Vergütungsvergleiche, in: Personalwirtschaft, 11/1998, S. 20–29

Karle Roland: Radar und Wegweiser für die Vergütungspolitik, in: PERSONALmagazin, 9/2002, S. 64–66

Lymberopoulos, Nikolaos: Vergütung im Vergleich, in: Personalwirtschaft, 7/1997, S. 9–13

Sauerborn, Guido: Marktstudien allein beantworten nicht alles, in: PERSONALmagazin, 9/2002, S. 67

o.V.: Gehaltsvergleiche wenig hilfreich, in: Bildungsbrief, 3/2002, S. 14–15

Variable Vergütung gekoppelt an Zielvereinbarungen

Hon.-Prof. Dr. Heinz Knebel

Inhalt

1. Einleitung

Ein Leistungs-Anreizsystem stand viele Jahrzehnte als erfolgreiches und unumstrittenes variables Belohnungssystem im Mittelpunkt der Vergütung vieler Beschäftigter: das Akkord- und Prämien-Entlohnungssystem.

Damit handelte es sich um ein vorbildliches System der Verzahnung von Leistungszielen und Leistungsergebnissen mit transparenter und gut nachvollziehbarer variabler Vergütung, das gut funktionierte in der industriellen Arbeitswelt der 1950er bis 1980er Jahre. Die Arbeitsorganisation war darauf ausgerichtet, höhere Arbeitsmengen erreichen zu können (vgl. *Femppel/Zander* 2000). Die unterschiedlichen Arbeitsleistungen vieler Menschen wurde gemessen, und keiner nahm daran Anstand oder empfand das als Ausbeutungssystem.

Im Gegenteil, dieses Entgeltsystem war sehr beliebt bei den Beteiligten, denn es war leistungsgerecht, weil die Arbeitsergebnisse für alle Beteiligten sehr transparent und genau nachvollziehbar waren. Wer schneller und damit besser war, bekam mehr Geld, eine höhere Prämie und hatte in der Gesellschaft ein hohes Ansehen.

In der ehemaligen DDR war das Akkordlohn-System unter dem Namen „*Hennecke*-System" besonders populär. *Hennecke* war ein Arbeiter in der DDR-Produktion, der einen einsamen Rekord in der Planübererfüllung aufstellte und seitdem als Vorbild für alle Werktätigen hingestellt worden ist.

Später wurde dieses Vergütungssystem mit der Veränderung der Anforderungen durch die Einbeziehung von qualitativen Merkmalen (z.B. Qualität, Ersparnis, Nutzungszeit) erweitert zu den sehr verbreiteten und in der Serien-Produktion an manchen Stellen noch heute erfolgreich praktizierten verschiedenen Prämienlohn-Systemen. Dabei traten die ersten Probleme in der Verzahnung von Leistungszielen und Vergütung auf, weil die Beeinflussbarkeit, die Messbarkeit sowie die Transparenz der Leistungsergebnisse dieser zusätzlichen Qualitätsfaktoren durch den Mitarbeiter nicht mehr so einfach und eindeutig nachvollziehbar sind, wie bei einer ausschließlich mengenorientierten Output-Tätigkeit.

Die Arbeitswelt hat sich zwischenzeitlich immer mehr zu komplexeren Anforderungen an die Arbeiterfüllung verändert. Leistung lässt sich nur in simplen Fällen exakt spezifizieren, messen und direkt zurechnen wie beim Taylorismus. Heute können wir weitergehend feststellen: Neben einer immer komplexeren Beschreibung von Arbeitsanforderungen und Arbeitsqualitäten wird das Arbeits- und Führungsverhalten der Mitarbeiter im Arbeitsprozess immer wichtiger für den betrieblichen Erfolg. Und damit ergeben sich ganz neue Schwierigkeiten für eine immer eindeutig erklärbare Zielvereinbarung und eine nachvollziehbare und überzeugende Beurteilung von unterschiedlichen Arbeitsleistungen, denn diese neuen Indikatoren für einen gelungenen oder misslungenen Arbeitsvollzug sind kaum noch messbar und nachprüfbar, wie die Arbeitsmenge und traditionelle Qualitätskriterien. Statt zu messen, treten nun die persönliche und subjektive Einschätzung von komplexen Arbeitsleistungen in den Vordergrund von Leistungsbeurteilungen, natürlich nicht mehr objektiv, transparent und nachvollziehbar wie bisher.

Zielvereinbarungen und deren Verknüpfung mit variablen Vergütungssystemen können sich allerdings in mehrfacher Hinsicht als widersprüchlich erweisen. Bei einer solchen unmittelbaren Verknüpfung

- sind Zielvereinbarungen selten konsensfähig,
- ändert sich der Umgang mit der Konfliktthematik,
- wird individuelles, vor allem jedoch organisatorischen Lernen erschwert,
- kommt es zu deutlichen Veränderungen der Wirkung intrinsischer Motivationselemente.

Mit diesen neuen Schwierigkeiten haben heute nicht nur Experten, sondern alle Führungskräfte täglich zu tun, wenn sie Arbeitsleistungen und Arbeitsergebnisse definieren und beurteilen müssen, insbesondere in Verbindung mit Zielvereinbarungen und deren Erfüllungsgrad. Nicht selten sind Führungskräfte hierbei überfordert (vgl. *Ferch* 2002).

Als weitere neue Schwierigkeit kommt die neue Vielfalt der Werte und Kulturen in den veränderten und flexiblen Mitarbeiterstrukturen hinzu. Diese neue Unterschiedlichkeit von Mitarbeitern wird zunehmend als neues Mitarbeiter-Potenzial erkannt, wenn in einer offenen Unternehmenskultur Individualität künftig als Chance für mehr Produktivität geschätzt und eingesetzt werden kann. Möglicherweise kann ein von Normenvorstellungen befreiter Blick der Führungskräfte künftig zu treffsicheren und klareren Beurteilungen von Arbeitsleistungen und -verhalten führen, wie sie immer mehr in virtualisierten und flexiblen Arbeitsstrukturen erforderlich sind. Übereinstimmung besteht darin, dass diese neuen Schwierigkeiten kein Unternehmen und keine Führung davon abhalten darf, auch künftig unterschiedliche Arbeitsergebnisse der Mitarbeiter möglichst gerecht zu differenzieren und zu beurteilen. Deshalb müssen Wege gefunden werden, die von den Beteiligten als möglichst gerecht und motivierend empfunden werden, auch wenn das menschliche Beurteilungsvermögen sehr unterschiedlich ausgeprägt und subjektiv ist (vgl. *Eyer* 2001).

2. Zielvereinbarungen als ein wirksames Führungsinstrument

Jedes Unternehmen benötigt Ziele, an denen sich Handeln und Entscheiden orientieren. Ziele leiten sich aus Visionen ab. Und diese Visionen geben dem Unternehmen die notwendige Kraft und Energie, die künftigen Aufgaben zu meistern. Ein Zielsystem ist ein in sich schlüssiges System, in dem die Vision, die Unternehmensstrategien sowie die Unternehmensziele über die Bereichs- und Abteilungsziele bis hin zu den individuellen Mitarbeiterzielen beschrieben sind.

Ein durchgängiges Zielsystem macht den Beitrag jedes einzelnen Mitarbeiters am Unternehmensergebnis transparent. Auch die Beschäftigten haben eigene Vorstellungen und Ziele für ihre Arbeitsleistungen, auch wenn diese nicht immer bekannt und nachvollziehbar sind. Das Herzstück des Zielsystems besteht daher in der Kommunikation und Partizipation der Mitarbeiter in den Zielbildungsprozess. Dies soll dazu beitragen, dass sich die Mitarbeiter mit den Unternehmenszielen stärker identifizieren und sich mehr dafür einsetzen. Das ist der entscheidende Faktor erfolgreicher Führung.

Das versuchen viele Unternehmen mit mehr oder weniger Erfolg seit vielen Jahren in Anlehnung an die Motivationstheorien von *Porter* und *Lawler, House* und *Evans* (vgl. *Scholz* 2000). Schon in den 1960er Jahren führten dazu manche Unternehmen „Management by Objectives" ein (vgl. *Drucker* 1954). Das MbO-Konzept kam aus den USA und berücksichtigt Forschungsergebnisse, wonach die Orientierung an Zielen eine Grundvoraussetzung für Selbstorganisation und Selbststeuerung ist und die Partizipation der Mitarbeiter an der Entscheidungsfindung zu einer bedeutend höheren Akzeptanz der Ziele führt als deren autoritäre Vorgabe. Aber nur wenige Unternehmen haben dieses Führungsprinzip längere Zeit durchgehalten und es manchmal als Alibi-Übung fortgeführt.

Seit einigen Jahren engagieren sich wieder mehr Unternehmen für das Führungsinstrument „Führen mit Zielvereinbarungen". Mit *Kaplan* und *Norton* begann ein zusätzlicher Versuch der Verfeinerung des Zielvereinbarungssystems durch Kennzahlen mit einer Balanced Scorecard, um alle Wertschöpfungsaktivitäten im Unternehmen durch eine auf- und miteinander abgestimmte Zielhierarchie mit perfekten Kennzahlen strategisch zu fokussieren und auch kontrollieren zu können.

Das ist eine zahlentechnische Perfektion im Sinne des Konstruktivismus, der den arbeitenden Menschen mit seinen Unzulänglichkeiten unterschätzt. Deshalb funktioniert diese neue Führungsmethode leider kaum irgendwo gut. Das große Problem besteht bei vielen immer wieder neu entwickelten Managementmethoden in der Umsetzung der Verfahren unter Einbeziehung der vielen mitwirkenden Menschen. Der Mensch ist mit seiner Individualität, seinen eigenen Normen und Verhaltensweisen, seiner begrenzten Anpassungsfähigkeit und seinem eigenen Willen und Bedürfnissen überall im Weg.

Dort wo der Mensch die Aufgabe und Möglichkeit hat, motiviert und deshalb sehr oft auch engagiert in den Arbeitsprozess einzugreifen – und gerade das verlangen wir von ihm in der neuen Arbeitswelt und Organisation immer häufiger – meistens mit sehr guten Vorsätzen zur Steigerung der betrieblichen und persönlichen Leistung, da sind auch menschliche Schwächen nicht zu vermeiden.

Es kommt also immer wieder auf das richtige Maß der erforderlichen und auch akzeptierten Genauigkeit an Vorgaben und Vereinbarungen an (vgl. *Doppler/Lauterburg* 2002). Ohne Ziele funktioniert die Unternehmensführung nicht, das wissen auch die Mitarbeiter und dafür setzen sie sich auch unter bestimmten Bedingungen ein. Also muss immer wieder nach einem Kompromiss zwischen den Bedürfnissen des Unternehmens und der Mitarbeiter gesucht werden, wenn der gemeinsame Erfolg sich einstellen soll.

2.1 Zieldiktat und Zielvereinbarungen

„Soweit kommt es noch, dass jeder selbst seine Ziele festlegt – Ziele setzen ist die Aufgabe der Führung". Im Gegensatz zu „Zielvereinbarungen" ist das Arbeiten nach „Zielvorgaben" noch immer sehr verbreitet. Zielvorgaben erfüllen allerdings nicht ihren Zweck, wenn sich die Betroffenen nicht damit identifizieren können. Das haben wir am deutlichsten kennen gelernt in der Planwirtschaft der ehemaligen DDR.

Zielvorgaben animieren die Mitarbeiter nicht zur Innovation für Arbeitsverbesserungen und Zielerhöhungen. Bei Zielvorgaben werden immer Leistungsreserven gebunkert, weil doch immer wieder neue Forderungen und höhere Ziele angeordnet werden könnten, die dann auch zu leisten sind. Im sozialistischen DDR-Wirtschaftssystem haben daher die Verantwortlichen gezielt versucht, die Pläne für die Produktion so niedrig wie möglich zu halten, weil es gute Prämien und hohe Anerkennung nur für die Plan-Übererfüllung gab. Durch Zielvorgaben wurden große Leistungs- und Innovationspotenziale nicht entwickelt, deren Mobilisierung für den unternehmerischen Erfolg im Wettbewerb unerlässlich sind. Deshalb kann es nur eine Lösung geben: das Führen mit Zielvereinbarungen, wobei das Schwergewicht auf das Wort Vereinbarung zu legen ist. Faire Vereinbarung der Ziele mit den Beteiligten, das ist das Zauberwort für erfolgreiche Führung in der Praxis, doch ist es schwer zu handhaben und daher zu selten zu finden.

Inzwischen haben wir gelernt, dass Zielvereinbarungen nur dann einigermaßen gut funktionieren, wenn die Führungs- und Zusammenarbeitskultur gut ist, wenn es eine gelebte Zielkultur gibt.

Und dazu gehört vor allem gegenseitiges Vertrauen. Und zu Vertrauen gehört Wahlfreiheit im Setzen der Ziele im Rahmen von strategischen Oberzielen.

Die Einflussnahme der Mitarbeiter auf Zielvereinbarungen ist für eine Vertrauenskultur ganz entscheidend. Und zu Vertrauen gehört auch gemeinsame Kontrolle der Ergebnisse. Ohne Kontrolle ist Vertrauen nicht zu denken. So kann Vertrauen erst aufgebaut werden. Aber auch das ist in der heutigen bewegten Zeit des ständigen erforderlichen Wandels in der Arbeitswelt nur schwer zu erreichen, wie wir feststellen müssen.

Die Schnelligkeit der Änderungen in den Anforderungen an die Beschäftigten und die Führung aufgrund des schnellen Wandels der Wünsche der Kunden lässt oft wenig Zeit für die Entwicklung von gewünschten vertrauensvollen Zusammenarbeitskulturen in den Betrieben.

Ziele, Aufgaben, Mitarbeiter und Führungskräfte wechseln immer häufiger und verlangen von allen immer wieder eine neue Ausrichtung der menschlichen Beziehungen und Verabredungen für die erfolgreiche Zusammenarbeit. Und da das aufgrund der beschriebenen Unzulänglichkeiten so schwer ist, kommt es dann immer wieder zu den wenig motivierenden Zielvorgaben – und die werden dann manchmal Zielvereinbarungen genannt.

2.2 Zielvereinbarungen schaffen Ängste

Es ist nicht nur angenehm, von sich selbst und anderen Klarheit zu fordern und Dingen gemeinsam auf den Grund zu gehen. Und es ist auch sehr riskant, sich eindeutig gegenüber dem Chef festzulegen. Man wird dadurch messbar, überprüfbar und kontrollierbar. Zudem wird man rechenschaftspflichtig (vgl. *Doppler/Lauterburg* 2002).

Deshalb schaffen Zielvereinbarungen auch Ängste bei den Mitarbeitern, trotz aller gemeinsamen Absprachen. Sie müssen daher so konzipiert sein, dass sie den Betroffenen das Gefühl vermitteln, erfolgreich gewesen zu sein. Die Vorgehensweisen müssen den Erfolg betonen, statt sich mit Misserfolgen aufzuhalten. Jeder will als Person anerkannt werden, auch wenn er einmal versagt hat.

Unternehmen haben festgestellt, dass auf diese Weise Verhaltensweisen und Leistungen gefördert werden können. Dafür gibt es eine wissenschaftliche Erklärung. Nach der so genannten Zurechnungstheorie kann man erklären, wie wir Erfolge oder Misserfolge vor uns selbst begründen. War es Glück? War es wegen des Verstands? Haben wir gepatzt? Waren die Verhältnisse gegen uns?

Wie wir wissen, rechnen wir jeden Erfolg typischerweise uns selbst und jeden Misserfolg dem System zu. Wenn etwas gut läuft, dann ist es für uns klar: Das habe ich geschafft. Misslingt etwas, so heißt es: Das liegt am System!

Bei der Auswertung der Ziele müssen Vorgesetzte diese Erkenntnisse umsetzen. Auch für sich selbst, wenn sie die Ergebnisse ihrer eigenen Führungsarbeit vorgehalten bekommen. Nichts schadet dem Verfahren in seiner guten Anwendung mehr als die Entschuldigung beim System. Und damit Führungskräfte und Mitarbeiter diese Ausrede nie benutzen können, brauchen sie viel Selbständigkeit in der Führung und Zusammenarbeit, eigene Handlungs- und Entscheidungsfreiheit für die Art und Weise, wie sie mit dem Führungsinstrument erfolgreich umgehen – und keine perfekten Anweisungen und Richtlinien durch eine Zentrale.

Ein Problem darf bei dieser Führungsaufgabe nicht vergessen werden: Es werden und sollten nie alle Aufgaben in Ziele formuliert und vereinbart werden. Das überfordert die Mitarbeiter und gibt ihnen nicht die Möglichkeit, sich ganz besonders auf die wichtigsten Ziele zu konzentrieren. Aber die übrige Arbeit muss auch gut bewältigt werden, und darf bei der Anerkennung nicht zu kurz kommen, wenn sie nicht vernachlässigt werden soll.

Die schwierige Aufgabe für die Führungskräfte besteht nun darin, auch für diesen Aufgabenanteil eine Beurteilung abzugeben und die Ergebnisse angemessen in die Gesamtbeurteilung der Leistungen einfließen zu lassen, ohne die anderen Ziele zu kurz kommen zu lassen. Diese Schwierigkeiten kann und darf aber kein Unternehmen davon abhalten, ständig an der Zusammenarbeits- und Führungskultur zu arbeiten und durch immer neue Zielvereinbarungen und Zielerfüllungsbeurteilungen die Entwicklung des Unternehmens und auch der Menschen zum Wohle aller zu beschleunigen.

Fazit: Schwierigkeiten gibt es bei diesem Führungs- und Zusammenarbeitsinstrument besonders viele. Das darf keinen abhalten, an der sinnvollen und erfolgreichen Anwendung zu arbeiten, weil gute unternehmerische Erfolge in Aussicht stehen.

Wir brauchen gerade in der neuen sich immer wieder schnell verändernden Arbeitswelt ganz besonders zur erfolgreichen Führung herausfordernde Zielvereinbarungen mit allen Mitarbeitern und auch deren konsequente Umsetzung und Anerkennung, wenn die Gemeinschaftsaufgabe Zukunft überhaupt noch gut bewältigt werden soll.

3. Variable Vergütung bringt mehr Leistungsanreiz und Leistungsentgelt-Gerechtigkeit

Der Trend zur stärkeren Flexibilisierung der Vergütungsstrukturen ist in der ganzen Welt erkennbar. Die Flexibilisierung dient nicht nur als Anreizsystem zur Gewinnung, Förderung und Bindung von guten Mitarbeitern. Unternehmen gelingt es darüber hinaus, an die Unternehmensstrategie gekoppelte Vergütungssysteme zu nutzen, um strategieorientiertes Handeln von Führungskräften und Mitarbeitern zu erreichen. Es ist fast nicht zu verstehen, warum trotzdem in vielen Branchen unseres Landes und weitgehend im Öffentlichen Dienst Fixgehälter immer noch dominieren und die variablen Bezüge kaum eine Rolle spielen.

Natürlich hat das für alle Beteiligten den Vorzug einer besseren Vorschau für die einzukalkulierenden oder verfügbaren Entgeltvolumina. Die vorherige Berechenbarkeit und Unveränderbarkeit des Entgelts hat auch für viele Beschäftigten etwas Beruhigendes, da man immer genau weiß, was man am Ende des Monats oder Jahres in der Geldbörse hat. Weniger Differenziertheit in der Belohnung reduziert auch das Konkurrenzstreben der Mitarbeiter untereinander und dadurch mögliche Konflikte. Keine großen Entgeltdifferenzen war auch ein Prinzip des wirtschaftlich gescheiterten Sozialismus, obwohl das dort auch nicht für diejenigen galt, die oben saßen und über die Entgeltpolitik zu bestimmen hatten.

Wenn alle gleiches Entgelt bekommen trotz unterschiedlich hoher Anforderungen, ist das für viele bequem, weil sich die Faulen zu Lasten der Fleißigen ausruhen können.

Erst Variabilität der Entgelte bringt Spannung in die Arbeitswelt. Dabei entsteht naturgemäß eine Spannung, die natürlicherweise bei der unterschiedlichen Veranlagung von Menschen den Wettbewerb schürt, Konkurrenzdenken steigert und die Ellenbogenmentalität fördert – aber auch mehr soziale Gerechtigkeit bringt.

Wettbewerb erzeugt einen Ansporn für Mehrleistung bei vielen Menschen.

Mehr Interesse, die eigenen Fähigkeiten für mehr Belohnung zu entwickeln und einzusetzen, sich auch für mehr Prestige zu engagieren und in der Skala der Tüchtigen an der Spitze zu stehen. Aber auch um sichtbar zu machen, wie Leistungsfähigkeit man sein kann und dadurch vielleicht die Chance für eine Förderung und Entwicklung in seinem Beruf zu erhalten.

Deshalb sind Prämien auch nach neueren Umfragen an der Spitze der Rangfolge der wichtigsten Anreizsysteme.

Viel Variabilität im Belohnungssystem wirkt wie ein Funke in den Gemütern der Menschen, entwickelt einen Anreiz auf viele Menschen, dem sie sich nicht entziehen können, auch wenn sie es nicht wahr haben wollen (vgl. *Jetter* 2000). Insbesondere, wenn es sich um eine Open-Book-Prämie (vgl. *Ulrich* 1999) handelt, die an konkrete Zahlen gekoppelt ist, welche die Mitarbeiter regelmäßig zu sehen bekommen, die sie verstehen und die sie beeinflussen können. Sie überlegen nämlich: Was ist für mich dabei zu holen?

Leistungsorientierte Entlohnung trägt auch zu einer marktgerechten Vergütung bei und damit auch zu einer stärkeren Bindung der Leistungsträger an das Unternehmen.

Leistungsorientierte Variabilität in der Vergütung ist dabei nichts Neues in der Vergütungslandschaft. In manchen Branchen ist sie seit vielen Jahren Normalität, wie z.B. im Handel, insbesondere im Außendienst. Von den Verkäufern werden inzwischen rund 80 % variabel vergütet und im Durchschnitt erhalten Verkäufer 76 % ihres Gehaltes fix und 24 % variabel.

Je größer die Variabilität ist, je größer die Möglichkeiten zur Leistungs- und Entgeltsteigerung sind, desto stärker werden die Kräfte vieler ehrgeiziger Menschen, sich dieser Herausforderungen zu stellen. Natürlich hat diese Variabilität der Vergütungen den Nachteil, dass es nicht nur Sieger sondern ganz neue Verlierer gibt, die sich bisher im Rahmen der Gleichmacherei hinter den Tüchtigen verstecken konnten. Es ist eben ein Risikoentgelt.

Da Verlierer immer sehr schnell nach einem Betriebsrat und den Gewerkschaften rufen, um ihnen nicht mehr zustehende Privilegien abzusichern, wehren sich Arbeitnehmervertreter oft sehr gegen Belohnungssysteme, die den Leistungswettbewerb fördern. Allerdings können sie sich auf Dauer nicht den Argumenten der Gewinner in den Reihen der Beschäftigten widersetzen, wenn sie auf Dauer nicht nur Verlierer in ihren Reihen haben wollen. Dadurch gelingt es immer mehr Unternehmen, mit fortschrittlichen Betriebsräten oder auch ohne sie nach und nach Variabilität in die Entgelthierarchie hineinzubringen und dadurch eine Leistungssteigerung des Unternehmens zu erreichen.

Variabilität ist wichtig. Die Dezentralisierung der Vergütungsstrukturen und deren Flexibilisierung ist nach einer internationalen Studie fast überall auf der Welt erkennbar. Der Einfluss des eingeführten Vergütungssystem auf die Unterstützung der Durchsetzung der Unternehmensstrategie wird bei Befragungen von allen Verantwortlichen als sehr wichtig eingestuft. Viele Unternehmen und Verbände flexibilisieren daher zwischenzeitlich ihr Vergütungssystematiken, soweit die Sozialpartner das zulassen.

Wichtig ist es, dass dabei die Unternehmen auch das angemessen Maß an Variabilität und Spreizung der Vergütungsanteile für unterschiedlich hohe Leistungen mit der gewünschten Führungskultur verbinden, damit dadurch mehr Motivation als Demotivation einhergehen und das Vorgehen von den meisten Beteiligten akzeptiert und getragen wird.

Denn eine zu große Spreizung der Vergütungen, die nicht mehr als gerecht empfunden wird, kann schädlich sein, wie wir es gegenwärtig bei der Entwicklung der Bezüge der Vorstandsmitglieder beobachten. Während früher der Abstand der Bezüge zwischen einem Arbeiter und seinem Chef bei ca. 1:10 lag, was allgemeine Zustimmung fand, hat sich dieser Abstand in kurzer Zeit auf über 1:150 entwickelt, was viel Kritik auslöst.

Wenn die Gesellschaft die Abstände der Bezüge zwischen verschiedenen Leistungsträgern nicht mehr verstehen und akzeptieren kann, führt das zu Widerstand und Leistungsdemotivation sowie zum Kulturverfall mit allen seinen Nachteilen. Ein variabler Vergütungsbestandteil allein ist noch kein Garant für den Erfolg eines Unternehmens. Einfache und praktikable Handhabung der Verfahren führen zum Erfolg, Wissenschaft in der Entgeltdifferenzierung hat sich in der Praxis nicht bewährt.

Alle sehr anspruchsvolle analytischen Systeme scheitern früher oder später an der Unbeweglichkeit für eine Systemanpassung bei Änderungen der Anforderungsstrukturen (mitbestimmt) und an den Schwächen der Menschen.

Insoweit werden immer mehr Scheingenauigkeiten produziert, die wenig Zustimmung bei den Betroffenen finden oder die Vergütungs-Systeme werden „vergewaltigt", wie z.B. im Öffentlichen Dienst, in dem es immer mehr individuelle Anpassungsmaßnahmen gibt, die eine Wirklichkeit abbilden sollen, die aber bald keiner oder nur der Experte noch durchschaut, wodurch sie für die Betroffenen höchst unglaubwürdig, auch manchmal ungerecht und schon gar nicht überzeugend und motivierend sind.

Für eine erfolgreiche Personalführung in der neuen Arbeitswelt gilt immer mehr der Führungsgrundsatz: Entgeltentscheidungen müssen immer dort stattfinden, wo die Arbeit gemacht wird, die Beobachtungen und der Ansporn von Leistungen stattfinden und die Führungsverantwortung für die individuelle Leistungserbringung und Belohnungszufriedenheit liegt – also beim direkten Vorgesetzten.

Das gilt besonders in bewegten wirtschaftlichen Zeiten, in denen sich die Arbeitsanforderungen an alle Beschäftigten permanent ändern – inhaltlich, zeitlich und örtlich.

Jedes neue Vergütungssystem muss immer:

- von den Betroffenen als gerecht empfunden werden,
- flexibel gehandhabt werden können,
- einfach, verständlich und transparent sein,
- Anreiz, Belohnung und Sanktionen ermöglichen,
- sich immer den technologisch/technischen und organisatorischen Änderungen anpassen können,
- Ergebnis-, anforderungs- und leistungsorientiert sein,
- die Arbeitsmarkt und Kundensituation berücksichtigen können.

Weitere wichtige Faktoren müssen für eine motivierende Tätigkeit erfüllt werden:

- Spaß an der Arbeit,
- eigenverantwortliches Arbeiten mit entsprechenden Freiräumen,
- Commitment auf ein gemeinsam vereinbartes Ziel,
- richtiges Führungsverhalten und Vorleben der Vorgesetzten,
- Feedback durch Mitarbeitergespräch und Führung im Dialog.

4. Die Qualität der Mitarbeitergespräche entscheidet über den Motivationsschub von Zielvereinbarungen mit variabler Belohnung

Wen wir die freiwilligen Leistungen der Beschäftigten steigern wollen, und das in unserer bewegten Zeit, in der kein Unternehmen mehr für Jahre im voraus planen kann und kein Manager weiß, was ihn morgen erwartet, dann müssen wir unsere Aktivitäten in der Personalpolitik ganz auf die wesentlichen Bausteine erfolgreicher Führung konzentrieren, die unabhängig von den Veränderungen dauerhaft und immer förderlich sind für die Motivation und Leistung der Mitarbeiter. Das sind erfahrungsgemäß Leistungsanreizsysteme, wie Zielvereinbarungen und damit verbundene variable Belohnungssysteme. Doch die allein reichen nicht aus.

Führungsinstrumente wirken und funktionieren nur, wenn die Führungskräfte damit richtig umgehen, so dass sie Akzeptanz und Mitmachen bei ihren Mitarbeitern erreichen. Und deshalb gehört zum Performance Management neben diesen beiden Bausteinen unbedingt das gute Mitarbeitergespräch zwischen Führung und Ausführenden im Rahmen einer gelebten guten Führungskultur (vgl. *Neuberger* 1998). Es gibt eine wichtig Erkenntnis aus der Praxis: Zielvereinbarungen können insbesondere in Verbindung mit einer variablen Belohnung auch sehr demotivierend wirken, wenn der „Leim" als Bindeglied oder Schmiermittel dazwischen nicht stimmt. Der Leim, das sind die guten Führungskräfte und deren Mitarbeitergespräche. Das sind qualifizierte und engagierte Führungskräfte, die viele Funktionen zu erfüllen haben, wenn sie das positive Wirken von Anreizsystemen auf Menschen erreichen wollen zum Nutzen aller.

Leistungspartnerschaft kann nur entstehen, wenn die Beteiligten sich verstehen, gegenseitig akzeptieren, respektieren, helfen und an einem Strick ziehen. Das geht nur im Dialog, in der ständigen Kommunikation über alle Möglichkeiten, die zur Innovation, besseren Leistungsfähigkeit und größeren Zufriedenheit der Kunden beitragen können. Denn jeder im Unternehmen arbeitet nur für seine Kunden, und jeder kennt sie. Das ist nicht neu, auch selten bestritten, und doch zu wenig wirkliche Praxis. Und deshalb funktionieren die meisten eingeführten Personalführungsinstrumente in Wirklichkeit nicht, weil die Menschen nicht da abgeholt werden, wo sie sich befinden. Weil die Mitarbeiter vieles nicht verstehen, daher nicht mitgehen können oder nicht mitgehen wollen, weil sie auf ihre Fragen von der Führung keine Antworten und Lösungen erhalten. Die neuere betriebliche Wirklichkeit ist oft ein Führungsdilemma, wie Umfragen immer wieder bestätigen:

- **Die Zielvereinbarung ist oft keine ehrliche überzeugte Vereinbarung, sondern eher eine Zielvorgabe, die sich laufend ändert und selten überzeugend akzeptiert ist.**

Eine wirksame Zielvereinbarung verlangt aber eine gemeinsame Identifikation mit den persönlichen Zielen. Dazu gehört eine gute regelmäßige Abstimmung und Akzeptanz der persönlich für wichtig gehaltenen Ziele und Kenntnis übergeordneter Ziele der Leistungspartner während der ganzen Zeit der Zusammenarbeit, sowie eine laufende Abstimmung über Abweichungen. Und das kostet viel Zeit, viel Abstimmungsaufwand und viele Mitarbeitergespräche. Und die finden nicht in ausreichendem Maße statt!

- **Viele Führungskräfte sind als Beurteiler schlicht überfordert. Die ehrliche Beurteilung der Mitarbeiter bleibt oft auf der Strecke, weil Führungskräfte nicht den Mut und die Zeit aufbringen, auch gründliche Beobachtungen und Veränderungsanalysen im Arbeitsverhalten jedes Mitarbeiters durchzuführen und über die Beurteilungen mit den Betroffenen offen und ehrlich zu kommunizieren.**

Die Aufgabe als Führungskraft ist auch schwierig. Neben der Beurteilung der Arbeitsergebnisse in Verbindung mit getroffenen Zielvereinbarungen erfolgt doch ständig eine Beobachtung der Entwicklung des Arbeitsverhaltens und der Potenzialentwicklung der Mitarbeiter. Viele Unternehmen haben zu diesem Zweck ein gesondertes Beurteilungsverfahren eingeführt, mit dem der Vorgesetzte seine Mitarbeiter regelmäßig zu beurteilen hat und die Ergebnisse in ausführlichen Mitarbeitergesprächen den Betroffenen zu erläutern hat. Darauf bauen dann Personalentwicklungsmaßnahmen auf.

Dies ist eine wichtige Aufgabe, und sie darf nun mit dem Zielvereinbarungssystem nicht entfallen, sondern muss darin integriert werden.

Beides parallel durchzuführen, was der Sache und den Inhalten am meisten gerecht werden würde, ist wohl vom Umfang her den Führungskräften kaum zuzumuten, zumal es viele Überschneidungen in den Beurteilungskriterien geben würde.

Im Gegensatz zu den Gesprächsinhalten zu den Zielergebnissen, in denen Fakten zählen, erfordert der zweite Gesprächsinhalt zusätzlich eine Bereitschaft und gute Fähigkeit der Führungskräfte, in den Gesprächen den Personal-Entwicklungsteil nicht zu kurz kommen zu lassen und für diese Themen das richtige Feingefühl zu entwickeln.

Und hier sind viele Führungskräfte in der Realität überfordert, so dass wichtige Gesprächsinhalte den Mitarbeiter und den Vorgesetzten nicht erreichen.

- **Der variable Vergütungsanteil spiegelt nicht immer die echten Leistungsunterschiede der Beteiligten wider.**

Die variable Vergütung muss die unterschiedlichen Mehr- oder Minderleistungen der Beschäftigten im Abgleich mit den Zielvereinbarung sehr überzeugend wiedergeben, damit ein Gerechtigkeitsempfinden und daraus eine Leistungsmotivation für die Zukunft entstehen soll. Das ist nicht immer sehr einfach aufgrund der ständigen und oft sehr schnellen Veränderung der Aufgaben, Ziele und Anforderungen in bewegten Zeiten und erfordert viel Engagement, Beobachtungsfähigkeit und Dialogbereitschaft der Führungskraft.

Dadurch bekommt das motivierende Mitarbeitergespräch eine übergeordnete und immer wichtiger werdende Funktion für das Wirken von Führungsinstrumenten, insbesondere von Zielvereinbarungen mit variabler Vergütung.

In wirtschaftlich ruhigen Zeiten schien das in manchen Unternehmen gut zu funktionieren. Doch im neuen dynamischen globalen Wettbewerb wird es für viele Führungskräfte immer schwieriger, diese hohen Führungsanforderungen ausreichend zu erfüllen.

Das Zeitvolumen zur guten Steuerung des Führungssystems ist ein Problem. Streng genommen verlangen Zielvereinbarungen und daran angekoppelt variable Leistungsvergütungen eine Vielzahl von Mitarbeitergesprächen im Laufe einer Leistungsperiode, die alle von den Beteiligten – insbesondere dem Vorgesetzten – gut vor- und nachbereitet und sehr gut durchgeführt werden müssen und daher viel Zeit in Anspruch nehmen.

Für den **Performance Managementprozess** sind folgende Mitarbeitergespräche erforderlich

- Abfragen des Mitarbeiters über seine Ideen und Ziele in der nächsten Periode zum Einbinden der Mitarbeitervorschläge in den Zielbildungsprozess von oben,
- Information des Mitarbeiters über die Oberziele und Vereinbaren seiner davon abgeleiteten persönlichen Ziele (Arbeitsergebnisse, Innovationen, Verhalten),
- Vereinbaren der Auswertungskriterien für die Beurteilung der Zielerreichung und deren Abhängigkeit und Auswirkung für die variablen Vergütungsbestandteile,
- Vereinbaren regelmäßiger Gespräche über die Entwicklung der Zielerreichung, Abweichungen und möglicher Zieländerungen,
- gemeinsames Auswerten und Einschätzen der Zielerreichung nach Ablauf einer verabredeten Leistungsperiode und Verabreden von Konsequenzen für die Zukunft,
- Entscheiden und Begründen der sich aus der persönlichen Zielerreichung ergebenen variablen Vergütungsanteile für die abgelaufene Leistungsperiode.

Diese Gespräche fordern die ganze Aufmerksamkeit und Empathie der Führungskraft und kosten viel Zeit. Rechnet man inkl. Vorbereitung für ein Gespräch drei Stunden und multipliziert diese Zahl (6 x 3) mit der Anzahl der Mitarbeiter (z.B. 15), dann ergeben sich in diesem Falle 33 Arbeitstage Mitarbeitergespräche in der Leistungsperiode für jeden guten Vorgesetzten. Ich kenne keine Führungskraft, die trotz gutem Willen diesen Aufwand bringt, der erforderlich ist, weil die Führungskraft nur von den Erfolgen und Leistungen seiner Mitarbeiter lebt. Das ist die betriebliche Realität. Und das sind ja noch nicht alle Mitarbeitergespräche, die der Vorgesetzte auch aus anderen Anlässen zu führen hat, die ebenfalls viel Zeit erfordern und nicht verschoben werden können.

Wenn ein Trainer die Führungskräfte in den Schulungen darauf hinweist, wie wichtig diese Aufgabe für ihre Führungsarbeit ist, bekommt er immer die gleiche Antwort: „Ich habe dazu gar nicht die Zeit!" Das ist ein Beispiel für die betriebliche Wirklichkeit und Schwierigkeit in der erfolgreichen praktischen Anwendung der so bewährten Führungsinstrumente, Zielvereinbarung in Verbindung mit variabler Vergütung.

5. In der neuen Arbeitswelt wird die Verzahnung kollektiver und individueller Leistungsanreize und Belohnungskriterien immer wichtiger und schwieriger

Die tarifliche und außertarifliche Grundentgeltdifferenzierung ist in vielen Branchen schon immer der vorherrschende Qualifizierungs- und Leistungsanreiz.
Für die Laufbahnentwicklung und Förderung der Entwicklung der Beschäftigten ist dies auch wichtig. Bei dem kurzfristigen individuellen materiellen Anreiz reicht es aber nicht aus. Neue variable Vergütungsanteile werden daher in sehr vielen Unternehmen und auch in den moderneren Tarifverträgen immer häufiger verankert.

Dabei achten die Sozialpartner sehr darauf, dass bestimmte Rahmenbedingungen erfüllt werden, wie Budgetierung des Verteilungsvolumens, Kriterienkataloge zur Auswahl, Einspruchsmöglichkeiten für diejenigen, die sich ungerecht behandelt fühlen u.a.m. Dafür gibt es in den bekannten Vereinbarungen bewährte Verfahren, die aber auch nur funktionieren, wenn die Vorgesetzten diese Führungsinstrumente vernünftig anwenden.

Neue Führungskulturen und Arbeitsorganisationen verlangen von allen Mitarbeitern immer öfter eine engere Zusammenarbeit mit anderen Kollegen und Bereichen, oder in gemeinsamen Arbeitsgruppen oder Teams, weil nur so gute Arbeitsergebnisse zu erzielen sind.

Es ist daher immer wichtiger, auch die Leistung der Unternehmenseinheit zu belohnen, weil das verhindert, dass die Mitarbeiter ihre individuellen oder funktionalen Bedürfnisse über die Kunden stellen (vgl. *Ulrich* 1999). Deshalb gewinnt die Verzahnung von kollektiven und individuellen Anreizen zunehmend an Bedeutung und Brisanz.

Ziele und variable Vergütungen orientieren sich immer häufiger nicht nur an den individuellen Leistungen der Mitarbeiter oder Gruppenmitglieder, sondern insbesondere auch an der Zusammenarbeit und der Gruppenleistung. Das gilt gleichermaßen für die Zusammenarbeit von Profit-Center und Zentral- oder Dienstleistungsbereichen, damit im uneigennützigen Konzert miteinander die gemeinsamen Leistungen verbessert werden können (vgl. *Lurse* 1998).

Dabei gibt es in der Praxis schon neue Schwierigkeiten, sowohl was die richtige Vereinbarung der Ziele anbetrifft, als auch bei der Auswertung der gemeinsamen Arbeitsergebnisse.

Es muss Einigkeit in den Zielvereinbarungen erreicht werden, was später bei der Auswertung der Arbeitsergebnisse für eine Beurteilung in Betracht gezogen werden soll:

* Sollten nur das Gruppenergebnis oder zusätzlich auch die individuellen Leistungen honoriert werden?
* Wieviel der Leistungen wurden von den Einzelnen für das Gruppenergebnis eingebracht?
* Der Eine leistete mehr, der Andere weniger.
* Wer waren die Treiber für den Erfolg und wer die Bremser?

- Sollten trotzdem alle die gleich hohe Anerkennung erhalten für das Gesamtergebnis oder sollten die Bestleister mehr erhalten?
- Soll es nur eine Gruppenprämie geben oder dazu auch eine individuelle Prämie?

Fragen über Fragen, für deren Antworten eine gemeinsame Akzeptanz erforderlich ist, wenn die Gruppe weiterhin gut zusammenarbeiten soll. Hier kommt es besonders darauf an, eine ausgewogene Vereinbarung für die variablen Entgeltbestandteile zu erreichen, um den Wettbewerb im Unternehmen zum Nutzen aller zu kanalisieren.

In der Praxis hat es sich gezeigt, dass sich individuelle und gruppenabhängige Zielvereinbarungen und Vergütungen gut ergänzen können zur Motivation aller, wenn die Bestandteile mit den Beteiligten diskutiert und verabredet werden.

Das ist nicht anders als in einem Fußballteam, für dessen Leistungssteigerung ebenfalls Gruppen- und Individualziele gleichermaßen im Gruppenkonsens vereinbart werden, und die Prämien in Abhängigkeit von der Ergebnissen in der Meisterschaft gezahlt werden.

Hierbei spielt die Unternehmenskultur eine bedeutende Rolle als informelles Koordinationsinstrument. Alle Führungsinstrumente funktionieren nur in einer motivierenden Führungskultur, und dafür sind alle Führungskräfte verantwortlich. Für diese sollten die Führungskräfte nicht nur die Verantwortung haben, sondern auch nach deren Gelingen honoriert werden. Mitarbeiter akzeptieren diese neuen Führungsinstrumente eher, wenn sie auch gleichermaßen für die Vorgesetzten gelten.

Insbesondere bei den Zielen und variablen Bezügen für die oberste Führungsebene müssen Verantwortungen für die Entwicklung und Pflege einer motivierenden Unternehmens- und Führungskultur im Vordergrund stehen, zumal diese langfristig für das Unternehmensleistung wichtiger sind als die Quartalsergebnisse für die Börse. Und auch hier lassen sich gute Beurteilungsmaßstäbe für die Bemessung der variablen Vergütung gemeinsam mit den Aufsichtsgremien formulieren, vereinbaren und kontrollieren, wenn das Verlangen dazu groß genug ist. Auch hier zählt die Vorbildfunktion des Unternehmers für die Entwicklung von Erfolg oder Misserfolg. *Reinhardt Mohn* von *Bertelsmann* und manch andere haben es des Öfteren bewiesen.

Probleme durch die Verzahnung von variabler Vergütungen an Leistungsvereinbarungen. Zielvereinbarungen erfüllen immer nur dann Ihr Ziel, wenn sie Herausforderungen an die Mitarbeiter darstellen, wenn die Mitarbeiter sich selbst hohe Ziele setzen und so versuchen, ihre Leistungen zu steigern. Das werden sie nur tun, wenn sie dafür Anerkennung erhalten und nicht bestraft werden, wenn sie bei der Zieldefinition einmal zu hoch gegriffen haben oder anderweitig unverschuldet ihre Ziele nicht erreichen konnten.

Zielvereinbarungen motivieren nicht und bringen gar keinen Erfolg, wenn Mitarbeiter versuchen, bewusst oder aus Angst niedrige Ziele zu vereinbaren, weil sie hoffen, durch sehr gute Ergebnisse einen besseren finanziellen Erfolg zu haben. Das darf nicht funktionieren und erfordert von dem Vorgesetzten ein gutes Einfühlungsvermögen für die richte Zielsetzungs- und Zielerfüllungsbeurteilung (vgl. *Knebel* 1999). An andere Stelle habe ich bereits auf die Konsequenzen in den früheren Ostblockstaaten hingewiesen, wo diese Praxis üblich war und von allen Führungsebenen sanktioniert wurde. In der früheren DDR entwickelten die Verantwortlichen schnell ein System, mit dem sie ihre Planzahlen so niedrig wie möglich halten konnten – ohne dabei anzuecken – um dann hohe Prämien genehmigt zu bekommen.

Nicht viel anders verhalten sich heute Unternehmer und Führungskräfte in Unternehmen, die ihre Bilanz- oder andere Unternehmens-Kennzahlen mit vielen Tricks günstig gestalten, um dadurch den Aktienkurs künstlich hochzuhalten und damit die davon abhängigen höheren persönlichen Prämien zu kassieren. Eine direkte Verzahnung von Vergütungsanteilen an selbst beeinflussbare Kennzahlen ist in unserer komplexen Wirtschaft gefährlich. Die menschlichen Schwächen verführen zu Manipulationen, wenn das Kontroll- und Sanktionssystem nicht richtig greift.

Für unser Führungsinstrument Zielvereinbarung bedeutet das, dass die Führungskräfte ein sehr gutes Gefühl entwickeln müssen für die richtige Einschätzung der Machbarkeit und Sinnhaftigkeit vorgeschlagener Ziele ihrer Mitarbeiter und deren Ergebnisse, zumal jeder immer mehr abhängig wird von den Lieferungen und Leistungen anderer.

Heute ist Arbeit oft sehr viel komplexer, auch in den noch verbliebenen Serienproduktionen. Jeder ist von anderen abhängig für seine optimale Leistung, und wenn nicht von anderen Kollegen, dann von den Kunden und vom Markt, der sich heute sehr schnell ändert, was sich sofort auf die Arbeit vieler niederschlägt. Immer häufiger sind es daher ganz neue Faktoren, die eine gute Arbeitsleistung beschreiben und die es zu erfassen und zu beurteilen gilt. Vielleicht sind wir bald soweit, dass wir nur noch die Lernfähigkeit und Lernwilligkeit beurteilen, weil sich die Anforderungen so schnell verändern, auf die sich der Mitarbeiter immer wieder neu einzustellen hat.

Das bedeutet: Viel neue Flexibilität und Komplexität in der Arbeitsgestaltung und Dienstleistung bringt immer wieder neue Schwierigkeiten für die Führungskräfte für klare Zielvereinbarungen, Zielerfüllungseinschätzungen und daran direkt angekoppelte gerechte variable Vergütungsanteile im Vergleich zu anderen,

- weil die individuellen Ziele oft nicht in direktem Zusammenhang zu den präziseren Oberzielen stehen,
- wenn die Veränderungen der Aufgaben sehr häufig und kurzfristig sind,
- gute Arbeitserfüllungen sehr von den Leistungen anderer abhängig sind,
- die Leistungsindikatoren immer komplizierter und dadurch schwieriger einschätzbar und beurteilbar sind.

Hinzu kommt: Zu dieser Unsicherheit und manchmal Unmöglichkeit in der genauen nachvollziehbaren Einschätzung der Arbeitsergebnisse, mit der Führungskräfte leben müssen, käme der bürokratische Aufwand bei einem Versuch zur rechnerisch überzeugenden Ermittlung der Prämien im Vergleich zu anderen nach Ablauf einer Leistungsperiode, der im Ergebnis doch nur eine Scheingenauigkeit sein kann. Das ist oft gar nicht zu verantworten und zu leisten. Das würde auch dazu führen, dass die Mitarbeiter extra Aufschreibungen für alle Veränderungen machen müssten, um die Abweichungen von der Vereinbarung immer klar erklären und dokumentieren zu können. So erziehen wir nur „Abweichungsbegründungsspezialisten", und gerade das würde die Dynamik und Gestaltung unser Arbeit und Wirtschaft hemmen.

Probleme tauchen auch auf, wenn die Bereiche unterschiedlich erfolgreich sind, weil sich Veränderungen am Markt für den einen als Vorteil und für den anderen als Nachteil entwickelt haben. So kann es passieren, dass ganze Bereiche in einem Jahr gar keine Unternehmenserfolgsbeteiligung erhalten, während andere Bereiche sehr erfolgreich waren.

Aber umgekehrt kann es auch passieren, dass ganze Unternehmensbereiche aufgrund eines mehr zufälligen großen Markterfolges außergewöhnliche Ergebnisse in einer Periode erzielen. Da erwarten die Mitarbeiter schon eine Beteiligung, auch wenn andere leer ausgehen.

Leistungsgerechte Verteilung von Belohnungen ist das Ziel. Aber ist das dann auch immer sozialgerecht? Wäre es richtig, diesen Unterschied, den die Mitarbeiter selbst nicht zu verantworten haben, vom Unternehmen auszugleichen? Das fordern sehr schnell die Betriebsräte. Oder wäre das ganz falsch? Eine ständige Diskussion in den Unternehmen. Hier muss die Unternehmensleitung sehr klug entscheiden und sicherstellen, dass Leistungsgerechtigkeit und Sozialgerechtigkeit im Einklang bleiben und die Leistungsmotivation für die Zukunft durch die Entscheidung gefördert wird.

Das sind nur einige Probleme. Das heißt aber nun nicht, wir müssen auf diese wunderbaren Führungsinstrumente ganz verzichten. Nein, wir müssen nur die direkte rechnerische Anbindung der Einflussfaktoren auf die Beurteilung von Leistungen und Verhalten vermeiden und lernen, mit mehr summarischen und subjektiven Vereinbarungen und Beurteilungen von Arbeits- und Verhaltenszielen akzeptierte Ergebnisse zu erzielen.

Das funktioniert, wie die Praxis in vielen Unternehmen zeigt, wenn die Führungs- und Zielkultur stimmt und Führungskräfte qualifiziert sind. Denn hierzu sind besondere Fähigkeiten von Führung gefordert: Kooperationsfähigkeit, Kommunikations- und Überzeugungsfähigkeit, die Fähigkeit in enger Zusammenarbeit eine Leistungspartnerschaft zu entwickeln, in der Vertrauen und Ehrlichkeit, gegenseitiges Verständnis und Akzeptanz dominieren.

In solchen Situationen entsteht eine neue Allianz mit einer neuen Qualität von Zusammenarbeit zwischen Mitarbeiter und Chef, weil keiner den anderen übervorteilen darf, sondern ihm vertrauen muss, ohne Zweifel wegen fehlender Informationen.

Also eine echte vertrauensvolle Leistungspartnerschaft, die sehr gut passt zu der neuen Führungsinitiative vieler Unternehmen zu mehr Selbständigkeit, Selbstverantwortlichkeit, Selbststeuerung und Eigenentwicklung aller Mitarbeiter im Sinne einer „Ich-AG". Diese Entwicklung wird auch um so wichtiger, weil Unternehmen in der neuen komplexen Arbeitswelt immer mehr auf die Ideen und Initiativen der Mitarbeiter für den Wettbewerb angewiesen sind, denn die Führungskräfte kennen meistens nicht so gut die noch nicht ausgeschöpften Ressourcen am Markt oder im Betrieb wie die Mitarbeiter, wodurch ganz andere neue und ertragsträchtige Zielvereinbarungen zustande kommen können.

Die Führungskräfte können sich dann konzentrieren auf die Ausrichtung aller Aktivitäten ihrer Mitarbeiter auf die Unternehmens- oder Bereichsstrategien und die Bedürfnisse der Kunden, womit sie ihrer wirklichen Aufgabe und Bezahlung gerecht werden.

6. Die neue Bedeutung der Subjektivität für die Leistungsbeurteilung

Viele Jahre hatten die hauptsächlich an der Arbeitsmenge orientierten Leistungsbeurteilungen das Ziel und auch die Möglichkeit, so objektiv wie möglich den Leistungsgrad zu ermitteln und damit die Vergütung so gerecht wie möglich zu gestalten. Kritiker von Leistungsvergütungsverfahren bemängelten trotzdem die einfließende Subjektivität der Vorgesetzten als möglichen Beurteilungsfehler. Das Training der Führungskräfte hatte darauf ein Augenmerk, wenn auch für die Praxis nur wenig Erfolg.

Nachdem die neuen Leistungsanforderungen an den meisten Arbeitsplätzen die Arbeitsmenge nur noch als einen immer geringer werdenden Teil der Soll-Leistung darstellen, wird tatsächlich die Gefahr einer zu großen Subjektivität in der Einschätzung und Beurteilung der Leistungen im Vergleich zu anderen immer größer und die Fehlerquellen für eine Falschbeurteilung sind deutlich größer. Heute werden out- und inputorientierte Ziele gleichermaßen vereinbart, wir haben komplexe Arbeitsziele und auch Zielvereinbarungen für die Veränderung des persönlichen Arbeitsverhaltens, die natürlich kaum noch objektiv beurteilt werden können, sondern der subjektiven Einschätzung der Führung viel Spielraum lassen. So z.B. für immer wichtigere zukunftsorientierte Fähigkeits- und Beurteilungskriterien, wie die Veränderungs- und die Lernwilligkeit.

Das muss mit viel Augenmaß geschehen. Das Ergebnis muss trotzdem noch plausibel sein. Man muss es nachvollziehen können. Sonst könnte man genau so gut aus dem Kaffeesatz lesen. Ehrlichkeit und Akzeptanz zur Subjektivität in der Beurteilung ist nichts Schlechtes, sondern die Triebfeder vieler positiver Entwicklungen und Leistungen.

Beurteilen ist dadurch natürlich viel schwieriger geworden (vgl. *Neuberger* 2002) und erhöht die Verantwortung der Führungskräfte für die Beobachtung und richtigen subjektiven Einschätzung der Arbeitsergebnisse und Entwicklung des Mitarbeiters enorm und verlangt deshalb auch das Zulassen einer gewissen Fehlertoleranz bei der Einschätzung des Zielerreichungsgrades. Was natürlich für Kritiker von Leistungsbeurteilungen Wasser auf die Mühlen ist.

Man kann es auch anders sehen: „Es läuft in der Personalführung aufs Subjektive hinaus" (vgl. *Neuberger* 2002). In der Realität bedeutet das eine besonders hohe Verantwortung für die Beurteilungsfähigkeit und Überzeugungskraft der Führungskräfte für positive und negative Beurteilungen der Zielerreichung, die nicht immer direkt aus dem Ergebnissen abzulesen sind.

So kann z.B. ein Vertriebsmitarbeiter im Vergleich zu seinen Kollegen mit der gleichen Aufgabe durchaus eine höhere Leistungsprämie erhalten, obgleich er seine verabredeten Marktziele im Gegensatz zu den anderen Kollegen nicht erreicht hat, weil sein Ziel-Markt sich kurzfristig total verändert hat, er aber durch seinen enormen zusätzlichen Einsatz den Schaden für das Unternehmen noch in Grenzen gehalten hat.

Natürlich wird ein guter Vorgesetzter auch andere nicht immer in Zielen beschriebene positive Verhaltensweisen für das Ergebnis des Bereichs würdigen wollen und können. Er muss nur dazu stehen und diese Entscheidung vor allen seinen Mitarbeitern offensiv vertreten und verteidigen, und er wird dann sicherlich deren Zustimmung erhalten.

Für die Führungskräfte ist die Auswertung und Beurteilung sowie Erläuterung der Arbeitsergebnisse für die Verteilung der Leistungsprämien eine sehr wichtige und sehr schwierige Aufgabe (die auch viel Vorbereitung erfordert), der sich mancher gern entzieht. Doch ohne dem könnte auf Zielvereinbarungen künftig verzichtet werden.

Die Schwierigkeiten müssen überwunden werden. Denn Zielvereinbarungen ohne eine Verzahnung mit dem Belohnungssystem machen wenig Sinn und verlaufen im Sand. Das zeigt die Praxis deutlich.

7. Das Ziel heißt Leistungspartnerschaft

Im Vordergrund steht das Erreichen eines gewünschten Unternehmensergebnis. Der Erfolg des Unternehmens steht oder fällt mit den Menschen. Für die Wege zum Erfolg gibt es immer verschiedene Alternativen. Wege entstehen beim Gehen.

Und auf fast allen Wegen sind die Menschen die mitentscheidenden Faktoren zum Erreichen der Unternehmensziele. Da die Menschen aber alle verschieden sind mit ihren Eigenarten, Launen und Gefühlen, und deshalb nur auf sehr unterschiedliche Weise für ein Mitmachen zu motivieren sind, müssen auch Zielvereinbarungs- und Vergütungsverfahren auf die Individualität der Mitarbeiter Rücksicht nehmen, wenn sie wirken sollen (vgl. *Coleman* 2002).

Deshalb helfen bei der Einführung und Umsetzung von Führungsinstrumenten sehr wenig ausführliche Richtlinien, Beschreibungen, Vorschriften und anderen Formalien, z.B. über das Ziel und die Handhabung der Instrumente Zielvereinbarungen, Leistungsbeurteilungen und Entgeltfindungsentscheidungen in der betrieblichen Wirklichkeit. Denn solange die beteiligten Führungskräfte und Mitarbeiter von den Inhalten nicht vollständig überzeugt und für sie persönlich engagiert sind, funktioniert wenig. Auch Trainingsübungen sind dann nicht das Allheilmittel, weil hierbei nur die Regeln gelernt und geübt werden, aber selten Überzeugungsarbeit geleistet wird. Und deshalb landen so viele Führungsgrundsätze und Instrumente bald wieder in der Schublade.

Wichtig ist: Vertrauen braucht Wahlfreiheiten. Deshalb brauchen wir in der Wirtschaft und Verwaltung eine neue Balance zwischen Richtlinien und Freiheiten in der Führung und Zusammenarbeit für eine neue Vertrauenskultur.

- Das verlangt mehr Möglichkeiten zur Eigenverantwortlichkeit und Selbständigkeit in der Problemlösungs- und Entscheidungsarbeit im Dialog und der Führungsarbeit zwischen Vorgesetztem und Mitarbeiter aller Ebenen.

- Das bedeutet, dass alle am Führungsprozess Beteiligten die Freiheit erhalten, gemeinsam und unabhängig von Weisungen zentraler Organe über die individuell unterschiedlichen Wege zum Erreichen besserer Arbeitsergebnissen mit Hilfe von Zielvereinbarungen und variabler Vergütung zu entscheiden – ganz im Sinne einer Leistungspartnerschaft.

- Die geeignete Vorgehensweise, das Verfahren, die individuellen oder gruppenabhängigen Ziel- und Beurteilungskriterien, die Verzahnung der Arbeitsergebnisse mit dem Belohnungs- und Sanktionssystem, die Form und der Umfang der Gesprächsführung, Rückkopplung und Feedback-Gespräche u.a.m. müssen zwischen den Betroffenen abgestimmt werden. Sie sind situativ und individuell veränderbar, werden gemeinsam regelmäßig am Erfolg gemessen und ggf. wieder korrigiert und verändert, damit die Ergebnisse möglichst von allen auch in kritischen Situationen getragen werden.

- Allen Beteiligten sind als Ausgangspunkt die übergeordneten und strategischen Ziele für eine Periode vorher genauso bekannt wie das vom Ergebnis abhängige und zur Verteilung zur Verfügung stehende Prämienvolumen für eine Beurteilungseinheit (z.B. Abteilung, Gruppe) bei Zielerreichung.

- Die Unternehmensleitung geht als Vorbild voran, verabredet eigene Zielvereinbarungen mit den oberen Führungskräften und Aufsichtsorganen und arbeitet gemeinsam mit allen Führungskräften an der Fortentwicklung einer Ziel- und Vertrauenskultur.

- Das verlangt Führungspersönlichkeiten als Personen, die großes Zutrauen in die Fähigkeiten der Menschen haben, und jede Gelegenheit nutzen, um ein Umfeld zu schaffen, dass es den Menschen ermöglicht, ihre Kreativität in die Organisation einzubringen (vgl. *Wheatley* 2002).

8. Grundsätze für das Vereinbaren von Zielen

- Unternehmensleitung setzt Oberziele zur Steigerung der Leistungen in der bevorstehenden Leistungsperiode.
- Besprechen Sie mit dem Mitarbeiter die wichtigsten Chancen und Probleme in seinem Zuständigkeitsbereich für die geplante Periode.
- Fordern Sie eigen Ideen und Vorschläge zur Verbesserung der Arbeitsprozesse und Leistungsfähigkeit.
- Vereinbaren Sie nur wenige Ziele, und nur solche, auf die er sich ganz konzentrieren will (weniger ist mehr).
- Vereinbaren Sie mit dem Mitarbeiter möglichst Ziele, bei denen Ihr Mitarbeiter die Ergebnisse maßgeblich selbst beeinflussen kann – andernfalls vereinbaren Sie Gruppen-Zielvereinbarungen.
- Vereinbaren Sie nur Ziele, die mit anderen Zielen kompatibel sind.
- Ziele müssen hoch, aber realistisch und erreichbar sein.
- Sorgen Sie für die Vernetzung und klären Sie die Interdependenzen.
- Vereinbaren Sie nur solche Ziele, bei denen dem Mitarbeiter und Ihnen die gemeinsame Kontrolle der Arbeitsergebnisse wichtig erscheint, gewollt und möglich ist.
- Klären Sie den Aufwand und die Prioritäten für die Zielerfüllung.
- Formulieren und vereinbaren Sie die Ergebnisse, die nach Ablauf der Leistungsperiode für beide eine Zielerfüllung bedeuten.

• Vereinbaren Sie, wie die übrigen Arbeitsergebnisse aussehen sollen, für die Sie keine Zielvereinbarungen getroffen haben.
• Vereinbaren Sie Kontrollstellen und Termine für alle geplanten Feedback-Gespräche.

Literaturverzeichnis

Bungard, W.: Zielvereinbarungen, Wiesbaden 2000

Coleman, D.: Emotionale Führung, München 2002

Doppler, K./Lauterburg, C.: Change Management, 10. Auflage, Frankfurt 2002

Drucker P.: The Practise of Management, New York 1954

Eyer (Hrsg.): Praxishandbuch Entgeltsysteme, Düsseldorf 2001

Femppel, K/Zander, E.: Leistungsorientierte Vergütung, Köln 2000

Ferch, J.M.: Leistungsbeurteilung und Zielvereinbarung in Unternehmen, Wiesbaden 2002

Jetter, W.: Performance Management, Stuttgart 2000

Kaplan, R. S./Norton, D. P.: Balanced Scorecard, Stuttgart 1997

Kiefer, B./Knebel, H.: Taschenbuch für Personalbeurteilung, 11. Auflage, Heidelberg 2004

Lurse, K.: Entgeltsysteme bei Gruppen/Teamarbeit, Salzkotten 1998

Neuberger, O.: Das Mitarbeitergespräch, Leonberg 1998

Neuberger, O.: Führen und führen lassen, Stuttgart 2002

Scholz, Ch.: Personalmanagement, 5. Auflage, München 2000

Ulrich, D. (Hrsg.): Strategisches Human Resource Management, München 1999

Wheatley, M.: Leadership in the New Science, New York 2002

Kennzahlen der Unternehmensführung und variable Vergütung

Prof. Dr. Karl-Friedrich Ackermann/Dipl.-Kfm. Jens Bahner/
Dipl.-Kffr. Sonja Festerling

Inhalt

1. Einleitung

Im den letzten Jahren finden Konzepte der wertorientierten Unternehmensführung nicht nur in der betriebswirtschaftlichen Literatur, sondern auch in der Unternehmenssteuerung deutscher Unternehmen zunehmend Beachtung und Verbreitung (vgl. *Evers* 1998, S. 63; *Günther* 2000, S. 66 f.). Vor allem institutionelle Kapitalanleger haben diese Entwicklung vorangetrieben, indem sie auch in Deutschland die Steigerung des kapitalmarktorientierten Unternehmenswertes oder auch Shareholder Value vom Management der Unternehmen fordern (vgl. *Greth* 1998, S. 71).

Im Rahmen des sog. Shareholder Value Ansatzes ist die grundlegende Unternehmenszielsetzung die langfristige Maximierung des Unternehmenswerts bzw. Eigenkapitalwertes (vgl. *Riegler* 2000, S. 146). Der Unternehmenserfolg und damit der Erfolg des Managements werden daran gemessen, inwieweit ökonomischer Wert für die Eigentümer geschaffen wird. Ökonomischer Wert bedeutet, dass die Rendite des eingesetzten Kapitals dessen Kapitalkosten übersteigen muss.

Die Orientierung am Shareholder Value erfordert neben der Ausrichtung der Unternehmensführung auf die Eigentümerinteressen durch geeignete Steuerungssysteme eine Kompatibilität der verwendeten Steuerungskennzahlen mit den Bezugsgrößen der variablen Entlohnung des Managements (vgl. *Evers* 1998, S. 63; *Greth* 1998, S. 71). Ein derartiges Vergütungssystem soll dazu beitragen, dass die Mitarbeiter durch die Verfolgung eigener Ziele gleichzeitig eine Steigerung des Unternehmenswertes bewirken (vgl. *Riegler* 2000, S. 146).

Die Vergütungspolitik deutscher Unternehmen befindet sich seit Anfang der 1990er Jahre in einem tief greifenden Wandel. Die zunehmend – unter dem Stichwort Human Capital Management – verbreitete Erkenntnis, dass die Mitarbeiter nicht nur Kostenverursacher sind, sondern vielmehr ein strategisches Erfolgspotenzial darstellen, die einen wesentlichen Beitrag zur Wertschöpfung bzw. zum Unternehmenswert leisten, musste sich auch die Vergütungspolitik dementsprechend wandeln (vgl. *Evers* 1998, S. 55).

Insbesondere den Führungskräften wird heutzutage eine immer größere Bedeutung für den Erfolg des Unternehmens zugeschrieben. Um Ihr Verhalten auf die Ziele der Kapitaleigner auszurichten, steht die Ausgestaltung der Vergütungssysteme als unterstützendes Instrument immer stärker im Interesse. Hierbei spielt die variable Vergütung eine zentrale Rolle.

Im folgenden Beitrag werden Formen, Probleme und Gestaltungsmöglichkeiten der wertorientierten Kennzahlen als Grundlage einer variablen Vergütung für Führungskräfte diskutiert.

2. Variable Vergütung und Anreizsystem

2.1 Vergütung von Führungskräften

Der Entlohnung von Führungskräften wird seit jeher ein besonderer Stellenwert innerhalb des Vergütungsmanagements beigemessen. Dies liegt vor allem begründet in (vgl. *Scholz* 2000, S. 763)

- der exponierten Stellung der Führungskräfte, insbesondere deren Bedeutung für das Unternehmen bzw. den Unternehmenserfolg (Humankapital-Ansatz).
- der zu entlohnenden Leistung selbst. Die Leistungsanreize sind dabei i.d.R. auf langfristigen Erfolg hin ausgerichtet. Zudem kann die Vergütung weitgehend frei, d.h. individuell gestaltet werden, da sie keinen tarifvertraglichen Bindungen unterliegt.

Die Gesamtvergütung der Führungskräfte setzt sich in der Praxis meist aus einem fixen Grundgehalt und einem variablen Anteil sowie verschiedenen Zusatz- und Sonderleistungen zusammen (vgl. *Ackermann* 1992, Sp. 1299). Hinter der Aufteilung in fixe und variable Bestandteile steckt die Vorstellung, dass Manager risikoavers sind und die Managementaufgabe nicht übernehmen, wenn sie das gesamte Unternehmensrisiko alleine tragen müssen. Dies würde eine vollständige Variablisierung der Vergütung bedeuten. Die Lösung besteht in der Risikoteilung, d.h. einer garantierten, d.h. leistungs- und erfolgsunabhängigen fixen Vergütung und einem performance-orientierten variablen Teil (vgl. *Schwalbach* 1999, S. 175; *v. Eckardstein* 2001, S. 14). Die variablen Vergütungsbestanteile werden dabei i.d.R. anhand mehrerer, quantitativer und qualitativer Bezugsgrößen ermittelt.

2.2 Variable Vergütung von Führungskräften

Unter variabler Vergütung werden in diesem Beitrag alle echten variablen Vergütungsbestandteile eines Vergütungspaketes, die einem Mitarbeiter nur bei der Erreichung bestimmter i.d.R. zuvor definierter Ziele oder Erfolge in Bar oder in Form von Anteilen ausbezahlt werden, verstanden (vgl. *Haussmann* 2002, S. 51).

Bei der Ausgestaltung von variablen Entgeltsystemen bestehen vielfältige Möglichkeiten (vgl. *Lurse/Stockhausen* 2001, S. 84; *Haussmann* 2002, S. 53). Mögliche Klassifizierungsmerkmale sind neben dem Beteiligungscharakter (1) insbesondere die zugrunde liegenden Performancegrößen (2) und der Zeithorizont (3).

(1) In vielen Lehrbüchern zum Personalmanagement finden sich variable Vergütungskomponenten unter dem Stichwort „Beteiligungssysteme". Hier werden Erfolgsbeteiligung und Kapitalbeteiligung unterschieden (vgl. *Oechsler* 1997, S. 404 f.; *Scholz* 2000, S. 754 ff.).

Die Erfolgsbeteiligung stellt einen zusätzlich zum fixen Entgelt gewährten Anteil am Betriebserfolg dar. Bemessungsgrundlagen des Betriebserfolges sind Erträge (Umsatz, Wertschöpfung, Nettoertrag), Gewinne (Bilanzgewinn, Ausschüttungsgewinn, Substanzgewinn) oder Leistungen (Produktionsmenge, Produktivität, Kostenersparnis).

Bei der Kapitalbeteiligung handelt es sich um eine Beteiligung der Mitarbeiter an der Substanz (Eigen- und/oder Fremdkapital) des Unternehmens.

(2) Die Performancegrößen lassen sich unterteilen in

- (positionsspezifische) individuelle Leistungsbeiträge bzw. Zielerreichung (z.b. Leistungsbeurteilung, MbO) sowie
- übergeordnete ergebnisbezogene Erfolgsgrößen (z.b. Unternehmenserfolg, Bereichserfolg).

Um Mitarbeitern Leistungsanreize zu bieten, wählen viele Unternehmen eine Kombination aus individuellen Zielgrößen und übergreifenden Erfolgskennzahlen. Diese Verknüpfung unterstreicht die gemeinsame Verantwortung der Führungskräfte für das Gesamtunternehmen, fördert ihren Teamgeist und verhindert zugleich unerwünschte Ressortegoismen (vgl. *Evers* 1998, S. 60).

(3) Im Rahmen eines zeitlichen Aspekts der variablen Entlohnung werden i.d.R. unterschieden (vgl. *Wächli* 1995, S. 256 ff.; v. *Eckardstein* 2001, S. 9; *Haussmann* 2002, S. 53):

- **Short Term Incentives:** Hier basieren die variable Vergütungsbestandteile auf einer kurzfristigen Bezugsperiode und sind abhängig von der Erfüllung kurzfristiger operativer Zielsetzungen (i.d.R. ein Jahr).
- **Long Term Incentives** dagegen basieren auf einer langfristigen Bezugsperiode oder auf einer Mehrzahl kurzfristiger unmittelbar zusammenhängender Bemessungsperioden, die den langfristigen Erfolg des Unternehmens, über mehrere Jahre hinweg betrachten. Sie sind abhängig von der Erfüllung langfristiger strategischer Zielsetzungen.

Der variable Anteil der Führungskräfte ist in Abhängigkeit von der Fähigkeit der Führungskräfte ein Risiko zu tragen auszurichten (vgl. v. *Eckardstein* 2001, S. 17). Durch Studien wird aufgezeigt, dass der variable Anteil im Rahmen der Gesamtvergütung mit steigender hierarchischer Position zunimmt (vgl. *Böger* 2003, S. 10). Auch unterschiedliche Arten von variablen Vergütungsbestandteilen für unterschiedliche Führungsebenen können sinnvoll sein (vgl. *Haussmann* 2002, S. 53).

2.3 Aktuelle empirische Ergebnisse zur variablen Vergütung

Immer mehr Beschäftigte in Deutschland erhalten neben ihrer fixen Grundvergütung variable Vergütungsbestandteile. Der Anteil der Beschäftigten, deren Gehalt von variablen, d.h. an die individuelle Leistung oder bestimmte Unternehmensergebnisse, gekoppelten Entgeltbestandteile abhängt, variiert stark mit der Unternehmensgröße, der jeweiligen Branche[1] sowie der Funktion des Beschäftigten. Dieses Ergebnis geht aus der Vergütungsstudie 2003 der *PMSG GmbH* (Hamburg) hervor (vgl. *Böger* 2003, S. 10, zu ähnlichen Ergebnissen kommen weitere Studien, z.B. *Böger* 2002, S. 14; *Towers Perrin* 2000). Hierbei wurden rund 210.000 Gehaltsprofile aus

---

[1] Vorreiter bei der variablen Vergütung ist das Bankengewerbe. Rund 60 % der Beschäftigten beziehen hier variable Vergütungsbestandteile. Einen geringeren Verbreitungsgrad (46–55 %) findet man in der Pharma-, Chemie-, Investitionsgüter-, Telekommunikations- und Konsumgüterindustrie, sowie in der Luft- und Raumfahrt- und Medizintechnik. Weit abgeschlagen rangiert die Verbreitung im Dienstleistungsgewerbe (ohne Banken). Hier ist die Verbreitung vergleichsweise gering (36,4 %; vgl. *Böger* 2003, S. 10).

35 Branchen und für 85 Funktionen untersucht. Ferner kommt die Vergütungsstudie zu dem Ergebnis, dass die große Mehrheit der Unternehmen (ca. 80 %) für die Bemessung der variablen Anteile eine Kombination aus verschiedenen Zielgrößen und Kennzahlen wählt (vgl. *Böger* 2003, S. 10). Dabei wird seit geraumer Zeit sowohl in Wissenschaft als auch in der Praxis eine Ausweitung der erfolgsorientierten Vergütung gefordert (vgl. *Schwalbach* 1999, S. 176).

Nach den Ergebnissen der Studie erreichen die variablen Anteile auf der untersten Hierarchieebene (Sachbearbeiter, Spezialisten) je nach Branche zwischen 2 und 5 % am Gesamtgehalt. Auf der zweiten und dritten Ebene sind es zwischen 10 und 20 %, bei Projektleitern zwischen 5 und 15 %. Auf der obersten Führungsebene beträgt der Anteil der variablen Vergütung je nach Branche zwischen 15 und 25 % des Gesamtgehalts. Bei den Geschäftsführern werden insgesamt 65,7 % variabel vergolten (vgl. *Böger* 2003, S. 10).

Angesichts des geringen Volumens der variablen Bezüge, insbesondere in den unteren Führungsebenen ist fraglich, ob die gewünschten Anreizeffekte überhaupt eintreten können (vgl. *Evers* 1998, S. 58 f.; *Evers* 2001, S. 30 f.). In den USA und England sind seit jeher höhere variable Bestandteile üblich als in Deutschland. So zeigte eine Studie 1998, dass in den USA das Management bei mehr als 90 % aller TOP 500 Unternehmen einen variablen Anteil zwischen 20 und 90 % an der Gesamtvergütung hat (vgl. *Greth* 1998, S. 94).

Diverse empirische Studien deuten allerdings darauf hin, dass die variablen Komponenten in der Praxis erhebliche Defizite aufweisen (vgl. *Schwalbach* 1999, S. 176):

- Der Anteil der variablen Vergütung an der Gesamtvergütung wird häufig als zu gering eingeschätzt, wobei dies vor allem „erfolgreiche" Führungskräfte bemängeln.

- Viele Führungskräfte halten die Kriterien der Leistungsbeurteilung für ungeeignet, ihren Beitrag zur Unternehmensperformance wiederzugeben. Dies trifft vor allem auf Führungskräfte unterhalb der obersten Führungsebene zu.

- Die Transparenz der Anreizsysteme, insbesondere der Bemessungsgrundlagen wird ebenfalls häufig kritisiert.

2.4 Anforderungen an die variable Vergütung als Anreizsystem

Mit Hilfe von Anreizsystemen sollen die Anreizempfänger durch die Offerierung von materiellen und/oder immateriellen Anreizen zu bestimmten, vom Anreizgeber gewünschten Handlungen veranlasst werden (vgl. *Ackermann* 1992, Sp. 1295 f.). Die Funktionsweise von Anreizsystemen basiert auf der Annahme, dass eine gezielte Ansprache von Bedürfnissen oder Motivationsstrukturen des Anreizempfängers, diesen zu den gewünschten Handlungen veranlassen kann (vgl. *Bleicher* 1992, S. 295; *Weinert* 1992, Sp. 126).

Zur Erläuterung und Begründung variabler Vergütung wird am häufigsten die Principal-Agency-Theorie aufgeführt (vgl. *v. Eckardstein* 2001, S. 13). Die Koordinationsprobleme des Principal sollen verringert werden, in dem durch eine variable Vergütung das Interesse des Agenten am Erfolg erhöht werden soll.

Damit Anreizsysteme ihre intendierte Verhaltenswirkung, d.h. die zielgerichtete Leistungs- und Motivationssteigerung erfüllen können, müssen sie gewissen Anforderungen genügen (vgl. *Pellens/Crasselt/Rockholtz* 1998, S. 14; *Oechsler* 1997, S. 378; *Greth* 1998, S. 91; *v. Eckardstein* 1993, S. 179; *Wagenhofer* 1999, S. 186 ff.):

- **Anreizkompatibilität**: Die grundlegende Forderung an Anreizsysteme ist deren Anreizkompatibilität. Ein Vergütungssystem wird dann als anreizkompatibel bezeichnet, wenn der Manager aufgrund seiner Entscheidung nur dann eine höhere Entlohnung erhält, wenn auch die Zielerreichung des Unternehmens steigt.

- **Beeinflussbarkeit** (Controllability): Das Controllability-Prinzip besagt, dass ein Manager nur für Ereignisse verantwortlich gemacht werden kann, die er auch beeinflussen kann.

- **Transparenz**: Die erwartete Leistung und der angebotene Geldanreiz müssen in transparenter Weise gekoppelt sein, so dass der Mitarbeiter von seinem Verhalten auf die zu erwartende Vergütung schließen kann.

- **Wesentlichkeit**: Der Geldanreiz muss im Rahmen der Gesamthonorierung spürbar sein.

- **Akzeptanz**: Der Erfüllungsgrad der eben genannten Kriterien bestimmt maßgeblich die Akzeptanz des Vergütungssystems bei den Mitarbeitern, die letztendlich für die intendierten Verhaltensweisen verantwortlich ist.

Neben den genannten Kriterien zur Motivationssicherung, unterliegen Anreizsysteme stets dem Kriterium „**Wirtschaftlichkeit**", d.h. der damit verbundene Nutzen muss den erforderlichen Aufwand übersteigen.

Bei der Gestaltung von Anreizsystemen zur Beeinflussung des Verhaltens stehen drei Hauptgestaltungselemente zur Verfügung (vgl. *Riegler* 2000; *Wagenhofer* 1999, S. 185):

- Die **Belohnungsart**, d.h. welche Anreize zur Motivation der Mitarbeiter eingesetzt werden kann (extrinsische vs. intrinsische Belohung bzw. materielle vs. immaterielle Belohung),

- Die **Bemessungsgrundlage**, d.h. die Performancegröße, mit welcher die Steuerung des Unternehmens bzw. Geschäftsbereichs erfolgt und die Beurteilung und Entlohnung des Managements ansetzt,

- Die **Belohnungsfunktion**, d.h. wie der funktionale Zusammenhang zwischen Bemessungsgrundlage und Belohungsart und deren Höhe gestaltet wird.

Im Folgenden wird die Wahl bzw. Festlegung der Performancegröße näher betrachtet. Aspekte der Entlohnungsfunktion sowie nicht-finanzieller Anreize werden im Rahmen dieses Beitrags – wohl wissend um deren Wichtigkeit – nicht weiter thematisiert.

3. Kennzahlen der Unternehmensführung

Zur Unternehmenssteuerung finden sich in Theorie und Praxis zahlreiche Kennzahlen. Neben traditionellen Steuerungsgrößen wie absoluter Gewinn/Jahresüberschuss, Umsatzrenditen (ROS), Eigenkapitalrenditen (ROE) oder Investitionsrenditen (ROI) finden zunehmend wertorientierte Kennzahlen wie Discounted Cash Flow (DCF), Cash Flow Return on Investment (CFROI), Economic Value Added

(EVA) oder der Return on Capital Employed (ROCE) Verwendung (vgl. *Pellens/ Rockholtz/Stienemann* 1997, S.1937 sowie die dort zitierte Literatur).

Seit Beginn der 1990er Jahre fordern insbesondere institutionelle Kapitalanleger auch von deutschen Unternehmen eine auf die Steigerung des Shareholder Value gerichtete – d.h. eine sog. wertorientierte – Unternehmensführung. Hiernach haben sich die Mitarbeiter eines Unternehmens stärker an den Zielen der Anteilseigner bzw. Shareholder auszurichten und den Marktwert des Eigenkapitals unter Berücksichtigung der Gewinnausschüttungen langfristig zu maximieren (vgl. *Pellens/ Crasselt/Rockholtz* 1998, S.3).

3.1 Kritik an den traditionellen Kennzahlen

In den vergangenen Jahren nahm die Kritik an den traditionellen Gewinngrößen bzw. daraus abgeleiteten Rentabilitäten als zentrale Steuerungsgrößen zu. Dabei werden insbesondere die folgenden Argumente ins Feld geführt (vgl. *Horváth* 2003, S. 147f. und 572; *Evers* 1998, S.63):

- Vergangenheitsorientierung;
- Einperiodenbetrachtung, d.h. Förderung der Tendenz zur kurzfristigen Gewinnmaximierung und Vernachlässigung der langfristigen Zielsetzungen;
- Bewertungsspielräume bzw. Manipulationsmöglichkeiten bei der (bilanziellen) Gewinnermittlung;
- Vernachlässigung des Zeitwert des Geldes;
- mangelnde Korrelation zwischen jahresabschlussorientierten Kennzahlen und der Wertentwicklung am Kapitalmarkt;
- keine Abbildung des Kapitalbedarfs für Wachstum;
- keine Berücksichtigung von Risiken;
- bereichsorientierte Rentabilitäten (ROI) können zu Suboptima führen (Bereichsegoismus).

Auf Grund der umfassenden Kritik erscheinen die traditionellen Kennzahlen zur wertorientierten Steuerung des Unternehmens unzureichend (vgl. *Pellens/Crasselt/ Rockholtz* 1998, S.18). Daher wurden in den letzten Jahren ein Reihe von unternehmenswertbezogenen Kennzahlen von Wissenschaft und Praxis entwickelt.

3.2 Wertorientierte Kennzahlen

Die wertorientierten Kennzahlen versuchen die Nachteile der traditionellen Kennzahlen durch punktuelle Abänderungen der Definitionen zu vermeiden (vgl. *Wagenhofer* 1999, S.194).

Als Hauptziele der wertorientierten Kennzahlen werden genannt (vgl. *Ewert/Wagenhofer* 2000, S.4):

- Verfolgung der Wertgenerierung über die Perioden (Informationsfunktion);
- Steuerung von Managemententscheidungen im Sinne der Eigentümer (Verhaltenssteuerungsfunktion).

Im Folgenden werden die bekanntesten Konzepte von wertorientierten Kennzahlen kurz dargestellt.

3.2.1 Discounted Cash Flow (DCF)

Eine wegweisende Funktion in der Diskussion um den Shareholder Value (SHV) kommt dem von *Rappaport* entwickelten Konzept zu (vgl. *Rappaport* 1998). Der Eigentümerwert (Shareholder Value) errechnet sich in diesem Konzept als Unternehmenswert abzüglich des Marktwerts des Fremdkapitals. Der Unternehmenswert wird durch Diskontierung der prognostizierten zukünftig freien Cash Flows mit den gewogenen Kapitalkosten ermittelt.[2] Für die Prognose der zukünftigen Freien Cash Flows schlägt *Rappaport* die Verwendung von Wertgeneratoren vor. Unter den verfügbaren Strategiealternativen ist diejenige Strategie auszuwählen, die den Wert des Unternehmens für die Eigentümer maximiert. Die grundsätzliche Entscheidungsregel für die Wertschaffung lautet somit:

SHV = UN-Wert – FK > 0

Der SHV ist ein konzeptionell konsistentes, in sich geschlossenes, marktbasiertes Modell zur Bewertung von Unternehmen (vgl. *Kunz* 1998, S. 405). Bei der Umsetzung erweist sich beim Ansatz von *Rappaport* neben dem Prognoseproblem vor allem der große Anteil des Endwertes am Unternehmenswert als problematisch. Selbst bei mittleren Planungshorizonten, hat dieser häufig noch einen Anteil am Unternehmenswert von über 50 % (vgl. *Horváth* 2003, S. 519). Dadurch besteht die Gefahr, dass Zufälligkeiten oder Willkür das Ergebnis verfälschen (vgl. *Kunz* 1998, S. 405).

3.2.2 Economic Value Added (EVA)

Das EVA-Konzept wurde vom Beratungsinstitut *Stern Stewart* entwickelt (vgl. *Stewart* 1991). Der EVA stellt die periodenbezogene Differenz zwischen den durch das eingesetzte Kapital erwirtschafteten Gewinnen und den mit dem Kapitaleinsatz verbundenen Kosten in den Mittelpunkt. Es handelt sich beim EVA um eine Variante des Residualgewinn-Konzepts. Der Residualgewinn ist definiert als ein Periodengewinn abzüglich der Kosten des eingesetzten Kapitals (vgl. *Ewert/Wagenhofer* 2000, S. 9). Residualgewinngrößen sind in Theorie und Praxis seit langem bekannt. Sie wurden allerdings erst im Zuge der Implementierung der wertorientierten Unternehmensführung gewissermaßen wieder entdeckt.

Etwas verkürzt kann EVA als Überschuss verstanden werden, der über die Verzinsung des eingesetzten Kapitals mit den gewichteten Gesamtkapitalkosten hinaus verdient wird. Die Entscheidungsregel für Wertschaffung lautet:[3]

EVA > 0 → RONA > WACC

Der EVA-Ansatz ist einfach durchzuführen und leicht zu vermitteln. Als problematisch erweist sich der starke Bezug auf den Jahresabschluss (vgl. *Steffen* 2000, S. 387).

---

[2] Auf eine Diskussion der verschiedenen Ansätze (Equity-approach bzw. Entity-approach) soll hier verzichtet werden. Vgl. hierzu z.B. *Knorren* (1998), S. 40 ff.

[3] RONA = Return on Net Assets (Netto-Kapitalrendite) = NOPAT/Net Assets; WACC = weighted average cost of capital (gewichtete Kapitalkosten).

Stern/Stewart schlagen zur Beseitigung dieses Problems über 160 Anpassungen bei der Berechnung vor. Diese Modifikationen der Buchwerte der Aktiva zielen darauf ab, den Buchwert-Charakter zugunsten einer stärker an der ökonomischen Realität orientierten Bewertung zu verändern (vgl. *Knorren* 1998, S. 68 f.).

Allerdings ist die EVA-Methode – zumindest in der Grundform, die den EVA eines Jahres in den Mittelpunkt stellt – einer Periodenbetrachtung verhaftet, die dem Anspruch einer ganzheitlichen Zukunftsbetrachtung nicht entspricht. Bei der Verwendung von EVA als Kennzahl der Unternehmenssteuerung besteht – ähnlich wie bei den traditionellen Periodenerfolgsgrößen – die Gefahr einer Maximierung der kurzfristig erzielbaren Erfolge zu Lasten der den Unternehmenswert bildenden zukünftig erzielbaren Erfolge (vgl. *Knorren* 1998, S. 73).

Durch seine Konzeption als ex-post Betrachtung ist der Ansatz hervorragend zur Steuerung und Kontrolle von einzelnen Geschäftseinheiten sowie der leistungsabhängigen Bezahlung des Managements geeignet (vgl. *Horváth* 2003, S. 519). EVA kann neben der reinen Performancemessung auch zur Unternehmensbewertung eingesetzt werden. Für die Berechnung des Unternehmenswertes wird der Market Value Added (MVA) ermittelt. Der MVA ergibt sich aus der Diskontierung der zukünftig prognostizierten EVA mit den gewogenen Kapitalkosten. Der MVA zeigt die Höhe der Wertsteigerung an, die für die Eigentümer geschaffen wurde. Addiert man hierzu den Restwert, erhält man den Unternehmenswert.

3.2.3 *Cash Flow Return on Investment (CFROI) und Cash Value Added (CVA)*

Der CFROI stellt eine wertorientierte Renditekennzahl dar (zur Herkunft der Kennzahl vgl. *Knorren* 1998, S. 74, insbesondere FN 186). In Form eines internen Zinsfußes gibt diese Kennzahl den durchschnittlichen Rückfluss auf das insgesamt in einem Unternehmen bzw. einer Unternehmenseinheit investierte Kapital zu einem Zeitpunkt an. In neueren Publikationen wird der CFROI als die Relation eines nachhaltigen Cash Flows zur Bruttoinvestitionsbasis (Anlagevermögen und Working Capital) berechnet. Der nachhaltige Cash Flow stellt dabei einen Brutto Cash Flow dar, der um die so genannte ökonomische Abschreibung zu vermindern ist. Die Bruttoinvestitionsbasis wird mit historischen und inflationsangepassten Anschaffungskosten ermittelt. Eine Wertschaffung liegt dann vor, wenn die Rendite des investierten Kapitals höher ist als deren Kapitalkosten. Die Entscheidungsregel für die Wertschaffung lautet demnach:

CFROI > gewichtete (reale) Gesamtkapitalkosten = CVA > 0

Auf Basis des CFROI kann der Cash Value Added (CVA) berechnet werden (vgl. *Lewis* 1994). Der CVA ist der Betrag, der über die Kapitalkosten hinaus vom Investitionsobjekt verdient wurde und somit der erwirtschaftete, reale Wertzuwachs in einer Periode (vgl. *Horváth* 2003, S. 519). Der CVA stellt eine Cash Flow orientierte Variante des EVA-Konzepts dar (vgl. *Stelter* 1999, S. 237).

Der CFROI ist nur für eine Periode werterklärend. Er dient nicht der Ermittlung des zukünftigen Unternehmenswertes, sondern lediglich der statischen Renditemessung für ein Jahr (vgl. *Stelter* 1999, S. 235). Zur Berechnung des CFROI müssen der Brutto Cash Flow, die Bruttoinvestitionsbasis, die Nutzungsdauer der Aktiva sowie die nicht abzuschreibenden Aktiva bekannt sein. Die Schätzung der Nutzungsdauer des Sachanlagevermögens bereitet in der Praxis erhebliche Probleme. Die Stärken liegen zweifellos in der vergangenheitsorientierten (ex-post) Steuerung und Kontrolle von Unternehmen bzw. Geschäftseinheiten (vgl. *Horváth* 2003, S. 520 und die Modellrechnung bei *Knorren* 1998, S. 49).

3.2.4 Zusammenfassende Darstellung und Bewertung

Alle dargestellten Ansätze versuchen, die Perspektive des Kapitalmarktes mit der Perspektive der Unternehmensführung zu verbinden. Ein entscheidender Vorteil der Kennzahlen-orientierten Ansätze ist, dass hiermit auch nicht börsennotierte Unternehmen, Unternehmensbereiche bzw. Geschäftsbereiche mit der Zielsetzung „Wertorientierung" gesteuert werden können.

Kennzahl Merkmal	Discounted Cash Flow (DCF)	Economic Value Added (EVA)	Cash Flow Return on Investment (CFROI) / Cash Value Added (CVA)
Kennzahlen	SHV	EVA	CFROI / CVA
Charakterisierung der Kennzahl	Zukunftserfolgswert bzw. darauf aufbauende Gewinngröße	Übergewinn einer Periode	Kapitalrendite bzw. Übergewinn einer Periode
Verwendete Kapitalbasis	-	Modifizierte Buchwerte	Modifizierte Buchwerte

Abb. 1: Überblick über die dargestellten wertorientierten Kennzahlen
(in Anlehnung an Knorren 1998, S. 81)

Eine Systematisierung der wertorientierten Kennzahlen lässt sich anhand der Dimensionen „Inhalt" und „Datenbasis" vornehmen.

Inhalt Datenbasis	Wertbeitrag	Rentabilität
Gewinn	EVA	RONA[4]
Cash Flow	DCF / CVA	CFROI

Abb. 2: Systematisierung der wertorientierten Kennzahlen
(in Anlehnung an Ewert/Wagenhofer 2000, S. 7)

---

[4] Return on Net Assets.

Das Kriterium „Inhalt" umfasst einerseits eine absolute Kennzahl, die den Wertbeitrag in einer Periode erfasst und andererseits eine relative Kennzahl, die als Rentabilitätskennzahl den Periodenerfolg dem entsprechenden Kapitaleinsatz gegenüberstellt.

Bei der „Datenbasis" lassen sich Gewinngrößen aus dem externen oder internen Rechnungswesen und zahlungsstrombasierte Cash-Flow Größen unterscheiden. Die meisten in der Praxis bekannten Konzepte gehen weder klar vom Gewinn auf Basis des externen Rechnungswesens noch vom Cash Flow aus, sondern mischen Elemente aus beiden Typen. Insofern handelt es sich bei diesem Kriterium eher um ein Kontinuum. Dies hängt damit zusammen, dass sowohl Gewinn- als auch Cash Flow-Rechnungen Vor- und Nachteile haben und die Praxis versucht – mehr oder weniger erfolgreich – die jeweiligen Vorteile herauszulösen, ohne die damit verbundenen Nachteile zu erhalten (vgl. *Ewert/Wagenhofer* 2000, S. 7).

Es stellt sich die Frage, inwieweit den genannten Methoden, die Abbildung der auf dem Kapitalmarkt beobachtbaren Unternehmenswerte bzw. Unternehmenswertänderungen gelingt. Mit dieser Frage beschäftigten sich bereits diverse empirische Untersuchungen. Hierbei konnten für alle genannten Methoden Korrelationen zum Marktwert nachgewiesen werden (vgl. *Knorren* 1998, S. 82). Allerdings zeigt eine Studie von *Günther* aus dem Jahr 2000, dass auf dem deutschen Kapitalmarkt keiner der wertorientierten Ansätze bessere Korrelationsergebnisse mit der Wertentwicklung am Kapitalmarkt erzielte, als die traditionellen, gewinnorientierten Ansätze (vgl. *Günther/Landrock/Muche* 2000, S. 129 ff.).

Empirische Untersuchungen zeigen eine sehr heterogene Verbreitung der Kennzahlen in der Praxis (vgl. *Ewert/Wagenhofer* 2000, S. 5). Insbesondere erfreuen sich die traditionellen Kennzahlen weiterhin einer großen Beliebtheit und übertreffen die wertorientierten Kennzahlen zum Teil in der Anwendung zur Unternehmenssteuerung (vgl. *Pellens/Rockholtz/Stienemann* 1997, S. 1937 f.; *Ewert/Wagenhofer* 2000, S. 5 f.). Andere Untersuchungen belegen, dass die Verwendung wertorientierter Kennzahlen mit der Unternehmensgröße stark zunimmt, wobei diese häufig zusätzlich zu traditionellen Kennzahlen verwendet werden (vgl. *Hahn/Oppenländer* 1999, S. 1123; *Ewert/Wagenhofer* 2000, S. 6). Jedoch zeigt eine genauere Betrachtung, dass die verwendeten wertorientierten Kennzahlen in der Praxis sehr inkonsistent definiert werden (vgl. *KPMG* 2000, S. 17 ff.).[5]

Durch empirische Untersuchungen wurde gezeigt, dass viele Unternehmen eine wertorientierte Unternehmensführung einführen, diese allerdings nur auf der obersten Führungsebene implementieren (vgl. *Günther* 2000, S. 67). Die untergeordneten Führungsbereiche arbeiten weiterhin mit dem angestammten Führungsinstrumentarium. Für eine erfolgreiche Umsetzung wird es allerdings als notwendig angesehen, den Gedanken und die Instrument des wertorientierten Managements auch auf nachgelagerten Unternehmensebenen einzuführen (vgl. *Ewert/Wagenhofer* 2000, S. 52).

Auch wenn vielfach einzelne Kennzahlen – insbesondere von Beratungsgesellschaften – als die einzig sinnvolle herausgestellt wird, muss konstatiert werden, „dass es

---

[5] Die verwendeten Termini sind von Unternehmen zu Unternehmen durchaus diffus. Teilweise werden identische Sachverhalte unterschiedlich bezeichnet und umgekehrt unterschiedliche Sachverhalte mit dem gleichen Namen versehen (vgl. *Günter* 2000, S. 67).

‚die' Kennzahl nicht gibt" (*Ewert/Wagenhofer* 2000, S. 6). Sämtliche Kennzahlen bzw. Kennzahlenkonzeptionen haben Vor- und Nachteile und es gilt für die Unternehmen, unter Berücksichtigung der Unternehmenssituation durch Abwägen der Vor- und Nachteile die beste Kennzahl zu ermitteln (vgl. *Ewert/Wagenhofer* 2000, S. 6).

Ein grundsätzliches Problem wertorientierter Ansätze besteht darin, dass auch sie das Prognoseproblem der Planung nicht lösen können. Dies ist umso problematischer, je dynamischer die Entwicklung einer Branche oder Unternehmung und je höher die Unsicherheit ist (vgl. *Horváth* 2003, S. 519).

4. Kennzahlen der Unternehmensführung und variable Vergütung

Zum wertorientierten Management gehört auch die Gestaltung eines Anreizsystems, das auf Basis wertorientierter Kennzahlen eine Performance-Beurteilung und entsprechende Entlohnung des Managements umfasst. Eine am Unternehmenswert orientierte variable Führungskräfte-Entlohnung, wird i.d.R. als chronologisch letzte Stufe bei der Implementierung der wertorientierten Unternehmensführung angesehen (vgl. *Pellens/Crasselt/Rockholtz* 1998, S. 4). „Erst wenn das Erreichen von Zielen an entsprechende Auszahlungen für das Management verknüpft ist, wird es zu einer dauerhaften Verhaltensänderung kommen und die Kapitalmarktorientierung das gesamte Unternehmen durchdringen" (*Stelter/Krammer* 2001, S. 75). Dass Manager auf die Einführung und Verwendung wertorientierter Kennzahlen sehr wohl reagieren, konnte in mehreren empirischen Studien nachgewiesen werden (vgl. *Ewert/Wagenhofer* 2000, S. 44 sowie die dort zitierte Literatur (FN 113); *Pellens/Crasselt/Rockholtz* 1998, S. 3).

Nach einer aktuellen Schätzung der *Kienbaum Personalberatung* stellen rund 80 % der deutschen Top 100 Unternehmen ihre bisherigen Vergütungssysteme für das Top-Management in Frage. Dabei steht die Frage, wie sich die Vergütung besser an die Entwicklung des Unternehmens und damit an die Leistung des Managers koppeln lässt, im Mittelpunkt (vgl. *Engeser* 2003, S. 95).

4.1 Wertorientierte Vergütungssysteme

Um die Entlohnung stärker an die Entwicklung des Unternehmenswertes zu koppeln, werden in der Praxis unterschiedliche Wege beschritten (vgl. *Pellens/Crasselt/Rockholtz* 1998, S. 3; *v. Eckardstein* 2001, S. 11; *Hachmeister* 2001, S. 47):

- Als Bemessungsgrundlage für die variable Entlohnung treten verstärkt wertorientierte Steuerungskennzahlen.

- Bei börsennotierten Unternehmen werden zunehmend Aktienoptions-Programme eingeführt.

Traditionelle Kennzahlen werden als Beurteilungsgrundlage für wertorientierte Anreizsysteme weitgehend abgelehnt (vgl. *Riegler* 2000, S. 156 f. sowie die dort zitierte Literatur (FN 51)). Vor diesem Hintergrund wird im Folgenden nur der Einsatz von wertorientierten Steuerungskennzahlen als Bemessungsgrundlage einer erfolgsori-

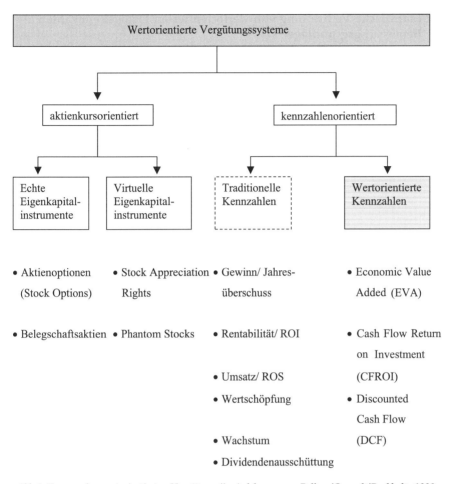

Abb. 3: Formen der wertorientierten Vergütung (in Anlehnung an: Pellens/Crasselt/Rockholtz 1998, S. 12; Oechsler 1997, S. 380 f.; Evers 2001, S. 39)

entierten variablen Vergütung für Führungskräfte diskutiert. Die variable Entlohnung von Nicht-Führungskräften sowie Aktienoptions-Programme werden in anderen Beiträgen dieses Buches thematisiert.

Voraussetzung zur Gestaltung eines Vergütungssystems, das zur langfristigen Unternehmenswertsteigerung beiträgt, ist die Identifizierung geeigneter Wertschaffungsindikatoren (Bemessungsgrundlagen). Ziel muss es sein, in einer möglichst einfachen und transparent nachvollziehbaren Kennzahl die Wertschaffung des Geschäftsbereichs und damit des Managers abbilden zu können, gleichzeitig aber sicherzustellen, dass die verwendeten Kennzahlen auch eine entsprechende Korrelation mit der Wertentwicklung des Unternehmens hat, wie sie sich z.B. im Aktienmarkt vollzieht (vgl. *Stelter* 1999, S. 226; *Pellens/Crasselt/Rockholtz* 1998, S. 11).

4.2 Empirische Verbreitung von wertorientierten Erfolgskennzahlen als Bemessungsgrundlage

Eine empirische Untersuchung von *Pellens* et al. (1997), bei der 42 Mutterunternehmen aus dem DAX 100 befragt wurden, brachte bezüglich der Kennzahlen der Unternehmensführung als Bemessungsgrundlage der variablen Managemententlohnung folgendes Ergebnis (vgl. *Pellens/Rockholtz/Stienemann* 1997, S. 1938).

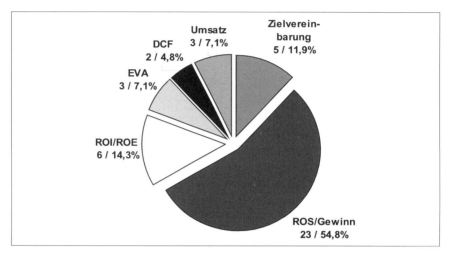

*Abb. 4: Bezugsgrößen für die variable Management-Entlohnung
(vgl. Pellens/Crasselt/Rockholtz 1998, S. 8)*

Wie aus der Abbildung ersichtlich, werden bei den Vergütungssystemen vielfach noch traditionelle Bezugsgrößen verwendet. Das Ergebnis dieser Studie ist somit eher ernüchternd, d.h. kapitalmarktorientierte Beurteilungsgrößen scheinen eine nur sehr geringe Bedeutung zu haben.

Ein Vergleich dieses Ergebnisses mit der Verbreitung von wertorientierten Steuerungsgrößen zeigt, dass die Verwendung wertorientierter Steuerungskonzepte nur selten mit einem entsprechenden Entlohnungssystem gekoppelt ist (vgl. *Pellens/ Crasselt/Rockholtz* 1998, S. 8; *Pellens/Rockholtz/Stienemann* 1997, S. 1938). *Evers* führt hierfür verschiedene Ursachen an (vgl. *Evers* 2001, S. 38 f.):

- Wertorientierte Steuerungskonzepte, wie z.B. der Discounted Cash-Flow und der Economic Value Added, sind in ihrem Aufbau und ihren Komponenten komplex gestaltet und benötigen dadurch eine hohe Qualität des internen Rechnungswesens, die in vielen deutschen Unternehmen noch nicht gegeben ist. Sie sind als Bezugsbasis nur dann einsetzbar, wenn diese Methoden bereits eine praktische Erprobungsphase im Unternehmen durchlaufen haben.

- Mangelnde Akzeptanz der ermittelten Zielgrößen bei den Führungskräften aufgrund der Komplexität, der Gefahr der Manipulation und willkürlichen Festlegung der Annahmen und Schätzungen bei wesentlichen Parametern.

Neuere Untersuchungen kommen allerdings zu entgegengesetzten Ergebnissen. So zeigt eine Untersuchung der *KPMG* (2002) eine starke Orientierung von Anreizsystemen an kapitalmarktbasierten Beurteilungsgrößen in deutschen DAX-Unternehmen. Dabei finden allerdings auch hier traditionelle Steuerungsgrößen in großem Umfang Verwendung (vgl. *KPMG* 2000, S. 34).

5. Gestaltung wertorientierter Entlohnungssysteme

Von zentraler Bedeutung für die Entscheidung, welche Kennzahl als Bemessungsgrundlage der wertorientierten Vergütung eingesetzt werden soll, ist die Steuerungswirkung, die eine solche Kennzahl auslöst. Manager sollen Anreize erhalten, Entscheidungen zu treffen, die den Unternehmenswert erhöhen (vgl. *Ewert/Wagenhofer* 2000, S. 43).

Im Folgenden soll geprüft werden, inwieweit die wertorientierten Kennzahlen den Anforderungen an ein Anreizsystem genügen. Dies erfolgt im Rahmen einer Gesamtbetrachtung wertorientierter Kennzahlen, d.h. einem weitgehenden Verzicht einer differenzierten Betrachtung einzelner Kennzahlen.

5.1 Anreizkompatibiltät

Ein Vergütungssystem wird – wie oben ausgeführt – als anreizkompatibel bezeichnet, wenn der Manager aufgrund seiner Entscheidung nur dann eine höhere Entlohnung erhält, wenn auch die Zielerreichung des Unternehmens steigt.

Eine wesentliche Voraussetzung für das Design von wertorientierten Performancegrößen ist das Wissen um potenzielle Interessenkonflikte, die deren Anreizkompatibilität beeinträchtigen können. Interessenkonflikte können aus unterschiedlichen Zeit-, Risiko- und Ressourcenpräferenzen der Akteure resultieren. So haben Manager häufig von Eigentümern abweichende Interessen und Zielvorstellungen, wie z.B. die kurzfristige Maximierung des Einkommens oder der Steigerung ihres eigenen Marktwertes (vgl. *Ewert/Wagenhofer* 2000, S. 43; *Riegler* 2000, S. 146). Diese Präferenzen können Entscheidungen bewirken, die aus Sicht der Eigentümer nicht optimal sind, da sie der langfristigen Unternehmenswertsteigerung zuwider laufen. Dies geschieht z.B. durch Unterlassung von Investitionen, die sich (kurzfristig) positiv auf die Rentabilität auswirkt, jedoch langfristig Wert vernichtet. Beispiele hierfür sind die Unterlassung von F&E-Investitionen oder Maßnahmen der Personalentwicklung.

Dadurch entsteht ein Anreizproblem, das insbesondere im Rahmen der Principal-Agency-Theorie häufig analysiert und diskutiert wird (vgl. *Riegler* 2000, S. 146).

Genau dieses Problem der kurzfristigen Optimierung der wertorientierten Kennzahl zu Lasten der langfristigen Unternehmenswertsteigerung wird als potenzielle Gefahr bei Kennzahlen wie EVA und CFROI angesehen. Da diese Kennzahlen aus einperiodigen Daten berechnet werden, wird deren Zukunftsorientierung häufig in Frage gestellt (vgl. *Hachmeister* 2001, S. 63).

Hinzu kommt, dass aufgrund der von Führungskräften zunehmend geforderten Generalisierungstendenz und den damit verbundenen häufigeren Positionswechseln innerhalb und zunehmend auch außerhalb des Unternehmens, die Orientierung am kurzfristigen Erfolg zu beobachten ist. Führungskräfte befinden sich häufig nicht lange genug auf einer Stelle, um den langfristigen Erfolg im Auge behalten zu müssen (vgl. *Oechsler* 1997, S. 382).

Deshalb ist bei der Definition von wertorientierten Kennzahlen immer auch zu fragen, welche Anreize bzw. aus Eigentümersicht Fehlanreize damit ausgelöst bzw. wie diese beseitigt oder gemildert werden können (vgl. *Ewert/Wagenhofer* 2000, S. 43). In diesem Falle stellt sich also konkret die Frage, wie die unterschiedlichen Interessen der Akteure harmonisiert werden können.

5.2 Controllability

Für die Eigentümer ist es – wie im vorigen Punkt ausgeführt – wesentlich, die Präferenzen des Mitarbeiters mit ihrer eigenen Zielvorstellungen zu verknüpfen. Im Zentrum dabei steht die Frage, in welchem Zusammenhang die Aktivität des Mitarbeiters mit dem Unternehmensziel der Wertsteigerung steht. Die grundlegende Voraussetzung hierfür ist, dass die Zielerreichung des Eigentümers überhaupt von den Aktivitäten des Mitarbeiters beeinflusst werden kann (vgl. *Riegler* 2000, S. 149; *v. Rosenstiel* 1999, S. 67 f.). Dies ist Inhalt des Controllability-Prinzips.

Angewandt auf die wertorientierten Performancegrößen bedeutet dies, dass diese nur beeinflussbare, kontrollierbare Komponenten enthalten dürfen.

Die Beeinflussung der Zielgröße „Unternehmenswert" ist in den einzelnen Hierarchieebenen unterschiedlich stark ausgeprägt und nimmt mit steigender Hierarchieebene zu. Daher wird vor dem Hintergrund des Kriteriums „Controllability" eine differenzierte Wahl der Bemessungsgrundlagen erforderlich (vgl. *Riegler* 2000, S. 169 f.).

Externe Effekte, die den Unternehmenswert beeinflussen, wie z.B. konjunkturelle Faktoren, überschießende Entwicklungen am Kapitalmarkt, Einflüsse der Notenbankpolitik, sind Faktoren die generell nicht durch die Managementleistung beeinflusst werden können. Die Frage, ob diese externen Effekte die Eignung als Bemessungsgrundlage für die variable Vergütung beeinträchtigen und bei der Berechnung berücksichtigt werden müssen, wird kontrovers diskutiert und ist nicht eindeutig zu beantworten (vgl. *v. Eckardstein* 2001, S. 16).

Um dem Kriterium „Controllability" zu genügen, müssen wertorientierte Vergütungssysteme demzufolge die unterschiedliche Beeinflussbarkeit der Kennzahlen durch Mitarbeiter unterschiedlicher hierarchischer Ebenen berücksichtigen (vgl. *Riegler* 2000, S. 171), d.h. die übergeordneten Kennzahlen sollten auf untergeordnete Einheiten herunter gebrochen werden können (vgl. *Pellens/Crasselt/Rockholtz* 1998, S. 20).

5.3 Transparenz

Bei der Transparenz müssen die erwartete Leistung und der angebotene Geldanreiz in transparenter Weise gekoppelt sein, so dass der Mitarbeiter von seinem Verhalten auf die zu erwartende Vergütung schließen kann. Die Transparenz hängt damit nicht nur von der gewählten Beurteilungsgröße, sondern auch von der Gestaltung der Belohnungsfunktion ab.

Die Transparenz der wertorientierten Vergütungssysteme leidet häufig unter der Komplexität der zugrunde liegenden Bemessungsgrundlagen. Wertorientierte Kennzahlen werden i.d.R. aus dem Jahresüberschuss in umfassenden Korrekturrechnungen abgeleitet, wodurch das Verständnis für diese Kennzahlen beeinträchtigt wird (vgl. *Pellens/Crasselt/Rockholtz* 1998, S. 19). Je umfassender die Korrekturen der Basisdaten, desto weniger kann der Mitarbeiter die Konsequenzen seiner Aktivitäten auf die Beurteilungsgröße erkennen, wodurch die Anreizwirkung des Vergütungssystems reduziert werden kann (vgl. *Riegler* 2000, S. 167).

Unter Transparenzgesichtspunkten wäre demnach eine möglichst einfache Berechnung der Kennzahlen zu fordern. Bei der Berechnung der jeweiligen Kennzahlen zeigt sich allerdings eine Fülle von Detailproblemen, deren jeweilige Lösung die Ausprägung der Kennzahlen beeinflussen kann und stets nur für eine konkrete Unternehmenssituation unter Berücksichtigung von Kosten und Nutzen abgewogen werden kann (vgl. *Ewert/Wagenhofer* 2000, S. 59).

5.4 Wesentlichkeit

Wesentlichkeit bedeutet, dass der Geldanreiz im Rahmen der Gesamthonorierung spürbar sein muss. Die Wesentlichkeit ist jedoch kein spezifisches Problem der wertorientierten Vergütungssysteme, sondern betrifft jegliche variable Vergütung.

Von einer Wesentlichkeit kann i.d.R. ausgegangen werden, wenn der variable Anteil der Managemententlohnung mindestens 20 % der Gesamtvergütung beträgt (vgl. *Greth* 1998, S. 94).

5.5 Akzeptanz

Der Erfüllungsgrad der eben genannten Kriterien bestimmt maßgeblich die Akzeptanz des Vergütungssystems bei den Mitarbeitern und damit die Motivationswirkung des Anreizsystems. Darüber hinaus muss die Beurteilung der Leistung von Mitarbeitern als fair und konsistent empfunden werden, was erreicht wird, indem das Design des Anreizsystems stabil ist und nicht kurzfristig bzw. oftmalig geändert wird (vgl. *Riegler* 2000, S. 167).

Mangelnde Nachvollziehbarkeit beinhaltet ein Konfliktpotenzial und vermindert die Akzeptanz. Dieser Fall tritt ein, wenn Adaptionen der Bemessungsgröße vorgenommen werden, was insbesondere in der Einführungsphase häufig und mehrmals der Fall sein kann.

Weitere Akzeptanzprobleme können bei wertorientierten Vergütungssystemen aus der potenziellen Gefahr der Manipulation der Kennzahlen und (scheinbar) willkürlichen Festlegung der Annahmen und Schätzungen bei wesentlichen Parametern resultieren.

Für die Sicherung der Akzeptanz der wertorientierten Vergütungssysteme sollte also insbesondere die Nachvollziehbarkeit und Eindeutigkeit der Bemessungsgrundlagen sichergestellt werden. Dazu gehört u.a. eine umfassende innerbetriebliche Information und Kommunikation über die Kennzahlen und deren Berechnungsmodalitäten, vor allem wenn diese geändert bzw. angepasst werden müssen.

5.6 Wirtschaftlichkeit

Betriebliche Anreizsysteme unterliegen – wie jede betriebliche Maßnahme – dem Gebot der Wirtschaftlichkeit, d.h. der resultierende Nutzen muss den erforderlichen Aufwand mindestens kompensieren.

Die variable Entlohnung anhand wertorientierter Steuerungskennzahlen ist in ihrer Funktionsweise und Ausgestaltung mit der Entlohnung anhand traditioneller Kennzahlen, wie z.b. ROS, ROI, Jahresüberschuss oder Gewinn je Aktie, weitgehend vergleichbar (vgl. *Pellens/Crasselt/Rockholtz* 1998, S. 13). Insofern können die dort gewonnen Erkenntnisse und Erfahrungen bei der wertorientierten Vergütung effizienzsteigernd verarbeitet werden.

Bei wertorientierten Vergütungssystemen erscheint insbesondere die Ermittlung der Bemessungsgrundlagen unter Wirtschaftlichkeitsgesichtspunkten problematisch zu sein. Da die Kennzahlen allerdings bereits im Rahmen des übergeordneten wertorientierten Steuerungssystems gewonnen werden, entstehen keine zusätzlichen Kosten, wodurch die Wirtschaftlichkeit und Effizienz des Anreizsystems ebenfalls positiv beeinflusst wird (vgl. *Riegler* 2000, S. 173).

5.7 Zusammenfassung der Bewertung

Die Analyse der wertorientierten Vergütung auf Basis wertorientierter Kennzahlen zeigt, dass unter dem Gesichtspunkt der Anreizwirkung insbesondere bei den Kriterien „Anreizkompatibilität" und „Controllability" Probleme auftreten können, die den Nutzen wertorientierter Vergütungssysteme beeinträchtigen können.

Insofern bedarf es geeigneter Maßnahmen bzw. Instrumente, um die unterschiedlichen Präferenzen von Management und Kapitalgebern zu harmonisieren, d.h. dass die (kurzfristigen) Managemententscheidungen zu einer (langfristigen bzw. nachhaltigen) Steigerung des Unternehmenswertes führen und die die Controllability gewährleisten, da nur dann das Management von seinen Handlungen bzw. Entscheidungen auf die zu erwartende Vergütung schließen kann, was letztendlich maßgeblich die Anreizwirkung eines Vergütungssystems mitbestimmt.

Solche – in Theorie und Praxis diskutierten – Maßnahmen bzw. Instrumente werden im Folgenden kurz diskutiert.

5.8 Gestaltungsvorschläge für wertorientierte Vergütungssysteme

5.8.1 Förderung der Anreizkompatibilität

Um das Management dazu zu bewegen, die Periodeninterdependenzen seiner Entscheidungen zu berücksichtigen und eine kurzfristige Gewinnoptimierung zu verhindern, werden in der Unternehmenspraxis verschiedene Konzepte eingesetzt.

Im diesem Zusammenhang wird häufig der Einsatz von Bonuskonten vorgeschlagen (vgl. *Riegler* 2000, S. 163; *Plaschke* 2003, S. 56; *Stelter* 1999, S. 229). Dabei wird die in einer Beurteilungsperiode erzielte Belohnung auf einem Bonuskonto gutgeschrieben bzw. verrechnet. Ein Teil des positiven Kontostandes gelangt zur Auszahlung, der Rest wird in die nächste Periode übertragen.

Intendiert wird damit, dass kurzfristig orientiertes Verhalten, das zu einer langfristigen Wertminderung führt, vermieden wird. Verstärkt wird dieses, indem der Mitarbeiter auch an Verlusten beteiligt wird (vgl. *Pellens/Crasselt/Rockholtz* 1998, S. 18 f.). Die Belohnung des kurzfristigen Verhaltens wird mit der Bestrafung eines langfristigen negativen Effekts gegenverrechnet. Der Mitarbeiter wird also insbesondere durch die Beteiligung an möglichen Verlusten bestrebt sein, langfristig Wert zu schaffen und seine kurzfristigen Entscheidungen auch danach auszurichten. Zudem können erfolgreiche Mitarbeiter, d.h. diejenigen mit einem positiven Kontostand, längerfristig an das Unternehmen gebunden werden.

Problematisch erscheint hierbei allerdings das zeitliche Auseinanderfallen von Handlung und Belohnung. Die Motivationstheorien legen den Schluss nahe, dass die Anreizwirkung umso geringer sein wird, je größer die Zeitspanne zwischen Belohung und Handlung ist (vgl. *Becker* 1990, S. 18).

Eine weitere Möglichkeit der besseren Steuerung von Managemententscheidungen zur langfristigen Wertsteigerung liegt in der Anpassung der zugrunde gelegten Daten, wie dies z.B. beim EVA-Konzept regelmäßig geschieht. Wenn etwa strategische Entscheidungen getroffen werden sollen, die zunächst in Folge hoher Anfangsauszahlungen einen negativen Effekt auf die jährlichen EVAs haben, können diese Auszahlungen aktiviert und über die Laufzeit der Investitionen abgeschrieben werden (vgl. *Ewert/Wagenhofer* 2000, S. 45). Dadurch werden die Perioden, in denen den Auszahlungen keine Einzahlungen gegenüberstehen, nicht in voller Auszahlungshöhe mit Aufwand belastet. Die Investitionen schlagen nicht mehr in voller Höhe auf das Periodenergebnis durch und führen also nicht mehr zu einem schlechteren Periodenergebnis und damit zu einer schlechteren variablen Vergütung der Führungskräfte.

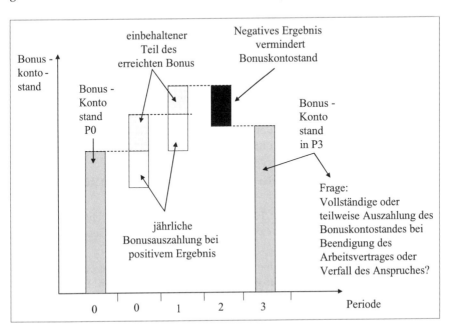

Abb. 6: Bonuskonto als Anreiz zur langfristigen Wertsteigerung
(in Anlehnung an Plaschke 2003, S. 56; Stelter 1999, S. 229)

Ein wesentliches Problem dieser Anpassungen besteht darin, dass sie zum Teil sehr spezifisch für bestimmte Situationen entwickelt werden müssen. Sie hängen vielfach auch von individuellen Charakteristika der Managerpersönlichkeit ab. Dadurch kann es im Unternehmen zu unterschiedlichen Lösungen für gleiche Sachverhalte kommen, was die Akzeptanz verringert. Zudem können durch ständigen Anpassungsbedarf die Glaubwürdigkeit des Anreizsystems und damit letztendlich auch seine Anreizwirkung erheblich leiden (vgl. *Ewert/Wagenhofer* 2000, S. 46).

Offensichtlich kann es durch den Einsatz geeigneter Maßnahmen gelingen, das Problem der Anreizkompatibilität zu lösen.

5.8.2 Förderung der Controllability

Bei der Entlohnung anhand von wertorientierten Kennzahlen sollten die Kennzahlen und damit die Höhe der variablen Entlohnung durch die Leistung der Begünstigten beeinflussbar sein. So erscheint die Entlohnung von Führungskräften der unteren und mittleren Hierarchieebenen anhand der wertorientierten Kennzahlen des Gesamtunternehmens wenig geeignet (vgl. *Pellens/Crasselt/Rockholtz* 1998, S. 19). Die Lösung hierfür könnte in einem Kennzahlensystem liegen. Aus der Spitzenkennzahl werden entsprechende operative Stellhebel für die einzelnen Bereiche abgeleitet und als Bemessungsgrundlage vorgegeben (vgl. z.B. für EVA *Hostettler* 1995, S. 309 f.). „Erst wenn die Schrauben der Wertschaffung für alle Mitarbeiter klar und nachvollziehbar verankert sind und Klarheit über deren Zusammensetzung und Wirkung herrscht, beginnt wertorientierte Führung zu greifen" (*Trütschler* 2000, S. 315).

Durch das Herunterbrechen der übergeordneten Kennzahl auf die operativen Bereiche wird also für die einzelne Führungskraft auf den nachgelagerten Führungsebenen deutlich, dass und wie er auf seiner persönlichen Verantwortungsebene den Unternehmenswert mitbestimmen kann, womit das Kriterium „Controllability" erfüllt wird.

Werden wertorientierte Kennzahlen auf nachgelagerte Bereiche heruntergebrochen, sollten allerdings folgende Additivitätseigenschaften erfüllt sein (vgl. *Ewert/Wagenhofer* 2000, S. 53; *Günther* 2000, S. 69):

- Die Wertbeitragskennzahlen der unteren Ebenen sollten additiv sein, d.h. die Summe der Wertbeiträge der unteren Ebenen entspricht dem gesamten Wertbeitrag.

- Die Gesamtrentabilität sollte der gewichteten Summe der Rentabilitäten der unteren Ebenen entsprechen.

Dadurch soll u.a. der Gefahr der Förderung eines Geschäftsbereichsegoismus und Behinderung von Kooperationen zwischen den Bereichen bzw. Geschäftseinheiten vorgebeugt werden.

Es bleibt allerdings die Frage offen, ob es vorteilhaft ist, dieselbe oder andere, bereichsspezifische Kennzahlen auf unteren Ebenen zu verwenden. Die Frage wird nicht endgültig zu klären sein, da beide Möglichkeiten Vor- und Nachteile haben, die bei der Entscheidungsfindung gegeneinander abgewogen werden müssen (vgl. *Ewert/Wagenhofer* 2000, S. 57 f.).

Es bleibt festzuhalten, dass auch die Controllability der wertorientierten Bemessungsgrundlagen durch entsprechende Maßnahmen realisiert werden kann.

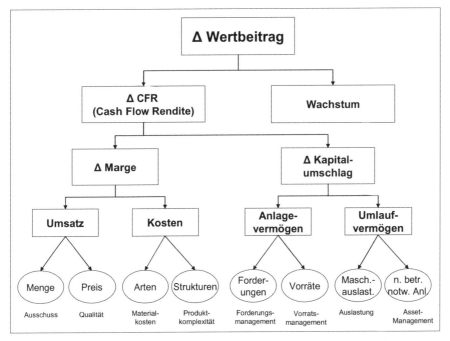

Abb. 7: Verzahnung wertorientierter Führungsgrößen mit operativen Messgrößen
(in Anlehnung an Trütschler 2000, S. 316)

6. Schlussbetrachtung

Im Zuge der zunehmenden Beachtung des Shareholder Value Ansatzes konnte in der deutschen Unternehmenspraxis die zunehmende Einführung der sog. wertorientierten Unternehmensführung beobachtet werden.

Anreizsystemen kommt bei der erfolgreichen Umsetzung des wertorientierten Managements eine große Bedeutung zu. Durch die Verwendung von wertorientierten Kennzahlen als Bemessungsgrundlage der variablen Vergütung soll erreicht werden, dass in dezentral organisierten Unternehmen die Entscheidungen auf allen Hierarchieebenen im Einklang mit der Zielsetzung „Unternehmenswertsteigerung" getroffen werden (vgl. *Riegler* 2000, S. 171). Die Verbreitung solcher wertorientierter Vergütungssysteme ist bisher in Deutschland noch als eher gering einzustufen, wobei Tendenzen einer weiteren Zunahme erkennbar sind.

Allerdings genügen wertorientierte Performancegrößen nicht immer den grundlegenden Anforderungen an Anreizsysteme wodurch sich die Effizienz und Motivationswirkung derartiger Vergütungssysteme deutlich verringern kann. Insbesondere Probleme hinsichtlich der Anreizkompatibilität und der Controllability wertorientierter Kennzahlen wurden in diesem Beitrag herausgearbeitet. Theorie und Praxis stellen jedoch Instrumente und Maßnahmen bereit, die diese möglichen negativen Effekte verringern bzw. beseitigen können.

Die alleinige Verwendung von erfolgsorientierten Kennzahlen zur Bemessung der variablen Vergütung wird von den Autoren im Einklang mit der Literatur jedoch abgelehnt (vgl. *Böger* 2003, S. 10). „Definiert nur das Bereichsergebnis den variablen Anteil, ist die Motivationswirkung für den Einzelnen geringer als bei einer individuellen Bemessung. Bei der Bestimmung des variablen Anteils allein durch das Unternehmensergebnis ist die Wirkung noch geringer" (*Böger* 2003, S. 10). Vor diesem Hintergrund liegt das Augenmerk auf der Gestaltung einer differenzierten variablen Entlohnung auf Basis verschiedener Bemessungsgrundlagen. Diese sollte neben erfolgsorientierten Anteilen auf Basis wertorientierter Kennzahlen auch individuelle Leistungen bzw. Zielerreichungen belohnen. Zudem können Aktienoptions-Modelle einen zusätzlichen Anreiz zur langfristigen Unternehmenswertsteigerung leisten.

Literaturverzeichnis

Ackermann, K.-F.: Lohn- und Gehaltspolitik, betriebliche, in: *Gaugler, E./Weber, W.* (Hrsg.), HWP, 2. Auflage, Stuttgart 1992, Sp. 1294–1303

Becker, F.G.: Anreizsysteme für Führungskräfte, Stuttgart 1990

Bleicher, K.: Strategische Anreizsysteme. Flexible Vergütungssysteme für Führungskräfte, Stuttgart, Zürich 1992

Böger, T.: Flexibel entlohnen liegt im Trend, in: Personalwirtschaft (2002) 9, S. 14–20

Böger, T.: Grenzen der Messbarkeit, in: Personalführung (2003) 9, S. 10–11

Bruhn, M./Lusti, M./Müller, W. R. u.a. (Hrsg.): Wertorientierte Unternehmensführung. Perspektiven und Handlungsfelder für die Wertsteigerung von Unternehmen, Wiesbaden 1998

Bühler, W./Siegert, T. (Hrsg.): Unternehmenssteuerung und Anreizsysteme, Stuttgart 1999

Copeland, T./Koller, T./Murrin, J.: Unternehmenswert. Methoden und Strategien für eine wertorientierte Unternehmensführung, 2. Aufl., Frankfurt, New York 1998

Eckardstein, D.v.: Grundfragen der Entwicklung von Entlohnungssystemen in der industriellen Fertigung, in: *Weber, W.* (Hrsg.): Entgeltsysteme, Stuttgart 1993, S. 173–193

Eckardstein, D.v.: Variable Vergütung für Führungskräfte als Instrument der Unternehmensführung, in: *Eckardstein, D.v.* (Hrsg.), 2001), S. 1–25

Eckardstein, D.v. (Hrsg): Handbuch variable Vergütung für Führungskräfte, München 2001

Engeser, M.: Vorstandsgehälter: Abhängig vom Erfolg, in: Wirschaftswoche, (2003) 40, S. 94–96

Evers, H.: Variable Bezüge für Führungskräfte: Wertorientierung als Herausforderung, in: *Pellens, B.* (Hrsg., 1998), S. 53–67

Evers, H.: Stand und Entwicklung variabler Vergütungssysteme für Führungskräfte in Deutschland, in: *Eckardstein, D.v.* (Hrsg. 2001), S. 27–45

Ewert, R./Wagenhofer, A.: Rechnungslegung und Kennzahlen für das wertorientierte Management, in: *Wagenhofer, A./Hrebicek, G.* (Hrsg., 2000), S. 3–64

Eyer, E. (Hrsg.): Erfolgs- und Kapitalbeteiligung im Unternehmen – Modelle – Praxisberichte – Standpunkte, Düsseldorf 2002

Frese, E. (Hrsg.): HWO, Stuttgart 1992

Gaugler, E./Weber, W. (Hrsg.): HWP, 2. Aufl., Stuttgart 1992

Greth, M.: Managemententlohnung aufgrund des Economic Value Added (EVA), in: *Pellens, B.* (Hrsg., 1998), S. 69–100

Günther, T.: Vom strategischen zum operativen Wertsteigerungsmanagement, in: *Wagenhofer, A./Hrebicek, G.* (Hrsg., 2000), S. 65–94

Günther, T./Landrock, B./Muche, T.: Gewinn- versus unternehmenswertbasierte Performancemaße, Teil II, in: Controlling, 12 (2000) 3, S. 129–135

Hachmeister, D.: Möglichkeiten und Grenzen wertorientierter Steuerungskennzahlen als Bemessungsgrundlage der Entlohnung für Führungskräfte, in: *Eckardstein, D.v.* (Hrsg., 2001), S. 47–67

Hahn, D./Oppenländer, K.H.: Stand und Entwicklungstendenzen der strategischen Unternehmensplanung und Unternehmensführung in der Bundesrepublik Deutschland. Ergebnisse eines empirischen Forschungsprojektes, in: *Hahn, D./ Taylor, B.* (Hrsg., 1999), S. 1095–1136

Hahn, D./Taylor, B. (Hrsg.): Strategische Unternehmensplanung – Strategische Unternehmensführung, 8. Aufl., Heidelberg 1999

Haussmann, T.: Variable Vergütung von Führungskräften. Vom Short-Term-Incentive bis zur klassischen Kapitalbeteiligung, in: *Eyer, E.* (Hrsg., 2002), S. 51–60

Horváth, P.: Controlling, 9. Aufl., München 2003

Hostettler, S.: „Economic Value Added" als neues Führungsinstrument, in: der Schweizer Treuhänder 69 (1995) 3, S. 307–315

Knorren, N.: Wertorientierte Gestaltung der Unternehmensführung, Wiesbaden 1998

KPMG Consulting (Hrsg.): Value Based Management – Shareholder Value Konzepte. Eine Untersuchung der DAX 100 Unternehmen, Frankfurt a.M. 2000

Kunz, R.M.: Das Shareholder-Value-Konzept. Wertsteigerung durch eine aktionärsorientierte Unternehmensstrategie, in: *Bruhn, M./Lusti, M./Müller, W.R. u.a.* (Hrsg., 1998), S. 391–412

Küting, K./Weber, C.-P. (Hrsg.): Wertorientierte Konzernführung. Kapitalmarktorientierte Rechnungslegung und integrierte Unternehmenssteuerung, Stuttgart 2000

Lewis, T.G.: Steigerung des Unternehmenswertes – Total Value Management, Landsberg a.L. 1994

Lurse, K./Stockhausen, A.: Manager und Mitarbeiter brauchen Ziele. Führen mit Zielvereinbarungen und variabler Vergütung, Neuwied 2001

Oechsler, W.A.: Personal und Arbeit. Einführung in die Personalwirtschaft, 6. Aufl., München, Wien 1997

Pellens, B. (Hrsg.): Unternehmenswertorientierte Entlohnungssysteme, Stuttgart 1998

Pellens, B./Crasselt, N./Rockholtz, C.: Wertorientierte Entlohnungssysteme für Führungskräfte. Anforderungen und empirische Evidenz, in: *Pellens, B.* (Hrsg., 1998), S. 1–28

Pellens, B./Rockholtz, C./Stienemann, M.: Marktwertorientiertes Konzerncontrolling in Deutschland. Eine empirische Untersuchung, in: Der Betrieb, 50 (1997) 39, S. 1933–1939

Pfeffer, J.: Six Dangerous Myths about Pay, in: Harvard Business Review (1998) 5/6, S. 109–119

Plaschke, F.J.: Bonus für langfristige Wertentwicklung, in: Personalwirtschaft (2003) 6, S. 56–61

Rappaport, A.: Creating Shareholder Value, 2. Aufl., New York 1998

Riegler, C.: Anreizsysteme und wertorientiertes Management, in: *Wagenhofer, A./ Hrebicek, G.* (Hrsg., 2000), S. 145–176

Rosenstiel, L.v.: Motivationale Grundlagen von Anreizsystemen, in: *Bühler, W./Siegert, T.* (Hrsg., 1999), S. 47–78

Scholz, C.: Personalmanagement, 5. Aufl., München 2000

Schwalbach, J.: Motivation, Kompensation und Performance, in: *Bühler, W./Siegert, T.* (Hrsg., 1999), S. 169–182

Steffen, H.: Marktstrukturen und Bewertungsverfahren, in: *Küting, K./Weber, C.-P.* (Hrsg., 2000), S. 355–399

Stelter, D.: Wertorientierte Anreizsysteme für Führungskräfte und Mitarbeiter, in: *Bühler, W./Siegert, T.* (Hrsg., 1999), S. 207–242

Stelter, D./Krammer, C.: Bereichsspezifische Vergütung auf Basis interner Wertschaffung, in: *Eckardstein, D.v.* (Hrsg., 2001), S. 69–84

Stewart, G.B.: The Quest for Value, New York 1991

Towers Perrin: Euro Reward 2000, Frankfurt a. M. 2000

Trütschler, K.: Wertorientierte Unternehmensführung im RAG-Konzern, in: *Küting, K./Weber, C.-P.* (Hrsg., 2000), S. 291–318

Wagenhofer, A.: Anreizkompatible Gestaltung des Rechnungswesens, in: *Bühler, W., / Siegert, T.* (Hrsg., 1999), S. 183–206

Wagenhofer, A./Hrebicek, G. (Hrsg.): Wertorientiertes Management. Konzepte und Umsetzungen zur Unternehmenswertsteigerung, Stuttgart 2000

Wälchli, A.: Strategische Anreizsysteme, Bern u.a. 1995

Weber, W. (Hrsg.): Entgeltsysteme. Lohn, Mitarbeiterbeteiligung und Zusatzleistungen, Stuttgart 1993

Weinert, A.B.: Anreizsysteme, verhaltenswissenschaftliche Dimension, in: *Frese, E.* (Hrsg., 1992), Sp. 122–133

Cafeteria-Systeme – Grundsätzliche Gestaltungsmöglichkeiten

Prof. Dr. Dieter Wagner

Inhalt

1. Der Cafeteria-Ansatz als Bestandteil der betrieblichen Personalpolitik

Unternehmen mit Cafeteria-Plänen gibt es insbesondere in den Vereinigten Staaten. In der Bundesrepublik Deutschland finden sich dagegen nur relativ wenige praktische Beispiele. Größer ist jedoch die Zahl derjenigen Unternehmungen, die sich im Rahmen personalpolitischer Konzeptionen mit den Überlegungen des Cafeteria-Ansatzes auseinandersetzen. Dabei hat insbesondere *H. Thierry*, Universität Amsterdam, zur Verbreitung des entsprechenden Gedankengutes beigetragen (vgl. z.B. *Thierry* 1977, 1980 und 1982, S. 97–105).

Der Cafeteria-Ansatz besagt, dass es dem einzelnen Mitarbeiter überlassen ist, inwieweit er zwischen verschiedenen Entgeltbestandteilen bzw. Firmenleistungen innerhalb eines bestimmten Budgets auswählen kann. Charakteristisch für das Verfahren sind dabei folgende Punkte:

- die Individualisierung von Entgeltbestandteilen entsprechend einem Wahlbudget für den einzelnen Mitarbeiter,
- eine periodisch wiederkehrende Wahlmöglichkeit für die entsprechenden Mitarbeiter,
- ein Wahlangebot mit mehreren Alternativen.

In der amerikanischen Literatur werden je nach Umfang des Leistungsangebotes sowie der Freiheitsgrade an Wahlmöglichkeiten folgende Ausbaustufen der Cafeteriasysteme unterschieden (vgl. *Zippo* 1982, S. 57 ff.; *Dycke/Schulte* 1986, S. 583 ff.):

Bei den **flexible-benefit-systems** erstrecken sich die Gestaltungsmöglichkeiten der Arbeitnehmer auf bestimmte Sozialleistungen, insbesondere auf Versicherungsleistungen.

Die nächsthöhere Ausbaustufe ist der **flexible-benefit-plan**. Zusätzlich zu den Sozialleistungen können auch weitere Entgeltkomponenten zur Wahl stehen, die z.B. eine Verrechnung von Urlaubstagen oder von Arbeitszeit mit Geldeinkommen oder eine zeitliche Verlagerung von Entgeltzahlungen erlauben.

Wird den Arbeitnehmern die Option geboten, auch hinsichtlich Lebensarbeitszeit, Ausbildungsgängen und Aufstiegschancen mit entscheiden zu können, wird von einem ganzheitlichen **flexible-human-resources-system** gesprochen, welches gemäß *Zippo* bisher jedoch nur als vage Zielvorstellung bezeichnet werden kann.

Die personalpolitische Zielsetzung besteht darin, angesichts oftmals abnehmender Spielräume bei Entgelterhöhungen, die für den einzelnen Arbeitnehmer bei nettobezogener Betrachtung kaum wirksam werden, attraktive Anreize für bestimmte Mitarbeiter bzw. -gruppen zu schaffen. Sieht man zunächst einmal von den Problemen und Schwierigkeiten ab, die z.B. angesichts vielfaltiger gesetzlicher Restriktionen im Steuer- und Sozialversicherungsrecht eine rasche Einführung von Cafeteria-Modellen nicht gerade begünstigen, so ist die **personalpolitische Attraktivität** des Cafeteria-Ansatzes unverkennbar:

- Durch die Individualisierung von betrieblichen Leistungen hat der Mitarbeiter die Möglichkeit, diejenigen Entgelt- und Sozialleistungskomponenten zu wählen, die seinen Bedürfnissen oder seiner finanziellen Situation am ehesten entsprechen und gleichzeitig auf diejenigen Leistungen zu verzichten, die für ihn von geringerer Bedeutung sind.

- Die individuelle Ausrichtung der Personalkosten nach dem Cafeteria-Prinzip hat – zumindest auf den ersten Blick – den ökonomischen Vorteil, dass diese Größe konstant bleibt, weil nicht ihre Maximierung, sondern ihre optimale Aufteilung im Vordergrund der Betrachtung steht.

Cafeteria-Pläne können insofern sowohl aus sach-rationalen als auch aus motivations- und anreizbezogenen Gründen eine zukunftsbezogene Alternative zu herkömmlichen Tarifsystemen darstellen.

Auch wenn es eine Theorie betrieblicher Sozialleistungen nur ansatzweise gibt und die hiermit „vermuteten oder erhofften Produktivitätssteigerungen und Verhaltensänderungen … bislang nicht empirisch beobachtet werden (konnten)" (*Sadowski* 1984, S. 589), ist dennoch unverkennbar, dass den Personalzusatzleistungen schon wegen des Umfanges als „Zweiter Lohn" (vgl. *Knebel/Zander* 1982) eine große Bedeutung zukommt. Deshalb sollte auch ihre Zusammensetzung sowohl aus der Sicht der Mitarbeiter als auch aus der Sicht der Unternehmung möglichst attraktiv und zeitgemäß sein. Zunehmend wird erkannt, dass Anreiz- und Belohnungssysteme die Präferenzstrukturen des einzelnen Mitarbeiters stärker berücksichtigen sollten (vgl. *Bleicher* 1985, S. 23). Insofern dürfte es auch von Interesse sein, die bislang vorliegenden Cafeteria-Ansätze daraufhin zu untersuchen, inwieweit eine Übertragung auf Unternehmungen in der Bundesrepublik Deutschland möglich und sinnvoll ist.

2. Allgemeine Voraussetzungen für die Einführung von Cafeteria-Modellen

Grundsätzlich muss zunächst einmal eine Realisationsmöglichkeit gegeben sein, den Mitarbeitern die Wahlfreiheit über bestimmte Sozialleistungen oder Entgeltkomponenten einzuräumen. In diesem Zusammenhang sei insbesondere an rechtliche bzw. tarifvertragliche Regelungen gedacht, die den Aktionsraum bzw. die Gestaltungsmöglichkeiten des Unternehmens a priori begrenzen. Zudem sollte eine hinreichend große finanzielle Manövriermasse zur Verfügung stehen, die es erlaubt, den wahlberechtigten Mitarbeitern eine angemessene Anzahl attraktiver Alternativen anzubieten. Daher sollte die Einführung eines Cafeteria-Plans zunächst für die oberen Führungskräfte vorgesehen werden, da hier aufgrund des Einkommensniveaus beispielsweise durch jährliche Entgeltsteigerungen und zum Teil sehr beträchtlicher variabler Entgeltbestandteile (Bonus bzw. Tantieme, Leistungsprämien) eine hinreichende Mittelherkunft gesichert zu sein scheint. Zudem könnten dadurch gerade in der Einführungsphase bei einem kleinen Teilnehmerkreis die organisatorischen Maßnahmen und damit auch die anfallenden Verwaltungskosten in Grenzen gehalten werden.

Da der Mitarbeiter ohnehin eine uneingeschränkte Wahlfreiheit hinsichtlich der Verwendung seines Nettoeinkommens hat, ist die zusätzliche Wahlmöglichkeit zwischen verschiedenen Entgeltbestandteilen im Rahmen eines Cafeteria-Verfahrens für ihn deshalb nur dann attraktiv,

- wenn sich durch die angebotenen Wahlmöglichkeiten das bisherige **Netto-Einkommen** oder der bisher wahrgenommene **Nutzen** direkt oder indirekt, aber individuell messbar, erhöht oder
- für ein bestimmtes Bruttoeinkommen über die Inanspruchnahme von rechtlich zulässigen **Steuervorteilen** ein höheres Nettoeinkommen erzielt wird (vgl. *Sadowski* 1984, S. 589)
- und mittels einer periodisch wiederkehrenden Wahlmöglichkeit ehemals getroffene Wahlentscheidungen **revidiert** werden können, da möglicherweise Änderungen in der Steuer- und Sozialgesetzgebung oder Änderungen in den Lebensumständen andere Alternativen des Leistungsangebotes für den Teilnehmer attraktiver erscheinen lassen (vgl. *Thierry* 1986, S. 98).

Der mögliche Erfolg von Cafeteria-Plänen beruht jedoch nicht nur auf der Inanspruchnahme von Steuervorteilen. Hinzu kommen eventuell Degressionseffekte, die ähnlich einem Mengenrabatt bei einer größeren Anzahl von „Abnehmern" wahrgenommen werden können.

Als wesentlicher Aspekt sei in diesem Zusammenhang der Informationsaustausch zwischen Unternehmung und Mitarbeitern erwähnt. Für das erfolgreiche Funktionieren von Cafeteria-Plänen ist es wichtig zu wissen, welche Leistungsarten bei den Arbeitnehmern in ihrer Wertschätzung relativ am beliebtesten sind und welche Leistungen weniger stark gewünscht werden. Derartiges Datenmaterial sollte durch **Mitarbeiterbefragungen** und **individuelle Situationsanalysen** erhoben werden, um die Präferenzen zu ermitteln und eine Rangordnung wählbarer Leistungen zu erstellen. Nicht nur das Unternehmen benötigt Informationen über die Präferenzen der Mitarbeiter, sondern auch bei den Mitarbeitern entstehen Informationsbedarfe im Prozess der Entgeltindividualisierung. Um der Gefahr vorzubeugen, dass die Teilnehmer durch die ihnen überlassenen Wahlalternativen überfordert werden und anstatt der erhofften Anreizwirkungen Frustrationen ausgelöst werden, bedarf es einer sorgfältigen Vorgehensweise.

Außer allgemeinen Informationen über Form und Verfahren der Entgeltflexibilisierung müssen die Mitarbeiter auch über die **Bedeutung und Werthaltigkeit** der einzelnen Cafeteria-Optionen unterrichtet werden, um letztendlich auch zu einer besseren Befriedigung der eigenen Bedürfnisse im Rahmen unterschiedlicher Einkommens- und Vermögenssituationen in verschiedenen Phasen des Erwerbslebens zu gelangen. Dazu gehört auch ein Hinweis auf die Tatsache, dass die Verantwortung für die Abdeckung bestimmter Risiken nun allein beim einzelnen – je nach Ausstattung des Verfahrens, der Wahlalternativen etc. – liegt (vgl. *Chaurun* 1989, S. 72 ff.). Auch Unsicherheiten und etwaige Ängste der Mitarbeiter vor „falschen" Wahlentscheidungen sollten bereits frühzeitig zwecks Akzeptanzsicherung des Systems abgebaut werden. Deshalb sollte insbesondere in der Einführungsphase eine **qualifizierte Beratung** angeboten und eine großzügige Einräumung von **Revisionsmöglichkeiten** ehemals getroffener Entscheidungen gestattet werden (vgl. *Solomon* 1985, S. 11 f.).

3. Die Anreizelemente des Cafeteria-Ansatzes

Bei der Vergabe von Sozialleistungen haben – ebenso wie bei anderen Entgeltbestandteilen auch – seit jeher in erster Linie wirtschaftliche Ziele im Vordergrund gestanden. Beispielsweise seien hier Ziele wie die Verringerung der Fluktuation, die Erhöhung der Beitrittsbereitschaft, die Verringerung von Absentismus und die Erhöhung der Arbeitszufriedenheit und der Leistungsbereitschaft genannt (vgl. *Grawert* 1989, S. 25 ff.). Die Bereitstellung solcher Leistungen sowie weiterer Entgeltbestandteile (z.B. Prämien und Gratifikationen) entspricht einer Schaffung von Anreizelementen. Diese Stimuli sollen die Motive der Mitarbeiter bzw. der Anreizempfänger ansprechen, um damit Einfluss auf das Handeln und die Leistungsbereitschaft der Mitarbeiter zu nehmen.

Ähnliche Intentionen wie bei der allgemein üblichen Vergabe von Anreizen bestehen sicherlich auch bei der Gewährung von Leistungen gemäß dem Cafeteria-Verfahren. Ein wesentliches Merkmal des Cafeteria-Ansatzes liegt jedoch darin, dass es sich hierbei um eine **Abkehr von einer kollektiven Anreizausschüttung** handelt. Es wird berücksichtigt, dass verschiedene Anreizvariablen bei den Anreizempfängern unterschiedlich wirken und somit auch verschiedenartige Reaktionen bei den Empfängern auslösen können, Die Ursachen hierfür sind die unterschiedlichen Anspruchsniveaus und Motivstrukturen des Individuums, so dass der jeweils wahrgenommene Anreizwert immer von der subjektiven Bewertung (z.B. Art, Dringlichkeit und Eignungsgrad zur Befriedigung des Einzelbedürfnisses) des Anreizempfängers abhängt (vgl. *Ackermann* 1974, S. 157 f.). Aufgabe des Anreizsystems ist es nun, auf diese subjektiven, d.h. individuell unter schiedlichen Anspruchsniveaus Rücksicht zu nehmen. Entscheidend ist dabei immer, wie das **Individuum** die dargebotenen Anreize wahrnimmt (vgl. *Wagner/Grawert* 1989, S. 106 f.). Das Cafeteria-Verfahren kann nun dazu beitragen, dass die entsendeten Anreize und somit auch die beabsichtigten Wirkungen des Anreizes den Empfänger auch tatsächlich erreichen und wahrgenommen werden.

Durch diese **Individualisierung** von Leistungen gelangt man zu einem effizienteren **Matching** von Angebot und Nachfrage, denn nicht das Angebot schafft sich entsprechende Nachfrage, sondern die nachfragenden Mitarbeiter sind ausschlaggebend für die Gestaltung des Angebotes. Ökonomisch betrachtet, handelt es sich hier um eine **optimale Ressourcenallokation,** da keine Leistungen mehr ausgeschüttet werden, die nicht auch von den Nachfragern als werthaltig erachtet werden. Daher kommt dem Cafeteria-Verfahren auch der Charakter eines Instruments für die Sortimentspolitik von Entgeltbestandteilen zu. Entsprechendes gilt im Hinblick auf das Controlling dieser Leistungen anhand der jährlich wiederkehrenden Wahlmöglichkeiten.

Im Rahmen der Individualisierung von Leistungen gemäß dem Cafeteria-Prinzip kommen weitere Aspekte in Betracht, die wesentlich sind zur Kennzeichnung des Anreizpotenzials. Es handelt sich hierbei allgemein um die Transparenz der betrieblichen Entgeltkomponenten sowie um die Partizipation des betreffenden Mitarbeiters an der Entgeltfindung.

Wichtigste Voraussetzung zur Erzielung von Anreizwirkungen ist es, dass die Anreize zunächst einmal vom Empfänger wahrgenommen und in ihrer Bedeutung hinreichend verstanden werden. Bei den betrieblichen Sozialleistungen kann jedoch nur von einer unzureichenden Kenntnis der Mitarbeiter sowohl hinsichtlich deren Größenordnung als auch hinsichtlich deren Bedeutung gesprochen werden (vgl. *Hemmer* 1983, S. 16 f.).

Der Vergabemodus des Cafeteria-Systems verlangt dem einzelnen Mitarbeiter jedoch eine **Entscheidung über seine persönliche Entgeltstruktur** ab, welche wiederum verschiedene Informationen über die unterschiedlichen Leistungen (z.B. die betriebliche Altersversorgung, steuerliche Aspekte) voraussetzt. Dies kann zu einer besseren Wahrnehmung derjenigen Leistungen beitragen, die häufig eher unbekannt sind und somit auch die Transparenz über die Zusammensetzung des Angebotes erhöhen.

Außerdem ist die Tatsache zu berücksichtigen, dass der Mitarbeiter im Unterschied zu herkömmlichen Verfahren im Cafeteria-Ansatz die **Entscheidungsfreiheit** über ihn unmittelbar selbst betreffende Daten übertragen bekommt. Dieser Partizipationsaspekt trägt zur Eigenverantwortlichkeit des Arbeitnehmers bei und kann möglicherweise stärker befriedigen als nur eine passive Rolle innerhalb des Entscheidungsprozesses (vgl. *Bleicher* 1985, S. 23 und *Thierry* 1986, S. 99). Sollte die Möglichkeit bestehen, auch zwischen Geld-/Zeitangeboten wählen zu können, entfällt für das Unternehmen die Entscheidung, ob materielle oder immaterielle Anreizelemente angeboten werden sollen. Durch die **Umwandlungsmöglichkeit von Entgeltbestandteilen in Zeitäquivalente** kann der einzelne Mitarbeiter für sich persönlich ein höheres Maß an Zeitsouveränität realisieren. Hierdurch kann dazu beigetragen werden, entsprechenden Veränderungen in der Arbeitswelt Rechnung zu tragen.

Häufig wird in diesem Zusammenhang auch vom **Wertewandel** hinsichtlich der Einstellung zur Arbeit gesprochen, wobei insbesondere auch die Aspekte von Arbeitsethik und Arbeitsmotivation betroffen sind (vgl. *Noelle-Neumann/Strümpel* 1985). In den westlichen Industriegesellschaften deuten mehrere Anzeichen darauf hin, dass bei zunehmender Sättigung materieller Bedürfnisse ein Wertewandel zugunsten der arbeitsfreien Zeit festzustellen ist und Entfaltungs- und Bestätigungsmöglichkeiten nicht nur vorwiegend im Beruf gesucht werden. Für bestimmte Altersgruppen von Arbeitnehmern – insbesondere diejenigen, die in der Wohlstandsgesellschaft aufgewachsen sind – haben die so genannten **„post-materialistischen Werte"** wie Selbstbestimmung, Gesundheit und Freizeit zunehmend an Bedeutung gewonnen (vgl. *Wagner* 1989, S. 26 ff.). Durch eine weitgehende Befriedigung materieller Bedürfnisse sind daher andere Wünsche in Form von nicht-ökonomischen oder kulturellen Bedürfnisse entstanden. Die o.g. Geld-/Zeitangebote würden es dem einzelnen Mitarbeiter ermöglichen, eine Substitution von materiellen zugunsten immaterieller Sozialleistungen vorzunehmen, die es ihm gemäß seinen individuellen Präferenzen erlaubt, ein gewünschtes Gleichgewicht zwischen beruflicher Entfaltung und anderen Aktivitäten außerhalb des Berufes herzustellen.

Trotz des sich abzeichnenden Wertewandels und einer zunehmenden Bedeutung nichtökonomischer Werte kann jedoch nicht von einer Reduktion materieller Werte in ihrer Bedeutung als Anreizelemente gesprochen werden. Entgeltniveau, Entgeltform sowie materielle Sozialleistungen dürften demnach bis heute einen wichtigen motivationalen Anreiz darstellen. Allerdings nimmt die Attraktivität dann ab, wenn ein Arbeitnehmer nicht mehr genug Zeit hat – oder nicht mehr genug Zeit zu haben glaubt –, um diese materiellen Entgeltkomponenten sinnvoll verwenden zu können und wenn er dieses Entgelt in seiner Struktur nicht für sich als sinnvoll erachtet. Die gegenseitige Abhängigkeit der Werte von Arbeitszeit und Freizeit sowie individuellunterschiedliche Bewertungen der Lebensbereiche fordern für das Motivationssystem mehr Zeitsouveränität, insbesondere auch nach Kombinationsmöglichkeiten von anderen Entgeltbestandteilen mit dem Faktor Zeit.

Für das Anreizsystem des Unternehmens können diese Potenziale an Flexibilität in vielerlei Hinsicht wirken. Möglicherweise kann durch die individuellen Gestaltungsmöglichkeiten neues Kreativitätspotenzial an qualifizierten Arbeitskräften erschlossen werden. Beispielsweise sei hier die Beitrittsmotivation zu einem bestimmten Unternehmen oder ein positiver Einfluss auf die Fluktuationsrate des Unternehmens genannt.

4. Gestaltungsmöglichkeiten des Cafeteria-Ansatzes

Eine allgemeine Handlungsempfehlung für die Entwicklung von Individualisierungskonzepten stellt m. E. einen Widerspruch in sich dar. Die Flexibilität des Ansatzes ist enorm und bezieht sich auf viele Aspekte, die sowohl bei der Einführung des Cafeteria-Systems als auch während der Durchführung eines individuellen Entgeltkonzeptes genutzt werden sollten.

In diesem Zusammenhang ist sowohl aus allgemeiner als auch aus einzelbetrieblicher Sicht zu prüfen,

- welche **Mittel** unter Beachtung der Kostenneutralität für ein Cafeteria-Budget zur Verfügung gestellt werden können und

- welche Entgeltbestandteile (z.B. Sozialleistungen) für den Arbeitnehmer so attraktiv sind, dass sich sein bisheriger Einkommensstatus bzw. der bisher empfundene **Nutzen erhöht** (vgl. *Wagner* 1982, S. 234–238).

4.1 Das Cafeteria-Budget

Grundsätzlich müssten die Mittel für ein Cafeteria-Modell entweder aus den jährlichen Entgeltsteigerungen und/oder durch eine Neustrukturierung der bisher angebotenen Entgelte inklusive der Zusatzleistungen beschafft werden.

Die Mittel aus den Entgelterhöhungen sind allerdings individuell verschieden und hängen insbesondere vom Entgeltniveau und vom Prozentsatz der Entgelterhöhung ab.

Dieser Zusammenhang lässt bei einer Betrachtung von absoluten Zahlen erkennen, dass durch die Entgelterhöhungen in den unteren Tarifgruppen ein nur geringer Spielraum für die Verteilung der Mittel entsteht, da diese vorwiegend für konsumtive Zwecke verwendet werden müssen und daher der Barauszahlung weiterhin der Vorzug gegeben werden dürfte.

Bei den oberen Einkommensgruppen, beispielsweise ab Beitragsbemessungsgrenze Rentenversicherung, insbesondere jedoch bei den mittleren und oberen Führungskräften werden Leistungen interessant, durch deren Inanspruchnahme die Steuerbelastung vermindert und insofern die Reallohnposition gehalten bzw. verbessert werden kann. Geht man z.B. von einem Jahresgehalt von Euro 35.000,– aus, dann steht bei einer Entgelterhöhung von 3,5 % mit ca. Euro 1.250,– ein Betrag zur Verfügung, der durchaus Wahlmöglichkeiten erlaubt. Dieser Spielraum erhöht sich entsprechend mit steigenden Grundbezügen und dann, wenn auch zwischen den bereits vorhandenen Sozialleistungskomponenten Wahlmöglichkeiten bestehen.

Ein beträchtlicher Teil dieser Leistungen ist jedoch durch Gesetze und Vereinbarungen festgelegt, so dass oftmals nur ein Anteil von ca. 5 bis 10 % an so genannten freiwilligen Aufwendungen besteht. Dieser stellt ein weiteres Potenzial für eine Neuverteilung und Individualisierung von Sozialleistungen dar. In vielen Unternehmen handelt es sich bei freiwilligen Sozialleistungen um Prämien. Da eine individuelle Zurechnung bei dieser Aufwandsgruppe im Ansatz bereits vorliegt, sollte an diesem Prinzip auch festgehalten werden.

Insgesamt zeigt die Analyse der für ein Cafeteria-Programm möglicherweise zur Verfügung stehenden Mittel, dass der Spielraum für eine individuelle Aufteilung und Zuordnung von Entgeltkomponenten bei den oberen Führungskräften bzw. den leitenden Angestellten am höchsten ist. Andererseits ist ein hoher Anteil an tarifvertraglich abgesicherten oder durch Betriebsvereinbarung geregelten Zusatzleistungen bei den anderen Mitarbeitergruppen – also bei der großen Mehrheit der Arbeitnehmer – kein grundsätzlicher Hindernisgrund für die Einführung von Cafeteria-Programmen auch für diese Mitarbeiter. Zwar ist der Verhandlungs- und Abstimmungsaufwand mit den zuständigen Gewerkschaften und Betriebsräten nicht zu unterschätzen, eine aufgeschlossene Haltung sollte jedoch immer dann zu erwarten sein, wenn für die betroffenen Mitarbeiter entsprechende Vorteile zu erwarten sind.

4.2 Das Angebot an Cafeteria-Optionen

Eine Vielzahl von Determinanten ist ausschlaggebend für die Zusammensetzung des Leistungsangebotes aus den verschiedenen Cafeteria-Optionen. Neben den länderspezifischen Einflussgrößen, wie beispielsweise **rechtlichen und steuerlichen Aspekten**, sind im Einzelfall weitere **unternehmensspezifische Faktoren** zu berücksichtigen. Hierunter fallen regionale Gegebenheiten, die Branche und die Mitarbeiterstruktur des betreffenden Unternehmens. So kann möglicherweise die Aufnahme verschiedener Versicherungsleistungen in das Cafeteria-Angebot im Banken- oder Versicherungssektor sinnvoll erscheinen, hingegen eine solche Option in Unternehmen anderer Wirtschaftszweige auf keinen großen Zuspruch stoßen, da andere Interessen und Präferenzen vorherrschen.

Die Cafeteria-Optionen beziehen sich bei den bisher bekannten amerikanischen Unternehmungen in erster Linie auf die Auswahl zwischen verschiedenen Arten von Versicherungsleistungen für die

- Lebensversicherung
- Krankenversicherung
- Invalidenversicherung
- betriebliche Altersversicherung und natürlich auf
- Barauszahlungen (vgl. *Thierry* 1980, S. 2).

Hierbei ist zu berücksichtigen, dass das Niveau der gesetzlichen Sozialleistungen in den USA niedriger ist und deshalb individuelle, gruppen- oder: unternehmensbezogene Versicherungspläne dort weit verbreitet sind (vgl. *Wagner* 1981, S. 288–292).

Bei der Diskussion von Cafeteria-Modellen in Europa werden in stärkerem Maße Sachleistungen berücksichtigt. Darüber hinaus können hier Aspekte der Arbeitszeitverkürzung und der möglichen Verrechnung bzw. Abgeltung von Entgeltbestandteilen in Zeit-Äquivalenten eine größere Rolle spielen. Insofern wird bereits hier deutlich, dass US-amerikanische Rahmenbedingungen nicht ohne weiteres auf bundesrepublikanische Verhältnisse übertragen werden können.

Einen möglichen Katalog von Cafeteria-Optionen bei europäischen bzw. bundesrepublikanischen Unternehmungen zeigt *Abbildung 1*.

- Barzahlung (monatlich/jährlich)
- Abgeltung in Freizeit
  - frühere Pensionierung
  - längerer Urlaub/Langzeiturlaub (sabbatical)
  - kürzere Jahresarbeitszeit
- Versicherungsleistungen
  - Krankheit/Invalidität
  - Lebensversicherung
- Höhere Ruhegeldzahlungen
- Sachleistungen
  - Werkswohnungen
  - Häuser
  - Sportmöglichkeiten
  - Dienstwagen-(Leasing)
- Gewinnbeteiligung
- Vermögensbeteiligung
- Arbeitgeberdarlehen

Abb. 1: Cafeteria-Optionen

4.3 Verschiedene Vergabeformen der Leistungen

Die vom Unternehmen zur Verfügung gestellten Wahlalternativen können den berechtigten Mitarbeitern in unterschiedlicher Form angeboten werden. Zur Wahrung betriebsnotwendiger Erfordernisse einerseits (z.B. bei Zeitangeboten) und möglichen Interdependenzen zwischen einzelnen Leistungen andererseits empfiehlt es sich, die Cafeteria-Optionen als einen **wohlstrukturiertes** Mix anzubieten (vgl. *Langemeyer* 1999).

Die Mitarbeiter können dann im Rahmen ihrer Anspruchsberechtigung, welche evtl. durch die jeweilige Einkommenshöhe des Einzelnen bestimmt sein kann, selbst bestimmen, welches Leistungsbündel ihnen am ehesten zusagt.

Für die Gestaltung solcher Leistungspakete bieten sich folgende drei Möglichkeiten an, wobei zwischen so genannten Kernplänen, Buffetplänen und alternativen Menüplänen unterschieden wird (vgl. *Cole* 1983, S. 51 f.).

(1) Der **Kernplan**: Dieses Konzept geht von einem Mindestbedarf an Sozialleistungen aus, der für alle Mitarbeiter identisch ist. Das Angebot an Sozialleistungen wird in einen festen Bestandteil **(Kernblock)** und in einen flexiblen Teil **(Wahlblock)** untergliedert. Der Kernblock unterliegt nicht der Wahl und soll ein gewisses Maß an **Mindestversorgung** der Mitarbeiter sicherstellen. Außerhalb des Kerns sind im Wahlblock nun die Leistungen angeordnet, die je nach individuellen Wünschen vom einzelnen Mitarbeiter gewählt werden können. Auf die Verhältnisse in der Bundesrepublik Deutschland übertragen, könnte der Kernblock die gesetzlichen und tariflichen Sozialleistungen sowie vom Unternehmen als besonders wichtig eingestufte Leistungen umfassen. Der Wahlblock bietet dann Entscheidungsfreiheit zwischen z.B. Versicherungen, Arbeitgeberdarlehen oder zusätzlichen Urlaubstagen. Letztendlich kann diese Form als Kompromisslösung zwischen freier Wahl und Unternehmensverantwortung gesehen werden.

(2) **Buffetpläne**: Nimmt der Mitarbeiter sein Wahlrecht bei den Auswahl- oder Buffetplänen nicht wahr, erhält er das gleiche Leistungsangebot wie vor Einführung des Modells. Ansonsten kann er innerhalb seines Budgets frei wählen und die von ihm bevorzugten Leistungen nachfragen und auf andere Leistungen verzichten. Die Bestandteile des Sozialleistungssystems werden primär durch die Präferenzen der Mitarbeiter bestimmt. Die Wahlfreiheit bei Buffet-Plänen ist größer als beim Kernplan, da kein Mindestniveau an Versorgung festgelegt ist.

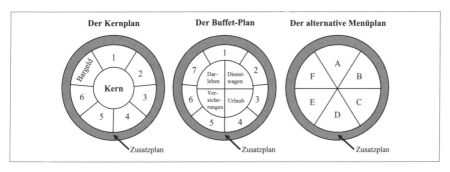

Abb. 2: Verschiedene Designs des Cafeteria-Plans (Quelle: Cole 1983, S. 51 f.)

(3) **Alternative Menüpläne**: Gegenüber einer Strukturierung des Angebotes nach Leistungsart wird bei den alternativen Menüplänen eine Zusammenstellung der **Leistungspakete nach der Bedürfnisstruktur unterschiedlicher Arbeitnehmergruppen** vorgenommen. Diese Pakete sind in sich geschlossen und der wahlberechtigte Mitarbeiter kann sich immer nur für eines der Pakete entscheiden. Der Vorteil eines solchen mehr oder weniger standardisierten Kompaktprogramms liegt im geringeren Verwaltungsaufwand, jedoch wird der originären Forderung nach Individualisierung nur zum Teil Rechnung getragen.

Sollten vom Unternehmen zusätzliche Mittel zur Verfugung gestellt werden, können diese Leistungen als so genannte Zusatzpläne jeweils im Rahmen der einzelnen Vergabevarianten angeboten werden (vgl. *Abb. 2*). Sollte ein solches Vorgehen von einem Unternehmen als wünschenswert erachtet werden und auch finanziert werden können, dann muss jedoch auch die Forderung nach Kostenneutralität verworfen werden.

4.4 Zur Attraktivität der Cafeteria-Optionen

Sicherlich wird die Barauszahlung von Entgeltkomponenten auch zukünftig eine dominierende Rolle spielen. Eine unterschiedliche Einschätzung ist jedoch dann zu erwarten, wenn man z.B. nach der Gehaltshöhe und der Position, nach Alter und Familienstand unterscheidet: ein Ansatzpunkt für entsprechende empirische Untersuchungen, die noch weitgehend fehlen (als Ausnahme vgl. *Thierry* 1980). Dafür kommen folgende Möglichkeiten in Betracht:

(1) Umrechnung von Entgeltbestandteilen in Zeit-Äquivalente

Um das mögliche Ausmaß zu ermitteln, das mit der Umwandlung von Entgeltbestandteilen in Zeit-Äquivalente verbunden sein kann, soll folgende Plausibilitätsrechnung vorgenommen werden (vgl. *Wagner* 1982, S. 235).

Bezogen auf das mögliche Ausmaß von Entgelterhöhungen, entspricht eine Steigerung von 3,5 % bei 173 Arbeitsstunden pro Monat, in Abhängigkeit vom jeweiligen Entgeltniveau, ca. acht bis neun Arbeitstagen pro Jahr. Eine Umwandlung von zwei Monatsgehältern Jahressonderzahlung bzw. entsprechender Beträge für Tantiemen oder andere Prämien entspräche etwa 40 Arbeitstagen.

Weitere Arbeitszeit könnte genommen werden, wenn bei einem Urlaubsanspruch von 30 Tagen pro Jahr derjenige Teil, der über den gesetzlichen Mindesturlaub von 18 Tagen hinausgeht, das sind 12 Tage, über mehrere Jahre kumuliert werden könnte.

Insgesamt könnten somit im Jahr beim Verzicht auf Entgeltsteigerung und Jahressonderzahlung bzw. entsprechende Prämien sowie Inanspruchnahme des Mindesturlaubs ca. 60 Arbeitstage eingespart werden. Geht man von 260 Arbeitstagen pro Jahr aus, entspräche dies einer Rate von fast 25 %. Anders ausgedrückt, würde nach vier Jahren ein Anspruch auf vorzeitige Pensionierung um ein Jahr entstehen oder könnte ein Langzeiturlaub von einem Jahr genommen werden.

Sicherlich können Arbeitszeitverkürzungen gegen Entgeltverzicht in vielfältiger Form zur Anwendung kommen (einmaliger Sonderurlaub von mehr als 30 Tagen, teilweiser Entgeltverzicht, Teilzeitarbeit). Schließlich gibt es diverse Möglichkeiten

der Arbeitszeitflexibilisierung, die auch durch die aktuellen tarifpolitischen Auseinandersetzungen bekannt geworden sind (vgl. *Glaubrecht* et al. 1988).

(2) Inanspruchnahme von Versicherungsleistungen

Direktversicherungen kommen insbesondere für Führungskräfte und für außertarifliche Mitarbeiter in Betracht.

Denkbar ist auch, dass der Arbeitnehmer auf Entgeltbestandteile verzichtet und diese Beträge für eine zusätzliche betriebliche Altersversorgung verwendet oder um
einen bestimmten Zeitraum früher in Pension zu gehen (vgl. hierzu den Beitrag von
A. Grawert in diesem Sammelband).

(3) Inanspruchnahme von Sachleistungen

Den Mitarbeitern Werkswohnungen oder Häuser anzubieten, kann in Gebieten mit
knappem Wohnungsangebot und auch wegen der oft günstigen Besteuerung des
geldwerten Vorteils durchaus sinnvoll sein.

Darüber hinaus besteht die Möglichkeit, Darlehen zu einem ermäßigten Zinssatz zu
vergeben. Bei einer Verzinsung von 4 % entsprechen z.B. Euro 1.000,– Gehaltserhöhung einem Darlehen von Euro 25.000,– das z.B. zweckmäßigerweise zur Bildung von Wohnungseigentum verwendet werden kann. Dabei ist zu berücksichtigen, dass Zinsvorteile einen geldwerten Vorteil darstellen und der Lohnsteuer
unterliegen, sofern der Kreditbetrag die Grenze von Euro 2.500,– überschreitet und
der Effektivzins des Kredites 4 % unterschreitet. Angenommen, bei einem Euro
50.000,– Kredit würde eine 2,5 %ige Effektivverzinsung vereinbart, würden davon
1,5 % – mithin Euro 750,– p.a. – als geldwerter Vorteil der Lohnsteuer unterliegen.
Trotz dieser Regelung stellen die Arbeitgeberdarlehen dann eine attraktive Sozialleistung dar, wenn die Kreditzinsen am offenen Markt die 4 %-Hürde übersteigen
und auch im Falle einer Besteuerung geldwerter Vorteile bei Konditionen von < 4 %
die Finanzierungsquelle Arbeitgeberdarlehen vorteilhafter abschneidet.

Als weitere Form der Inanspruchnahme von Sachleistungen kommt die Vergabe von
Dienstwagen, beziehungsweise Fahrzeugleasing gegen Entgeltverzicht, in Betracht.
Der Beitrag von *Thomas Doyé* in diesem Band geht auf jenen Sachverhalt näher ein.

Dabei zeigen Berechnungen, dass Leasing gegen Entgeltverzicht nicht nur für die
Führungskräfte wirtschaftlich günstig sein kann. Im Wesentlichen hängt der individuelle Nutzen davon ab, welcher Fahrzeugtyp gewählt wird und wie groß die Entfernung zwischen Wohnung und Arbeitsplatz ist (vgl. *Wagner* 1982, S. 237).

(4) Beteiligung am Produktivvermögen

Betriebliche **Beteiligungsmodelle** können sowohl aus der Sicht des Unternehmens
als auch aus Mitarbeitersicht eine Reihe von Vorteilen haben, wobei zahlreiche An-
wendungsmöglichkeiten der Mitarbeiterbeteiligung am Produktivvermögen oder
auch am Unternehmensgewinn vorhanden sind. Eine stärkere Belebung entsprechender Überlegungen, insbesondere im politischen Bereich, wäre sicherlich zu
wünschen. Dies nicht zuletzt auch deshalb, weil es nicht nur für Großunternehmen,
sondern auch für Klein- und Mittelbetriebe diverse sinnvolle Beteiligungsmodelle
gibt. Auf diesen Sachverhalt geht der Beitrag von *Eduard Gaugler* in diesem Band
näher ein.

Unter Cafeteria-Aspekten ist insbesondere die Möglichkeit hervorzuheben, dass Gewinnanteile individuell unterschiedlich entweder bar ausgezahlt oder in einem betrieblichen Fonds einbehalten werden, wobei sie z.B. zur erhöhten Altersversorgung oder für einen vorzeitigen Ruhestand verwendet werden könnten.

(5) Zeitliche Verlagerung von Entgeltzahlungen

Hierbei handelt es sich nicht um einen Austausch von Geld mit anderen Leistungen, sondern um ein **Geld/Geld-Angebot**, wobei das Bündel an Entgeltzahlungen während des Erwerbslebens entzerrt wird und Teile des Entgelts zunächst im Unternehmen verbleiben und erst zu einem späteren Zeitpunkt, z.B. nach Eintritt in den Ruhestand, ausgezahlt werden. Bei einer derartigen Verlagerung von Zahlungen auf zukünftige Zeitpunkte wird in diesem Zusammenhang von einer **deferred compensation** gesprochen. Der Vorteil einer solchen Maßnahme liegt im Wesentlichen darin, dass die Besteuerung der Entgeltteile bis zum tatsächlichen Zahlungszufluss beim Mitarbeiter hinausgezögert wird und dass zudem nach Ausscheiden des Mitarbeiters aus dem Berufsleben für diesen eine niedrigere Besteuerung zu erwarten ist.

Außerdem ist bei einer derartigen Betrachtung zu berücksichtigen, dass bei einer Nichtauszahlung des Entgeltes zur Zeit des Leistungsanspruchs und somit eines Verbleibs der Mittel im Unternehmen dieser Gesamtbetrag brutto zur Verfügung steht und daher auch Zinserträge auf einen Betrag vor Steuern erzielt werden können.

5. Fazit und Entwicklungstendenzen

Die vielfältigen Gestaltungsmöglichkeiten zeigen, dass Cafeteria-Systeme ein beträchtliches Anreizpotenzial enthalten. Die Hauptgrunde hierfür sind im wesentlichen durch ihre Flexibilität und die dargelegten Aspekte der Individualisierung gegeben. Insbesondere die Individualisierung von Entgeltbestandteilen und damit die Berücksichtigung unterschiedlicher Mitarbeiterinteressen können dazu beitragen, diese Anreizpotenziale zu aktivieren. Die Abkehr von konventionellen Methoden der Entgeltpolitik und das Bemühen um eine individuelle Ausrichtung der Entgeltausschüttung macht dieses Verfahren zu einem zukunftsträchtigen und innovativen Ansatz.

Allerdings bleibt festzustellen, dass Cafeteria-Modelle nach US-amerikanischem Muster nicht ohne weiteres auf Unternehmen in der Bundesrepublik Deutschland übertragen werden können. Hierzu bestehen zu viele gesetzliche und tarifvertragliche Restriktionen. Darüber hinaus ist die Skepsis von Gewerkschaften und Betriebsräten nach wie vor groß. Deshalb scheint für eine praktische Umsetzung des Ansatzes eine pragmatische Vorgehensweise erforderlich zu sein. Zum einen sollte mit der Einführung der Cafeteria-Systeme in der Gruppe der oberen Führungskräfte begonnen werden, da hier die Gestaltungsspielräume am größten sind. Bei einer überschaubaren Personenzahl ist daher zunächst ein erstes Testen dieses Instrumentes zur Individualisierung sinnvoller als bei großen Teilnehmerkreisen. Außerdem können eventuell auftretende Probleme und Schwierigkeiten bei einem nicht so großen überschaubaren Adressatenkreis einfacher behoben werden.

Aus diesem Grund empfiehlt es sich auch, zunächst nicht zu viele Cafeteria-Optionen anzubieten. Statt dessen sollte anfangs – ausgehend von einer Bedarfsanalyse bei den Mitarbeitern – mit einer nur kleinen Zahl attraktiver Alternative begonnen werden. Um der Gefahr vorzubeugen, dass der einzelne Mitarbeiter eine für ihn nachteilige Entscheidung trifft und auch zur Akzeptanzsicherung des Systems sollte erwogen werden, das Individualisierungskonzept in Kombination mit einer individuellen Finanzplanung zu realisieren.

Vor dem Hintergrund der angesprochenen potenziellen Vorteile und auch bedingt durch die aktuelle Diskussion über bereits existierende Konzepte mehren sich die Anzeichen, dass der Cafeteria-Ansatz mehr ist als nur eine unrealistische Utopie. Dieses lässt sich dadurch unterstreichen, dass auch ansonsten verschiedene Aspekte für eine zunehmende Individualisierung und Flexibilisierung in Organisationen sprechen (vgl. *Wagner* 1989, S. 161 ff.). Außerdem ist mit weiter zunehmender Internationalisierung der Wirtschaftsbeziehungen eine ebenfalls ansteigende Individualisierung der Entgeltstrukturen bei in das Ausland entsandten Führungskräften (expatriates) absehbar. Ähnliches ist auch bei Versetzungen von ausländischem Personal in die Bundesrepublik Deutschland zu erwarten. Insofern bietet das Cafeteria-Verfahren auch bei realistischer Einschätzung über relativ beschränkte Einsatzmöglichkeiten trotzdem vielfältige Ansatzpunkte für eine zukunftsweisende Entgeltpolitik und sollte daher sowohl aus wissenschaftlicher als auch aus praktischer Sicht entsprechende Beachtung finden.

Literaturverzeichnis

Ackermann, K.F: Anreizsysteme, in: HdBW, 4. Aufl., hrsg. von *E. Grochla* und *W. Wittmann*, Stuttgart 1974, Sp. 156–163

Bleicher, K.: Zur strategischen Ausgestaltung von Anreizsystemen für die Führungsgruppe in Unternehmungen, in: ZfO, 54. Jg., Nr. 1 (1985), S. 21–27

Chaurun, T.: Benefits Communications That Goes The Distance, in: Personnel, Vol. 68, January 1989, S. 70–77

Cole, A,: Flexible Benefits Are A Key To Better Employee Relations, in: Personnel Journal, Vol. 62, January 1983, S. 49–53

Doyé, T.: Analyse und Bewertung von betrieblichen Zusatzleistungen, Diss., München et al. 2000

Dycke, A. Y./Schulte, C.: Cafeteria-Systeme. Ziele, Gestaltungsformen, Beispiele und Aspekte der Implementierung, in: DBW, 46. Jg., Nr. 5 (1986), S. 577–589

Glaubrecht, H./Wagner, D./Zander, E.: Arbeitszeit im Wandel. Neue Formen der Arbeitszeitgestaltung, 3. Aufl., Freiburg i. Br. 1988

Grawert, A.: Die Motivation der Arbeitnehmer durch betrieblich beeinflußbare Sozialleistungen, München, Mering 1989

Hemmer, E.: Freiwillige Sozialleistungen der Betriebe, Köln 1983

Knebel, H./Zander, E.: Der zweite Lohn. Personalzusatzleistungen, Bonn 1982

Langemeyer, H.: Das Cafeteria-Verfahren, Diss., München et al. 1999

Noelle-Neumann, E./Strümpel, B.: Macht Arbeit krank? Macht Arbeit glücklich?, 2. Aufl., München, Zürich 1985

Sadowski, D.: Der Handel mit Sozialleistungen. Zur Ökonomie und Organisation der betrieblichen Sozialpolitik, in: DBW, 44. Jg., (1984), Nr. 4, S. 579–590

Schneider, H.J./Zander, E.: Erfolgs- und Kapitalbeteiligung der Mitarbeiter in Klein- und Mittelbetrieben, Freiburg i. Br. 1985

Solomon, B.: A Change to „Flexible": No Easy task, in: Personnel, Vol. 62, May (1985), S. 10–12

Thierry, H.: Participation in the Design of the Income Package, 4th EFPS/EAPM International Conference on Work, Performance and Pay, The Hague 1977

Thierry, H./Croonen, J.F.: Does the Cafeteria-Plan Pay Off? An Empirical Research Study, 5th EFPS/EAMP International Work and Pay Conference, Amsterdam, September 1980

Thierry, H.: Mitarbeiterspezifische Sozialleistungspolitik. Neue Erfahrungen mit dem Cafeteriaprinzip, in: *Knebel, H./Zander, E.* (Hrsg.): Der zweite Lohn. Personalzusatzleistungen, Bonn 1982, S. 97–105

Thierry, H.: Rewarding Participation, in: BFuP, 38. Jg., (1986), S. 2–15

Wagner, D.: Politisch-gesetzliche Rahmenbedingungen für die Personalarbeit in den USA, in: ZfO, 1981, S. 288–292

Wagner, D.: Cafeteria-Systeme in Deutschland, in: Personal, 32. Jg., (1982), S. 234–238

Wagner, D.: Organisation, Führung und Personalmanagement. Neue Perspektiven durch Flexibilisierung und Individualisierung, Freiburg i.Br. 1989

Wagner, D./Grawert, A.: Motivationstheoretische Aspekte der Individualisierung von Anreizsystemene, in: *Hans-Jürgen Drumm* (Hrsg.), Individualisierung der Personalwirtschaft, Bern, Stuttgart 1989, S. 97–108

Zippo, M.: Flexible Benefits. Just the Beginning, in: Personnel, Vol. 59, July–Aug. (1982), S. 56–58

Flexibilisierung und Individualisierung von Entgeltbestandteilen
Eine empirische Studie

Prof. Dr. Dieter Wagner/Prof. Dr. Achim Grawert/
Prof. Dr. Thomas Doyé/Prof. Dr. Heiner Langemeyer/
Dipl.-Verw.wiss. Alexander Legel

Inhalt

1. Einleitung

Professionelles Vergütungsmanagement ist ein zentrales Instrument wettbewerbsfähiger Personalpolitik. In Zeiten eines problematischen gesamtwirtschaftlichen Umfelds haben Unternehmen wenig Spielräume, über eine absolute Erhöhung der Vergütung Mitarbeiter zu werben, zu binden und zu motivieren. Dennoch ist es essenziell, sich offensiv auf dem weiterhin umkämpften Arbeitsmarkt für Fach- und Führungskräfte zu positionieren und Leistungsanreize für Mitarbeiter zu setzen. Aktuelle Studien verdeutlichen das Bestreben vieler Unternehmen, ihre Vergütungssysteme nach Leistungsgesichtspunkten zu optimieren, jedoch gleichzeitig die absolute Summe der Entgelte möglichst niedrig zu halten (vgl. *Wunderer/Dick* 2000).

Mitte des Jahres 2001 führten Prof. Dr. *Dieter Wagner*, Prof. Dr. *Achim Grawert*, Prof. Dr. *Thomas Doyé* und Prof. Dr. *Heiner Langemeyer* als ersten Teil der Studie zur Individualisierung und Flexibilisierung von Entgeltbestandteilen des *Instituts für Management und Organisation e.V. (IMO)* Potsdam eine umfangreiche quantitative Studie zu neueren Trends im Vergütungs- und Arbeitszeitmanagement durch. Ziel der Befragung war es, die aktuelle Verbreitung der unterschiedlichen Möglichkeiten der Flexibilisierung und Individualisierung von Vergütung und Arbeitszeit in Deutschland sowie sich abzeichnende zukünftige Entwicklungen zu untersuchen. Die Personalleiter der befragten Unternehmen wurden dazu gebeten, einen Fragebogen mit acht detaillierten Fragen zu den Themen Leistungsbezug des Gehaltssystems, Mitarbeiterkapitalbeteiligungen, flexible Arbeitszeitsysteme, Deferred Compensation und Cafeteria-Pläne insgesamt zu beantworten. Besonderes Augenmerk wurde auf die Frage gelegt, welche Mitarbeitergruppen (Leitende Angestellte, AT- und Tarifmitarbeiter) Zugang zu den unterschiedlichen Wahlmöglichkeiten haben.

Im Anschluss an die Auswertung der quantitativen Studie folgte eine qualitative Erhebung, welche auf den Ergebnissen der ersten Untersuchung aufbaute. Ziel war es nun, die Gestaltung der einzelnen Vergütungssysteme, ihre Entstehung, Veränderung und Bewährung zu untersuchen und Einflussfaktoren auf diese Prozesse zu analysieren. Die Ergebnisse sind insbesondere in Bezug auf den Entwicklungsprozess eines innovativen Vergütungskonzepts innerhalb des Unternehmens sowie hinsichtlich des Verhaltens der beteiligten Akteure im Unternehmen aufschlussreich.

Das Team bedankt sich bei Dipl.-Psych. *Bernd-Friedrich Voigt* für die Mitarbeit bei der Erhebung und Auswertung der Untersuchungsdaten sowie bei *Christian Grosenick* für die Unterstützung bei der Durchführung der Interviews sowie der Aufbereitung der Ergebnisse.

2. Vertiefende Problemdarstellung

Die Einführung neuer und die Anpassung bestehender Vergütungssysteme stellen immer eine große Herausforderung für ein Unternehmen dar. Während sich ein neues Vergütungssystem einerseits am Vorbild innovativer Wettbewerber orientieren sollte, gilt es andererseits, die spezifischen Ausgangsbedingungen des jeweiligen Unternehmens individuell zu berücksichtigen. Die Forschergruppe hat daher zur Untersuchung aktueller Trends im Vergütungsmanagement erstmals ein integriertes Untersuchungsdesign gewählt, das dieses Spannungsfeld sowohl quantitativ-querschnittlich als auch qualitativ-längsschnittlich erfasst.

Die Auswertung der quantitativen Befragung von 580 deutschen Unternehmen zu innovativen Entwicklungen in den Bereichen flexible Vergütung, Ergebnis- und Kapitalbeteiligung, Altersversorgung, Cafeteria-Systeme sowie Arbeitszeitmanagement haben bereits erste bemerkenswerte Ergebnisse geliefert. Insbesondere konnten die Autoren einen verstärkten Leistungsbezug der Vergütung, den Vormarsch von Kapitalbeteiligungen sowie eine weitere Flexibilisierung der Arbeitszeit als Trends identifizieren.

Um der Individualität der einzelnen Entgeltmodelle gerecht zu werden, wurden im Anschluss ausgesuchte Unternehmen mittels leitfadengestützter Interviews ausführlich zur Gestaltung der jeweiligen Vergütungssysteme, ihrer Entstehung und vor allem ihrer Bewährung befragt. Aufschlussreich waren die Ergebnisse vor allem im Hinblick auf folgende Fragestellungen:

- Von wem geht die Initiative bei der Umgestaltung des Vergütungssystems tatsächlich aus?
- Welche Ziele sollten realisiert werden?
- Welche Probleme und Widerstände traten bei der Realisierung des Konzepts auf?
- Welche Rahmenbedingungen waren für eine erfolgreiche Implementierung neuer Modelle jeweils ausschlaggebend?
- Wie wird der generelle Trend zur Leistungsorientierung konkret in den einzelnen Entgeltmodellen umgesetzt?
- Konnten sich innovative Cafeteria-Systeme in der Praxis de facto durchsetzen?
- Wie bewähren sich aktienbasierte Vergütungsbestandteile in Zeiten fallender Aktienkurse?

3. Zielgruppe und Rücklauf

Zielgruppe der quantitativen Erhebung waren die 500 größten Unternehmen in Deutschland (nach Marktkapitalisierung), darunter alle Unternehmen aus dem DAX (inkl. M-DAX), sowie 50 Gesellschaften aus dem Bereich des Neuen Marktes (damals Nemax). Die Auswertung dieses Studienteils erfolgte auf der Basis von 99 Rücksendungen. Dies entspricht einer Rücklaufquote von 18 %. Gut zwei Drittel der Antworten stammen aus Betrieben mit mehr als 1000 Mitarbeitern, knapp ein Drittel beschäftigt mehr als 50.000 Arbeitnehmer, 20 % haben weniger als 500 Beschäftigte. Bei 89 % der Unternehmen liegt eine Tarifbindung vor. Der Produktionssektor dominiert hier mit etwas über 62 %, so dass der Anteil für den Bereich Dienstleistung und Handel (inkl. Baugewerbe) sich auf etwa 37 % beläuft. Unter diesen machen Handelsbetriebe und Energieversorger wiederum etwa die Hälfte aus.

Die vorliegende Stichprobe besteht aus 45 Aktiengesellschaften, 44 GmbHs und 10 Unternehmen unterschiedlicher Rechtsform. Mehr als zwei Drittel der berücksichtigten Unternehmen wurden vor 1994 gegründet. Damit fanden sowohl gewachsene Vergütungssysteme als auch jüngere Unternehmen Beachtung.

Anschließend sollten die Ergebnisse der quantitativen Erhebung durch eine qualitative Untersuchung ergänzt werden. Zu diesem Zweck wurden Unternehmen mit besonders innovativen Entgeltsystemen ausgewählt. Insgesamt wurden elf Interviews mit Personalvorständen bzw. Personalleitern geführt. Die Auswahl dieser

Branchen

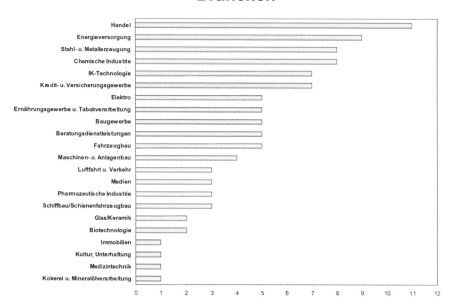

Abb. 1: Darstellung des Rücklaufs nach Branchen

Gründungszeitpunkt (Anzahl je Klasse)

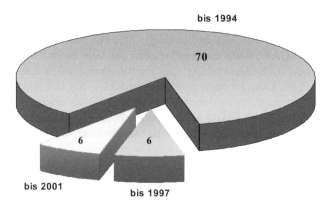

Abb. 2: Darstellung des Rücklaufs nach Gründungszeitpunkt des Unternehmens

Unternehmen orientierte sich vor allem an der Innovativität der bereits im quantitativen Teil erfragten Entgeltkomponenten sowie am Interesse der Unternehmen an neuen Trends im Vergütungs- und Arbeitszeitmanagement. Branchenzugehörigkeit oder Unternehmensgröße spielten hierbei keine Rolle.

Anzahl der Mitarbeiter in Klassen

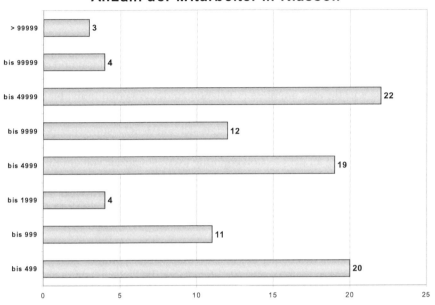

> 99999	3
bis 99999	4
bis 49999	22
bis 9999	12
bis 4999	19
bis 1999	4
bis 999	11
bis 499	20

Abb. 3: Darstellung des Rücklaufs nach Mitarbeiterzahl

Rechtsform

sonstige 10

AG 45

GmbH 44

Abb. 4: Darstellung des Rücklaufs nach Rechtsform

4. Methodik und Vorgehensweise

4.1 Quantitative Erhebung

Im Rahmen der quantitativen Erhebung wurden die Personalleiter der ausgewählten Unternehmen angeschrieben. Die Erhebung erfolgte mittels eines dreiteiligen halbstandardisierten Fragebogens.

Im allgemeinen Teil des Fragebogens erfolgte zunächst die Erfassung der Stammdaten. Dabei wurde neben der Unternehmensgröße, der Rechtsform und der Branchenzugehörigkeit unter anderem auch die Tarifgebundenheit der Unternehmen ermittelt, was wichtig war, um diese in Relation zu der erfragten Individualisierung und Flexibilisierung von Vergütung und Arbeitszeit zu bewerten.

Der zweite Teil des Fragebogens beschäftigte sich mit dem Leistungsbezug des Entgeltsystems. Das Interesse konzentrierte sich dabei auf den prozentualen Anteil der variablen Vergütung an der Gesamtvergütung in Abhängigkeit von der Zugehörigkeit des Mitarbeiters zum Tarif-, AT- und Führungskräftebereich. Darüber hinaus wurde erfragt, wie der variable Anteil sich zukünftig verändern wird. Die Frage nach vorhandenen Formen von Kapitalbeteiligungen bildete den Abschluss dieses Fragenteils.

Im dritten Teil wurden die Untersuchungen zur flexiblen Vergütung noch vertieft. Zunächst wurde nach den Bezugsobjekten der Kapitalbeteiligungen gefragt. Im Anschluss folgten Fragen zum Arbeitszeitsystem. Über die Einbeziehung von Lebensarbeitszeitmodellen wurde der Brückenschlag zu den Vergütungssystemen erreicht. Gleichzeitig lag ein Fokus auf den Möglichkeiten der arbeitnehmerfinanzierten Altersversorgung. Cafeteria-Plänen als Chance zur Flexibilisierung der Vergütung hatte die Forschergruppe um Prof. Wagner bereits in der Vergangenheit große Aufmerksamkeit geschenkt (vgl. *Wagner* u.a. 1992; *Wagner* u.a. 1993). An dieser Stelle wurde das Thema wieder aufgegriffen, um zu überprüfen, inwiefern sich die Erkenntnisse früherer Untersuchungen langfristig bestätigen und welche neuen Trends zu beobachten sind.

Den Abschluss der Befragung bildete eine offen gestaltete Frage zu den Zielen, welche die Unternehmen mit der flexiblen Vergütung verbinden.

4.2 Qualitative Erhebung

Um Antwort auf weiterhin offen gebliebene Fragen zur Entstehung und Veränderung von Vergütungssystemen und zur Rolle der einzelnen Akteure im Unternehmen bei diesen Prozessen zu finden, überprüfte und vertiefte die Forschergruppe die Ergebnisse der quantitativen Studie durch eine qualitative Erhebung.

Bei dieser Erhebung wurden Personalverantwortliche bereits befragter Unternehmen mittels eines leitfadengestützten Interviews ausführlich zu Fragen des Leistungsbezugs der Vergütung, zu Gewinn- und Kapitalbeteiligungen, Arbeitszeitsystemen, flexibler arbeitnehmerfinanzierter Altersversorgung und Cafeteria-Systemen persönlich befragt.

Neben der inhaltlichen Ausgestaltung der einzelnen Modelle wurden Schwerpunkte bei Fragen nach

- der Initiative bei der Entstehung des Modells,
- zukünftigen Entwicklungen,
- der Akzeptanz bei den betroffenen Mitarbeitergruppen
- den wahrgenommenen Vor- und Nachteilen sowie
- der Haltung der Betriebsräte und Gewerkschaften

gesetzt. Die Gestaltung der Interviews erfolgte trotz der Unterstützung durch einen Interviewleitfaden, der den Interviewten im Vorfeld zur Verfügung gestellt wurde, in einer offenen Form. Auf diese Weise konnten beispielsweise Entwicklungsprozesse und Hindernisse bei der Implementierung von Vergütungssystemen näher untersucht werden. Auf diese Weise wurde in der vorliegenden Studie versucht, die Vorteile qualitativer Befragungen als Ergänzung zur quantitativen Untersuchung voll zu nutzen.

5. Ergebnisse aus dem quantitativen Teil der Studie

5.1 Leistungsorientierte Vergütung weiter auf dem Vormarsch

Der erste Fragenkomplex betraf die Verknüpfung von Leistung und Entgelt, also die variablen Gehaltsbestandteile. Die Erkenntnis, dass sich Leistung lohnen muss, hat sich in den meisten der befragten Unternehmen durchgesetzt. Etwa 97 % der Unternehmen bezahlen alle ihre Mitarbeiter oder bestimmte Mitarbeitergruppen teilweise nach Leistung. Erwartungsgemäß ist der Anteil der Mitarbeiter mit variabler Entlohnung bei der Gruppe am größten, der der stärkste Einfluss auf den Unternehmenserfolg zugeschrieben wird. So zahlen alle Unternehmen mit variabler Entlohnung ihren Führungskräften einen Anteil an ihrer Entlohnung leistungsorientiert aus. Auch bei den Gewerkschaften und Betriebsräten haben variable Vergütungsbestandteile vielfach den Schrecken verloren, den entsprechende Ansätze in den 80er Jahren noch auslösten. So erhalten mehr als 74 % der Mitarbeiter im Tarifbereich bereits eine Vergütung, die an Erfolgsgrößen gekoppelt ist. 9 % der Unternehmen wollen diese Verknüpfung in Kürze einführen.

Wichtig ist die Unterscheidung zwischen Leistungs- und Erfolgsorientierung bei der Vergütung. So kann ein Unternehmen (oder ein Unternehmensbereich/Profit-Center) am Markt erfolglos sein, die persönliche Leistung oder das Teamergebnis zum Beispiel im Sinne einer erfolgreichen Projektarbeit oder eines überdurchschnittlichen persönlichen Arbeitseinsatzes können dabei jedoch durchaus überdurchschnittlich sein. Nur im Idealfall laufen beide Entwicklungen parallel. In der vorliegenden Untersuchung wurde bei vielen Unternehmen das Anliegen deutlich, beide Aspekte in die variable Entlohnung einfließen zu lassen. Bei den Führungskräften wird der variable Vergütungsanteil häufig in Abhängigkeit verschiedenen Erfolgsbasen ermittelt. Etwa 80 % der Führungskräfte erhalten variable Entgeltbestandteile auf der Grundlage ihrer persönlichen Leistung, 43 % in Abhängigkeit vom Erfolg ihres Profit-Centers oder ihrer Abteilung und wiederum 80 % in Abhängigkeit vom Unternehmenserfolg. Hier bestimmen also oft gleichzeitig mehrere Maßgrößen über die Höhe der variablen Bezüge. Eine Gruppenleistung als Basis der variablen Vergütung ist innerhalb unserer Stichprobe eher selten anzutreffen. Dies mag an Problemen bei der Leistungsmessung bei Gruppenarbeiten liegen (vgl. grundlegend *Olson* 1965; weiterhin *Bullinger/Menrad* 2001; *Eyer/Weber* 2000).

Die Bedeutung, die der Leistung der Führungskräfte für den Gesamtunternehmenserfolg zugeschrieben wird, spiegelt sich auch in der anteiligen Höhe der variablen Entgeltbestandteile an den Gesamtbezügen wieder. Insgesamt machen die variablen Leistungen bei rund 52 % der Führungskräfte mit variabler Entlohnung mehr als 30 % der Gesamtvergütung aus, nur 11 % erhalten weniger als 15 % ihres Gehaltes leistungs- bzw. erfolgsabhängig.

Demgegenüber ist der Anteil der nicht leitenden AT-Mitarbeiter mit variablen Bezügen mit etwa 92 % nur unwesentlich geringer. In 73 % der Unternehmen wird das Gehalt der AT-Mitarbeiter an die persönliche Leistung gekoppelt, etwas weniger (65 %) erhalten Teile ihrer Vergütung in Abhängigkeit vom Unternehmenserfolg. Ein wesentlicher Unterschied zu den Führungskräften besteht jedoch bezüglich der Höhe der variablen Anteile. Nur 10 % der außertariflich Beschäftigten erhalten variable Bezüge, die mehr als 30 % der Gesamtbezüge ausmachen. Bei 39 % der Unternehmen erhalten sie weniger als 15 % leistungsabhängig, bei 43 % sind es zwischen 15 % und 30 %.

Bei denjenigen Tarifmitarbeitern, bei denen ein Teil ihrer Bezüge durch erfolgsbezogene Komponenten bestimmt wird, bewegt sich der erfolgsabhängige Anteil bei der weit überwiegenden Zahl (87 %) der Mitarbeiter unter 15 % der Gesamtbezüge, nur knapp fünf Prozent erhalten mehr als 30 % ihrer Vergütung erfolgsabhängig. Dies ist in erster Linie durch die dominierende strenge tarifliche Bindung der festen Gehäl-

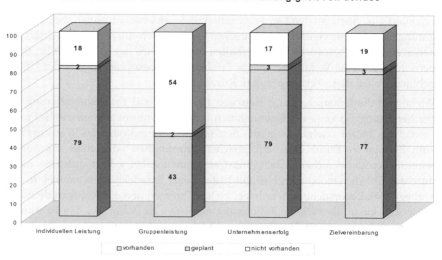

Abb. 5: Leistungsbezug des Gehaltssystems

Anteil an variablen Gehaltsbestandteilen

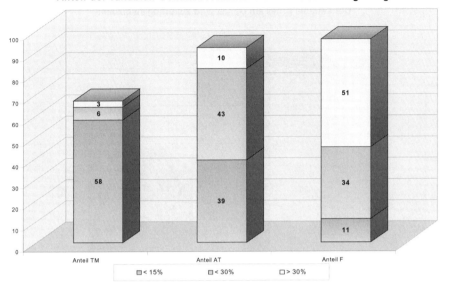

Anteil der variablen Gehaltsbestandteile an der Gesamtvergütung

Abb. 6: Anteil der Variablen Gehaltsbestandteile an der Gesamtvergütung

ter begründet sowie durch die damit verbundene Tatsache, dass es sich bei den variablen Leistungen fast immer um übertarifliche Leistungen handelt. 65 % dieser Mitarbeitergruppe erhalten ihre variablen Anteile in Abhängigkeit von ihrer individuellen Leistung, bei nur knapp 4 % weniger werden Gehaltsbestandteile in Abhängigkeit vom Unternehmenserfolg gezahlt. Dieses Ergebnis mag etwas überraschen, da die in etwa gleiche Berücksichtigung der Bezugsgrößen Unternehmenserfolg und individuelle Leistung darauf schließen lässt, dass der geringere individuelle Einfluss der Tarifmitarbeiter im Verhältnis zu den Führungskräften keine Entsprechung in der Konzeption des leistungsorientierten Vergütungssystems gefunden hat. Hier liegt die Vermutung nahe, dass nicht immer die Motivationsfunktion der Mitarbeiter im Vordergrund der Überlegungen gestanden hat, sondern häufig der Wunsch der Mitarbeiter bzw. ihrer betrieblichen Vertreter, auch die tariflichen Arbeitnehmer am Erfolg des Unternehmens partizipieren zu lassen (vgl. *Wagner* 1991, S. 276 ff.).

Diese Annahme wird tendenziell bestätigt durch die Antworten auf die Frage, ob der Leistungsbezug der Entlohnung durch entsprechende Zielvereinbarungen unterstützt wird. Durch Zielvereinbarungen wird das erwartete Leistungsverhalten konkretisiert und die Beziehung von Entlohnung und Leistung in qualitativer und quantitativer Hinsicht kalkulierbar (vgl. *Hornstein/v. Rosenstiel* 2000). Dies trägt wesentlich zur Anreizfunktion des leistungsorientierten Entgelts bei. Während dieser Zusammenhang bei knapp 78 % der Führungskräfte und damit bei fast allen, bei denen Gehaltsbestandteile einen Leistungsbezug aufweisen, berücksichtigt wird und immerhin noch bei etwa 69 % der AT-Angestellten, werden bei nur 28 % der Tarifmitarbeiter konkrete Leistungsziele vereinbart. Damit hat die Erfolgsbeteiligung in diesem Bereich vielfach noch den Charakter einer „Zusatzleistung" behalten.

Trend des variablen Anteils

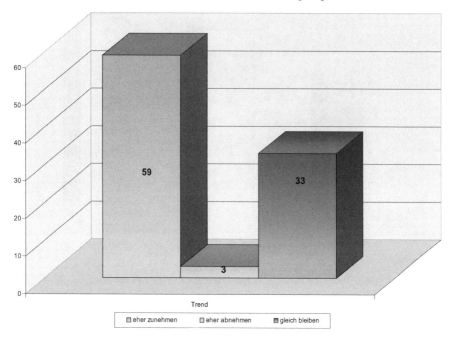

Abb. 7: Tendenzielle Veränderungen des variablen Anteils der Vergütung

Trotzdem ist sich die überwiegende Mehrheit der Befragten (knapp 60 %) einig, dass der variable Anteil am Gehalt künftig zunehmen wird. Nur 3 % sehen eher eine Verminderung der variablen Anteile, während 33 % eine Stagnation erwarten (4 % der Befragten machen keine Angaben dazu).

5.2 Belegschaftsaktien dominieren Kapitalbeteiligungen

Erfolgsbeteiligungen müssen nicht direkt an das Gehalt gekoppelt werden. Mitarbeiter können auch durch eine Kapitalbeteiligung indirekt am Erfolg eines Unternehmens beteiligt werden. Während aktuelle Schätzungen den Anteil der Arbeitnehmer, denen Mitarbeiterkapitalbeteiligungen angeboten werden, auf nur 6 % beziffern (vgl. zu verschiedenen Untersuchungen Scholand 2001, S. 52 ff.), weist unsere Untersuchung bei knapp 51 % der Unternehmen eine Kapitalbeteiligungsmöglichkeit für alle Mitarbeiter aus. Dies mag darauf zurückzuführen sein, dass sich vorrangig Firmen an der Erhebung beteiligt haben, die aufgrund eigener Erfahrung Interesse am diesem Thema gezeigt haben. Führungskräfte haben demnach in noch weit erheblicherem Umfang die Möglichkeit einer solchen Beteiligung (ca. 85 % der AGs). In Übereinstimmung mit anderen Untersuchungen wurde jedoch die dominante Stellung von Belegschaftsaktien bei den Formen der Mitarbeiterkapitalbeteiligung nachgewiesen.

Schätzungen der Gesellschaft für innerbetriebliche Zusammenarbeit gehen davon aus, dass 78,3 % aller beteiligten Arbeitnehmer in Belegschaftsaktienmodellen engagiert sind und 87,6 % des gesamten Beteiligungskapitals halten (vgl. *GIZ Aktuell* 1999, S. 2). Demnach spielen, wie auch in dieser Studie belegt, die anderen Formen der Kapitalbeteiligung vor allem im Bereich der gewerblichen Mitarbeiter nur eine untergeordnete Rolle: Genussscheine (3 %), indirekte Beteiligung (3 %), sonstige (5 %). Im Bereich der Führungskräfte gewinnen hingegen Aktienoptionsmodelle eine stärkere Bedeutung. Auch wenn in jüngerer Zeit Aktienoptionspläne (AOP) einerseits wegen teils zweifelhafter oder fehlender Ausübungshürden und immenser Höhen in die Kritik geraten sind (vgl. *Datzmann* 2001, *Brandhoff* 1999), andererseits in Zeiten fallender oder stagnierender Kapitalmärkte die Anreizwirkung dieses Instruments zu sinken droht, bleiben AOP doch ein gewichtiges Anreizinstrument für Führungskräfte. Immerhin 38 % der Unternehmen gewähren ihren Führungskräften einen Anreiz in Form von AOP.

Die Fragen nach der Attraktivität von Kapitalbeteiligungen für den Arbeitnehmer und den Arbeitgeber wurden unterschiedlich beantwortet. Was macht eine Kapitalbeteiligung für den Arbeitnehmer attraktiv? Der am häufigsten genannte Anreiz bezog sich auf die Partizipation der Mitarbeiter am Unternehmenserfolg bzw. am Wertzuwachs. Wichtige Anreize bestehen weiterhin in der steuerfreien Einkommenssteigerung, wie sie z.B. aufgrund des § 19 a EStG möglich ist. Weitere Vorzüge zeigen sich oft in den günstigen Bezugskonditionen oder einer Verzinsung, die deutlich über der des Kapitalmarktes liegt.

Auf der Unternehmensseite erwartet man von der Kapitalbeteiligung vor allem eine langfristige Mitarbeiterbindung (ca. 58 %) und – mit einer deutlich geringeren Nen-

Kapitalbeteiligung (FK)

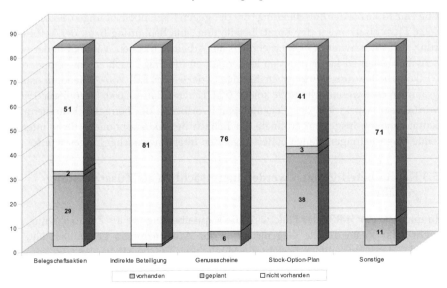

Abb. 8: Arten von gewährten Kapitalbeteilungen

Attraktivität der Kapitalbeteiligungen (Arbeitgeber)

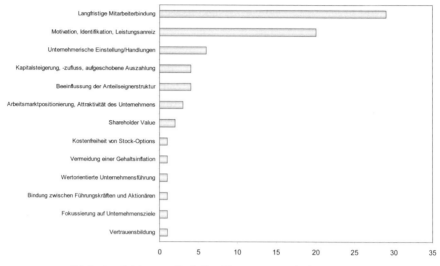

*Abb. 9: Attraktivität von Kapitalbeteiligungen aus Sicht des Arbeitgebers
(Mehrfachnennungen möglich)*

nung – die Erhöhung der Motivation der Mitarbeiter (40 %). 12 % der Betriebe erhoffen sich eine Stärkung des unternehmerischen Denkens durch die Gewährung von Kapitalbeteiligungen. Hier wird angenommen, dass der Mitarbeiter durch eine Beteiligung am Unternehmen seine Präferenzen denen der ursprünglichen Anteilseigner anpasst und somit zu deren Wohl agiert. Zieldivergenzen zwischen Eigentümer und Management/Mitarbeiter werden so teilweise abgebaut. Bei nur etwa 8 % der Unternehmen spielt die Stärkung des Eigenkapitalanteils bzw. die Liquiditätssituation eine Rolle bei der Entscheidung für oder gegen Kapitalbeteiligungen. Knapp derselbe Prozentsatz misst der Kapitalbeteiligung eine Bedeutung bzgl. der Verbesserung der Attraktivität des Unternehmens am Arbeitsmarkt bei. Während in der wissenschaftlichen Diskussion in den letzten Jahren die Frage nach einem veränderten Risikoverhalten durch Erfolgsbeteiligungen speziell im Fall von Aktienoptionsprogrammen eine wesentliche Rolle spielte (vgl. *Langner/Bursee* 2000; *Beatty/Zajac* 1994), wird dieser Aspekt von den Personalverantwortlichen der befragten Unternehmen kaum genannt. Insgesamt eröffnete der Bereich der Aktienoptionen etliche interessante Fragestellungen, denen in den folgenden Interviews nachgegangen wurde.

5.3 Kapitalbeteiligungen werden hauptsächlich als Zusatzleistung gewährt

In mehr als der Hälfte der Fälle wird die Kapitalbeteiligung als Zusatzleistung gewährt, der keine direkte Gegenleistung des Arbeitnehmers gegenübersteht. In ca. 38 % der Unternehmen besteht die Möglichkeit für die Mitarbeiter, die Kapitalbeteiligung aus versteuertem Einkommen zu erwerben, wobei meist Vorteile in Form günstiger Konditionen gewährt werden. Nur in ca. 8 % der Unternehmen be-

Kapitalbeteiligungen bei flexiblen Leistungen

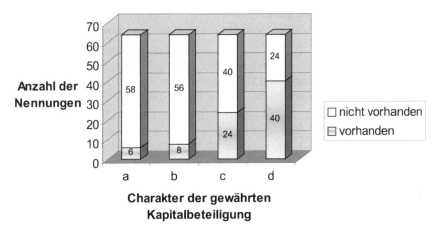

a: Verrechnung mit fixen Gehaltsbestandteilen
b: Verrechnung mit variablen Gehaltsbestandteilen
c: Erwerb aus versteuertem Entgelt
d: Zuteilung als Zusatzleistung ohne Gegenleistung

Abb. 10: Charakter der gewährten Kapitalbeteiligungen

steht eine Möglichkeit für die Mitarbeiter, Mitarbeiterkapitalbeteiligungen mit variablen Gehaltsbestandteilen wie Prämien, Tantiemen oder Boni zu verrechnen. Die Vorgehensweise Kapitalbeteilungen als Zusatzleistungen zu gewähren, widerspricht der Grundintention dieser Vergütungskomponente aus Sicht der Agenturtheorie, nämlich der Angleichung von Eigentümer- und Mitarbeiterinteressen, da so kein Risiko auf den Mitarbeiten übertragen wird (vgl. *Pratt/Zeckhauser* 1985, S. 15).

Der Charakter einer Sozial- oder Zusatzleistung mag auch dafür ausschlaggebend sein, dass die Bereitschaft zur Ausweitung der Mitarbeiterkapitalbeteiligung eher gering ist. Nur etwa 3 % der Unternehmen planen eine Ausweitung der Beteiligungsmöglichkeiten für ihre Tarif- und AT-Mitarbeiter. Somit steht wohl eher die Ausgestaltung als eine grundsätzlich schlechte Erfahrung der Ausweitung von Kapitalbeteiligungen bisher im Wege.

5.4 Individualisierung der Arbeitszeit ist bedeutender Individualisierungsfaktor

Die Möglichkeit, durch Nutzung von Gleitzeitregelungen individuelle Präferenzen bei der Einteilung der Arbeitszeit durchsetzen zu können, ist bei der Mehrheit der befragten Unternehmen gegeben (68 %). Dabei dominiert die Form der elektronischen Zeiterfassung vor allem bei den tariflichen Arbeitnehmern. Nur etwa 27 % dieser Arbeitnehmergruppe kommt in den Genuss subjektiver Zeiterfassung (bzw. 40 % der Mitarbeiter in Unternehmen mit Zeiterfassungssystemen), z.B. in Form von Selbstaufschreibung oder Vertrauensarbeitszeit. Bei den AT-Mitarbeitern und Führungskräften dominiert mittlerweile diese Form der Individualisierung der Arbeitszeit (55 % und 60 % der dort vorhandenen Gleitzeitsysteme).

Immerhin gibt es bei rund 36 % der Unternehmen weitere Möglichkeiten, die tägliche und wöchentliche Arbeitszeit individuell zu verändern. Davon sind zwar die tariflichen Mitarbeiter am stärksten begünstigt (36 %), jedoch ist der Anteil der außertariflichen Arbeitnehmer und Führungskräfte nur unwesentlich geringer (32 % und 29 %).

Eine Individualisierung der Arbeitszeit über Jahresarbeitszeitmodelle bieten 30 % der Unternehmen ihren tariflichen Mitarbeitern an, in wesentlich geringem Maße ist dies bei den AT-Mitarbeitern (14 %) und den Führungskräften der Fall (5 %).

Möglichkeiten für einen Langzeiturlaub bieten den tariflichen Mitarbeitern 11 % der Unternehmen. Diese Modelle sind im AT-Bereich bei 9 % der Unternehmen vorhanden, für die Führungskräfte bei etwa 7 %. Während bei der Ausweitung der Individualisierungsmöglichkeiten im Hinblick auf die Tages- und Wochenarbeitszeit starke Zurückhaltung herrscht (weniger als drei Prozent beabsichtigen eine Ausweitung), planen immerhin rund 5 % der Unternehmen eine Einführung von Jahresarbeitszeitmodellen und rund 12 % tragen sich mit dem Gedanken, Sabbaticals zu ermöglichen. Grundsätzlich scheint das Interesse an diesen Modellen jedoch nicht so hoch ausgeprägt zu sein, wie oftmals vermutet wird. Gründe hierfür wurden in der qualitativen Phase untersucht.

Durch das Gesetz zur sozialen Absicherung flexibler Arbeitszeitregelungen (Flexigesetz) wurden zum 1.1.1998 die Grundlagen dafür geschaffen, Arbeitszeitguthaben und andere Entgeltbestandteile für einen vorgezogenen Ruhestand steuerbegünstigt anzusparen. Hier treffen sich die Interessen der Arbeitnehmer und Unternehmen in vorbildlicher Weise, indem es dem Unternehmen dadurch ermöglicht wird, flexibel auf Beschäftigungsschwankungen zu reagieren, während gleichzeitig die Arbeitnehmer die Möglichkeit des Vorruhestands nach individuellen Wünschen erhalten. Das Interesse an solchen Regelungen zeigt sich auch in der relativ großen Akzeptanz beim Wegbereiter dieser Art der Zeitsouveränität, dem Volkswagenwerk mit seinem Zeit-Wertpapier, bei dem bereits im Jahr 1999 rund 98 % der Arbeitnehmer im Haustarif Arbeitszeitkonten unterhielten (vgl. FAZ vom 18.11.1999, S. 22). In großer Übereinstimmung mit der Untersuchung von *Hoff* (vgl. *Hoff* 2001) aus dem Jahr 2001, der Langzeitkonten bei 25 % der Betriebe mit bis zu 1000 Mitarbeitern und 32 % bei Großbetrieben ausweist, konnten in unserer Stichprobe im Mittel Langzeitkonten bei 27 % der Unternehmen festgestellt werden. Weiterhin besteht bei rund 7 % der Unternehmen die Bereitschaft zu einer Einführung von Langzeitkonten in absehbarer Zeit.

5.5 Rasante Entwicklung bei der Deferred Compensation

Eine rasante Entwicklung hat die arbeitnehmerfinanzierte Altersversorgung (Deferred Compensation) bereits vor Inkrafttreten des Altersvermögensgesetzes (AVmG) erfahren. Dieses ermöglicht es nun seit dem 1.1.2002 jedem Arbeitnehmer, bis zu 4 % seines Gehaltes bis zum Erreichen der Beitragsbemessungsgrenze (BBG) in der gesetzlichen Rentenversicherung in eine Anwartschaft auf eine betriebliche Altersversorgung umzuwandeln. Die Umwandlungsbeträge sind in diesem Umfang bei den Durchführungswegen der Pensionskasse, des Pensionsfonds und wie bisher auch schon bei der Unterstützungskasse und der Direktzusage steuer- und bis zum 31.12.2008 auch sozialabgabenfrei. Erst beim Eintritt des Versorgungsfalles wird der Auszahlungsbetrag dann steuerpflichtig. Die Frage in dieser Untersuchung bezog sich zum Erhebungszeitpunkt auf die Durchführungsformen, die auch bisher schon und zwar in einem deutlich höheren Umfang als die 4 % der BBG zum Umwandlungszeitpunkt steuerlich begünstigt waren, nämlich auf die Unterstützungskasse und die Direktzusage. Insgesamt bieten 73 % der befragten Unternehmen ihren Führungskräften die Möglichkeit an, auf Entgeltbestandteile zugunsten einer betrieblichen Altersversorgung zu verzichten, wobei mit 59 % die Form der Direktzusage dominiert, die eine deutlich höhere Flexibilität im Hinblick auf Zeitpunkt und Höhe der einzelnen Verzichtsbeiträge bei einem vergleichsweise geringerem administrativen Aufwand aufweist als die Unterstützungskasse (vgl. *Grawert* 2000), die für die Führungskräfte nur von 14 % der Unternehmen angeboten wird. Bei den AT-Mitarbeitern erhalten 42 % die Möglichkeit der Deferred Compensation über eine Direktzusage und 15 % über eine Unterstützungskasse. Bei den Tarifmitarbeitern verfügen immerhin 29 % über die erstgenannte und 12 % über die letztgenannte Möglichkeit. Hier überrascht auch die zukünftige Entwicklung dieser Zusatzleistung. So wollen im Tarifbereich 11 % (8 %), im AT-Bereich 12 % (7 %) und im Führungskräftebereich 10 % (6 %) der Unternehmen die arbeitnehmerfinanzierte Altersversorgung über die Unterstützungskasse (Direktzusage) einführen.

Während die Umwandlungsmöglichkeit in den meisten Unternehmen für die tariflichen und außertariflichen Mitarbeiter der Höhe nach begrenzt ist, können Führungskräfte vielfach beliebig hohe Beträge umwandeln. Die steuerrechtlich relevante Grenze bildet dabei die Regelung, dass Pensionsrückstellungen nur insoweit anerkannt werden, wie die Pensionsansprüche zusammen mit den Ansprüchen aus der gesetzlichen Rentenversicherung 75 % der letzten Aktivenbezüge nicht überschreiten (vgl. BFH-Urteil vom 17.5.1995 (I R 16/94) in: DB 1995, S. 1992).

Deferred Compensation (Unterstützungskasse)

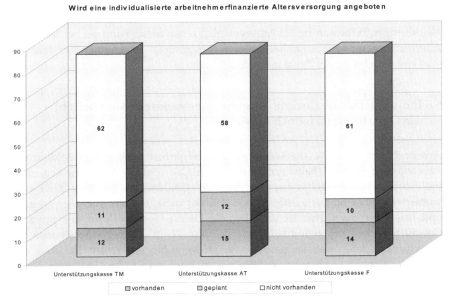

Abb. 11: Existenz einer Unterstützungskasse nach Arbeitnehmergruppen

Deferred Compensation (Direktzusage)

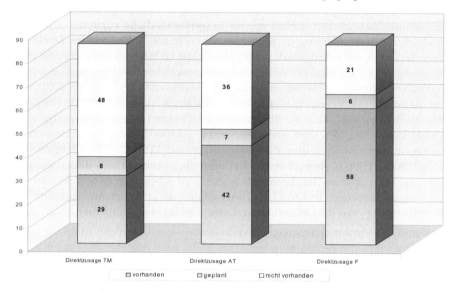

Abb. 12: Existenz einer Direktzusage nach Arbeitnehmergruppen

Bereits im Vorgriff auf die Gestaltungsmöglichkeit der betrieblichen Altersvorsorge als Pensionsfonds in der Folge des Altersvermögensgesetzes wurde erfragt, wie interessant dieser Durchführungsweg von den Betrieben eingeschätzt wird. Hier planen 8 % der Unternehmen einen eigenen Pensionsfonds, 6 % wollen einen überbetrieblichen Pensionsfonds nutzen. Infolge der gesetzlichen Konkretisierung und gleichzeitigen Verbesserung der Anlagemöglichkeiten dieser Form der betrieblichen Altersversorgung nach Abschluss unserer Befragung ist jedoch mit einer deutlich stärkeren Beachtung des Pensionsfonds zu rechnen.

5.6 Individualisierte flexible Vergütungsbestandteile sind beliebt – die Gestaltung ist jedoch umstritten

Arbeitnehmerfinanzierte Altersversorgung, Lebensarbeitszeitkonten oder Mitarbeiterbeteiligung gegen Gehaltsverzicht sind bereits als wichtige Komponenten eines individualisierten Entgeltsystems in der vorliegenden Untersuchung behandelt worden. Darüber hinaus existieren bei 22 % der befragten Unternehmen weitere optionale Leistungen. Hier ist vor allem der Dienstwagen auch für den privaten Gebrauch die bevorzugte individualisierte Zusatzleistung, daneben spielt auch die Direktversicherung eine vergleichsweise große Rolle. Interessant ist, dass ein Anstieg optionaler Leistungen um über 50 % zu erwarten ist. Zur Gestaltung dieser variablen Leistungen konnten im Rahmen dieser Befragung noch keine Erkenntnisse gewonnen werden. Inwieweit sich Konzepte wie budgetbasierte Cafeteria-Systeme durchgesetzt und bewährt haben, wird im Zuge der qualitativen Interviews vertiefend untersucht.

5.7 Was spricht für flexible Vergütungssysteme?

Die letzte Frage befasst sich mit den Zielen, die mit der Flexibilisierung des Vergütungssystems unternehmensseitig verfolgt werden sollen. Die Verbesserung der Leistungsbereitschaft der Mitarbeiter steht hier ganz oben (93 %). Mit einigem Abstand folgen die Bindung der Mitarbeiter an das Unternehmen (78 %) und die Verbesserung der Arbeitsmarktposition (63 %) sowie die Stärkung des Kostenbewusstseins der Mitarbeiter (knapp 40 %). Von untergeordneter Bedeutung sind Kostensenkungen, die Erhöhung des Shareholder-Value (jeweils 21 %) und die Verbesserung der Liquiditätssituation (6 %).

Im Vergleich zur Situation zu Anfang der 1990er Jahre hat unsere Untersuchung ezeigt, dass die Verbreitung von Flexibilisierung und Individualisierung von Vergütungssystemen in beachtlicher Größenordnung zugenommen hat. Die Individualisierung konzentriert sich aber vornehmlich auf die Bereiche Langzeitarbeitszeitkonten und betriebliche Altersversorgung, also die Bereiche, denen der Gesetzgeber in der Zwischenzeit durch entsprechende Unterstützung steuerlicher Art den Weg geebnet hat. Ohne eine derartige Förderung ist ein – allerdings wesentlich weniger deutlicher – Zuwachs nur bei der Flexibilisierung der Arbeitszeit (Tages-, Wochen- und Jahresarbeitszeit) festzustellen. Andererseits hat jedoch die Verschlechterung der steuerlichen Konditionen bei den Dienstwagen zur privaten Nutzung die Verbreitung dieser Option zumindest im Bereich der Führungskräfte nicht maßgeblich eingeschränkt.

Zielstellungen des flexiblen Vergütungssystems

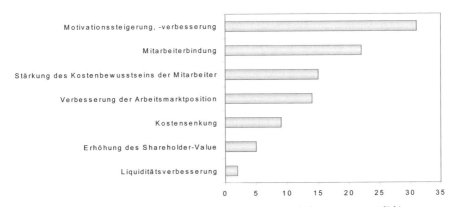

Abb. 13: Zielsetzung flexibler Vergütungssysteme (Mehrfachnennungen möglich)

6. Erkenntnisse aus dem qualitativen Teil der Studie

Bereits in den Ausführungen zu den Erkenntnissen aus der quantitativen Studie waren vielerlei interessante Aspekte erkennbar, welche es zu vertiefen lohnt. So blieben beispielsweise in den Bereichen Kapitalbeteiligungen (AOP), Sabbaticals oder Cafeteria-Systeme Fragen offen, die es zu klären galt. Darüber hinaus ist es nur durch qualitative Untersuchungen möglich, den Prozesscharakter der Entstehung und Veränderung von Vergütungssystemen zu würdigen und Erkenntnisse hinsichtlich des Einflusses der einzelnen Akteure zu untersuchen.

6.1 Hohe Akzeptanz für leistungsorientierte Vergütung – Sonderregelungen sind zu vermeiden

Bemerkenswert ist, dass seitens der Arbeitnehmer und der Betriebsräte kaum Akzeptanzprobleme gegenüber einer verstärkten Leistungsorientierung anzutreffen sind. Die im Rahmen dieser Studie durchgeführten Interviews zeigten, dass variable Vergütungsbestandteile durchweg eine hohe Akzeptanz genießen. Lediglich die Benennung und Quantifizierung der relevanten Zielgrößen verursacht teilweise Probleme. Hier sind es vor allem gewachsene Besitzstände, die Schwierigkeiten auslösen. Eine Aufgabe von Besitzständen in Form spezieller garantierter Vergütungskomponenten war in der Unternehmenspraxis schwer durchsetzbar. Dies führte wiederum zu einer Reihe von Sonderregelungen für einzelne Unternehmensteile bzw. Mitarbeitergruppen. Wie die vorliegende Studie aber gezeigt hat, resultieren vor allem aus diesen Sonderregelungen interne Problemen und Akzeptanzschwierigkeiten (eine gegenteilige Auffassung vertritt *Bruno S. Frey,* der mit steigender Einheitlichkeit eine stärkere Verdrängung intrinsischer Motivation vermutet; vgl. hierzu *Frey* 1997, S. 35, 39). Darüber hinaus standen aber, wie bereits angedeutet, sowohl Gewerkschaften als auch Betriebsräte einer stärkeren Leistungsorientierung positiv gegenüber. Teilweise kamen sogar Anregungen bzw. konstruktive Verbesserungsvorschläge von den Betriebsräten. Insgesamt hat sich demnach, zumindest in der vorliegenden Stichprobe, die Einsicht durchgesetzt, dass Leistung belohnt werden muss. Somit bestätigt sich die bereits von *Wunderer/Dick* aufgestellte These bezüglich der Lohndifferenzierung, dass bei Kriterien der relativen Lohngerechtigkeit ein Trend von Marktgerechtigkeit und sozialer Gerechtigkeit hin zu Unternehmenserfolgs- und Leistungsgerechtigkeit zu beobachten ist (vgl. *Wunderer/Dick,* S. 35).

Die Ausgestaltung der Vergütungsmodelle ist dabei den spezifischen Anforderungen der Unternehmen angepasst. Übereinstimmung herrschte jedoch unter den innerhalb der vorliegenden Stichprobe befragten Unternehmen darin, die Vergütung an verschiedenen Bezugsgrößen zu orientieren. Diese Erkenntnis der quantitativen Erhebung konnte nun präzisiert werden. Dabei stellte das Unternehmensergebnis (zumeist Jahresüberschuss oder EBIT) einen, aus motivationstheoretischer Sicht, überraschend großen Anteil von 20 % bis zu 50 % an der Bezugsgröße dar. Auch wenn hier der Einfluss des einzelnen Mitarbeiters bis hin zum Management als eher gering einzustufen ist, favorisieren viele Unternehmen diese Bezugsgröße, um eine höhere Bindung zwischen Mitarbeiter und Unternehmen zu erreichen und den Mitarbeiter am Unternehmenserfolg teilhaben zu lassen. Als problematisch hat sich diese Zielwahl jedoch in den letzten Jahren herausgestellt. Eine schlechte gesamtwirtschaftliche Lage wirkte sich negativ auf die individuelle Entgelthöhe aus, ohne dass der einzelne Mitarbeiter schlechter gearbeitet hätte, was Motivationsschwierigkeiten bewirkt. Dies offenbart eine Schwäche solch globaler Zielgrößen. Andererseits hilft eine solche Lösung dem Unternehmen natürlich in Problemphasen durch ein „automatisches" Einsparen von Personalkosten.

Darüber hinaus fließt nach der vorliegenden Studie in deutlich geringerem Maße der Erfolg der jeweiligen Abteilung oder des Profit Centers in die variable Entgeltfindung ein. Die individuelle Leistung des Mitarbeiters bemisst sich nach den Ergebnissen der Studie auf 20–50 % der Zielgröße. Eine häufig anzutreffende Form der Leistungsmessung auf Ebene des einzelnen Mitarbeiters ist eine Überprüfung im Sinne des Management by Objectives. Hierbei werden mit dem Mitarbeiter in einem Target Dialogue oder Jahresgespräch beispielsweise drei bis fünf individuelle Ziele vereinbart, deren Erreichung später entsprechend einer vorher festgelegten Skala überprüft wird. Die Ergebnisse wirken sich nun für den Mitarbeiter direkt auf die Entgelthöhe aus.

Die Höhe der variablen Vergütungsbestandteile im Verhältnis zur Entgeltgesamthöhe bewegte sich in einer Spannbreite von 3 bis 30 %, in Extremfällen sogar bis 50 %. Dabei war festzustellen, dass der prozentuale variable Anteil bei Außendienstmitarbeitern besonders hoch war und insgesamt mit der Gesamtentgelthöhe positiv korrelierte.

6.2 Aktienbasierte Vergütung in Zeiten turbulenter Börsen ist umstritten

Im Zeichen der Diskussion um eine shareholdervalueorientierte Unternehmenspolitik (vgl. grundlegend *Rappaport* 1985) haben viele große Aktiengesellschaften über Möglichkeiten zur verstärkten Verpflichtung ihrer Mitarbeiter auf die Interessen der Anteilseigner nachgedacht. Infolge dieser Diskussion wurden Aktienoptionsprogramme für Führungskräfte (vgl. *Brandhoff* 1999) und/oder Belegschaftsaktienprogramme in vielen deutschen Großunternehmen eingeführt. Diese zeitigten zunächst große Erfolge und bewirkten aufgrund der steigenden Aktienmärkte große Zufriedenheit unter den begünstigten Arbeitnehmern.

Auch ein Großteil der in der vorliegenden Studie befragten Unternehmen führen Aktienoptionsprogramme ein. Diese beschränkten sich zumeist auf die ersten beiden Führungsebenen. Hinsichtlich der verwendeten Ausübungshürden wurde in den einzelnen Unternehmen die gesamte Spannbreite zur Anwendung gebracht. Teilweise wurde komplett auf solche Hürden verzichten, teilweise bezogen diese sich auf interne Unternehmenskennzahlen wie den erreichten EVA, zumeist wurde jedoch eine relative Ausübungshürde gesetzt, welche sich auf Branchenindizes oder Konkurrenten bezog. Diese wurde teilweise durch absolute Hürden in Form prozentualer Kurssteigerungen des eigenen Unternehmens ergänzt. Absolute und relative Ausübungshürden, verursachten in den letzten Jahren der fallenden Aktienmärkte erhebliche Probleme. In einem Unternehmen wurden die Ausübungshürden dreimal angepasst, um dem Management die Chance zur Ausschüttung zu erhalten. Dennoch kam es nie dazu. Dieser Fakt bewirkte fast eine Umkehrung der intendierten positiven Motivationswirkung (vgl. *Datzmann* 2001), was die Wichtigkeit einer genauen Zielsetzung bei der Definition der Ausübungshürden demonstriert (vgl. *Hölscher/Sauerbom* 2000; *Langner/Bursee* 2000). In Unternehmen, in denen Aktienoptionsprogramme vornehmlich zu einer Ziel- und Risikoangleichung zwischen Management und Anteilseignern führen sollen, bei denen demnach das Wohl des Managements an das der Aktionäre geknüpft werden soll, sind Aktienoptionsprogramme mit einer Kombination aus auf den Aktienkurs bezogenen absoluten und relativen Hürden zu empfehlen. Geht es einem Unternehmen jedoch darum, die eigene Performance abzubilden und das Management an dieser teilhaben zu lassen, ist eine Kombination aus Ausübungshürden auf der Basis relativer Aktienkurse und internen Kennzahlen zu bevorzugen. Diese führen, bei guter Leistung, auch in Zeiten fallender Kapitalmärkte unter Umständen zur Ausschüttung und erhalten somit ihre Anreizwirkung.

Belegschaftsaktien genießen bereits seit längerem eine beachtliche Popularität in großen Aktiengesellschaften. Die von uns befragten Unternehmen wählten zumeist Varianten, bei denen die Arbeitnehmer Aktien zu einem um 10–30 % vergünstigten Preis bzw. im 2+1 oder 3+1 Verfahren erwerben konnten.

Auch wenn die Volumina in der Beteiligung seit der Börsenkrise rückläufig sind, konnte in der vorliegenden Studie kein maßgeblicher Rückgang in der Popularität dieses Instruments festgestellt werden. Allerdings fiel im Zuge der durchgeführten Interviews eine stärkere Sensibilisierung der Personalführung für die Stärken und vor allem auch die Schwächen von Aktienoptionsmodellen auf. Aktienoptionen haben ihren Einbahnstraßencharakter verloren – und diese positive Erkenntnis sollte aus der jüngsten Baisse mitgenommen werden.

6.3 Viele Projekte zur Umgestaltung des Vergütungssystems scheitern

Die bereits bekannte Erkenntnis, dass ein hoher Prozentsatz von Projekten in Unternehmen scheitert, konnte auch für den Bereich der Umgestaltung des Vergütungssystems bestätigt werden. Es wurde in den Interviews deutlich, dass sowohl in der Phase vor den ersten Implementierungsschritten viele Projekte aufgegeben werden, als auch, dass oftmals ein Scheitern nach Beginn der Einführung zu beobachten ist. Als Gründe hierfür sind besonders personelle Wechsel bei den Verantwortungsträgern sowie die ungenaue oder ungeeignete Auswahl von Basiskennzahlen für potenzielle Vergütungsinstrumente zu identifizieren. Dies war speziell bei Aktienoptionsplänen festzustellen, die den einbrechenden Aktienmärkten nicht standhielten. Aber auch die Auswahl von Leistungsindikatoren auf Team- und Abteilungsebene für die variable und individuelle Vergütung der Mitarbeiter ist problembehaftet. Hier sorgte mangelnde Kooperation zwischen den einzelnen Teams/Abteilungen für Probleme. Team- und abteilungsorientierte Kennzahlensysteme bewirkten in Extremfällen einen ausgeprägten Ressortegoismus. Darüber hinaus erwiesen sich Ausnahmeregelungen als Ursache für Probleme im Vergütungssystem. Diese entstanden aufgrund der Beibehaltung gewachsener Besitzstände und führten zu einem deutlich verschlechterten Klima unter den Mitarbeitern.

Eine sorgfältige Auswahl der Indikatoren, Kontinuität in der Projektbetreuung sowie das Durchführen von Pilotprojekten können somit als essenziell angesehen werden. Kontinuität gilt nach Beginn der Implementation als der wichtigste Erfolgsfaktor bei Um- und Neugestaltungen des Vergütungssystems. Diese Kontinuität ist jedoch nur durch beständige und engagierte Projektgruppen und Projektleiter zu gewährleisten.

6.4 Ursprung neuer Ideen variiert je nach Bezugsobjekt

Die Auswertung der qualitativen Erhebungen gab zudem Auskünfte über die Initiative bei der (Um-)Gestaltung des Vergütungssystems. Grundsätzlich sind Anregungen aus der Unternehmensleitung, der Personalabteilung, dem Betriebsrat oder von einzelnen Arbeitnehmern vorstellbar. In der Unternehmenspraxis lassen sich nun aufschlussreiche Korrelationen zwischen dem Bezugsobjekt der Veränderung und dem Ideengeber feststellen. So waren die Betriebsräte vornehmlich bei Fragen der betrieblichen Altersversorgung als Vorreiter zu identifizieren. Wichtig ist aber anzumerken, dass insgesamt von Seiten des Betriebsrates neuen und veränderten Elementen bei Vergütungs- und Arbeitszeitregelungen aufgeschlossen begegnet wurde. Auf betrieblicher Ebene kann somit keineswegs von einer Blockadehaltung der Arbeitnehmerseite gegenüber mehr Flexibilisierung und Leistungsbezug gesprochen werden.

Geringfügige Anpassungsveränderungen gehen, wie zu erwarten war, vornehmlich direkt von der Personalabteilung aus. Außerordentlich innovative Projekte, besonders in den Bereichen Leistungsbezug der Vergütung und Kapitalbeteiligung der Mitarbeiter haben ihren Ursprung dagegen oftmals in der Unternehmensleitung. Dabei sind hauptsächlich zweierlei Beweggründe zu beobachten: Zum einen geht es der Unternehmensleitung um eine verstärkte Mitarbeiterbindung durch Kapitalbeteiligungen, zum anderen ist die Unternehmensführung darüber hinaus an der positiven Marketingwirkung innovativer und individueller Vergütungsmodelle bei der Akquirierung neuer Mitarbeiter und an der allgemeinen Außenwirkung als modernes Unternehmen interessiert. Solche Vorschläge seitens der Unternehmensleitung besitzen selbstverständlich eine eher geringe Detailtiefe. Die Konkretisierung erfuhren solche Projekte anschließend durch externe Berater oder die Personalabteilung.

Ein Mitwirken externer Berater war bei größeren Projekten häufig festzustellen. Wie weit ihr Einfluss bei der tatsächlichen Gestaltung des Vergütungssystems tatsächlich reichte, konnte innerhalb dieser Studie jedoch nicht endgültig ermittelt werden. Es zeigte sich jedoch, dass im allgemeinen gerne auf die Ideen und die Erfahrung externer Berater zurückgegriffen wurde. Zudem bildeten ihre Vorschläge eine hervorragende Argumentationsgrundlage für Pläne, welche die Unternehmensleitung verwirklicht sehen wollte. Hier nahmen sie demnach, wie implizit deutlich wurde, die Rolle einer Legitimationsinstanz ein.

6.5 Cafeteria-Systeme sind gefragt, werden aber zumeist nicht als Budgetsystem verwirklicht

Neben der monetären Vergütung tritt ein modernes Sozialleistungsmanagement immer mehr in den Vordergrund. Über den gezielten Einsatz von Zusatz- und Sozialleistungen besteht die Möglichkeit, das Entgeltsystem an die individuellen Bedürfnisse der Mitarbeiter anzupassen. Cafeteria-Systeme bieten hierfür hervorragende Gestaltungschancen (vgl. *Wagner* 1982). Bei den durchgeführten Interviews konnte ein reges Interesse an Cafeteria-Systemen festgestellt werden. Jedoch muss einschränkend gesagt werden, dass ein vollständiges Cafeteriasystem auf Budgetbasis, also ein Wahlsystem, bei dem der Mitarbeiter aus verschiedensten Leistungen innerhalb eines festgelegten Budgetrahmens wählen kann, kaum anzutreffen war. Gründe hierfür sind vor allem im hohen administrativen Aufwand und in Problemen bei der Verrechnung zwischen unterschiedlichen Leistungen zu suchen. Dennoch hat ein Großteil der Unternehmen Cafeteria-Systeme auf der Basis von Ja-Nein-Entscheidungen eingeführt, um den Bedürfnissen der Mitarbeiter gerecht zu werden. Teilweise werden den Mitarbeitern auch pauschale Vergünstigungen gewährt. Zu den gewährten Sozial- und Zusatzleistungen gehören vorwiegend Dienstwagen, Kantinenzuschüsse, Mitarbeiterrabatte sowie Prämienzahlungen zu besonderen Anlässen. Jedoch ist zu beobachten, dass immer mehr Unternehmen planen, diese recht wenig unternehmensbezogenen Anreizelemente durch Anreizsysteme mit einer gezielteren Motivationswirkung zu ersetzen. Jubiläums- und Altersprämien können keine gezielten Anreizwirkungen für die Ziele des Unternehmens bescheinigt werden. Aus diesem Grund wird von Unternehmensseite verstärkt versucht, z.B. über die Förderung unternehmensrelevanter privater Weiterbildung oder über die Einführung von Belegschaftsaktien, bei dem Umfang nach ähnlichem Investitionen in das Humankapital eine zielorientiertere Wirkung zu erreichen. Diese Entwicklungen befinden sich im Moment allerdings noch im Anfangsstadium.

6.6 Betriebsräte blockieren Vertrauensarbeitszeit

In den zahlreichen Interviews der Studie konnten die Fragestellungen zur Arbeitszeit noch vertieft diskutiert werden. Dabei zeigten sich differenzierte Ergebnisse. Auffällig war vor allem die reservierte Einstellung der Betriebsräte gegenüber einer Einführung von Vertrauensarbeitszeit. So blockierten die Betriebsräte solche Modelle mit der Begründung, dass Vertrauensarbeitszeitmodelle zur „Selbstausbeutung" führen würden. Diese Haltung der Arbeitnehmervertreter muss bei der Bewertung des in dieser Studie festgestellten niedrigen Anteils von Vertrauensarbeitszeit bei tariflichen Mitarbeitern berücksichtigt werden. Zudem gab es in einigen Fällen Probleme mit dem Gewerbeaufsichtsamt, da dieses genaue Auskünfte über die Arbeitszeiten der Mitarbeiter einsehen wollte. Arbeitszeitkonten, meist mit festen Ober- und Untergrenzen, sind dagegen häufiger zu finden. Durch derartige Maßnahmen versuchen die Unternehmen, flexibel auf Auslastungsschwankungen zu reagieren und Überstundenzuschläge einzusparen. Betriebsräte und Gewerbeaufsicht stehen diesen Modellen positiver gegenüber.

Im außertariflichen Bereich fanden sich zum Teil ausgesprochen kreative Arbeitszeitmodelle. In einem Unternehmen wurde neben einer Regelung zur Vertrauensarbeitszeit ein sogenannter Vertrauensurlaub eingeführt. Auch wenn die Gründe für diese Maßnahmen eher bilanzpolitischen Charakter hatten, wird es auch aus personalwirtschaftlicher Sicht interessant sein, diese Entwicklungen weiterzuverfolgen.

Im quantitativen Teil dieser Studie wurde bereits festgestellt, dass Sabbaticals bisher nur bei 7–12 % der Unternehmen eingeführt worden sind. Auch wenn immerhin 12 % der Unternehmen planen, Sabbaticals in Zukunft zu ermöglichen, ist dieser Prozentsatz doch als recht gering einzuschätzen. Begründungen finden sich in unterschiedlichen Bereichen: Die wesentliche Begründung, warum bisher keine Sabbaticals ermöglicht werden, sind mangelnde Kenntnisse. Teilweise ist diese Option überhaupt nicht bekannt und wird somit von Mitarbeiterseite nicht nachgefragt. Auf Unternehmensseite spielen vor allem Ängste vor Problemen bei der Suche nach einer geeigneten Vertretung während des Langzeiturlaubs eine zentrale Rolle.

7. Weiterer Forschungsbedarf

Jede Antwort wirft potenziell wieder neue Fragen auf. So war es auch innerhalb dieser Untersuchung. Im Umfeld der zahlreichen interessanten Erkenntnisse zur Flexibilisierung und Individualisierung von Entgeltbestandteilen offenbarte sich neuer Forschungsbedarf. Dieser ist mannigfaltig, weshalb es hier nur möglich ist, einige Schwerpunkte zu erläutern.

7.1 Korrelationen zwischen dem Flexibilisierungsgrad der Entgelt- bestandteile und dem Unternehmenserfolg

Während der Zusammenhang zwischen der Leistungsbezogenheit der Führungskräftevergütung und dem Unternehmenserfolg bereits mehrfach quantitativ, vor allem aus agenturtheoretischer Sicht, untersucht wurde (vgl. *Jensen/Murphy* 1990), stehen Analysen zur möglichen Korrelation zwischen dem allgemeinen Flexibilisierungsgrad der Entgeltbestandteile und dem Unternehmenserfolg noch aus.

In der vorliegenden Studie wurde die Akzeptanz von flexiblen Entgeltbestandteilen bei den unterschiedlichen Mitarbeitergruppen untersucht. Dabei wurde, sofern gewachsenen Strukturen Beachtung geschenkt wurde, eine Flexibilisierung des Entgelts allgemein positiv bewertet. Inwiefern dies nun tatsächlich positiv auf die Leistung des Mitarbeiters bzw. auf den Unternehmenserfolg wirkt, konnte hier nicht untersucht werden. Für die Bewertung flexibler Entgeltbestandteile erscheint diese Fragestellung jedoch als gewinnbringend.

7.2 Auswirkung neuer Technologien (e-HR)

In den letzten Jahren halten neue Technologien verstärkt Einzug in das Personalmanagement (vgl. *Backes* 1996). Verschiedenste Personalfunktionen, vornehmlich Personaladministration und Personalbeschaffung, haben durch elektronisches Human-Resource-Management (e-HR) bereits weitgreifende Veränderungen erfahren. Die Frage, inwiefern auch Entgelt- und Arbeitszeitmanagement von diesen Veränderungen durch e-HR betroffen sind, wird sich als lohnenswertes Forschungsobjekt erweisen. Erste Untersuchungen auf diesem Gebiet deuteten in Übereinstimmung mit den Aussagen einiger der hier interviewten Personalleiter an, dass gerade bei der Flexibilisierung der Arbeitszeit, der Verrechnung von Arbeitszeit und Entgelt und bei der Umsetzung von Cafeteria-Systemen der Einsatz neuer Technologien z.B. in Form von Mitarbeiterportalen von großem Nutzen sein kann.

Im Bereich der Leistungsmessung von Führungskräften bei leistungsorientierter Vergütung können die Möglichkeiten von e-HR beispielsweise durch die unterstützende Nutzung von Data Warehousesystemen ausgeschöpft werden. Darüber hinaus bieten Mitarbeiterportale mit individuellen Zugängen die Möglichkeit, Zielerreichungsgrade transparenter darzustellen. Somit könnte sich e-HR im Bereich leistungsorientierter Vergütung als „enabler" innovativer Entgeltmodelle erweisen. Diese Hypothesen gilt es in weiteren Studien zu vertiefen.

7.3 Entwicklungen zu mehr Zielorientierung der Sozial- und Zusatzleistungen

In der vorliegenden Studie wurde festgestellt, dass viele Unternehmen mit der Gestaltung ihrer Sozial- und Zusatzleistungen unzufrieden sind. Bemängelt wird vor allem die geringe Unternehmenszielorientierung der gewährten Vergünstigungen. Auch wenn dem Sozialleistungsmanagement im engeren Sinne die Intention der Unternehmenszielorientierung als Merkmal per definitionem fehlt, so will doch ein Großteil der interviewten Unternehmen die Gewährung von Zusatzleistungen für das eigene Unternehmen instrumentalisieren. Die Überlegungen betreffen dabei vor allem die Förderung von privater Weiterbildung. Genauere Aussagen hierzu lassen sich anhand des bisher vorliegenden Datenmaterials allerdings noch nicht treffen. Hier besteht weiterer Forschungsbedarf. Dieser könnte weitere Aufschlüsse über die u.a. von *Wunderer* und *Dick* prognostizierte Verschiebung von Marktgerechtigkeit und sozialer Gerechtigkeit hin zu Unternehmenserfolgs- und Leistungsgerechtigkeit geben (vgl. *Wunderer/Dick* 2000, S. 35).

7.4 Interessenlagen innerhalb des Unternehmens

Bei den Befragungen und anschließenden Analysen zu den Ideengebern und Förderern von Veränderungen in den Vergütungssystemen konnten Korrelationen zwischen den Initiatoren einer Veränderung und dem Bezugsobjekt (z.B. betriebliche Altersversorgung oder Kapitalbeteiligungen) festgestellt werden. Es ist zu vermuten, dass diese deutlich erkennbaren Zusammenhänge auf die Interessen und Präferenzen der einzelnen Akteure zurückzuführen sind. So ist es mit Sicherheit kein Zufall, dass Veränderungen, welche Kapitalbeteiligungen betreffen, vor allem von der Unternehmensführung ausgehen, während die Ausweitung und Umgestaltung der betrieblichen Altersversorgung vornehmlich von Seiten des Betriebsrates vorangetrieben wird. Eine genauere Analyse, welche die Präferenzen und Nutzenfunktionen der einzelnen im Prozess der Veränderung von Entgeltsystemen beteiligten Akteure und die Machtkonstellation rekonstruiert, würde es möglich machen, Differenzen in den Entgeltsystemen verschiedener Unternehmen zu erklären. Auch für theoriegeleitete Betrachtungen könnten solche Untersuchungen einen interessanten Beitrag leisten. Dieser grundlegende Unterschied in der Betrachtung von Entscheidungsprozessen in Unternehmen findet sich auch in vielen Diskussionen zwischen ökonomischen und soziologischen Institutionalisten wider (vgl. *Miller/ Hickson/Wilson* 1996; *Edeling* 1999; *Edeling* 1998). Weiterführende Forschung in diesem Gebiet sollte zudem Erkenntnisse zu möglichen weiteren Gründen für das Scheitern vieler Projekte im Bereich des Vergütungsmanagements liefern.

8. Zusammenfassung

In der vorliegenden Studie zur „Flexibilisierung und Individualisierung von Entgeltbestandteilen" konnten neue und wesentliche Erkenntnisse zu aktuellen Trends und mittel- bzw. langfristigen Entwicklungen in den Bereichen Vergütungsmanagement und Arbeitszeitmanagement aufgezeigt und untersucht werden. Durch die Verknüpfung der methodischen Vorteile von quantitativen und qualitativen Erhebungsverfahren konnte eine große Zielgruppe erreicht werden und gleichzeitig bestimmte Phänomene auf explorative Weise näher untersucht werden.

Der seit Jahren vorherrschende Trend einer grundlegenden Flexibilisierung der Entgeltsysteme ist ungebrochen. Dabei ist anzumerken, dass dies nicht mehr nur eine Forderung von Seiten der Arbeitgeber ist, sondern dass sich auch ein zunehmend auf Leistung ausgerichtetes Denken bei Betriebsräten und Arbeitnehmern durchsetzt. In der betrieblichen Praxis zeigten sich jedoch in der Umsetzung einige Hürden, die den Erfolg leistungsorientierter Vergütung schmälerten. Den Hauptgrund für negative Erfahrungen mit leistungsorientierter Vergütung stellten dabei Fehler in der Auswahl von Leistungsindikatoren dar. Oftmals fiel es den Unternehmen sehr schwer, adäquate, transparente und akzeptierte Bemessungsgrundlagen für die Entgeltmodelle zu finden. Ausnahmeregelungen und gewachsene Besitzstände erschwerten dieses Problem zusätzlich.

Hinsichtlich der Kapitalbeteiligungen ist die Euphorie, welche Anfang/Mitte der 90er Jahre entstand, abgeebbt. Zwar werden beispielsweise Belegschaftsaktien von den Arbeitnehmern immer noch gerne als Zusatzleistung gesehen und in Anspruch genommen, jedoch haben die schwankenden Aktienmärkte zu einer deutlich differenzierteren Betrachtung von Kapitalbeteilungen geführt. Ein Umdenken bei der Bewertung der Kapitalbeteiligungen als Zusatzleistungen ist demnach zu erwarten. Weiterhin stehen die Ausübungshürden bei Aktienoptionsprogrammen für Führungskräfte erneut auf dem Prüfstand. Die vorliegende Studie belegt, dass nach der Kritik an ausufernden Managementbezügen aufgrund von horrenden Optionspaketen sich nun ein anderes Problem eingestellt hat. Viele Aktienoptionsprogramme (AOP) waren so angelegt, dass es während der fallenden Kapitalmärkte der letzten Jahre nicht zur Ausübung der Optionen kommen konnte und sich so zunehmend Demotivation breit machte. Eine Neuorientierung und, wie hier nachgewiesen wurde, vor allem eine klare Zielsetzung von AOP sind eindeutig erforderlich.

Innerhalb der Studie wurde das Forschungsinteresse über den Bereich der reinen Entgeltbestandteile hinaus ausgeweitet. Die Personalverantwortlichen der teilnehmenden Unternehmen wurden darüber hinaus zur Gestaltung der Arbeitszeitsysteme befragt. Dabei war festzustellen, dass die Mehrheit der Unternehmen für den Tarifbereich weiterhin auf die klassischen Zeiterfassungssysteme vertraut. Nichtsdestoweniger sind aber auch beachtlich kreative Modelle in Einzelfällen zu finden.

Dabei reicht die Spannbreite von Vertrauensarbeitszeit bis hin zu Sabbaticals und gar Vertrauensurlaub. Natürlich sind in diesem Bereich auch die einzelnen Modelle der Altersteilzeit zu nennen, welche allerdings erst im Entstehen sind. Durch das Gesetz zur sozialen Absicherung flexibler Arbeitszeitregelungen (Flexigesetz) hat auch der Bereich der Altersteilzeit neue Impulse erhalten. Da zum Zeitpunkt der quantitativen Studie das Gesetz noch sehr jung war, sind die Erkenntnisse hierzu nur bedingt aussagekräftig. Am ehesten kann von einer skeptisch sondierenden Haltung gesprochen werden.

Auch auf dem Gebiet der betrieblichen Altersversorgung ist der Gesetzgeber in jüngster Zeit aktiv geworden. Deferred Compensation, also die Entgeltumwandlung von noch nicht verdienten Entgeltansprüchen des Arbeitnehmers in wertgleiche Anwartschaften auf Versorgungsleistungen, ist hierbei das Stichwort. Allerdings hat sich auch gezeigt, dass viele Arbeitgeber zunächst abwartend auf die neuen Modelle reagieren. Die Durchführungsvariante des Pensionsfonds konnte in dieser Studie noch nicht hinreichend untersucht werden. Die zurückhaltenden Antworten in dieser Richtung sollten daher in zwei bis drei Jahren nochmals hinterfragt werden.

Darüber hinaus konnte die Forschergruppe Bewegungen im Bereich der betrieblichen Zusatz- und Sozialleistungen feststellen. Hier unterstützen die gewonnen Erkenntnisse die eingangs getroffene Feststellung einer zunehmenden Leistungsorientierung. Auch im Bereich der betrieblichen Zusatz- und Sozialleistungen werden Leistungen des Arbeitgebers vermindert „ohne Gegenleistung" gewährt. So sind Zusatzleistungen wie Jubiläumsprämien oder Geldleistungen bei Hochzeiten oder Geburten seltener anzutreffen. Stattdessen wird versucht, Zusatzleistungen bspw. an die Weiterbildung des Arbeitnehmers zu knüpfen. Zur Umsetzung des Gedankens individueller Zusatz- und Sozialleistungen muss konstatiert werden, dass dieser bisher nur in Ausnahmefällen in Cafeteria-Systemen als Budgetauswahl verwirklicht werden konnte.

Abschließend ist hervorzuheben, dass diese Studie wertvolle Erkenntnisse zum Prozess der Entstehung und Veränderung von Entgeltsystemen geliefert hat. Zunächst war sehr interessant, dass Korrelationen zwischen den Initiatoren einer Veränderung und dem Bezugsobjekt (z.B. betriebliche Altersversorgung oder Kapitalbeteiligungen) zu beobachten waren. Diese könnten die verschiedenen Interessenlagen oder Prioritäten der Akteure widerspiegeln. Eine vertiefende Analyse dieses Phänomens sollte von nachfolgenden Arbeiten abgedeckt werden.

Darüber hinaus stellten sich Vergütungsprojekte als teils recht kompliziert und anfällig für Störungen heraus. Es konnte im Rahmen der Studie gezeigt werden, dass vor allem ein Wechseln der Projektverantwortlichen, das Fehlen von Pilotprojekten sowie eine schlecht vorbereitete Auswahl von Indikatoren bei kennzahlengestützten leistungsorientierten Entgeltmodellen die Ursachen für das Scheitern von Vergütungsprojekten waren.

Während der Auswertungen der quantitativen und qualitativen Studienergebnisse haben sich zahlreiche weitere interessante Forschungsthemen eröffnet. Einige Entwicklungen konnten aufgrund einer abweichenden Schwerpunktsetzung in dieser Studie nicht hinreichend untersucht werden, andere Phänomene, wie z.B. die Entwicklungen im Bereich der Pensionsfonds, waren noch zu jung, um aussagekräftige Ergebnisse zu liefern. Grundlegende Perspektiven wurden im 8. Kapitel dieses Projektberichts dargelegt.

Literaturverzeichnis

Backes, Uwe: Die wichtigsten Personalfunktionen und ihre DV-Unterstützung, in: Co Pers 1996, S. 3–10

Beatty, Randolph P./Zajac, Edward J.: Managerial Incentives, Monitoring, and Risk Bearing: A Study of Executive Compensation, Ownership, and Board Structure in Initial Public Offerings, in: Administrative Science Quaterly, Vol. 39 (1994), S. 313–335

Brandhoff, Jochen: Anreizkompatible Stock Option- Pläne, in: Personal, 1999, S. 222–227

Bullinger, Jörg/Menrad, Wolfram: Entgeltgestaltung von Gruppenarbeit, in: Personalwirtschaft, 2001, S. 29–35

Datzmann, Peter: Stock Options. Nicht immer kommt nur Freude auf, in: Personal, 2001, S. 636–637

Edeling, Thomas: Einführung: Der Neue Institutionalismus in Ökonomie und Soziologie, in: *Edeling, Thomas/Jann, Werner/Wagner, Dieter* (Hrsg.): Institutionenökonomie und Neuer Institutionalismus. Überlegungen zur Organisationstheorie, Opladen 1999

Edeling, Thomas: Economic and Sociological Institutionalism in Organization Theory. Two Sides of the same Coin?, in: Journal of Institutional and Theoretical Economics, Vol. 154 (1998), S. 7–15

Eyer, Eckhard/Weber, Thomas: Leistungsbeurteilung bei Gruppenarbeit. Kombination aus Selbst- und Fremdbeurteilung, in: Personal, 2000, S. 74–79

Frey, Bruno S.: Markt und Motivation. Wie ökonomische Anreize die (Arbeits)Moral verdrängen, München 1997

Grawert, Achim: Die Unterstützungskasse als arbeitnehmerfinanzierte Altersversorgung. in: Personal, 2000, S. 556–560

Hoff, Andreas: Langzeitkonten heute und morgen. Ergebnisse einer Betriebsumfrage. in: Personalführung, 2001, S. 50–53

Hölscher, Carsten/Sauerbom, Guido: Aktienoptionen. Trends aus den USA, in: Personal, 2000, S. 524–527

Hornstein, Elisabeth von/Rosenstiel, Lutz von: Ziele vereinbaren – Leistung bewerten, München 2000

Langner, Sabine/Bursee, Michael F.: Aktienoptionsprogramme als wertorientierter Vergütungskomponente, in: Personal, 2000, S. 530–534

Miller, Susan J./Hickson, David J./Wilson, David C.: Decision-Making in Organizations, in: *Clegg, Steward J./Hardy, Cynthia/Nord, Walter R.:* Handbook of Organization Studies, London u.a. 1996, S. 293–312

Olson, Mancur: Die Logik des kollektiven Handelns. Kollektivgüter und die Theorie der Gruppen, 4. Aufl., Tübingen 1998

Pratt, John W./Zeckhauser, Richard J.: Principals and Agents. An Overview, in: dies.: Principals and Agents. The Structures of Business, Boston 1985, S. 1–35

Rappaport, Alfred: Creating Shareholder-Value. The new standard of business performance, New York 1985

Scholand, Markus: Mitarbeiterbeteiligung auf neuen Wegen? München, Mering 2001

Wagner, Dieter: Cafeteria-Systeme in Deutschland. Überlegungen zur praktischen Anwendung, in: Personal, 1982, S. 234–238

Wagner, Dieter: Organisation, Führung und Personalmanagement. Neue Perspektiven durch Flexibilisierung und Individualisierung, 2. Aufl. – Freiburg i. Br. 1991

Wagner, Dieter: Ansätze einer systematischen und integrierten Vergütungspolitik, in: Personalführung, 2001a, S. 22–28

Wagner, Dieter: Zielvereinbarungen, Balanced Scorecard und erfolgsabhängige Vergütung, in: Personal, 2001b, S. 766–767

Wagner, Dieter/Grawert, Achim/Langemeyer, Heiner: Cafeteria-Systeme als Möglichkeit der Flexibilisierung und Individualisierung von Entgeltbestandteilen für Führungskräfte, in: Betriebswirtschaftliche Forschung und Praxis (BfuP), Vol. 44 (1992), S. 255–271

Wagner, Dieter/Grawert, Achim/Langemeyer, Heiner: Cafeteria-Modelle. Möglichkeiten der Individualisierung und Flexibilisierung von Entgeltsystemen für Führungskräfte, Stuttgart 1993

Wagner, Dieter/Grawert, Achim/Voigt, Bernd-Friedrich: Flexibilisierung und Individualisierung von Vergütungs- und Arbeitszeitsystemen, in: *Wagner, Dieter/Ackermann, Karl-Friedrich* (Hrsg.): Wettbewerbsorientiertes Personalmanagement, Potsdam 2003, S. 195–207

Wunderer, Rolf/Dick, Petra: Ein Blick in die Zukunft des Personalmanagements, in: Personalwirtschaft, 2000, S. 31–37

Das System der betrieblichen Altersversorgung in Deutschland

Prof. Dr. Achim Grawert

Inhalt

1. Einleitung

Das **Gesamtsystem der Alterssicherung** in Deutschland stützt sich auf drei Bereiche, die auch als die **„drei Säulen der Alterssicherung"** bezeichnet werden:

- die umlagenfinanzierte **gesetzliche Rentenversicherung** als Pflichtversicherung für alle gegen Entgelt abhängig beschäftigten Arbeitnehmer,

- die kapitalgedeckte **private Altersvorsorge/Eigenvorsorge** aus der „Rücklage nicht konsumtiv verwendeter versteuerter Einkommen vor Eintritt in den Ruhestand" und

- die kapitalgedeckte **betriebliche Altersversorgung** als freiwillige Leistung der Arbeitgeber zur Alterssicherung ihrer Arbeitnehmer.

Ziel der Kombination aller drei Säulen der Alterssicherung ist es, zum einem dem Arbeitnehmer einen angemessenen Lebensstandard im Alter oder bei Invalidität zu ermöglichen und zum anderen im Todesfall für Hinterbliebene den Lebensstandard sicherzustellen.

Kaum ein Thema sorgt in der letzten Zeit für ähnlich viele Diskussionen wie die Rentenreform. Im Mittelpunkt stehen die Probleme der gesetzlichen Rentenversicherung, die gekennzeichnet sind durch demographischer Veränderungen, wie Überalterung der Bevölkerung, sinkender Geburtenrate und ansteigender Lebenserwartung sowie der anhaltend hohen Arbeitslosigkeit. Immer weniger Erwerbstätige müssen immer mehr Rentner finanzieren. Die Folgen sind offensichtlich. Entweder sinkt das Rentenniveau oder der Beitragssatz und/oder das Renteneintrittsalter steigt an. Täglich berichten die Medien über Vorschläge zur Reform der bestehenden Sozialsysteme. Der aktuellen Diskussion zur Folge soll ab 2011 das Renteneintrittsalter sukzessive von 65 auf 67 Jahre angehoben werden. Ein so genannter „Nachhaltigkeitsfaktor", der für geringere Rentensteigerungen sorgt, soll sicherstellen, dass die Beiträge zur gesetzlichen Rentenversicherung in Zukunft nicht über 22 % steigen. Der Nachhaltigkeitsfaktor wird die bisherige Rentenformel um das Verhältnis von Rentnern zu Beitragszahlern ergänzen. Trotz dieser Maßnahmen wird das Rentenniveau bis 2030 um ca. 8 % sinken.

Durch die Situation der gesetzlichen Rentenversicherung wächst die **Versorgungslücke** zwischen dem Einkommen in der Aktivphase und der Altersrente. Die Versorgungslücke kann durch Eigenvorsorge und durch betriebliche Versorgungsleistungen geschlossen werden.

Für die **private** Vorsorge kommen unter steuerlichen Gesichtspunkten vor allem **Lebensversicherungen** in Betracht, da dort die Erträge im Alter fast steuerfrei vereinnahmt werden können. Das Alterseinkünftegesetz, das am 1.1.2005 in Kraft trat, vermindert zwar die Steuervorteile für nach dem 31.12.2004 abgeschossene Lebensversicherungen deutlich, da die Aufwendungen dafür nicht mehr als Vorsorgeaufwendungen steuerlich geltend gemacht werden können und Einmalkapitalbeträge, die im Ruhestand ausgezahlt werden, zur Hälfte mit dem persönlichen Steuersatz versteuert werden müssen (vgl. § 20 Abs. 1 Nr. 6 EStG). Dennoch wird die Lebensversicherung nicht zuletzt durch die in diesem Gesetz verankerte Verbesserung der Ertragsanteilsbesteuerung bei laufenden Renten eine äußerst wichtige Form der Alterssicherung bleiben.

Aus Renditegesichtspunkten können jedoch andere Alternativen, wie z.B. Aktien, Immobilien, usw., präferiert werden. Daneben hat der Gesetzgeber mit dem am 11. Mai 2001 verabschiedeten Altersvermögensgesetz (AVmG) die gesetzliche Rentenversicherung um eine private staatlich geförderte Kapitaldeckungskomponente ergänzt, die sog. Riesterrente. Mit diesem Gesetz, das am 1.1.2002 in Kraft trat, startete laut Arbeitsminister *Riester* „das größte Altersvermögensprogramm aller Zeiten". Allerdings ist die Akzeptanz bei der Bevölkerung eher verhalten, da Überbürokratisierung, Komplexität und geringe Rentabilität die Attraktivität dieser Form der Altersversorgung beeinträchtigen. Ob die im Alterseinkünftegesetz beschlossenen Vereinfachungen daran etwas ändern können, bleibt abzuwarten.

Während der **Aufwand für die private Altersvorsorge** i.d.R. aus dem mit dem **Spitzensteuersatz** versteuertem Einkommen stammt, wird die betriebliche Altersversorgung – sowohl arbeitgeberfinanziert als auch aus Entgeltumwandlung – innerhalb bestimmter Grenzen erst im Versorgungsfall besteuert. Da die Steuersätze im Ruhestand im allgemeinen deutlich niedriger sind, können daraus erhebliche Steuervorteile erwachsen. Im übrigen kann die betriebliche Altersversorgung praktisch mit denselben Vorsorgeinstrumenten (Versicherung, Fonds etc.) wie die private ausgestaltet werden. Angesichts der deutschen Arbeitskosten, die heute vor allem durch die hohen Lohnnebenkosten zu den höchsten der Welt gehören, sind die Arbeitgeber aber allein aus Wettbewerbsgründen kaum noch bereit, zusätzliche Mittel für Betriebsrenten einzusetzen. Vielmehr sehen sich die Unternehmen eher in der Situation, den Aufwand für betriebliche Altersversorgung einschränken zu wollen, und ziehen sich von risikobehafteten Systemen, vor allem der Gesamtversorgung oder endgehaltsbezogenen Zusagen aber auch von Leistungszusagen zurück.

2. Grundlagen

Eine **betriebliche Altersversorgung** liegt immer dann vor, wenn dem Arbeitnehmer aus Anlass eines Arbeitsverhältnisses vom Arbeitgeber Leistungen zur Absicherung mindestens eines biometrischen Risikos (Alter, Tod, Invalidität) zugesagt werden und Ansprüche auf diese Leistungen erst mit Eintritt des biologischen Ereignisses fällig werden (§ 1 Abs. 1 Satz 1 BetrAVG). Als Hinterbliebene im Rahmen der betrieblichen Altersversorgung gelten der Ehepartner, der frühere Ehepartner und die Kinder im Sinne des § 32 Abs. 3 und 4 Satz 1 Nr. 1 bis 3 EStG, in Einzelfällen auch der Lebensgefährte. Als Untergrenze für betriebliche Altersversorgungsleistungen gilt im allgemeinen das 60. Lebensjahr. In Ausnahmefällen, wie z.B. bei Piloten, können schon früher Versorgungsleistungen gewährt werden.

Betriebliche Altersversorgung können nicht nur Arbeiter und Angestellte einschließlich der Auszubildenden erhalten, sondern auch Personen, die nicht Arbeitnehmer sind, wenn ihnen Leistungen aus Anlass ihrer Tätigkeit für das Unternehmen zugesagt worden sind, z.B. Aufsichtsräte oder freiberuflich für ein Unternehmen tätige. Ob und unter welchen Bedingungen Gesellschafter-Geschäftsführern eine betriebliche Altersversorgung gewährt werden kann, zeigt Teil II des Abschnittes über betriebliche Altersversorgung.

Nicht um **betriebliche Altersversorgung** handelt es sich, wenn zwischen dem Arbeitnehmer und Unternehmen die Vererblichkeit der Anwartschaften vereinbart ist. Auch Vereinbarungen, nach denen der Arbeitslohn gutgeschrieben und ohne Abdeckung eines biometrischen Risikos zu einem späteren Zeitpunkt, z.B. zur Finanzierung eines Langzeiturlaubs oder bei Ausscheiden aus dem Unternehmen ausgezahlt wird, gehören nicht in den Bereich der betrieblichen Altersversorgung. Ebenfalls nicht als betriebliche Altersversorgung gelten Vereinbarungen, bei denen von vornherein eine Abfindung der Versorgungsanwartschaft, z.B. zu einem bestimmten Ereignis, vereinbart ist.

Die Versorgungszusage über eine betriebliche Altersvorsorge kann auf verschiedenen **vertraglichen Grundlagen** basieren:

(1) Einzelvertrag,

(2) Gesamtzusage oder

(3) Kollektivzusage.

Eine **einzelvertragliche Zusage** über eine betriebliche Altersversorgung kommt in der Regel durch ein Angebot des Arbeitgebers und Annahme des Arbeitnehmers zu Stande und unterliegt den zivilrechtlichen Grundsätzen des Vertragsrechtes. Bei der arbeitnehmerfinanzierten Altersversorgung kommt noch eine Gehaltsverzichtsver-

einbarung als Finanzierungsgrundlage hinzu. Für die Zusage gibt es keine Form-
vorschriften. Zur steuerlichen Rückstellungsbildung ist jedoch die Schriftform erforderlich, die für Versorgungszusagen gegen Entgeltverzicht ohnehin aus Gründen
der Rechtssicherheit geboten scheint.

Von einer **Gesamtzusage** oder Pensionsordnung spricht man dann, wenn allen Arbeitnehmern oder genau bezeichneten Gruppen von Arbeitnehmern nach einheitlichen Grundsätzen (Pensionsordnung) eine Pensionszusage erteilt wird. Diese
Ordnung wird veröffentlicht, z.B. am Schwarzen Brett ausgehängt oder jedem Arbeitnehmer einzeln ausgehändigt. Die Richtlinien werden automatisch Bestandteil
der einzelnen Arbeitsverträge, wenn nicht innerhalb eines bestimmten Zeitraumes
widersprochen wird. Die Unterschrift des Betriebsrats unter die Ruhegeldordnung
ändert an diesem Charakter im Allgemeinen nichts. Für die arbeitnehmerfinanzierte Form der betrieblichen Altersversorgung hat eine Pensionsordnung nur insoweit
Bedeutung, als darin die Bedingungen für die Versorgungszusage gegen Entgeltverzicht, wie z.B. der Rechnungszinsfuß oder der Durchführungsweg festgelegt
werden kann.

Von einer **Kollektivzusage** wird gesprochen, sofern die Versorgungszusage in einer
Betriebsvereinbarung, einem Tarifvertrag oder einer Besoldungsordnung vereinbart
worden ist. Diese Vereinbarung ergänzt die individuell abgeschlossenen Arbeitsverträge, indem der Arbeitnehmer einen verbindlichen Rechtsanspruch erhält. Bei
der arbeitnehmerfinanzierten Variante kann z.B. der Inhalt einer solchen Kollektivzusage darin bestehen, dass die Arbeitnehmer statt einer Gehaltserhöhung eine entsprechende Anwartschaft auf eine betriebliche Altersversorgung erhalten oder die
Modalitäten des Gehaltsverzichtes und der korrespondierenden Pensionszusage
auf diese Weise festgelegt werden. Die Schriftform ist zwingend erforderlich (§ 77
Abs. 2 BetrAVG), damit die Vereinbarung zivilrechtliche Wirkung erlangen kann.
Das Unternehmen, das durch eine Kollektivzusage verpflichtet wurde, muss die
schriftliche Bekanntmachung der Pensionsordnung in geeigneter Form nachweisen
(R 41 Abs. 7 Satz 3 EStR).

3. Betriebliche Altersversorgung aus Entgeltumwandlung (Deferred Compensation)

3.1 Begriff

Bei der **betrieblichen Altersversorgung durch Entgeltumwandlung** (Deferred Compensation) verzichtet der Arbeitnehmer auf künftige, d.h. noch nicht erdiente, Entgeltansprüche und erhält nach § 1 Abs. 2 Nr. 3 BetrAVG dafür eine **wertgleiche Anwartschaft** auf Versorgungsleistungen. Dies gilt auch, wenn der Arbeitnehmer
Beiträge aus seinem Arbeitsentgelt zur Finanzierung von Leistungen der betrieblichen Altersversorgung an einen Pensionsfonds, eine Pensionskasse oder eine Direktversicherung leistet und die Zusage des Arbeitgebers auch die Leistungen aus
diesen umfasst (§ 1 Abs. 2 Nr. 4 BetrAVG).

3.2 Vertragliche Grundlagen

Grundlage der arbeitnehmerfinanzierten Altersversorgung ist eine vertragliche Vereinbarung zwischen Unternehmen und Mitarbeitern, für künftige Perioden des Arbeitsverhältnisses den Anspruch des Arbeitnehmers auf Barlohn zu reduzieren und zum Ausgleich dazu eine wertgleiche Anwartschaft auf Versorgungsleistungen zu erteilen.

Damit sind unabhängig vom gewählten Durchführungsweg **drei Vertragsbestandteile** unverzichtbar (vgl. § 1 Abs. 2 Nr. 3 und Nr. 4 BetrAVG):

(1) Die vertragliche Vereinbarung zur **Herabsetzung der Barbezüge** für künftige, vertraglich noch regelbare Abschnitte des Arbeitsverhältnisses[1];

(2) die Absicherung mindestens eines biometrischen Risikos, also Erreichen der Altersgrenze, Tod oder Invalidität (vgl. o.g. BMF – Schreiben vom 17.11.2004[2], um als Altersversorgung anerkannt zu werden;

(3) die Begründung einer „wertgleichen Anwartschaft".

Geschäftsgrundlage ist der vertragliche Austausch eines Wertäquivalentes zwischen Bar- und Versorgungslohn, d.h. der Gesamtvergütungsrahmen soll grundsätzlich unverändert bleiben. Gemäß dem o.g. Schreiben des BMF vom 5.8.2002[2] ist eine Gehaltsumwandlung steuerlich auch dann als betriebliche Altersversorgung anzuerkennen, wenn die **Wertgleichheit** außerhalb versicherungsmathematischer Grundsätze berechnet wird. Vielmehr sind auch Vereinbarungen zwischen Arbeitgeber und Arbeitnehmer möglich, die jenseits versicherungsmathematischer Äquivalenz eine nach billiger Anschauung näherungsweise Wertgleichheit aufweisen. So kann z.B. als Leistung im Todesfall mindestens der Verzichtsbetrag zuzüglich einer bis dahin erzielten Verzinsung als „wertgleich" gelten. Damit nähern sich die Möglichkeiten der arbeitnehmerfinanzierten Altersversorgung dem Konstrukt eines reinen „Sparvertrages" mit Auszahlung des angesparten Kapitals nebst der vereinbarten Zinsen bei Erreichen der Altersgrenze (vgl. *Ebinger/Grawert/Knoll* 2001)[2]. Mindestanforderung an das Gebot der Wertgleichheit ist, dass die Summe der Gehaltsverzichte, abzüglich der Risikogebühren für eventuelle Todesfall- oder Invaliditätsabsicherungen, jedoch ohne Verzinsung, zugesagt werden. Dieses Wertgleichheitsgebot ist explizit für die sog. Beitragszusagen mit Mindestleistung nach § 1 Abs. 2 Nr. 2 BetrAVG definiert und gilt damit m.E. auch analog für Leistungszusagen (vgl. *Höfer* 2001; S. 1146 f.).

Für die **Lohnsteuerfreiheit** der Verzichtsbeträge ist weiterhin notwendig, dass die Vertragsgestaltung sicherstellt, dass nicht bereits erhaltene Vergütungen wiederein-

---

[1] Bei einer solchen Herabsetzung des künftigen Arbeitslohnes ist es unschädlich, wenn bisherige ungekürzte Arbeitslohn weiterhin Bemessungsgrundlage für künftige Erhöhungen des Arbeitslohnes oder anderer Arbeitgeberleistungen (z.B. Tantieme, Weihnachtsgeld, Jubiläumszuwendungen) bleibt (vgl. BMF-Schreiben vom 17.11.2004 IV C 4 – S 2222–177/04/IV C 5 – S 2333–269/04).

[2] Dies kann den Arbeitgeber jedoch nicht davon entbinden, bei der Bilanzerstellung den Rückstellungen einen möglichst objektiven Wert beizumessen. Wegen der zwangsweisen Berücksichtigung mindestens eines biometrischen Risikos für steuerlich anerkannte Abreden ist eine Wertobjektivierung jedoch nur durch versicherungsmathematische Verfahren gewährleistet.

gezahlt werden oder bereits erdiente Lohnansprüche im Unternehmen verbleiben. Aus Vereinfachungsgründen wird die Entgeltumwandlung auch dann steuerlich anerkannt, wenn die entsprechende Gehaltsänderungsvereinbarung bereits vereinbarte, aber zum Zeitpunkt der Zusage noch nicht fällige Ansprüche umfasst (vgl. BMF-Schreiben vom 17.11.2004 IV C 4 – S 2222–177/04/IV C 5 – S 2333–269/04). Daher kann auch ein anteilig im Verlauf des Jahres erdientes 13. Monatsgehalt am Ende eines Jahres für Deferred Compensation genutzt werden. Geeignet scheint die aufgeschobene Vergütung daher besonders dann, wenn sie anstelle von variablen Vergütungsanteilen, wie z.b. Erfolgsbeteiligungen, Boni oder Prämien, vereinbart wird.

3.3 Anspruch des Arbeitnehmers

Die Form der betrieblichen Altersversorgung aus Entgeltumwandlung wurde erstmals in Deutschland im Jahre 1995 durch einen Erlass des Finanzministeriums Nordrhein-Westfalen sanktioniert und fand vor allem bei **Direktzusagen** im außertariflichen Bereich starken Zuspruch. Bis zum 31.12.2001 beruhte die Entgeltumwandlung auf freiwilligen Vereinbarungen zwischen Arbeitgeber und Arbeitnehmer. Nach § 1a Abs. 1 Satz 1 BetrAVG steht ab dem 1.1.2002 jedem Arbeitnehmer, der in der gesetzlichen Rentenversicherung versichert ist, das **Recht** zu, jährlich einen Entgeltanteil bis zu 4 % der jeweiligen Beitragsbemessungsgrenze in der gesetzlichen Rentenversicherung für betriebliche Altersversorgung – unter Beachtung des Wertgleichheitsgebotes – umwandeln zu dürfen. Bei dem Recht auf Entgeltumwandlung werden Entgeltumwandlungsvereinbarungen, die bereits bestehen, angerechnet.

Gemäß § 1a Abs 1 Satz 2 BetrAVG wird die **Durchführung des Entgeltumwandlungsanspruches** durch Vereinbarung geregelt. Dafür steht jeder der fünf Durchführungswege (siehe nächsten Abschnitt) offen, jedoch kann der Arbeitgeber die konkrete Wahl des Pensionsfonds, der jeweiligen Pensionskasse oder des Trägers der Direktversicherung durchsetzen, wenn er diese Versorgungsträger für die Zwecke der Entgeltumwandlung anbietet. Bietet der Arbeitgeber keinen der Durchführungswege an, hat der Arbeitnehmer **Anspruch auf den Abschluss einer Direktversicherung**.

Der Arbeitnehmer kann von seinem Arbeitgeber gem. § 1a Abs. 3 BetrAVG verlangen, dass bei der Umsetzung der Entgeltumwandlung über einen Pensionsfonds, eine Pensionskasse oder eine Direktversicherung die Voraussetzungen für die **Förderung nach § 10a EStG i.V. mit § 82 Abs. 2 EStG – der Riesterrente** – erfüllt werden. Damit wird die Förderung der betrieblichen Altersversorgung der privaten Vorsorge angeglichen. Der Entgeltumwandlungsbeitrag muss dann zunächst einmal individuell versteuert und verbeitragt werden, um den Förderungsvoraussetzungen nach § 82 Abs. 2 EStG zu genügen. Das bedeutet, dass auch der Arbeitgeber seinen Sozialversicherungsbeitragsanteil auf den Entgeltumwandlungsbeitrag zahlen muss. Die Gestaltung als **betriebliche** Altersversorgung dürfte jedoch für die meisten Arbeitnehmer günstiger sein als die Förderung durch Zulagen und Sonderausgabenabzug nach § 10a EStG.

Wenn der Arbeitnehmer mit der konkreten Wahl des Durchführungsweges durch den Arbeitgeber nicht einverstanden ist, kann er also auf die Entgeltumwandlung verzichten und stattdessen die Förderung der **privaten Altersvorsorge** im Rahmen des § 10a EStG nutzen. Dabei kann die Förderung nach § 10a EStG i.V. mit § 82 Abs. 2 EStG jedoch nur alternativ, d.h. unternehmensextern oder über die betriebliche Alterversorgung, in Anspruch genommen werden.

3.4 Tarifvorbehalt

Dies wird zumindest immer dann die einzige Alternative sein, wenn der entsprechende Tarifvertrag, dem der Arbeitnehmer unterliegt, eine Entgeltumwandlung nicht zulässt. Denn § 17 Abs. 5 BetrAVG bestimmt, dass Entgeltansprüche aus einem Tarifvertrag nur dann in Altersversorgung umgewandelt werden dürfen, wenn ein Tarifvertrag dies so vorsieht oder doch zumindest zulässt **(Tarifvorbehalt)**. Dies bedeutet im Umkehrschluss, dass ein tarifgebundener Arbeitnehmer seinen gesetzlichen Entgeltumwandlungsanspruch dann nicht geltend machen kann, wenn er nur Tarifeinkommen bezieht und der Tarifvertrag keine Entgeltumwandlung vorsieht bzw. über eine Öffnungsklausel zulässt. Im Hinblick auf übertarifliche Einkommen oder zusätzliche übertarifliche Prämien, Erfolgsbeteiligungen oder anderen leistungsbezogene Vergütungen kann der Arbeitnehmer aber seinen Entgeltumwandlungsanspruch verwirklichen.

Ebenso darf ein nicht tarifgebundener Arbeitnehmer den gesetzlichen Entgeltumwandlungsanspruch nutzen und zwar auch dann, wenn sein Arbeitgeber tarifgebunden ist. Letzteres wird wohl dazu führen, dass die Tarifparteien über kurz oder lang durch **Öffnungsklauseln** Entgeltumwandlung auch im Tarifbereich zulassen. Eine Blockadehaltung würde nämlich den tarifgebundenen Arbeitnehmer im Vergleich zu seinem nicht tarifgebundenen Kollegen benachteiligen (vgl. *Höfer* 2001, S. 1149).

Insgesamt ist daher bei allen Mitarbeitergruppen mit einer Ausdehnung der Möglichkeit von Deferred Compensation sowohl in der eigentlichen Form der Direktzusage vor allem aber auch in den indirekten Formen der Pensionskasse, der Direktversicherung und des Pensionsfonds zu rechnen. Dabei wird Deferred Compensation in Form der Direktzusage vorrangig im außertariflichen, vor allem im Führungskräftebereich seine hohe Attraktivität entfalten können, da dort zum einen weder tarifliche Hemmnisse noch Sozialversicherungsaspekte beachten werden müssen und zum anderen – und dies dürfte das wichtigste Argument sein – die steuerlichen Vorteile im **Bereich hoher Progressionsstufen am eindrucksvollsten** sind.

4. Zusagearten

In der Vergangenheit kannte das BetrAVG ausschließlich **Leistungszusagen** – d.h. betriebliche Altersversorgung liegt per Definition gemäß § 1 Abs. 1 BetrAVG nur vor, wenn der Arbeitgeber eine Leistung zusagt. Für diese Leistungszusage bei Eintritt des Versorgungsfalles muss der Arbeitgeber auch haften, wenn bei Einschaltung externer Versorgungsträger die Leistungsverpflichtung mit dem dort angesammelten Kapital und dem hieraus erwirtschafteten Ertrag nicht erfüllt werden kann (vgl. § 1 Abs. 1 Satz 3 BetrAVG). Dieser Fall war bisher nur theoretischer Natur, da die strengen Kontrollen der Versicherungsaufsicht für die externen Versorgungsträger Pensionskasse und Direktversicherung ein solches Risiko minimieren.

Bei der so genannten **„beitragsorientierte Leistungszusage"** (§ 1 Abs. 2 Nr. 1 BetrAVG) steht nicht nur eine bestimmte Leistung im Vordergrund, sondern auch die vom Arbeitgeber aufzubringende Prämie bzw. der anfallende Versorgungsaufwand, aus dem eine nach versicherungsmathematischen Grundsätzen berechnete Leistung im Versorgungsfall resultiert. Im Gegensatz zur Leistungszusage wird hierbei dem Arbeitnehmer nicht mehr die Leistung an sich zugesagt, sondern ein definierter Betrag, den der Arbeitgeber aufwenden will. Aus diesem Betrag errechnet sich die Leistung für den Arbeitnehmer. Ein klassisches Beispiel hierfür ist die arbeitnehmerfinanzierte Direktversicherung.

Die mit dem AVmG eingeführte **„Beitragszusage mit Mindestleistung"** gemäß § 1 Abs. 2 BetrAVG stellt die Haftung für eine zugesagte Leistung auf eine kalkulierbare Grundlage. Durch die Beitragszusage mit Mindestleistung wird die Zahlung der Beiträge an einen Pensionsfonds, eine Pensionskasse oder eine Direktversicherung (vgl. auch *Knoll* 2003; *Wellisch/Schwinger/Mühlberger* 2003)[3] eine eigenständige, vom Arbeitnehmer auch selbständig einklagbare Verpflichtung des Arbeitgebers. Daneben muss der Arbeitgeber mindestens die Summe der gezahlten Beiträge, soweit sie nicht rechnungsmäßig für einen biometrischen Risikoausgleich verbraucht wurden, garantieren (Mindestleistung). Aber auch, wenn Beiträge ordnungsgemäß geleistet wurden, der externe Versorgungsträger die Mittel aber nicht mehr verfügbar hat, sondern sie z.B. eine Fehlspekulation verbraucht hat, haftet der Arbeitgeber für diese Beträge. Damit handelt es sich insoweit auch um eine Leistungszusage bzw. um einen Unterfall der Leistungszusage (vgl. *Langohr-Plato* 2003, S. 661). Dies gilt für arbeitgeberfinanzierte Zusagen genauso wie für Zusagen aus Entgeltumwandlung. Mit dieser Form der Beitragszusage erfüllt der Gesetzgeber im Wesentlichen den Wunsch der Wirtschaft, die Haftung des Arbeitgebers auf die Beitragszahlungspflicht begrenzen zu dürfen, wobei er allerdings auch nach der Zahlung der Beiträge eine Haftung in Höhe der Summe der geleisteten Beiträge (abzüglich der Anteile, die für einen biometrischen Risikoausgleich verwendet wurden) im Versorgungsfall vorschreibt. Während eine Inanspruchnahme aus dieser Haftung bei der Pensionskasse und der Direktversicherung wegen der strengen Restriktionen bei der Anlage der Beiträge äußerst unwahrscheinlich ist, ist das Fehlen des ausreichenden Deckungskapitals bei einem Pensionsfonds, dessen Anlagegrundsätze auch risikoreichere Investitionen – z.B. in Aktien – in einer höheren Quote zulässt, durchaus möglich.

Im folgenden sollen die einzelnen Durchführungswege unter Beachtung der Änderungen des Altersvermögensgesetzes (AVmG) kurz erläutert werden, wobei hier der steuerlichen Behandlung vor allem aus Arbeitnehmersicht stärkere Beachtung geschenkt wird (vgl. im folgenden häufig *Grawert* 2002, S. 45 ff.).

---

[3] Obwohl der Gesetzgeber in § 1 Abs. 2 Nr. 2 BetrAVG die Beitragszusage auf die drei genannten Durchführungswege beschränkt hat, bei denen tatsächlich Beiträge des Arbeitgebers gegen Gewährung eines Rechtsanspruches geleistet werden, ist nicht ganz unumstritten, ob Beitragszusagen nicht auch bei Direktzusagen möglich sind.

5. Durchführungswege

Der Arbeitgeber kann bei der Gestaltung der betrieblichen Altersversorgung grundsätzlich, d.h. vorbehaltlich tariflicher Regelungen und Restriktionen, auch nach der Novellierung der Altersvorsorge frei zwischen verschiedenen – direkten oder indirekten – Durchführungswegen wählen. Bei der **direkten Durchführung** ist der Arbeitgeber selbst Träger der betrieblichen Altersversorgung, d.h. er erbringt die zugesagten Leistungen ohne Einschaltung eines selbständigen Versorgungsträgers. Daher die Bezeichnung **Direktzusage**.

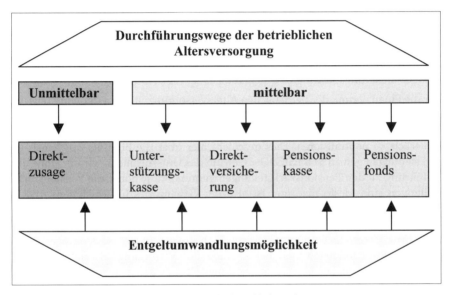

Abb. 1: Durchführungswege der betrieblichen Altersversorgung

Bei allen anderen Durchführungswegen werden im Versorgungsfall die Leistungen nicht vom Unternehmen selbst, sondern mittelbar von dritten Institutionen – **Pensions- und Unterstützungskassen, Lebensversicherern und als neueren Durchführungsweg auch von Pensionsfonds** – erbracht. Der Arbeitgeber ist dem Versorgungsberechtigten nur indirekt verpflichtet.

5.1 Die Direktzusage

Direktzusagen (Pensions- bzw. Versorgungszusage) sind die bestimmende Form der betrieblichen Altersversorgung. Weit mehr als die Hälfte des Deckungskapitals der gesamten betrieblichen Altersversorgung entfällt auf diese Gestaltungsform. Eine Direktzusage liegt vor, wenn der Arbeitgeber sich verpflichtet, bei Eintritt des Versorgungsfalles die **Versorgungsleistungen aus dem Unternehmensvermögen** unmittelbar zugunsten des Berechtigten zu erbringen. Der Anspruchsberechtigte erhält bei Eintritt des Versorgungsfalles einen direkten Anspruch an das Unternehmen auf Erbringung der Leistung. Eine Pensionszusage kann Leistungen wegen Erreichens der **Altersgrenze**, wegen **Invalidität** (Invalidenrente) oder **Tod** (Hinterbliebenenrente) vorsehen. Die Versorgungsleistungen können als Rente (lebenslänglich oder auf Zeit) sowie als ein- oder mehrmalige Kapitalleistung erbracht werden.

Das erforderliche **Deckungskapital** wird bei der Direktzusage bis zum Eintritt des Versorgungsfalles weitgehend steuermindernd angesammelt (**Anwartschaftsfinanzierung**). Es kann vom Unternehmen bis zu dessen Ende – während der Rentenlaufzeit stufenweise verkürzt – als Fremdkapitalersatz genutzt werden, falls es keine Rückdeckung der Versorgungsanwartschaft vornimmt. Durch eine **Rückdeckungsversicherung** kann sich das Unternehmen gegen wirtschaftliche Risiken aus Versorgungszusagen absichern. Dies erfordert jedoch Prämienzahlungen für die Rückdeckungsversicherung, die den Liquiditätsvorteil aus den Pensionsrückstellungen wieder aufhebt.

Die Versorgung durch eine Direktzusage ist durch eine gesetzlich vorgeschriebene **Insolvenzsicherung** über den Pensions-Sicherungs-Verein auf Gegenseitigkeit (PSVaG) sicherungspflichtig und sicherungsfähig (vgl. Abschnitt 7).

Für die Finanzierung der betrieblichen Altersversorgung in Form der Direktzusage spielt die Möglichkeit eine große Rolle, die Ansammlung des Deckungsbeitrages während der Dienstzeit des Berechtigten durch entsprechende Betriebsausgaben steuerlich zu neutralisieren. Dies geschieht hier über die Bildung von **Pensionsrückstellungen** gemäß § 6a EStG. Der Gewinn des Unternehmens wird in Höhe der Zuführung zu den Pensionsrückstellungen vermindert. Je höher die Pensionsrückstellungen sind, desto niedriger ist also der Gewinn des Unternehmens und je weniger Steuern muss das Unternehmen zahlen. Im Hinblick auf den Ansatz von Pensionsrückstellungen in der Handelsbilanz und in der Steuerbilanz gibt es beträchtliche Unterschiede. Die steuerliche Entlastungswirkung ist zeitlich befristet, denn die Rückstellungen sind bei Zahlung der Versorgungsleistung gewinnerhöhend aufzulösen. Die Versorgungsleistung selbst ist demgegenüber als Betriebsausgabe abzusetzen.

Für den **Wert der Pensionszusage** an einem bestimmten Bilanzstichtag und damit für die Höhe der Pensionsrückstellungen ist der Barwert der Versorgungsleistungen ausschlaggebend. Der Barwert einer Pensionszusage entspricht genau dem Kapital, das nötig ist, um am Ende der Laufzeit – eine bestimmte Verzinsung des Kapitals unterstellt – die zur Versorgung notwendigen Mittel erwirtschaftet zu haben. Bei einem Rechnungsinsfuß von 6 % entspricht der Barwert einer Pensionsleistung von 10.600 EUR ein Jahr vor der Zusage demnach genau 10.000 EUR (10.000 + 6 % Zins = 10.600 EUR) zwei Perioden vorher 9.433,96 EUR usw.

Dieser **Barwert** und damit die Höhe der Pensionsrückstellungen hängt also von der Höhe der Versorgungszusage und der Anzahl der Perioden bis zum Eintritt des Versorgungsfalles ab. Je kürzer die Zeit bis zur Versorgungszusage ist, je näher rückt der Barwert an den Wert der Pensionszusage.

Die Pensionsrückstellungen werden in der Steuerbilanz mit dem sog. Teilwert der Pensionsverpflichtung[4] angesetzt, müssen jedoch bei Zusagen aus Entgeltumwand-

---

[4] Dieses Verfahren verlangt die Verteilung der Gesamtlast der Pensionszusage über den Finanzierungszeitraum vom Firmeneintritt des Arbeitnehmers bis zum Erreichen der Alters-

lungen mindestens dem Barwert der gemäß den Vorschriften des Gesetzes zur betrieblichen Altersversorgung unverfallbaren künftigen Pensionsleistungen am Schluss des Wirtschaftsjahres entsprechen. Dabei ist ein Abzinsungsfaktor in Höhe von 6 % vorgeschrieben, wobei die biometrischen Risiken über versicherungsmathematische Wahrscheinlichkeiten, die aus den sog, „Sterbetafeln" zu entnehmen sind, in die Berechnung des erwarteten Barwertes einfließen. Der Gesetzgeber lässt nun – d.h. seit dem Inkrafttreten des AVmG am 1.1.2002 – die **Aufwandsverrechnung des Umwandlungsbetrages** grundsätzlich in voller Höhe zu (§ 6a Abs. 2 Nr. 1, letzter Halbsatz EStG i.V. mit Abs. 3 Satz 2 Nr. 1 Satz 1, letzter Halbsatz und Satz 6 EStG), wenn die Versorgungsleistungen mit dem gesetzlichen Rechnungszinsfuß von 6 % des § 6a EStG kalkuliert werden. Um Pensionsrückstellungen bilden zu können, muss der Arbeitnehmer das Alter von 28 Jahren erreicht haben (§ 4d Abs. 1 EStG). Pensionsrückstellungen können nur für Versorgungszusagen geltend gemacht werden, sofern die Gesamtversorgung, d.h. Betriebsrenten und gesetzlicher Rentenanspruch, 75 % der letzten Aktivbezüge[5] nicht überschreiten.

Für das Unternehmen ergibt sich aus der Versorgungszusage – sofern mit dem Kapital aus dem Entgeltverzicht die zugesagte Verzinsung erwirtschaftet wird – vor allem eine Belastung durch die dafür erforderlichen **administrativen Tätigkeiten**. Dazu gehören die Bereitstellung der Daten für die Bilanzierung, die Information und Kontrolle während der Anwartschaft und die mit der Auszahlung der Leistungen im Versorgungsfall verbundenen Verpflichtungen. Bei Rückdeckung durch eine Lebensversicherung können die meisten dieser Verpflichtungen vom Versicherungsunternehmen übernommen werden.

Aus der Sicht des **versorgungsberechtigten Arbeitnehmers** ergeben sich während der **Anwartschaftsphase keinerlei steuerliche Folgen**, da die Zuführungen des Arbeitgebers zu den Pensionsrückstellungen nicht dem Arbeitslohn des Arbeitnehmers zuzurechnen sind. Beim Versorgungsberechtigten zählen die **Versorgungsleistungen** unabhängig davon, ob es sich um einmalige oder laufende Bezüge handelt, als „andere Bezüge und Vorteile aus früheren Dienstleistungen" (§ 19 Abs. 1 Nr. 2 EStG) zu den **Einkünften aus nichtselbständiger Tätigkeit** und müssen voll versteuert werden. Mit Erreichung des 63. Lebensjahres (Schwerbehinderte 60. Lebensjahr) bleibt von den Pensionsleistungen unabhängig vom Zahlungsmodus ein Teilbetrag von 40 %, höchstens jedoch 3.072 EUR, der ab 2005 bis 2040 sukzessive auf 0 reduziert wird, im Kalenderjahr steuerfrei (vgl. § 19 Abs. 2 EStG). Dieser **Versorgungsfreibetrag** wird bei Rentenzahlungen jährlich, bei Kapitalleistungen jedoch nur einmal im Jahr des Zahlungsflusses berücksichtigt. Bis zum 31.12.2004 ist der Arbeitnehmer-Pauschbetrag von 972 EUR nach § 9a Abs. 1 Nr. 1 EStG abzugsfähig. Ab dem 1.1.2005

---

grenze. Das bedeutet, dass die zugesagte Leistung nicht nur abgezinst wird, sondern der Barwert auch auf die gesamte Laufzeit verteilt wird. Es wird von der Vorstellung ausgegangen, dass der Arbeitnehmer jedes Jahr einen Anspruch auf einen quotalen Teil der Altersversorgung erwirbt.

[5] Diese 75 %-Grenze für die Anerkennung der Pensionsrückstellungen bildet damit gleichzeitig die Höchstgrenze für eine Direktzusage. Dabei bleiben jedoch Ansprüche aus Entgeltumwandlung ab dem 1.1.2005 unberücksichtigt. Auch die sog. Vereinfachungsregel – Aufwendungen des Versorgungsverpflichteten übersteigen nicht 30 % der Stichtagsbezüge – ist letztmalig auf Wirtschaftsjahre anzuwenden, die vor dem 1.1.2005 beginnen. Vgl. BMF-Schreiben vom 3.11.2004 IV B2 – S2176–13/04.

reduziert sich der Pauschbetrag auf 102 EUR pro Jahr. Als Ausgleich dafür wird ein Zuschlag von 900 EUR auf den Versorgungsfreibetrag gewährt, der ebenfalls bis zum Jahr 2040 auf 0 abgeschmolzen wird. Bei einer **Kapitalleistung** bemisst sich die Steuerschuld nach dem fünffachen der gefünftelten Versorgungsleistung (vgl. § 34 Abs. 1 (i.V. mit Abs. 2 Nr. 4) EStG). Das bedeutet, dass der Einmalbetrag so behandelt wird, als ob er über fünf Jahre verteilt ausgezahlt würde; der Steuersatz errechnet sich nur aus der Erhöhung des Gesamteinkommens auf ein Fünftel der Pensionsleistung. Diese Verminderung der Steuerprogression trägt dem Umstand Rechnung, dass es sich bei einer Kapitalleistung um eine Vergütung für eine mehrjährige Tätigkeit handelt.

Arbeitgeberfinanzierte Zusagen sind in der Anwartschaftsphase sozialversicherungsfrei. Aufwendungen für die betrieblichen Altersversorgung, die durch Entgeltumwandlungen finanziert werden, sind nach dem AVmG ab 1.1.2002 nun dem Grunde nach als sozialversicherungspflichtiges Arbeitsentgelt zu behandeln (§ 14 Abs. 1 Satz 2 SGB IV). Innerhalb der Grenze des Entgeltumwandlungsanspruches – bis maximal 4 % der BBG in der Rentenversicherung der Arbeiter und Angestellten (2004: 2.472 EUR) – bleiben sie jedoch sozialversicherungsfrei. Die Befreiung ist befristet bis zum 31.12.2008. Ein Arbeitnehmer kann also in 2004 bis zu 2.472 EUR sozialversicherungsfrei zugunsten einer Direktzusage umwandeln. Für Umwandlungsbeträge, die über der BBG in der Rentenversicherung liegen, spielt die **Sozialversicherungspflicht** nach wie vor keine Rolle.

Im **Versorgungsfall** nach Beendigung der aktiven Tätigkeit fallen lohnsteuerpflichtige Betriebsrenten ebenfalls nicht unter den allgemeinen Arbeitsentgeltbegriff des § 14 SGB IV. Lediglich für die **Kranken- und Pflegeversicherung** sind Einnahmen, die mit der Rente aus der gesetzlichen Rentenversicherung vergleichbar sind (z.B. Betriebsrenten, Kapitalabfindungen laufender Betriebsrenten), nach § 229 Abs. 1 Nr. 5 SGB V und § 57 Abs. 1 SGB XI beitragspflichtig, sofern der Rentner in der gesetzlichen Krankenversicherung pflichtversichert ist und soweit die Beitragsbemessungsgrenze nicht überschritten ist. Auch bei einer Einmal-Kapitalzahlung fallen seit dem 1.1.2004 die vollen Beiträge für die Kranken- und Pflegeversicherung an. Hierbei ist für die Bemessung der Beitragshöhe 1/120 der Kapitalleistung als monatliche Leistung anzusehen. Dieser Beitrag ist monatlich, maximal für zehn Jahre sozialabgabenpflichtig.

Eine **Förderung nach dem AVmG**, d.h. gemäß § 10a EStG i.V. mit § 82 Abs. 2 EStG, durch Sonderausgabenabzug und Zulagen aus verbeitragter und versteuerter Entgeltumwandlung ist bei der Direktzusage nicht möglich.

5.2 Die Unterstützungskasse

Unterstützungskassen sind rechtlich selbständige, mit einem **Sondervermögen** ausgestattete Einrichtungen, die durch einen oder mehrere Arbeitgeber (die sog. Trägerunternehmen) in Form einer GmbH oder eines eingetragenen Vereins errichtet werden können. Aufgabe der Unterstützungskasse ist es, die vom Arbeitgeber zugewendeten Deckungsmittel zu verwalten und bei Eintritt des Versorgungsfalles für das Trägerunternehmen die Leistungen aus betrieblicher Altersversorgung zu erbringen. Dies können Leistungen wegen Erreichen der Altersgrenze, wegen Invalidität oder Tod sein, wobei die Leistungen als lebenslange Rente oder als Einmalbzw. Mehrfachkapitalzahlung gestaltet werden können. Da dabei formal **kein Rechtsanspruch** der Arbeitnehmer auf die Leistungen besteht, werden sie nicht als Versicherungsunternehmen behandelt und unterliegen nicht der Versicherungsaufsicht. Trotzdem hat der Arbeitnehmer gemäß § 1 Abs. 1 Satz 3 BetrAVG im Hinblick auf den Versorgungsanspruch eine **Durchgriffshaftung** auf das zusagende Unternehmen.

Die **Finanzierung** der Unterstützungskassen liegt bei den Trägerunternehmen. Grundsätzlich erfolgt eine Liquiditätsbelastung der Trägerunternehmen zum Zeitpunkt der Zahlung an die Unterstützungskasse. Da die Unterstützungskasse jedoch das Kassenvermögen nach freiem Ermessen anlegen kann, kann der Kassenbestand den Trägerunternehmen gegen eine angemessene Verzinsung zur Verfügung gestellt werden, so dass sich die Liquidität des Trägerunternehmens nicht verschlechtern muss. Die Unterstützungskasse ist von der **Körperschaft- und Gewerbesteuer** im wesentlichen **befreit**, wenn sichergestellt ist, dass der Betrieb der Kasse eine soziale Einrichtung darstellt und ihr Vermögen und ihre Leistungen die steuerlichen Höchstgrenzen nicht überschreiten (§ 6 KStG).

Da die Unterstützungskasse keinen Rechtsanspruch auf die Leistungen gewährt, ist es ihr nicht erlaubt, das Deckungskapital steuerwirksam bereits im Laufe der Anwartschaftsphase anzusammeln. Ihr wird das Deckungskapital für lebenslange Versorgungsleistungen – mit Ausnahme eines nicht unerheblichen Anteils – frühestens zu Beginn des Versorgungsfalles zugewendet (**Kapitaldeckungsverfahren** bzw. **partielles Anwartschaftsverfahren**), anderenfalls kann es vom Trägerunternehmen nicht als Betriebsausgabe steuerlich geltend gemacht werden. Eine Ausnahme besteht nur dann, wenn die Unterstützungskasse eine **Rückdeckungsversicherung** auf das Leben ihrer Leistungsberechtigten abschließt (vgl. *Abbildung 2*). Dann können die dafür zu leistenden Beiträge des Trägerunternehmens unmittelbar als Betriebsausgaben anerkannt werden; bilanzielle Auswirkungen erfolgen nicht. Damit es bei betrieblicher Altersversorgung aus Entgeltumwandlung nicht zu einer ertragsbedingten Erhöhung der Steuerlast des Unternehmens kommt, wird im Normalfall eine Rückdeckung der Unterstützungskasse erfolgen. Dadurch kann der Entgeltverzichtsbetrag im wesentlichen ertragswirksam sofort der Unterstützungskasse zur Verfügung gestellt werden, da die Beiträge zur Rückversicherung als Betriebsausgaben anerkannt werden. Die Zusagen müssen ebenfalls durch den PSVaG gegen Insolvenz gesichert werden. Beiträge dafür können ebenfalls als Betriebsausgaben abgesetzt werden.

Unterstützungskassen unterliegen einer **Leistungsbeschränkung**, aber keiner Beitragsbeschränkung. Gemäß § 3 KStDV i.V.m. § 2 KStDV bestehen für Versorgungszusagen in Rentenform folgende **Höchstgrenzen**: Pro Arbeitnehmer dürfen die Rentenansprüche jährlich maximal 25.769 EUR betragen, jedoch dürfen in 12 % aller Fälle die Grenze bis zu 38.654 EUR jährlicher Rente ausgedehnt werden, wobei für 4 % aller Arbeitnehmer eine unbegrenzte Rentenzusage gewährt werden kann. Solche Grenzen bestehen bei der Direktzusage nicht.

Aus **Arbeitnehmersicht** stellt sich die Unterstützungskasse im Hinblick auf die steuer- und sozialversicherungsrechtliche Situation wie bei der Direktzusage dar. Allerdings können Entgeltumwandlungen weit weniger flexibel gehandhabt werden, da

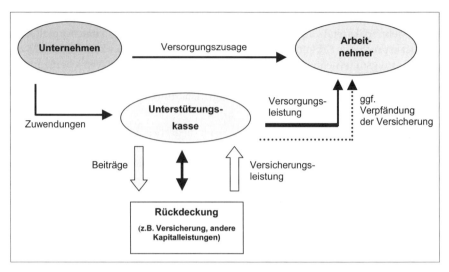

Abb. 2: Rückgedeckte Unterstützungskasse

sich der Arbeitnehmer zu einem laufenden Gehaltsverzicht mit gleichbleibenden oder steigenden Beiträgen bis zu seinem 55. Lebensjahr verpflichten muss (§ 4d Abs. 1c EStG), da sonst die Zuwendungen in Höhe der Versicherungsbeiträge zu einer Rückversicherung nicht als Betriebsausgaben abzugsfähig sind. Einmalige oder zeitlich begrenzte Gehaltsverzichtsvereinbarungen zur Erlangung einer betrieblichen Altersversorgung sind bei der Unterstützungskasse demnach nicht möglich.

Aus Unternehmenssicht stellt die Möglichkeit, auf die **Bilanzierung** der Versorgungszusagen bei dieser Gestaltungsform zu verzichten, einen Vorteil dar. Dies wird gerade von mittelständischen Unternehmen geschätzt, um vor dem Hintergrund von BASEL II bei Kreditaufnahmen nicht zusätzliche Sicherheiten erbringen zu müssen. Von Versicherungsunternehmen wird daher verstärkt die Finanzierung betrieblicher Altersversorgung über versicherungseigene Unterstützungskassen mit Rückdeckung propagiert. Der erhebliche Verwaltungsaufwand im Zusammenhang mit der betrieblichen Altersversorgung wird von den überbetrieblichen Unterstützungskassen übernommen.

5.3 Die Pensionskasse

Pensionskassen sind rechtlich selbständige Versorgungseinrichtungen. Sie gewähren dem Arbeitnehmer oder seinen Hinterbliebenen einen Rechtsanspruch auf die zugesagten Leistungen (§ 1 Abs. 3 BetrAVG). Aus Sicht des Versicherungsrechtes sind sie Lebensversicherungsunternehmen (Rechtsform des Versicherungsvereins auf Gegenseitigkeit). Sie sind in den Grenzen des § 2 KStDV von der Körperschaft- und Gewerbesteuer befreit, sofern die Leistungsbeschränkungen genau wie bei der Unterstützungskasse eingehalten werden. Pensionskassen unterliegen der **Versicherungsaufsicht**, weswegen eine Anlage des Kassenvermögens beim Trägerunternehmen nur sehr eingeschränkt möglich ist und eine zusätzliche Insolvensicherung durch den PSVaG nicht notwendig ist (vgl. Abschnitt 7). Wegen des **äußerst hohen Verwaltungsaufwandes** sind unternehmenseigene Pensionskassen nur für Großunternehmen geeignet. Jedoch bieten die großen Versicherungsunternehmen zunehmend überbetriebliche Pensionskassen an, die für Unternehmen jeglicher Größe geeignet sind.

Der Arbeitgeber zahlt einen Versicherungsbeitrag an eine Pensionskasse. Der **Versorgungsanspruch** des Arbeitnehmers richtet sich dann nicht gegen den Arbeitgeber, sondern direkt **gegen die Pensionskasse**. Dies hat, anders als bei der Direktzusage und der Unterstützungskasse, die Konsequenz, dass die an die Pensionskasse gezahlten Beiträge grundsätzlich lohnsteuerpflichtiges Entgelt des jeweils begünstigten Arbeitnehmers darstellen (Ausnahme: siehe unten). Pensionskassen erhalten ihre Mittel durch Zuwendungen der Trägerunternehmen, Beitragszahlungen ihrer Mitglieder (der Arbeitnehmer als Versicherter) und durch Erträge aus der Vermögensanlage. Leistungen sind im Rahmen der betrieblichen Altersversorgung wegen Erreichens der Altersgrenze, wegen Invalidität (Berufs- und Erwerbsunfähigkeitsrenten oder Tod (Hinterbliebenenrente) oder als lebenslange Renten möglich. Einmalkapitalabfindungen laufender Renten sind ab dem 1.1.2005 gemäß § 3 Abs. 1 BetrAVG nur in ganz geringer Höhe möglich.

Die Zuwendungen des Trägerunternehmens müssen grundsätzlich zu jedem Bilanzstichtag das zur Erfüllung der satzungs- oder geschäftsplanmäßigen Versorgungsleistungen erforderliche **Deckungskapital** bei der Pensionskasse sicherstellen. In dieser Höhe stellen sie beim Trägerunternehmen Betriebsausgaben dar und sind dann ohne weitere Auswirkungen auf dessen **Bilanz**. Die künftigen Versorgungsleistungen werden – anders als bei der Unterstützungskasse – schon im Laufe der aktiven Dienstzeit des Versorgungsberechtigten angesammelt (**Anwartschaftsdeckungsverfahren**).

Für den **Arbeitnehmer** zählen die Ausgaben, die der Arbeitgeber für die Zwecke seiner Zukunftssicherung an die Pensionskasse leistet, zu den **lohnsteuerpflichtigen Einnahmen**, die bereits während der Anwartschaftsphase zu versteuern sind. Nach § 40b EStG kann die Lohnsteuer auf die Zuwendungen an eine Pensionskasse unter bestimmten Bedingungen zu einem **Pauschalsteuersatz** von 20 % (zzgl. Kirchensteuer und Solidaritätszuschlag) abgegolten werden, sofern die jährlichen Zu-

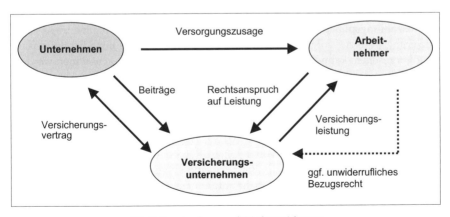

Abb. 3: Pensionskasse und Direktversicherung

wendungen des Arbeitgebers an die in einem Direktversicherungsvertrag gemeinsam versicherten Arbeitnehmer im Durchschnitt 1.752 EUR und im Einzelfall 2.148 EUR nicht überschreiten. Die Beiträge gelten jedoch als sozialversicherungspflichtiges Arbeitsentgelt, wenn die Leistung nicht zusätzlich zu Löhnen und Gehältern gewährt wird (z.B. aus dem 13. Monatsgehalt umgewandelt wird). Diese Sozialversicherungsfreiheit ist für Beiträge aus Gehaltsumwandlung bis zum 31.12.2008 befristet.

Schuldner der Lohnsteuer ist das Unternehmen, doch kann die gesamte finanzielle Belastung durch Vereinbarung einer entsprechenden Gehaltsumwandlung auf den Arbeitnehmer überwälzt werden. Dies ist der Fall, wenn der Arbeitnehmer auf den Teil seines Lohnes verzichtet, der der Summe aus Jahresbeitrag an die Pensionskasse und Pauschalsteuer entspricht. Der wesentliche Unterschied zur **Eigenvorsorge** in Form einer Lebensversicherung liegt dann darin, dass die Vorsorge aus pauschal versteuertem Einkommen geleistet wird. Der steuerliche Vorteil besteht aus der Differenz zwischen dem individuellen Grenzsteuersatz (bei Einkommen unterhalb der Beitragsbemessungsgrenzen zzgl. eventuell anfallender Sozialabgaben) zum Umwidmungszeitpunkt und der Pauschalsteuerbelastung. Darüber hinausgehende Beiträge müssen vom Arbeitnehmer ungemildert versteuert werden.

Während der **Versorgungszeit** rechnen die Leistungen der Pensionskasse – anders als bei Direktzusage und Unterstützungskasse – **nicht mehr zum steuerpflichtigen Arbeitslohn.** Ist eine **Rentenleistung** vereinbart, wird der Ertragsanteil als sonstige Einkünfte i.S.d. § 22 Nr. 1 Satz 3 Buchstabe a EStG steuerpflichtig. Der Ertragsanteil beträgt im Jahr 2004 z.B. zum 65. Lebensjahr 27 % der Rentenzahlung. Nach dem Alterseinkünftegesetz wird der Ertragsanteil ab 2005 erheblich gesenkt. Dies gilt m.E. auch für laufende Rentenleistungen. Einmalkapitalabfindungen aus Verträgen vor dem 1.1.2005 sind steuerfrei, sofern die Laufzeit der Pensionskassenzusage mindestens 12 Jahre beträgt (vgl. § 20 Abs. 1 Nr. 6 EStG).

Ab 1.1.2005 wird die **Möglichkeit der Pauschalversteuerung** durch das Alterseinkünftegesetz **abgeschafft.** Für Zusagen bis zum 31.12.2004 kann die Pauschalbesteuerung allerdings weiterhin bestehen bleiben.

Nach **§ 3 Nr. 63 EStG sind** Beiträge an Pensionskassen steuerfrei, sofern sie im Kalenderjahr insgesamt 4 % der BBG der Arbeiter und Angestellten in der gesetzlichen Rentenversicherung nicht übersteigen und als Zusagen auf lebenslange Renten oder als Auszahlungsplan gemäß § 1 Abs. 1 Satz 1 Nr. 4 des Altersversorgeverträge – Zertifizierungsgesetzes vorgesehen sind. Ist ausschließlich eine Einmalkapitalauszahlung vorgesehen, kann die Steuerbefreiung nicht in Anspruch genommen werden. Die Wahlmöglichkeit einer Kapitalauszahlung anstelle lebenslanger Altersversorgungsleistungen steht der Steuerfreiheit der Beiträge nicht entgegen (vgl. BMF-Schreiben vom 17.11.2004 IV C 4 – S 2222–177/04/IV C 5 – S 2333–269/04. In diesem Rahmen sind die Beiträge auch – allerdings befristet bis zum 31.12.2008 – sozialabgabenfrei (vgl. § 2 Abs. 2 Nr. 5 ArEV). Als Ausgleich für den Fortfall der Pauschalbesteuerung in Höhe von 1.752 EUR wird der **steuerfreie Höchstbetrag** gemäß § 3 Nr. 63 EStG von 4 % der Beitragsbemessungsgrenze um einen **Festbetrag in Höhe von 1.800 EUR** im Kalenderjahr aufgestockt. Diese Erhöhung der steuerfreien Altersversorgungsbeiträge gilt allerdings nur für Zusagen, die vom Arbeitgeber nach dem 31.12.2004 erteilt wurden und sofern § 40b EStG nicht gleichzeitig in Anspruch genommen wird. Dadurch soll den großzügigen Übergangsregelungen Rechnung getragen werden. Der Festbetrag von 1.800 EUR ist jedoch **nicht sozialabgabenfrei.**

Darüber hinausgehende geleistete Beiträge sind nach allgemeinen Grundsätzen steuer- und beitragspflichtig. Sie sind allerdings als Teil der privaten Altersvorsorge mit Zulage/Sonderausgabenabzug (Riesterrente) gegebenenfalls förderfähig. Denn der Arbeitnehmer kann gemäß § 1a Abs. 3 BetrAVG von seinem Arbeitgeber verlangen, dass bei der Umsetzung der Entgeltumwandlung über eine Pensionskasse (ebenso über einen Pensionsfonds oder eine Direktversicherung – siehe folgende Abschnitte) die Voraussetzungen für die steuerliche Förderung nach § 10a EStG i.V. mit § 82 Abs. 2 EStG (**Riesterrente**) erfüllt werden. Diese Förderung kann allerdings nur alternativ, d.h. unternehmensextern oder über eine betriebliche Altersversorgung in Anspruch genommen werden.

In der **Versorgungsphase** unterliegen die Versorgungsleistungen, deren Beiträge steuerbefreit (§ 3 Nr. 63 EStG) oder nach § 10a EStG gefördert waren, gemäß § 22 Nr. 5 EStG als sonstige Einkünfte der nachgelagerten Besteuerung. Bei Einmalkapitalauszahlungen findet die Fünftelungsregelung gemäß § 34 Abs. 1 EStG keine Anwendung. In jedem Fall ist ein Werbungskostenpauschbetrag von 102 Euro gemäß § 9a Abs. 1 Nr. 3 EStG geltend zu machen. Hierbei kann eventuell auch ein Altersentlastungsbetrag nach § 24 a EStG in Höhe von 40 % der Einkünfte, höchsten 1.900 EUR im Jahr 2005 in Ansatz gebracht werden. Auch dieser Altersentlastungsbetrag wird bis zum Jahr 2040 sukzessive auf 0 reduziert. Für die Beitragspflicht in der Krankenversicherung gilt dasselbe wie bei der Direktzusage und Unterstützungskasse.

5.4 Die Direktversicherung

Die Direktversicherung ähnelt dem Durchführungsweg der Pensionskasse. Allerdings muss der Arbeitgeber bei jener nicht selbst oder mit anderen einen eigenen externen Versorgungsträger errichten, sondern er schließt auf das Leben des Arbeitnehmers eine **Lebensversicherung** mit einer Mindestlaufzeit von fünf Jahren ab (vgl. Abschnitt 129, Abs. 3a Satz 5 LStR), bei welcher der Arbeitnehmer oder seine Hinterbliebenen bezugsberechtigt sind (§ 1b Abs. 2 Satz 1 BetrAVG). Versicherungsnehmer und Beitragszahler ist das Unternehmen, Leistungsverpflichteter die Versicherungsgesellschaft (vgl. auch *Abbildung 4*). Die Direktversicherung ist als Renten- oder Kapitalversicherung möglich. Versichert werden kann Invalidität oder Tod sowie Berufsunfähigkeit. Durch Abschluss einer **Gruppenversicherung** kann das Unternehmen u.U. bestimmte Vergünstigungen im Vergleich zu Einzelversicherungen erzielen. Wegen der Übernahme der Risiken und sämtlicher die Verwaltung betreffender Aufgaben (**geringer administrativer Aufwand**) durch den externen Versorgungsträger eignet die Direktversicherung sich vor allem für mittlere und kleine Unternehmen als allgemeine Versorgungsform und insgesamt als Ergänzungseinrichtung zu allen Formen der betrieblichen Altersversorgung.

Wird dem Arbeitnehmer ein unwiderrufliches Bezugsrecht eingeräumt und findet durch den Arbeitgeber keine Beleihung oder Abtretung der Versicherungsansprüche statt, sind keine Beitrage an den **Pensions-Sicherungs-Verein** zu leisten (vgl. Abschnitt 7).

Die Liquiditätsbelastung des Unternehmens besteht aus den laufenden Versicherungsbeiträgen. Sie sind als **Betriebsausgaben** abzugsfähig sind und bleiben dann ohne weitere Auswirkungen auf die **Bilanz**.

Im Hinblick auf die Möglichkeit der **Gehaltsumwandlung** und auf die steuerliche bzw. Situation des Arbeitnehmers entspricht die Direktversicherung sowohl in der Anwartschafts- wie auch in der Versorgungsphase der Pensionskasse, sofern die Prämienzahlungen an die Versicherungsgesellschaft pauschalversteuert wurden[6]. Diesbezüglich wird auf die **Ausführungen zur Pensionskasse** verwiesen. Auch für Direktversicherungen, die nach dem 31.12.2004 abgeschlossen werden, ist die Möglichkeit der Pauschalversteuerung abgeschafft worden. Dafür besteht ab 1.1.2005 die Möglichkeit der Steuerfreiheit der Versicherungsbeträge nach § 3 Nr. 63 EStG (vgl. die Ausführungen dazu im letzten Abschnitt).

Für Zusagen bis zum 31.12.2004 kann die Pauschalbesteuerung allerdings weiterhin bestehen bleiben, wobei gem. § 52 Abs. 6 i.V. mit Abs. 52a EStG der Arbeitnehmer bis zum 30.6.2006 ausdrücklich einen Verzicht auf die Steuerfreiheit gemäß § 3 Nr. 63 EStG erklären muss. Der als Ausgleich für den Fortfall der Pauschalbesteuerung in Höhe von 1.752 EUR **steuerfreie um 1.800 EUR aufgestockte Höchstbetrag** gemäß § 3 Nr. 63 EStG kann auch für eine Direktversicherung verwendet werden. Diese Erhöhung der steuerfreien Altersversorgungsbeiträge gilt auch hier allerdings nur für Zusagen, die vom Arbeitgeber nach dem 31.12.2004 erteilt wurden und sofern § 40b EStG nicht gleichzeitig in Anspruch genommen wird.

Daneben besteht auch bei der Direktversicherung die Möglichkeit der **Förderung nach § 10a EStG. i.V. mit § 82 Abs. 2 EStG**. Falls der Arbeitgeber keinen anderen Durchführungsweg (Pensionskasse, Pensionsfonds) anbietet, kann der Arbeitnehmer den Abschluss einer Direktversicherung verlangen.

Während der **Versorgungszeit** rechnen die Leistungen der pauschalversteuerten Direktversicherung wie bei der pauschalbesteuerten Pensionskasse – **nicht mehr zum steuerpflichtigen Arbeitslohn**. Ist eine **Rentenleistung** vereinbart, wird der Ertragsanteil als sonstige Einkünfte i.S.d. § 22 Nr. 1 Satz 3 Buchstabe a EStG steuerpflichtig. Sofern **die Förderung nach § 10a EStG i.V. mit § 82 Abs. 2 EStG** oder über **§ 3 Nr. 63 EStG** in Anspruch genommen wurde, erfolgt eine Besteuerung analog zur Pensionskasse gemäß § 22 Nr. 5 EStG.

5.5 Pensionsfonds

Neu ab dem 1. Januar 2002 ist der Durchführungsweg über **Pensionsfonds** (§ 1b Abs. 3 BetrAVG). Pensionsfonds sind bereits seit längerer Zeit insbesondere im angelsächsischen Raum als Einrichtungen der betrieblichen Altersversorgung be-

---

[6] Allerdings sind dazu einige Rahmenbedingungen zu beachten. Nach § 40b Abs. 1 Satz 2 EStG sind dies: kein Abschluss der Versicherung auf den Erlebensfall eines früheren als des 60. Lebensjahres, Ausschluss der vorzeitigen Kündigung, Beleihung und Abtretung der Versicherung durch den Arbeitnehmer, Pauschalierung nur im Rahmen des ersten Dienstverhältnisses; daneben bestimmte Mindestleistungen im Todesfall und die Einhaltung einer Mindestlaufzeit von fünf Jahren (vgl. Abschnitt 129, Abs. 3a Satz 2 und 5 LStR).

kannt. Allerdings verbergen sich hinter dem Begriff Pensionsfonds, soweit sie die im Ausland bestehenden Einrichtungen betreffen, von Land zu Land ganz unterschiedliche Ausprägungen dieses Instrumentes der betrieblichen Altersversorgung.

Der Pensionsfonds ist wie eine Pensionskasse eine rechtlich selbständige Einrichtung, die gegen die Zahlung von Beiträgen betriebliche Altersversorgung für den Arbeitgeber durchführt (vgl. §§ 112 ff. VAG). Er kann in der Rechtsform einer Aktiengesellschaft oder eines Pensionsfondsvereins aG betrieben werden. Im Unterschied zur Pensionskasse sind Pensionsfonds – wie Direktversicherungen – nicht körperschaftsteuerbefreit. Aufsichtsrechtlich unterliegen sie, wie auch Pensionskassen und Direktversicherungen, der Versicherungsaufsicht durch das BAV. Arbeitnehmer haben in diesem Durchführungsweg wie bei der Pensionskasse und der Direktversicherung eigene Ansprüche gegen den Pensionsfonds. Vom Unternehmen können die Beiträge an einen Pensionsfonds gemäß § 4e EStG als Betriebsausgabe abgezogen werden, soweit sie auf einer festgelegten Verpflichtung beruhen oder zur Abdeckung von Fehlbeträgen des Fonds dienen. Im Gegensatz zu Pensionskassen und Direktversicherungen, die maximal 35 % der Anlagemittel in Aktien investieren können, sollen die Pensionsfonds eine liberalere, d.h. auch risikobehaftetere Anlagepolitik betreiben können. Die Anlagepolitik muss jährlich gegenüber der Aufsicht dargelegt werden. Für Pensionsfonds gilt der Anlagegrundsatz, dass das Kapital so anzulegen ist, dass „eine möglichst große Sicherheit und (sic!) Rentabilität bei ausreichender Liquidität des Pensionsfonds unter Wahrung angemessener Mischung und Streuung der Anlageformen erreicht wird" (§ 115 Abs. 1 VAG). Dieses nicht nur inhaltsarme sondern auch paradoxe Gebot wird jedoch durch eine konkrete Rechtsverordnung konkretisiert. Während für Pensionskassen und Direktversicherungen starke Anlagerestriktionen gelten, wurde in der Pensionsfonds-Kapitalanlagenverordnung auf eine quotale Festlegung praktisch völlig verzichtet. Im Hüttenknappschaftlichen Zusatzversicherungs-Neuregelungsgesetz (HZvNG)[7], das zum 1.7.2002 in Kraft getreten ist, erfolgt eine wesentliche Erweiterung des zulässigen Leistungskatalogs für den Pensionsfonds dadurch, dass dieser Leistungen als lebenslange Altersrente oder in Form eines Auszahlungsplanes mit unmittelbar anschließender Restverrentung gemäß § 1 Abs. 1 Nr. 5 des Altersvorsorgeverträge-Zertifizierungsgesetzes erbringen kann. Diese Neuregelung des § 112 Abs. 1 Nr. 4 VAG beinhaltet u.a., dass ein Pensionsfonds nunmehr eine sog. Teilkapitalisierung vornehmen, mithin 20 % (ab 1.1.2005 30 %) des bei Beginn der Auszahlungsphase vorhandenen Kapitals in einem Betrag an den Berechtigten auszahlen darf. Diese Art der Leistungszusagen ist ab 1.1.2005 für alle nach § 3 Nr. 63 EStG geförderten Zusagen verbindlich.

Im Gegensatz zu der Pensionskasse unterliegen Pensionsfonds der **Insolvenzsicherung** durch den Pensions-Sicherungs-Verein (PSVaG) nach Maßgabe des § 7 Abs. 1 und 2 BetrAVG. Wird der Arbeitgeber insolvent, übernimmt die Insolvenzversicherung eine eventuelle Nachschusspflicht, falls der Pensionsfonds die vom Arbeitgeber zugesagte Leistung oder die gesetzlich festgelegte Mindestleistung nicht erbringen kann. Sie tritt auch dann ein, wenn der Arbeitgeber der Verpflichtung zur Einzahlung der zugesagten Beiträge nicht mehr erbringen kann. Arbeitgeber, die sich dieses Durchführungsweges bedienen, müssen demzufolge auch Beiträge zum PSVaG erbringen (vgl. Abschnitt 7).

---

[7] Vgl. Bundesratsdrucksache 489/02.

Das Unternehmen darf bei Beitragszusagen mit Mindestleistung die planmäßigen Beiträge an den Pensionsfonds als **Betriebsausgaben** abziehen, bei Leistungszusagen die für die Finanzierung dieser Leistungen erforderlichen Beiträge. Darüber hinaus sind gemäß § 4e Abs. 1 EStG Arbeitgeberleistungen abziehbar, die der Abdeckung von Fehlbeträgen des Fonds dienen. Auch die Beiträge an den Pensions-Sicherungs-Verein sind ebenfalls als Betriebsausgaben abziehbar.

Falls der Arbeitgeber einen Pensionsfonds anbietet, kann dieser verlangen, dass der **Entgeltumwandlungsanspruch** des Arbeitnehmers über diesen Durchführungsweg umgesetzt wird (§ 1a Abs. 1, Satz 2 BetrAVG).

Wie bei den Pensionskassen besteht ein **Rechtsanspruch** des Arbeitnehmers oder seiner Hinterbliebenen auf Leistungen gegen den Fonds und nicht nur gegen den Arbeitgeber. Dies hat insbesondere zur Konsequenz, dass die an Pensionsfonds gezahlten Beiträge wie bei den Pensionskassen und der Direktversicherung grundsätzlich lohnsteuerpflichtiges Entgelt des jeweils begünstigten Arbeitnehmers darstellen. Eine Steuerbefreiung erfolgt wie bei den Pensionskassen über den § 3 Nr. 63 EStG in Höhe bis zu 4 % der Beitragsbemessungsgrenze der Rentenversicherung der Arbeiter und Angestellten (vgl. dazu die entsprechenden Ausführungen im Abschnitt über die Pensionskasse). Eine Lohnsteuerpauschalierung wie bei den Pensionskassen und der Direktversicherung ist bzw. war jedoch bei den Pensionsfonds nicht möglich.

Auch bei Entgeltumwandlung über einen Pensionsfonds besteht – wie bei Pensionskassen – für den Arbeitnehmer die Möglichkeit, eine **Förderung nach § 10a EStG i.V. mit § 82 Abs. 2 EStG** zu verlangen.

Renten aus Pensionsfonds werden, genau wie die Leistungen aus Pensionskassen, im Zeitpunkt der Auszahlung als sonstige Einkünfte voll besteuert, soweit sie aus steuerfreien Beitragsleistungen des Arbeitgebers stammen oder nach § 10a EStG i.V. mit § 82 Abs. 2 EStG gefördert wurden (§ 22 Nr. 5 Satz 1 EStG). Auch kann der Werbungskostenpauschbetrag von 102 Euro gemäß § 9a Abs. 1 Nr. 3 EStG sowie der Altersentlastungsbetrag nach § 24a EStG eventuell geltend gemacht werden. Bei Renten, die aus voll lohnversteuerten Beiträgen stammen, wird während der Versorgungszeit der Ertragsanteil als sonstige Einkünfte i.S.d. § 22 Nr. 1 Satz 3 Buchstabe a EStG steuerpflichtig.

6. Unverfallbarkeit

Nach dem bis Ende 2001 geltendem Recht wurde eine Anwartschaft unverfallbar, wenn der Arbeitnehmer mindestens 35 Jahre alt war und die Zusage mindestens zehn Jahre bestanden hat oder die Versorgungszusage bei einer Betriebszugehörigkeit von mindestens zwölf Jahren länger als drei Jahre bestanden hat. Nach **neuem Recht** wird eine Anwartschaft auf betriebliche Altersversorgung gemäß § 1b Abs. 1 Satz 1 BetrAVG einheitlich dann unverfallbar, wenn die Versorgungszusage fünf Jahre bestanden hat und der Arbeitnehmer mindestens 30 Jahre alt ist[8]. Bei **Zusagen**

---

[8] Diese Bedingungen gelten für Zusagen, die ab dem 1.1.2001 mindestens fünf Jahre bestanden haben, falls nicht die bisherigen Unverfallbarkeitsfristen in diesem Zeitraum schon früher Unverfallbarkeit auslösen (vgl. § 30f. Satz 1 BetrAVG).

aus Entgeltumwandlungen, die nach dem 31.12.2000 erfolgt sind, tritt gemäß § 2 Abs. 5 BetrAVG sofortige Unverfallbarkeit ein.

Im Hinblick auf die **Höhe der unverfallbaren Anwartschaft** wurde durch das AVmG zum 1.1.2002 ein echter Mangel beseitigt. Bisher richtete sich die Höhe der unverfallbaren Anwartschaft auch bei Entgeltumwandlungen nach dem dem Teilwertverfahren zugrunde liegenden pro-rata-temporis-Prinzip, d.h. dass der ausgeschiedene Arbeitnehmer im Versorgungsfall den Teil der zugesagten Leistung erhält, der dem Verhältnis der tatsächlichen Dauer der Betriebszugehörigkeit zur Zeit vom Beginn der Betriebszugehörigkeit bis zum prospektierten Eintritt des Versorgungsfalles entspricht. Bei einmaligen Gehaltsverzichten überstieg der ausfinanzierte Betrag diesen gesetzlichen Anspruch in den ersten Jahren häufig, umgekehrt konnte bei laufenden Gehaltsverzichten der unverfallbare Anspruch zu Beginn der Zusage höher sein als der tatsächlich ausfinanzierte. Eine Beschränkung auf das tatsächlich bis zum Ausscheiden angesammelte Kapital war bisher nur bei der Pensionskasse und der Direktversicherung möglich. Nun hat der Gesetzgeber bestimmt, dass für alle Versorgungszusagen aus Entgeltumwandlungen, die nach dem 31.12.2000 erteilt wurden, nur der Betrag unverfallbar wird, der sich aus dem bis zum Ausscheiden verwendeten Beträgen ergibt. Eine Deckungslücke oder überhöhte unverfallbare Anwartschaften können demnach[9] nicht mehr entstehen.

Für die „**Beitragszusage mit Mindestleistung**" steht dem Arbeitnehmer nur der Betrag als unverfallbare Anwartschaft zu, der sich aus den zu seinen Gunsten bei zum Ausscheiden aufgewendeten Beiträgen sowie den diesen Beiträgen zuzurechnenden Erträgen ergibt. Nach dem Ausscheiden noch anfallende Erträge werden noch gutgeschrieben, eventuell anfallende Verluste abgezogen. Für die Wertminderungen muss der Arbeitgeber erst einstehen, wenn die Summe der bis zum Ausscheiden gezahlten Beiträge, abzüglich der Aufwendungen für den biometrischen Risikoausgleich, unterschritten wird.

7. Insolvenzschutz

Der **Pensionssicherungs-Vereins** a.G. (PSVaG) ist die gesetzliche Insolvenzsicherungseinrichtung für alle Arbeitgeber mit betrieblichen Direktzusagen, Unterstützungskassen, Pensionsfonds und ggf. Direktversicherungen. Pensionskassen brauchen wegen der für sie geltenden strengen versicherungsaufsichtsrechtlichen Vorschriften keine Insolvenzsicherung. § 1 Abs. 2 Nr. 3 BetrAVG stellt sicher, dass auch bei Pensionszusagen durch Entgeltverzicht der PSVaG einen gesetzlichen Insolvenzschutz übernimmt. Der PSVaG versichert damit alle gesetzlich unverfallbaren Anwartschaften und Versorgungsansprüche der Arbeitnehmer gegen eine mögliche Insolvenz des Arbeitgebers.

Nach § 7 Abs. 3 BetrAVG beträgt der Anspruch auf laufende Leistungen im Insolvenzfall im Monat höchstens das dreifache der monatlichen Bezugsgröße, die für

---

[9] Deckungslücken können allerdings dann entstehen, wenn der Arbeitnehmer sich zu laufenden Entgeltverzichten verpflichtet und der Arbeitgeber bereits am Anfang der Vereinbarung eine Zusage in Höhe des Gesamtverzichtes macht, der Arbeitnehmer seiner Verpflichtung aber nicht mehr nachkommt.

2004 in den alten Bundesländern 2.415 EUR und in den neuen 2.030 EUR beträgt
(§ 18 Sozialgesetzbuch IV). Dies entspricht im Jahr 2004 einer monatlichen Rente
von 7.242 EUR in Westdeutschland und 6.090 EUR in Ostdeutschland. Für Kapitalleistungen gilt dies entsprechend, nur dass zehn vom Hundert der Leistung als Jahresbeitrag einer laufenden Rente anzusetzen sind.

Da Entgeltumwandlungszusagen sofort unverfallbar werden, wären sie gemäß § 7
Abs. 2 Satz 1 und 2 BetrAVG sofort durch den PSVaG insolvenzgeschützt. Allerdings setzt der **Insolvenzschutz** wegen der Sondervorschrift des § 7 Abs. 5 Satz 3
BetrAVG dann doch erst zwei Jahre nach der Erteilung der Versorgungszusage ein,
denn „Verbesserungen" eines Versorgungsversprechens innerhalb eines Zweijahreszeitraumes sind nicht vom PSVaG zu schützen. Was aber für Verbesserungen gilt,
muss erst recht bei erstmalig erteilten Versorgungszusagen beachtet werden (vgl.
Höfer 2001, S. 1145 ff.). Die Zweijahresfrist gilt nicht für ab 1.1.2002 gegebene Zusagen, soweit bei Entgeltumwandlungen Beträge bis zu 4 % der BBG in der Rentenversicherung für eine betriebliche Altersversorgung verwendet werden. Andernfalls kommen für diesen Zeitraum sowie für Versorgungszusagen, die wegen ihrer
Höhe nicht mehr durch den PSVaG geschützt sind, nur **privatrechtliche Sicherungsmaßnahmen** in Betracht, wie etwa der Abschluss einer **Rückdeckungsversicherung**
durch den Arbeitgeber (vgl. auch Teil II, Abschnitt 5.2).

8. Rentabilität aus Anlegersicht

Obwohl bei der Vertragsgestaltung einer arbeitnehmerfinanzierten Altersversorgung eine Vielzahl von steuer- und arbeitsrechtlichen Regelungen zu beachten ist,
handelt es sich aus der Sicht des Arbeitnehmers im wesentlichen um nichts anderes
als um eine langfristige Geldanlage. Diese sollte nach klassischen Gesichtspunkten
beurteilt werden: **Kriterien der Effektivität** sind damit **Rentabilität, Sicherheit und
Verfügbarkeit**. Durch den Schutz vor Insolvenz durch den PSVaG und die Arbeit-
geberhaftung auch bei unternehmensexternen Durchführungswegen kann der betrieblichen Altersversorgung eine äußerst hohe Sicherheit bescheinigt werden. Ein
Nachteil besteht im Hinblick auf die Verfügbarkeit des angelegten Geldes darin,
dass ein Zugriff vor Eintritt des begünstigten biologischen Ereignisses (Alter, Invalidität oder Tod) praktisch nicht möglich ist und eine Vererbung der Ansprüche
nicht bzw. nur im Rahmen der Hinterbliebenenversorgung möglich ist (vgl. BMF-
Schreiben vom 17.11.2004, IV C 4 – S 2222–177/04/IV C 5 – S 2333–269/04) (vgl.
auch Teil II Abschnitt 5.3.3).

Sinn und Zweck der Umwandlung ist es, hochversteuerte Einkommensteile der
progressiven Besteuerung während der Aktivitätszeit zu entziehen und sie erst
nach der Pensionierung mit dann deutlich geringerer Steuerbelastung zufließen zu
lassen. Der **konkrete Vorteil** für den Arbeitnehmer hängt also maßgeblich von der
Differenz des Steuersatzes (jeweils durchschnittlicher Grenzsteuersatz) bei Aufschub im Verhältnis zum Steuersatz bei Auszahlung der Versorgungsleistung ab.
Daneben wird die Attraktivität des Gehaltsverzichts bestimmt durch den **Zinssatz**,
mit dem der Gehaltsverzicht vom Arbeitgeber verzinst wird, und die für den
Arbeitnehmer **verfügbaren Alternativen** für eine betriebsexterne Anlage und ihrer
steuerlichen Behandlung.

Das folgende einfache **Beispiel** soll diese Zusammenhänge zunächst allgemein verdeutlichen: Ein Unternehmen gewährt einem alleinstehenden 45-jährigen Angestellten die Möglichkeit, 10.000 EUR seines Jahresbonus, der wegen Überschreitung der Beitragsbemessungsgrenze in der gesetzlichen Rentenversicherung nicht sozialversicherungspflichtig ist, in eine Pensionszusage umzuwandeln, die er nach zwanzig Jahren ausgezahlt bekommt. Alternativ wird der Bonus bar ausgezahlt, versteuert und in einen thesaurierenden Banksparplan, der die anfallenden Zinsen wiederanlegt (nach Steuern), eingezahlt. In beiden Fällen wird exakt der gleiche langfristige Zinssatz von 6 % unterstellt. Der steuerliche Freibetrag für Zinseinkünfte ist bereits anderweitig ausgeschöpft. Bei den Steuersätzen sollen etwaige einkommensabhängige Sozialversicherungsbeiträge sowie Kirchensteuer und Solidaritätszuschlag bereits enthalten oder irrelevant sein. Nicht berücksichtigt ist bei dieser Rechnung, dass sich die Rentabilität des Gehaltsverzichts bei unterhalb der Beitragsbemessungsgrenze liegenden Einkommen durch den verminderten Anspruch aus der gesetzlichen Rentenversicherung verschlechtert. Bei Entgeltverzicht steigt der Betrag von 10.000 EUR auf 32.071 EUR beim Erreichen der vereinbarten Altersgrenze an. In Abhängigkeit von den unterschiedlichen Kombinationsmöglichkeiten von Aktivitäts- und Rentensteuersätzen lässt sich damit auch für Deferred Compensation ein relativer Vorteil errechnen, der in *Abbildung 4* dargestellt ist.

Die Tabelle macht deutlich, dass die Umwandlung von Einkommensteilen in betriebliche Altersversorgung dem Mitarbeiter teilweise beachtliche Netto-Einkommensvorteile verschafft. Selbst nach der in *Abbildung 2* bereits berücksichtigten

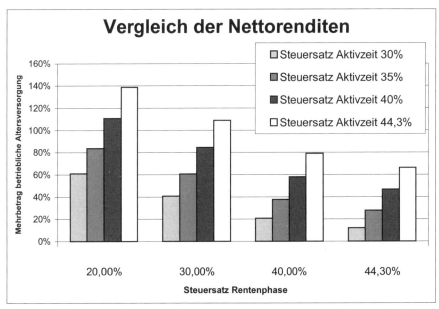

aus: *Bursee/Grawert/Knoll:* Nachgelagerte Besteuerung und Entgeltpolitik. FFM 2004, S. 86

Abb. 4: Beurteilung der Vorteilhaftigkeit betrieblicher Altersversorgung aus Gehaltsumwandlung bei unterschiedlichen Steuersätzen in der Aktiv- und Rentenphase

Absenkung der Steuerprogression (44,3 % entsprechen dem zukünftigen Spitzensteuersatz einschließlich Solidaritätszuschlag) ergeben sich deutliche Vorteile.[10]

Würde man dieselbe Rechnung für einen Anlagezeitraum von zehn Jahren durchführen, dann träten auch Balken im negativen Bereich auf. Ist der Steuersatz im Ruhestand deutlich höher als in der Aktivitätszeit, dann ergibt die private Absicherung im kurzfristigen Bereich höhere Nettorenten. Damit ist es für den Einzelnen von großer Bedeutung, die für die Aktivitäts- und Rentenphase vorliegende **Steuersituation** zu ermitteln.

Für die **Rentenphase** kann dabei nur mit Schätzungen gearbeitet werden. Hier hängt der Steuersatz ab vom dann herrschenden Steuersystem, dem Einkommen, das neben den Beträgen aus der Altersvorsorge erzielt wird sowie von der Pensionsleistung selbst.

Da eine Reduzierung der Einkommensteuersätze durch die letzte Steuerreform beschlossen ist, und der Spitzensteuersatz in der Einkommensteuer ab 2005 nur noch 42 % zzgl. Solidaritätszuschlag beträgt, wird sich die Rentabilität heute verschobener Entgeltbestandteile tendenziell verbessern. Wesentlich zu niedrige Einschätzungen der übrigen Einkünfte können einerseits durch unerwartete Ereignisse, wie z.B. Erbschaften oder Tod des Ehepartners (Wegfall der Splittingtabelle), und durch Übersehen von Leistungen, wie z.B. des Arbeitseinkommens des Ehepartners zur Zeit der Pensionsfälligkeit, zustande kommen. Andererseits darf der Arbeitnehmer selbst zur Zeit der Fälligkeit nur geringe Einkünfte – vor allem aus nichtselbständiger Arbeit – haben. Angenommen, mit einem Arbeitnehmer ist vereinbart, dass sein Altersversorgungsbetrag an seinem 65. Geburtstag fällig wird. Geht er beispielsweise auch an diesem Geburtstag, der im letzten Viertel eines Jahres liegt, in Rente, dann kommt zu dem Altersversorgungsbetrag noch das anteilige Jahresarbeitseinkommen mit der Folge, dass die Steuerprogression unerwartet hoch ist. Dies kann vermieden werden, wenn der Fälligkeitszeitpunkt nach Ablauf des letzten Arbeitsjahres vereinbart wird, z.B. auf den Geburtstag nach der voraussichtlichen Verrentung gelegt wird.

Die Besteuerung der Pensionsleistung hängt neben ihrer absoluten Höhe vor allem von ihrer **periodenmäßigen Verteilung** ab. In dieser Hinsicht ist ein Rentenmodell einem Kapitalmodell deutlich überlegen, da dabei der Versorgungsfreibetrag nach § 19 Abs. 2 EStG (ab 1.1.2005 in Höhe von maximal 3.000 EUR zzgl. dem Zuschlag auf den Versorgungsfreibetrag in Höhe von 900 EUR, die bis 2040 sukzessive auf 0 abgeschmolzen werden) sowie die Werbungskostenpauschale nach § 9a EStG in Höhe von 102 EUR (ab 1.1.2005) jährlich abgezogen werden kann und der Begünstigte in einer niedrigen Progressionszone bleibt. Aber abgesehen davon, dass lebenslange Renten häufig die **Bedürfnisse der Arbeitnehmer** verfehlen (Verfügbarkeit, Anlagealternativen bei geringerem Steuersatz), ist damit für das Unternehmen, zumindest bei der Direktzusage und der Unterstützungskasse, durch die Anpassungsverpflichtung nach § 16 BetrAVG ein deutlich höherer administrativer und finanzieller Aufwand verbunden. Verzichtet man auf ein Rentenmodell, kann der

---

[10] Im Allgemeinen dürfte jedoch davon auszugehen sein, dass aus heutiger Sicht bei der Auszahlung eines Einmalbetrages in Höhe von über 30.000 EUR ein Steuersatz von 20 % unter Beachtung der Fünftelungsregelung des § 34 Abs. 1 EStG nur dann zu realisieren ist, wenn der betreffende Rentner nur sehr geringe weitere Einnahmen hat bzw. seine gesetzliche Rente bzw. deren Ertragsanteil relativ niedrig ist.

Steuersatz, dem die Kapitalleistung beim Arbeitnehmer unterliegt, bei der Direktzusage und der Unterstützungskasse durch Anwendung der **Fünftelungsregelung nach § 34 Abs. 1 i.V. mit Abs. 2 Nr. 4 EStG** vermindert werden. Danach wird der Einmalbetrag steuerlich so behandelt, als ob er über fünf Jahre verteilt ausgezahlt würde; der Steuersatz bezieht sich nur auf die Erhöhung des übrigen Einkommens um ein Fünftel der Pensionsleistung. Noch besser kann man die Auszahlung an die persönliche Steuersituation anpassen, indem man eine **Auszahlung in mehreren – auch variablen – Jahresraten** vereinbart. Dies ist aber mit höchster Flexibilität auch nur bei den Durchführungswegen „Direktzusage" und „Unterstützungskasse" möglich.

Entscheidend für die Ermittlung der Rentabilität von arbeitnehmerfinanzierter Altersversorgung ist auch die **Alternativanlage**. Kann der Arbeitnehmer betriebsextern eine wesentlich höhere Verzinsung erreichen oder braucht er wegen der Einhaltung bestimmter Freigrenzen seinen Zinsanteil nicht zu versteuern, dann sinkt der Vorteil des Gehaltsverzichtes entsprechend. Wird beispielsweise bei einer Lebensversicherung mit einer mehr als zwölfjährigen Laufzeit und Auszahlung nach Vollendung des 60. Lebensjahres (deren Ertrag durch die variablen Gewinnanteilssätze allerdings nur ex post beurteilt werden kann) die Auszahlung der gesamten Kapitalleistung nur mit dem halben Steuersatz versteuert, wird der Vorteil der arbeitnehmerfinanzierten Altersversorgung auf die Steuersatzdifferenz zwischen Aktivsteuersatz und der Hälfte des Ruhestandssteuersatzes beschränkt.

Abschließend kann festgestellt werden: Trotz der vorstehend bei weitem nicht abschließend wiedergegebenen Vielzahl zu beachtender Restriktionen bieten die betriebliche Altersversorgung im Allgemeinen und die Entgeltumwandlung – mit oder ohne Einbindung in die Bestimmungen der Riester-Reform – im Besonderen eine äußerst attraktive Möglichkeit der nachgelagerten Besteuerung.

Literaturverzeichnis

Bursee, M./Grawert, A./Knoll, L.: Nachgelagerte Besteuerung und Entgeltpolitik, FFM 2004, S. 86

Ebinger, G./Grawert, A./Knoll, L.: Deferred Compensation, Zeit-Wertpapiere und die (un)einheitliche Kalibrierung fiskalischer Schlupflöcher, in: StuB 19/2001 S. 986–991

Grawert, A.: Deferred Compensation, Köln 1998

Grawert, A. (Hrsg.): Die neue Altersvorsorge, Münster 2002

Höfer, R.: Die Neuregelung des Betriebsrentenrechts durch das Altersvermögensgesetz (AVmG), in: DB 21/2001, S. 1145–1150

Höfer, R.: Die Neuregelungen des Betriebsrentengesetzes durch das Alterseinkünftegesetz, in: DB 26/2004, S. 1426–1430

Knoll, L.: Wertpapiergebundene Pensionszusagen, eine neue Imparität und die unvermutete Rückkehr des Korrespondenzprinzips, in: StuB 7/2003, S. 307–310

Langohr-Plato/Teslau, J.: Die Beitragszusage mit Mindestleistung, in: DB 12/2003, S. 661–667

Niermann, W.: Die Neuregelung der betrieblichen Altersversorgung durch das Altersvermögensgesetz (AVmG) aus steuerlicher Sicht, in: DB 26/2001, S. 1380–1384, hier S. 1380 f.

Wellisch, D./Schwinger, R./Mühlberger, M.: Rückstellungen für wertpapiergebundene Pensionszusagen nach § 6a EStG, in: DB 12/2003, S. 628–630

Betriebliche Altersversorgung für Gesellschafter-Geschäftsführer und andere Führungskräfte

Prof. Dr. Achim Grawert/Dipl.-Kffr. Daniela Wilks

Inhalt

1. Bedeutung der betrieblichen Altersversorgung für Gesellschafter-Geschäftsführer

Für Führungskräfte, insbesondere für **Gesellschafter-Geschäftsführer** stellt sich im besonderem Maße die Frage, wie eine ausreichende Absicherung im Alter, bei Invalidität oder beim Tod für Hinterbliebene erzielt werden kann. Das Rentenniveau, das heute für einen sog. Eckrentner bei ca. 70 % des letzten Nettoeinkommens liegt, wird in der Zukunft deutlich sinken. Das bedeutet, dass der **Lebensstandard des aktiven Arbeitslebens allein aus der gesetzlichen Rente nicht** aufrechterhalten werden kann. Es entsteht eine **Versorgungslücke**. Führungskräfte haben i.d.R. ein überdurchschnittlich hohes Einkommen. Im Jahr 2000 betrugen die Jahres-Grundbezüge für GmbH-Geschäftsführer, abhängig von der Unternehmensgröße und Branche,

zwischen 90.000 EUR und 450.000 EUR (Auswertung verschiedener Gehaltsunter-
suchungen durch die OFD Karlsruhe)[1]. Vergleicht man das Nettoeinkommen vor
dem Ruhestand mit den Leistungen aus der gesetzlichen Rentenversicherung, so ergibt sich bei den Gesellschafter-Geschäftsführern ein im Vergleich besonders gerin-
ges Einkommensniveau. Das liegt daran, dass die Bruttobezüge nur bis zur Beitragsbemessungsgrenze (BBG) der gesetzlichen Rentenversicherung beitrags- und
damit auch rentenfähig sind. Deshalb sinkt der Versorgungsgrad der gesetzlichen
Rentenversicherung mit zunehmenden Einkommen. Deutlich größer wird die Versorgungslücke bzw. der Versorgungsbedarf bei gänzlich fehlenden Ansprüchen aus
der gesetzlichen Rentenversicherung im Fall eines **nicht sozialversicherungspflichtigen Gesellschafter-Geschäftsführers.** Die Bedingungen der Sozialversicherungsfreiheit werden im folgenden Abschnitt erläutert.

Die Versorgungslücke kann dann nur durch **private und/oder betriebliche Vorsorge-
maßnahmen** geschlossen werden, um den gewohnten Lebensstandard auch im
Alter aufrecht zu erhalten.

Für die **private Vorsorge** kommen unter steuerlichen Gesichtspunkten vor allem
Lebensversicherungen in Betracht, da dort die Renten im Alter nur mit dem Er-
tragswert besteuert werden; Einmalkapitalbeträge aus bestehenden Versicherungen
überhaupt nicht und bei ab 1.1.2005 abgeschlossenen Versicherungen nur zur Hälfte versteuert werden müssen[2]. Die Zinsen bleiben in jedem Fall während der Lauf-

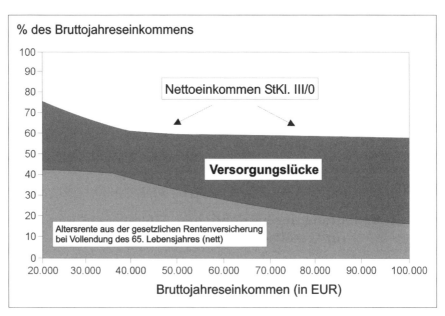

*Abb. 1: Versorgungslücke unter Berücksichtigung der Rente aus der gesetzlichen Rentenversicherung
in % des Brutto-Jahresgehaltes (nach Doetsch 2004, S. 3)*

---

[1] Vgl. OFD Karlsruhe vom 17.02.2001, S 2742 A – St 331, DB 2001 S. 1009.
[2] Sofern die Versicherungsleistung nach Vollendung des 60. Lebensjahres des Versicherten
und nach Ablauf von zwölf Jahren seit dem Vertragsschluss ausgezahlt werden (vgl. § 20
Abs. 1 Nr. 6 EStG in der ab 1.1.2005 geltenden Fassung).

zeit steuerfrei. Aus Renditegesichtspunkten können jedoch andere Alternativen, wie z.B. Aktien, Immobilien usw. präferiert werden. Ist die Führungskraft in der gesetzlichen Rentenversicherung pflichtversichert, dann kann sie grundsätzlich auch in die **Riesterrente** mit ihren steuerlichen Vorteilen investieren. Wegen der Voraussetzung der Sozialversicherungspflicht und wegen der äußerst geringen Höhe des geförderten Betrages ist diese Möglichkeit für Führungskräfte und insbesondere für Gesellschafter-Geschäftsführer im Allgemeinen ohne Bedeutung.

Eine **betriebliche Altersversorgung,** die im Punkt 2 des ersten Teils dieses Kapitels definiert wird, kann jedem im Unternehmen gegen Entgelt beschäftigten Arbeitnehmer erteilt werden. Der in § 17 Abs. 1 BetrAVG definierte „**erweiterte" Begriff des Arbeitnehmers** umfasst u.a. auch Aufsichtsräte, GmbH-Geschäftsführer und Vorstandsmitglieder einer Aktiengesellschaft (AG).

Während der **Aufwand für die private Altersvorsorge** bei Führungskräften i.d.R. aus dem mit dem **Spitzensteuersatz** versteuertem Einkommen stammt, wird die betriebliche Altersversorgung – sowohl arbeitgeberfinanziert als auch aus Entgeltumwandlung – erst im Versorgungsfall besteuert. Da die Steuersätze im Ruhestand im Allgemeinen deutlich niedriger, zumindest nicht höher sind als in der Aktivphase, und die Zinsen auf den Bruttoanlagebetrag während der Laufzeit nicht versteuert werden müssen, können daraus erhebliche Steuervorteile erwachsen. Im Übrigen kann die betriebliche Altersversorgung praktisch mit denselben Vorsorgeinstrumenten (Versicherung, Fonds etc.) wie die private ausgestaltet werden. Ist es in einem Unternehmen aus ökonomischen oder steuerrechtlichen Gründen nicht möglich, das Gesamtentgelt der Führungskraft um eine Versorgungszusage aufzustocken, bietet die **Entgeltumwandlung,** die in Teil I Abschnitt 3 dieses Kapitels näher behandelt wird, eine attraktive Alternative (vgl. § 1 Abs. 2 Nr. 3 BetrAVG).

2. Der Gesellschafter-Geschäftsführer

Während bei der Zusage einer betrieblichen Altersversorgung an nicht maßgeblich beteiligte Führungskräfte im Vergleich zu anderen Arbeitnehmern keine Besonderheiten zu beachten sind, müssen Zusagen an Gesellschafter differenziert betrachtet werden. Die grundsätzliche Möglichkeit eine arbeitgeberfinanzierte oder betriebliche Altersversorgung aus Entgeltumwandlung durchzuführen und die konkreten Anforderungen an die Gestaltung, hängt bei einem Gesellschafter-Geschäftsführer von der Rechtsform des Unternehmens und der Höhe seiner Beteiligung daran ab.

2.1 Gesellschafter von Personengesellschaften und Einzelunternehmen

Bei **Einzelunternehmen und Personengesellschaften,** wie z.B. der Offenen Handelsgesellschaft (OHG), der Kommanditgesellschaft (KG) und der Gesellschaft bürgerlichen Rechts (GbR), steht der mitarbeitende Gesellschafter nicht in einem Arbeitsverhältnis zur Gesellschaft. Er ist Geschäftsführer aufgrund gesellschaftsrechtlicher Bestimmungen und erhält kein Gehalt, sondern hat nur einen Anspruch auf Gewinn.

Der mitarbeitende Gesellschafter müsste daher für die betriebliche Altervorsorge auf einen Teil von diesem Gewinn verzichten, um im Gegenzug eine Versorgungs-zusage zu erhalten, die wiederum als Gewinn qualifiziert wird. Im Ergebnis würde dies bedeuten, dass bei der Personengesellschaft eine Versorgungszusage an einen Gesellschafter nicht zu einer Steuerersparnis führt, sondern lediglich zu einer Gewinnverschiebung zwischen den Gesellschaftern, bei dem sich der Gewinn der übrigen Gesellschafter im Vergleich mit dem des Begünstigten verringert. **Versor-gungszusagen werden also als Gewinnverwendungsabrede qualifiziert** und sind da-mit sofort steuerbar. Eine ertragswirksame **betriebliche Altersversorgung** ist bei Per-sonengesellschaften also **nicht möglich**.[3]

Bei der **GmbH & Co. KG**, bei der eine Kapitalgesellschaft (GmbH) mit einer Perso-nenhandelsgesellschaft kombiniert wird, besteht die Möglichkeit, dass die GmbH ihrem Geschäftsführer ein Versorgungszusage mit steuerlicher Wirkung erteilt, aber nur, wenn sie eine **eigene**, von der GmbH & Co. KG deutlich abgrenzbare gewerb-liche Tätigkeit entfaltet.

2.2 Gesellschafter-Geschäftsführer von Kapitalgesellschaften

Anders verhält es sich bei Kapitalgesellschaften, wie z.B. der Gesellschaft mit be-schränkter Haftung (GmbH) oder der Aktiengesellschaft (AG). Für Gesellschafter-Geschäftsführer und Vorständen von Kapitalgesellschaften ist grundsätzlich sowohl eine arbeitgeberfinanzierte als auch eine betriebliche Altersversorgung aus Gehalts-umwandlung möglich, sofern diese bei ihr über einen Arbeitsvertrag beschäftigt sind.

Die grundlegende Unterscheidung zwischen **beherrschenden** und **Minderheits-Gesellschafter-Geschäftsführer** ist für die steuerliche Behandlung der betrieblichen Altersversorgung auf Unternehmensebene und Gesellschafterebene von großer Be-deutung (vgl. Punkt 4 ff.), weil bei der steuerlichen Anerkennung der Zusagen – ins-besondere bei der Direktzusage – an beherrschende Gesellschafter-Geschäftsführer strengere Kriterien anzuwenden sind als bei den übrigen. Aus steuerrechtlicher Sicht (gem. Abschnitt 31 Abs. 6 KStR), liegt eine **beherrschende Stellung des GmbH-Gesellschafters** vor, wenn er aufgrund der ihm aus der Gesellschafterstellung herrührenden Stimmrechte den Abschluss eines Rechtsgeschäftes erzwingen kann. Deshalb erfordert eine beherrschende Stellung grundsätzlich die Mehrheit der Stimmrechte. Lediglich wenn der Gesellschaftsvertrag eine qualifizierte Mehrheit vorsieht, gilt auch ein mehrheitlich beteiligter (über 50 % der Anteile) beteiligter Ka-pitalgesellschafter als nicht beherrschend.

Geschäftsführer, die nicht an der Gesellschaft beteiligt sind, heißen **Fremdgeschäfts-führer**. **Geschäftsführer und Vorstände**, die weniger als 50 % der Gesellschaftsanteile besitzen, bezeichnet man als **Minderheits-Gesellschafter-Geschäftsführer** bzw. -Vor-stand. Es werden dann – anders als bei Fremdgeschäftsführern und anderen Führungskräften – im Hinblick auf eine mögliche verdeckte Gewinnausschüttung steuerlich einige Prüfungskriterien im Sinne eines Fremdvergleiches angelegt. Die-

---

[3] Vgl. BFH-Urteil vom 16.2.1967 – IV R 62/66, bestätigt durch das BFH-Urteil vom 21.12.1972 – IV R 53/72 und BFH-Urteil vom 2.12.1997, DStR 1998, S. 482.

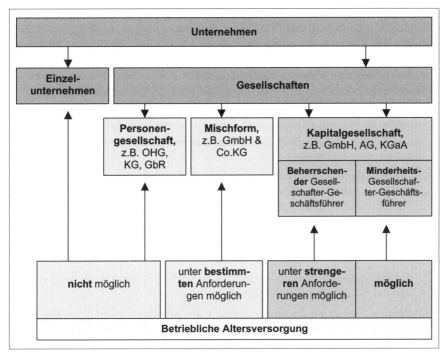

Abb. 2: Betriebliche Altersversorgung und Rechtsform der Unternehmung

se Prüfung entfällt jedoch, wenn der Geschäftsführer/Vorstand nur unwesentlich, d.h. mit weniger als 10 % an der Gesellschaft beteiligt ist.

Wird die Versorgungszusage einem Geschäftsführer/Vorstand erteilt, der aufgrund seiner Beteiligung an der Gesellschaft gemäß § 17 Abs. 1 BetrAVG als Unternehmer anzusehen ist, so gelten für ihn die Vorschriften des **Betriebsrentengesetzes** und insbesondere der darin vorgesehene Insolvenzschutz von unverfallbaren Versorgungsanwartschaften und laufenden Pensionen nicht (vgl. *Doetsch* 2004, S. 17). Für Fremdgeschäftsführer und andere Führungskräfte bestehen im Allgemeinen dieselben Rechtsgrundsätze wie für minderheitlich beteiligte Gesellschafter-Geschäftsführer und Vorstände: Hier gelten die Schutzvorschriften des Betriebsrentengesetzes.

2.3 Sozialversicherungsrechtlicher Status

Grundsätzlich ist der Gesellschafter einer Kapitalgesellschaft **versicherungspflichtig**, wenn er zu ihr in einem Beschäftigungsverhältnis steht (vgl. § 1 Abs. 1 Nr. 1 SGB VI für die Rentenversicherung). Nach dieser und auch nach weiteren Vorschriften für die anderen Versicherungszweige der gesetzlichen Sozialversicherung kommt es auf das **Vorliegen eines abhängigen Beschäftigungsverhältnisses** an (§ 2 Abs. 2 Nr. 1 in Verbindung mit § 7 SGB IV). Ein solches abhängiges Beschäftigungsverhältnis liegt bei Gesellschaftern, z.B. einer GmbH dann vor, wenn der **Beschäftigte allein keinen maßgeblichen Einfluss auf die Gesellschaftspolitik** ausüben kann. Kann der Gesellschafter dagegen die Geschicke der Gesellschaft maßgeblich beeinflussen, ist er Kraft Gesetz versicherungsfrei.

Wenn der Gesellschafter-Geschäftsführer aufgrund seiner Kapitalbeteiligung keinen maßgeblichen Einfluss auf die Geschicke des Unternehmens innehat, sind **weitere Kriterien** zur Charakterisierung eines weisungsfreien Beschäftigungsverhältnisses zu untersuchen. So gelten auch bei einem nicht beherrschenden Geschäftsführer-Gesellschafter folgende Kriterien als Indiz gegen ein abhängiges Beschäftigungsverhältnis:

- das Halten einer Sperrminorität
  (Anteil von 25 % des Grundkapitals, mit dessen Besitz die Fähigkeit verbunden ist, Beschlüsse der Hauptversammlung über entscheidende Fragen des Unternehmens zu verhindern);
- die Abdingung des Selbstkontrahierungsverbotes (sog. „Insichgeschäft": § 181 BGB verbietet Geschäfte eines Vertreters im Namen des Vertretenen mit sich selbst. Dies wäre z.B. der Fall, wenn sich ein Geschäftsführer als Vertreter der Gesellschaft ein höheres Gehalt bewilligt. Die Befreiung hiervon muss in das Handelsregister eingetragen sein, damit es wirksam ist.);
- bei Familiengesellschaften:
  - das Fehlen eines übergeordneten Weisungszwanges durch die anderen Gesellschafter bezüglich der Arbeitstätigkeit,
  - alleinige Verfügung der für die Führung des Betriebes notwendigen Branchenkenntnisse,
  - der ehemalige Alleingesellschafter ist „Kopf und Seele" des Geschäfts geblieben;
- ein Gesellschafter-Geschäftsführer hat aufgrund eines Treuhandvertrages das Stimmrecht in der GmbH;
- es besteht für den Gesellschafter-Geschäftsführer ein erhebliches Unternehmerrisiko.

3. Betriebliche Altersversorgung

3.1 Entgeltumwandlung versus arbeitgeberfinanzierte Altersversorgung

Die traditionelle und bisher dominierende Form der betrieblichen Altersversorgung besteht in der so genannten **arbeitgeberfinanzierten Variante**. Bei dieser gewährt der Arbeitgeber freiwillig zusätzlich zum Lohn eine Zusage auf eine Betriebsrente. Diese Zusatzleistung gilt als – zeitlich aufgeschoben – Entgeltleistung aus dem Arbeitsverhältnis und stellt damit genau wie der Arbeitslohn eine Gegenleistung des Arbeitgebers für die zur Verfügung gestellte Arbeitskraft dar.

Um eine durch **Entgeltumwandlung** finanzierte betriebliche Altersversorgung handelt es sich, wenn Arbeitgeber und Arbeitnehmer vereinbaren, künftige Entgeltansprüche nicht als „Barlohn" an den Arbeitnehmer auszuzahlen, sondern in eine wertgleiche Anwartschaft auf Versorgungsleistungen umzuwandeln (§ 1 Abs. 2 Nr. 3 BetrAVG) – vgl. Abschnitt 3 von Teil I. Dabei soll der Gesamtvergütungsrahmen grundsätzlich unverändert bleiben.

Für **sozialversicherungspflichtige Mitarbeiter** stellt sich die arbeitgeberfinanzierte Variante grundsätzlich als vorteilhaft dar, da die Versorgungszusagen dann nicht zum sozialversicherungspflichtigen Entgelt gehören und somit nicht beitragspflichtig sind. Stammen die Mittel für die Versorgungszusagen aus einer Entgeltumwandlung, dann sind, bis Ende 2008 befristet, nur Umwandlungsbeträge bis zu 4 % der Beitragsbemessungsgrenze der Rentenversicherung beitragsfrei (vgl. § 115 SGB IV sowie § 2 Abs. 1 Nr. 5 ArEV). Da der größte Teil der Gesellschafter-Geschäftsführer entweder sozialversicherungsfrei ist oder eine Entgeltumwandlung – wie auch die meisten Führungskräfte – aus Teilen des Einkommens bestreitet, die über der Beitragsbemessungsgrenze liegen, ist dieses Kriterium für sie im Allgemeinen unerheblich.

Während der Unterschied für nicht beteiligte Führungskräfte unerheblich ist, ist die **betriebliche Altersversorgung aus Entgeltumwandlung** – vor allem in Form der Direktzusage – gerade **für beherrschende Gesellschafter-Geschäftsführer** oft steuerlich **vorteilhafter**, da diese im Gegensatz zu der rein arbeitgeberfinanzierten Altersversorgungszusage von der Finanzverwaltung unproblematischer anerkannt wird, wie unter Punkt 4 ausführlich erläutert wird.

3.2 Durchführungswege

Insgesamt existieren **fünf mögliche Durchführungswege** der betrieblichen Altersversorgung (vgl. im Einzelnen Punkt 5 des Teil I). Beiträge an **Pensionskassen und Pensionsfonds sowie ab 1.1.2005 auch für Direktversicherungen** sind gemäß § 3 Nr. 63 EStG bis 2004 nur bis zu 4 % der Beitragsbemessungsgrenze in der gesetzlichen Rentenversicherung (2004: 2.472 EUR/Jahr) steuerfrei (wobei sich die Beträge für Zusagen, die nach dem 31.12.2004 erteilt wurden, um 1.800 EUR erhöhen), so dass diese Durchführungswege in Anbetracht des im Allgemeinen hohen Einkommens der Führungskräfte für eine Aufrechterhaltung des Lebensstandards im Alter eine äußerst geringe Rolle spielen. Ab 2005 entfällt die Pauschalversteuerungsmöglichkeit für die Direktversicherung und die kapitalgedeckte Pensionskasse, die bisher – wenn auch in relativem Umfang – eine äußerst attraktive Alternative für eine betriebliche Altersversorgung der Gesellschafter-Geschäftsführer darstellt. Daher werden im Folgenden nur die beiden wichtigsten Durchführungswege im Hinblick auf ihre Bedeutung für gutverdienende Führungskräfte und Gesellschafter kurz dargestellt.

3.2.1 Direktzusage

Eine Direktzusage liegt vor, wenn das Unternehmen sich verpflichtet, dem Gesellschafter-Geschäftsführer im Alter, bei Invalidität oder im Todesfall seinen Hinterbliebenen, Versorgungsleistungen unmittelbar aus dem Unternehmensvermögen zu zahlen (vgl. zu der Direktzusage Abschnitt 5.1 des Teils I).

Bei einer **Direktzusage** fällt während der **Ansparphase** sowohl beim beherrschenden als auch beim nicht beherrschenden Gesellschafter-Geschäftsführer und bei allen anderen Führungskräften **kein steuerpflichtiger Arbeitslohn** an. Die Zuführungen des Arbeitgebers zu den Pensionsrückstellungen – auch bei Abschluss einer Rückdeckungsversicherung – ist nicht dem Arbeitslohn der Führungskraft zuzuordnen. Ein einkommensteuerpflichtiger Zufluss wird erst dann ausgelöst, wenn der Gesellschafter-Geschäftsführer im **Versorgungsfall** tatsächlich Leistungen erhält (vgl.

§ 11 EStG). Die späteren Versorgungsleistungen unterliegen dann als Einkünfte aus nichtselbständiger Tätigkeit der individuellen Einkommensteuer (§ 19 Abs. 1 EStG).

Durch eine **Rückdeckung**, die häufig in Form einer Lebensversicherung gestaltet ist (Rückdeckungsversicherung), kann sich das Unternehmen gegen wirtschaftliche Risiken, wie z.b. einer Deckungslücke bei vorzeitigen Versorgungsfällen aus Versorgungszusagen absichern. Dies ist besonders bei mehrheitlich beteiligten Gesellschafter-Geschäftsführern und -Vorständen angeraten, da für diese der gesetzliche Insolvenzschutz des BetrAVG nicht gilt (vgl. Abschnitt 5.2.2). Die Rechtsbeziehungen bestehen zwischen dem Arbeitgeber und dem Versicherer, die Führungskraft ist lediglich versicherte Person. Bei Eintritt des Versorgungsfalles steht so das erforderliche Kapital durch die Rückdeckungsversicherung fristgerecht zur Verfügung. Dies erfordert jedoch Prämienzahlungen für die Rückdeckungsversicherung, die den Liquiditätsvorteil aus den Pensionsrückstellungen sukzessive mildert und schließlich wieder aufhebt (vgl. *Abb. 3*).

Wegen der steigenden Lebenserwartung und der gesunkenen Kapitalmarktrenditen der Versicherer müssen Renten heute länger bezahlt werden als ursprünglich kalkuliert. Gerade im Betriebsvermögen ist diese Anlageform unvorteilhaft. Beiträge zu Lebens- und Rentenversicherungen sind zwar als Betriebsausgaben absetzbar, im Gegenzug ist aber der Zuwachs des Aktivwertes voll steuerpflichtig. Das bedeutet, dass Lebensversicherungen mit derzeit 3–4 % Vorsteuerrendite im Betriebsvermögen nur noch eine Nachsteuerrendite von 1,8–2,5 % p.a. erzielen. Um diese niedrigen Renditen auszugleichen, sind höhere Beiträge zum Kapitalaufbau notwendig. Aus diesen Gründen gewinnt heute in der Praxis eine **Mischung verschiedener Anlageklassen** (Aktien-, Renten-, Investment-, Immobilien-, Schifffonds etc.), die eine höhere Rendite erzielen und im Betriebsvermögen nur gering oder gar nicht besteuert werden, zunehmend an Bedeutung. Die für ein Unternehmen unkalkulierbaren Risiken Invalidität und Todesfall werden dann entsprechend über reine Risikoversicherungen abgesichert.

Die **Direktzusage** eignet sie sich besonders für Gesellschafter-Geschäftsführer/-Vorstände, aber auch für andere Führungskräfte mit höherem Einkommen. Eine der **Hauptvorteile** dieses Versorgungsweges ist die **nachgelagerte Besteuerung**, wobei

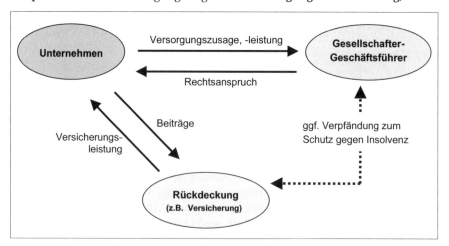

Abb. 3: Die rückgedeckte Direktzusage

Zusagen – auch aus Entgeltumwandlung – in vergleichsweise hohem Umfang möglich sind und keinerlei Leistungsbeschränkungen unterliegen. Eine Grenze der Höhe nach existiert nur über die Beschränkung der Bildung der Pensionsrückstellungen. Pensionsrückstellungen können nur für Versorgungszusagen geltend gemacht werden, sofern die Gesamtversorgung, d.h. Betriebsrenten und gesetzlicher Rentenanspruch, 75 % der letzten Aktivbezüge[4] nicht überschreiten. Im Übrigen können die Versorgungszusagen flexibel den Bedürfnissen der Unternehmenslage bzw. bei Entgeltumwandlungen den Bedürfnissen der Führungskräfte angepasst werden. Bei entsprechender Konzeption erwachsen dem Unternehmen durch die Möglichkeit der Bildung von Pensionsrückstellungen dabei Liquiditätsvorteile durch die aufgeschobenen Unternehmenssteuern. Ist aus Sicht des Unternehmens die **Vermeidung einer Bilanzverlängerung** geboten, die die Bildung von Pensionsrückstellungen nach sich zieht, kann hier auf den Durchführungsweg der Unterstützungskasse ausgewichen werden, wobei jedoch **Einbußen im Hinblick auf die flexible Gestaltung** der Versorgungszusagen in Kauf genommen werden müssen.

3.2.2 Unterstützungskasse

Die **Unterstützungskasse** (vgl. ausführlich Abschnitt 5.2 des Teils I) bietet gegenüber der Direktzusage den Vorteil, dass die Zuwendungen sofort als Betriebsausgaben abzugsfähig sind und damit ohne weitere Auswirkungen auf die Bilanz bleiben. Um die Versorgungsleistungen bei einer Unterstützungskasse bereits während der Anwartschaftsphase steuerlich begünstigt vollständig ansammeln zu können, ist im Allgemeinen eine Rückdeckungsversicherung unumgänglich (vgl. § 4d EStG). Durch eine Rückdeckung kann sich das Unternehmen zudem – wie bei der Direktzusage – gegen wirtschaftliche Risiken aus Versorgungszusagen absichern. Rechtsbeziehungen bestehen dann zwischen der Unterstützungskasse und dem Versicherer, der Gesellschafter-Geschäftsführer ist lediglich versicherte Person.

Im Gegensatz zur Direktzusage ist bei der **Unterstützungskasse** die **Leistungshöhe begrenzt**, wenn die Körperschaftsteuerfreiheit erhalten bleiben soll (vgl. insoweit §§ 2 und 3 KStDV i.V.m. Abschn. 6 Abs. 16 KStR). Pro Arbeitnehmer dürfen die Rentenansprüche jährlich max. 25.769 EUR nicht übersteigen. Jedoch dürfen in 12 % aller Fälle die Grenze bis zu 38.654 EUR jährlicher Rente ausgedehnt werden, wobei für 4 % aller Arbeitnehmer eine unbegrenzte Rentenzusage gewährt werden kann.

Für eine entsprechende Altersversorgung des Geschäftsführers von mehr als 38.654 EUR müssten also mindestens 25 Mitarbeiter versichert sein, damit bei diesem die Leistungshöchstgrenzen entfallen (4 % von 25 Mitarbeitern ist ein Mitarbeiter). Daneben dürfen die Leistungsempfänger der Kasse, damit diese als steuerbefreite „soziale Einrichtung" anerkannt wird, sich in der Mehrzahl nicht aus „Gesellschaftern oder deren Angehörige" zusammensetzen (§ 1 Nr. 2 KStDV).

Wie schon bei der Direktzusage fällt auch bei der **Unterstützungskasse** während der **Ansparphase** sowohl beim beherrschenden als auch beim nicht beherrschenden Ge-

---

[4] Diese 75 %-Grenze für die Anerkennung der Pensionsrückstellungen bildet damit gleichzeitig die Höchstgrenze für eine Direktzusage. Ansprüche aus Entgeltumwandlung bleiben dabei unberücksichtigt (ab 1.1.2005). Vgl. BMF-Schreiben vom 3.11.2004, IV BZ – S2176–13/04, wobei die Entgeltumwandlung bei der Ermittlung der maßgebenden Aktivbezüge gemäß § 2 LStDV vom versogungsfähigen Entgelt abgezogen werden muss.

sellschafter-Geschäftsführer **kein steuerpflichtiger Arbeitslohn** an. Erst die Versorgungsleistungen müssen besteuert werden.

Tabelle 1 fasst die Vor- und Nachteile der beiden Durchführungswege unter Bezugnahme auf Abschnitt 5.2 des Teil I noch einmal kurz zusammen.

Durchführungsweg	Vorteile	Nachteile
Direktzusage	• Umfang der steuerfreien Zusagen • hohe Flexibilität • Liquidität	• Bilanzverlängerung • Verminderung der Eigenkapitalquote • Administrativer Aufwand
Unterstützungskasse	• Abzug als Betriebsausgabe • Keine Bilanzberührung	• Geringe Flexibilität • Leistungsbeschränkung

Tab. 1: Generelle Vor- und Nachteile der unterschiedlichen Durchführungswege

4. Besondere Voraussetzungen für Gesellschafter-Geschäftsführer

Nachfolgend werden die speziellen Voraussetzungen der steuerlichen **Anerkennung für Pensionsrückstellungen an Gesellschafter-Geschäftsführer** behandelt. Durch diese will die Finanzverwaltung vermeiden, dass der Kapitalgesellschafter in seiner Funktion als Unternehmer einen Missbrauch der steuerlichen Vorteile der betrieblichen Altersversorgung betreibt, indem er die Versorgungszusage lediglich dafür einsetzt, die bilanzielle und somit steuerliche Situation zu Gunsten der Kapitalgesellschaft zu beeinflussen. Dieses Problem stellt sich bei angestellten Führungskräften ohne eine nennenswerte Beteiligung nicht. Die folgenden Ausführungen gelten vor allem für Gesellschafter-Geschäftsführer von GmbHs. Da der Vorstand einer Aktiengesellschaft nicht von der Hauptversammlung, sondern vom Aufsichtsrat berufen wird, besteht grundsätzlich keine generelle Gefahr bzw. Vermutung, dass eine vom Aufsichtsrat dem Vorstand zugesagte Altersversorgung an den Interessen des Vorstands als Gesellschafter orientiert ist und nicht an einem gerechten Interessenausgleich zwischen dem Vorstand und der Gesellschaft mit Blick auf die Arbeitsleistung des Vorstands. Eine pauschale Übertragung der Grundsätze, die für die Bildung von Rückstellungen bei einer GmbH für Versorgungsverpflichtungen gegenüber beherrschenden Gesellschafter-Geschäftsführern bestehen, verbietet sich daher (vgl. *Doetsch* 2004, S. 91).

Dabei werden an die Erteilung von Pensionszusagen als Direktzusage höhere Anforderungen gestellt als an die mittelbaren Durchführungswege, da bei Direktzusagen die Möglichkeiten, den Gewinn der Gesellschaft zu mindern und dadurch – ohne Einfluss auf die Liquidität – niedrigere Steuern zu zahlen, am größten sind.

Werden einzelne Voraussetzungen von der Finanzverwaltung nicht anerkannt, so hat das negative Folgen für die Gesellschaft und den Gesellschafter-Geschäftsführer. Eine Nichtanerkennung führt zur steuerlichen Behandlung als **verdeckte Gewinnausschüttung (vGA)**. Eine solche führt entweder zu einer vollen, temporären oder teilweisen vGA i.S.d. § 8 Abs. 3 Satz 2 KStG nach der auf der BFH-Rechtsprechung basierenden Definition in Abschnitt 31 Abs. 3 KStR. Erfolgt eine vGA in der Anwartschaftsphase, dann müssen die unzulässigen Pensionsrückstellungen außerbilanziell dem Gewinn hinzugerechnet werden, wodurch eine zusätzliche Gewerbe- und Körperschaftsteuerbelastung auf Unternehmensebene ausgelöst wird. Steuerliche Auswirkungen beim Gesellschafter-Geschäftsführer ergeben sich erst in der Leistungsphase, wenn die Versorgungsleistung eine vGA darstellt. Dann müssen die Einnahmen nach dem so genannten Halbeinkünfteverfahren zur Hälfte als Einnahmen aus Kapitalvermögen mit dem persönlichen Steuersatz des Gesellschafter-Geschäftsführers versteuert werden. Insgesamt ergibt sich bei gemeinsamer Betrachtung von Unternehmen und Gesellschafter Geschäftsführer stets eine Mehrbelastung.

Relevanz hat die Unterscheidung zwischen einem beherrschenden und nicht beherrschendem Gesellschafter Geschäftsführer hier insoweit, als

• das Gebot der zivilrechtlichen Wirksamkeit der Versorgungszusage

sowie

• das Nachzahlungs- bzw. Rückvergütungsverbot

nur für beherrschende Gesellschafter-Geschäftsführer gelten.

Um festzustellen, ob eine vGA vorliegt, prüft die Finanzverwaltung bei der arbeitgeberfinanzierten Altersversorgung im Wesentlichen die folgend behandelten Kriterien (vgl. hier und im Folgenden häufig *Doetsch,* 2004, hier S. 36 ff.).

4.1 Zivilrechtliche Gültigkeit und Klarheit

Damit **mittelbare und unmittelbare Versorgungszusagen** steuerlich anerkannt werden, ist zunächst nach § 6a EStG die Schriftform erforderlich. Daneben wird die **zivilrechtliche Wirksamkeit** dafür besonders betont. Dazu ist es notwendig, dass der Versorgungszusage oder ihrer Änderung ein **gültiger Beschluss des entsprechenden Entscheidungsgremiums**, z.B. bei der GmbH der Gesellschafterversammlung, bei mitbestimmten GmbHs und AGs der Aufsichtsrat, zugrunde liegt. Bei Gesellschafter-Geschäftsführern ist eine Befreiung vom **Selbstkontrahierungsverbot** gemäß § 181 BGB (vgl. zur Erklärung die entsprechenden Ausführungen unter Punkt 2.3) erforderlich. Für die zivilrechtliche Wirksamkeit der Versorgungszusage muss die Befreiung vom Verbot in der Satzung geregelt sein und sollte in das Handelsregister eingetragen werden.

Bei einer Pensionszusage an einen beherrschenden Gesellschafter-Geschäftsführer, müssen sämtliche Kriterien so eindeutig geregelt sein, dass eine nachträgliche Manipulation zur Beeinflussung der Gewinnsituation nicht möglich ist (**Klarheitsgebot**). Dazu gehören vor allem die im Voraus festgelegten Bedingungen, wann, unter welchen Voraussetzungen und in welcher Höhe eine vorzeitige Inanspruchnahme der Leistungen bei Vorruhestand, bei Invalidität und Tod sowie bei Ausscheiden aus der Gesellschaft möglich ist. Bemisst sich die Höhe der Versorgungszusage nach variablen Kriterien, etwa der Höhe der letzten Bezüge, muss die Bemessungsgrundlage exakt definiert werden (festes Entgelt, Tantieme, usw.). Von besonderer Bedeutung ist vor allem eine Regelung, wann und in welchem Umfang im Falle des vorzeitigen Ausscheidens die Versorgungszusage des Gesellschafter-Geschäftsführers/Vorstandes erhalten bleibt (Unverfallbarkeit). Ohne eine solche Regelung würde die Versorgungszusage nämlich ersatzlos verfallen, wenn ein beherrschender Gesellschafter-Geschäftsführer oder Vorstand vor Eintritt des Versorgungsfalles das Unternehmen verlassen würde, da die Schutznormen des BetrAVG für diese nicht gelten.

Rückwirkend zugesagte oder nachträglich erhöhte Pensionszusagen an Gesellschafter-Geschäftsführer sind in jedem Durchführungsweg ungültig (**Nachzahlungs- und Rückwirkungsverbot, vgl. Abschnitt 31, Abs. 5 KStR**). Damit soll vermieden werden, dass der Gesellschafter erst bei der Feststellung des Jahresgewinnes nachträglich Betriebsausgaben zum Zwecke der Gewinnminimierung bzw. Gewinnmanipulation schafft.

Die in § 16 Abs. 5 BetrAVG festgeschriebene Regelung zur **Rentenleistungsanpassung,** findet auf den beherrschenden Gesellschafter-Geschäftsführer keine Anwendung. Erfolgt jedoch ab Rentenbeginn eine Anhebung der laufenden Versorgungsleistungen ohne vorherige einzelvertragliche Vereinbarung, so darf diese später auch nicht vorgenommen werden, um einen Verstoß gegen das Nachzahlungsverbot zu vermeiden. Eine Erhöhung wird nur bei einem deutlichen Anstieg der Lebenshaltungskosten ohne vorherige Vereinbarung stattgegeben, wenn eine Erhöhung nötig ist, um den Lebensunterhalt des Bezugsberechtigten sicherzustellen.

Während das Klarheitsgebot und die zivilrechtliche Wirksamkeit auch für **Entgeltumwandlungszusagen** Gültigkeit haben, hat das Nachzahlungsverbot (s.o.) in seiner Gesamtheit dafür unseres Erachtens keine Bedeutung. Dies resultiert daraus, dass es sich gemäß § 1 Abs. 2 Nr. 3 BetrAVG nur um eine durch Entgeltumwandlung finanzierte betriebliche Altersversorgung handelt, wenn **künftige** Entgeltansprüche nicht als „Barlohn" ausgezahlt werden, sondern in eine wertgleiche Anwartschaft auf Versorgungsleistungen umgewandelt werden (vgl. Punkt 3.1). Ein rückwirkender Verzicht, d.h. ein Verzicht auf nicht zukünftige sondern bereits ausgezahlte Entgeltbestandteile, ist für eine Entgeltumwandlung von vornherein ausgeschlossen.

4.2 Angemessenheit

Im Hinblick auf die Prüfung der **Angemessenheit** einer Versorgungszusage wird zuerst geprüft, ob die **Gesamtbezüge**, d.h. Wert der Pensionszusage plus direktes Entgelt, angemessen sind. Bezüge, die das Finanzamt als nicht angemessen einstuft, können nicht als Betriebsausgaben vom Gewinn abgezogen werden, sondern werden als verdeckte Gewinnausschüttung klassifiziert. Wichtigstes Kriterium dabei ist die Frage, ob sie auch einem Fremdgeschäftsführer gezahlt würde. In die Prüfung der Angemessenheit der Gesamtbezüge ist die Direktzusage mit der fiktiven Jahresnettoprämie und u.E. auch die Beiträge zu einer Direktversicherung einzubeziehen (vgl. Abschn. 32 Abs. 3 KStR 1995). Die fiktive Jahresnettoprämie entspricht dem Jahresbeitrag, den der Gesellschafter-Geschäftsführer theoretisch an eine Versicherungsgesellschaft zu zahlen hätte, um die zugesagten Versorgungsleistungen abzusichern. Weitere Kriterien für die Angemessenheit der Gesamtbezüge sind u.a. die Ertragsaussichten, die Unternehmensgröße und das Verhältnis der Gesamtvergütung zum Gewinn und zur verbleibenden Eigenkapitalverzinsung (vgl. ausführlich

Zimmermann, P.: Die Angemessenheit der Gesamtbezüge eines Gesellschafter-Geschäftsführers, in: DB, 15/2003, S. 786–790).

Für alle Geschäftsführer muss zwischen den **Aktivbezügen und Versorgungsleistungen ein angemessenes Verhältnis** bestehen. Ein solches ist gegeben, wenn die Versorgungsleistungen aus einer Direktzusage z.B. zusammen mit einer eventuell bestehenden Sozialversicherungsrente oder anderer betrieblicher Altersversorgungsansprüche 75 % der tatsächlich gezahlten letzten Aktivbezüge nicht übersteigen[5]. Erhält der Gesellschafter-Geschäftsführer **nur** eine **Pensionszusage** und verzichtet dafür auf weiteres Entgelt während seiner Aktivzeit, wird dies als verdeckte Gewinnausschüttung angesehen (vgl. BFH-Urteil vom 17.5.1995 – I R 147/93, DB 1995, S. 204). Den Grund dafür sieht der BFH darin, dass ein Fremdgeschäftsführer niemals eine solche, ihn einseitig belastende, aber für die Gesellschaft vorteilhafte Vereinbarung eingelassen hätte. Damit wird gleichzeitig die „Ernsthaftigkeit" der Zusage infrage gestellt.

Die Rechtsprechung geht in ihrer Angemessenheitsprüfung auf arbeitgeberfinanzierte Zusagen ein, nicht aber explizit auf **Entgeltumwandlungszusagen**. Es ist jedoch davon auszugehen, dass hier nicht die Höhe der Direktzusage eines Gesellschafter-Geschäftsführers/Vorstandes geprüft wird, sondern die Angemessenheit des Gesamteinkommens vor Entgeltumwandlung.

4.3 Üblichkeit

Finanzverwaltung und Rechtsprechung prüfen, ob das erteilte Versorgungsversprechen **üblich** ist. Hierzu wird ein allgemeiner **Fremdvergleich** vorgenommen. Es wird geprüft, ob eine solche Zusage – unabhängig vom Durchführungsweg – auch einem nichtbeteiligten Geschäftsführer gemacht worden wäre. Werden vergleichbare Arbeitnehmer anders behandelt, z.B. wenn sie einen geringeren Zinssatz auf ihre Versorgungszusage erhalten oder eine frühere Unverfallbarkeit, als im Gesetz geregelt, vereinbart wird, ist das ein Indiz für eine vGA.

Es ist nicht üblich, schon kurze Zeit nach der **Neugründung** einer Kapitalgesellschaft eine Pensionszusage zu erteilen. In seinem Urteil[6] hat der BFH eine **Wartezeit von fünf Jahren bei Firmenneugründungen** für ausreichend erklärt, um die künftige wirtschaftliche Entwicklung und Leistungsfähigkeit der Unternehmen zu beurteilen.

Für **Entgeltumwandlung** dürfte die Wartezeit u.E. nicht dieselbe Rolle spielen, da hier die Finanzierung aus umgewandelten Entgeltbestandteilen von bereits bestehendem Einkommen erfolgt. Der Verzicht auf die Wartezeit stellt daher keinen besonderen Vorteil gegenüber einem Gesellschafter-Geschäftsführer dar. Dahingegen dürfte der Aspekt des Fremdvergleichs auch bei Entgeltumwandlung eine Rolle spielen, weil Entgeltumwandlungsvereinbarungen auf einzelvertraglicher Regelung basieren und nur so eine Ungleichbehandlung, z.B. im Hinblick auf die Konditionen der vereinbarten Altersversorgung, ausgeschlossen werden kann.

Unüblich ist eine erteilte Versorgungszusage, die nicht mehr erdienbar ist, sprich zu spät vorgenommen wurde. Die **Erdienbarkeit** ist gegeben, wenn bei einem beherr-

---

[5] Vgl. BFH vom 31.3.2004 – IR70/03, DB 2004, S. 1647 f.
[6] Vgl. BFH-Urteil vom 29.10.1997 – I R 52/97, BStBl II 1998, S. 319.

schenden Gesellschafter-Geschäftsführer zwischen dem Zeitpunkt der Zusage und der vorgesehenen Altersgrenze taggenau mindestens zehn Jahre liegen (vgl. Abschn. 32, Abs. 1 KStR 1995).

Wird eine Versorgungszusage erst **nach Vollendung des 60. Lebensjahres** erteilt, kann sie generell steuerlich nicht anerkannt werden und wird als **verdeckte Gewinnausschüttung (vGA)** behandelt.[7] Liegt der Zeitpunkt der Zusagenerteilung zwischen dem 55. und dem 60. Lebensjahr, muss bei einer mindestens zehnjährigen Zusagedauer ein Pensionierungsalter zwischen dem 65. und dem 70. Lebensjahr gewählt werden.[8]

Das Erfordernis der Erdienbarkeit und die daraus abgeleitete Mindestrestdienstzeit lässt sich nach Rechsprechung des BFH aus den Unverfallbarkeitsfristen des § 1b Abs. 1 Satz 1 BetrAVG ableiten. Da Altersvorsorgeversprechen aus Entgeltumwandlungen sofort unverfallbar werden, geht *Höfer* (2000, S. 63) davon aus, dass die Mindestrestdienstzeit bei Versorgungszusagen aus **Entgeltumwandlung** an Gesellschafter-Geschäftsführer nicht zu beachten sei. Jedoch müsse bei einer Entgeltumwandlungszusage, die im hohen Alter zugesagt wird, das erhöhte Invaliditäts- oder Todesfallrisiko z.B. durch eine Rückdeckungsversicherung abgedeckt sein, da im Normalfall einem Fremdgeschäftsführer auch kein entsprechend hoher Schutz gewährt würde (Aspekt des Fremdvergleiches).

Unüblich ist auch eine Pensionszusage, die nicht finanzierbar ist. Die **Finanzierbarkeit** der Pensionszusage ist unter Einbeziehung einer etwa bestehenden Rückdeckungsversicherung anhand eines fiktiven vorzeitigen Versorgungsfalles (Invalidität oder Hinterbliebenenversorgung) und des sich hieraus ergebenden fiktiven Zuführungsbedarfes zu prüfen. Demnach ist die **Finanzierung nicht gegeben**, wenn bei einem unmittelbar nach dem Bilanzstichtag **eintretenden Versorgungsfall** der Barwert der künftigen Pensionsleistungen am Ende des Wirtschaftsjahres auch nach Berücksichtigung einer Rückdeckungsversicherung zu einer **Überschuldung in der Bilanz** führt. Die Pensionsrückstellungen werden dann insgesamt bzw. aus Sicht des BFH für den nicht zu finanzierenden Teil als vGA behandelt. Bei einer **rückgedeckten Unterstützungskasse** stellt sich die Frage der Finanzierbarkeit nicht, da die laufenden Beiträge im Normalfall die jederzeitige Leistungsverpflichtung abdecken.

Da nach dem BFH die „Finanzierbarkeit" einer Pensionszusage anhand des Anwartschaftsbarwertes der Verpflichtung zu überprüfen ist, ist bei einer **Entgeltumwandlung** zum Verzichtszeitpunkt die damit korrespondierende Direktzusage stets ausfinanziert. Denn bei einem Rechnungsinsfuss von 6 % entspricht der Anwartschaftsbarwert im Verzichtszeitpunkt genau dem Entgeltverzicht. Eine Nichtfinanzierbarkeit der Versorgungszusage kann aber erfolgen, wenn der vereinbarte Rechnungsinsfuß so hoch ist, dass die Gesellschaft die versprochene Leistung demnach nicht erwirtschaften kann. Auch bei einer Entgeltumwandlung kann es zu einer Überschuldung des Unternehmens kommen, wenn die Versorgungsleistungen nicht durch eine Rückdeckungsversicherung abgesichert worden sind. Insgesamt ist das Kriterium der Finanzierbarkeit bei Entgeltumwandlung aber von geringerer Relevanz als bei der arbeitgeberfinanzierten Altersversorgung.

---

[7] Vgl. BFH vom 5.4.1995 – I R 138/93, BB 1995, S. 1276.
[8] Vgl. BFH vom 21.12.1994 – I R 98/93, BB 1995, S. 861, DB 1995, S. 1005.

4.4 Ernsthaftigkeit

Durch die Finanzverwaltung wird besonders die **Ernsthaftigkeit** der einem Gesellschafter-Geschäftsführer erteilten Direktzusage geprüft, während dieses Kriterium bei den übrigen Durchführungswegen kaum eine Rolle spielt. Als Hinweis auf mangelnde Ernsthaftigkeit wird gewertet, wenn **auf die Versorgungszusage später ohne triftigen Grund verzichtet wird.** Wird eine dem Gesellschafter-Geschäftsführer erteilte Direktzusage nicht als ernsthaft anerkannt, so werden die dafür gebildeten Pensionsrückstellungen als vGA behandelt (zum Verzicht vgl. Punkt 5.3.2).

Von Bedeutung für die Anerkennung der Ernsthaftigkeit ist auch das **vereinbarte Pensionsalter.** So wird eine vertragliche Altersrente, die vor Erreichen des 60. Lebensjahres ausgezahlt wird, unter dem Aspekt der Ernsthaftigkeit nicht anerkannt (vgl. Abschn. 32, Abs. 1, Satz 15 KStR 1995).

5. Vor- und Nachteile der betrieblichen Alterssicherung

Obwohl bei der Vertragsgestaltung einer arbeitnehmerfinanzierten Altersversorgung eine Vielzahl von steuer- und arbeitsrechtlichen Regelungen zu beachten ist, handelt es sich aus der Sicht des Arbeitnehmers im Wesentlichen um nichts anderes als um eine langfristige Geldanlage. Diese sollte nach klassischen Gesichtspunkten beurteilt werden: **Kriterien der Effektivität** sind damit **Rentabilität, Sicherheit und Verfügbarkeit.**

5.1 Rentabilität

Sinn und Zweck der Gestaltung eines Teils des Einkommens als betrieblichen Altersversorgung ist es, hochversteuerte Einkommensteile der progressiven Besteuerung während der Aktivitätszeit zu entziehen und sie erst nach der Pensionierung mit dann deutlich geringerer Steuerbelastung zufließen zu lassen, wobei die Zinsen während der Anwartschaftsphase steuerfrei bleiben. Im Kapitel 8 des Teil I ist ein Beispiel dargestellt, dass auch für die Gruppe der Führungskräfte relevant sein kann, sofern sie ihre Gehaltsumwandlungen aus Einkommen vornehmen, dass nicht mit dem Spitzensteuersatz versteuert wird. Der **konkrete Vorteil** für Führungskräfte hängt also maßgeblich von der **Differenz des Steuersatzes (jeweils durchschnittlicher Grenzsteuersatz) bei Aufschub im Verhältnis zum Steuersatz bei Auszahlung der Versorgungsleistung** ab. Daneben wird die Attraktivität des Gehaltsverzichts bestimmt durch den **Zinssatz**, mit dem der Gehaltsverzicht vom Arbeitgeber verzinst wird und von den für den Gesellschafter-Geschäftsführer **verfügbaren Alternativen** für eine betriebsexterne Anlage und ihrer steuerlichen Behandlung.

Folgendes einfaches **Beispiel** soll die Zusammenhänge verdeutlichen. Eine GmbH gewährt ihren Führungskräften die Möglichkeit, 10.000 EUR ihres Jahresbonus, der wegen Überschreitung der BBG in der gesetzlichen Rentenversicherung nicht sozialversicherungspflichtig ist, in eine Direktzusage umzuwandeln. Dieser Bonus würde dem Spitzensteuersatz unterliegen, der im Jahre 2005 44.3 % einschließlich Soli-

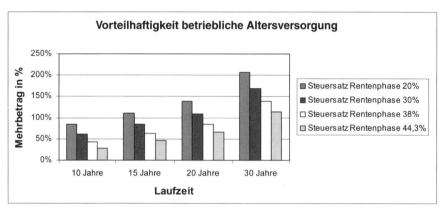

Abb. 4: Nettorentenvergleich in Abhängigkeit von der Laufzeit

daritätszuschlag beträgt. Mit Vollendung des 65. Lebensjahres bekommen sie die Leistungen als Einmalkapitalbetrag ausgezahlt. Alternativ wird der Jahresbonus ausgezahlt, versteuert und in einen thesaurierenden Banksparplan eingezahlt, der die anfallenden Zinsen nach Zahlung der Steuer wieder anlegt. In beiden Fällen wird der gleiche Zinssatz von 6 % unterstellt. Der steuerliche Freibetrag für Zinseinkünfte sei bereits anderweitig ausgeschöpft. Bei den Steuersätzen (sowohl Rentenphase als auch Aktivspitzensteuersatz) in der folgenden Beispielrechnung sind Kirchensteuer und Solidaritätszuschlag bereits enthalten.

Da im Falle des Entgeltverzichtes der gesamte Verzichtsbetrag zum vereinbarten Zinssatz angelegt werden kann und die Zinsen während der gesamten Laufzeit unversteuert bleiben, ergibt sich in der Beispielrechnung immer ein deutlich höherer Nettoertrag für die Anlage in einer betrieblichen Altersversorgung. Durch den Zinseszinseffekt der unversteuerten Zinsen wächst dieser Vorteil mit der Laufzeit der Anlage. Hat die Führungskraft im Versorgungsfall einen sehr geringen Steuersatz (20 %), beläuft sich der Mehrertrag nach 30 Jahren bereits auf über 200 % im Vergleich mit dem Banksparplan. Im Allgemeinen kann davon ausgegangen werden, dass ein Steuersatz von 20 % bei Einkünften von über 45.000 EUR nur dann zu realisieren ist, wenn der Gesellschafter-Geschäftsführer nur sehr geringe weitere Einnahmen hat und verheiratet ist, also nach der Splittingtabelle besteuert wird. Aber selbst wenn der Steuersatz bei Zufluss im Ruhestand ebenfalls 44,3 % beträgt, können Vorteile von etwas mehr als 100 % realisiert werden.

Entscheidend für die Ermittlung der Rentabilität von arbeitnehmerfinanzierter Altersversorgung ist auch die **Alternativanlage**. Kann der Gesellschafter-Geschäftsführer betriebsextern eine wesentlich höhere Verzinsung erreichen oder braucht er wegen der Einhaltung bestimmter Freigrenzen seinen Zinsanteil nicht zu versteuern, dann sinkt der Vorteil des Gehaltsverzichtes entsprechend. Ist bei einer Lebensversicherung mit einer mehr als zwölfjährigen Laufzeit (deren Ertrag durch die variablen Gewinnanteilsätze allerdings nur ex post beurteilt werden kann) die Auszahlung der gesamten Kapitalleistung steuerfrei, wird der Vorteil der arbeitnehmerfinanzierten Altersversorgung, der auf der nachgelagerten Besteuerung beruht, auf die Steuersatzdifferenz zwischen Berufs- und Rentenphase beschränkt. Denn auch hier bleiben wie bei der betrieblichen Altersversorgung die Zinsen während der gesamten Laufzeit steuerfrei. Bei sonst gleichen Konditionen und einem identischen Aktiv- und Rentensteuersatz (inkl. etwaiger Sozialleistungsabgabe) ist daher der Kapitalertrag einer betrieblichen Altersvorsorge und einer Lebensversicherung gleich. Dies zeigt das folgende Beispiel. In beiden Fällen wird der gleiche Zinssatz von 4 %, die gleiche Laufzeit von zwölf Jahren und eine steuerliche Belastung von 42 % sowohl in der Berufs- und Rentenphase des Gesellschafter-Ge-

	Betriebliche Altersversorgung aus Entgeltumwandlung	Private Vorsorge in Form der Lebensversicherung
Brutto-Einkommen	100.000,00 €	100.000 €
abzüglich Steuern (Grenzsteuersatz: 44,3 %)	0,00 €	44,300,00 €
Netto-Einkommen = Anlagebetrag	100.000,00 €	55.700,00 €
Anlagezeitraum: 12 Jahre; Zinsen steuerfrei		
1	104.000,00 €	57.928,00 €
2	108.160,00 €	60.245,12 €
3	112.486,40 €	62.654,92 €
4	116.985,86 €	65.161,12 €
5	121.665,29 €	67.767,56 €
6	126.531,90 €	70.478,27 €
7	131.593,18 €	73.297,40 €
8	136.856,91 €	76.229,91 €
9	142.331,18 €	79.278,46 €
10	148.024,43 €	82.449,60 €
11	153.945,41 €	85.747,84 €
12	160.103,22 €	89.177,49 €
Kapitalsumme	**160.103,22 €**	**89.177,49 €**
für LV bis 31.12.2004 Steuersatz 0 %, bAV abzgl. Steuern (Steuersatz: 44,3 %)	**70.925,73 €**	**0,00 €**
Kapitalsumme (netto) LV bis 31.12.2004	**89.177,49 €**	**89.177,49 €**
für LV ab 1.1.2005 Steuersatz 1/2 44,3 %, bAV abzgl. Steuern (Steuersatz 44,3 %)	**70.925,73 €**	**7.415.26 €**[9]
Kapitalsumme netto LV ab 1.1.2005	**89.177,49 €**	**81.726,23 €**

Tab. 2: Betriebliche Altersversorgung vs. Lebensversicherung

[9] (89.177,49 Euro − 55.700 Euro) x ½ x 44,3 % = 7.415,26 Euro

schäftsführers unterstellt. Für Lebensversicherungen, die ab 1.1.2005 abgeschlossen werden, müssen – sofern die Laufzeit mindestens zwölf Jahre beträgt und die Versicherungsleistung nach dem 60. Lebensjahr ausgezahlt wird, die Hälfte der Ertrages der Lebensversicherung (Endkapitalbetrag – Anfangskapital) mit dem persönlichen Steuersatz versteuert werden (vgl. § 20 Abs. 1 Nr. 6 EStG in der Fassung ab 1.1.2005).

5.2 Sicherheit

Neben der Rentabilität einer Anlage ist der **Aspekt der Sicherheit von erheblicher Bedeutung**. Je nach individueller Risikoneigung kann diese Zielsetzung für den Gesellschafter-Geschäftsführer an erster Stelle stehen.

5.2.1 Gesetzlicher Insolvenzschutz

Der **Pensionssicherungs-Vereins auf Gegenseitigkeit (PSVaG) ist die gesetzliche Insolvenzsicherungseinrichtung** für alle Direktzusagen, Unterstützungskassen, Pensionsfonds und unter bestimmten Bedingungen Direktversicherungen (vgl. Kapitel 7 des Teil I). Begünstigt sind Personen, die unter den Geltungsbereich des Betriebsrentengesetzes gemäß § 17 BetrAVG fallen. Gesellschafter-Geschäftsführer einer juristischen Person (AG, GmbH) werden nur dann als Arbeitnehmer im Sinne des BetrAVG behandelt, wenn ihre Anteile am Stamm- bzw. Grundkapital ihnen keine Unternehmer- oder Mitunternehmerstellung einräumen, also nicht bei beherrschenden Gesellschafter-Geschäftsführern. Für **Minderheitsgesellschafter und nicht beteiligte Führungskräfte** übernimmt der PSVaG grundsätzlich den gesetzlichen Insolvenzschutz. Dieser **gesetzliche Insolvenzschutz garantiert die höchstmögliche Sicherheit einer Versorgungszusage.**

Nach § 7 Abs. 3 BetrAVG beträgt der höchste Anspruch auf laufende Leistungen im Insolvenzfall im Monat im Jahr 2004 7.242 EUR in Westdeutschland und 6.090 EUR in Ostdeutschland. Für Kapitalleistungen gilt dies entsprechend, nur dass zehn vom Hundert der Leistung als Jahresbeitrag einer laufenden Rente anzusetzen sind. Nur wenn höhere Leistungen – entweder als Kapitalbetrag oder als Rente – vereinbart sind, sind sie im Insolvenzfall ungesichert und gehen daher für die anspruchsberechtigte Führungskraft verloren.

Der Insolvenzschutz setzt grundsätzlich mit der **Unverfallbarkeit** der betrieblichen Altersversorgung ein. Unverfallbar wird eine Altersversorgungszusage, wenn der Arbeitnehmer mindestens 30 Jahre alt ist und fünf Jahre im Besitz der Versorgungszusage war. Dagegen werden **Entgeltumwandlungszusagen** sofort unverfallbar. Damit wären sie gemäß § 7 Abs. 2 Satz 1 und 2 BetrAVG sofort durch den PSVaG insolvenzgeschützt. Allerdings setzt der **Insolvenzschutz** wegen der Sondervorschrift des § 7 Abs. 5 Satz 3 BetrAVG dann doch erst zwei Jahre nach der Erteilung der Versorgungszusage ein, denn „Verbesserungen" eines Versorgungsversprechens innerhalb eines Zweijahreszeitraumes sind nicht vom PSVaG geschützt.

5.2.2 Privatrechtliche Sicherungsmaßnahmen

Für die Erhöhung von Versorgungszusagen und für Entgeltumwandlungen im Zweijahreszeitraum sowie für Versorgungszusagen, die wegen ihrer Höhe nicht mehr durch den PSVaG geschützt sind kommen generell nur **privatrechtliche Sicherungsmaßnahmen** in Betracht. Da die Versorgungszusagen von mehrheitlich beteiligten Gesellschafter-Geschäftsführern jedoch grundsätzlich nicht von dem PSVaG geschützt sind, sollten hier generell privatrechtliche Sicherungsmaßnahmen ergriffen werden.

Bei einer Versorgungszusage über eine Direktzusage oder Unterstützungskasse empfiehlt sich eine **Rückdeckung**. Diese Rückdeckung kann z.B. durch den Abschluss einer Lebensversicherung durch die Kapitalgesellschaft und deren Verpfändung an den Geschäftsführer erfolgen. Möglich ist eine Rückdeckung auch mittels Wertpapieren bzw. Anteilen an Investmentfonds, deren Leistungen an die begünstige Führungskraft verpfändet werden und die im Außenverhältnis der Gesellschaft zustehen.

Wird die Rückdeckungsversicherung an den Gesellschafter-Geschäftsführer verpfändet, erhält er die zugesagten Leistungen auch bei einer Insolvenz des Unternehmens. Eine Lohnsteuerpflicht des Gesellschafter-Geschäftsführers entsteht bei der Verpfändung nicht, da das Pfandrecht keinen vorzeitigen Lohnzufluss ermöglicht bzw. darstellt und nur zu einer Befriedigung in der Höhe der jeweils fälligen Rentenrate führt, also keinen Übergang der Verfügungsmacht über die zur Versorgung nötigen Deckungsmittel insgesamt darstellt.

5.3 Verfügbarkeit

Wie bereits im Abschnitt 4.4 angesprochen, wird eine vertragliche Altersrente, die vor **Erreichen des 60. Lebensjahres** ausgezahlt wird, unter dem Aspekt der Ernsthaftigkeit von der Finanzverwaltung nicht anerkannt. Dadurch sind einer vorzeitigen Verfügbarkeit enge Grenzen gesetzt. Allerdings können die Anwartschaften unter bestimmten Bedingungen abgefunden werden.

5.3.1 Abfindung der Anwartschaften

Der § 3 BetrAVG enthält ein grundsätzliches **Verbot der Abfindung (vorzeitige Auszahlung des Anspruches)** von Versorgungsanwartschaften bei Beendigung eines Arbeitsverhältnisses sowie ab 1.1.2005 auch von laufenden Leistungen. Ausgenommen sind nur Abfindungen in sehr geringem Ausmaß (ab 1.1.2005 Rentenanwartschaften von derzeit weniger als 30 EUR pro Monat oder ca. 2.900 EUR bei Einmalkapitalabfindungen). Die Regelung erstreckt sich auch auf einen Verzicht. Das Abfindungsverbot gilt jedoch nur für Anwartschaften, die von Gesetzes wegen unverfallbar sind. Versorgungszusagen, die noch verfallbar sind oder die lediglich aufgrund der vertraglichen Zusagevereinbarung unverfallbar sind, können deshalb unabhängig von § 3 BetrAVG abgefunden werden. Abfindungen, die in einem laufenden Arbeitsverhältnis vereinbart werden, sind von § 3 BetrAVG ebenfalls nicht betroffen, da sie nicht im Zusammenhang mit der Beendigung des Arbeitsverhältnisses erfolgen. Für **beherrschende Gesellschafter-Geschäftsführer** gelten die Vorschriften nicht, weil für diesen Personenkreis das BetrAVG insgesamt nicht anzuwenden ist. Bei diesem **darf arbeitsrechtlich in beliebiger Höhe abgefunden werden,** lediglich steuerlich kann die Abfindung **gegebenenfalls als Indiz für eine mangelnde Ernsthaftigkeit** der Zusage gewertet werden und zu einer **verdeckten Gewinnausschüttung** führen.

Die Abfindungszahlung stellt **steuerpflichtiges Arbeitsentgelt** dar, dass bei der Direktzusage und Unterstützungskasse gemäß § 19 Abs. 1 Nr. 2 EStG zum individuellen Steuersatz versteuert werden muss. Dabei können je nach den besonderen Umständen Steuerfreibeträge oder -vergünstigungen (etwa die Fünftelungsregelung) angewendet werden.

5.3.2 Verzicht

Zuweilen kommt es vor, dass ein Gesellschafter-Geschäftsführer freiwillig auf die Pensionszusage verzichtet. Bei nicht beteiligten Führungskräften dürfte dieser Fall ausgeschlossen sein. Dies kann z.B. geboten sein, wenn der Betrieb verkauft werden soll und ein Käufer nicht bereit ist, auf die Verpflichtungen aus der Direktzusage einzugehen. Der Verzicht auf die Versorgungsanwartschaften über eine Direktzusage führt bei der Gesellschaft zu einem Wegfall der passivierten Pensionsverpflichtung. Dadurch erhöht sich das Eigenkapital der Gesellschaft. Dies wird jedoch nicht als Gewinn der Gesellschaft gewertet, sondern als „**verdeckte Einlage**" des Gesellschafters. Dies führt beim Gesellschafter-Geschäftsführer zu einem **steuerpflichtigen Zufluss** in der Höhe des Wertes, den er extern, z.B. für eine entsprechende Versicherung – für die Wiederbeschaffung der Pensionsrechte – aufwenden müsste, obwohl ihm wegen des Verzichts keinerlei Geldbetrag seitens der Gesellschaft zufließt. Soweit durch den Verzicht nämlich eine verdeckte Einlage erbracht wird, führt dies zu einem nach § 11 Abs. 1 EStG steuerpflichtigen Zufluss des entsprechenden Wertes bei der Gesellschaft. Letztlich erreicht der Gesellschafter durch den Verzicht eine Stärkung seiner Gesellschafterrechte und die Umschichtung seines Vermögens. Ein nicht gesellschaftlich veranlasster Verzicht hingegen hat keine steuerlichen Auswirkungen.

Wird die Wirkung eines gesellschaftsrechtlich veranlassten Verzichts verkannt, was gerade im Mittelstand bei dem Verkauf von Unternehmen durchaus vorkommen kann, führt dies im Allgemeinen zu einer **erheblichen, oft im sechsstelligen Eurobereich liegenden, Steuerschuld des Gesellschafter-Geschäftsführers.**

5.3.3 Vererbbarkeit/Hinterbliebenenversorgung

Die Vereinbarung der Vererblichkeit der Anwartschaften ist mit der Anerkennung einer betrieblichen Altersversorgung unvereinbar (vgl. BMF-Schreiben vom 17.11.2004[10]). Durch das **Verbot der beliebigen Vererbbarkeit** soll die betriebliche Altersversorgung von den reinen Sparverträgen abgegrenzt werden. Zugelassen wird lediglich eine Hinterbliebenenversorgung. Zum Kreis der Bezugsberechtigten gemäß BetrAVG gehören dabei die Witwe des Arbeitnehmers bzw. der Witwer der Arbeitnehmerin, die Kinder im Sinne des § 32 Abs. 3 und 4 Satz 1 Nr. 1 bis 3 EStG und auch noch der frühere Ehegatte sowie in Einzelfällen auch der Lebensgefährte bzw. die Lebensgefährtin. Sind im Todesfall des leistungsberechtigten Gesellschafter-Geschäftsführers keine Bezugsberechtigten vorhanden, so fällt die Anwartschaft auf die Altersvorsorge – auch wenn sie auf einer Entgeltumwandlung beruht – an das Unternehmen.

Sind Bezugsberechtigte im Sinne des BetrAVG hingegen vorhanden, sind diese grundsätzlich nur dann im Todesfall tatsächlich bezugsberechtigt, wenn die Absi-

---

[10] IV C 4 – S 2222–177/04/IV C 5 – S 2333–269/04

cherung des biometrischen Risikos „Todesfall" auch vereinbart wurde. Es ist also bei Abschluss der Vereinbarung über die betriebliche Altersversorgung, vor allem wenn sie auf Entgeltumwandlung beruht, unbedingt darauf zu achten, dieses Risiko in der Vereinbarung zu definieren. Die **Leistungen im Todesfall bei Unterstützungskassen und Direktzusagen** sind frei gestaltbar. Hier dürfte als Mindestleistung im Todesfall bei der Altersversorgung, die auf Entgeltumwandlung beruht, die Summe der bis dahin geleisteten Gehaltsverzichtsbeträge zuzüglich der bis dahin daraus erzielten Erträge eine sinnvolle Zusage darstellen.

Ob Hinterbliebenenbezüge der **Erbschaftsteuer** unterliegen oder nicht, hat der BFH davon abhängig gemacht, ob der Gesellschafter-Geschäftsführer nach den sozialversicherungsrechtlichen Grundsätzen als beherrschend anzusehen ist. Betriebliche Versorgungsleistungen an Hinterbliebene eines nichtbeteiligten Geschäftsführers sind erbschaftsteuerfrei nach § 3 Abs. 1 Nr. 4 ErbStG.[11] Ist der Gesellschafter-Geschäftsführer dagegen als beherrschend einzustufen, dann unterliegt der Kapitalwert der Hinterbliebenenbezüge kraft BFH Urteil[12] der Erbschaftsteuer. Angemessene Hinterbliebenenbezüge aus einer Direktversicherung, einer Pensionskasse bzw. einem Pensionsfonds unterliegen grundsätzlich nicht der Erbschaftsteuer.[13]

Literaturverzeichnis

Doetsch, P.: Versorgungszusagen an Gesellschafter-Geschäftsführer und Vorstände, Karlsruhe 2004

Höfer, R.: Die Besteuerung der betrieblichen Altersversorgung von Kapitalgesellschaftern, München 2000

Höfer, R.: Die Neuregelung des Betriebsrentenrechts durch das Altersvermögensgesetz (AVmG), in: DB, 21/2001, S. 1145–1150

---

[11] Vgl. BFH vom 20.5.1981 – II R 11/81, BStBl. II 1981, S. 715; II R 33/78, BStBl. 1982, S. 27.

[12] Vgl. BFH vom 13.12.1989 – II R 23/85, BStBl II 1990, S. 322.

[13] Vgl. BFH vom 20.5.1981, ebd., S. 715.

Beteiligung der Mitarbeiter am Erfolg und am Kapital des arbeitgebenden Unternehmens

Prof. em. Dr. Dres. h.c. Eduard Gaugler

Inhalt

Die Beteiligung der Mitarbeiter am wirtschaftlichen Erfolg des arbeitgebenden Unternehmens und ihre Teilhabe an dem dort investierten Kapital haben eine lange Tradition (vgl. *Esser/Faltlhauser* 1974, S. 9 ff.; *Weber* 1993, S. 273 ff.; *Gaugler* 2002, S. 17 ff.). In der Unternehmenspolitik dient die Erfolgs- und die Kapitalbeteiligung der Mitarbeiter im deutschsprachigen Raum seit über einhundertfünfzig Jahren dazu, personal- und sozialpolitische Ziele zu verwirklichen (vgl. *Gaugler* 1982, S. 107 ff.). So hat der berühmte Nationalökonom *Johann Heinrich von Thünen* schon seit dem Jahre 1847 die landwirtschaftlichen Arbeiter seines Gutes Tellow in Mecklenburg am Ertrag beteiligt und die Erfolgsanteile im Betrieb stehen lassen, um sie Jahrzehnte vor der gesetzlichen Sozialversicherung zur Altersversorgung der pensionierten Mitarbeiter zu verwenden. Aus den Jahren 1867 bis 1872 sind fünf deutsche Aktiengesellschaften namentlich bekannt, die damals an ihre Mitarbeiter erstmals Belegschaftsaktien ausgegeben haben.

1. Mitarbeiterbeteiligung am Unternehmenserfolg

Die Beteiligung der Mitarbeiter am wirtschaftlichen Erfolg des arbeitgebenden Unternehmens wird seit Beginn der Industrialisierung diskutiert. Bereits zu Beginn des 19. Jahrhunderts wurde sie in Großbritannien intensiv erörtert. Von dort haben die Diskussionen und Auseinandersetzungen um diese zusätzliche und variable Entgeltkomponente rasch auf den europäischen Kontinent übergegriffen.

Mit der Erfolgsbeteiligung, die *Ernst Abbé* im Jahre 1897 in den *Zeiss*-Werken in Jena einführte, verband er die Absicht, das Lohnsystem zusätzlich zu den damals aufkommenden Tarifverträgen mit einem Element zu versehen, das flexibel ist und das einen Teil des Arbeitseinkommens elastisch an die Ertragslage des arbeitgebenden Unternehmens anpasst.

Heute gibt es in der Bundesrepublik Deutschland eine Vielzahl von Unternehmen, die ihre Mitarbeiter in unterschiedlicher Weise am ökonomischen Erfolg beteiligen (vgl. *Eyer* 2002, S. 25 ff. und S. 31 ff.).

1.1 Grundfragen der Erfolgsbeteiligung

Unabhängig von der konkreten Ausgestaltung einzelner Systeme der Erfolgsbeteiligung kann man aus heutiger Sicht folgende Grundfragen für ihre Konzipierung stellen (vgl. *Schneider* 2004, Sp. 712 ff.; *Schultz* 1992, Sp. 818 ff.):

- Welche Motive und Erwartungen haben die arbeitgebenden Unternehmen, wenn sie ihre Mitarbeiter zusätzlich zu Löhnen und Gehältern am wirtschaftlichen Ergebnis des Unternehmens beteiligen?

- Welche Maßgrößen für den wirtschaftlichen Periodenerfolg eines Unternehmens kommen für eine Beteiligung der Mitarbeiter in Frage? Wie kann man die Eignung dieser Erfolgsgrößen als Basis für die Mitarbeiterbeteiligung ermitteln?

- Wie läßt sich der Anteil des einzelnen Mitarbeiters an der Beteiligungsbasis bestimmen? Welche Aspekte sind bei der Ermittlung der Individual-Quoten bei einem Erfolgsbeteiligungssystem von Bedeutung?

- Kann das arbeitgebende Unternehmen die Verwendung der individuellen Erfolgsanteile durch die Mitarbeiter beeinflussen? Inwieweit eignen sich die Individual-Quoten insbesondere zur investiven Verwendung durch die Mitarbeiter?

1.2 Beteiligungsmotive der Unternehmen

Ein Überblick über die Motive und Erwartungen, die die Unternehmen mit der Beteiligung ihrer Mitarbeiter am wirtschaftlichen Erfolg verbinden, lässt drei Aspekte erkennen:

- Die Beteiligungsmotive sind in der Praxis vielfältig. Sie können von Unternehmen zu Unternehmen mehr oder weniger stark variieren.

- Die Beteiligungsmotive können sich im Zeitablauf verändern. Dominante Erwartungen in der Vergangenheit können aus unterschiedlichen Gründen an Gewicht verlieren; andere Beteiligungsmotive können aufgrund gesellschaftspolitischer, betriebswirtschaftlicher und personalpolitischer Veränderungen an Bedeutung gewinnen.

- Regelmäßig praktizieren die Unternehmen eine Erfolgsbeteiligung ihrer Mitarbeiter nicht aus einem einzigen Motiv; häufig verbinden sie mit dieser Art einer variablen Zusatzentlohnung mehrere Erwartungen (Motivbündel).

Die Motivbündel, die die Einführung und Weiterführung von Systemen der Erfolgsbeteiligung begründen, setzen sich in der Beteiligungspraxis aus unterschiedlichen Einzelmotiven zusammen, die jeweils untereinander eine verschiedene Gewichtung besitzen können.

Die wichtigsten Einzelmotive, die in der Beteiligungspraxis vorkommen, kann man ungefähr wie folgt angeben (vgl. *Gaugler* 1987, S. 11 ff.):

- Die Erfolgsbeteiligung soll das Leistungsverhalten der Mitarbeiter im betrieblichen Leistungsprozess positiv stimulieren. Dabei zielt man weniger auf die Leistungsmenge als vor allem auf die Qualität des Leistungsbeitrags der Mitarbeiter. Entsprechend einer Erwartung von *Karl Marx* erhofft man sich durch die Beteiligung, dass die Mitarbeiter das betriebliche Vermögen (Betriebseinrichtungen, Maschinen, Material etc.) ähnlich schonend wie ihr eigenes Privatvermögen behandeln.

- Mit der Erfolgsbeteiligung will die Unternehmensleitung das Konzept der betrieblichen Leistungsgemeinschaft fördern. Der Gedanke der Zusammengehörigkeit von Unternehmern, Kapitaleignern und Mitarbeitern im betrieblichen Leistungsprozess soll durch die finanzielle Beteiligung der Mitarbeiter am wirtschaftlichen Erfolg des arbeitgebenden Unternehmens bekräftigt und entwickelt werden.

- Die Beteiligung der Mitarbeiter am Wirtschaftsergebnis soll eine elastische Lohnpolitik auf betrieblicher und überbetrieblicher Ebene ermöglichen. *Ernst Abbé* hat bereits 1898 den Zusammenhang zwischen kollektiv-(tarif-)vertraglichen Lohnregelungen und einer einzelbetrieblichen Erfolgsbeteiligung der Arbeitnehmer hervorgehoben.

- Die Erfolgsbeteiligung verstehen manche Unternehmen als Instrument für den Wettbewerb am Arbeitsmarkt, um qualifizierte und unternehmerisch denkende Mitarbeiter gewinnen bzw. im Unternehmen halten zu können. Von einer Erfolgsbeteiligung der Mitarbeiter erwarten manche Unternehmensleitungen eine Verbesserung ihres Image in der gesellschaftlichen Umwelt und an ihren Arbeitsmarktsegmenten. In diesem Sinne kann man die Beteiligung der Mitarbeiter als „Wettbewerbsfaktor" verstehen (*Fiedler-Winter* 1998, S. 9 ff.).

- In der Erwartung mancher Unternehmen soll die Erfolgsbeteiligung der Mitarbeiter helfen, negative Außeneinwirkungen aus der gesellschaftlichen Umwelt auf die Einstellung der Mitarbeiter zum Unternehmen und auf ihr innerbetriebliches Verhalten abzuwehren. Die Beteiligung soll die innere Verbundenheit der Mitarbeiter mit dem Unternehmen fördern.

- In Staaten mit einer höheren Besteuerung der Unternehmenserträge als der Arbeitsentgelte kann eine Erfolgsbeteiligung die Besteuerungsunterschiede zugunsten der Mitarbeiter nutzen. Dieses Motiv steht in engem Zusammenhang mit dem folgenden Ziel einer Erfolgsbeteiligung.

- In manchen Industriestaaten verwenden die Unternehmen die Erfolgsbeteiligung ihrer Mitarbeiter immer mehr zur Vermögensbildung der Arbeitnehmer. Die Beteiligung der Mitarbeiter am wirtschaftlichen Erfolg dient dann als Finanzierungsquelle für die Vermögensbildung der Arbeitnehmer im Allgemeinen, nicht selten auch für ihre Beteiligung am Kapital des arbeitgebenden Unternehmens im Besonderen.

- Manche Unternehmen erstreben mit der Erfolgsbeteiligung auch eine umfassende Gerechtigkeit der Gesamtentlohnung. Sie interpretieren die menschliche Arbeit im betrieblichen Leistungsprozess nicht allein als Kostenfaktor (Löhne, Gehälter), sondern verstehen die Mitarbeiter auch als Ertragsfaktor. In dieser Sicht gehört die Erfolgsbeteiligung zum elementaren Inhalt einer umfassenden Lohngerechtigkeit. Die verschiedenen Formen der kausalen und der finalen Lohnfindung werden hierbei als komplementär verstanden.

Die genannten Einzelmotive der Unternehmen für eine Beteiligung der Mitarbeiter an ihrem wirtschaftlichen Erfolg sind je für sich genommen ziemlich komplexer Natur; außerdem sind sie untereinander mehr oder weniger verschiedenartig. Für die Konzipierung eines Systems der Erfolgsbeteiligung ergeben sich daraus zwei wichtige Folgerungen:

- Die Realisierung solcher Erwartungen und der daraus abgeleiteten Beteiligungsziele hängt u.a. von einer entsprechenden Ausgestaltung der Beteiligungssysteme ab. Deshalb ist es erforderlich, dass sich die Unternehmensleitung bereits vor der Erörterung der Einzelheiten eines Beteiligungsmodells über die Motive und Ziele, die sie mit dem Beteiligungsmodell verwirklichen will, eindeutig verständigt.

- Das jeweilige Motivbündel einer Unternehmensleitung ist darauf zu prüfen, ob die zu realisierenden Einzelmotive untereinander kompatibel sind. Motiv- und Zielkonflikte beeinträchtigen oder verhindern sogar die Konzipierung eines erfolgreichen Beteiligungsmodells. Das Motivbündel für eine Erfolgsbeteiligung muss also in sich widerspruchsfrei sein, wenn ein zielstrebiges Konzept für die Mitarbeiterbeteiligung zustande kommen und praktiziert werden soll.

Diese Überlegungen beeinflussen unmittelbar die Wahl der Beteiligungsbasis und die Ermittlung und Verwendung der Individual-Quoten der Mitarbeiter.

1.3 Wirtschaftliche Erfolgsgrößen als Beteiligungsbasen

Die betriebswirtschaftliche Forschung und die Praxis der Beteiligungsfirmen haben in den letzten Jahrzehnten eine Vielzahl von Ansätzen für die Beteiligung der Mitarbeiter am wirtschaftlichen Ergebnis eines Unternehmens erarbeitet. Im kurzgefassten Überblick handelt es sich dabei um folgende Basisgrößen (vgl. *Goossens* 1961, S. 19 ff.):

- **Leistungsgrößen** eines Unternehmens (bzw. Betriebes)
  Produktionsmenge / Produktionswert einer Periode
  Arbeitsproduktivität
  Kostenersparnis

- **Ertragsgrößen** eines Unternehmens
  Periodenumsatz, Bruttoertrag
  Wertschöpfung (added value)
  Nettoertrag

- **Gewinngrößen** eines Unternehmens
  Bilanzgewinn (lt. Handels- oder Steuerbilanz)
  Ausschüttungsgewinn (Dividende)

Die meisten Beteiligungsmodelle der Praxis gehen von einer dieser Basisgrößen für das wirtschaftliche Ergebnis des Unternehmens aus; regelmäßig ergänzen sie aber diese Basisgröße durch Zu- und Abschläge (z.B. für die Eigenkapitalverzinsung, für das Unternehmenswagnis, für zusätzliche Rücklagen, zum Ausgleich des Unterschieds zwischen steuerrechtlichen Absetzungen für Abnutzung und betriebswirtschaftlich erforderlichen Abschreibungen, zur Berücksichtigung von Besteuerungsunterschieden). Diese Umrechnungen führen dann zu sehr unterschiedlichen Beteiligungsbasen. Die Umrechnung der genannten Ausgangsgröße muss sich an den individuellen Bedingungen des einzelnen Unternehmens und den Besonderheiten des Leistungsbeitrags seiner Mitarbeiter orientieren. Außerdem muss die Wahl und Aufbereitung der Beteiligungsbasis den Zielen des Beteiligungssystems entsprechen. Dies zeigt sich an folgenden Beispielen:

- Soll eine Erfolgsbeteiligung die Mitarbeiter zum ökonomischen Denken, Handeln und Verhalten anregen, dann ist dafür eine einseitige Ergebnisgröße wenig geeignet (z.B. Umsatz, Produktionsmenge etc.). Geeigneter sind dafür Erfolgsgrößen, die sich aus dem Input und Output ergeben (z.B. Netto-Ertrag, Wertschöpfung, Gewinn).

- Soll eine Erfolgsbeteiligung der Belegschaft die Abhängigkeit des Unternehmens vom Marktgeschehen vermitteln, dann sind dazu Basisgrößen, die sich nur auf innerbetriebliche Werte erstrecken (z.B. Kostenersparnis, Produktivität) nicht geeignet. Für dieses Beteiligungsziel sind Größen angebracht, in denen sich der Markteinfluss niederschlägt (z.B. Ertrag, Gewinn etc.).

- Soll eine Erfolgsbeteiligung in einem Konzernunternehmen die Identifizierung der Mitarbeiter mit dem einzelnen Unternehmen und gleichzeitig mit dem gesamten Konzern fördern, dann empfiehlt sich eine kombinierte Beteiligungsbasis, die sich aus Größen für den wirtschaftlichen Erfolg des einzelnen Unternehmens und solchen für das ökonomische Ergebnis des ganzen Konzerns zusammensetzt.

Generell kann man festhalten, dass die Ausrichtung der Beteiligungsbasisgröße auf das Ziel und auf die Erwartungen mit dem Beteiligungsmodell eine wesentliche Voraussetzung für die Wirksamkeit dieser finalen Entgeltkomponente bildet. Deshalb kommen auch der Definition des Motivbündels und seiner Prüfung auf Kompatibilität der Einzelmotive eine große Bedeutung zu.

1.4 Mitarbeiteranteile am wirtschaftlichen Erfolg

Grundsätzlich ist der erwirtschaftete Erfolg eines Unternehmens das Ergebnis des Zusammenwirkens der drei Produktionsfaktoren: Unternehmensleitung, Eigenkapitaleinsatz, Mitarbeiterleistung. Die Beteiligungsbasisgröße resultiert aus diesem Einsatz der Faktoren-Kombination. Das wirtschaftliche Ergebnis kann daher bei einem Beteiligungsmodell nicht einem der beteiligten drei Faktoren allein zugerechnet werden. Für den Zweck der Mitarbeiterbeteiligung muss deshalb der Anteil der Belegschaft bestimmt werden.

Den Wirtschaftswissenschaften ist es bislang nicht gelungen, für die Lösung der damit verbundenen Zurechnungsproblematik eine überzeugende und generell anwendbare Verteilungsformel zu entwickeln. Damit ist auch in Zukunft kaum zu rechnen; eher kann man nachweisen, dass die angesprochene Zurechnungsproblematik mit wissenschaftlich exakten Methoden nicht lösbar ist (vgl. *Zander* 1973, S. 21 ff.).

In dieser Situation ist die Beteiligungspraxis gezwungen, sich mit Verteilungsschlüsseln zu behelfen. Diese Verteilungsschlüssel stützen sich teilweise auf betriebswirtschaftliche Kennzahlen, die aber meist nur eine dürftige Plausibilität besitzen. In der neueren Entwicklung verwendet man immer mehr Verteilungsschlüssel, die für die Mitarbeiter leicht verstehbar und akzeptabel erscheinen (z.B. ein Drittel oder die Hälfte der umgerechneten Beteiligungsbasis).

Diese Verteilungsschlüssel zur Ermittlung des Anteils, der dem gesamten Faktor Arbeit an der Beteiligungsbasis zukommen soll, entziehen sich einer generellen überbetrieblichen Festlegung; sie können nur betriebsindividuell gefunden werden. Dabei sind einige wichtige Aspekte zu beachten:

- Der anzuwendende Verteilungsschlüssel darf nicht zur Verdrängung eines der drei genannten Produktionsfaktoren aus dem Unternehmen führen; die Bereitschaft zum künftigen Einsatz der Faktoren muss erhalten bleiben. Die Aufteilung der Beteiligungsbasisgröße auf die Faktoren muss untereinander ausgewogen sein und den Bestand und die Weiterentwicklung des Unternehmens sichern.

- Der Verteilungsschlüssel darf das finanzielle Gleichgewicht des Unternehmens nicht gefährden. Der Investitionsbedarf des Unternehmens muss finanzierbar bleiben. Aus diesen Überlegungen folgt, dass der Verteilungsschlüssel für die Mitarbeiter rebus sic stantibus günstiger ausfallen kann, wenn sie ihre Erfolgsanteile ganz oder teilweise dem Unternehmen dauerhaft oder zeitlich befristet zur Finanzierung zur Verfügung stellen. Hier wird die investive Verwendung der Erfolgsanteile relevant.

- Der Verteilungsschlüssel soll im längeren Durchschnitt nicht zu Minimalbeträgen für die Mitarbeiter führen, die zu gering sind, um sie im Sinne der Beteiligungsziele motivieren zu können. Der Verteilungsschlüssel muss also eine gewisse Untergrenze für die Mitarbeiteranteile gewährleisten, sofern das Unternehmen überhaupt positive Resultate erzielt.

Neben dem Verteilungsschlüssel hängen die Individual-Quoten auch von der Festlegung der beteiligungsberechtigten Mitarbeiter selbst ab. Früher war die Regelung weit verbreitet, dass nur besonders qualifizierte und oft auch nur langjährige Mitarbeiter beteiligt wurden (vgl. *v. Eckardstein* 2001, S. 2 ff.). Manche Unternehmen verfahren auch heute noch so (z.B. bei Tantiemen für leitende Angestellte). In den letzten Jahrzehnten hat sich immer stärker die Tendenz durchgesetzt, alle Mitarbeiter zu beteiligen und die Anwartschaftsfrist für eine Einbeziehung auf ein Jahr Betriebszugehörigkeit oder sogar auf die Dauer der Probezeit zu reduzieren. Mit dieser Entwicklung ist der prozentuale Anteil der beteiligungsberechtigten Mitarbeiter an der Gesamtbelegschaft gewachsen. Rebus sic stantibus sinkt damit der durchschnittliche Individualanteil aus der Erfolgsbeteiligung.

Mit Hilfe des oben genannten Verteilungsschlüssels errechnet man den Gesamtanteil, den gemeinsam alle beteiligungsberechtigten Mitarbeiter an der Beteiligungsbasis erhalten sollen. Für die Ermittlung der Individualquoten an diesem Belegschaftsanteil verwendet die Praxis unterschiedliche Verfahren:

- Die Verteilung nach Köpfen bewirkt, dass alle beteiligungsberechtigten Mitarbeiter gleich große Individual-Quoten erhalten. Dies stellt eine radikale Anwendung des Gleichheitsprinzips dar. Bei einer progressiven Lohnbesteuerung der Arbeitsentgelte führt dies dazu, dass Angestellte mit höheren Gehältern auch für ihre Erfolgsanteile mehr Steuern als einfache Lohnempfänger abgezogen erhalten. Ihr Netto-Erfolgsanteil ist nach Abzug der Lohnsteuer also sogar kleiner als bei Mitarbeitern mit geringerem Arbeitsentgelt.

Außerdem stellt sich die Frage, ob eine völlige Gleichverteilung der Individual-Quoten in einem Unternehmen, das auf den Leistungsbeitrag seiner Mitarbeiter angewiesen ist, mit dem sog. Leistungsprinzip überhaupt vereinbar ist.

- Um dem Leistungsprinzip zu entsprechen, führen manche Unternehmen für die Bestimmung der Individual-Quoten eine Leistungsbeurteilung der beteiligungsberechtigten Mitarbeiter durch. Die Punktwerte dieser Mitarbeiterbeurteilung bilden dann das Verteilungsmaß für die Berechnung der Individualquoten.
- Viele Beteiligungsunternehmen unterstellen, dass die Arbeitsentgelte der einzelnen Mitarbeiter (Löhne, Gehälter) überwiegend leistungsorientiert sind. Sie verwenden deshalb die individuellen Löhne und Gehälter als Verteilungsmaßstab. Die Individual-Quoten errechnen sich dabei als ein Prozentsatz der Arbeitsentgelte. In Abhängigkeit von der Höhe des wirtschaftlichen Resultats des Unternehmens und von den allgemeinen Lohn- und Gehaltssätzen schwanken diese Prozentsätze von Jahr zu Jahr.
- In neuerer Zeit kombinieren immer mehr Unternehmen zwei der genannten Verfahren. Beispielsweise verteilen sie etwa ein Drittel des Belegschaftsanteils am ökonomischen Ergebnis des Unternehmens nach Köpfen; die Aufteilung der restlichen zwei Drittel richten sie an den individuell verschiedenen Arbeitsentgelten der Mitarbeiter aus. Bei dieser Handhabung erhalten Mitarbeiter mit höheren Arbeitsentgelten prozentual kleinere, aber absolut höhere Individual-Quoten als Mitarbeiter in den unteren Lohn- und Gehaltsgruppen.

Die modernen Lohnabrechnungsverfahren mit Hilfe der EDV ermöglichen die Anwendung auch von komplizierteren Methoden zur Errechnung der Individual-Quoten, die früher noch unwirtschaftliche Verfahren darstellten. Allerdings müssen die Verteilungsverfahren so gestaltet werden, dass sie die Mitarbeiter verstehen und in sie vertrauen können. Der Komplexität der Individual-Quoten-Berechnung sind damit in Abhängigkeit vom Niveau der Belegschaft eines Unternehmens Grenzen gesetzt.

1.5 Verwendung der individuellen Erfolgsanteile

Wie oben angemerkt, hat *J. H. von Thünen* schon in der Mitte des 19. Jahrhunderts die Erfolgsanteile seiner Mitarbeiter im Unternehmen thesauriert, um sie bei der Pensionierung der Mitarbeiter als Beitrag zu ihrer Altersversorgung an sie auszuzahlen. Bis nach dem Zweiten Weltkrieg war dieser Thesaurierungszwang aber eher die Ausnahme. Zumeist wurden die Individual-Quoten früher direkt bar an die Mitarbeiter ausbezahlt. Häufig konzipierte man sogar die Systeme so, dass Abschlagszahlungen auf den Jahres-Erfolgsanteil der Mitarbeiter monatlich oder quartalsweise erfolgten, um so den Motivationsanreiz bei den Mitarbeitern zu intensivieren. Die beteiligungsberechtigten Mitarbeiter waren jedenfalls in der Verwendung der Individual-Quoten damals grundsätzlich frei.

Nach dem Zweiten Weltkrieg zogen vor allem einige Pionierunternehmen der betrieblichen Partnerschaft die Erfolgsbeteiligung zum Aufbau einer Kapitalbeteiligung ihrer Mitarbeiter im Unternehmen heran (vgl. *Fischer* 1955, S. 106 ff.). Dieses Vorbild machte dann zunehmend Schule. Heute gibt es in der Bundesrepublik Deutschland zahlreiche Unternehmen, die die Beteiligung ihrer Mitarbeiter am wirtschaftlichen Resultat teilweise oder ganz in den Dienst der Vermögensbildung der Arbeitnehmer stellen (vgl. *Schneider/Zander* 2001, S. 27 ff.). Dabei kann sich diese Vermögensbildung im arbeitgebenden Unternehmen selbst oder außerhalb mit anderen Anlageformen vollziehen.

Hinsichtlich der vermögenswirksamen Verwendung der Erfolgsanteile haben sich insbesondere zwei Formen herausgebildet.

- Manche Unternehmen beteiligen ihre Mitarbeiter am wirtschaftlichen Ergebnis unter der Bedingung, dass die Mitarbeiter ihre Individual-Quoten – meistens zeitlich befristet – im Unternehmen stehen lassen; sie können ihre Erfolgsanteile erst nach einer Festlegungsfrist entnehmen.

- Andere Unternehmen stellen den beteiligten Mitarbeitern die Thesaurierung ihrer Anteile im arbeitgebenden Unternehmen frei; sie reizen aber den befristeten oder unbefristeten Verbleib der Individual-Quoten als Mitarbeiter-Kapitalbeteiligung mit respektablen Anlageprämien an.

Werden die Erfolgsanteile der Mitarbeiter im Unternehmen als Risikokapital angelegt, dann begründet diese Kapitalbeteiligung für die Mitarbeiter regelmäßig einen zusätzlichen Anspruch auf einen anteiligen Gewinn. Während die Erfolgsbeteiligung selbst auf einer arbeitsrechtlichen Grundlage (Betriebsvereinbarung, einzelvertragliche Regelungen) beruht, partizipiert der Mitarbeiter dann als Kapitalgeber ein zweites Mal am Unternehmenserfolg. Einige Beteiligungsfirmen, die mit Hilfe einer Erfolgsbeteiligung die Kapitalbeteiligung ihrer Mitarbeiter stark entwickelt haben, gaben die Erfolgsbeteiligung wieder auf. Verfährt man so, stellt sich die Frage, wie neue Mitarbeiter eine Chance bekommen, ohne die frühere Erfolgsbeteiligung eine Kapitalbeteiligung am arbeitgebenden Unternehmen – vergleichbar zur Beteiligung der Betriebsangehörigen mit längerer Zugehörigkeit – aufzubauen.

In der Vergangenheit hat noch ein weiterer Aspekt die Verwendung der Erfolgsanteile der Mitarbeiter beeinflusst. Vor allem in den 1950er und 1960er Jahren haben manche Firmen vom Ergebnisanteil der Belegschaft meist kleinere Beträge einer sog. Verlustreserve zugeführt. Diese Rücklage sollte in Jahren mit einem negativen ökonomischen Resultat des Unternehmens die anteiligen Verluste für die Mitarbeiter rechnerisch ausgleichen lassen. Dieses Verfahren beruhte auf einem doppelten Grundgedanken:

- Eine Beteiligung der Mitarbeiter an positiven wirtschaftlichen Ergebnissen bedingt auch ihre Teilhabe an negativen Resultaten (Verlustbeteiligung).

- Bei anteiligen Verlusten kann man den Mitarbeitern aber nicht zumuten, dass sie ihre negativen Anteile durch Einzahlungen ausgleichen. Für diesen Zweck behielt das Unternehmen in Jahren mit positiven Wirtschaftsergebnissen einen Teil der Erfolgsanteile der Mitarbeiter ein (Verlustreserve).

Da im oben genannten Zeitraum negative Unternehmensergebnisse sehr selten auftraten, erhöhten sich die so gebildeten Verlustreserven über das erforderlich erachtete Ausmaß hinaus. Darauf änderten viele Beteiligungsunternehmen den Modus der Verlustbeteiligung. Seither zieht man an den Individual-Quoten zumeist keinen

Beitrag für eine Verlustreserve mehr ab. Man ersetzt die Verlustreserve vielmehr durch eine Vereinbarung mit den beteiligten Mitarbeitern, die vorsieht, dass anteilige Verluste der Mitarbeiter aus Jahren mit negativem Wirtschaftsergebnis gegen positive Erfolge kommender Jahre solange verrechnet werden, bis ein Ausgleich stattfindet und die Individual-Quoten wieder mit positivem Vorzeichen für die Mitarbeiter zur Verfügung stehen. Diese Handhabung einer Beteiligung der Mitarbeiter an positiven und negativen Wirtschaftsergebnissen eines Unternehmens ist freilich nur dann sinnvoll, wenn das Unternehmen nach den Verlustperioden wieder mit Erfolg wirtschaftet und dann die früheren Verlustanteile der Mitarbeiter auch tatsächlich ausgleichen kann.

1.6 Unternehmenspolitische Bedeutung

Aufgrund der Erfahrungen in der Beteiligungspraxis in vielen Unternehmen kann man angeben, unter welchen Bedingungen dieser variablen Komponente in der Gesamtentlohnung der Mitarbeiter eine wichtige ökonomische Rolle zukommt:

- Mit wachsender Intensität des Wettbewerbs an den inländischen und internationalen Märkten der Unternehmen steigt der Bedarf an Entgeltsystemen, die ihrerseits variabel auf schwankende ökonomische Resultate reagieren.

- In arbeitsintensiven Unternehmen mit einem hohen Niveau der Personalkosten haben ergebnisorientierte und flexible Entgeltkomponenten eine besonders wichtige Funktion für den Bestand und für die Entwicklung eines Unternehmens.

- Moderne Management-Konzeptionen sind unvollständig, wenn sie sich auf motivationale und organisatorische Elemente beschränken. Ganzheitliche Management-Konzepte erfordern auch die Integration adäquater Entgeltkomponenten. Beispielsweise verlangt die Führungskonzeption „management by objectives" die Ergänzung durch ein Entgelt-System mit erfolgsabhängigen Bestandteilen. Auch andere Management-Konzeptionen, die die Mitarbeiter zu positiven Leistungsbeiträgen und zu einem konstruktiven Leistungsverhalten motivieren sollen, können diese Intentionen optimal nicht allein mit führungspsychologischen und organisatorischen Instrumenten realisieren; sie benötigen dazu im gesamten Entgeltsystem nicht zu schwach dimensionierte Teile, die sich am ökonomischen Resultat des Unternehmens orientieren.

Von unternehmenspolitischer Bedeutung ist schließlich auch der Zusammenhang zwischen der finanziellen Beteiligung der Mitarbeiter und der Mitbestimmung der Arbeitnehmer. Die Erfolgsbeteiligung und die Mitbestimmung der Mitarbeiter kann man als komplementäre Elemente einer modernen Unternehmensverfassung verstehen. Die Beteiligung am ökonomischen Erfolg des Unternehmens verkörpert einen Indikator für die Mitverantwortung, die die Mitarbeiter und ihre Repräsentanten mit ihrer Mitbestimmungskompetenz übernehmen. Gleichzeitig unterstreicht die Zuordnung der Mitbestimmung zur Erfolgsbeteiligung, dass die Mitarbeiter und ihre Vertreter über ihren Einfluss auf die Führungsentscheidungen im Unternehmen auch auf sein ökonomisches Ergebnis einwirken. Diese Rolle wird noch betont, wenn die Mitarbeiter nicht nur am Erfolg ihres arbeitgebenden Unternehmens sondern auch an dessen Kapital partizipieren.

2. Kapitalbeteiligung der Mitarbeiter

Um die Teilhabe der Arbeitnehmer am gewerblich eingesetzten Kapital der Wirtschaft umfassend genug behandeln zu können, erfasst der hier verwendete Beteiligungsbegriff auch Fremdkapitalformen sowie Beteiligungsarten, die Fremdkapital- und Beteiligungskapitalformen miteinander kombinieren.

Unter betriebswirtschaftlichen Aspekten enthält die Kapitalbeteiligung der Arbeitnehmer eine Fülle verschiedenartiger Teilprobleme (vgl. *Schmeisser* 2004, Sp. 979 ff.; *Schneider* 1992, Sp. 1103 ff.; *Wagner* 2002, S. 418 ff.). Den Schwerpunkt der folgenden Überlegungen bildet die Beteiligung der Mitarbeiter am Kapital des arbeitgebenden Unternehmens. Die außerbetriebliche Anlage von Geldvermögen der Mitarbeiter, die manche Firmen vor und nach dem Zweiten Weltkrieg in unterschiedlicher Weise gefördert haben, wird nur am Rande erwähnt. Im Zentrum der folgenden Darlegungen steht vielmehr die Kapitalbeteiligung der Mitarbeiter im arbeitgebenden Unternehmen in ihren verschiedenartigen Erscheinungsformen.

2.1 Beteiligungsarten

Bei der Mehrzahl der praktizierten Beteiligungsarten partizipiert der einzelne Mitarbeiter unmittelbar am Kapital des Unternehmens (direkte Kapitalbeteiligung). Daneben existieren in der Beteiligungspraxis Formen, bei denen aus unterschiedlichen Gründen eine Gesellschaft zwischen die beteiligten Mitarbeiter und ihr arbeitgebendes Unternehmen zum Zwecke ihrer Kapitalbeteiligung eingeschaltet ist (indirekte Kapitalbeteiligung) (vgl. *Schanz* 1985, S. 84 ff.).

A. Direkte Beteiligungsarten
  a) Einfache Formen
    1) Fremdkapital
      • Mitarbeiter-Darlehen (einfach/partiarisch)
      • Obligationen (mit/ohne Wandlungsrecht)
      • Genussscheine
    2) Beteiligungskapital
      • Stille Beteiligung (typisch/atypisch)
      • Kommanditbeteiligung (KG, KGaA)
      • GmbH-Anteil
      • Belegschaftsaktien
  b) Kombinationen
      • Darlehen + Stille Beteiligung
      • Obligation + GmbH-Anteil
      • Obligation + Aktien
      • Darlehen + Stille Beteiligung (evtl. indirekt) +Aktien
B. Indirekte Beteiligungsarten
      • Zwischenschaltung einer AG bzw. GmbH
      • Zwischenschaltung anderer Rechtsformen (ohne juristische Person)

- Mitarbeiter-Kapital-Beteiligungsgesellschaft
- Unterstützungskasse als kollektiver Arbeitnehmer-Gesellschafter am arbeitgebenden Unternehmen

Diese Beteiligungsarten stehen grundsätzlich für die Kapitalbeteiligung sämtlicher Mitarbeiter eines Unternehmens zur Verfügung, was nicht ausschließt, dass einzelne Unternehmen ihr unternehmensspezifisches Beteiligungsmodell nur bestimmten Mitarbeitergruppen offerieren. (vgl. *Esser/Faltlhauser* 1974, S. 32 ff.; *Schneider/Zander* 2001, S. 149 ff.).

Seit den 1990er Jahren haben vor allem börsennotierte Aktiengesellschaften nach dem Vorbild us-amerikanischer Gesellschaften zumeist nur ihren Führungskräften Aktienoptionspläne (stock options) angeboten, die zunächst auch in Deutschland eine bemerkenswerte Verbreitung und eine breite Publizität in der Fachliteratur fanden. (Ein eigener Beitrag in diesem Sammelband stellt die unterschiedlichen Arten solcher Aktienoptionspläne vor und erörtert die damit verbundenen Gestaltungsmöglichkeiten.) Mit dem Verfall der sog. New Economy in den Jahren 2001 ff. haben die Aktienoptionspläne für die Beteiligung der Mitarbeiter am Kapital ihres arbeitgebenden Unternehmens deutlich an Bedeutung verloren. Im übrigen konnte man die Aktienoptionen nur dann zur Kapitalbeteiligung der Führungskräfte rechnen, wenn sie ihre zu Vorzugskursen erworbenen Aktien behalten haben. Wenn sie eine Kursdifferenz zum sofortigen Verkauf der eben erworbenen Wertpapiere animierte, stellten die Aktienoptionsprogramme lediglich eine atypische Form einer Erfolgsbeteiligung dar.

2.2 Mittelaufbringung für die Kapitalbeteiligung

Die Mitarbeiterkapitalbeteiligung hat im deutschen Sprachraum eine über hundertdreißigjährige Geschichte. Vor allem in den letzten Jahrzehnten haben sich eine Reihe von spezifischen Formen zur Bereitstellung der finanziellen Mittel für die Mitarbeiterbeteiligung herausgebildet.

Bislang praktizierte Finanzierungsarten

Bei der Finanzierung einer Mitarbeiter-Kapitalbeteiligung sind einfache Mittelarten und Mittelkombinationen zu unterscheiden (vgl. *Dobroschke* 1971, S. 34 ff.; *Gaugler* 1985, S. 51 ff.; *Hantsch/Hantsch* 1999, S. 24 f.).

Im wesentlichen enthält der Katalog der Mittelbereitstellung sieben praktizierte Mittelarten.

(1) **Einmalige oder wiederkehrende Zuwendungen** des arbeitgebenden Unternehmens zur Verwendung für eine Kapitalbeteiligung der Mitarbeiter kommen bei Firmenjubiläen, bei Mitarbeiter-Dienstjubiläen, beim erfolgreichen Abschluss der Berufsausbildung bei Auszubildenden sowie bei sonstigen Anlässen, beispielsweise bei besonderen Ereignissen des arbeitgebenden Unternehmens vor.

(2) Eine zweite Finanzierungsform stellt der **Investivlohn** dar, der in der Bundesrepublik Deutschland vor allem in Form vermögenswirksamer Leistungen des arbeitgebenden Unternehmens – mit oder ohne Anwendung des Vermögensbildungsgesetzes – auftritt. Die rechtliche Basis für die Gewährung vermögens-

wirksamer Leistungen können der Tarifvertrag und/oder Betriebsvereinbarungen sowie auch einzelvertragliche Abreden bilden. Die vermögenswirksamen Leistungen spielen, soweit sie nach dem Vermögensbildungsgesetz gewährt werden, bislang für die Mitarbeiter-Kapitalbeteiligung nur eine sehr untergeordnete Rolle.

(3) Die Grundlage für die einzelbetriebliche **Erfolgsbeteiligung** liefert der individuelle Arbeitsvertrag und damit in ökonomischer Sicht der Leistungsbeitrag des Mitarbeiters zum Unternehmenserfolg. Die Thesaurierung dieser individuellen Erfolgsanteile im arbeitgebenden Unternehmen führt zur Kapitalbeteiligung der Mitarbeiter im Unternehmen.

(4) Ferner sind die unmittelbaren **Eigenleistungen** der Arbeitnehmer zum Aufbau einer Mitarbeiter-Kapitalbeteiligung zu erwähnen. Diese Eigenleistungen können aus dem Arbeitsentgelt der Mitarbeiter oder aus ihrem sonstigen Einkommen stammen. Sie können auch aus Vermögensumschichtungen der Mitarbeiter kommen. Das Vermögensbildungsgesetz unterstützt diese Finanzierungsart, da es dem einzelnen Arbeitnehmer einen Anspruch gegenüber dem Arbeitgeber gibt, Teile seines Arbeitsentgelts vermögenswirksam für den Arbeitnehmer anzulegen. Freilich kann der Mitarbeiter eine Anlage im arbeitgebenden Unternehmen nicht gegen den Willen des Arbeitgebers verlangen.

(5) In den letzten Jahrzehnten haben wiederholt individuelle Ansprüche der Arbeitnehmer aus **Sozialplänen** gemäß Betriebsverfassungsgesetz (§§ 111, 112) zum Aufbau einer Mitarbeiter-Kapitalbeteiligung beigetragen. Bei Konkursen bzw. Insolvenzen haben Arbeitnehmer ihre Sozialplanansprüche in Auffanggesellschaften, die zur Weiterführung ihres Betriebes entstanden, als Beteiligungen eingebracht. Meist reichten jedoch diese Einlagen allein für die Fortführung des Betriebes und für den Erhalt der Arbeitsplätze nicht aus; zusätzliche Einzahlungen der Mitarbeiter und Dritter sowie Verzichte auf übertarifliche Arbeitsentgelte unterstützten diese Bestrebungen. In Einzelfällen sind auf diesem Wege arbeitnehmereigene Unternehmen entstanden, deren Kapital sich weitgehend in Mitarbeiterhand befindet.

(6) Im Unterschied zu den bisher genannten Finanzierungsarten weist die Thesaurierung von **Kapitalgewinnanteilen** andere Voraussetzungen auf. Einige mittelständische Unternehmen haben ihre Mitarbeiter schon in den 1960er Jahren kapitalmäßig beteiligt, indem sie von den Mitarbeitern nur einen Bruchteil des Nennbetrags ihrer Kapitalbeteiligung als Einzahlung verlangten. Trotz dieser meist sehr geringen Einzahlung ließen diese Firmen die Mitarbeiter mit dem Nennbetrag ihrer Beteiligung an der Gewinnverteilung partizipieren. Hinsichtlich der tatsächlich geleisteten Einzahlung bekamen diese Mitarbeiter dadurch stark überhöhte Gewinnanteile unter der Bedingung, diese Gewinnanteile aus Kapitaleinsatz ganz (oder überwiegend) solange zu thesaurieren, bis der Nennbetrag der Anteile der Mitarbeiter aufgefüllt war.

(7) Schließlich trägt der Staat mit finanziellen Leistungen zur Kapitalbeteiligung der Mitarbeiter am arbeitgebenden Unternehmen bei (vgl. *Hantsch/Hantsch* 1999, S. 24 ff.). In direkter Weise geschieht dies durch die **Arbeitnehmer-Sparzulage** gemäß Vermögensbildungsgesetz. Eine indirekte finanzielle Förderung stellt die partielle Lohnsteuerbefreiung gemäß Einkommensteuergesetz § 19a (früher Ka-

pitalerhöhungsgesetz § 8) dar. Auch in der regelmäßig geringeren Besteuerung von Erfolgsanteilen bei den Arbeitnehmern aufgrund der allgemeinen Besteuerungsprogression im Vergleich zur steuerlichen Belastung derselben Beträge bei den Altgesellschaftern kann man eine mittelbare Förderung der Kapitalbeteiligung der Mitarbeiter durch den Staat sehen.

In der Beteiligungspraxis haben sich inzwischen eine Reihe von Kombinationen der genannten Finanzierungsarten für die Kapitalbeteiligung der Mitarbeiter herausgebildet. Auf die Verbindung der Kapitalgewinn-Thesaurierung mit (meist sehr geringen) Eigenleistungen der Mitarbeiter sowie auf die häufige Notwendigkeit, Sozialplananspräche mit zusätzlichen Einzahlungen der Mitarbeiter zu ergänzen, wurde schon hingewiesen.

Auch bei der Ausgabe von Belegschaftsaktien praktiziert man häufig Mittelkombinationen. Zum Zuschuss der arbeitgebenden Aktiengesellschaft (Erwerbskurs für den Mitarbeiter kleiner als Börsenkurs) kommt die Eigenleistung des Mitarbeiters (Kaufpreis der Aktie) und die Steuervergünstigung des Fiskus (EStG § 19a), eventuell auch noch die Arbeitnehmer-Sparzulage nach Vermögensbildungsgesetz hinzu.

Die Finanzierung der Kapitalbeteiligung der Mitarbeiter im arbeitgebenden Unternehmen enthält verschiedene Gestaltungsprobleme, die einerseits einen mehr pragmatischen Charakter besitzen, die teilweise aber auch eine prinzipielle Bedeutung aufweisen und auf Unterschiede in der „Beteiligungsphilosophie" hindeuten (vgl. *Gaugler* 1993, S. 226 ff.).

2.3 Beteiligungsprinzipien

Schon vor fünf Jahrzehnten hat man in der Bundesrepublik Deutschland die Frage erörtert, inwieweit eine Mitarbeiter-Kapitalbeteiligung grundsätzlich eine Eigenleistung der zu beteiligenden Arbeitnehmer voraussetzt. Die Argumentation, die die prinzipielle Notwendigkeit einer Eigenleistung der Mitarbeiter begründen bzw. widerlegen will, weist viele Aspekte auf. Inzwischen scheint sich in dieser Streitfrage eine gewisse Übereinstimmung darin zu ergeben, dass man eine Erfolgsbeteiligung der Mitarbeiter, die zum Aufbau der Kapitalbeteiligung dient, als Eigenleistung der zu beteiligenden Mitarbeiter betrachten kann.

Eine weitere grundsätzliche Gestaltungsfrage stellt die Freiwilligkeit der Beteiligung für die Arbeitnehmer und für die bisherigen Kapitaleigner dar. Verfassungsrechtliche Überlegungen zeigen, dass der Schutz des Eigentums gemäß Grundgesetz einen gesetzlichen oder tarifvertraglichen Zwang zur Mitarbeiter-Kapitalbeteiligung gegenüber den bisherigen Kapitaleignern nicht rechtfertigt. Ob und inwieweit dieser Schutz des Eigentums nach Grundgesetz auch gegenüber Fremdkapital (Darlehen, Obligationen) gilt, wurde m.W. bislang nicht geprüft. Die prinzipielle Freiwilligkeit der Mitarbeiter-Kapitalbeteiligung bedeutet für den Mitarbeiter, dass auch er nicht zur Kapitaleinlage im arbeitgebenden Unternehmen gezwungen werden kann. Das Unternehmen ist auf das Beteiligungsangebot an seine Mitarbeiter verwiesen; dies gilt auch dann, wenn es an einer möglichst großen Beteiligung seiner Mitarbeiter interessiert ist und wenn es bei seiner Belegschaft mit mehr oder weniger starken mentalen Sperren gegen eine Kapitalbeteiligung zu rechnen hat. Dabei können Zurückhaltung und Abneigung gegenüber einem Beteiligungsangebot aus den

Nachwirkungen eines proletarischen Bewußtseins und auch aus persönlichen Absichten einzelner Mitarbeiter (z.b. geplanter Firmenwechsel aus beruflichen oder familiären Gründen) stammen.

Zu den grundsätzlichen Überlegungen bei der Finanzierung der Mitarbeiter-Kapitalbeteiligung gehört ferner die Wahlmöglichkeit der Arbeitnehmer für die Mittelverwendung. Hinsichtlich dieses prinzipiellen Postulats weist die bisherige Beteiligungspraxis zwei mehr oder weniger starke Abweichungen auf. Bei den existierenden Beteiligungsmodellen haben die Mitarbeiter nur selten die Wahl zwischen konsumtiver und investiver Verwendung der Finanzierungsmittel. Einige Beteiligungsfirmen, die ihren Mitarbeitern bei der Erfolgsbeteiligung die Wahl zwischen Ausbezahlung und Wiederanlage im Unternehmen einräumen, geben hohe Anreize für die Thesaurierung der Erfolgsanteile (Anlageprämien). Auch eine Wahlmöglichkeit zwischen verschiedenen betrieblichen Anlagearten besteht nur in relativ wenigen Beteiligungsfirmen. Manche Unternehmen haben inzwischen jedoch ein simultanes oder zeitlich-sukzessives Wahlangebot an ihre Mitarbeiter entwickelt, das beispielsweise Mitarbeiter-Darlehen und stille Beteiligungen oder Mitarbeiter-Darlehen und Belegschaftsaktien oder Mitarbeiter-Darlehen und Belegschaftsfonds enthält und damit dem einzelenen Mitarbeiter begrenzte Auswahlentscheidungen für die Vermögensanlage ermöglicht.

Belastungseffekte für das Unternehmen

Die verschiedenen Finanzierungsarten einer Mitarbeiter-Kapitalbeteiligung sind für das arbeitgebende Unternehmen in betriebswirtschaftlicher Sicht unterschiedlich zu bewerten (vgl. *Schneider* 1977, S. 300 ff.).

Eigenleistungen der Mitarbeiter beanspruchen die betrieblichen Ressourcen nicht. Aus der Aufbringung dieser Finanzierungsmittel erwachsen dem Unternehmen keinerlei Kosten. Verlangt das Unternehmen hohe Eigenleistungen, insbesondere hohe Barleistungen der Mitarbeiter, dann besteht die Gefahr einer geringen Beteiligung der Mitarbeiter am Kapital; demotivierende Effekte sind nicht auszuschließen.

Vermögenswirksame Leistungen des arbeitgebenden Unternehmens sowie sonstige Zuwendungen zur Vermögensbildung belasten zunächst den jeweiligen Periodenaufwand. Bei einmaligen Zuwendungen ist davon grundsätzlich nur der Aufwand einer bestimmten Periode betroffen. Bei tarifvertraglich vereinbarten vermögenswirksamen Leistungen ist mit regelmäßig anfallenden Belastungen zu rechnen. Diese Aufwandserhöhungen beeinträchtigen – rebus sic stantibus – die Gewinnerzielung und können in Verlustjahren ein negatives Periodenergebnis zusätzlich verschlechtern. Die Aufwendungen des Unternehmens für die Vermögensbildung der Mitarbeiter beeinträchtigen seine Wettbewerbsfähigkeit, soweit diese Belastungen nicht sämtliche Wettbewerber in gleichem Umfang treffen. Gesetzliche und tarifvertragliche Regelungen können diese Belastungseffekte egalisieren.

Die investiv verwendete Erfolgsbeteiligung geht als Aufwand in die Erfolgsrechnung ein und ist auch steuerrechtlich als Betriebsausgabe abzugsfähig.

Infolge der Differenz in der Besteuerungsprogression wird die Gewinnerzielung (Gewinn nach Steuer) von der investiven Erfolgsbeteiligung unter ihrer nominalen Höhe beeinträchtigt. Die Wettbewerbsfähigkeit schmälert eine Erfolgsbeteiligung nicht, wenn ihr Anfall und ihr Ausmaß vom erwirtschafteten Erfolg des Unternehmens abhängen und wenn bei fehlendem Unternehmenserfolg auch die Erfolgsbeteiligung entfällt.

Hinsichtlich der finanziellen Belastungen für das Unternehmen ergibt sich für die Finanzierungsmittel einer Mitarbeiter-Kapitalbeteiligung eine eindeutige Rangfolge. Am vorteilhaftesten sind die Eigenleistungen der Mitarbeiter; relativ günstig ist die investiv verwendete Erfolgsbeteiligung; relativ ungünstig ist der Investivlohn in Form tarifvertraglich genormter vermögenswirksamer Leistungen.

Kapitalbedarf des Unternehmens

Die meisten Erörterungen der Mitarbeiter-Kapitalbeteiligung unterstellen – meist implizit – einen gegebenen Kapitalbedarf des arbeitgebenden Unternehmens. Diese Annahme trifft jedoch nicht generell und nicht zu jeder Zeit uneingeschränkt zu. Beispielsweise gibt es hin und wieder mittelständische Firmen, die ihren gesamten Kapitalbedarf mit eigenen Mitteln des Unternehmens bzw. der Gesellschafter decken und keinen zusätzlichen Kapitalbedarf aufweisen. Auch eine gelegentlich nur geringe Investitionsneigung mancher Branchen bei hoher Liquidität deutet darauf hin, dass in bestimmten Phasen der gesamtwirtschaftlichen Entwicklung manche Unternehmen nur einen geringen oder überhaupt keinen Bedarf an zusätzlichem Kapital besitzen.

Unter finanzwirtschaftlichen Gesichtspunkten ist eine Mitarbeiter-Kapitalbeteiligung nur dann angebracht, wenn ein Unternehmen grundsätzlich Bedarf an Kapital, d.h. ökonomisch relevante Verwendungsmöglichkeiten für das Mitarbeiterkapital aufweist. Dabei kann es sich um einen Bedarf an zusätzlichem Kapital (für Neu- bzw. Erweiterungsinvestitionen, für Beteiligungsinvestitionen im In- bzw. Ausland, zur Lager- und Debitorenfinanzierung etc.) handeln. Außerdem ist an die Substitution von Fremdkapital bzw. von Beteiligungskapital Dritter zu denken. Beispielsweise kann die Kapitalbeteiligung der Mitarbeiter zur Ablösung von Bank-Krediten dienen.

Schließlich wird man noch nach der Bedeutung einer Mitarbeiter-Kapitalbeteiligung für einen variablen Kapitalbedarf des Unternehmens fragen müssen. Bei der Beantwortung dieser Frage ergeben sich Unterschiede zwischen den verschiedenen Finanzierungsarten. Eigenleistungen der Mitarbeiter und fallweise Zuwendungen des arbeitgebenden Unternehmens kann man nach dem jeweiligen Kapitalbedarf dosieren. Diese beiden Quellen sind also disponibel und lassen sich an einem schwankenden Kapitalbedarf des Unternehmens ausrichten. Tarifvertraglich genormte vermögenswirksame Leistungen dagegen sind in ihrem Anfall nur wenig beeinflussbar. Anlageangebote im Unternehmen sind hier kurzfristig kaum steuerbar; allenfalls mittelfristig lassen sich die Anlagemöglichkeiten im Unternehmen beeinflussen, da das Unternehmen nicht gezwungen werden kann, Anlagearten im Unternehmen anzubieten. Falls der Kapitalbedarf des Unternehmens sinkt, kann das Unternehmen durch eine Änderung des Tarifvertrags bzw. der Betriebsvereinbarung das Angebot zur Anlage der vermögenswirksamen Leistungen im Unternehmen annullieren; allerdings ist diese Anpassung kurzfristig kaum durchführbar; außerdem riskiert das Unternehmen den Abfluss der vermögenswirksamen Leistungen in das Produktivvermögen Dritter und stärkt damit im Extremfall die Konkurrenz durch die Kapitalanlage der eigenen Mitarbeiter.

Hinsichtlich des Kapitalbedarfs des arbeitgebenden Unternehmens hat die investiv verwendete Erfolgsbeteiligung eine besondere Beachtung gefunden. Mit ihr wurde in der Fachliteratur die Besorgnis verbunden, dass sie zur Überfinanzierung des Unternehmens und zur Schwächung der Position der Altgesellschafter beitrage. Diese Befürchtungen gegenüber der Erfolgsbeteiligung können nur dann auftreten, wenn eine starre Zwangsanlage der individuellen Erfolgsanteile im Unternehmen vorgesehen ist und wenn entsprechende Verteilungsschlüssel für den Unternehmenserfolg zwischen Arbeit und Kapital zur Anwendung kommen. Vermeidbar sind die genannten negativen Kapitaleffekte bei indirekten Formen der Kapitalbeteiligung der Mitarbeiter. Bei diesen Beteiligungsmodellen schaltet man zwischen die zu beteiligenden Mitarbeiter und das arbeitgebende Unternehmen eine Mitarbeiter-Beteiligungsgesellschaft. Diese zwischengeschaltete Gesellschaft kann als Kapital-Leitstelle für die Anlage der investiven Erfolgsanteile dienen und die Kapitalanlage im arbeitgebenden Unternehmen so steuern, dass die befürchteten Beeinträchtigungen der bisherigen Kapitalstruktur unterbleiben.

2.4 Risiken bei der Mitarbeiter-Kapitalbeteiligung

Die betriebswirtschaftliche Beurteilung der Beteiligung der Mitarbeiter am Kapital des arbeitgebenden Unternehmens muss man von der Lösung grundlegender Gestaltungsprobleme abhängig machen. In diesem Zusammenhang stellen sich einige Kernfragen für die Ausgestaltung von Beteiligungsmodellen.

Duplizierung des Risikos

Die These vom „doppelten Risiko" einer Mitarbeiter-Kapitalbeteiligung für den Arbeitnehmer meint, dass der Arbeitnehmer neben dem Arbeitsplatz-Risiko im Falle einer Kapitalbeteiligung auch noch das Risiko eines Kapitalverlustes trägt (vgl. *Drechsler* 1976, S. 68 ff.). Da man beide Risiken kaum miteinander verrechnen kann, wird man zutreffender von einer „Kumulierung" dieser beiden, sehr unterschiedlichen Risikoarten sprechen (vgl. *Gaugler* 1985, S. 59 ff.).

Arbeitsplatz- und Kapitalrisiko

Die Beteiligungspraxis der letzten Jahrzehnte liefert einige Belege für den tatsächlichen Verlust von Arbeitsplatz und Kapitalanteilen, wenn beispielsweise das arbeitgebende Unternehmen in Konkurs ging. Dabei ist es für die Beurteilung des Kapitalverlustes der Mitarbeiter von Bedeutung, ob die Kapitalbeteiligung mit oder ohne Eigenleistungen der Mitarbeiter entstanden war.

Bislang sind kaum Fälle bekannt geworden, bei denen die Arbeitnehmer zwar ihren Arbeitsplatz verloren haben, ihre Kapitalanteile jedoch behalten konnten oder höchstens Wertminderungen ihres Kapitalanteils hinnehmen mussten. Solche Fälle sind denkbar, wenn Beteiligungsfirmen zum Personalabbau gezwungen sind und die Kapitalbeteiligung der ausgeschiedenen Mitarbeiter fortführen oder die Kapitalanteile an die ausscheidenden Mitarbeiter auszahlen. Eine bis jetzt nicht untersuchte Frage lautet: Schützen individuelle Kapitalanteile den einzelnen Mitarbeiter vor seiner Einbeziehung in einen Belegschaftsabbau? Immerhin erscheint es nicht ausgeschlossen zu sein, dass ein Beteiligungsunternehmen bei einem unvermeidbaren Personalabbau den dadurch bedingten Kapitalentzug begrenzen will. Dann stellt sich freilich die weitere Frage, ob der Betriebsrat einer entsprechenden Auswahl der zu entlassenden Mitarbeiter zustimmen würde.

Denkbar ist schließlich auch noch jener Fall, dass die Mitarbeiter ihre Kapitalbeteiligung teilweise oder vollständig verlieren, ihre Arbeitsplätze aber nicht gefährdet sind. Solche Fälle, wie sie etwa bei Sanierungen auftreten könnten, sind bisher nicht bekannt geworden. Hier stellt sich erneut die immer wieder erörterte Frage, ob und inwieweit Unternehmen mit einer Kapitalbeteiligung ihrer Mitarbeiter erfolgreicher als andere Firmen wirtschaften, ob eine Mitarbeiter-Kapitalbeteiligung zu einer vergleichsweise besseren Unternehmensführung beiträgt.

Fasst man diese Überlegungen zusammen, so ergibt sich, dass eine Beteiligung der Mitarbeiter am Kapital des arbeitgebenden Unternehmens den Mitarbeitern zusätzliche Chancen und Risiken bringt, dass sie also insofern auch das Verlustrisiko des Arbeitnehmers vermehrt. Ferner zeigt sich, dass mit einer Mitarbeiterbeteiligung am Kapital nicht automatisch das Risiko des Arbeitsplatz-Verlustes gekoppelt ist. Sie enthält vielmehr bei den Mitarbeitern und bei der Unternehmensleitung Potentiale, die Risiken reduzieren helfen, ohne sie jedoch völlig beseitigen zu können Die These vom „doppelten Risiko" stellt daher eine sehr einseitige Betrachtung der Mitarbeiter-Kapitalbeteiligung dar, die zur Verzerrung der Beteiligungsrealität tendiert.

Forderung eines besonderen Risikoschutzes

Die Erörterungen des erwähnten Risikoproblems haben zu Vorschlägen geführt, die das Mitarbeiter-Beteiligungskapital teilweise und zeitlich befristet gegen das Verlust-Risiko schützen wollen. Dabei denkt man an Schutzeinrichtungen, die dem Vorbild der Einlagensicherungssysteme des Kreditgewerbes bei Bankeninsolvenzen oder des Pensionssicherungsvereins für die betriebliche Alterszusatzversorgung folgen. Geht man davon aus, dass der intendierte Risikoschutz versicherungstechnisch möglich ist, dann ergeben sich für die Absicherung des Fremdkapitals, das die Mitarbeiter dem arbeitgebenden Unternehmen in Form von Darlehen und Obligationen zur Verfügung stellen, keine systematischen Bedenken. Insofern ist auch die bankbürgschaftliche Absicherung der Mitarbeiter-Darlehen gemäß Vermögensbildungsgesetz grundsätzlich unbedenklich.

Die Vorschläge für eine Begrenzung des Risikos beim Beteiligungskapital der Mitarbeiter sind nicht nur hinsichtlich ihrer versicherungstechnischen Durchführung zu diskutieren. Ein besonderer Risikoschutz für diese Art des Mitarbeiterkapitals würde zu zwei unterschiedlichen Kategorien des Eigen- bzw. Beteiligungskapitals und damit zu zwei verschiedenen Typen von Kapitaleignern führen. In diesem Zusammenhang verdient es Aufmerksamkeit, dass es der deutsche Gesetzgeber bislang vermieden hat, die Belegschaftsaktien in besonderer Weise auszustatten; daher unterscheidet sich der Belegschaftsaktionär grundsätzlich nicht vom sonstigen Aktionär.

Beteiligungsmodelle mit begrenztem Kapitalrisiko

Das Bedürfnis der Mitarbeiter nach einem Risikoschutz für ihre Kapitalbeteiligung ist besonders zu Zeiten einer schwierigen Wirtschaftsentwicklung mit hoher Arbeitslosigkeit verständlich. Die Art der Befriedigung dieses Bedürfnissen sollte aber vermeiden, dass man ungewollt ein zweitrangiges Beteiligungskapital schafft, das diskriminierende Effekte besitzt und damit die Verwirklichung der gesellschaftspolitischen Ziele der Vermögensbildung schmälert. Ohne solche Nachteile auszulösen, kennt die bisherige Beteiligungspraxis verschiedene Ansätze, um das Bedürfnis nach risikoärmeren Beteiligungformen wenigstens partiell zu befriedigen.

An erster Stelle steht dabei das Angebot von Anlagearten, die dem Fremdkapital zuzurechnen sind und damit ein geringeres Risiko aufweisen. Neben dem Mitarbeiterdarlehen und der Personalobligation sind dies seit den 1980er Jahren auch die Genussrechte, wenn sie eine risikoschwache Ausstattung bekommen.

Viele Beteiligungsfirmen sehen in simultanen oder zeitlich-sukzessiven Beteiligungsangeboten an ihre Mitarbeiter die Kombination von fremd- und eigenkapitalartigen Anlageformen vor. Sie bieten damit den Mitarbeitern je nach ihren individuellen Risikoschutzpräferenzen die Möglichkeiten für eine persönliche Mischung ihrer Kapitalanlage.

Ferner können die indirekten Beteiligungsmodelle die Möglichkeit der Risiko-Verteilung vorsehen. Die zwischengeschaltete Mitarbeiterbeteiligungsgesellschaft kann als Kapital-Leitstelle einen Teil des Mitarbeiterkapitals an das arbeitgebende Unternehmen weiterleiten und andere Kapitalien bei sonstigen Investoren, beispielsweise bei anderen Firmen einer Firmengruppe oder eines Konzerns, in der übrigen Wirtschaft, im Wohnungsbau etc. anlegen. Die indirekte Kapitalbeteiligung der Mitarbeiter hilft so zur Streuung des Risikos, ohne freilich das Kapitalrisiko völlig ausschalten zu können. Aus gesellschaftspolitischen Gründen kann man das Verlustrisiko auch für Mitarbeiterkapital nicht völlig beseitigen wollen; im Rahmen der betriebswirtschaftlich vertretbaren Formen des Risikoschutzes können Verringerungen des Verlustrisikos jedoch auch im Interesse des Unternehmens liegen.

2.5 Unternehmensinteressen am Mitarbeiterkapital

Das Interesse der arbeitgebenden Unternehmen an einer Kapitalbeteiligung seiner Mitarbeiter kann auf verschiedenen Erwartungen beruhen.

Auch wenn man die Bürgschaftskosten berücksichtigt, die bei der Anwendung des Vermögensbildungsgesetzes mit Mitarbeiterdarlehen entstehen, sind die Kapitalkosten für das Fremdkapital der Mitarbeiter regelmäßig geringer als bei einer entsprechenden Kreditaufnahme von Dritten. Vielfach bewegen sich die Zinsen, die die Firmen ihren Mitarbeitern für die Kapitalüberlassung zahlen, zwischen den entsprechenden Spar- und Kreditzinsen. Unternehmen und Mitarbeiter teilen sich also zum beidseitigen Vorteil die Zinsspanne der Geldwirtschaft.

Das Unternehmen kann die übrigen Konditionen der Kapitalüberlassung meistens mit den Mitarbeitern leichter als mit dem Kreditgewerbe regeln. Dies trifft insbesondere für die Verabredung von Rückzahlungsmoratorien zur Vermeidung von stossweisen Belastungen der Liquidität des Unternehmens zu.

Häufig kennt das Unternehmen seine Mitarbeiter besser als externe Fremdkapitalgeber. Es kann deshalb von Haus aus ein größeres Vertrauen in das Kapitalgeber-Verhalten seiner Mitarbeiter als gegenüber externen Dritten entwickeln. Bei finanziellen Beanspruchungen verfügt das Unternehmen über stärkere Einwirkungsmöglichkeiten auf die Vertreter des Mitarbeiterkapitals als auf sonstige Kreditgeber. Außerdem kann die Unternehmensleitung mit einem besonderen Verständnis der

Mitarbeiter, die gleichzeitig Kapitalgeber sind, für die Probleme des Unternehmens rechnen.

Die Beteiligungspraxis der letzten Jahrzehnte liefert Belege dafür, dass eine Kapitalbeteiligung der Mitarbeiter ihr wirtschaftliches Arbeitsverhalten fördern und die Identifizierung der Belegschaft mit dem Unternehmen stärken kann. Über seinen Arbeitsplatz und über die Kapitalbeteiligung besitzt der einzelne Mitarbeiter eine zweifache Verbindung mit seinem Unternehmen. Diese beiden Interessen der Mitarbeiter gegenüber dem Unternehmen können sich synergetisch verstärken; außerdem bieten sie Kompensationsmöglichkeiten, soweit sie untereinander konfliktär sind.

Zusätzlich zu den allgemeinen Vorzügen einer Mitarbeiter-Kapitalbeteiligung gibt es Gesichtspunkte, die in besonderer Weise mit einzelnen Unternehmensformen verbunden sind.

In der mittelständischen Wirtschaft erschließt die Beteiligung der Mitarbeiter am Kapital des arbeitgebenden Unternehmens eine zusätzliche Finanzierungsquelle. Manche Symptome deuten darauf hin, dass die Mitarbeiter-Kapitalbeteiligung gerade bei mittelständischen Firmen eine größere Akzeptanz als jene Kapitalbeteiligungsgesellschaften, die als Tochtergesellschaften von Großbanken auftreten, finden kann. Die Angst vor einem übermächtigen Kapitalpartner ist bei Firmen mit einer Mitarbeiterbeteiligung weniger stark als gegenüber Kapitalbeteiligungsgesellschaften ausgeprägt.

Auch bei größeren und großen Kapitalgesellschaften besteht bei den Unternehmensleitungen nicht selten ein beträchtliches Interesse an einer Kapitalbeteiligung der Mitarbeiter. Man kann vermuten, dass die Vorstände in der Mitarbeiterbeteiligung eine Chance sehen, die Tendenz zum „Unternehmen an sich" zu intensivieren. Wenn bei Publikumsgesellschaften mit großem Streubesitz manche Unternehmensleitungen mehr an Belegschaftsaktionären als an Publikumsaktionären interessiert sind, so kann sich damit die Erwartung verbinden, die Auswirkungen des Depotstimmrechts der Banken in Grenzen zu halten.

Diese zuletzt vorgetragenen Überlegungen tangieren die Frage nach den möglichen Auswirkungen einer Mitarbeiter-Kapitalbeteiligung auf die Orientierung der Unternehmensleitung (vgl. *Gaugler* 1981, S. 137 ff.). Man wird zu fragen haben, ob eine Beteiligung der Mitarbeiter am Unternehmenskapital die Mitarbeiterorientierung oder die Kapitalorientierung der Unternehmensleitung verstärkt. Dabei ist zwischen einem kurzfristigen Aspekt und längerfristigen Tendenzen zu unterscheiden. Bei einer kurzfristigen Betrachtung kann man davon ausgehen, dass die Mitarbeiter-Kapitalbeteiligung nicht die Kapital- sondern die Mitarbeiter-Orientierung der Unternehmensleitung fördert. Für diese Vermutung lassen sich drei Gesichtspunkte anführen. Einmal ist das Mitarbeiterkapital – ausgenommen die Belegschaftsaktien bei börsennotierten Gesellschaften – mehr oder weniger stark an die Person der Mitarbeiter gebunden, also an den Faktor Arbeit. Zweitens sind bislang die Kapitalanteile pro Mitarbeiter noch so gering, dass sie die Kapitalgeber-Interessen bei den Arbeitnehmern nur schwach ausprägen; auch die kapitalbeteiligten Mitarbeiter verhalten sich vorläufig weitgehend ebenso wie Arbeitskräfte. Deshalb betont die Mitarbeiter-Kapitalbeteiligung zunächst die Mitarbeiterrolle der beteiligten Arbeitnehmer, weniger ihre Kapitalgeber-Rolle. Auf diese durch die Kapitalbeteiligung pointierte Mitarbeiterrolle der Arbeitnehmer muss die Unternehmensleitung reagieren.

Diese Tendenzen können sich längerfristig abschwächen, wenn die Kapitalanteile pro Mitarbeiter erheblich anwachsen, wenn die Einkünfte der Arbeitnehmer aus der Kapitalbeteiligung für das Budget des Arbeitnehmerhaushaltes an Bedeutung gewinnen, wenn die Unternehmensleitung die Rolle der Mitarbeiter als Kapitalgeber des Unternehmens hervorhebt (beispielsweise bei ihren Informationen an die Belegschaft), ferner wenn die Arbeitnehmer-Organisationen die Rolle ihrer Mitglieder als Kapitalgeber anerkennen und ihre gesamte Verbandspolitik daran ausrichten. Falls sich diese Entwicklungen einstellen, kann man davon ausgehen, dass die Kapitalinteressen der Mitarbeiter bei der Unternehmensleitung mehr Beachtung gewinnen. Dann muss die Unternehmensleitung ihr eigenes Verhalten gegenüber der Belegschaft zwischen den Arbeitnehmer-Erwartungen und den Kapitalinteressen der beteiligten Mitarbeiter ausbalancieren. Dabei können sich für die Unternehmensleitung neue, bislang wenig erfahrbare Chancen ergeben, weil der einzelne Mitarbeiter bei sich selbst einen Teil des Interessenkonfliktes zwischen einer Kapital- und einer Arbeitsorientierung in seiner eigenen Doppelrolle als Arbeitnehmer und als Kapitaleigner erlebt.

Literaturverzeichnis

Dobroschke, Eduard: Die Kapitalbeteiligung der Mitarbeiter am arbeitgebenden Unternehmen, Hilden 1971

Drechsler, Wolfgang: Konsequente Vermögenspolitik. Aktien für alle und Beteiligungen für Mitarbeiter, Stuttgart 1976

von Eckardstein, Dudo (Hrsg.): Handbuch Variable Vergütung für Führungskräfte, München 2001

Esser, Klaus/Faltlhauser, Kurt: Beteiligungsmodelle, München 1974

Eyer, Eckhard (Hrsg.): Erfolgs- und Kapitalbeteiligung im Unternehmen, Düsseldorf 2002

Fiedler-Winter, Rosemarie: Innovative Mitarbeiterbeteiligung, Landsberg/Lech 1998

Fischer, Guido: Partnerschaft im Betrieb, Heidelberg 1955

Gaugler, Eduard: Auswirkungen der Mitarbeiterbeteiligung auf die Investitionsneigung der Altkapitalgeber, in: Vermögenspolitik bei Nullwachstum, hrsg. von *Michael Lezius.* Frankfurt 1981, S. 129–141

Gaugler, Eduard: Zieldynamik erfolgsorientierter Mitarbeitervergütungen, in: Verantwortliche Personalführung, Zürich 1982, S. 107–128

Gaugler, Eduard: Die Beteiligung der Arbeitnehmer am Produktivvermögen aus betriebswirtschaftlicher Sicht, in: Beteiligung der Arbeitnehmer am Produktivvermögen, hrsg. von *Gert Laßmann* und *Eberhard Schwank.* Berlin, New York 1985, S. 49–68

Gaugler, Eduard: Erfolgsbeteiligung und Vermögensbildung im arbeitgebenden Unternehmen, in: Wie es zu schaffen ist – Agenda für die deutsche Wirtschaftspolitik, hrsg. von *Herbert Giersch*, 3. Auflage, Stuttgart 1985, S. 349–366

Gaugler, Eduard: Mitarbeiterbeteiligung am Unternehmenserfolg, in: Mitarbeiter-Beteiligung und Mitbestimmung im Unternehmen, hrsg. von *Felix R. FitzRoy* und *Kornelius Kraft.* Berlin, New York 1987, S. 11–24

Gaugler, Eduard: Vermögensbildung, Mitarbeiterbeteiligung und Unternehmens-finanzierung, in: Beteiligung am Produktiveigentum, Hannover, Bonn 1993, S. 217–236

Gaugler, Eduard: Die Anfänge der Mitarbeiterbeteiligung im 19. Jahrhundert, in: Mitarbeiterbeteiligung, hrsg. von *Klaus-R. Wagner*, Wiesbaden 2002, S. 17–26

Goossens, Franz: Erfolgsbeteiligung und Vermögensbildung, München 1961

Guski, Hans-Günter/Schneider, Hans J. (Hrsg.): Mitarbeiter-Beteiligung MAB. Handbuch für die Praxis, Neuwied (fortlaufend Ergänzungslieferungen)

Hantsch, Gerold B./Hantsch, T.: Mitarbeiter-Kapitalbeteiligung, Gifthorn 1999

Schanz, Günter: Mitarbeiterbeteiligung, München 1985

Schmeisser, Wilhelm: Kapitalbeteiligung der Arbeitnehmer. in: Handwörterbuch des Personalwesens, hrsg. von *Eduard Gaugler, Walter A. Oechsler, Wolfgang Weber,* 3. Auflage, Stuttgart 2004, Sp. 979–989

Schneider, Hans J. (Hrsg.): Handbuch der Mitarbeiter-Kapitalbeteiligung, Köln 1977

Schneider, Hans J.: Kapitalbeteiligung der Arbeitnehmer, in: Handwörterbuch des Personalwesens, hrsg. von *Eduard Gaugler, Wolfgang Weber,* 2. Auflage, Stuttgart 1992, Sp. 1103–1113

Schneider, Hans J./Zander, Ernst: Erfolgs- und Kapitalbeteiligung der Mitarbeiter, 5. Auflage, Stuttgart 2001

Schneider, Hans J.: Erfolgsbeteiligung der Arbeitnehmer, in: Handwörterbuch des Personalwesens, hrsg. von *Eduard Gaugler, Walter A. Oechsler, Wolfgang Weber,* 3. Auflage, Stuttgart 2004, Sp. 712–723

Schultz, Reinhard: Erfolgsbeteiligung der Arbeitnehmer, in: Handwörterbuch des Personalwesens, hrsg. von *Eduard Gaugler, Wolfgang Weber,* 2. Auflage, Stuttgart 1992, Sp. 818–828

Wagner, Klaus-R. (Hrsg.): Mitarbeiterbeteiligung, Wiesbaden 2002

Weber, Wolfgang (Hrsg.): Entgeltsysteme. Lohn, Mitarbeiterbeteiligung und Zusatz-leistungen, Stuttgart 1993

Zander, Ernst: Taschenbuch der Erfolgsbeteiligung, Heidelberg 1973

Stock Options in Deutschland: Gestaltungsperspektiven im Lichte historischer Fehlentwicklungen

Prof. Dr. Leonhard Knoll

Inhalt

1. Stock Options: Vom Motivationsinstrument über die Gelddruckmaschine zum angeprangerten Auslaufmodell

Im Gegensatz zu den USA, wo Optionen auf Aktien des Arbeitgeberunternehmens als Entlohnungsinstrument schon in den Zwanzigerjahren des vorigen Jahrhunderts erste Spuren hinterließen (vgl. *Long* 1992, S. 12 und 15 ff.), ist die Geschichte von „Stock Options" in Deutschland durchaus kurz. Nach einigen Vorläufern in den Achtzigerjahren kam es erst in der Mitte des letzten Jahrzehnts zu einer weiteren Verbreitung dieser Vergütungsform bei börsennotierten Unternehmen. Was dann kam, reproduzierte die Entwicklung jenseits des Atlantiks gleichsam im Zeitraffer (vgl. *Wenger/Knoll* 2003, S. 34). Das vorläufige Ende dieser Entwicklung steht in diametralem Gegensatz zu den großen Erwartungen, die mit dem Einsatz von Stock Options ursprünglich verbunden waren oder zumindest nach außen kommuniziert wurden.

Ausgangspunkt dieser Erwartungen ist nach wie vor eine eher simple Idee: Bindet man die Vergütung (leitender) Mitarbeiter an den Wert ihres Arbeitgeberunternehmens, so haben sie entsprechende Anreize, sich für die Steigerung dieses Werts einzusetzen. Diese Motivationswirkung gilt auch heute unverändert als Kernelement der Optionsentlohnung. Andere Aspekte wie Bindungswirkungen oder steuerliche Vorteile haben zwar je nach den jeweiligen Rahmenbedingungen auch eine gewisse Bedeutung, doch treten sie hinter der durchgängig unterstellten Wirkungskette **Leistung** → **Erfolg** → **Aktienkurssteigerung** eindeutig in den Hintergrund.

Als Stock Options in Deutschland ihren Siegeszug antraten, hatte sich ihr Einfluss über diesen grundlegenden Zusammenhang hinaus indessen geradezu verselbständigt. Steigende Aktienkurse und eine für Laien schwer durchschaubare Wertermittlung von Aktienoptionen bzw. -optionsscheinen hatten die Verbreitung der Optionsentlohnung und ihren Anteil an der Gesamtvergütung börsennotierter Aktiengesellschaften deutlich erhöht – eine Entwicklung, die sich bis zum Platzen der Börsenblase im Frühjahr 2000 ungebremst fortsetzte[1]. Immer mehr Optionen an immer mehr Begünstigte schienen zum entgeltpolitischen perpetuum mobile am Ende des zweiten Jahrtausends zu werden, in der „New Economy" schienen Stock Options im Angesicht stetig steigender Kurse sogar zur wundersamen Gelddruckmaschine aufzusteigen, ohne die ein Unternehmen keine Chance mehr hatte, geeignetes Personal zu akquirieren oder zu halten.

Um so tiefer war der Sturz. Bereits nach der ersten Fallhöhe zum Jahreswechsel 2000/01 wurde teils schmerzlich, teils ironisch konstatiert, dass das Perpetuum mobile nicht nur in der Physik Existenzprobleme hat:

„Wie vom Erdboden verschluckt sind auf einmal die Geldgeilen, die im vergangenen Jahr noch mit ihren fetten Aktienoptionen wedelten und den Langeweilern aus der Old Economy die besten Mädels wegschnappten. Heute sind ihre Aktienoptionen vielfach weniger wert als die Reichsmark zum Ende der Weimarer Republik und die Mädels haben die biederen Betriebswirte mit sicherem Gehalt geheiratet" (Welt am Sonntag 17.12.2000, S. 63).

Die nächsten Fallhöhen verliefen wiederum nahezu parallel zum Niedergang an den Aktienmärkten. Nicht einmal zwei Jahre später standen die ehemaligen Gelddruckmaschinen bereits medial „am Pranger" (vgl. Die Welt 27.8.2002, S. 19) und institutionelle Anleger kritisierten öffentlich die Fehler bestehender Programme (vgl. *Wenger/Knoll* 2003, S. 34). Der endgültige Todesstoß schien letztlich erreicht, als *Microsoft*, nicht nur eines der größten, sondern auch eines der optionslastigsten Unternehmen der Welt, wiederum nicht einmal ein weiteres Jahr später bekannt gab, dass es in Zukunft auf die Zuteilung von Stock Options verzichten und den Mitarbeitern dafür Aktien gewähren wolle.

Ist damit das Ende einer Geschichte erreicht, deren Kern in Deutschland nicht einmal ein Jahrzehnt währte? Gehören Stock Options heute auf den Müllhaufen gescheiterter Vergütungsinstrumente oder haben sie eine zweite Chance, einen „Neustart" verdient? Die folgenden Ausführungen sind letztlich eine Antwort auf diese angesichts der beschriebenen Entwicklung nahe liegenden Fragen. Sie nehmen in Kapitel 2 zunächst eine Ursachenanalyse für den Niedergang des einst gefeierten Entlohnungsmoduls vor, bevor in Kapitel 3 skizziert wird, wie ein sinnvoller Neustart der Optionsentlohnung in Deutschland aussehen könnte, d.h. wie

---

[1] Wiederum im Gleichlauf zum „Vorbild" USA; vgl. für die dortige Entwicklung in den Neunzigerjahren *Murphy* 2002, Figure 1.

Stock Options umzusetzen wären, damit die mit ihnen verbundenen Ziele in deutschen Unternehmen effizient zu erreichen sind. Kapitel 4 zieht abschließend ein kurzes Resümee der Argumentation.

2. Ursachenanalyse

Derart große Ausschläge in der Erfolgsskala wie bei Stock Options sind letztlich nie durch einen einzigen Grund zu erklären. Ist man von der mit der Optionsentlohnung verbundenen Idee auch heute noch überzeugt und will sie deshalb trotz aller schlechten Erfahrungen einsetzen, so ist eine entsprechende Ursachenanalyse nötig, um einen erneuten Fehlschlag dieses Instruments zu verhindern. Die folgenden Abschnitte geben einen kurzen Überblick, welche grundlegenden Aspekte dabei zu beachten sind.

2.1 Der Bock als Gärtner

Erinnern wir uns: Das alles überragende Ziel für den Einsatz von Stock Options war eine Motivation der Begünstigten, den Unternehmenswert nachhaltig zu steigern – angesichts der Trennung von Eigentum und Geschäftsführung in modernen Kapitalgesellschaften ein überaus wichtiger Aspekt. Die somit angestrebte „Parallelisierung" der Interessen von Aktionären und Mitarbeitern, vornehmlich Managern, litt indessen praktisch immer darunter, dass die Aktionäre nicht einmal hinsichtlich der Gestaltung der Managementvergütung die Herren des Verfahrens waren bzw. es auch heute noch immer nicht sind. In den wenigsten Fällen halten natürliche Personen, denen durchgerechnet letztlich alle Unternehmen gehören, hinreichend hohe Anteile, so dass sie ihren Interessen gegenüber dem Top-Management wirksam Geltung verschaffen können (vgl. *Wenger/Knoll* 1999, S. 582 f.) Bei Stock Options wird dieses Problem dadurch verschärft, dass die Unternehmensführung letztlich die Hauptbegünstigten von Optionsprogrammen stellt und daher die Interessenparallelisierung hinsichtlich der Umsetzung der Optionsidee zwangsläufig nicht gegeben ist.

Betrachtet man daher die für Vergütungsfragen der Unternehmensleitung relevante institutionelle Struktur genauer, so zeigt sich das folgende Bild: Das oberste Kontrollorgan, das zudem über die Bestellung und Bezahlung des obersten Leitungsorgans bestimmt, setzt sich (auf der Anteilseignerseite) hauptsächlich aus Managern anderer Gesellschaften zusammen. Hat man hierzulande in dieser Situation zumindest einen Nichtangriffspakt zwischen Vorstand und Aufsichtsrat zu erwarten, erweist sich die Situation in den USA aus zwei Gründen als noch prekärer (vgl. *Tegtmeier* 1998, S. 381 ff.).

Einerseits gehört der CEO zusammen mit den anderen Top-Executives dort selbst dem Board an und ist wesentlich für dessen Zusammensetzung verantwortlich; dies bedeutet, dass auch für externe Board-Mitglieder die Anreize gering sind, die von ihnen festzulegende (vgl. *Murphy* 1999, Kapitel 2.4; *Tegtmeier* 1998, S. 87 ff.) Bezahlung der obersten Führungskräfte in einem nachvollziehbarem Rahmen zu halten. Andererseits profitieren dort alle Mitglieder des Board von steigenden Bezügen des

CEO. Soweit sie zum Management des Unternehmens gehören, ist dies ohnehin plausibel, weil die Bezüge der anderen Executives positiv mit denen des CEO korreliert sind (vgl. *Crystal* 1992, S. 173)[2]. Ist dies nicht der Fall, können sie auf Dauer sogar von zwei positiven Rückkopplungen auf ihr Einkommen ausgehen. Zum einen wird die de facto ausschlaggebende Empfehlung des CEO für die Vergütung der externen Board-Mitglieder durch ihre großzügige Haltung ihm gegenüber sicher nicht negativ tangiert (vgl. *Crystal* 1995, S. 5. Dieser Autor präsentiert auch statistische Belege für die empirische Korrelation zwischen den Bezügen von CEO und Outside Directors, vgl. ebd. 1995, S. 4). Zum anderen zeigt sich auch für ihre Bezüge als CEO eines anderen Unternehmens eine günstige Tendenz: Üblicherweise bilden „Marktübersichten" den Ausgangspunkt für Verhandlungen über die CEO-Entlohnung. Jede Steigerung der Bezüge das CEO in Gesellschaft 1 erhöht nun das statistische Vergleichsmaterial für den CEO anderer Gesellschaften, die Gesellschaft 1 in die Marktübersicht für ihren CEO einfließen lassen. Da diese Übersichten nun von der Gesellschaft selbst oder durch Entlohnungsberater erstellt werden, die faktisch wiederum vom Management engagiert werden (vgl. *Crystal* 1990, S. 169; *Crystal* 1992, S. 220) ist es plausibel, dass Steigerungen bei bekannten anderen Unternehmen hier nicht übersehen werden. Es kommt regelmäßig zu Sperrklinkeneffekten und Aufwärtsspiralen, die im Bereich der US-Managervergütung in verschiedenen Spielarten auftreten (vgl. *Crystal* 1992, S. 221 ff.). Was dann gutgläubigen Beobachtern als „marktkonforme" Entlohnung angepriesen wird, hat mit dem gängigen Verständnis eines effizienten Marktlohns kaum mehr etwas gemein: „In a system in which CEOs appoint their companies' directors, most of whom are CEOs, pay is precisely the expression of what CEOs think of themselves." (vgl. *Colvin* 1992, S. 28). Angesichts dieser „hegemonialen Konstellation" (vgl. *Tegtmeier* 1998, S. 104) bei der Festlegung der CEO-Vergütung ist – wenn nicht aus juristischer, so doch aus ökonomischer Sicht – zumindest in vielen Fällen von einem Akt des Selbstkontrahierens auszugehen (vgl. *Martin* 1993, S. 237). Wenn wundert es also, dass US-Executives nach Ansicht von Kapitalmarktexperten „absolut überbezahlt" sind: „Sie werden für großartige Ergebnisse bezahlt, die sie nicht erzielen" (vgl. *Bogle* 2002, S. 202).

Auch wenn die Sitten in Deutschland noch nicht ganz so verrottet sind wie in den USA, besteht hierzulande kein Anlass, in Selbstzufriedenheit schwelgen. Die Steigerungsraten in den Bezügen deutscher Top-Manager können beileibe nicht immer, aber doch zuweilen mit denen ihrer US-Kollegen mithalten[3] – dass das Niveau noch nicht ganz so astronomisch ist, liegt schlicht an den niedrigeren Startwerten dies-

---

[2] Die Fortführung dieses Gedankengangs lässt ahnen, dass es hier über die gesamte Unternehmenshierarchie zu einem Kaskadeneffekt kommen kann. So wird die Wirkung einer Steigerung der CEO-Vergütung auf die gesamten Personalkosten eines Unternehmens mit dem Faktor 40 bis 50 dessen veranschlagt, was der CEO zusätzlich verdient.

[3] Allerdings sind dort, wo man gezielt den Anschluss an amerikanische Verhältnisse gesucht hat, die Steigerungsraten Ende der 90er Jahre noch höher ausgefallen. Das „manager magazin", Heft 8/2001, beziffert *Jürgen Schrempps* Gesamtbezüge (ohne Steigerung der Pensionsanwartschaft) im Jahr 2000 auf 12 Millionen DM und weist ihn damit gemessen an der Marktwertentwicklung seines Unternehmens als am deutlichsten überbezahlten Manager im DAX aus (S. 49). Bei der *Deutschen Bank*, die neben *DaimlerChrysler* als weiterer „Wegbereiter der modernen Gehaltskultur" gilt, herrschen ähnliche Verhältnisse: Nach derselben Quelle beliefen sich die 2000er Bezüge von *Rolf-E. Breuer* auf rund 16 Millionen DM. Vor dem Import amerikanischer Vergütungsgepflogenheiten dürften die Gesamtvergütung beider Manager pro Jahr unter drei Millionen DM gelegen haben.

seits des Atlantiks. Es bleibt jedenfalls abzuwarten, was Skandale à la *Mannesmann* und ihre öffentliche Aufarbeitung dazu beizutragen vermögen, die Hygiene in Vergütungsprozessen für die deutsche Managerelite spürbar zu verbessern.

2.2 Naive Vorstellungen über Struktur und Wirkungen von Optionen

Obwohl sicher die wichtigsten Ursachen für das vielbeklagte Optionsdesaster, reichen institutionelle Defizite und Vorsatz letztlich nicht für eine hinreichende Erklärung aus. Optionen sind Finanzderivate, deren auf den ersten Blick einfache Struktur sich bei genauerem Hinsehen als überaus komplex erweist. Dies sowie die mangelnde Vertrautheit von mehr als 95 % aller Aktionäre mit der erst seit etwa drei Jahrzehnten in ihrer Grundstruktur geklärten Bewertungsmethodik von Optionen ergeben einen zweiten Faktor, der die einschlägigen Fehlentwicklungen mitbedingt hat. Im Zusammenhang mit gleichfalls naiven Vorstellungen über die eingangs beschriebene Wirkungskette **Leistung** → **Erfolg** → **Aktienkurssteigerung** waren viele Anteilseigner teils wehrlose Opfer, teils arglose (Mit-)Täter in Sachen Optionsentlohnung.

2.2.1 Optionen und Unternehmenswert

Wenn man die Interessen von Aktionären und Managern parallelisieren will, warum – so wird sicher mancher Zeitgenosse fragen – gibt man Letzteren Optionen und nicht gleich Aktien? Tatsächlich hat die Entlohnung in Aktien eine mindestens ebenso lange Tradition wie diejenige in Optionen. Der wesentliche Unterschied zwischen beiden Instrumenten liegt in ihrer Zahlungscharakteristik. Während diese bei Aktien linear verläuft, d.h. jede Steigerung des Unternehmenswerts schlägt sich quotal auf den Wert einer Aktie nieder, ist der Optionswert seinerseits an den Aktienkurs gekoppelt, allerdings nicht durchgängig linear: Solange der Aktienkurs an der Börse niedriger als der Kurs liegt, zu dem aus der Option eine Aktie bezogen werden kann, ist die Ausübung sinnlos, liegt der Börsenkurs darüber, bemisst sich der durch die Ausübung erzielbare „innere" Wert durch die Differenz beider Kurse. Diese Überlegungen bieten in der Zeit vor der Ausübung allerdings nur eine Wertuntergrenze für ein solches Bezugsrecht. Da ein Optionsinhaber die Aktie nur ausüben kann, aber nicht muss, und die Aktienkurse im Zeitverlauf bekanntermaßen Schwankungen unterliegen, hat die Option während der Laufzeit zusätzlich zum jeweils aktuellen inneren Wert auch einen so genannten „Zeitwert". Er bringt die Möglichkeit weiterer Kurssteigerungen zum Ausdruck sowie den Umstand, dass man für deren Realisierung keine Aktien kaufen und damit kein Kapital binden muss.

Da die Bewertung von Optionen außerhalb der Finanzbranche kaum bekannt ist und an dieser Stelle nicht in wenigen Worten dargestellt werden kann, soll der gerade beschriebene Zusammenhang anhand der *Abbildung 1* veranschaulicht werden. Sie beschreibt für verschiedene Restlaufzeiten den Wert eines Bezugsrechts auf den Kauf einer Aktie („Call") zu 100 € in Abhängigkeit vom gerade herrschenden Aktienkurs.[4] Eine verfallende Option (t = 0) hat nur den durch die Ausübung zu realisierenden inneren Wert. Bei allen anderen Optionen lässt sich ihr Zeitwert als Differenz zwischen ihren abgebildeten Wertfunktionen und den inneren Werten ab-

---

[4] Quelle mit Angabe der zugrundeliegenden Parameter: *Knoll* 1998.

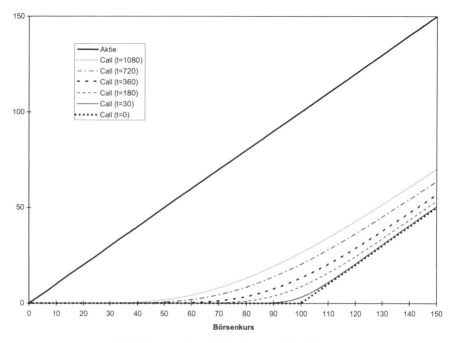

Abb. 1: Finanzmathematische Werte von Stock Options

lesen. Damit erkennt man einen der anfänglichen Irrtümer im Zusammenhang mit Stock Options: Während der Laufzeit hat eine Option auch dann einen durchaus beachtlichen wirtschaftlichen Wert, wenn die Aktie nicht oberhalb des Bezugskurses notiert. Gibt man Managern Optionen mit einem Bezugskurs in Höhe des aktuellen Aktienkurses, ist dies also keineswegs eine „kostenlose Vergütung", sondern eine normale Zuwendung, die das Aktionärsvermögen ebenso schmälert wie andere Teile der „Total Compensation".

Weiterhin wird deutlich erkennbar, dass der Optionswert auch vor der Ausübung eine konvexe Struktur hat: Im Schnitt wird man bei gleich wahrscheinlichen Bewegungen nach unten und oben mehr gewinnen als verlieren. Ganz offensichtlich werden damit Anreize gesetzt, in der Unternehmensführung höhere Risiken einzugehen. Dies wurde mitunter als Nachteil der Optionsentlohnung beschrieben, stellt sich aber bei genauerer Betrachtung eher als Vorteil heraus. Für einen Manager, dessen zukünftige Einkommensentwicklung ohnehin von der Geschäftslage seines Arbeitgebers abhängt, führt eine kursabhängige Entlohnung zu einer ineffizienten Kumulation von nichtsystematischem Risiko. Insofern besteht bei ihm zunächst die Tendenz, aus Sicht der Aktionäre eine zu risikoarme Geschäftspolitik zu betreiben. Ob die Risikoanreize aus der Zahlungscharakteristik einer Option dies in genau richtigem Umfang kompensieren, dürfte zwar selten vorkommen, doch ist ihre Wirkung in dieser Situation tendenziell positiv zu beurteilen.

Indessen sollten dies Risiken sein, die im Wesentlichen durch das Management zu kontrollieren sind. In diesem Zusammenhang kommt die Wirkungskette **Leistung → Erfolg → Aktienkurssteigerung** wieder ins Blickfeld. Wenn die Manager einerseits für ihre Leistungen honoriert werden sollen und andererseits der Wert von Aktien und Optionen nicht nur durch diese Leistungen bestimmt wird, sollte man versuchen, entsprechende „Fremdeffekte" auf den Optionswert herauszufiltern. Am besten geschieht dies, wenn man den Bezugskurs der Optionen an die Entwicklung eines geeigneten Vergleichsportfolios koppelt, regelmäßig eines Index (vgl. *Knoll/ Wenger* 2003a, S. 83). Auch hier kommt es zu keiner Ideallösung, aber immerhin zu einer strukturell richtigen Reaktion auf die zugrundliegende Problematik. Normalerweise müssten selbstbewusste Manager eine solche Bereinigung des Bezugskurses begrüßen; die Praxis sah aber zumeist anders aus, weil viele den direkten Vergleich mit Konkurrenz oder Kapitalmarkt scheuten. So ist es bis heute in den USA üblich, den Bezugskurs der Optionen auf den Aktienkurs im zeitlichen Umfeld der Zuteilung festzulegen, und in Deutschland sind vernünftige Kursbereinigungen trotz der gleich zu beschreibenden Entwicklung in den letzten Jahren die Ausnahme.

2.2.2 Erste Reaktionen auf augenfällige Defizite

Nicht zuletzt dank des Widerstands von Kleinaktionären stieß der Versuch, US-Verhältnisse in Sachen Optionsentlohnung hierzulande weitgehend zu kopieren, schnell auf nicht zu vernachlässigende Probleme.

Die erste Korrekturrunde fand auf legislativer Ebene statt. Im Rahmen der Gesetzes zur Kontrolle und Transparenz im Unternehmensbereich (KonTraG), das am 1.5.1998 in Kraft trat, wurden verschiedene neue Vorschriften in das Aktiengesetz eingeführt, die indessen weit hinter dem erforderlichen Regelungsbedarf zurückblieben. Insbesondere wurde versäumt, obligatorisch die soeben dargestellte Bereinigung des Bezugskurses um eine Vergleichsanlage sowie eine zwangsweise Information der Aktionäre über den wirtschaftlichen Wert von Optionsprogrammen explizit vorzuschreiben. Die gebetsmühlenhafte Beschwörung einer beschriebenermaßen naiven Vorstellung von Interessenparallelisierung setzte sich letztlich sowohl beim Gesetzgeber als auch bei den meisten zwischenzeitlich angerufenen Gerichten durch.

Immerhin gab es danach ungefähr zwei Jahre ein Klima, in dem sich zumindest gegenüber US-Verhältnissen eine spürbare Verbesserung abzeichnete[5]. Mit dem Jahr 2000 setzte jedoch eine erneute Wende zum Schlechteren ein. Hatte man sich in der Zwischenzeit zumindest öfter an schwache Formen einer Mindestperformance als Bedingung für die Ausübbarkeit der Optionen gewöhnt, begannen gerade internationale Großkonzerne nunmehr, selbst diese Minimalstandards wieder in Frage zu stellen, worauf in Abschnitt 2.3.2 zurückzukommen sein wird.

Erst die weiter fallenden Aktienkurse schufen ein Klima, in dem endlich auch institutionelle Anleger heftig gegen die gängige Form Optionsentlohnung öffentlich protestierten. In Deutschland ist dabei insbesondere der Forderungskatalog der Fondsgesellschaft *Union Investment* zu nennen, der auf großen Widerhall in den Medien stieß. Dabei wurden teils bislang nur selten vorkommende Konstruktionsmerkmale von Optionsplänen als Standard propagiert, teils auch neue gefordert (vgl. *Knoll/Wenger* 2003 für eine ausführliche Diskussion dieser Thesen). Obwohl

---

[5] Bspw. die Übersicht in Capital 4/1999, S. 40, in der sich ein respektabler Anteil von zumindest teilweise akzeptabel gestalteten Optionsprogrammen findet.

diesen Bestrebungen in vielen Aspekten zuzustimmen ist, zeigen auch sie mitunter eine unzureichende Problemreflektion. Beispielsweise ist die Forderung nach einem „Eigeninvestment" des Managements im Angesicht der in Abschnitt 2.2.1 beschriebenen Risikoanreize durchaus fragwürdig bzw. ebenfalls ein Auswuchs naiver Vorstellungen der Interessenparallelisierung zwischen Vorstand und Aktionären.

Die bislang letzte Reaktionsstufe auf fehlgeleitete Optionspläne wie auch andere Exzesse der Managemententlohnung findet sich im Maßnahmenkatalog der Bundesregierung vom 25.2.2003 (vgl. *Seibert* 2003, S. 693) sowie in der Modifikation des Deutschen Corporate Governance Kodex.[6] Nachdem bereits in der ersten Fassung aus dem Jahr 2002 eine Reihe einschlägiger Bestimmungen aufgenommen worden war, hat man gerade in Sachen Vorstandsvergütung in der Fassung vom 21.5.2003 eine spürbare Verschärfung der Vorschriften vorgenommen. Obwohl viele Bestimmungen nicht obligatorischen Charakter aufweisen, zeigt sich hier dennoch eine erste ernst zu nehmende Reaktion aus einem Bereich, der in unmittelbarer Verbindung zu Legislative und Exekutive steht. Auch hier hat man indessen manchmal den richtigen Weg verfehlt. Die Idee eines „Cap", also einer Beschränkung der Bezüge, kann höchstens eine ultima ratio sein, wenn andere, effizientere Maßnahmen zur Regelung der Vorstandsvergütung versagen. Anstatt diese Strukturen, wie z.B. die Bereinigung des Bezugskurses von Stock Options, verbindlich vorzuschreiben, wird also lediglich aus unklarer Entfernung mit dem Vorschlaghammer einer absoluten Obergrenze gewunken.

2.3 Rahmenbedingungen

Ein Teil der beklagten Entwicklung im Bereich der Optionsentlohnung ist schließlich auf die bestehenden Rahmenbedingungen zurückzuführen, die von den Entscheidungsträgern zum einen Teil nicht hinreichend verstanden, zum anderen bewusst für die Verschleierung jeweils anderer Aspekte von Stock Options benutzt wurden.

2.3.1 Steuern

Betrachtet man die Literatur zur Besteuerung von Mitarbeiteroptionen, so zeigt sich ein eindeutiger Schwerpunkt bei der steuerlichen Behandlung auf der Seite der Begünstigten. Eine nicht enden wollende Auseinandersetzung über die Frage des Besteuerungszeitpunkts und der damit einhergehenden Bemessungsgrundlage wurde erst im Jahre 2001 durch drei Entscheidungen des BFH gestoppt (vgl. *Posch/Knoll/Wala* 2001, S. 535; *Portner* 2001, S. 1331). Zwar gibt es auf der lohnsteuerlichen Seite durchaus eine Reihe bedenkenswerter Probleme, doch erweist sich der Hauptstreitpunkt dieser Diskussion aus allgemeiner Sicht als weitgehend irrelevant. Um zu erkennen, ob aus einer ex ante-Sicht die Besteuerung des wirtschaftlichen Werts der zugeteilten Optionen im Zuteilungszeitpunkt oder des bei der Ausübung realisierten Gewinns günstiger ist, bedarf es allerdings zumindest einiger Grundkenntnisse in Optionstheorie, die bislang nicht zur Standardausbildung von Juristen gehören.

---

[6] Fassung vom 21.5.2003; abzurufen unter http://www.corporate-governance-code.de.

Mittlerweile hat man sich hier stärker dem tatsächlich wichtigen Problem der Besteuerung grenzüberschreitender Sachverhalte gewidmet, das jedoch zwangsläufig nur auf internationaler Ebene zu beheben sein wird (vgl. *Portner* 2001a, S. 289).

Der bedeutendste Teil der steuerlichen Problematik besteht indessen in der Möglichkeit, die finanzielle Last der Aktionäre steuerlich als Betriebsausgaben geltend machen zu können (vgl. *Bursee/Grawert/Knoll* 2003, Kap. 3.3). Dazu ist generell zu beachten, dass diese finanzielle Last in einer Verwässerung des Aktienkurses besteht. Können bestimmte Aktien nämlich unter dem ansonsten geltenden Börsenkurs erworben werden, kommt es zu einem Mischkurs, der entsprechend unter dem bisherigen Börsenkurs liegt. Bei einer Bedienung der Optionen durch junge Aktien aus einer bedingten Kapitalerhöhung ergibt sich dabei weder auf Unternehmensebene noch – im Regelfall – auf Aktionärsebene ein steuerlich relevanter Effekt. Genau diese Bedienungsform war und ist jedoch die am weitesten verbreitete. Entweder hatten die Entscheidungsträger in den Unternehmen dies selbst nicht verstanden oder sie nahmen diesen steuerlichen Nachteil bewusst in Kauf, um einen anderen Effekt zu erzielen – der nächste Abschnitt 2.3.2 legt eher die letztere Alternative nahe. Die relativ geringe Verbreitung virtueller Programme, bei denen kein Aktienbezug vorgenommen, sondern nur der Ausübungsgewinn in bar erstattet wird, oder (bis zum Inkrafttreten des Steuersenkungsgesetzes) der Bedienung effektiver Optionsrechte durch zurückgekaufte Aktien bleibt jedenfalls auch heute noch ein erklärungsbedürftiges Phänomen.

2.3.2 Transparenz

Ein entscheidender Punkt für die progressive Verbreitung der Optionsentlohnung und die gleichzeitige Steigerung der Gesamtvergütung von Managern dürfte in der mangelnden Transparenz der Optionswerte bestehen. Dieses „Camouflage"-Phänomen wird auch im wissenschaftlichen Bereich immer stärker thematisiert.[7] Dabei sind zwei wesentliche Aspekte zu unterscheiden.

Der erste betrifft die Information der Aktionäre im Installationszeitpunkt von Optionsprogrammen. So wie jeder Käufer beim Kauf einen Anspruch hat, über den Preis der Ware informiert zu werden, müsste auch jeder Aktionär, der eine Entscheidung über die gesellschaftsrechtlichen Grundlagen für Optionsprogramme zu treffen hat, über den wirtschaftlichen Wert eines solchen Programms informiert werden (vgl. *Knoll* 1998a, S. 413; *Knoll/Möller* 1999, S. 69; *Wenger/Knoll* 1999a, S. 81). Indessen ist dies leider nicht zwangsläufig der Fall. Wie bereits in Abschnitt 2.2.2 beschrieben, hat es der Gesetzgeber bis heute versäumt, einen entsprechenden Anspruch gesetzlich festzulegen. Wer als unbedarfter Beobachter dieser Verhältnisse meint, dies sei überflüssig, weil sich ein solcher Anspruch von selbst verstehe, sei zumindest hinsichtlich der hierzulande herrschenden Verhältnisse gewarnt. Wie ebenfalls bereits beschrieben, hat die Mehrzahl der diesbezüglich angerufenen Gerichte einen entsprechenden Informationsanspruch verneint. Natürlich ist es für ein entwickeltes Rechtssystem ein Skandal ersten Ranges, dass Eigentümer über Entlohnungsbestandteile entscheiden müssen, ohne deren Wert zu kennen. So lange entsprechende Zahlen aber auf Hauptversammlung nicht genannt werden müssen,

---

[7] Die Bezeichnung „Camouflage" wurde durch den Beitrag von *Bebchuck/Fried/Walker* 2002, S. 751, geprägt.

ist es klar, dass eine entscheidende Hemmschwelle für allzu üppige Dotierungen der Managerdotierung nicht existiert:

„A second possible explanation for the increased use of stock options is that boards wanted to pay CEOs more … and option grants are a less visible vehicle for paying CEOs than salary and bonus is. Finding a less visible way to pay CEOs is important because public opposition to high pay levels appears to have increased as levels of pay have risen" *(Hall/Liebman* 1998, S. 653).

Die zweite wichtige Hemmschwelle besteht in der bilanziellen Behandlung von Stock Options. Der Ausweis der finanziellen Zuwendungen in den Erfolgsrechnungen der Jahresabschlüsse und Zwischenberichte wäre fraglos die wichtigste Information für die meisten Anleger. Hier zeigt sich nun ein bemerkenswerter Befund. Ähnlich wie bei der steuerlichen Behandlung kommt es nämlich auch in der handelsrechtlichen Rechnungslegung zu einem unterschiedlich hohen Aufwand. In den USA gilt generell, dass der Aufwand durch effektive Stock Options mit einem festen Bezugskurs, der nicht unterhalb des Aktienkurses im Zuteilungszeitpunkt liegt, nicht in die Gewinn- und Verlustrechnung aufgenommen werden muss. So gilt für alle nach US GAAP-Regeln bilanzierenden Konzerne, dass sie sich auf einen entsprechende Kontrollrechnung im Anhang beschränken können, die bis vor kurzem selbst von den meisten Analysten nicht goutiert wurde (vgl. *Hess/Lüders* 2001, S. 12, mit Verweis auf eine Sammlung von Analystenschätzungen durch die Agentur *I/B/E/S Int. Inc.).* Diese bis heute gültige, aber eventuell bald abgeschaffte Regelung war 1993 die Kompromisslösung für die heftig umkämpfte Novellierung der Optionsverbuchung durch die zuständige Wirtschaftsprüferkammer FASB[8]. Welche Bedeutung die Unterdrückung entsprechender Informationen hat, war bereits damals allgemein bekannt, wobei als plakativstes Beispiel für die Konsequenzen der fehlenden buchhalterischen Erfassung von Manager-Optionen nach wie vor der Fall „General Dynamics" gilt. Als dort so genannte „Gain/Sharing bonuses" zu einer Explosion der Managerbezüge führten, kam es zu massiven Protesten in der Öffentlichkeit, die schnell verstummten, als die Boni durch beinahe gleichwertige, aber nicht in der Ergebnisrechnung des Unternehmens erfasste Stock Options ersetzt wurden (vgl. *Dial/Murphy* 1995, S. 261).

Wen wundert es da, dass sich auch deutsche Großkonzerne gerne auf diesen allgemeinen Missstand beriefen, wenn es darum ging, fehlgeleitete Optionsprogramme öffentlich zu verteidigen. Einer der Frontrunner für den damit einsetzenden Verlust an zwischenzeitlich erreichten Standards für Optionsprogramme war die *Daimler-Chrysler AG* mit der Begründung ihres Optionsprogramms auf der Hauptversammlung 2000: „Vorstand und Aufsichtsrat haben geprüft, ob … die Bestimmung von indexorientierten performance-abhängigen Erfolgszielen … vorzugswürdig ist. Wegen der damit verbundenen Auswirkungen auf die Konzernrechnungslegung nach US-GAAP wären entsprechende Plangestaltungen indessen weniger vorteilhaft, weil sie zu einem gewinnmindernden Ausweis von Personalaufwand in der Konzern-Gewinn- und Verlustrechnung führen. Damit würde sich insbesondere im Vergleich zu den Wettbewerbern in den Vereinigten Staaten von Amerika (USA) ein erhebli-

---

[8] Vgl. zur Geschichte dieses denkwürdigen Lobby-Kampfs *Owsen/Kreuze* 1996, S. 181. Gegen die geplante Abschaffung des Verbuchungswahlrechts läuft momentan eine Gesetzesinitiative.

cher Wettbewerbsnachteil ergeben. Die in den USA bilanzierenden Unternehmen wenden nämlich zum weit überwiegenden Teil diejenigen Regelungen des Financial Accounting Standards Board (FASB) an, die unter bestimmten Bedingungen bei der Auflage eines Aktienoptionsplanes die gewinnmindernde Erfassung von Personalaufwand in der Konzern-Gewinn- und Verlustrechnung vermeiden" (vgl. *Bundesanzeiger* 2000, S. 3270).

Das bemerkenswerte Argument, Anleger in die Irre führen zu müssen, weil dies der Standard im Wettbewerb um Risikokapital sei, stellt sicher der Höhepunkt einer völlig aus den Fugen geratenen Vergütungswelt dar, zumal man in Deutschland im Gegensatz zu den USA oft noch gravierende steuerliche Nachteile in Kauf nehmen muss, um handelsrechtlichen Aufwand zu verhindern. Es zeigt aber gleichzeitig, dass die beobachteten Exzesse nur auftreten konnten, weil die Profiteure dieses Spiels für sich überaus günstige Regeln vorfanden. Erst seit dem *Enron*-Debakel scheint der Leidensdruck so groß geworden zu sein, dass sowohl freiwillige Selbstbeschränkung als auch (quasi-)legislative Initiativen aufgetreten sind. Eine Reihe von US-Konzernen hat bereits 2002 bekannt gegeben, dass sie in Zukunft den aus Stock Options resultierenden Aufwand direkt in der Gewinn- und Verlustrechnung ausweisen wollen, und die großen Standard Setter im angelsächsischen Raum, FASB, IASB/IFRS sowie ASB, haben Veränderungen hinsichtlich der Verbuchung von Stock Options auf den Weg gebracht, die möglicherweise das Ende der bisherigen Camouflage-Strategien einläuten werden. Auch die Entscheidung von *Microsoft*, in Zukunft Aktien statt Optionen an die Mitarbeiter zu verteilen, könnte nicht zuletzt durch den Wegfall dieser Verschleierungsmöglichkeiten bedingt sein. Es spräche indessen für ein merkwürdiges Verständnis hinsichtlich der Vorteile der Optionsentlohnung, wenn mit dem Ende rein buchhalterischer Winkelzüge dieses Instrument nicht mehr als opportun erachtet würde.

3. Neustart

In der Tat wäre dies die falsche Schlussfolgerung. Vermeidet man die in der Vergangenheit verbreiteten Fehler und beachtet die Zusammenhänge für eine funktionierende Interessenparallelisierung bzw. die Wirkungskette **Leistung** → **Erfolg** → **Aktienkurssteigerung**, ist ein erfolgreicher Neustart der Optionsentlohnung in Deutschland durchaus nicht unwahrscheinlich. Daher soll nachfolgend kurz skizziert werden, welche wesentlichen Strukturmerkmale Optionsprogramme in Deutschland generell aufweisen sollten.[9]

3.1 Begünstigtenkreis

Entgegen zeitweiliger Anflüge von Sozialromantik, setzt sich mittlerweile immer mehr die Erkenntnis durch, dass Stock Options nur für Führungskräfte ein sinnvolles Entlohnungsinstrument darstellen. Die dahinter liegende Ratio geht auf die be-

---

[9] Vgl. für weitere Aspekte hinsichtlich der Umsetzung von Optionsprogrammen *Knoll* 2003.

reits in Abschnitt 2.1 beschriebene Risikoposition der Begünstigten zurück: Dem Anreiz eines höheren Verdienstes durch Kurssteigerungen stehen entsprechende Risiken bei schlechtem Abschneiden der Aktie des Arbeitgeber-Unternehmens gegenüber. Arbeitsplatz- und Vermögensrisiko bewegen sich parallel – laufen die Geschäfte schlecht, kann es zu dramatischen wirtschaftlichen Konsequenzen für die Begünstigten kommen. Für Optionsprogramme heißt dies nun, dass die unvermeidbare Verschlechterung der Risikoteilung durch eine entsprechende Verbesserung der Leistungsanreize für die Begünstigen überkompensiert werden muss (vgl. *Wenger/Knoll/Kaserer* 1999, S. 35).

Gerade bei tariflichen Mitarbeitern sind hinreichend starke Leistungsanreize jedenfalls in großen Unternehmen regelmäßig nicht zu erwarten, wenn als Bemessungsgrundlage der Entlohnungsfunktion eine Größe gewählt wird, auf die der Entlohnte fast keinen Einfluss hat. Die potenzielle Steigerung der Motivation ist folglich derart gering, dass die Nachteile aus der Risikokumulation bei weitem überwiegen. Folglich sollten nur solche Entscheidungsträger in den Unternehmen mit Optionen bedacht werden, die wirklich einen nennenswerten Einfluss auf den Börsenkurs haben. Zu erweitern ist dieser Personenkreis allenfalls um Mitglieder von Vorstandsstäben, welche die eigentlichen Entscheidungsprozesse oft durch entsprechende Vorprogrammierungen beeinflussen.

3.2 Struktur der Optionen

Selbst bei einem derart eng abgegrenzten Begünstigtenkreis ist zu berücksichtigen, dass diese Personengruppe nicht alle kursbeeinflussenden Faktoren kontrollieren kann (vgl. *Wenger/Knoll/Kaserer* 1999, S. 35; *Knoll* 2001, S. 169). Gesamtwirtschaftliche Einflüsse auf die für das Unternehmen relevanten Absatz- und Kapitalmärkte überlagern die vom Top-Management zu verantwortenden Effekte in starkem Umfang. Wie bereits in Abschnitt 2.1 erwähnt, geschieht dies am einfachsten dadurch, dass man den Ausübungskurs der Optionen um die Entwicklung eines geeigneten Vergleichsportfolios während der Laufzeit der Optionsrechte bereinigt. Als Kandidaten für ein solches Portfolio kommen vor allem ein marktbreiter Index oder ein Branchenindex in Betracht. Beide Verfahren weisen Vor- und Nachteile auf, so dass aus wissenschaftlicher Sicht keine generelle Empfehlung für eine der beiden Alternativen zu geben ist (vgl. *Wenger* 1998, S. 51 und 61 f.).

Demgegenüber sind so genannte „Ausübungshürden" abzulehnen, welche wie folgt die Entwicklung eines Vergleichsindex oder eine Mindestrendite während der Laufzeit beinhalten: Wird die Hürde „übersprungen", kann der Begünstigte die volle Differenz zwischen dem aktuellen Börsenkurs und dem Kurs bei der Zuteilung realisieren. Damit profitiert er auch von dem Teil der Kurssteigerung, der nicht als vergütungsbedürftige Leistung des Managements angesehen werden kann. Was dies für den Wert solcher Optionen bedeutet, dürft alle überraschen, die keine Experten in Sachen Optionspreistheorie sind: Gegenüber „hürdenlosen" Optionen ergibt sich nur eine geringe Wertminderung (vgl. *Wenger/Knoll* 2003, S. 35).

Will man dem entgegentreten, indem man beide Anforderungen in einer kombinierten Hürde zusammenfasst, ergibt sich ein noch größeres Problem: Mit zwei Hürden werden nämlich zwei Vorgaben definiert, die den Manager ohne klare Orientierung lassen und dem Anleger nicht helfen. Der Anleger kann selbst entscheiden, inwieweit er sich den Risiken des Aktienmarkts aussetzen will und inwieweit er eine feste Verzinsung seines eingesetzten Kapitals anstrebt. Für Letzteres braucht er keinen Manager eines operativ tätigen Unternehmens, sondern allenfalls einen Manager eines Rentenfonds. Dessen Leistungen können für die Leistungen eines Industriebetriebs im Wettbewerb um Risikokapital aber nicht maßgeblich sein. Führungskräfte eines solchen Unternehmens haben selbst mit einer Rendite von 0 % schon vergleichsweise gut abgeschnitten, wenn sich der Aktienmarkt in einer langjährigen Baisse befindet. Die einfache Bereinigung des Bezugskurses um die Entwicklung einer Vergleichsanlage erweist sich damit auch in dieser Situation als die bessere Alternative, obwohl es für manchen Aktionär auf den ersten Blick merkwürdig erscheinen mag, dass ein Vorstand trotz fallender Kurse Geld verdienen kann.

Hinzu kommt ein weiteres Problem des diskontinuierlichen Zusammenhangs zwischen Managervergütung und Aktienkursentwicklung bei Hürdenoptionen. Liegt der Börsenkurs nämlich kurz vor Verfall der Option knapp unter der Hürde, so ergeben sich starke Anreize für das Management, die Notierung kurzfristig auch zu Lasten der mittel- und langfristigen Entwicklung des Unternehmenswerts nach oben zu manipulieren. Weder die Einleitung kurzfristig kursteigernder Maßnahmen auf Unternehmensebene noch die Verbreitung von Fehlinformationen der Anleger noch eigene Börsenengagements des Managements dürften als nahe liegende Manipulationsalternativen den Interessen der Aktionäre entsprechen. Wird die Hürde schließlich trotzdem knapp verfehlt, kann außerdem ein kollektives Drängen des Top-Managements zu „Nachverhandlungen" nicht ausgeschlossen werden.

Weiterhin sollte durch eine jährliche Neuzuteilung anstelle eines einmaligen „Mega-Grants" vermieden werden, dass die Börsensituation im Zuteilungszeitpunkt einen wesentlichen Einfluss gewinnt (vgl. *Knoll* 1998, S. 95; *Wenger/Knoll* 1999, S. 572). Gleichzeitig wird dadurch erreicht, dass die Veränderung des Einflusses eines Begünstigten in Anfangs- und Endphase seiner Führungsposition strukturell richtig berücksichtigt wird und ausscheidende Manager keine Fehlanreize zu lediglich kurzfristig ergebnissteigernden Maßnahmen erhalten.

Allerdings führt dieses Vorgehen bei der Festlegung des Basispreises auf den Aktienkurs im Zuteilungszeitpunkt dazu, dass im Zeitverlauf einige Tranchen fast zwangsläufig ins Geld laufen und damit die ohnehin schwache Anreizwirkung nochmals reduziert wird – auch insofern ist also eine bereinigte Option wünschenswert (vgl. *Knoll* 2001, S. 171).

Eine letzte wichtige Verzerrung der belohnenswerten Performance ergibt sich schließlich durch Kapitalbewegungen zwischen dem Unternehmen und seinen Eigentümern. Dies betrifft sowohl Dividenden als auch Kapitalerhöhungen beziehungsweise -herabsetzungen (vgl. *Laux/Liermann* 1993, S. 539; *Lambert/Lanen/Larcker* 1989, S. 409). Aus diesem Grund müssen die Wirkungen solcher Vorgänge auf den Aktienkurs neutralisiert werden, wenn man die Finanzierungsentscheidungen der Manager nicht durch falsch gesetzte Anreize verzerren will.

Berücksichtigt man diese einfachen Strukturmerkmale, ist leicht auf so fragwürdige Instrumente wie ein Eigeninvestment der Begünstigten oder absolute Caps zu verzichten.[10] Die Rufe nach diesen publikumsträchtigen, aber naiven Bremsklötzen gegen ausufernde Entlohnungsdimensionen zeigen vielmehr, dass auch in diesem Bereich Gutes und gut Gemeintes oft weit auseinander liegen.

3.3 Steuern

Wie in Abschnitt 2.3.1 dargelegt, liegt das größte steuerliche Problem bei Stock Options auf Arbeitgeberebene: Wie ist der Plan zu strukturieren, damit Betriebsausgaben geltend gemacht werden können? Nachdem die Bedienung der Bezugsrechte durch bedingtes Kapital wie beschrieben von je her nachteilig war, bleibt seit dem Inkrafttreten des Steuersenkungsgesetzes auch eine Bedienung durch von der Gesellschaft zurückgekaufte Aktien steuerlich irrelevant (vgl. *Knoll* 2003). So bleibt heute unter fiskalischen Gesichtspunkten zunächst nur die Verwendung virtueller Bezugsrechte, d.h. der Begünstigte erhält bei der „Ausübung" einen Barausgleich zwischen Börsen- und Bezugskurs (vgl. *Eschbach* 2002, S. 376–380). In Deutschland ist dabei noch nicht abschließend geregelt, in welcher Form das Unternehmen steuer- und handelsbilanziell Vorsorge für die Verbindlichkeiten aus solchen steuerlich günstigeren Alternativen zu treffen hat. Die ausstehende Klärung dieser Frage kann jedoch nur Einfluss auf die Größenordnung, nicht aber auf das Vorzeichen der steuerlichen Wirkung haben. Gleiches gilt für den Fall, dass ein Unternehmen noch steuerliche Verlustvorträge hat. Hier wird die steuerwirksame Verrechnung des entstehenden Personalaufwands zwar erst nach dem Aufbrauchen des Verlustvortrags wirksam, doch dürfte die dadurch bedingte Notwendigkeit einer Diskontierung die dann realisierten Vorteile zumeist nicht wesentlich schmälern.

Steuerlich wäre letztlich noch in Erwägung zu ziehen, die Optionen bei einem Finanzdienstleister zu erwerben, um damit eine unter Umständen ebenfalls als Betriebsausgabe anerkannte Bedienungsform von Optionsprogrammen zu wählen. Hier entsteht allerdings ein fixer Aufwand für die Gesellschaft, der von der zukünftigen Kursentwicklung seiner Aktien unabhängig ist. Ob dies nach den Kapitalmarktentwicklungen der letzten Jahre von der Mehrheit der Unternehmen gewünscht wird, muss wohl aus heutiger Sicht bezweifelt werden. Hinzu kommt, dass man bei solchen Konstruktionen stets eine verbindliche Vorabauskunft des Finanzamts einholen sollte, damit der Ansatz von Betriebsausgaben nicht nachträglich in Frage gestellt werden kann.

3.4 Transparenz

Auch ohne die Lektüre von Abschnitt 2.3.2 sollte die Transparenz von Optionsprogrammen hinsichtlich ihrer Wirkungen für alle Betroffenen – Begünstigte und Aktionäre – selbstverständlich sein. Dies gilt nicht nur für Informationen über die Ausgestaltung der Stock Options, sondern auch über ihren Wert. Dieser ist bei der Entscheidung über die Einführung eines Optionsprogramms nicht als Verwässerung des Aktienkurses bei frei gegriffenen Kursverhältnissen in der Zukunft zu ermitteln, wie dies in der Praxis zum Teil vorexerziert wurde (vgl. *Wenger/Knoll* 1999

---

[10] Vgl. Abschnitt 2.1.

S. 82 f.), vielmehr bedarf es des Einsatzes optionspreistheoretischer Verfahren, die auf dem *Black-Scholes-* oder dem Binomialmodell beruhen (vgl. *Financial Accounting Standards Board* 1995, S. 49). Da gegenüber frei handelbaren Finanzoptionen hier eine Reihe von Abweichungen zu beobachten ist, müssen die Standardversionen der Bewertungsmodelle zwar modifiziert werden, jedoch sollte man den daraus resultierenden Gesamteffekt nicht zu hoch veranschlagen. Neben wertmindernden gibt es nämlich auch werterhöhende Einflüsse (vgl. *McCann* 1994, S. 91); deshalb ist zumindest die finanzielle Größenordnung eines Standardprogramms mit konventionellen Bewertungsmethoden leicht zu ermitteln. Gegebenenfalls kann man den Aktionären als zusätzliche Information auch ein Intervall möglicher „Fair Values" für unterschiedliche Modellbedingungen und Parameterkonstellationen angeben. Obwohl bei virtuellen Programmen keine formale Zustimmung der Aktionäre erforderlich ist, ist es angesichts der in Frage stehenden Summen, die durchaus dreistellige Millionenbeträge ausmachen können, klar, dass auch hier die „zahlende Seite" über den Gesamtwert des Programms informiert werden muss (vgl. *Knoll/Möller* 1999, S. 7).

Dass zudem entsprechende Angaben über bereits laufende Optionspläne unabhängig von der für die Bezugsrechte gewählten Bedienungsform für den Geschäftsbericht zu fordern sind, versteht sich ebenfalls von selbst. Unabhängig davon, wie die laufenden Initiativen für eine Änderung der Optionsverbuchung letztlich enden werden (ein Teil hat bereits Rechtskraft erlangt), sollten sich seriöse Unternehmen hier nicht mehr auf die schlechten Sitten der Konkurrenz zurückziehen bzw. diese gar zum Anlass für eine defizitäre Gestaltung ihres Optionsprogramms machen. Dies ist insbesondere auch aus der Sicht der deutschen Rechnungslegungsphilosophie zu beachten. Dort ist es umstritten, inwiefern ein nach HGB bilanzierendes Unternehmen bei effektiven Optionen eine Aufwandsposition verbuchen muss (vgl. *Knoll* 2001, S. 1116). Dann sollte den Anlegern jedoch in anderer Form die aus den laufenden Optionsprogrammen resultierende finanzielle Belastung unübersehbar vor Augen geführt werden. Allerdings müsste hier die momentane steuerliche Situation die Problematik weitgehend entschärfen (vgl. Abschnitt 3.3): Entscheidet man sich aus steuerlichen Gründen vernünftigerweise für ein virtuelles Optionsprogramm, ist ohnehin eine aufwandswirksame Verbuchung obligatorisch!

4. Resümee

Die historischen Fehlentwicklungen der Optionsentlohnung, die Deutschland im Gegensatz zu den USA in nur wenigen Jahren schmerzhaft durchlaufen musste, sollten nicht dazu führen, ein grundsätzlich vernünftiges Entlohnungsinstrument ohne weiteres Nachdenken über Bord zu werfen. Wie so oft kommt es auch hier auf die Umsetzung einer prinzipiell vernünftigen Idee an. Die richtige Lehre aus den bisherigen Exzessen der Optionsentlohnung ist vielmehr ein Neustart, bei dem man sowohl das elementare Ziel einer Interessenparallelisierung und die Wirkungskette **Leistung → Erfolg → Aktienkurssteigerung** als auch die in diesem Zusammenhang allfälligen Restriktionen, vor allem hinsichtlich Transparenz und steuerlicher Belange, beachten muss. Naivität und Freiräume zur Selbstbedienung waren und sind dabei entscheidende Hemmnisse. Um sie abzubauen, wird es vieler Anstrengungen bedürfen, die weit über den unmittelbaren Bereich von Entlohnungsfragen hinausgehen. Angesichts der Verwerfungen in der Vergangenheit wie auch der Chancen in der Zukunft, die beide mit Stock Options verbunden sind, dürften diese Anstrengungen indessen durchaus des Schweißes der Edlen wert sein.

Literaturverzeichnis

Bebchuk/Fried/Walker: University of Chicago Law Review 2002, S. 751–784

Bogle: Capital, Heft 24/2002, S. 202

Bursee/Grawert/Knoll: Nachgelagerte Besteuerung und Entgeltpolitik, Fachverlag Moderne Wirtschaft 2003

Colvin: Fortune vom 6.4.1992, S. 28–36

Crystal: Common Mistakes in Current Practice, in: *Foulkes* (Hrsg.): Executive Compensation. A Strategic Guide for the 1990s, Boston, Mass. 1990, S. 169–188

Crystal: In Search of Excess, New York, London 1992

Crystal: The Crystal Report 7, No. 4, Juni 1995

Dial/Murphy: Journal of Financial Economics 1995, S. 261–314

Eschbach: FB 2002, S. 376–380

Financial Accounting Standards Board: Statement of Financial Accounting Standards No. 123: Accounting for Stock-based compensation, 1995

Hall/Liebman: Journal of Political Economy 1998, S. 653–691

Hess/Lüders: KoR 2001, S. 12

Knoll: Anreizkompatible Entlohnung: Pro und Contra Stock options, in: *Backes-Gellner/Kräkel/Geil* (Hrsg.): Quantitative und qualitative Personalanpassungsstrategien. Personalökonomische Analysen ihrer institutionellen Bedingtheit und ihrer Konsequenzen, München, Mering 1998

Knoll: StuB 2001, S. 1116–1120

Knoll: RWZ 2001, S. 169–176

Knoll: ZIP 1998 a, S. 413–415

Knoll: Optionsentlohnung, in: *Guski/Schneider* (Hrsg.): Mitarbeiter-Beteiligung MAB, Handbuch für die Praxis, Neuwied 2003, Aktualisierungslieferung Nr. 27, Gruppe 1560

Knoll/Möller: ZBB 1999, S. 69–72

Knoll/Wenger: Der Bezugskurs von Stock Options: Anmerkungen zur hartnäckigen Persistenz einer ineffizienten Struktur, in: *Seicht* (Hrsg.): Jahrbuch für Controlling und Rechnungswesen 2003, Wien 2003, S. 83–101

Lambert/Lanen/Larcker: Journal of Financial and Quantitative Analysis 1989, S. 409–425

Laux/Liermann: Grundlagen der Organisation, 3. Aufl. 1993

Long: Financial Management 1992, Corporate Control Special Issue, S. 12–21

Martin: Dickinson Law Review 1993, S. 237 ff.

Mc Cann: Journal of Applied Corporate Finance 1994, S. 91 ff.

Murphy: University of Chicago Law Review 2002, S. 847–869

Murphy: Executive Compensation, in: *Ashenfelter/Card* (Hrsg.): Handbook of Labor Economics, Vol. 3, Amsterdam et al. 1999, S. 2485–2563

Owsen/Kreuze: Michigan Academician 1996, S. 181–190

Portner: FB 2001 a, S. 289–297

Portner: DStR 2001, S. 1331–1336

Posch/Knoll/Wala: Steuer & Wirtschaft International 2001, S. 535–544

Seibert: BB 2003, S. 693 ff.

Tegtmeier: Die Vergütung von Vorstandsmitgliedern in Publikumsaktiengesellschaften, Frankfurt am Main et al. 1998

Wenger/Knoll: ZfO 2003, S. 34–41

Wenger/Knoll: Aktienkursgebundene Management-Anreize. Erkenntnisse der Theorie und Defizite der Praxis, in: Betriebswirtschaftliche Forschung und Praxis, 51. Jg. (1999), S. 565–591

Wenger/Knoll: FB 1999 a, S. 81–85

Wenger/Knoll/Kaserer: WiSt 1999, S. 35

Wenger: Aktienoptionsprogramme für Manager aus der Sicht des Aktionärs, in: *Meffert/Backhaus* (Hrsg.): Stock Options und Shareholder Value, Münster 1998, S. 51–69

Dienstwagen

Prof. Dr. Thomas Doyé

Inhalt

1. Personalzusatzkosten

Die Personalkosten der deutschen Unternehmen sind im internationalen Vergleich nach wie vor hoch, insbesondere die Personalzusatzkosten (zur Definition der Personalzusatzkosten in Anlehnung an das *Statische Bundesamt*, vgl. *Hemmer* 1992; S. 240), die in manchen Firmen an die eigentlichen Gehaltskosten heranreichen (so schon *Wagner, Dieter:* „Betriebliche Sozialleistungen auf dem Prüfstand", Euroforum am 3./4. Mai 1994 in Köln). In fast allen Unternehmen schlummert Potenzial, die Personalkosten zu reduzieren. Um so verwunderlicher ist, wie wenig effizient nach wie vor betriebliche Zusatzleistungen eingesetzt werden. Die Kosten der einzelnen Zusatzleistungen sind den Unternehmen immer noch zu wenig bewusst. Erst recht besteht seitens der Mitarbeiter und Führungskräfte oftmals keine zutreffende Vorstellung darüber, welchen Wertzuwachs sie mit der jeweiligen Zusatzleistung erhalten. Unternehmen gewähren in vielfacher Hinsicht ineffiziente Benefits: sei es, dass die Wertschätzung auf Seiten des Mitarbeiters (inzwischen) fehlt; sei es, dass der Mitarbeiter dieselbe Leistung selbst günstiger beziehen könnte; sei es, dass die Ausgestaltung der einzelnen Zusatzleistung kostengünstiger erfolgen könnte.

Je mehr von Unternehmens Seite flexibilisiert wird (ausführlich zu Flexibilisierungsbestrebungen *Wagner/Grawert/Langemeyer* 1992, S. 255 f.), um individuellen Ansprüchen und Erwartungen der Mitarbeiter besser gerecht zu werden, desto notwendiger ist es, die Kosten für das Unternehmen und den monetären Wert für den Mitarbeiter zu kennen. Wie soll sonst die monetäre Vorteilhaftigkeit einer Zusatzleistung gemessen werden?

Maßgeblich für die Unternehmen ist es, eine Methode an die Hand zu bekommen, mit der sie sowohl die tatsächlichen Kosten der Zusatzleistungen ermitteln können, als auch deren vom Mitarbeiter wahrgenommenen Nutzen. Mit einer darauf aufbauenden Kosten/Nutzen-Betrachtung lassen sich Zusatzleistungen effizienter gestalten (oder auch streichen). Die Kosten des Unternehmens umfassen alle Aufwendungen bzw. die durch Vergabe der Zusatzleistung an anderer Stelle eingetretenen Einsparungen. Der Wert für den Mitarbeiter bemisst sich daran, was ein externer Dritter für die Beschaffung eben dieser (Zusatz-) Leistung aufwenden müsste.

Den Mitarbeitern und Führungskräften kann damit der Wert der einzelnen Leistungen deutlicher vermittelt werden. Die Zusatzleistungen lassen sich damit besser unter dem eigentlichen Zweck des Anreizes zu vermarkten. Das Unternehmen erhält durch die monetäre Bewertung die Möglichkeit, sämtliche Leistungen unter dem Blickwinkel der Total Compensation zu betrachten.

Vorteile im immateriellen Bereich liegen oft im Statusnutzen (ausführlich dazu *Wagner/Grawert*, 1993, S. 60 ff.; Beispiele hierfür bei *Bröckermann*, S. 299 f.), wenn die gewährte Leistung, wie z.B. der Firmenwagen, die Größe des Büros etc. etwas über die hierarchische Position aussagen.

2. Ausgestaltung von Dienstwagen-Regelungen

Ein Dienstwagen ist heute üblicher Vertragsbestandteil bei Führungskräften. Die Privatnutzung des Pkws einschließlich aller Verbrauchskosten ist dabei regelmäßig mit erfasst. Die überwiegende Mehrzahl der Unternehmen erhebt von den Führungskräften eine monatliche Nutzungsgebühr für die Überlassung des Dienstwagens. Diese Gebühr bezieht sich – ebenso wie der geldwerte Vorteil – auf die Überlassung auch zum privaten Gebrauch. Die Gebühr mindert aus Sicht der Führungskraft den monetären Wert der zur Verfügung gestellten Leistung (vgl. *Doyé*, S. 135 f.).

Die Nutzungsgebühr wird seitens der Unternehmen im Regelfall als Fixbetrag erhoben, d.h. unabhängig von den tatsächlich mit der Privatnutzung verbundenen Kosten.

Der Fixbetrag wird entweder erhoben

- als monatliche Rate, die in der Regel einem Teil des geldwerten Vorteils entspricht (1 % des Bruttolistenpreises),
- als Gehaltsverzicht, sei es einmalig oder jährlich.

Durch diese Eigenbeträge der Führungskraft reduziert sich der monetäre Wert des Dienstwagens. Dies gilt entsprechend, wenn anstelle einer monatlichen Nutzungsgebühr Kilometergeld für privat gefahrene Strecken erhoben wird oder wenn die Überlassung des Dienstwagens über einen Gehaltsverzicht (ausführlich dazu *Doyé*, S. 136) erreicht wurde.

Dabei verzichtet der Mitarbeiter einmalig auf eine Gehaltserhöhung. Im Gegensatz zu einer monatlichen Nutzungsgebühr, die die Führungskraft aus ihrem versteuerten Nettoeinkommen zahlt, wird beim Gehaltsverzicht diese Versteuerung vermieden. Das Unternehmen verringert die eigentlich vorgesehene Gehaltserhöhung um den entsprechenden Betrag. Dieser wird nicht ausbezahlt, so dass hierfür keine Versteuerung anfällt. Diese nach außen nicht erkennbare Verrechnung kann allerdings im Gegensatz zur als solcher ausgewiesenen Nutzungsgebühr nicht auf den geldwerten Vorteil angerechnet werden. Anderenfalls würde der Gehaltsverzicht nach außen dokumentiert und wäre damit in voller Höhe zu versteuern. Im Weiteren wird auf den Gehaltsverzicht nicht näher eingegangen, sondern die für Führungskräfte typische Regelung dargestellt.

Die Nutzungsgebühr zahlt die Führungskraft aus dem Nettoeinkommen. Der Bruttoaufwand ist entsprechend höher. Dieser ist heranzuziehen, wenn ein Kostenvergleich zwischen Unternehmen und Führungskraft angestellt werden soll.

Beispielsrechnung

Nutzungsgebühr	mtl.	p. a.
netto	150 €	1.800 €
brutto[1]	273 €	3.273 €

3. Bewertungsaspekte aus Unternehmens- und Mitarbeitersicht

3.1 Unterschiedliche Blickwinkel der Bewertung

Zusatzleistungen werden unterschiedlich bewertet, je nachdem, ob aus dem Blickwinkel des Mitarbeiters oder aus dem des gewährenden Unternehmens und zwar sowohl in materieller als auch in immaterieller Sicht.

Aus Unternehmersicht ist zu differenzieren: Primär sind die Kosten zu betrachten, die das Unternehmen für die Gewährung der jeweiligen Leistung aufwendet (monetäre Bewertung). Weiterhin ist zu hinterfragen, welche Motivationswirkung mit der Gewährung erreicht werden soll (subjektive Anreizwirkung; vgl. *Doyé*, S. 32 f. mit weiteren Nachweisen).

Beim Mitarbeiter ist zu unterscheiden zwischen dem Betrag, den er tatsächlich aufbringen müsste, um die in Anspruch genommene Zusatzleistung selbst zu „kaufen" (monetärer Wert) und der mit der Zusatzleistung beim Mitarbeiter tatsächlich erreichten Motivation (subjektiver Anreiz).

Diese unterschiedlichen Wertansätze lassen sich in folgender Matrix zusammenfassen:

	Monetäre Bewertung	Subjektive Anreizwirkung
Unternehmen	Kosten, die das Unternehmen für die Gewährung der Zusatzleistung aufwendet.	Mit der Zusatzleistung beim Mitarbeiter angestrebte Motivationswirkung.
Mitarbeiter	Betrag, den der Mitarbeiter aufwenden müsste, um die Zusatzleistung zu „kaufen".	Beim Mitarbeiter mit der Zusatzleistung tatsächlich erreichte Motivation.

3.2 Kostenermittlung mit betriebswirtschaftlichen Kenngrößen

Die monetäre Bewertung erfolgt mit den üblichen betriebswirtschaftlichen Kennziffern, mit denen auch das eigentliche unternehmerische Wirtschaften gemessen wird: Cash flow (cf) in der jeweiligen Periodenbetrachtung, der diskontierte Net

---

[1] Bei einem Grenzsteuersatz von 45 %.

present value (n.p.v.) sowie Return on capital employed (ROCE) als Kenngrößen dafür, wie „rentabel" die unterschiedlichen Zusatzleistungen sind. Die Bewertung mit diesen Kennziffern erfolgt sowohl auf Unternehmens- wie auf Mitarbeiterseite.

Die Ermittlung der Kosten der Zusatzleistung erfolgt beim Unternehmen im Rahmen einer Cash flow-Betrachtung (zu den Bewertungsansätzen vgl. *Kralicek* 1991; S. 54 f.). Dabei werden für das Unternehmen die konkret anfallenden Kosten ermittelt und eventuelle Erlöse, wie Zahlungen des Mitarbeiters für die jeweilige Zusatzleistung oder Opportunitätskosten gegen gerechnet. Der Cash flow ergibt sich als Differenz zwischen derartigen Kosten und Erlösen. Da beim Dienstwagen die korrespondierenden Geldströme in derselben Periode erfolgen, entspricht der Cash flow dem Net present value. Der Return on capital employed (ROCE) stellt die periodengerechte Verzinsung des eingesetzten Kapitals dar und ermöglicht damit den Vergleich der Zusatzleistung mit einer ersatzweisen Barvergütung. Das Unternehmen wird in die Lage versetzt zu beurteilen, was besser wäre: Gewährung der Zusatzleistung oder entsprechendes Äquivalent in Geld.

In diese Kostenbetrachtung mit einbezogen werden sämtliche Ausgaben (beim Dienstwagen also beispielsweise die Leasingkosten des Fahrzeugs), aber auch Einnahmen (wie beispielsweise die monatliche Rate, die die Führungskraft für die Nutzung des Dienstwagens entrichtet). Einbezogen werden außerdem Opportunitätskosten, beim Dienstwagen beispielsweise das eingesparte Kilometergeld für Dienstfahrten, das bei der Verwendung des Privat-PKW vom Unternehmen zu entrichten wäre.

Die monetäre Bewertung auf Seiten des Mitarbeiters legt zugrunde, was ein externer Dritter für den Bezug einer vergleichbaren Leistung aufwenden müsste. Der jeweilige Wert wird mit denselben betriebswirtschaftlichen Kenngrößen (cf. n.p.v., ROCE) errechnet wie die Kosten auf Seite des Unternehmens. Die wesentliche Aussagekraft entsteht erst im Vergleich der Kosten für das Unternehmens mit dem monetären Wert für den Mitarbeiter.

3.3 Motivationswirkung von Zusatzleistungen

Zusatzleistungen wurden von Unternehmen seit jeher gewährt, um bei den Mitarbeitern Motivation zu erzielen. Bei einigen Zusatzleistungen ist zu prüfen, ob die bei deren Einführung bezweckte Motivation heute noch relevant ist. Maßgeblich ist nicht nur die angestrebte Motivation, sondern ob diese Wirkung beim Mitarbeiter auch tatsächlich erreicht wird. Anreize für den Mitarbeiter lassen sich in drei Gruppen typisieren: Anreize, die den Mitarbeiter bewegen, zu einem Unternehmen zu wechseln („Gewinnen") und solche zu bleiben („Bleiben") sowie diejenigen Anreize, die verschiedene Formen der Leistungsmotivation auslösen sollen (sei es schneller, länger oder effizienter zu arbeiten).

Problematisch ist, dass Zusatzleistungen, die geeignet sind, neue Mitarbeiter zu gewinnen, bei diesen, sobald sie Lim Unternehmen sind, keine besondere Leistungsmotivation entfachen. Eine attraktive betriebliche Altersversorgung mag eine mittlere bis hohe Anreizwirkung bezüglich Gewinnen oder Halten haben. Ist ein Mitarbeiter erst einmal im Genuss dieser Leistung, erfährt er dadurch keine besonderen Anreize, leistungsorientiert zu arbeiten, da die betrieblichen Altersversorgungssysteme meist nicht mit der individuellen Leistung verknüpft sind.

Ähnliches gilt für den Dienstwagen. Leistungsanreiz liegt hierin nur insofern, als der einzelne Mitarbeiter aufgrund seiner individuellen Leistungen auf die Führungsebene befördert werden will, für die erstmals Dienstwagen gewährt werden. Ist die Führungskraft erst einmal im Genuss eines Dienstwagens, liegen hierin keine weiteren Leistungsanreize. Die Zurverfügungstellung erfolgt dann leistungsunabhängig. Ein anderer, davon zu unterscheidender Leistungsanreiz liegt unter Umständen darin, durch herausragende Leistungen auf die nächste Ebene zu kommen, wo ein noch größerer Dienstwagen gewährt wird. Der Leistungsanreiz liegt also nicht bereits in der Gewährung Firmenwagen, sondern im Inaussichtstellen des nächst größeren, was einer neuen Zusatzleistung entspricht.

Unter diesem Aspekt genügen die wenigsten Zusatzleistungen einer echten Leistungsmotivation, da deren Gewährung so gut wie nie leistungsorientiert erfolgt.

4. Steuerlicher Tatbestand des geldwerten Vorteils beim Dienstwagen

4.1 Ermittlung des geldwerten Vorteils

Einnahmen sind gemäß § 8 EStG alle Güter, die in Geld oder Geldeswert bestehen und dem Mitarbeiter zufließen. Insofern sind Vergünstigungen, die der Arbeitgeber dem Mitarbeiter in Form von Zusatzleistungen gewährt, grundsätzlich steuerlich relevant. Normalerweise trägt die Führungskraft diese Versteuerung; damit entstehen für das Unternehmen keine weiteren Kosten[2]. Sofern ausnahmsweise das Unternehmen den restlichen geldwerten Vorteil versteuert, ist dies ein erneuter geldwerter Vorteil für den Mitarbeiter, der wiederum versteuert werden muss. Die Steuerübernahme durch das Unternehmen steigt bei einem Grenzsteuersatz der Führungskraft von 45 % auf eine Belastung von 82 % beim Unternehmen.

Der geldwerte Vorteil liegt darin, dass eine Leistung unentgeltlich zur Verfügung gestellt wird. Beim Dienstwagen ergibt sich der geldwerte Vorteil für den Mitarbeiter aus der Verfügungsmöglichkeit für die rein private Nutzung sowie aus der Verwendung für Fahrten zwischen Wohnung und Arbeitsstätte[3].

Privatnutzung besteht darin, dass der begünstigte Mitarbeiter das Fahrzeug in seiner Freizeit, also nach Dienstende, am Wochenende oder im Urlaub für private Zwecke[4] benutzen kann. Dabei ist aus steuerlicher Sicht unerheblich, ob das Fahrzeug dauernd oder nur einmal für einen Abend oder für ein Wochenende zur Verfügung gestellt wird. Im Folgenden wird der Sachverhalt der permanenten Zuordnung eines Dienstwagens zugrunde gelegt, da dies den Regelfall darstellt (vgl. schon DGFP-Studie 1992, Dienstwagenregelungen, S. 91).

Nachdem lediglich die aus der Verfügungsmöglichkeit resultierende Privatnutzung[5] zu versteuern ist, entsteht für den Fall, dass der Dienstwagen ausschließlich

---

[2] Außer von Verwaltungskosten im Rahmen der Gehaltsabrechnung.
[3] Sowie ggf. für Familienheimfahrten.
[4] Dabei ist aus steuerlicher Sicht unerheblich, ob das Fahrzeug auch noch von Familienangehörigen privat mitbenutzt werden darf.
[5] Davon zu unterscheiden ist die Nutzung des eigenen Privatwagens des Arbeitnehmers für dienstliche Zwecke, wofür er i.d.R. eine Entschädigung in Form von Kilometergeld erhält.

für dienstliche Zwecke benutzt werden darf, kein geldwerter Vorteil. In diesem Falle dürfte das Fahrzeug allerdings erst bei Beginn des Arbeitstages beim Arbeitgeber abgeholt und müsste bei Dienstende wieder dort abgestellt werden. Für An- und Rückfahrt zum Arbeitsplatz dürfte dieses Fahrzeug nicht benutzt werden. Die Benutzung hierfür würde eine Steuerpflicht bzgl. dieser Fahrten auslösen[6].

Der solchermaßen aus der Privatnutzung des Dienstwagens resultierende Vorteil lässt sich nur noch durch zwei Bewertungsmethoden (zu den früher vier Möglichkeiten der Ermittlung des geldwerten Vorteils vgl. *Doyé*, S. 98 f.; vgl. auch *Moderegger* 1995, S. 127 f.) ermitteln, die aus Arbeitgebersicht mit unterschiedlichem Verwaltungsaufwand und für beide Seiten mit unterschiedlichen Kosten verbunden sind:

- Einzelnachweis aller Fahrten und der Gesamtkosten, d.h. Aufteilung der konkreten Kfz-Kosten entsprechend der privat gefahrenen Kilometer (Ziffer aa),
- pauschaler Nutzungswert: so genannte „1 %-Regelung" (Ziffer bb).

Welche Berechnungsmethode für die Beteiligten zum steuerlich günstigsten Ergebnis führt, ist abhängig von den individuellen und betrieblichen Prämissen.

4.1.1 Aufteilung der konkreten Kfz-Kosten entsprechend der privat gefahrenen Kilometer

Grundsätzlich sind für die steuerliche Ermittlung des geldwerten Vorteils sämtliche mit dem Betrieb des Fahrzeugs zusammen hängenden Kosten zu erfassen[7]. Hierzu zählen alle konkret für dieses Fahrzeug anfallenden Kosten, wie z.B. Benzin, Wartung, Reparatur[8], Finanzierungskosten, also insbesondere auch eventuelle Leasingraten. Sofern das Fahrzeug nicht geleast[9] sondern gekauft wird, ist anstelle der jährlichen Leasingrate der Kaufpreis entsprechend der ertragssteuerlich betriebsgewöhnlichen Nutzungsdauer anteilig anzusetzen. Die Summe der Gesamtkosten setzt sich demnach zusammen aus der Summe der Nettoaufwendungen zuzüglich Umsatzsteuer und Absetzung für Abnutzung. Bei dieser Bewertungsmethode muss im Rahmen der innerbetrieblichen Kostenermittlung für jedes dem Arbeitnehmer zur Verfügung gestellte Fahrzeug eine eigene Kostenstelle geführt werden.

Der lückenlose Nachweis aller privat durchgeführten Fahrten – denn nur für diese entsteht ein geldwerter Vorteil – erfordert die Führung eines Fahrtenbuches. Zu den Privatfahrten zählen auch die Fahrten zwischen Wohnung und Arbeitsstätte[10]. Das

---

[6] Selbst dann wäre es problematisch, dem Finanzamt glaubhaft zu machen, dass dieser Dienstwagen nur für die Fahrten zwischen Wohnung und Arbeitsstätte benutzt wird, darüber hinaus damit aber keinerlei Privatfahrten durchgeführt werden, weder am Abend, noch an den Wochenenden, noch im Urlaub, obwohl das Fahrzeug vor der Haustür steht.

[7] Die früher zulässige Gesamtkostenbetrachtung für alle Dienstfahrzeuge ist nicht mehr zulässig. Dies bedeutet für die Unternehmen bei dieser Bewertungsmethode den konkreten Zusatzaufwand, dass für jedes Fahrzeug, das auch für private Zwecke zur Verfügung gestellt wird, eine eigene Kostenstelle zu führen ist.

[8] Die anzusetzenden Kosten können also in Abhängigkeit von Wartungsintervallen und Reparaturen von Jahr zu Jahr unterschiedlich ausfallen.

[9] Leasing solcher Fahrzeuge ist inzwischen aus betriebswirtschaftlichen, insb. aus steuerlichen Gründen der Regelfall.

[10] Sowie ggf. Familienheimfahrten bei zweitem Wohnsitz mit 0,02 % vom BLP, § 8 II 5 EStG. Deren Anzahl ist konkret zu benennen; diesbezüglich erfolgt kein pauschaler Ansatz. Fällt mehr als eine Familienheimfahrt pro Woche an, so besteht dafür keine Saldierungsmöglichkeit.

Führen eines Fahrtenbuchs lohnt sich besonders für hauptsächlich beruflich genutzte Fahrzeuge.

Aus den solchermaßen ermittelten Gesamtkosten des einzelnen Dienstwagens werden die durchschnittlichen Kosten pro gefahrener Kilometer ermittelt[11]. Bei Gesamtkosten von bspw. 20.000 € und 40.000 km p.a., beträgt der durchschnittliche km-Satz von 0,50 €/km[12]. Bei bspw. 10.000 km privat gefahrenen Kilometern ergibt sich ein geldwerter Vorteil von 5.000 €[13].

Der geldwerte Vorteil aus den Fahrten zwischen Wohnung/Arbeitsstätte sowie aus Familienheimfahrten im Rahmen einer doppelten Haushaltsführung wird – falls die Form der konkreten Kostenermittlung gewählt wird – abhängig vom tatsächlichen Aufwand pro Kilometer (hier also 0,50 €/km) ermittelt[14].

Im Gegenzug kann der Dienstwagen-Nutzer für diese Fahrten für alle Arbeitstage die Kilometerpauschale[15] als Werbungskosten[16] geltend machen.

Diese Bewertungsmethode ermittelt die angefallenen Kosten und die Aufteilung auf dienstliche und private Nutzung also konkret für den jeweiligen Einzelfall.

4.1.2 „1%-Regelung"[17]

Werden weder die Kosten noch die Privat-Kilometer konkret erfasst, ist der monatlich geldwerte Vorteil pauschaliert mit 1% des Bruttolistenpreises[18] anzusetzen. Dabei gilt ein Wahlrecht. Die pauschalierende Form kann also auch gewählt werden, wenn die Einzelkosten konkret zugeordnet werden können. Die zum Zeitpunkt der Erstzulassung des jeweiligen Dienstwagens geltende unverbindliche Preisempfehlung wird gleichermaßen für neue Dienstwagen, als auch für gebrauchte oder geleaste[19] zugrunde gelegt. Sie ist Bemessungsgrundlage für die gesamte Nutzungsdauer. Vom 1%-Ansatz sind allerdings sämtliche mit der Nutzung zusammenhängende Kosten erfasst, also z.B. Kosten für Benzin, Versicherung, Wartung, Reinigung, Mautgebühren. Gleichermaßen ist unterstellt, dass der Dienstwagen-Nutzer einen Teil der privat verursachten Kosten vielfach selbst trägt (bspw. Benzinkosten für Urlaubsfahrten).

Für die steuerliche Betrachtung bleiben Rabatte, die der Händler dem Unternehmen beim Kauf eines Fahrzeuges gewährt, außer Betracht – es gilt der Listenpreis[20]. Dies

---

[11] Dabei wird unterstellt, dass die Kosten gleichermaßen aus privater und dienstlicher Nutzung herrühren. Es bleibt also außer Betracht, dass bspw. bestimmte Reparaturkosten eindeutig einem Unfall während einer Privatfahrt zuzuordnen sind.

[12] 20 T€: 40.000 km = 0,50 €/km.

[13] 0,50 €/km x 10.000 km = 5.000 €.

[14] Die pauschale Erfassung mit 0,03% v. BLP/E-km ist nur in Verbindung mit der 1%-Regelung anwendbar.

[15] 0,30 € je Entfernungs-km (die Entfernungspauschale wurde mit Wirkung vom 1.1.2004 auf einheitlich 0,30 € festgesetzt).

[16] Diese wirken allerdings nur dann steuermindernd, wenn die Werbungskosten-Pauschale durch sonstige Werbungskosten (wie Arbeitszimmer, Fachliteratur etc.) ausgeschöpft wird.

[17] § 6 I Nr. 4 Satz 2 EStG.

[18] Incl. Sonderausstattung (außer Autotelefon) und Mehrwertsteuer, Überführungskosten bleiben unberücksichtigt.

[19] Obwohl bei Leasingfahrzeugen immer die Leasingkosten pro Dienstwagen feststehen, muss der geldwerte Vorteil nicht zwingend gemäß Ziffer aa) ermittelt werden. Es besteht Wahlfreiheit auch die pauschalierende Form zu wählen.

[20] Es gilt der inländische Bruttolistenpreis im Zeitpunkt der Erstzulassung. Somit werden auch Re-Importe und Gebrauchtwagen dieser Besteuerung unterworfen.

ist insofern nachvollziehbar, als der dem Unternehmen aufgrund der nachgefragten Menge eingeräumte Rabatt nicht dem Dienstwagen-Nutzer einen steuerlichen Vorteil verschaffen soll. Es werden allerdings auch nicht Rabatte in dem Umfang berücksichtigt, die jeder einigermaßen geschickte Privatmann beim Kauf eines Fahrzeuges erzielen kann. Diese liegen in einer Größenordnung von 3 % bis 10 % je nach Fahrzeugmarke und Alter der jeweiligen Modellreihe.

Fahrten zwischen Wohnung und Arbeitsstätte sowie ggf. Familienheimfahrten sind wiederum gesondert anzusetzen. Bei dieser pauschalierenden Form auch pauschaliert, mit 0,03 % vom Bruttolistenpreis pro Entfernungskilometer.

4.2 Nutzungsgebühr

In der Regel sehen die Dienstwagenregelungen vor, dass der Nutzer die steuerliche Belastung trägt. In dem Umfang, in dem der Nutzer für die Überlassung des Dienstwagens für Privatnutzung eine monatliche Rate an das Unternehmen zahlt, reduziert dies den geldwerten Vorteil. Der geldwerte Vorteil liegt darin, dass eine Leistung unentgeltlich zur Verfügung gestellt wird. In Höhe der monatlichen Rate erfolgt somit die Überlassung nicht unentgeltlich, so dass lediglich der verbleibende geldwerte Vorteil zu versteuern ist.

Die Anrechnung von Zahlungen des Dienstwagen-Nutzers an den Arbeitgeber auf den geldwerten Vorteil unterscheidet sich je nach zugrunde gelegter Bewertungsmethode. Werden die Kosten des Dienstwagens konkret ermittelt (siehe Ziffer aa), sind Zahlungen des Nutzers an den Arbeitgeber, die mit der Dienstwagennutzung in Zusammenhang stehen (z.B. Kosten für Benzin von der Firmentankstelle), auf den geldwerten Vorteil anzurechnen.

Dagegen können im Rahmen der 1 %-Regelung Zahlungen, die sich am tatsächlichen Nutzungsumfang orientieren (wie z.B. Zahlung eines Kilometergelds an den Arbeitgeber pro privat gefahrenem Kilometer), dem geldwerten Vorteil nicht gegengerechnet werden. Gleiches gilt für die Übernahme laufender Betriebs- und Unterhaltskosten (z.B. Versicherung) durch den Nutzer. Demgegenüber dürfen pauschale Zahlungen angerechnet werden, die unabhängig von der tatsächlich Privatnutzung zu zahlen sind. Dies ist typischerweise eine monatliche pauschale Nutzungsgebühr.

Zahlt der Dienstwagen-Nutzer einen Teil der Anschaffungskosten[21], kann dieser Betrag im Kalenderjahr der Zahlung auf den geldwerten Vorteil angerechnet werden[22]. Dies gilt auch für einmalige Zahlungen, bspw. im Zusammenhang mit der Eigenbeteiligung im Rahmen der Vollkasko-Versicherung. Ebenso wie die Versicherungsbeiträge bei der Methode der konkreten Kostenerfassung einfließen, wird eine eventuelle Eigenbeteiligung (vgl. DGFP, Dienstwagenregelungen 1991, S. 77 ff.)[23] nach einem Schaden einbezogen. Trägt sie das Unternehmen, erhöht dies den geld-

---

[21] Die durch sog. upgrading (größerer Wagentyp, erweiterter Sonderausstattungsumfang) entstehenden zusätzlichen Kosten erheben manche Unternehmen als anfänglichen Einmalbetrag.

[22] DB 1988, 260/280.

[23] Im Regelfall trägt diese der Arbeitgeber. Allerdings ist meist vorgesehen, dass bei Vorsatz bzw. grober Fahrlässigkeit diese von der Führungskraft zu zahlen ist.

werten Vorteil, trägt sie die Führungskraft, reduziert es den gesamten geldwerten Vorteil in diesem Umfang.

Für die Ermittlung des geldwerten Vorteils wird im Folgenden von der üblicherweise gewählten 1 %-Regelung ausgegangen sowie von einer pauschalen monatlichen Ratenzahlung der Führungskraft an seinen Arbeitgeber als Entgelt für die Privatnutzung des Dienstwagens.

4.3 Versteuerungstatbestände

4.3.1 Privatnutzung

Eine Versteuerung fällt in zweifacher Hinsicht an. Aufgrund der Überlassung zur Privatnutzung ist der daraus resultierende geldwerte Vorteil zu versteuern. Dieser geldwerte Vorteil entsteht dadurch, dass der für dienstliche Zwecke zur Verfügung gestellte Dienstwagen neben der eigentlichen Verwendung auch für private Zwecke genutzt werden darf. In dem Umfang, in dem die Führungskraft für die Überlassung der Nutzungsgebühren bezahlt, reduziert sich der zu versteuernde geldwerte Vorteil.

Beispiel: Der Bruttolistenpreis des Dienstwagens beträgt 35.000 €. Bei Ermittlung nach der 1 %-Regelung ergibt sich ein geldwerter Vorteil von 350 €. Zahlt die Führungskraft eine monatliche Nutzungsgebühr von 150 € an das Unternehmen, verbleibt ein zu versteuernder geldwerter Vorteil von 200 €.

Der monetäre Wert des Dienstwagens reduziert sich aus Sicht der Führungskraft zum einen in Höhe der selbst geleisteten Nutzungsgebühren[24], zum anderen um die selbst getragene Steuer. Im Beispielsfall entsteht aus dem zu versteuernden geldwerten Vorteil von 200 € (bei einem Grenzsteuersatz von 45 %) eine Steuer von 90 €.

Sofern dagegen das Unternehmen die Führungskraft von dieser Versteuerung freistellt, dürfen diese Kosten nicht bei der monetären Bewertung auf Seiten der Führungskraft gegengerechnet werden. Sie sind in diesem speziellen Fall vielmehr den Aufwendungen auf Seiten des Unternehmens zuzuschlagen.

4.3.2 Fahrten Wohnung/Arbeitsstätte

Der gleiche Ansatz ist bzgl. des geldwerten Vorteils zu wählen, der aus der Nutzung des Dienstwagens für die Fahrten zwischen Wohnung und Arbeitsstätte entsteht. Diese berechnen sich bei der pauschalierenden Ermittlung[25] aus den Entfernungskilometern multipliziert mit 0,03 % des Bruttolistenpreises[26]. Bei einer Entfernung von zum Beispiel 10 km beträgt der geldwerte Vorteil im gewählten Beispiel hierfür 105 €[27].

Wenn die Führungskraft diese Steuer selbst trägt, vermindert diese Belastung den monetären Wert der Zusatzleistung. Sie ist damit bei der Berechnung dieses monetären Werts abzuziehen. Dagegen können bei Benutzung eines privaten Fahrzeu-

---

[24] Im Beispielsfall also um 150 €.

[25] Bei Erfassung der konkreten Kosten gilt dies entsprechend für die Fahrten Wohnung/Arbeitsstätte.

[26] § 8 II 2 EStG.

[27] Zu versteuern sind 0,03 % des Bruttolistenpreises pro Entfernungskilometer, hier also 35.000 € x 0,03 % x 10 Entfernungs-km=105 €. Auf die Darstellung des Sonderfalls Familienheimfahrten wird hier verzichtet.

ges Werbungskosten für die Fahrten zur Arbeit nicht gegengerechnet werden, da diese mittlerweile auch bei der Benutzung eines Dienstwagens geltend gemacht werden können.

4.4 Versteuerung des geldwerten Vorteils

Der geldwerte Vorteil wird versteuert, indem der entsprechende Betrag fiktiv dem Bruttomonatsgehalt zugerechnet und so der Versteuerung zugeführt wird. Ist die monatliche Rate, die der Mitarbeiter an das Unternehmen richtet, so hoch, dass sie den geldwerten Vorteil abdeckt (im gewählten Beispiel also 455 €[28]), fällt keine Versteuerung[29] mehr an.

Bezüglich der Betrachtung des geldwerten Vorteils sind fünf Varianten denkbar:

(1) Die Führungskraft zahlt den gesamten geldwerten Vorteil aus der 1 %-Betrachtung und den Fahrten Wohnung/Arbeitsstätte als Nutzungsgebühr.

(2) Die Führungskraft zahlt eine monatliche Rate (z.B. 150 €) ans Unternehmen und versteuert den restlichen geldwerten Vorteil aus 1 %-Regelung und Fahrten Wohnung/Arbeitsstätte.

(3) Die Führungskraft zahlt keine Nutzungsgebühr und versteuert den geldwerten Vorteil in voller Höhe.

(4) Wie Variante (2), aber das Unternehmen versteuert den restlichen geldwerten Vorteil.

(5) Wie Variante (3), aber das Unternehmen versteuert den gesamten geldwerten Vorteil.

Der Regelfall in der Praxis ist Variante (2), wobei die monatliche Rate der Führungskraft unternehmensspezifisch festgelegt wird.

Die Übernahme der Steuer durch das Unternehmen (Variante (5)) wird nur noch in Einzelfällen bei Vorständen und Geschäftsführern praktiziert. Hierauf wird deswegen nur am Rande eingegangen[30].

5. Monetäre Bewertung auf Seiten des Unternehmens

5.1 Kosten

5.1.1 Leasingkosten

Bei Dienstfahrzeugen ist zu unterscheiden zwischen Automobilherstellern und den übrigen Unternehmen, die diese Zusatzleistung selbst einkaufen müssen. Zwar besteht für die Führungskraft, der ein Dienstwagen zur Verfügung gestellt wird, diesbezüglich kein Unterschied, doch sind sowohl die Gründe für die Gewährung dieser Leistung als auch die Kosten für die Unternehmen unterschiedlich. Automobilhersteller erzielen mit dieser Zusatzleistung nicht nur Motivationswirkung bei den

---

[28] 350 € aus 1 % vom BLP und 105 € aus Fahrten/Wohnung Arbeitsstätte (35.000 € x 0,03 % v. BLP/E-km x 10E-km).

[29] Siehe dazu Ziffer 4.3.1.

[30] Vgl. dazu oben Ziffer 4.1.

Führungskräften, sondern gleichzeitig zusätzliche Deckungsbeiträge[31]. Demgegenüber müssen alle anderen Unternehmen für diese Leistung erhebliche Kostenbelastungen in Kauf nehmen. Damit ändert sich auch die Kosten-Nutzen-Relation dieser Zusatzleistung gravierend.

Der Sonderfall der Automobilhersteller, – der eher mit der Fallgruppe der selbst hergestellten Zusatzleistungen, also der Mitarbeiter-Rabatte (vgl. dazu ausführlich *Doyé*, S. 119 und S. 153 ff.) zu vergleichen ist[32] – wird in Ziffer 6 gesondert betrachtet. Im Gegensatz zu Fahrzeugherstellern müssen alle anderen Unternehmen Dienstfahrzeuge wie sonstige Zusatzleistungen extern beziehen, wobei Dienstwagen inzwischen häufiger geleast als gekauft werden (siehe schon die Untersuchung der DGFP „Dienstwagenregelung 1991", S. 65.). Die Leasinggebühren sind zugleich die für das Unternehmen entstehenden Kosten. Bezüglich der weiteren Kosten für fahrzeugbezogene Zusatzleistungen[33] besteht kein Unterschied zum Dienstwagen beim Fahrzeughersteller, ebenso wenig hinsichtlich der Versteuerung des geldwerten Vorteils[34].

Der wesentliche Unterschied zu Automobilherstellern besteht darin, dass alle anderen Unternehmen aufgrund des Fremdbezugs diesen Kosten keine Deckungsbeiträge gegenrechnen können. Während bei Fahrzeugherstellern durch den Weiterverkauf der gebrauchten Dienstfahrzeuge auch noch zusätzliche Deckungsbeiträge erzielt werden, wirken bei anderen Unternehmen die Kosten für Leasinggebühren, Steuer, Versicherung etc. in voller Höhe.

Für die monetäre Bewertung wird der Führungskraft als fiktives Beispiel ein Mittelklassewagen (Bsp. *Audi A6*) mit einem Bruttolistenpreis von 35.000 € als Dienstwagen zur Verfügung gestellt. Das Unternehmen least den Dienstwagen. Die Leasingkosten[35] betragen rd. 3,1 % vom Kaufpreis.

5.1.2 Kosten durch fahrzeugbezogene Zusatzleistungen

Beim Dienstwagen sind weitere Kostenfaktoren aufgrund fahrzeugbezogener Vergünstigungen, wie etwa Freibenzin, Übernahme der Kosten für Wartung, Reparatur, Steuer, Versicherung, Reinigung etc. anzusetzen. Derartige Kosten werden häufig nicht auf das Einzelfahrzeug bezogen erfasst, sondern lediglich pauschal pro Fahrzeug umgelegt. Dies ist ausreichend, sofern die Versteuerung des geldwerten Vorteils mit der 1 %-Regelung erfolgt, da hiermit alle weiteren Kosten pauschal abgedeckt sind, unabhängig von ihrer tatsächlichen Höhe[36].

---

[31] Aus diesem Grund sind auch bei Automobilunternehmen die großzügigsten Dienstwagen-Regelungen vorzufinden und zwar hinsichtlich Umfang der Berechtigten als auch der Größe der Modelle (die hochwertigen Modelle einer Baureihe haben regelmäßig die höchsten Deckungsbeiträge).

[32] Von diesen unterscheiden sie sich allerdings durch unterschiedliche Versteuerung (vgl. *Doyé, Thomas*, S. 92 f., Berechtigtenkreis, stärkerer Motivationsgedanke, Frequenz der Bezugsmöglichkeit.

[33] Wie etwa Freibenzin, Wartung, Reparatur, Steuer, Versicherung etc.

[34] S. o. Ziffer 4.1.2.

[35] Diese setzt sich zusammen aus Leasingrate und Servicerate. Die Leasingrate liegt in der Größenordnung von 2 % vom Kaufpreis. Die Servicerate von rd. 1,1 % beinhaltet Kosten für Schmierstoffe, Wartung, Reparatur, Winterreifen, Versicherung, Kfz-Steuer und Rundfunkgebühr.

[36] Wird dagegen die kostenabhängige Versteuerung (vgl. oben Ziffer 4 a, aa) gewählt, müssen auch die Kosten für die fahrzeugbezogenen Zusatzleistungen vom Unternehmen für jedes Fahrzeug gesondert ermittelt werden.

5.1.3 Versteuerung des geldwerten Vorteils

Der geldwerte Vorteil setzt sich zusammen aus 1 % des Bruttolistenpreises und den Fahrten Wohnung/Arbeitsstätte (im gewählten Bsp. 350 € und 105 €[37]). Die daraus resultierenden Kosten sind für das Unternehmen nur relevant, sofern dieses ausnahmsweise die Versteuerung übernimmt. In diesem Fall ergeben sich für das Unternehmen folgende zusätzliche Kosten:

Steuer, die das Unternehmen trägt

	zu versteuernder gwV beim Unternehmen		
	(mtl.)	(p.a.)	Steuer (45 %) 82 %[38]
Var. 5	455 €	5.460 €	4.477 €

5.1.4 Zugrunde zu legende Gesamtkosten

Ein geleaster Dienstwagen verursacht im Wesentlichen folgende Kosten:

- Leasingrate
- Servicerate
- fahrzeugbezogene Zusatzleistungen (Benzin[39], Autowäsche)
- Versteuerung des restlichen geldwerten Vorteils (gwV) – sofern dieser durch das Unternehmen versteuert wird

Dabei wird unterstellt, dass durch die von der Führungskraft zu zahlende Nutzungsgebühr sämtliche fahrzeugbezogenen Kosten abgegolten sind, die Führungskraft also keine weiteren Kosten[40] zu tragen hat.

Beispielsrechnung: Fahrzeugkosten

Leasingrate[41] p.a.	8.400 €
Servicerate[42] p.a.	4.620 €
Benzin[43]	2.100 €
Autowäsche[44]	120 €
Fahrzeugkosten	**15.240 €**

---

[37] 35.000 € x 0,03 % v. BLP/E-km x 10E-km = 105 €.

[38] Erhöhter Ansatz durch „Steuer von der Steuer", vgl. oben Ziffer 4.1.

[39] Ob die Benzinkosten, insb. auch für Urlaubsfahrten, übernommen werden, ist von Unternehmen zu Unternehmen verschieden. Im Weiteren wird davon ausgegangen, dass das Untenehmen Benzinkosten in voller Höhe trägt.

[40] Inwieweit das Unternehmen auch Maut-, Fährengebühren etc. übernimmt, wird hier im Weiteren vernachlässigt.

[41] Bei größeren Unternehmen reduziert sich entsprechend der eingeräumten Reduzierung des Kaufpreises auch die Leasinggebühr.

[42] Wie vorige Fn.

[43] Bei durchschnittlich 20000 gefahrenen Kilometern, einem durchschnittlichen Kraftstoffverbrauch von 10 l/100 km und einem Benzinpreis von 1,05 € (Stand 12/03).

[44] Angesetzt werden durchschnittlich 2 mal monatlich 5 € pro Wäsche.

In Abhängigkeit von der konkreten Ausgestaltung der Dienstwagen-Regelung erhöht sich oder sinkt dieser Betrag je nach Höhe der seitens der Dienstwagennutzer gezahlten Raten[45].

Die Kosten aus der Steuerübernahme sind den eigentlichen Fahrzeugkosten hinzuzurechnen:

	Fahrzeugkosten	Steuer (45 %) 82 %	Gesamtkosten
Var. 2	15.240 €	0 €	**15.240 €**
Var. 5	15.240 €	4.477 €	19.717 €

5.2 Einnahmen

5.2.1 Rate der Führungskraft

In Abhängigkeit der gewählten Alternative ergeben sich aus den Raten der Führungskraft folgende Einnahmen für das Unternehmen:

		Rate mtl.	**Rate p.a.**
Var. 2	FK zahlt 150 €, versteuert Rest selbst	150 €	**1.800 €**
Var. 5	FK zahlt keine Rate, Unternehmen versteuert voll	0 €	0 €

5.2.2 Opportunitätskosten (fiktive Einsparungen)

Diese Kosten sind jedoch nicht in voller Höhe kostenwirksam. Die Führungskraft nutzt den Dienstwagen nicht nur privat, sondern auch für Dienstfahrten, wofür sie andernfalls den Privatwagen nutzen würde, mit einer entsprechenden Kostenerstattung seitens des Unternehmens.

In den Fällen, in denen der Arbeitgeber keinen Dienstwagen zur Verfügung stellt, erstattet dieser üblicherweise für Dienstfahrten mit dem eigenen PKW Kilometergeld in Höhe des steuerlichen Ansatzes, derzeit 0,30 € pro gefahrenem Kilometer. Für den Beispielfall wird davon ausgegangen, dass die Führungskraft rd. 5.000 Kilometer p.a. dienstlich fährt. In Höhe von 1.500 € entstünden also ohnehin Kosten. Diese sind von den Kosten, die für den Dienstwagen anfallen, abzuziehen. Die effektive Kostenbelastung des Unternehmens ist also entsprechend niedriger.

Fahrtkostenzuschuss[46]	1.500 €
(= fiktive Einsparung)	

---

[45] Diese Gebühr kann das Unternehmen selbst beliebig festlegen. Der wesentliche Maßstab für die Höhe dieser Gebühr ist der Umfang der Belastung, die das Unternehmen dem Mitarbeiter für diese Zusatzleistung zumuten will. Je höher die Gebühr ist, um so mehr verliert die Leistung aus Sicht des Mitarbeiters an Wert. Der genannte Betrag ist ein Beispielswert. Üblich sind sämtliche Kombinationen zwischen kostenloser Fahrzeuggestellung und einer Nutzungsgebühr bis zu 1 % des Bruttolistenpreises.

[46] Bei 5000 dienstlich gefahrenen Kilometern ergibt sich ein Fahrtkostenzuschuss von 1.500 € (= 5000 km x 0,30 €). Die Fahrten zwischen Wohnung und Arbeitsstätte zählen dabei zum Privatanteil.

5.2.3 Anzusetzende Einnahmen

Aus der Summe von Ratenzahlungen durch die Führungskraft und den Opportunitätskosten in Form der eingesparten Fahrkostenzuschüsse ergeben sich folgende Einnahmen:

	Rate p.a.	Fahrtkostenzuschuss	**Einnahmen**
Var. 2	1.800 €	1.500 €	**3.300 €**
Var. 5	0 €	1.500 €	1.500 €

5.3 Cash flow

Der Cash flow ermittelt sich aus der Differenz der Einnahmen und Kosten:

	Einnahmen	Kosten	**Cash flow**
Var. 2	3.300 €	– 15.240 €	**– 11.940 €**
Var. 5	1.500 €	– 19.717 €	– 18.217 €

Gegenüber der für das Unternehmen günstigeren Alternative (bei der die Führungskraft eine monatliche Rate zahlt und den restlichen geldwerten Vorteil selbst versteuert) müsste das Unternehmen bei der zweiten Alternative (bei der es auf Raten verzichtet und auch noch 1 % des Bruttolistenpreises versteuert) die rund 1,5fachen Kosten tragen.

5.4 Net present value

Einnahmen und Kosten erfolgen periodenidentisch und damit auch die Cash flows. Eine Auf- bzw. Abzinsung aus zeitverschobenem Geldfluss ist folglich nicht notwendig.

Für das Unternehmen ergibt sich aus der Dienstwagengestellung kein besonderes Risiko. Durch Full-Service-Leasing-Verträge kann das Unternehmen die Kosten für den Fuhrpark im Voraus planen. Das Reparatur- und Verwertungsrisiko wird auf den Leasinggeber abgewälzt. Sofern die Führungskraft das Unternehmen während der Laufzeit des Leasingvertrages verlässt, entstehen (sofern nicht die nachrückende Führungskraft das Fahrzeug übernimmt) Stornokosten, die im Weiteren vernachlässigt werden.

Insgesamt ist damit keine Auf- bzw. Abzinsung erforderlich. Der Net present value entspricht folglich dem Cash flow.

5.5 Return on capital employed (ROCE)

ROCE stellt die Rendite des vom Unternehmen eingesetzten Kapitals dar. Das eingesetzte Kapital sind die Kosten für den Dienstwagen. Die Rendite ergibt sich aus der Relation zum Net present value.

ROCE

	Kosten	Net present value	**ROCE**
Var. 2	15.240 €	– 11.940 €	**– 78,3 %**
Var. 5	19.717 €	– 18.217 €	– 92,4 %

Der ROCE ist durchgängig negativ, da der Net present value negativ ist, d. h. das
eingesetzte Kapital (capital employed = Kosten für den Dienstwagen) wirft keinen
(monetären) Gewinn ab. Dies ist auch nicht weiter verwunderlich, da die Zusatzleistung vom Unternehmen nicht gewährt wird, um damit monetären Gewinn zu
erzielen. Der eigentliche Zweck ist die materielle und immaterielle Anreizwirkung.
Der ROCE stellt demgegenüber dar, welchen finanziellen Wirkungsgrad diese
Zusatzleistung hat. Dieser ist aus Unternehmenssicht am höchsten, wenn die Führungskraft eine möglichst hohe Rate zahlt und am niedrigsten, sofern das Unternehmen auf Raten verzichtet und auch noch die Versteuerung in vollem Umfang
übernimmt.

6. Monetäre Bewertung auf Seiten des Unternehmens als Automobilhersteller

6.1 Kosten

Ein deutlich anderes Ergebnis entsteht bei Automobilherstellern, wenn also das Unternehmen den Dienstwagen selbst produziert.

Die Kosten beim Fahrzeughersteller setzen sich zusammen aus

- Herstellungskosten (Ziffer aa),
- Kosten durch fahrzeugbezogene Zusatzleistungen (Ziffer bb),
- Kapitalkosten (Ziffer cc) und
- ggf. Steuerübernahme durch das Unternehmen (Ziffer dd).

6.1.1 Herstellungskosten

Anzusetzen sind zunächst die dem Unternehmen entstehenden direkten Herstellungskosten sowie indirekt zurechenbare Kosten. Direkte Herstellungskosten sind
in erster Linie die Materialeinzelkosten in Form verbrauchter Materialien sowie die
Fertigungseinzelkosten in Form der Löhne für die zur Produktion eingesetzten Mitarbeiter (vgl. *Doyé*, S. 86 f.). Bezüglich der indirekten Kosten erfolgt eine Anlehnung
an § 255 II HGB (vgl. dazu ausführlich *Doyé*, S. 85). Vertriebs- und Marketingkosten
dürfen hier allerdings nicht angesetzt werden, da derartige Verkaufsunterstützung
bezüglich der Dienstwagen bei einem Automobilunternehmen keinerlei Auswirkung haben. Diese Dienstwagennutzer haben keine Wahlmöglichkeit hinsichtlich
der Marke. Für die Herstellungskosten wird demzufolge pauschal ein Ansatz von
60 % des Bruttolistenpreises zugrunde gelegt (vgl. *Doyé*, S. 156).

BLP	35.000 €
Herstellungskosten (BLP x 60 %)	**21.000 €**

6.1.2 Kosten durch fahrzeugbezogene Zusatzleistungen

Hinsichtlich der Kostenstruktur dieser Zusatzleistungen besteht kein Unterschied zu den Leasingfahrzeugen unter Ziffer 2, da die Führungskräfte eines Automobilunternehmens im Durchschnitt nicht mehr oder weniger fahren als Führungskräfte anderer Unternehmen. Fahrzeughersteller verfügen über firmeneigene Tankstelle, Waschanlage, Reparaturwerkstätte. Dies reduziert deren Kosten, die stark vom Einzelfall abhängen. Pauschalierend wird im Weiteren eine Ersparnis von 20 % angesetzt.

allg. **fahrzeugbezog. Zusatzleistungen**[47]	2.220 €
80 % bei Automobilherstellern	**1.776 €**

6.1.3 Kapitalkosten

In Höhe der Herstellungskosten entstehen dem Unternehmen Kapitalkosten, da der Verkaufserlös erst zeitlich verzögert erzielt wird. Unabhängig von der Häufigkeit des Fahrzeugwechsels, entstehen diese Kapitalkosten während des gesamten Jahres. In Höhe des Verkaufserlöses würde das Unternehmen Fremdkapitalaufnahmen (mit derzeit 6 %[48]) vermeiden können. Bei 21.000 € Herstellungskosten ergibt dies einen fiktiven Zinsaufwand von 1.260 € p.a.

Herstellungskosten	21.000 €
fiktive Kapitalkosten	**1.260 €**

6.1.4 Versteuerung des geldwerten Vorteils

Diesbezüglich besteht kein Unterschied zwischen Fahrzeugherstellern und sonstigen Unternehmen[49].

6.1.5 Zugrunde zu legende Gesamtkosten

	Herstellungs-kosten	fz.bez. Zusatz-leistungen	Kapitalkosten	Steuer (45/82 %)	Gesamt-Kosten
Var. 2	21.000 €	1.776 €	1.260 €	0 €	**24.036 €**
Var. 5	21.000 €	1.776 €	1.260 €	4.477 €	28.513 €

---

[47] Hier Benzin und Fahrzeugwäsche, vgl. auch Ziffer 5.1.4.
[48] Die Höhe des Zinssatzes ist abhängig von der konjunkturellen Lage und vom Rating des Unternehmens. Vgl. *Doyé*, S. 73 f.
[49] S.o. Ziffer 5.1.

6.2 Einnahmen

Die Einnahmen bei einem Fahrzeughersteller setzen sich zusammen aus den Raten der Führungskraft (Ziffer aa) und dem Verkaufserlös des Dienstwagens (Deckungsfreibetrag, s. Ziffer bb) sowie den Opportunitätskosten (Ziffer cc).

6.2.1 Rate der Führungskraft

Diesbezüglich besteht kein Unterschied zwischen Fahrzeugherstellern und sonstigen Unternehmen[50] (= 1.800 € p.a.).

6.2.2 Deckungsbeitrag

Kosten, die für das Unternehmen anfallen (Wartung, Benzin, Versicherung etc.), werden – auch unter Einbeziehung der Herstellungskosten – in der Regel mehr als kompensiert durch den Erlös aus dem Verkauf des gebrauchten Dienstwagens. D.h. unter Saldierung sämtlicher Kosten mit den Erlösen aus dem Verkauf und den durch den Dienstwagennutzer entrichteten monatlichen Raten ergibt sich für das Unternehmen ein Gewinn aus der Zusatzleistung Dienstwagen. Dieses überraschende Ergebnis erklärt sich daraus, dass der gebrauchte Dienstwagen mit einem Nachlass von etwa 15 % bis 25 % verkauft wird. Bei zugrunde gelegten Herstellungskosten von 60 % ergibt sich ein Gewinn von durchschnittlich 20 %. Der eigenen Händlern eingeräumte Rabatt liegt in aller Regel in einer Größenordnung von rd. 20 %. Damit haben die Deckungsbeiträge aus dem Verkauf von gebrauchten Dienstwagen eine ähnliche Dimension wie der Verkauf von Neufahrzeugen.

Im Weiteren wird von einer Veräußerung mit 20 % Nachlass ausgegangen, d.h. für das Unternehmen resultiert hieraus ein Deckungsbeitrag in Höhe von 20 % des Bruttolistenpreises[51]. Als Einnahme ist der Verkaufserlös von 80 % anzusetzen.

Bruttolistenpreis (Audi A6)	35.000 €
Verkaufserlös (80 %)	28.000 €
Herstellungskosten (60 %)	21.000 €
Deckungsbeitrag (20 %)	**7.000 €**

6.2.3 Opportunitätskosten

Die Opportunitätskosten ergeben sich aus dem Saldo des entgangenen Geschäfts (Ziffer aaa) und dem eingesparten Kilometergeld (Ziffer bbb).

Kosten für entgangenes Geschäft

Die Unternehmen verkaufen ihre gebrauchten Dienstwagen zum Teil an Kunden, die andernfalls einen Neuwagen dieses Fabrikats gekauft hätten (vgl. dazu ausführlich *Doyé*, S.154). Nach eigener Einschätzung von Automobilunterneh-

---

[50] S.o. Ziffer 5.2.1.
[51] Die Deckungsbeiträge des betrachteten deutschen Automobilherstellers liegen z.Z. deutlich über 20 %.

men[52] erfolgt diese Kompensation bei etwa einem Drittel. D.h. die weiterverkauften Dienstwagen reduzieren mit Zeitverzug zu etwa einem Drittel die Anzahl von Neuwagenverkäufen. Aufgrund dieser Kompensation darf der pro Fahrzeug entstehende Erlös in der Kostenbetrachtung nicht in voller Höhe angesetzt werden, da zu etwa einem Drittel Erlöse entfallen, die ohne die Gewährung der Zusatzleistung Dienstwagen (und deren Weiterverkauf) realisiert worden wären. Dieser Kompensationseffekt ist deswegen im Rahmen der Kostenbetrachtung als Erlösreduzierung anzusetzen.

Deckungsbeitrag	7.000 €
Kosten für entgangenes Geschäft (33 % v. Deckungsbeitrag)	**2.333 €**

Fiktive Einsparungen

Die fiktiven Einsparungen[53] durch die Vermeidung von Kilometergeld gelten für selbst hergestellte und fremd bezogene Dienstwagen gleichermaßen (= 1.500 €).

Anzusetzende Opportunitätskosten

Kosten für entgangenes Geschäft	– 2.333 €
Kilometergeld	+ 1.500 €
anzusetzende Opportunitätskosten	**– 833 €**

6.2.4 Anzusetzende Einnahmen

	Rate p.a.	Verkaufserlös	Opportunitätskosten	**Einnahmen**
Var. 2	1.800 €	28.000 €	– 833 €	**28.967 €**
Var. 5	0 €	28.000 €	– 833 €	27.167 €

Die unterschiedliche Rategestaltung hat beim Automobilunternehmen einen relativ geringen Einfluss auf die Einnahmen.

6.3 Cash flow

	Einnahmen	Kosten	**Cash flow**
Var. 2	28.967 €	24.036 €	**4.931 €**
Var. 5	27.167 €	28.513 €	– 1.346 €

---

[52] So bspw. eine Marktuntersuchung von BMW.
[53] S.o. Ziffer 5.2.2.

6.4 Net present value

Bezüglich der Zeit- und Risikoaspekte ergibt sich kein Unterschied zwischen Fahrzeugherstellern und sonstigen Unternehmen. Der Net present value ist identisch mit dem Cash flow.

6.5 Return on capital employed (ROCE)

ROCE

	Auszahlung	Net present value	ROCE
Var. 2	24.036 €	4.931 €	20,5 %
Var. 5	28.513 €	– 1.346 €	– 4,7 %

7. Beabsichtigte immaterielle Anreizwirkung durch das Unternehmen

Die Aufwendungen für die jeweiligen Zusatzleistungen sind aus betrieblicher Sicht nur sinnvoll, wenn das Unternehmen damit eine Motivationswirkung beim Mitarbeiter erzielt. Nach wie vor werden Zusatzleistungen vergeben, deren Anreizwirkung fragwürdig ist. Unabhängig davon, in welchem Umfang die einzelne Zusatzleistung tatsächlich Motivationskraft hat, die mit der Zusatzleistung verbundenen Kosten sind immer gleich hoch. Ziel ist bei gleichbleibender Kostenbelastung einen höheren individuellen Nutzen für den Mitarbeiter aus den Zusatzleistungen zu erzielen. Diesbezüglich besteht kein Unterschied zwischen Automobilherstellern und sonstigen Unternehmen.

Der vom Unternehmen angelegte Blickwinkel sollte ausgerichtet sein auf: Kann das Unternehmen mit der jeweiligen Zusatzleistung den Mitarbeiter

- gewinnen (d.h. Externe begeistern zu diesem Unternehmen zu wechseln)?
- halten (d.h. die heutigen Mitarbeiter ans Unternehmen binden)?
- motivieren (d.h. die Mitarbeiter zu mehr Engagement, höherer Leistung, besserer Qualität etc. anzuspornen)?

Dienstwagen sind nach wie vor die Zusatzleistung nicht nur mit einem hohen Nutzen-Vorteil für die Führungskräfte, sondern gleichzeitig diejenige mit der höchsten Statussymbolik. Sie sind von Führungskräften entsprechend hoch begehrt. Der Leistungsanreiz besteht allerdings hauptsächlich darin, die Hierarchieebene zu erreichen, auf der Dienstwagen gewährt werden. Ist die Berechtigung einmal erlangt, geht hiervon längst nicht mehr die Leistungsmotivation aus, wie in der Phase davor. Eine besondere Unternehmensbindung geht von einem Dienstwagen inzwischen auch nicht mehr aus (anders: *Rullkötter* 1999, S. 192), da er firmenübergreifend üblicher Vertragsbestandteil für Führungskräfte geworden ist[54].

---

[54] Ausnahme sind die Führungskräfte in Automobilunternehmen, da diesen bereits auf unteren Führungsebenen und teilweise mehrere Firmenfahrzeuge zur privaten Nutzung gestellt werden.

8. Monetäre Bewertung auf Seiten des Mitarbeiters

Die Ermittlung des monetären Wertes erfolgt auch beim Mitarbeiter auf Basis der Cash flow-Betrachtung. Der Cash flow ergibt sich als Differenz zwischen dem, was der Mitarbeiter für den Bezug der Zusatzleistungen bezahlt und dem, was er als Gegenwert erhält.

Als Wertmaßstab wird zugrunde gelegt, was ein Externer aufwenden müsste, um sich diese vom Unternehmen gewährte Zusatzleistung auf dem Markt selbst zu beschaffen. Dem werden als Kosten gegenüber gestellt, welchen finanziellen Aufwand der Mitarbeiter für die Gewährung dieser Zusatzleistung hat. Der Aufwand, den ein Externer betreiben müsste, wird also verglichen mit dem, was der Mitarbeiter als Eigenbeitrag leistet, sei es als Nutzungsgebühr oder als Versteuerung eines geldwerten Vorteils. Dieser Eigenbetrag ist um das zu erhöhen, was der Mitarbeiter bei Nicht-Inanspruchnahme dieser konkreten Zusatzleistung einsparen würde. So könnte er bei Nicht-Benutzung eines Dienstwagens Werbungskosten für die täglichen Fahrten zur Arbeitsstätte geltend machen (demgegenüber muss der Dienstwagen-Nutzer genau diese Fahrten als geldwerten Vorteil versteuern).

Dagegen sind die Kosten, die der Externe aufwenden müsste, um den Betrag zu reduzieren, den der Mitarbeiter bei Verzicht auf die jeweilige Zusatzleistung erstattet bekäme. Beispielsweise würde er bei Nutzung seines Privatwagens für Dienstfahrten von seinem Arbeitgeber Kilometergeld erstattet bekommen.

Bezüglich Net present value und Return on capital employed ergibt sich kein Unterschied zur monetären Bewertung auf Unternehmensseite.

8.1 Kosten

Der von der Führungskraft für den Dienstwagen aufzuwendende Betrag setzt sich zusammen aus

- Rate für das Fahrzeug,
- Steuer aus dem geldwerten Vorteil.

8.1.1 Rate

Die Führungskraft zahlt im gewählten Beispiel für die Nutzung des Dienstwagens eine Rate von 350 €.

8.1.2 Steuer

Hinsichtlich der Versteuerung der Privatnutzung ist je nach gewähltem steuerlichen Ansatz zu differenzieren. Werden die konkret anfallenden Kfz-Kosten entsprechend den konkret erfassten privat gefahrenen Kilometern nur anteilig der Versteuerung zugrunde gelegt[55], wird dadurch zwischen dienstlich und privat veranlassten Kosten differenziert. Auch bei der Ermittlung des geldwerten Vorteils für die Privat-

---

[55] Ausführlich zu den steuerlichen Ansätzen s. o. Ziffer 4.1.

Kilometer wird diese Differenzierung vorgenommen. Dagegen wird bei der im Weiteren zugrunde gelegten 1 %-Regelung lediglich ein pauschalierter Privatgebrauch angesetzt.

Die Versteuerung der Nutzung für die Fahrten zwischen Wohnung und Arbeitsstätte erfolgt jeweils konkret anhand der tatsächlichen Entfernung[56].

8.1.3 Anzusetzende Kosten

Beide Bestandteile sind im Zusammenhang zu betrachten, da der geldwerte Vorteil um so geringer ausfällt, je höher die Nutzungsrate des Mitarbeiters ist.

Der geldwerte Vorteil aus der 1 %-Regelung beträgt im gewählten Beispiel 350 €, der für Fahrten Wohnung / Arbeitsstätte 105 €:

gwV Fahrzeug (1 % BLP)	350 € mtl.	4.200 € p.a.
gwV FWA (0,03 % BLP x 10 E-km)	105 € mtl.	1.260 € p.a.
gwV gesamt	**455 € mtl.**	**5.460 € p.a.**

Für die Versteuerung bestehen wie schon beim Unternehmen dargestellt fünf Alternativen

(1) Die Führungskraft zahlt den vollen geldwerten Vorteil als Nutzungsgebühr.

(2) Die Führungskraft zahlt einen Teilbetrag von z.B. 150 € ans Unternehmen und versteuert den restlichen geldwerten Vorteil.

(3) Die Führungskraft zahlt keine Nutzungsgebühr und versteuert den gesamten geldwerten Vorteil.

(4) Wie Variante (2), aber das Unternehmen versteuert den restlichen geldwerten Vorteil.

(5) Wie Variante (3), aber das Unternehmen versteuert den gesamten geldwerten Vorteil.

Im Folgenden wird wiederum Variante (2) zugrunde gelegt und Variante (5) am Rande betrachtet.

Kosten		
a) Rate	mtl.	p.a.
Nettozahlung	150 €	1.800 €
b) Steuer		
restlicher gwV	305 €	
Nettoabzug (45 %)	137 €	1.644 €
c) Gesamtaufwand	**287 €**	**3.444 €**

---

[56] Der Ansatz, die durchschnittliche Entfernung aller Führungskräfte pauschal zugrunde zulegen, ist seit dem Steuerreformgesetz 1990 nicht mehr zulässig.

Für den Fall, dass das Unternehmen auf Raten verzichtet und die Steuer trägt, entstehen für die Führungskraft keine Kosten.

Insgesamt errechnen sich die aus Rate und Versteuerung bestehenden Kosten der Führungskraft für die beiden betrachteten Alternativen wie folgt:

	Rate p.a.	Steuer p.a. netto	Kosten
Var. 2	1.800 €	1.644 €	**3.444 €**
Var. 5	0 €	0 €	0 €

8.2 Einnahmen

8.2.1 Fiktive Kosten bei Selbstanschaffung

Der Gegenwert für die Führungskraft liegt in der Verfügungsmöglichkeit über den Dienstwagen für private Zwecke. Nachdem kein Zufluss in Geld erfolgt, sind maßgeblich für die Cash flow-Betrachtung die Aufwendungen, die ein externer Dritter hätte, um sich diese Leistung selbst zu beschaffen.

Es bestehen drei unterschiedliche Möglichkeiten, diese fiktiven Kosten bei Selbstanschaffung darzustellen:

- Kosten in Form von Leasinggebühren (die überlassenen Dienstwagen sind in aller Regel geleast),
- Kosten bei Fahrzeugkauf anhand eines typisierten Beispielsfalls,
- pauschale Kostenermittlung anhand standardisierender Tabellen, am weitesten verbreitet ist dabei die ADAC-Tabelle

Leasinggebühren

Für die Vergleichsrechnung auf Seiten der Führungskraft dürfen nicht die Leasinggebühren angesetzt werden, die das Unternehmen selbst für dieses Fahrzeug entrichtet, da dem Unternehmen in der Regel Nachlässe[57] zwischen 10 % und 15 % eingeräumt werden. Unter Berücksichtigung dieser Nachlässe reduziert sich die Leasinggebühr bei einem Listenpreis von 35.000 € jährlich um rd. 850 € bis 1.250 €[58]. Andererseits schwanken die den Gebührenkalkulationen zugrunde liegenden Leasingfaktoren stark in Abhängigkeit von der Laufleistung und der Leasingdauer[59]. Bei der Leasinggebühr, die dem Unternehmen berechnet wird, ist die Gesamt-Kilometerzahl zugrunde gelegt; also die dienstlich und privat gefahrenen Kilometer. Hinsichtlich der fiktiven Kosten einer Selbstanschaffung darf konsequenterweise nur der Anteil der Privat-Kilometer angesetzt werden. Aufgrund der niedrigeren

---

[57] Der Nachlass wird auf den Bruttolistenpreis eingeräumt, auf dem die Leasingkalkulation aufsetzt.

[58] Dabei wurde ein Leasingfaktor von rd. 2 % des reduzierten Anschaffungspreises zugrunde gelegt:
35.000 € x 10 % = 3.500 €
3.500 € x 2 % = 70 € mtl. = 840 € p.a.
(bei 15 % errechnet sich eine Reduzierung von 1.260 € p.a.)

[59] Diese beträgt üblicherweise 24 bis 36 Monate.

Gesamtlaufleistung reduziert sich der Leasingfaktor[60]. Die vom Unternehmen zu zahlende Leasinggebühr erhöht sich also für den Privatmann einerseits durch den Wegfall des dem Arbeitgeber eingeräumten Rabatts und reduziert sich andererseits aufgrund der geringeren Laufleistung bei rein privater Nutzung.

Inzwischen leasen immer mehr Privatleute ihr Fahrzeug anstelle es zu kaufen. Dieses Leasing unterscheidet sich deutlich vom typischen Dienstwagenleasing: Dabei ist in aller Regel ein Teil des Kaufpreises bei Leasingbeginn zu zahlen und in der Folge entsprechend reduzierte Leasingraten. Diese Form des Leasing ist also eher einer modernen Gestaltung des Ratenkaufs vergleichbar als dem „echten" Leasing mit der reinen Finanzierung der Kosten und Abschreibung während der Laufzeit und typischerweise der Rückgabe des Fahrzeugs danach.

Auch dieses „Privatleasing" ist nur schwierig als Maßstab für die fiktiven Kosten der Selbstanschaffung heranzuziehen, da die entsprechenden Angebote völlig unterschiedlich sind: hohe Anfangszahlung gegenüber Verzicht auf solch anteilige Kaufpreiszahlung, Zinsfaktoren für den ausstehenden anteiligen Kaufpreis zwischen 0 % und 5 %. Diese Art von Zuschüssen der Automobilfirmen sind stark abhängig von Konjunktur, Marketingstrategie etc.

Insgesamt ist es schwierig, hierfür einen typisierenden Ansatz zu definieren. Diese Vergleichsproblematik wird vermieden, indem anstelle des Leasings der Kauf dieses Fahrzeugs betrachtet wird.

Kosten beim Fahrzeugkauf

Ein erheblicher Teil der Führungskräfte würde sich privat ein kleineres Modell als den zur Verfügung gestellten Dienstwagen kaufen, was die Vergleichbarkeit beeinträchtigt. Diese Problematik muss allerdings bei der monetären Bewertung des Dienstwagens außer Acht bleiben, da es dabei darum geht, welchen monetären Wert diese Zusatzleistung hat. Und dieser monetäre Wert ist unbeeinflusst von der subjektiven Einschätzung der Führungskraft.

Beim privat gekauften Fahrzeug machen die Anschaffungskosten (vgl. *Doyé*, S. 161 f.)[61] den wesentlichen Teil der Kosten aus. Hinzu kommen weitere Fixkosten wie Steuer, Versicherung, Winterreifen sowie variable Kosten wie Benzin, Öl, Wartung. Ebenso einzubeziehen sind die Finanzierungskosten.

Führungskräfte, die einen Dienstwagen zur Verfügung gestellt bekommen, sparen typischerweise folgende Kosten:

- Wertverlust
- Verzinsung[62]

---

[60] Das Berechnungs-Beispiel einer Leasinggesellschaft zeigt, dass bei einer Reduzierung der jährlichen Kilometerzahl von 20.000 km auf 10.000 km sich der Leasingfaktor von 2,33 auf 2,05 reduziert. Bei einem Listenpreis von 35.000 € ergibt sich eine jährliche Reduzierung der Leasinggebühren um rd. 1.200 €.

[61] Bei den Anschaffungskosten entsteht die Problematik, wie bspw. Sonderausstattungen zu behandeln sind, die der Dienstwagen-Nutzer als Privatmann nie gewählt hätte, die aber aus vertriebspolitischen Gründen (zur Verbesserung der Wiederverkäuflichkeit) ohne sein Zutun eingebaut wurden.

[62] Verzinsung bei Fremdfinanzierung des Kaufpreises; angesetzt werden 10 % (Auskunft Dresdner Bank 12/03).

- Kfz-Steuer
- Versicherung
- Wartung
- Zulassung
- Benzin
- Autowäsche

Beim fiktiven Kaufpreis des eingesparten Privatfahrzeugs ist zu berücksichtigen, dass der Privatmann im Durchschnitt 5 % Preisnachlass in unterschiedlichen Formen erhält (sei es als echter Nachlass, als Tageszulassung, durch nicht berechnete Sonderausstattung, durch Übernahme der Zulassungsgebühren etc.). Dieser Nachlass ist bei der fiktiven Betrachtung bzgl. erspartem Wertverlust und ersparter Verzinsung zu berücksichtigen.

Der steuerliche Ansatz der 1 %-Regelung, die von linear 12,5 % Wertverbrauch p.a. ausgeht, entspricht nicht der Realität des Wertverlustes eines Neufahrzeugs. Dieser schwankt mit Automarke, -typ und Konjunktur. Alle Neufahrzeuge haben jedoch im ersten Jahr den höchsten Wertverlust, der sich in den Folgejahren degressiv entwickelt. Für das 1. Jahr werden (in konservativer Betrachtung) 20 % angesetzt, für das 2. Jahr 15 %, für das 3. Jahr 10 % mit geringeren Abschlägen in den Folgejahren.

Kosten	Audi A6
Ersparter Wertverlust[63]	7.000 €
Verzinsung der Anschaffungskosten[64]	3.150 €
Kfz-Steuer	260 €
Vollkasko	400 €
Haftpflicht	400 €
Wartung	400 €
Zulassung	50 €
Benzin[65]	2.100 €
Autowäsche	120 €
Gesamtkosten/Jahr	**13.880 €**

ADAC-Tabelle

Auch bei der Zugrundelegung der ADAC-Tabelle ist zu berücksichtigen, dass der vergleichsweise betrachtete externe Dritte mangels dienstlich gefahrener Kilometer eine geringere Gesamt-Kilometerleistung hat. Die ADAC-Tabelle ermittelt allerdings die Kosten pro gefahrenem Kilometer in Abhängigkeit von der jährlichen Gesamt-Kilometerleistung.

---

[63] Beträgt im ersten Jahr bei einem Ansatz von rd. 20 % von 35.000 € = 7.000 €.

[64] Verzinsung bei Fremdfinanzierung des Kaufpreises; angesetzt werden 10 %. 35.000 € x 95 % = 31.500 €, davon 10 % = 3.150 DM. Vgl. dazu *Doyé*, S. 246. Vgl. auch *Wagner, Dieter/Grawert, Achim: Der Dienstwagen*, in: Personalwirtschaft 7/1987, S. 291.

[65] Bei durchschnittlich 20000 privat gefahrenen Kilometern, einem durchschnittlichen Kraftstoffverbrauch von 10 Litern und einem Benzinpreis von 1,05 € (Stand 03/04).

Bezüglich der Betrachtung der konkreten Kosten ergibt sich ein ähnliches Bild[66]. Fixkosten wie Kaufpreis, Versicherung, Steuer, Winterreifen bleiben unverändert. Dagegen sind die variablen Kosten, wie Benzin, Öl, Wartung, Verschleiß, Wertverlust zu korrigieren. Bzgl. der erst genannten ergibt sich ein direktes Verhältnis zu den Dienstkilometern. Der Wertverlust verläuft dagegen nicht linear zur Gesamtkilometerleistung, sondern exponentiell fallend. Er ist am Anfang besonders hoch, verflacht aber mit zunehmender Gesamtleistung. Außerdem hat der Wertverlust eine zweite Komponente, nämlich das Alter des Fahrzeuges. Auch diese verläuft nicht linear. Sie überlagert den Verlauf der ersten Kurve. Eine allgemein typische Aussage lässt sich nur schwer feststellen. Hier wird am ehesten in Analogie zur ADAC-Tabelle vorzugehen sein, die den Wertverlust auch mit einbezieht.

8.2.2 Fiktive Einsparungen bei Selbstanschaffung

Kilometergeld

Den fiktiven Kosten sind Einsparungen gegen zu rechnen, die sich aus dem Vergleich zwischen der Nutzung eines privaten Fahrzeugs und der Dienstwagennutzung ergeben. Entsprechend der auf Seiten des Unternehmens vorgenommenen Kostenkorrektur für Kilometer-Geld[67] ergeben sich für den Mitarbeiter fiktive Einsparungen, wenn er sein Privatfahrzeug für Dienstfahrten nutzt.

Für dienstlich gefahrene Kilometer mit dem eigenen Pkw erhalten Führungskräfte üblicherweise eine Kilometerpauschale in Höhe von 0,30 € pro gefahrenem Kilometer. Es wird davon ausgegangen, dass die Führungskraft jährlich rd. 5000 Kilometer dienstlich fährt.

Kilometergeld	(5000 km x 0,30 €)	1.500 €

Gesondert zu betrachten sind Kaufbeihilfen, die das Unternehmen gewährt. Manche Unternehmen sehen vor, dass die Führungskraft ihr Privatfahrzeug auch für Dienstfahrten nutzt und gewähren dafür einen Kostenzuschuss zum Kaufpreis bzw. ein kostengünstiges Darlehen[68]. Diese finanzielle Unterstützung ist in voller Höhe zu berücksichtigen, sofern Dienstfahrten gesondert finanziell ausgeglichen werden. Sollen diese finanziellen Unterstützungen dagegen eine Kilometer-Pauschale[69] ersetzen, so ist konkret zu ermitteln, inwieweit diese Unterstützung die sonst übliche Kilometergeld-Erstattung übersteigt. Lediglich der überschießende Teil kann in Ansatz gebracht werden. Ergibt sich aus diesem Vergleich ein Minus-Saldo, ist auch dieser noch dem Aufwand der Führungskraft hinzu zu rechnen. Diese Sonderfälle werden nicht näher untersucht.

Bei extrem hoher dienstlicher Nutzung ergibt sich eine fiktive Einsparung, die den Kosten des Dienstwagens entsprechen kann. In diesem Fall deckt das Kilometergeld den Kaufpreis einschließlich sämtlicher Kosten. Doch selbst dieses Extrembeispiel

---

[66] Die ADAC-Tabelle geht genauso, allerdings pauschalierender vor.
[67] Siehe Ziffer 5.2.2.
[68] Dies ist zum Teil bei Banken üblich.
[69] Diese wird üblicherweise für Dienstfahrten gewährt, die mit dem Privat-Pkw durchgeführt werden. Zum rechnerischen Ansatz in der Kostenermittlung, siehe Ziffer 2.

rechnet sich nur für kleinere (preiswerte) und damit in der Regel auch verbrauchssparsame Fahrzeugmodelle. Es rechnet sich nicht für größere Modelle, die üblicherweise als Dienstwagen zur Verfügung gestellt werden. Denn die Kilometergeld-Erstattung erfolgt pauschaliert[70], berücksichtigt also nicht die konkret anfallenden Kosten.

Werbungskosten

Bezüglich der Werbungskosten für Fahrten zur Arbeit besteht mittlerweile kein Unterschied mehr zwischen der Nutzung eines Dienstwagens und der eines Privat-Pkw's. Für beide können gleichermaßen Werbungskosten[71] geltend gemacht werden. Insofern sind in der hier vorzunehmenden Betrachtung Werbungskosten nicht gesondert zu berücksichtigen.

Anzusetzende Einnahmen

Die anzusetzende Einzahlung errechnet sich aus den Beschaffungskosten die ein externer Dritter hätte (fiktive Kosten), abzüglich der Einsparungen, die der Dritte im Gegensatz zum Dienstwagennutzer geltend machen kann (fiktive Einsparungen).

fiktive Kosten	fiktive Einsparung	Einnahmen
13.880 €	0 €	**13.880 €**

8.3 Cash flow

Unter Zugrundelegen der Eigenbeschaffung eines entsprechenden Privatfahrzeugs ergibt sich der objektive Wert des Dienstwagens aus einerseits den fiktiven Kosten der Eigenbeschaffung unter Abzug der fiktiven Einsparungen aus Kilometergeld und Werbungskosten (Einzahlung) und andererseits der Nutzungsgebühr und der Versteuerung (Auszahlung):

	fiktive Kosten der Eigenbeschaffung
+	fiktive Einsparungen aus Kilometergeld
./.	Nutzungsgebühr
./.	Versteuerung
=	monetärer Wert des Dienstwagens für die Führungskraft

Der Cash flow errechnet sich dem Saldo von Einnahmen und Kosten:

	Einnahmen	Kosten	**Cash flow**
Var. 2	13.880 €	– 3.444 €	**10.436 €**
Var. 5	13.880 €	– 0 €	13.880 €

---

[70] Der steuerlich anerkannte und damit von dem Unternehmen üblicherweise erstattete km-Satz beträgt 0,30 € pro gefahrenem Kilometer.
[71] S.o. Ziffer 4.1.1.

Der objektive Wert der Zusatzleistung beträgt aus Mitarbeitersicht 10.436 € (brutto = 23.191 €). Sofern das Unternehmen ausnahmsweise die Steuer übernimmt beträgt der Wert 13.880 € (brutto = 30.844 €).

8.4 Net present value

Die Auszahlungskomponenten Rate und Steuer werden monatlich, also periodenidentisch mit der in Anspruch genommenen Leistung gezahlt. Aus Sicht der Führungskraft erwachsen aus der Inanspruchnahme eines Dienstwagens keine besonderen Risiken. Eine Auf-/Abzinsung ist damit nicht erforderlich. Der Net present value entspricht folglich dem Cash flow.

8.5 Return on capital employed (ROCE)

Der ROCE drückt die Rendite des eingesetzten Kapitals aus, er errechnet sich aus der Relation Auszahlung (= eingesetztes Kapital) zu Net present value.

	Kosten	Net present value	ROCE
Var. 2	3.444 €	10.436 €	303 %
Var. 5	0 €	13.880 €	n. def.

9. Anreizwirkung auf Seiten der Führungskräfte

Unabhängig von den aus der konkreten Zusatzleistung resultierenden Kostenvor- bzw. -nachteilen legt der Mitarbeiter subjektive Wertmaßstäbe an, die das „objektiv" ermittelte Kostenresultat ins Gegenteil verkehren können. Der Mitarbeiter bekommt teilweise eine Leistung zur Verfügung gestellt, die er sich privat allenfalls „ein paar Nummern kleiner" leisten würde.

Diese subjektive Wertschätzung relativiert die objektiv ermittelte Kostenbetrachtung in der einen oder anderen Richtung. Meist jedoch wird der Mitarbeiter den Kostenvorteil subjektiv geringer einschätzen als objektiv gegeben (vgl. anstelle vieler *Schmidt* 1993, S. 493–497).

Unabhängig von den in den vorhergehenden Kapiteln ermittelten objektiven Kosten und monetären Werten hat der Mitarbeiter subjektive Wertmaßstäbe bzgl. der überlassenen Zusatzleistungen, die mehr oder weniger deutlich vom objektiven Kostenansatz abweichen.

Wie dargestellt[72], ist es schon schwierig, die monetären Werte auf Seiten des Mitarbeiters objektiv zu ermitteln. Erst recht problematisch ist es, die höchst unterschiedlichen persönlichen Wertschätzungen bzgl. der einzelnen Zusatzleistungen zu bewerten (vgl. *DG-Bank* 1999, S. 29). Selbst bei hoher Wertschätzung dieser Zusatzleistung ist den Leistungsempfänger die Kostenintensität nicht bewusst.

---

[72] S.o. Ziffer 8.

Der subjektive Ansatz soll nicht die objektive Wertermittlung korrigieren. Er liefert vielmehr eine eigenständige Aussage. Zusatzleistungen mit einem objektiv hohen Wert, die vom Mitarbeiter subjektiv geringer geschätzt werden, haben eine geringere Motivationskraft als ihnen kostenmäßig eigentlich zukommen müsste.

Mit dieser typisierenden Betrachtungsweise lässt die subjektive Werthaltigkeit der einzelnen Zusatzleistung ansatzweise bewerten und eine entsprechende Rangreihe bilden. Bspw. ist der Dienstwagen nach wie vor von vorrangiger Bedeutung. Das Unternehmen kann daraus Zusatzleistungen mit primärer Bedeutung für den Mitarbeiter erkennen. Fazit könnte etwa sein, dass sich das Unternehmen auf Zusatzleistungen mit einer hohen subjektiven Wertschätzung konzentriert und Leistungen mit niedriger Wertschätzung, die aber u. U. erhebliche Kosten verursachen, abschafft bzw. deren Vergabemodalitäten[73] optimiert. Die eingesparten Kosten könnten bspw. für die Verbesserung der ohnehin hochgeschätzten Leistungen verwendet werden.

Für viele Mitarbeiter ist ein Dienstwagen nach wie vor die Zusatzleistung mit dem höchsten Statuscharakter. Manche wären sogar bereit, zusätzlich zu den Nutzungsgebühren, auf einen Teil des Entgelts zu verzichten, wenn sie sich dafür mit dem Symbol des Dienstwagens schmücken dürften[74].

Hierzu zählen auch Fahrzeugtypen oder Sonderausstattungen, die einer bestimmten Hierarchiegruppe vorbehalten sind. Das kann bereits eine bestimmte Wagenfarbe sein, sofern diese eben für obere Führungskräfte reserviert ist. Es brauchen also dadurch nicht einmal zusätzliche Kosten für das Unternehmen bzw. Einsparungen für die Führungskraft entstehen.

Obwohl mancher Mitarbeiter für derartige Statussymbole keine Kosten scheuen würden, muss eine monetäre Bewertung unterbleiben. Erstens sind einem erheblichen Anteil der Mitarbeiter derartige sichtbare Statussymbole weitgehend egal. Diese wären also auch nicht bereit, dafür Geld auszugeben. Unklar ist auch, welcher Mitarbeiter bei der hier gewählten typisierenden Betrachtungsweise der Bewertung zugrunde gelegt werden sollte. Es gibt diesbezüglich keinen typischen Mitarbeiter. Es würde dem Sachverhalt auch nicht gerecht, zwischen diesen und jenen Mitarbeitern eine Durchschnittsbetrachtung anzustellen, zumal nicht einmal ermittelbar ist, wie viel der Einzelne denn bereit wäre, dafür aufzuwenden.

Der Dienstwagen ist neben der betrieblichen Altersversorgung die Zusatzleistung mit der höchsten Wertschätzung bei den Führungskräften. Neben der enormen Kosteneinsparung gegenüber dem Privat-Pkw liegt dies vor allem an der Außenwirkung. Der Dienstwagen ist nach wie vor ein bedeutsames Statussymbol. In vielen Fällen kann die Führungskraft Fahrzeuge nutzen, die sie sich privat nie leisten würde.

---

[73] Wiederum zur Erhöhung der subjektiven Wertschätzung. Dies macht allerdings nur Sinn, sofern die Wertschätzung in relativ stärkerem Maße steigt als die Kostenbelastung für das Unternehmen.

[74] Dies gilt gleichermaßen für besondere Bevorzugung bzgl. Einfahr- oder Parkberechtigung. In einem Unternehmen wurden bspw. Vignetten, die die Dienstwagen des Unternehmens kennzeichneten, zum Preis von 25 € gehandelt. Nicht etwa in Betrugsabsicht – um etwa eine Tankberechtigung zu erschleichen –, sondern lediglich um einen nicht gegebenen Status vorzugaukeln.

Dies reduziert allerdings aus der subjektiven Sicht der Führungskraft den objektiv ermittelten monetären Wert. Da er privat ein kleineres Fahrzeug fahren würde, ist er subjektiv nicht bereit, sich die hohen Kosten des höherwertigen Fahrzeugs in vollem Umfang anrechnen zu lassen.

10. Ermittlung der Kosten-Nutzen-Relation für das Unternehmen

Die Kosten-Nutzen-Relation ergibt sich aus den vom Unternehmen aufzuwendenden Kosten für die jeweilige Zusatzleistung einerseits und dem Nutzen, den das Unternehmen aus der Gewährung der jeweiligen Zusatzleistung zieht. Der Nutzen ist für das Unternehmen dann groß, wenn mit dieser eine hohe Motivation beim Mitarbeiter erzielt wird. Die Motivation des Mitarbeiters wiederum hängt unmittelbar zusammen mit dem Resultat aus dessen objektiver Bewertung und dessen subjektiver Wertschätzung.

Die Kosten-Nutzen-Relation ist dann groß, wenn vergleichsweise geringen Kosten beim Unternehmen ein hoher Nutzen gegenübersteht. Die Relation ist klein, wenn die vom Unternehmen aufgewendeten Kosten ähnlich hoch bzw. sogar höher sind als der damit beim Mitarbeiter erzielte Nutzen.

Aufgrund der hier getroffenen Definition des Begriffes „Nutzen" ist dieser auf Mitarbeiterseite geprägt durch die von ihm objektiv (bzw. fiktiv) aufzuwendenden Kosten und durch dessen subjektive Wertschätzung. Trotz niedriger objektiver Kosten beim Mitarbeiter kann also der Nutzen gering sein, sofern die subjektive Wertschätzung deutlich hinter den objektiven Kosten zurückbleibt. Umgekehrt kann der Nutzen hoch sein, wenn der Mitarbeiter trotz geringem objektiven Vorteil dieser Zusatzleistung eine hohe subjektive Wertschätzung beimisst.

Die objektiven Kosten auf Seiten des Mitarbeiters für ein selbstbeschafftes vergleichbares Fahrzeug sind bei einer Nettobetrachtung in der Regel geringer. Dies ergibt sich daraus, dass kaum ein Privatmann ein Fahrzeug least. Mangels Möglichkeiten der steuerlichen Absetzbarkeit wird der Privatmann das Fahrzeug in aller Regel bar kaufen oder mittels eines Kredites finanzieren. Dieser scheinbare Kostennachteil kehrt sich bei einer Bruttobetrachtung ins Gegenteil. Die Leasinggebühren von bspw. 750 € monatlich bewirken beim Unternehmen eine Gewinnreduzierung nach Steuern von rund 200 €. Der Mitarbeiter, der für ein derartiges Fahrzeug bei Eigenfinanzierung monatlich rd. 500 € aufwenden muss, zahlt diese 500 € aus seinem Nettoeinkommen. Die Führungskraft muss brutto dafür also einen Betrag zwischen 800 € bis 1.000 € aufwenden. Wollte das Unternehmen diese Kosten gehaltsmäßig kompensieren, würde dies eine Gewinnreduzierung auf 320 € bis 400 € bedeuten.

Ein Vergleich der Bruttoaufwendungen auf beiden Seiten ergibt deswegen einen deutlichen Vorteil zugunsten des Unternehmens. Dabei sind auf Seiten der Führungskraft die fiktiven Kosten für Eigenbeschaffung anzusetzen, abzüglich fiktiver Einsparungen wie Kilometergeld, Werbungskosten und Versteuerung des geldwerten Vorteils. Nicht dagegen in Abzug kommen bei dieser Betrachtung die von der Führungskraft zu zahlenden Nutzungsgebühren, da diese den Anschaffungspreis des Privat-Pkw nicht mindern.

Beispielsrechnung:

Fiktive Kosten der Führungskraft brutto[75]	13.880 €
Effektive Kosten fürs Unternehmen[76]	11.940 €
Kostenvorteil	**1.940 €**

Betrachtet man dagegen die Kosten-Nutzen-Relation, reduziert sich der Vorteil insoweit, als die Führungskraft für den überlassenen Dienstwagen Nutzungsgebühren zu zahlen oder den geldwerten Vorteil zu versteuern hat.

Beispielsrechnung:

Effektive Kosten für das Unternehmen[77]	11.940 €
Nutzen für die Führungskraft (brutto)[78]	30.844 €
„Mehrwert"	**2,58**

Der hier so bezeichnete „Mehrwert" stellt dar, um wie viel es vorteilhafter ist, dass das Unternehmen die Zusatzleistung gewährt anstelle, dass sich der Mitarbeiter diese Leistung extern kauft.

Mangels Bewusstsein bezüglich der vom Unternehmen tatsächlich aufgewendeten Leasinggebühren bleibt die subjektive Betrachtung des Mitarbeiters hinter den realen Werten zurück, d.h. mit einer verbesserten Kostentransparenz würde automatisch der Nutzen dieser Zusatzleistung aus Sicht des Mitarbeiters steigen. Aus subjektiver Sicht gehört der Dienstwagen zu den Zusatzleistungen mit der höchsten Wertschätzung. Bei einer Verbesserung der Konditionen könnte sie ggf. noch deutlich gesteigert werden.

11. Übertragbarkeit der Erkenntnisse auf ähnliche Zusatzleistungen

Die gewonnenen Erkenntnisse sind grundsätzlich übertragbar auf andere Zusatzleistungen. Dies gilt beispielsweise für den Ansatz von Opportunitätskosten sowie für die Betrachtung der zusätzlichen Deckungsbeiträge. Ebenso für die verschiedenen Steuereffekte auf Mitarbeiterseite (Wirkung unterschiedlicher Steuersätze auf die Vorteilhaftigkeit der Zusatzleistungen[79]) und auf Unternehmensseite (Wirkung der Versteuerung von geldwertem Vorteil, den eigentlich der Mitarbeiter zu tragen hätte).

---

[75] S.o. Ziffer 8.1.
[76] S.o. Ziffer 5.3.
[77] Ebenda.
[78] S.o. Ziffer 8.3. Dabei wird unterstellt, dass die Führungskraft eine Nutzungsgebühr bezahlt und das Unternehmen den restlichen geldwerten Vorteil versteuert.
[79] Vgl. im Einzelnen oben Ziffern 5, 6 und 8.

12. Fazit

Die Zusatzleistung Dienstwagen hat einen negativen Gesamt-Net present value. Dieser Effekt entsteht insbesondere durch die Betrachtung der Alternativkosten bei Eigenbeschaffung durch die Führungskraft. Maßgeblich dabei ist die konträre steuerliche Behandlung der Fahrten Wohnung/Arbeitsstätte im Vergleich zwischen Dienstwagen und Privatfahrzeug sowie die Berücksichtigung des Kilometergelds für Dienstfahrten mit dem Privatfahrzeug. Das heißt nicht zwangsläufig Rückzug aus der Vergabe von Dienstwagen. Die Alternative Barvergütung hätte aufgrund deren Versteuerung auch keinen höheren Wertzuwachs. Hilft es die Kosten für Dienstwagen in Zusatzleistungen mit einem höheren Wertzuwachs für den Mitarbeiter zu investieren? Dem spricht die immer noch hohe Motivationswirkung des Dienstwagens bzw. dessen Üblichkeit auf Führungsebenen entgegen. Neue Lösungsansätze sind jedenfalls willkommen.

Literaturverzeichnis

Bröckermann, Rainer: Personalwirtschaft, Köln 1997
DG-Bank: Flexibilität aktiviert Kräfte, Personal- und Sozialbericht 1999
Doyé, Thomas: Analyse und Bewertung von betrieblichen Zusatzleistungen, Mering
Hemmer, Edmund: Entwicklung der Personalkosten und der Personalzusatzkosten, in: Arbeit und Soziales, 1992
Kralicek, Peter: Grundlagen der Finanzwirtschaft, Wien 1991
Moderegger, Herrmann: Betriebliche Sozialleistungen, Köln 1995
Rullkötter, Stefan: Dienstwagen oder Gehaltserhöhung; in: Finanzen 11/1999; S. 192 ff.
Schmidt, Hanns: Mitarbeiterorientierte Personalpolitik durch Flexibilisierung der betrieblichen Leistungen, in: Personal 1993, S. 493–497
Wagner, Dieter/Grawert, Achim: Sozialleistungsmanagement. Mitarbeitermotivation mit geringem Aufwand, Müchen 1993
Wagner, Dieter/Grawert, Achim/Langemeyer, Heiner: Cafeteria-Systeme als Möglichkeit der Flexibilisierung und Individualisierung von Entgeltbestandteilen für Fuhrungskräfte; in: BFuP, 44. Jg. (1992), S. 255 f.

Arbeitszeitflexibilisierung und Entgelt

Dr. Andreas Hoff

Inhalt

1. Einleitung

Der Tausch von (Lebens-)Zeit gegen Geld steht im Zentrum des Arbeitsverhältnisses – so sehr, dass ein solches Verhältnis ohne diese beiden Dimensionen kaum vorstellbar erscheint. Viele finden dies unbefriedigend, weil es „eigentlich" ja um **Leistung** gegen Geld gehe und auch gehen solle – vergleiche die alte Diskussion über Zeit- vs. Leistungsvergütung und die neuere über Zeit- vs. Ergebnisorientierung. In diesem Beitrag möchte ich demgegenüber zeigen, dass und wie die den Umständen geschuldete zunehmende Flexibilisierung der Arbeitszeiten zunächst sogar zu einer **Aufwertung** der zeitlichen Dimension des Arbeitsverhältnisses führt – jedenfalls so lange, wie konventionell mit Zeitkonten gearbeitet wird –, wobei sich zugleich einige bisher höchstens ansatzweise beantwortete Fragen an die Entgeltseite stellen. Vor diesem Hintergrund ist der Trend Richtung output- und erfolgsorientierte Vergütung ein besonders wichtiger Treiber für Vertrauensarbeitszeit (ohne Zeitkonto und verpflichtende Zeiterfassung) und „Arbeitszeit-Freiheit" (mit einem anderen Leistungsmaßstab als Arbeitszeit).

2. Stunden-, Monats- und Leistungsentgelt

Der Tausch von Zeit gegen Geld schlägt sich seit dem Auslaufen des Tagelohns in der stunden- und minutenweisen Vergütung (und meist auch Messung) der Arbeitszeit nieder, die auch heute noch Grundlage der tarifvertraglichen und betrieblichen Entgeltsysteme ist.

Im Monatsentgelt ist dieser enge Zusammenhang zwischen Arbeitszeit und Entgelt immer noch gegeben, wenngleich durch die dadurch angestrebte und realisierte Glättung der Entgelt-Auszahlung verschleiert – so sehr, dass es für viele Führungskräfte eine Überraschung darstellt, wenn man ihnen aufzeigt, dass ein/e in einem flexiblen Arbeitszeitsystem „auf Zeitkonto" abwesende/r Mitarbeiter/in in der betreffenden Zeit nichts kostet: Er/Sie erbringt die für den betreffenden Zeitraum vereinbarte Arbeitszeit-Leistung ja schließlich zu anderen Zeiten.

Und auch dort, wo an die Stelle der Zeit- eine Leistungsvergütung tritt, liegt dieser in aller Regel die Definition oder zumindest Vorstellung einer „Normalleistung" zu Grunde – z.B. darüber, „was in einer Stunde geschafft werden kann". Dadurch bleibt auch hier der Zeitbezug der Vergütung im Hintergrund erhalten. Übertrifft der/die Mitarbeiter/in die Normalleistung, steigert er/sie dadurch sein/ihr Stundenentgelt; die Dauer der Arbeitszeit bleibt in aller Regel unberührt, obgleich die Belohnung ebenso darin bestehen könnte, dass er/sie ohne Entgelteinbuße entsprechend früher nach Hause gehen kann (und umgekehrt).

Dies waren im wesentlichen die Vergütungsformen, auf die die in Deutschland um 1970 einsetzende umfassende Flexibilisierung der betrieblichen Arbeitszeitsysteme traf.

3. Ursachen und Formen der Flexibilisierung der Arbeitszeit

In flexiblen Arbeitszeitsystemen kann die tatsächlich geleistete Arbeitszeit von der Vertragsarbeitszeit abweichen. Derartige Arbeitszeitsysteme haben sich in den letzten Jahren speziell in Deutschland rasant ausgebreitet – erkennbar z.B. am hohen Deckungsgrad, den hier mittlerweile Arbeitszeitkonten aller Art erreicht haben, auf denen diese Abweichungen saldiert werden. Hierfür gibt es eine Vielzahl von Ursachen (vgl. *Abb. 1*).

Abb. 1: Ursachen flexibler Arbeitszeitgestaltung

- Immer anspruchsvollere Kunden und immer kurzfristigere Marktschwankungen – auch, weil den Hochlohnstandorten in der globalisierten Wirtschaft die durchlaufende Standard-„Grundlast" verloren geht – erfordern schnelle Reaktionen auf Seiten der Betriebe und einen entsprechend flexiblen Personaleinsatz. Dieser muss in Deutschland angesichts der gesetzlichen Rahmenbedingungen (insbesondere hinsichtlich des Kündigungsschutzes und der Einschränkung der Möglichkeiten zur Befristung von Arbeitsverträgen und von Leiharbeit) im wesentlichen mit den Stamm-Mitarbeiter/inne/n bewirkt werden, deren **zeitliche** Flexibilität noch vergleichsweise leicht erschlossen werden kann.

- Aufgrund des zunehmenden Kostendrucks können Überbesetzungen immer weniger toleriert werden. Ein stets passgenauer Personaleinsatz ist jedoch schon wegen der unterschiedlich verteilten und teils kurzfristig auftretenden Ausfallzeiten (Urlaub, Krankheit, Fortbildung, etc.) nur im Rahmen eines flexiblen Arbeitszeitsystems möglich.

- Insbesondere die qualifizierten Mitarbeiter/innen, um die der Wettbewerb gerade erst beginnt, verlangen nach größeren zeitlichen Gestaltungsspielräumen, um ihre berufliche und private Sphäre besser miteinander vereinbaren zu können. Auch hierfür sind flexible Arbeitszeitsysteme eine notwendige (wenn auch nicht hinreichende) Voraussetzung.

Letztlich sind alle drei Dimensionen untrennbar miteinander verknüpft, weil sich vollständige, also insbesondere auch sehr kurzfristige Flexibilität („von jetzt auf gleich") nur in Selbststeuerung der Mitarbeiter/innen im Team erreichen lässt. Dieses meines Erachtens konkurrenzlose Verfahren eines kunden- wie mitarbeiterorientierten und zugleich wirtschaftlichen Personaleinsatzes wird zukünftig praktisch überall ermöglicht werden (müssen).

4. Die Entkopplung von Arbeitszeit und Entgelt mittels Zeitkonto

Voraussetzung für jegliche Form von Arbeitszeitflexibilität ist eine Verstetigung der Entgeltzahlung (in aller Regel in Form des Monatsentgelts), ohne die ein im Zeitablauf unterschiedlicher Verbrauch der vertraglichen Arbeitszeit von den Mitarbeiter/inne/n und ihren Vertretungen nicht akzeptiert werden würde. Insofern hat die Arbeitszeitflexibilisierung sehr zur diesbezüglich mittlerweile weitgehend erreichten Gleichbehandlung von Angestellten und Arbeiter/inne/n beigetragen.

In flexiblen Arbeitszeitsystemen werden Überschreitungen und Unterschreitungen der Vertragsarbeitszeit dadurch nicht direkt entgeltwirksam, sondern schlagen sich (zunächst) in der Regel in Zeitkontensalden nieder. Für deren Ausgleich gelten meist tarifvertragliche Fristen zwischen sechs und zwölf Monaten, die die jeweilige Regelarbeitszeit gegen die im Zeitkonto angelegten Abweichungstendenzen schützen – was aber häufig genug misslingt. Die Entkopplung vom Entgelt und prinzipiell auch die tarifvertraglichen Fristen gelten auch für den alternativen Ausgleichsmechanismus „Vertrauensarbeitszeit", bei dem es keine Zeitkonten (und daher auch keine arbeitgeberseitige Zeitkontrolle) gibt und die Mitarbeiter/innen selbst für die Einhaltung der Vertragsarbeitszeit verantwortlich sind.

In starren Arbeitszeitsystemen wirkt dagegen grundsätzlich jegliche Überschreitung der Vertragsarbeitszeit direkt entgeltsteigernd, weil es hier hierfür formell nur die Möglichkeit angeordneter und in der Regel zuschlagpflichtiger Mehrarbeit gibt; Unterschreitungen der Vertragsarbeitszeit sind in solchen Systemen dagegen praktisch ausgeschlossen. Daher hat sich auch schon unter starren Rahmenbedingungen zur prinzipiellen Ermöglichung von Wenigerarbeit als eine der Urformen des Zeitkontos das Mehrarbeitsausgleichskonto herausgebildet, dem geleistete Mehrarbeitsstunden gutgeschrieben wurden (zunächst bei Auszahlung des Zuschlags).

Mit der Flexibilisierung der Arbeitszeiten gehen folglich nicht nur die Mehrarbeitszuschläge, sondern geht auch die Mehrarbeitsvergütung selbst verloren: weil Mehrstunden grundsätzlich 1:1 dem Zeitkonto gutgeschrieben werden bzw. bei Vertrauensarbeitszeit in Eigenverantwortung auszugleichen sind. Die daraus resultierenden Entgeltverluste sind meist ebenso ungleichmäßig verteilt, wie es die ihnen zu Grunde liegende Mehrarbeit war. Eine wichtige Ursache hierfür liegt darin, dass sich dort, wo Mehrarbeit die einzige Möglichkeit zur Steigerung des persönlichen Einkommens bietet, schnell auch die entsprechenden Belohnungsmechanismen einstellen – speziell die Zuweisung von Mehrarbeit durch die Führungskraft vorrangig an bestimmte Mitarbeiter/innen. Bei der Einführung flexibler Arbeitszeitsysteme werden so oft gerade die „Leistungsträger" durch Entgeltabzug bestraft. Daher kann es auch nicht überraschen, dass gerade im traditionell mehrarbeitslastigen gewerblichen Bereich Führungskräfte und Mitarbeiter/innen vielfach kein gesteigertes Bedürfnis nach Zeitausgleich entwickeln – und die Mehrarbeitsvergütung in Form des Abkaufs von Zeitkonto-Guthaben fröhliche Urständ feiert. Kann aber auf diesem Wege „bewiesen" werden, dass der Zeitausgleich soundso nicht funktionieren kann, hat Vertrauensarbeitszeit naturgemäß keine Chance.

Durch die potenzielle Umwandlung von Zeitguthaben in Geld nimmt der Ausgleichsdruck im Zeitkonto so stark ab, dass lange Arbeitszeiten und Überbesetzungen die fast zwangsläufige Folge sind. Das hat auch damit zu tun, dass Zeitkonten de facto nur **dezentral** gesteuert werden können, also von Führungskräften und Mitarbeiter/inne/n, die von sich aus kaum ein Interesse an der Vermeidung von Überbesetzungen haben – wohl aber an der Vermeidung von Unterbesetzungen, die ja zu Störungen bei der Leistungserbringung und zugleich zu besonderen Arbeitsbelastungen führen können, was die Tendenz zu Überbesetzungen weiter verstärkt.

Will oder muss man hier aus wirtschaftlichen Gründen weiterkommen (und Arbeitszeit-Kapazität also nur noch dann zukaufen, wenn dies tatsächlich unumgänglich ist) und ist die Zeit für Vertrauensarbeitszeit noch nicht reif, muss **im Zeitkonto** der Druck auf den Zeitausgleich massiv verstärkt werden. Wichtigster Ansatzpunkt ist dabei die Umstellung auf ein **echtes** Zeitkonto, für das „Zeit bleibt Zeit" gilt und aus dem folglich niemals ausgezahlt wird – eventuell mit Ausnahme seiner Abrechnung bei Ausscheiden des Mitarbeiters/der Mitarbeiterin in Fällen, in denen der Ausgleich durch entsprechende Freizeit bzw. Mehrstunden nicht mehr bewirkt werden konnte. Solche „echten" Zeitkonten sind im Übrigen in Deutschland auch steuerrechtlich geboten, weil anderenfalls die missbräuchliche Steuerung des Zuflusszeitpunkts des Entgelts durch den/die Mitarbeiter/in (dorthin, wo weniger Einkommensteuer anfällt) nicht ausgeschlossen werden kann (vgl. im Einzelnen *Niermann* 2002, S. 2124 ff.).

In der Radikalversion des echten Zeitkontos, die sich speziell dann anbietet, wenn die Mitarbeiter/innen Einfluss auf ihren Arbeitszeitverbrauch haben – und wo wäre dies eigentlich nicht der Fall? Schließlich reicht dazu schon die Möglichkeit aus, Freischichten zu beantragen oder eben nicht –, verfallen bei Ausscheiden sogar dann noch verbliebene Zeitguthaben ohne Entgeltausgleich (weil schließlich bei dem/der Mitarbeiter/in nur die Vertragsarbeitszeit eingekauft worden ist). Dies lässt sich allerdings nur durchhalten, wenn sich der Zeitsaldo nicht sehr weit von der Nulllinie entfernen kann: Wie sollte denn nach z.B. drei Jahren Betriebszugehörigkeit ein/e Mitarbeiter/in argumentieren können, dass die bei Ausscheiden verbliebenen 22,6 Plusstunden auf dem Zeitkonto während dieser Zeit nicht hätten – auch im Vorgriff – „abgefeiert" werden können? Dadurch, dass dann logischerweise auch Minusstunden bei Ausscheiden ohne Entgeltausgleich entfallen (hier gilt analog, dass ja auch der Arbeitgeber während der Dauer der Betriebszugehörigkeit die Möglichkeit gehabt hätte, von dem/der Mitarbeiter/in die entsprechende Arbeitszeit einzufordern), kann zugleich die verbreitete Angst vor „Zeitschulden" abgebaut werden. Solche Zeitkonten mit absoluter Zeitausgleichsgarantie stellen im Übrigen einen sehr geeigneten Zwischenschritt zur Vertrauensarbeitszeit dar, bei der ja die Abrechnung bereits aufgelaufener Zeitsalden völlig ausgeschlossen ist und die die Mitarbeiter/innen daher – entgegen einer oft geäußerten Auffassung – eher noch stärker als das Zeitkonto auf die Vertragsarbeitszeit orientiert.

Doch zunächst noch einmal zurück zum echten Zeitkonto mit absoluter Zeitausgleichsgarantie, das aus diesem Grund stets in der Nähe der Nulllinie und damit der Vertragsarbeitszeit gehalten werden muss. Angesichts der notwendig dezentralen Steuerung flexibler Arbeitszeitsysteme und der nicht notwendig auf den fortlaufenden Zeitausgleich gerichteten Interessen von Führungskräften und Mitarbeiter/inne/n erfordert dies eine Kontrolle der Abstimmungsprozesse „vor Ort" – beispielsweise mittels in das Zeitkonto eingebauter „Ampelphasen" mit einem entsprechenden Eskalationsmechanismus. Hier ein aktuelles Beispiel aus meiner Beratungspraxis (vgl. *Abb. 2*); diese Ampel-Regeln eines Kreditinstituts für das dortige echte Zeitkonto wurden unter meiner Moderation von einer viertelparitätischen Arbeitsgruppe aus Vertreter/inne/n von Personalfunktion, Linienmanagement, Mitarbeiter/inne/n und Betriebsrat erarbeitet und werden seit Mitte 2003 erfolgreich praktiziert:

- In der „Grünphase" von –20h bis +20h darf der/die Mitarbeiter/in im Rahmen der gesetzlichen und tarifvertraglichen Bestimmungen von der anteiligen Vertragsarbeitszeit (hier: für Vollzeitbeschäftigte Montag – Freitag 7,7h) abweichen, wobei einzig die Abstimmung im Team – etwa zur Abdeckung von Servicezeiten – gefordert ist.

- In der „Gelbphase" (sie schließt sich auf beiden Seiten an die Grünphase an und reicht bis +40h bzw. –40h) verliert der/die Mitarbeiter/in dadurch die Hälfte seiner „Zeitsouveränität", dass er/sie weitere Überschreitungen (im Plusbereich) bzw. Unterschreitungen (im Minusbereich) mit der Führungskraft abstimmen muss. Die Führungskraft darf dabei weitere Über- bzw. Unterschreitungen nur dann zulassen, wenn die Rückführung des Zeitsaldos in den grünen Bereich in überschaubarer Zeit möglich erscheint. Die diesbezüglichen Vereinbarungen zwi-

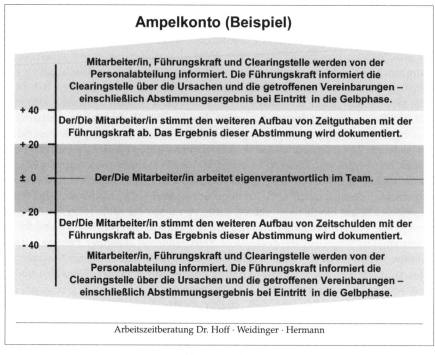

Abb. 2: Ampelkonto

schen Führungskraft und Mitarbeiter/in sind zu dokumentieren, damit sie ggf. zu einem späteren Zeitpunkt nachvollzogen werden können. – Die „Gelb"-Regeln sind damit so ausgestaltet, dass sowohl Mitarbeiter/in (im Interesse einer eigenverantwortlichen Gestaltung der Tagesarbeitszeit) als auch Führungskraft (zwecks Vermeidung von Aufwand) einen Anreiz haben, Überschreitungen von +/–20h möglichst zu vermeiden.

* Bei Eintritten in die „Rotphase" (über +/–40h) schließlich werden außer den Beteiligten die paritätisch durch Management und Betriebsrat besetzte „Clearingstelle" informiert und hat die Führungskraft die Ursachen sowie ihre Arbeitszeit-Planung zu erläutern – was sie sicherlich zusätzlich veranlassen wird, „Rot-Konten" auf den unvermeidbaren Ausnahmefall zu beschränken.

Kann auf diese oder ähnliche Weise sichergestellt werden, dass ein Zeitausgleich immer möglich bleibt, wird die im Zeitkonto angelegte Entkopplung von geleisteter Arbeitszeit und Entgelt vollendet und zugleich die wichtigste Voraussetzung für die Einführbarkeit von Vertrauensarbeitszeit geschaffen.

5. Das Langzeitkonto als Element des Gesamtvergütungssystems

Echte Zeitkonten und Vertrauensarbeitszeit sind bloße Instrumente der Arbeitszeitverteilung, die nur indirekt – über die durch die Arbeitszeitflexibilisierung bewirkte Produktivitätssteigerung – kapazitätswirksam werden. Sie müssen daher zwingend durch Instrumente ergänzt werden, die Kapazitätsprobleme (auf Grund von zu vielen/nicht ausreichend vielen Aufgaben und/oder zu wenig/zu viel verfügbarer Arbeitszeit) lösen können. *Abbildung 3* zeigt das gesamte Möglichkeiten-Spektrum.

Interessant kann hieraus insbesondere die Option sein, das traditionelle Instrument bezahlte Mehrarbeit durch den funktional äquivalenten Aufbau von Langzeitguthaben zu ergänzen oder sogar zu ersetzen, die einen Anspruch auf Freistellungen beinhalten, die kurzfristig nicht realisiert werden können (sonst würde man ja im Zeitkonto bleiben). Mit Entnahmemöglichkeiten (auch) für die Mitarbeiter/innen versehen, ist das Langzeitkonto ein hochinteressantes neues Element in Gesamtvergütungssystemen, die den Mitarbeiter/inne/n eine „lebensphasenorientierte" Arbeitszeitgestaltung bis hin zum vorgezogenen oder gleitenden Eintritt in den Ruhestand ermöglichen – also dann zeitweise ohne Entgeltverlust (!) weniger oder gar nicht zu arbeiten, wenn dies z.B. aufgrund von familiären Verpflichtungen, persönlicher Prioritätensetzung oder eingeschränkter Leistungsfähigkeit angezeigt ist. Dies gilt insbesondere dann, wenn das Langzeitkonto über seine kapazitätsschöpfende Funktion hinaus auch den Mitarbeiter/inne/n zur Wandlung von Entgeltbestandteilen in Freistellungsansprüche zur Verfügung gestellt wird.

■ **Auslastung der Mitarbeiter/innen angleichen:**
    ☐ teamintern
    ☐ teamübergreifend

■ **Arbeitszeitkapazität anpassen:**
    ☐ ungleichmäßige Verteilung der Vertragsarbeitszeit
    ☐ Auf-/Abbau von Langzeitkonten
    ☐ bezahlte Mehrarbeit/Kurzarbeit
    ☐ Verlängerung/Verkürzung der Vertragsarbeitszeit

■ **Personalkapazität anpassen:**
    ☐ Leiharbeit auf-/abbauen
    ☐ Aushilfen ein-/ausstellen
    ☐ befristete Einstellungen/Verträge auslaufen lassen
    ☐ unbefristete Einstellungen/Entlassungen

■ **Out-/Insourcing von Leistungen**

Arbeitszeitberatung Dr. Hoff · Weidinger · Hermann

Abb. 3: Mögliche Reaktionen auf Über-/Unterauslastung

6. Welches Verhalten in flexiblen Arbeitszeitsystemen wie belohnen?

Flexible Arbeitszeitregelungen geben in der Regel nur den Rahmen vor, innerhalb dessen der Arbeitszeitverbrauch – dezentral bedarfsgerecht unter weitest möglicher Berücksichtigung der persönlichen Belange nach dem Prinzip „Geben und Nehmen" – gesteuert wird. Damit stellt sich die Frage, ob und wie hierin bestimmte Verhaltensweisen entgeltseitig gefördert werden sollen und können. Dabei muss jedoch darauf geachtet werden, nichts Selbstverständliches zu belohnen; und eigentlich ist der bedarfsgerechte Einsatz der Arbeitszeit in flexiblen Arbeitszeitsystemen doch eine solche Selbstverständlichkeit (oder sollte es jedenfalls sein) – wie Pünktlichkeit im starren Arbeitszeitsystem, wo höchstens Unpünktlichkeit zu einem Entgeltabzug führen kann.

Dort, wo der Arbeitszeiteinsatz pro erstellte Leistungseinheit (z.B. im Einzelhandel: pro x Euro Umsatz) gemessen und die Leistungsqualität ausreichend sicher gestellt werden kann und die Steuerung des Personaleinsatzes im Team erfolgt, werden häufig bei Überschreitung bestimmter „Normalwerte" (im Einzelhandel: von Abteilung zu Abteilung unterschiedlich und immer wieder anzupassen) teambezogene Prämien etc. gezahlt. Der Teambezug ist hier im Übrigen auch deshalb zwingend, weil zur Zielerreichung ja nicht nur die an-, sondern in mindestens gleicher Weise auch die abwesenden Mitarbeiter/innen beitragen – und zudem Abwesenheit zur rechten Zeit deutlich schwieriger ist als Anwesenheit zur rechten Zeit. Solche outputorientierten Entgeltsysteme belohnen automatisch *auch* (und vielleicht sogar vor allem) extrem kurzfristige Flexibilität der Mitarbeiter/innen und damit etwas, das keineswegs selbstverständlich ist – z.B. das selbstgesteuerte zeitweise Aushelfen in anderen Abteilungen (denen dann der entsprechende Arbeitszeitverbrauch belastet wird, so dass sie diese Hilfe nur dann in Anspruch nehmen, wenn dies mit einem entsprechenden Nutzen für die dortigen Mitarbeiter/innen verbunden ist), das Einlegen von Pausen und das Nachhausegehen bei fehlendem Kundenandrang, das Kommen aus der Freizeit aufgrund von „Hilferufen" von Kolleg/inn/en etc.

Auf der anderen Seite sind derartige Entgeltsysteme selbst dort, wo die Voraussetzungen hierfür gegeben sind, recht konfliktträchtig: Zum einen funktionieren sie nur so lange gut, wie betriebsseitig die Bedingungen für eine optimale Leistungserbringung bestehen (im Einzelhandel muss z.B. der Warennachschub klappen und müssen die Kassen funktionieren). Zum anderen ergibt sich in ihnen – wie in jedem anderen Leistungsvergütungssystem – zwangsläufig die Notwendigkeit zur regelmäßigen Anpassung der „Normalleistung".

Angesichts dessen kann es erforderlich sein, (auch) über andere Anreizsysteme nachzudenken, die die Mitarbeiter/innen für nicht selbstverständliche, insbesondere also kurzfristige Flexibilität außerhalb des jeweils vorgegebenen Rahmens belohnen – wobei allerdings das Risiko besteht, dass zum einen daraus unerwünschte Anreize zu Lasten der selbstverständlichen (z.B. geplanten) und damit auch kostenlosen Flexibilität entstehen und zum anderen das gerade auch im Bereich der kurzfristigen Arbeitszeit-Anpassung Erfolg versprechende immaterielle „Geben und Nehmen", das die Berücksichtigung auch sehr kurzfristiger Arbeitszeit-Wünsche der Mitarbeiter/innen wesentlich mit einschließt, gefährdet wird.

Die Abgrenzung von selbstverständlicher und nicht selbstverständlicher Flexibilität möchte ich im folgenden am Beispiel von „Zeitfenstern" diskutieren, mit deren Hilfe Mitarbeiter/innen-Teams, auch im Schichtbetrieb, ihre Abwesenheiten (insbesondere aufgrund von Urlaub, Freischichten, Fortbildung und sonstiger absehbarer Fehlzeiten) planen (vgl. im einzelnen *Hoff/Jelenski* 2002, S. 16–20) – siehe *Abb. 4*, in dem ein aus acht Mitarbeiter/inne/n bestehendes (Schicht-)Team die erforderliche (Schicht-)Besetzung an Montagen von fünf und an allen anderen Werktagen von sechs Personen komplementär dadurch bewirkt, dass montags drei und dienstags bis samstags je zwei Teammitglieder durch Eintrag in „Zeitfenster" abwesend geplant werden.

Selbstverständlich könnte hierbei z.B. sein, dass das Team die Zeitfenster für die Folgewoche bis zum Mittwoch der Vorwoche komplett belegt hat (nur dies prüft dann die Führungskraft, falls nicht die Salden begleitender individueller Zeitkonten zu weit auseinander liegen) – ggf. unterstützt durch die Regel, dass zu diesem Zeitpunkt nicht besetzte Zeitfenster stets den Mitarbeiter/inne/n mit den aktuell höchsten Zeitkontensalden zugewiesen werden. *Nicht* selbstverständlich könnte dann z.B. sein, im Falle erst nach Mittwoch Vorwoche bekannter Fehlzeiten und Zusatz-Aufträge oder von Maschinenbruch *nicht* frei zu haben (oder in den umgekehrten Fällen frei) – und dies eventuell erst am selben Tag zu erfahren. Dafür können schon im Zeitfensterplan einzelne Zeitfenster und/oder Arbeitstage „unter Vorbehalt" vorgesehen sein, deren Inhaber für die abrufbare Flexibilität wahlweise mit einer Zeitgutschrift oder einer Geldprämie belohnt werden könnten. Wichtig ist nun, dass diese Belohnung unabhängig vom tatsächlichen Flexibilitäts-Abruf erfolgt (!) – der/die Mitarbeiter/in bekommt in diesem Fall einfach auf seinem/ihrem Zeitkonto die geleistete Arbeitszeit gutgeschrieben bzw. die ausfallende Arbeitszeit belastet.

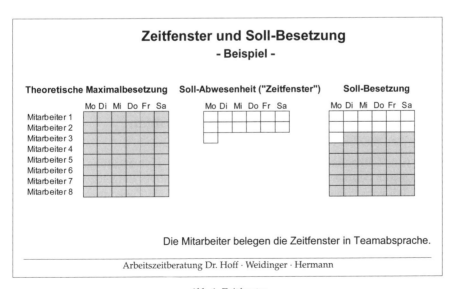

Abb. 4: Zeitfenster

Nur dann nämlich wird für die Teammitglieder und (langfristig – durch Abbau der erforderlichen Flexibilitätsprämien) für den Betrieb der Anreiz gestärkt, die Besetzungsanforderungen und die Abwesenheitszeiten so gut zu planen, dass *diese* Flexibilität so selten wie möglich in Anspruch genommen werden muss – und eventuell verstärkt über andere Lösungsmöglichkeiten nachzudenken wie den kurzfristigen Einsatz einzelner Mitarbeiter/innen über Team-, Hierarchie- und Funktionsgrenzen hinweg.

Dass solche Flexibilitätsprämien vorrangig den Mitarbeiter/inne/n zukommen, die nicht z.B. durch familiäre Verpflichtungen auf eine möglichst gute Vorausplanung ihrer Arbeitszeit angewiesen sind, ist sachgerecht und nicht zu beanstanden – auch deshalb, weil die Erstgenannten erst die Voraussetzungen für die Planbarkeit der Arbeitszeiten der Letztgenannten schaffen. Gibt es keine Flexibilitätsprämien, kann ein vergleichbarer Effekt dadurch geschaffen werden, dass „Arbeitszeit-Flexibilität" zu einem wichtigen Kriterium in der entgeltwirksamen Beurteilung der Mitarbeiter/innen wird.

Die Grenzen des Selbstverständlichen können (und sollten) immer nur für das einzelne flexible Arbeitszeitsystem festgelegt werden, wobei auch Regelungstraditionen, Präzedenzfälle im Unternehmen, die wirtschaftliche Lage des Betriebs, die Handlungsspielräume der Mitarbeiter/innen sowie Entgeltniveau und -struktur eine Rolle spielen können.

7. Zwischenfazit

In flexiblen Arbeitszeitsystemen mit Zeitkonten für den fortlaufenden Zeitausgleich wird der herkömmliche unmittelbare Zusammenhang zwischen Arbeitszeit und Entgelt geschwächt – auch durch die hierüber ermöglichten erweiterten „Zumutbarkeiten" beim ungleichmäßigen und nicht auf Dauer planbaren Arbeitszeit-Einsatz. Gleichzeitig kann hierin ein Bedarf an materiellen Belohnungsmechanismen für nicht selbstverständliche Arbeitszeit-Flexibilität der Mitarbeiter/innen entstehen.

8. Der Widerspruch zwischen Zeitkonto und Erfolgs- vergütung – und die Folgen

Basis von Zeitkontenregelungen ist notwendig die Zeitvergütung. Würde man nämlich zum Beispiel Mitarbeiter/inne/n, deren effektives Entgelt zu einem erheblichen Teil vom Erreichen bestimmter Ziele abhängt, ein Zeitkonto zur Verfügung stellen, müsste der Arbeitgeber im Erfolgsfall stets damit rechnen, dass nicht nur die vereinbarte Zusatzvergütung, sondern ggf. auch der Freizeitausgleich hierfür eingesetzter Mehrstunden fällig werden – und letzteres dazu tendenziell auch noch bei den weniger leistungsfähigen Mitarbeiter/inne/n.

Es kann daher nicht erstaunen, dass sich der zunehmende Trend in Richtung ergebnisorientierte Vergütung in einem Arbeitszeit-Trend in Richtung Vertrauensarbeitszeit und Arbeitszeit-Freiheit niederschlägt (vgl. *Abb. 5*) – über den logischen Vorreiter AT-Bereich hinaus, in dem der Zeitbezug des Entgelts bereits unter starren Rahmenbedingungen durch den überwiegend einzelvertraglich vereinbarten Ausschluss der Vergütung von (zumutbarer) Mehrarbeit gelockert worden ist.

- Bei Vertrauensarbeitszeit (vgl. hierzu detailliert *Hoff*: Vertrauenarbeitszeit, 2002) bleibt die Arbeitszeit als Leistungsmaßstab unberührt, wenngleich dadurch, dass sie durch ihre Nicht-Erfassung in den Hintergrund gerät, andere Maßstäbe (wie das Erreichen wirtschaftlicher oder kundenorientierter Ziele) stärker in den Vordergrund treten. Kommt der/die Mitarbeiter/in hier mit seiner/ihrer Arbeitszeit nicht aus, muss er/sie, wenn er/sie keine unbezahlte Mehrarbeit leisten will oder keine anderweitige ausreichende Kompensation erhält, mit der Führungskraft sprechen, die dann – analog zur Zeitkontenführung – dafür verantwortlich ist, dass die Lücke zwischen erforderlicher und verfügbarer Arbeitszeit geschlossen wird. Mit welchen kapazitätswirksamen Instrumenten dies geschehen kann – bis hin wiederum zur bezahlten Mehrarbeit und/oder dem Aufbau von Langzeitguthaben –, ist zentraler Bestandteil jeder Vertrauensarbeitszeitregelung.

- Vertrauensarbeitszeit ist sowohl mit Zeit- als auch mit Erfolgsvergütung vereinbar. Der Unterschied liegt ggf. (nur) in der Handhabung von Überlast-Situationen: Während es hier bei Zeitvergütung darauf ankommt, benötigte und vom Arbeitgeber angekaufte Arbeitszeit wieder ins Gleichgewicht zu bringen, geht es bei Erfolgsvergütung (auch) darum, ob dem/der Mitarbeiter/in eine ausreichende Kompensation für den zeitlichen Mehreinsatz geboten wird.

- Bei „Arbeitszeit-Freiheit" (im Doppelsinne von Freiheit in und von der Arbeitszeit) wird dagegen die Arbeitszeit als Leistungsmaßstab durch einen oder mehrere andere abgelöst – z.B. durch das Erreichen bestimmter Ziele; Arbeitszeit-Freiheit setzt folglich Erfolgsvergütung voraus. Dort, wo der/die Mitarbeiter/in vertraglich (lediglich) zur Ableistung einer bestimmten Arbeitszeitmenge verpflichtet ist, müssen diese Ziele dann allerdings (wie die Normalleistung im Leistungslohn) so bemessen sein, dass sie im Rahmen der Vertragsarbeitszeit erreicht werden können – und generell selbstverständlich innerhalb der arbeitszeitgesetzlichen Grenzen (ganz wird man die Arbeitszeit also auch hierbei nicht los!). Mehrarbeit kann es dann nicht mehr geben, aber auch keine Nachleistungspflicht,

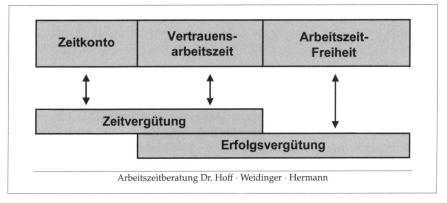

Abb. 5: Arbeitszeit und Entgelt

wenn der/die Mitarbeiter/in z.B. die vereinbarten Ziele mit deutlich weniger als der Referenzarbeitszeit erreicht haben sollte: Auch dann hat der Arbeitgeber das gewünschte Ergebnis ja erhalten, und vielleicht sogar *vor* der geplanten Zeit – und kann dann immer noch versuchen, beim nächsten Mal eine für ihn günstigere Abmachung auszuhandeln.

9. Zeitkonto, Vertrauensarbeitszeit und Arbeitszeit-Freiheit einsetzen

Vor diesem Hintergrund sollte betrieblich generell überlegt werden, alle drei Alternativen unter besonderer Berücksichtigung der individuellen Entgeltstruktur nebeneinander einzusetzen und dabei vielleicht sogar den Mitarbeiter/inne/n Wahlmöglichkeiten anzubieten – wie dies zum Beispiel seit Anfang 2001 bei der Darmstädter *Software AG* (vgl. *Hoff/Winterstein*, 2001, S. 56–64, und *Gudrun Sonnenberg*, „Ach, nichts mehr zu tun?" in: VDI nachrichten vom 8.11.02) geschieht. Dort wurden damals zunächst alle Mitarbeiter/innen mit einem Erfolgsvergütungs-Anteil am Jahreszielgehalt von mindestens 10 % von der Zeitkontenführung ausgenommen und genießen seither „Arbeitszeit-Freiheit". Dass die vereinbarten Ziele ggf. auch tatsächlich in der Vertragsarbeitszeit erreicht werden können, stellt bei Bedarf eine paritätisch durch Management und Betriebsrat besetzte „Zielerfassungskommission" sicher.

Die übrigen, also vollständig oder weit überwiegend zeitvergüteten Mitarbeiter/innen können wählen: zwischen einem auf +/-60 Stunden begrenzten echten Zeitkonto mit Sofortverfall (d.h., am selben Tag) überschießender Salden im Plusbereich zu Lasten des Mitarbeiters/der Mitarbeiterin und im Minusbereich zu Lasten der Firma, das durch Arbeitszeit-Selbsterfassung mittels eines auch für die Projektabrechnung genutzten Tools gespeist wird, und Vertrauensarbeitszeit, bei der sie lediglich zur „Spitzenaufschreibung" gemäß § 16 Abs. 2 Arbeitszeitgesetz (vgl. hierzu *Hoff/Schlottfeld* 2001, S. 530–533) sowie zur Aufzeichnung der Arbeitszeiten verpflichtet sind, die für Abrechnungs- oder Controllingzwecke benötigt werden. – Die meisten Mitarbeiter/innen haben sich übrigens für das Zeitkonto entschieden. – In bestimmten Funktionen können die Mitarbeiter/innen darüber hinaus auch zwischen Erfolgsvergütung (und damit Arbeitszeit-Freiheit) und Zeitvergütung wählen.

10. Fazit

Denkt man die beiden zentralen Arbeitsvertrags-Säulen Arbeitszeit und Entgelt zukunftsbezogen weiter, wird das zu wählende Arbeitszeitsystem vom gewählten Entgeltsystem bestimmt sein müssen: Bei reiner oder weit überwiegender Zeitvergütung ist es konsequent, mit einem echten Zeitkonto zu arbeiten, bei Erfolgsvergütung mit Arbeitszeit-Freiheit. Dies bedeutet zum einen, dass angesichts der großen Vorteile flexibler Arbeitszeitregelungen, in denen die Arbeitszeit insbesondere auch für immer wieder neue Zwecke eingesetzt werden kann, die Zeitvergütung keineswegs als Auslaufmodell angesehen werden darf, und zum anderen, dass sich fehlende Klarheit hinsichtlich dieser grundsätzlichen Alternativen auf die weitere Ausbreitung flexibler Arbeitszeitsysteme und erfolgsorientierter Vergütungssysteme hemmend auswirken wird.

Vor diesem Hintergrund hat die Vertrauensarbeitszeit nun allerdings den Charme, dass sie sowohl mit Zeit- als auch mit Erfolgsvergütung verträglich ist – was in Theorie und Praxis zu vielfältigen Irritationen geführt hat: In ihr wird zwar der Leistungsmaßstab Arbeitszeit beibehalten, zugleich aber durch den Verzicht auf Zeitkontrolle relativiert, was alternativen Maßstäben den Boden bereitet. Vertrauensarbeitszeit muss dennoch nicht bloß ein Übergangsmodell sein: Sie beinhaltet auch die Chance, die bei Zeitvergütung mittels Zeitkonto erschlossenen Vorteile hoher Arbeitszeitflexibilität mit der strikten Ergebnisorientierung bei Erfolgsvergütung zu verbinden.

Literaturverzeichnis

Hoff, Andreas/Winterstein, Detlef: Überlaufende Zeitkonten, in: Personalwirtschaft, 4/2001, S. 56–64 (Manuskript unter www.arbeitszeitberatung.de)

Hoff, Andreas: Zeitkonto – Vertrauensarbeitszeit – Arbeitszeit-Freiheit: Wir brauchen mehr Ergebnisorientierung, in: CoPers, 5/2003, S. 24–27 (Manuskript unter www.arbeitszeitberatung.de)

Hoff, Andreas: Vertrauensarbeitszeit. Einfach flexibel arbeiten, Wiesbaden 2002

Hoff, Andreas/Schlottfeldt, Christian: „Vertrauensarbeitszeit" und arbeitszeitrechtliche Aufzeichnungspflicht nach § 16 II ArbZG, in: Neue Zeitschrift für Arbeitsrecht 10/2001, S. 530–533 (Manuskript unter www.arbeitszeitberatung.de, wo in der Tool-Box auch kostenlose Tools zur Erfüllung der gesetzlichen Aufzeichnungspflicht zur Verfügung gestellt werden)

Hoff, Andreas/Jelenski, Jana: Zeitfenster im Schichtbetrieb, in: Personalwirtschaft, Sonderheft 10/2002, S. 16–20 (Manuskript unter www.arbeitszeitberatung.de, wo auch – in der Tool-Box – das Tool „Jahresschichtpläne mit Option Zeitfenster" kostenlos zur Verfügung gestellt wird)

Hoff, Andreas: Zeitkonto und Langzeitkonto. Grundlagen und Gestaltungsempfehlungen, in: Das flexible Unternehmen: Arbeitszeit, Gruppenarbeit, Entgeltsysteme, Düsseldorf (Loseblattwerk), Sektion 04.08 (Manuskript unter www.arbeitszeitberatung.de)

Niermann, Walter: Flexibilisierung von Vergütungsabreden durch Einrichtung von Arbeitszeitkonten. Aktuelle steuerrechtliche Verwaltungspraxis, in: Der Betrieb, 41/2002, S. 2124 ff.

Internationale Aspekte der Entgeltfindung

Prof. Dr. Thomas R. Hummel

Inhalt

1. Internationalisierung als Herausforderung für die Unternehmensführung

Trotz verstärkter Globalisierung ist auch heute noch die Bedeutung nationaler Eigenarten stark. Manchen geht die gegenwärtige Liberalisierung schon zu weit. So berichtet der langjährige Chefökonom der OECD in einem Interview über seine Erfahrungen. Nach seiner Meinung wollen die Menschen ihre Besitzstände wahren und sich durch spezielle Bevorzugung Vorteile erringen. In Deutschland wollen zum Beispiel die Gewerkschaften ihre Besitzstände wahren. Sie haben eine starke Positition, sie wollen nicht die Situation wie in Ostdeutschland geraten, wo es mehr Wettbewerb auf dem Arbeitsmarkt gibt (*Henderson D.*, Leid Tragende sind die Armen, Wirtschaftswoche 25.1.01). *Henderson* wendet sich gegen zu viele Regulierungen und Kontrollen, denn die Weltwirtschaft hat eine unglaubliche Komplexität, die nicht gemanagt werden kann. „Gerade deshalb ist es so wichtig sicherzustellen,

dass die Märkte richtig funktionieren. Es bereitet mir große Sorgen, wenn Leute an-
fangen, von der Notwendigkeit einer globalen Regierung zu sprechen."

In diesem Sinne wandten sich schon auf der Welthandelskonferenz in Singapore die
Entwicklungsländer gegen Mindestbedingungen der sozialen Standards und des
Umweltschutzes. Dadurch würden die armen Länder und die ärmsten Bevölke-
rungsschichten ihrer Chancen beraubt. Für viele ist es unverständlich, im Namen
der Menschenrechte Forderungen zu erheben, die durch formelle Gleichbehandlun-
gen und Regulierungen mehr Schaden anrichten als Nutzen bringen. Selten hat ein
multinationales Unternehmen noch ein nationales Zentralmanagement. Immer
mehr werden Vertreter aus wichtigen Ländern in die obersten Führungsetagen berufen. Unabhängig von den vielschichtigen Überlegungen zur Zentralisation oder
Dezentralisation der Organisationsstruktur multinationaler Unternehmen gelten
für die Personalführung einige Besonderheiten.

Die Personalführung hat zu berücksichtigen, dass die Mitarbeiter der einzelnen
Landesunternehmen in unterschiedlichen Gemeinschaften leben, denken und arbeiten. Sie muss auf unterschiedliche Sitten, Gewohnheiten, Erfahrungen und Ansprüche Rücksichten nehmen. Deshalb muss sie vom Grundsatz her dezentral ausgerichtet sein. Sinnvollerweise sollte sich deshalb der Einfluss der Zentrale auf
Grundsätze der Personalpolitik und damit auf Probleme beschränken, die mehrere
Länder gleichzeitig betreffen. Dabei sollten Entscheidungen möglichst nach übergreifenden Gesichtspunkten dort gefällt werden, wo die größte Sachkenntnis vorhanden ist.

Allerdings ist nicht zu verkennen, dass multinationale Unternehmen über zentrale
Überlegungen zur Investitionsplanung und Finanzierung hinaus ein Mindestmaß
an Zusammenhalt brauchen, ohne dass die Unternehmensstruktur zerfallen würde.
Erfahrungsgemäß werden in großen Unternehmen Führungspositionen meist aus
den eigenen Reihen besetzt. Immer mehr wird jedoch angestrebt, internationale
Chancengleichheit zu erreichen sowie weibliche Führungskräfte zu berücksichtigen. Die wichtigsten Qualifikationen für Führungspositionen sind immer mehr
Auslandserfahrungen sowie die Fähigkeit, sich in andere Kulturkreise einzuleben
(vgl. *Hummel/Zander* 2003).

Für das obere Management sollte gelten, dass die wesentlichen Formen der Führung ähnlich sind und diese bei gemeinsamen Tagungen in gewissen zeitlichen Ab-
ständen auch angesprochen werden. Dabei ist ein wichtiger Gesichtspunkt, dass die
Mitglieder dieser Führungsebene auch untereinander bekannt sind. Dies wird nicht
einfach sein und die Unternehmensführung und das Personalmanagement verstärkt herausfordern. Manche Unternehmen können dabei nicht ohne Hilfe von
externen Unternehmensberatungen, Arbeitsvermittlung und Anwaltskanzleien am
Standort der Auslandsniederlassung die Aufgaben erfüllen. Das gilt besonders bei
der Entscheidungsvorbereitung, bei Personalbedarfsbestimmung und Personalauswahl (vgl. *Hummel/Zander* 1998).

Die Entsendung von einheimischen Mitarbeitern ins Ausland bringt häufig Probleme. Darum ist es wichtig, schon vorher an die Wiedereingliederung zu denken,
denn eine Garantie für erfolgreiche Wiedereingliederung gibt es längst nicht mehr.
Für manche Unternehmen ist der Auslandseinsatz Voraussetzung für einen Aufstieg, für andere nur ein Zeichen des größeren Mobilitätsanspruchs an die Mitar-

beiter (vgl. *Stahl* 2000). Die Auslandsprämien für Mitarbeiter unterscheiden sich sehr nach den unterschiedlichen Erschwernissen in den einzelnen Regionen.

In vielen Ländern ist in den letzten Jahren eine Verbesserung des Ausbildungsstands eingetreten. Immer mehr Firmen legen Wert darauf, dass Mitarbeiter und Führungskräfte auch in Fremdsprachen gut ausgebildet werden. Der Stellenwert internationaler Qualifikationen aus der Sicht von Unternehmen geht aus einer Studie des *Instituts der deutschen Wirtschaft* hervor (vgl. *iwd* vom 1.2.2001 und Punkt 5).

Ausgelöst durch die Zuwanderung von qualifizierten Arbeitskräften aus dem Ausland, die dringend für erforderlich gehalten werden, sind Spielregeln entwickelt worden, die in ausgewählten OECD-Ländern ebenfalls vom *Institut der deutschen Wirtschaft* untersucht wurden (vgl. *iwd* vom 11.01.2001.)

2. Auslandsentsendung von Fach- und Führungskräften

Mit zunehmendem Internationalisierungsgrad von Unternehmen wachsen auch die Ansprüche an Manager und Mitarbeiter. Offenheit alleine und das Beherrschen von Fremdsprachen reichen nicht mehr aus. Erfolg wird vielmehr vom richtigen Umgang und Auftreten anderen Kulturen gegenüber abhängen. Doch diese Ansprüche lassen sich in der Regel nur durch entsprechende Personalentwicklungsmaßnahmen erreichen. Am Ende dieser Weiterbildung allerdings steht der Global Manager, der sich in verschiedenen Kulturen souverän bewegt (vgl. *Hummel/Zander* 2003).

Die weltweite Verflechtung von Wirtschaft und Gesellschaft setzt sich nicht nur fort, sondern scheint an Intensität noch zu gewinnen. Immer deutlicher hervortretende Trends transformieren unsere Welt zunehmend in ein „Global Village":

- Die fortschreitende Entwicklung der Kommunikations- und Transporttechnologien bewirkt eine immer engere Verknüpfung auch der entferntesten Gebiete und
- damit potenziellen Märkten für die Unternehmen. Intelligente Kommunikationsstrukturen überwinden zunehmend nationale Grenzen.

In der Konsequenz begünstigt dies den Prozess der Globalisierung der Wirtschaft. Die wachsende internationale Verflechtung wirtschaftlicher Aktivitäten führt immer mehr Menschen aus den verschiedensten Kulturen zusammen. Zur erfolgreichen Führung internationaler Unternehmen bedarf es daher in zunehmendem Maße eines kultursensitiven Managements, das in der Lage ist, auf Geschäftspartner aus anderen Kulturen kompetent einzugehen.

Auch der Vorgang der gesellschaftlichen und politischen Globalisierung erhöht die Kontakte zwischen Personen unterschiedlicher Kulturzugehörikeit erheblich. So steigt das Ausmaß grenzüberschreitender Bevölkerungsmigration in den westlichen Industrienationen zum Teil beträchtlich an und verstärkt die Herausbildung multiethnischer und multikultureller Bevölkerungsstrukturen. Da interkulturelle Kontakte damit unvermeidbar werden, müssen die Angehörigen der verschiedenen Kulturen und ethnischen Gruppen lernen, sich auf die jeweils andere Identität einzustellen. Zugleich schwächt sich, aufs Ganze gesehen, auch die Idee der nationalen Identität ab, was durch die Entstehung Ländergrenzen übergreifender politischer Gebilde wie EU, NAFTA, NATO noch unterstützt wird. Der mit dieser Entwicklung

einhergehende politische Bedeutungsrückgang des Nationalstaats fördert grenz-
überschreitende Begegnungen unterschiedlicher Kulturen ebenso wie die weitere
Migration ethnischer Bevölkerungsgruppen.

In Zukunft wird das Zusammenleben der Menschen stärker als je zuvor vom erfolgreichen Umgang mit kulturellen Unterschieden abhängen. Somit reift in nahezu
allen Bereichen von Wirtschaft und Gesellschaft die interkulturelle Kompetenz der
Menschen zu einer Schlüsselqualifikation heran (vgl. *Hummel/Zander* 2003). Bi-kul-
turell kompetent ist derjenige, der die fremde Kultur soweit verstanden hat, dass er
die Erwartungen, Verhaltensweisen und Reaktionen ihrer Mitglieder ähnlich gut
vorhersehen bzw. nachvollziehen kann, wie die der Mitglieder seiner eigenen Kultur und weiß, wie er sich selbst in bestimmten Situationen verhalten muss, damit
seine Absichten auch in seinem Sinne verstanden werden. Dabei impliziert „interkulturelle Kompetenz" eine Lernerfahrung der Erschließung anderer Kulturen, die
sich auch auf neue Länder und Gesellschaften übertragen lässt (vgl. ifim).

Interkulturelles Management beschäftigt sich mit den kulturbedingten Unterschieden in Arbeitsorganisationen sowie im Führungs- und Arbeitsverhalten von Menschen.

Beispiel: In jeder Kultur gibt es klare Erwartungen, wie Vorgesetzte und Untergebe-
ne miteinander umgehen sollten. Ob der Vorgesetzte leicht zugänglich sein sollte,
ob er mit Mitarbeitern scherzen darf, ob er eigene Fehler zugeben sollte, in wieweit
er sich für das Privatleben seiner Mitarbeiter interessieren sollte, ob Mitarbeiter ihm
widersprechen dürfen, wenn sie fachlich anderer Meinung sind, welche Statussymbole angemessen sind etc.

Obwohl jede Führungskraft ihren eigenen persönlichen Stil entwickelt, wird sie nur
anerkannt und erfolgreich sein, wenn ihr Stil wichtigen Erwartungen der Kultur
nicht dauerhaft zuwiderläuft.

Personalführung in unterschiedlichen Kulturen ist aber nur *ein* Gegenstand des in-
terkulturellen Managements, andere Themen sind das Verständnis von Arbeitsver-
hältnissen und Geschäftsbeziehungen, Verhandlungsstile, Konfliktmanagement,
Kundenbeziehungen, Planung und Entscheidungsfindung, Risikobereitschaft und
Regelungsbedarf im Arbeitsleben, Arbeitsanweisungen und Wissensvermittlung,
Vertragsverständnis, Präsentation und viele andere.

Alles, was Menschen im Arbeitsleben tun, findet im Rahmen kulturell geprägter
Vorstellungen statt.

Zu den wichtigsten Quellen des Unternehmenserfolgs zählen neben der Marktori-
entierung insbesondere die Mitarbeiterorientierung eines Unternehmens sowie die
Qualität seiner Human-Ressourcen. Dies belegt die empirische Forschung inzwischen eindeutig. In besonderem Maße gilt dies für international tätige Unternehmen, deren Erfolg auf Auslandsmärkten wesentlich vom Einsatz auslandsorientierter und international erfahrener Führungskräfte und Mitarbeiter abhängt.

Mit der Internationalisierung der Unternehmenstätigkeit steigt die Notwendigkeit,
Manager in das Ausland zu entsenden. Dadurch entstehen den Unternehmen erhebliche Kosten, etwa für vorbereitende Maßnahmen (Sprachkurse, Trainings), den
Familienumzug, für Mietkostenzuschüsse, Erschwerniszulagen und Auslandsprämien (vgl. z.B. *Wirth* 1996).

Diese Kosten werden durch den Misserfolg der Entsandten nicht selten erheblich gesteigert. So scheitern beispielsweise US-amerikanische Führungskräfte im Ausland oft an ihrer Unfähigkeit, sich in einer fremden Kultur zurechtzufinden. Experten schätzen, dass zwischen 20 Prozent und 50 Prozent aller Entsendungen ins Ausland mit einer vorzeitigen Rückkehr der „Expats" in die USA enden. Bei einer Versetzung in Entwicklungsländer erhöht sich dieser Anteil unter Umständen sogar auf 70 Prozent. Ähnliches gilt für zahlreiche westeuropäische Manager, denen zum Beispiel die kulturellen Gegebenheiten Mittel- und Osteuropas erhebliche Probleme bereiten und die daher nach kurzer Zeit wieder in ihre Heimat zurückkehren. Die den Unternehmen dadurch entstehenden Schäden sind gewaltig. Man kann davon ausgehen, dass die Kosten eines misslungenen Auslandseinsatzes prinzipiell mit der Bedeutung der Auslandsposition des Entsandten wachsen. So kann beispielsweise der Leiter einer bedeutenden Auslandsniederlassung die Beziehung zu ausländischen Geschäftspartnern und zu Regierungsvertretern nachhaltig schädigen, wenn er kulturell völlig unangemessen auftritt. Zusätzlich zu dem dadurch entstehenden Imageverlust kann sich der direkte finanzielle Folgeschaden der Fehlbesetzung wichtiger Auslandspositionen durchaus auf das Drei- bis Vierfache eines Manager-Jahresgehalts belaufen. Hinzu kommen die für den gescheiterten „Expat" zum Teil gravierenden negativen Folgen beruflicher und oft auch privater Art. Als Konsequenz wird vielfach ein „Global Manager" gefordert, der sich, ausgestattet mit der nötigen interkulturellen Kompetenz, in verschiedenen Kulturen souverän zu bewegen vermag.

Für die erfolgreiche Internationalisierung eines Unternehmens ist interkulturell kompetentes Personal zweifellos eine wichtige Voraussetzung. Dies gilt nicht nur für den Umgang mit Kunden auf Auslandsmärkten, sondern auch für die Zusammenarbeit mit Unternehmen, die eine andere Unternehmenskultur aufweisen. Daraus ergeben sich zunächst Aufgaben für die betriebliche Personalwirtschaft, insbesondere für die Personalauswahl, die Personalführung und die Personalentwicklung. Diese personalwirtschaftliche Perspektive wird im folgenden unter dem Aspekt der Personalentwicklung vertieft, die alle Maßnahmen umfasst, mit denen das Leistungspotenzial der Unternehmensmitglieder verbessert werden soll – und damit auch ihre interkulturelle Kompetenz.

Da die Internationalisierung auch als eine Basisstrategie des Marketing aufgefasst werden kann, stellt die Entwicklung interkulturell kompetenten Personals aber ebenso eine wichtige Aufgabe für das interne Marketing eines Unternehmens dar. Damit ist insbesondere das so genannte personalorientierte interne Marketing angesprochen, das die personellen Voraussetzungen für die erfolgreiche Realisation von Marketing-Strategien schaffen soll, wozu auch Maßnahmen der internationalen Personalentwicklung zählen. Personalentwicklung und Marketing gehen hier ineinander über. Die absehbare Entwicklung des Euros und die engere Zusammenarbeit der verschiedenen Länder rücken auch auf internationalem Gebiet die Personalführung in den Vordergrund, denn sie ist eine wichtige Teilfunktion der Unternehmensführung.

Während die Unternehmensführung von den Unternehmenszielen und den daraus abgeleiteten unternehmenspolitischen Strategien bestimmt wird, verkörpert die Personalpolitik wiederum einen wichtigen Teilbereich der Unternehmenspolitik; Personalführung erfolgt primär durch Führungskräfte.

Eine gute Personalführung kann wesentlich erleichtert werden, wenn innerhalb eines Unternehmens ein verbindlicher Handlungsrahmen und anerkannte Maximen der Zusammenarbeit vorliegen. Eine funktions- und leistungsfähige Personalführung hat einen hohen Stellenwert für den langfristigen Unternehmenserfolg. Deshalb gehören die Prinzipien der Personalführung zum Kernbereich der Unternehmensführung. Dieser Zusammenhang gilt sowohl für nationale als auch für international tätige Unternehmen.

2.1 Gründe für eine Auslandsentsendung

Im Zuge zunehmender Globalisierung von Unternehmen und dem damit verbundenen Wachstum internationaler Verflechtungen kommt es verstärkt zu auf eine bestimmte Zeitdauer befristeten Auslandseinsätzen von Mitarbeitern. Nachfolgend sollen zunächst Gründe aufgeführt werden, warum sich Unternehmen für eine Auslandsentsendung von Mitarbeitern entscheiden und weshalb die so genannten Expatriates bereit sind, für einen bestimmten Zeitraum eine Tätigkeit im Ausland anzunehmen. Es ist also zu unterscheiden zwischen betrieblichen und persönlichen Argumenten für einen Auslandseinsatz.

Ein Vorteil, der sich für ein Unternehmen aus einem Auslandseinsatz ergibt, ist der Transfer von Wissen ins Ausland, also beispielsweise vom inländischen Mutter- zum ausländischen Tochterunternehmen. Weiterhin besteht für das inländische Unternehmen die Möglichkeit, durch eine Entsendung eine gewisse Kontrollfunktion im Ausland ausüben zu können. So hat der Expatriate vor Ort direkten Einblick in das Tagesgeschäft des ausländischen Unternehmens. Ein weiterer Grund für einen Auslandseinsatz ist die Schulung ausländischer Mitarbeiter. Zudem wird durch eine Auslandsentsendung die Durchsetzung der Unternehmenspolitik sowie die Sicherung von Unternehmensinteressen vor Ort erleichtert. Auch die Nähe zum betreffenden ausländischen Markt ist als Argument für einen Auslandseinsatz anzuführen. Ein weiterer Grund für ein Unternehmen, Mitarbeiter ins Ausland zu entsenden, ist die Qualifizierung der inländischen Führungskräfte. So kann sich ein Auslandsaufenthalt durchaus positiv auf das Führungsverhalten des Entsandten auswirken.

Für den Expatriate selbst ergeben sich ebenfalls Vorteile durch die Tätigkeit im Ausland. Dazu zählen beispielsweise die Erweiterung bisheriger Erfahrungen oder die Verbesserung des eigenen Führungsverhaltens. Zudem ergibt sich für die betreffende Person die Möglichkeit der Persönlichkeitsentwicklung. Auch die Aussicht auf eine höhere Vergütung ist ein Anreiz, eine Stelle im Ausland zu akzeptieren. Auf die Vergütung von Expatriates wird nachfolgend genauer eingegangen. Ein weiterer Grund, warum ein Mitarbeiter bereit ist, einem Auslandseinsatz zuzustimmen, kann eine Veränderung der familiären Situation sein. Außerdem kann eine Auslandsentsendung als Karrierebaustein dienen.

2.2 Entsendungsprobleme

International tätige Unternehmen entsenden vielfach junge Mitarbeiter im Rahmen von Trainee-Programmen in ihre ausländischen Niederlassungen. So begrüßenswert diese Praxis auch sein mag, bleibt dabei jedoch zu sehen, dass es diesen jungen

Mitarbeitern zumeist noch an Berufserfahrung und Fachkenntnissen fehlt, als dass sie bereits maßgeblich am Leistungsprozess vor Ort mitwirken können.

Andererseits ist es u.U. schwieriger, den „gestandenen", über 30-jährigen und womöglich mittlerweile mit Ehepartner, Kindern und Haus ausgestatteten Mitarbeiter für eine Auslandstätigkeit zu gewinnen. Dabei ist es In der Regel weniger der Mitarbeiter selbst, der vor der Fremde zurückschreckt, als vielmehr dessen Sorge um das ungewisse soziale Umfeld, das seine Familie im Ausland erwartet. Für Länder des westlichen Kulturkreises – also Europa und USA – wird dieses Risiko überschaubarer sein als in Ländern anderer Kulturkreise.

In manchen Ländern Asiens beispielsweise herrscht ein gänzlich andersartiges Rollenverständnis der Frau. Gewiss wird eine Europäerin in Japan oder Singapore anders behandelt als eine Asiatin, nur bleibt sie damit eine Außenseiterin. Andererseits gibt es für die vor Ort ansässigen Europäer und Amerikaner meist internationale Schulen sowie zahlreiche Clubs und gesellschaftliche Veranstaltungen, die der Gefahr einer Isolation entgegenwirken.

Einem gegebenenfalls berufstätigen Ehepartner sollte der Arbeitgeber überdies die Möglichkeit bei der Vermittlung einer Arbeitsstelle vor Ort behilflich sein. Dies kann nicht nur einer synchronen Integration des Paares am Auslandsort förderlich sein, sondern auch dessen gemeinsamem Verständnis für die in der Region spezifischen Verhaltensnormen der Geschlechter untereinander.

Hinsichtlich des Alters geht eine asiatische Beratungsfirma sogar so weit, dass sie zum Beispiel für den Einsatz in China lebenserfahrene Manager mit interkulturellen Voraussetzungen empfiehlt. Fehl am Platz seien zum Beispiel junge dynamische Typen, erfolgreich hingegen solche mit Lebenserfahrung. Gefragt sei der Generalist, entbehrlich der Spezialist. Wer sofortigen Geschäftserfolg um jeden Preis wolle, werde scheitern, wer langfristige Ziele habe, reüssieren. Auf bewährte westliche Managementpraktiken könne man verzichten, nicht aber auf typisch chinesische Führungsqualitäten, zu denen beispielsweise Geduld und Beherrschung zählen. Mitarbeiter, die bereit sind, ins Ausland zu gehen, gelten in der Regel zu Recht als weltoffen, flexibel und risikobereit. Der Arbeitgeber honoriert dies in vielen Fällen durch eine hierarchische Position im Ausland, die dem Mitarbeiter im Inland nicht ohne weiteres offenstünde. Das setzt eine regelmäßige Prüfung der Erschwernisse voraus, denen die „Entsandten" ausgesetzt sind.

Soll der Mitarbeiter jedoch nach seiner Auslandsstation – z.B. nach drei bis vier Jahren – zurück in die Zentrale versetzt werden, so kann es zu unerwarteten Schwierigkeiten kommen. Hiermit ist weniger gemeint, dass zum Zeitpunkt der vorgesehenen Rückkehr gerade keine „adäquate Vakanz" zur Verfügung stehen könnte, zumal dies in größeren Unternehmen meist nur ein temporäres Problem sein wird (vgl. z.B. *Stahl* 2000).

Sensibler ist die Gefahr, dass der Mitarbeiter in der Diaspora „zentrifugale Freiheiten" entwickelt, womit er sich schleichend von der Zentrale entfremdet und dort letztlich „seine Lobby" verliert. Die Folge kann sein, dass sich der Arbeitgeber schwer tut, das Rückflugticket auszustellen, und eher versuchen wird, den Mitarbeiter im Ausland – möglicherweise an einem anderen Standort – zu belassen. Um solchen Entfremdungseffekten vorzubeugen, empfiehlt sich ein intensiver Dialog mit den Mitarbeitern im Ausland und straffe Einbindung in die organisatorischen Abläufe des Unternehmens.

Für alle osteuropäischen Länder gilt, dass unsere Prinzipien der Demokratie und der freien sozialen Marktwirtschaft für viele Menschen keine Selbstverständlichkeit sind und nach manchen Rückschlägen auch sehr kritisch gesehen werden. Bei in den Osten und nach Asien entsandten Führungskräften sind daher weniger Perfektionismus und Detailbesessenheit gefragt als vielmehr die Besinnung auf wirklich notwendige – unter anderem soziale – Kompetenz.

Bringt Personalführung schon innerhalb eines Landes durch den härteren Wettbewerb viele Probleme, so sind, international gesehen, die Schwierigkeiten noch vielfältiger. Allein schon die unterschiedlichen Gesetze und Vorschriften erschweren die tägliche Arbeit und setzen neben der örtlichen Anpassungsfähigkeit umfangreiche Sachkenntnis voraus.

Darüber hinaus ändern sich Einstellungen gegenüber unseren Vorstellungen zur Personalführung. Die unterschiedlichen Ansichten über das deutsche Betriebsverfassungsgesetz zeigen schon in Europa und erst recht in Asien dies anschaulich (vgl. *iwd* vom 8.2.2001).

Eine Internationalisierung der Unternehmen bietet aber für die Mitarbeiter neue Chancen, wenn sie vorausschauend genutzt werden. Voraussetzung dafür ist Flexibilität bei den Strukturen und Organisationsformen und erst recht in der Personalarbeit.

2.3 Kulturelles und politisches Umfeld

Gemeinsame Prinzipien der Personalführung für die obere Führungsebene des multinationalen Unternehmens sind unabdingbar für seine Stabilität. Dabei kann es sich je nach Unternehmen um einen sehr amerikanischen, europäischen (z.B. auch deutschen, romanischen oder skandinavischen) oder japanischen Stil handeln. Im Idealfall könnte das obere Management so geführt werden, dass nur die Vorteile aller dieser Stilvarianten zur Geltung kämen. Da es das multinational besetzte Management bislang selten gibt, sind wir von dieser Wirklichkeit noch weit entfernt. Gleichwohl ist es sinnvoll, sofern herausragende Führungskräfte vorhanden sind, sie anzustreben.

Dies hätte u.a. zur Konsequenz, dass das Management Development des multinationalen Unternehmens den Führungsnachwuchs aller Tochtergesellschaften systematisch erfasst und Förderungsprogramme einschließt, die den internationalen Wechsel zwischen verschiedenen Führungspositionen vorsehen. In der Realität werden jedoch meistens Angestellte des Stammhauses zu den Landesgesellschaften entsandt, von wo sie nach einer bestimmten Zeit wieder zurückkehren. Diese Praxis hat nicht nur historische Gründe. Vielfach ist bei den Mitarbeitern der Landesgesellschaften kein ausreichendes Know-how vorhanden.

In vielen Ländern ist jedoch in den letzten Jahren eine Verbesserung des Ausbildungsstandes eingetreten, so dass der Anteil der „Stammhausangestellten" eher abnehmen dürfte.

Ganz zu schweigen von den zunehmenden Schwierigkeiten, genügend inländische Mitarbeiter zu finden, die ins Ausland gehen wollen.

Man wird den kulturellen und gesellschaftlichen Bedingungen der einzelnen Länder am besten gerecht, wenn die Geschäftsführung der Landesgeselischaften, soweit die fachlichen und führungsmäßigen Voraussetzungen vorhanden sind, Führungskräften des jeweiligen Landes übertragen wird. Dabei sollte es dem nationalen Management überlassen sein, die Prinzipien der Personalführung im Hinblick auf kulturelle Besonderheiten (z.B. Bedürfnisstrukturen, Einstellung zur Arbeit usw.) zu modifizieren. Ein guter Vorgesetzter in Deutschland ist noch nicht automatisch der richtige Chef in Asien (vgl. ifim).

Es scheint heute manchmal so, als sei die Internationale Zusammenarbeit so weit fortgeschritten, dass Probleme der Kulturen in den Hintergrund getreten sind. Besonders deutlich wird dies bei der Zusammensetzung der Fußballmannschaften. Diese Entwicklung mag im Sport, in internationalen Konzernen und Beratungsfirmen sowie auf manchen politischen Sektoren so sein, gilt aber für die meisten Menschen noch nicht oder wird auch in absehbarer Zeit nicht realisiert werden.

Es gibt kaum Anhaltspunkte, dass sich Kulturen mit der Zeit international nähern. Unterschiede in den Werten bei Ländern, die bereits vor Jahrhunderten beschrieben wurden, gelten trotz fortdauernder intensiver Kontakte bis heute. Es entsteht sogar der Eindruck, dass die Unterschiede innerhalb eines Landes oft immer größer werden, dass sich ethnische Gruppen ihrer Identität erneut bewusst werden und politische Anerkennung fordern. Dazu tragen auch die internationalen Medien bei, deren Berichterstattung über menschliches Leid, Aufstände und Pogrome sehr umfangreich geworden sind.

Darüber hinaus haben ethnische Minoritäten oft ein internationales Netzwerk gebildet und beeinflussen sogar die Weltwirtschaft. Das gilt zum Beispiel für den Islam, aber auch für die Auslandschinesen. Sie sind neben den Wirtschaftsblöcken USA, Westeuropa und Japan eine vierte Wirtschaftsmacht geworden. Multinationale Unternehmen agieren in Ländern mit unterschiedlichen Wirtschafts- und Gesellschaftsstrukturen, auf die sie ebenfalls Rücksicht nehmen müssen. Auch internationale Organisationen, z.B. die UNO, die OECD oder die Europäischen Gemeinschaft, versuchen, Rahmenvorschriften auf bestimmten Rechtsgebieten zu erlassen.

Insgesamt handelt es sich um den Versuch, einheitliche Maßstäbe bzw. Vorschriften festzulegen, die für alle Länder und alle Unternehmen gleichermaßen gelten sollen. Den politischen, gesellschaftlichen und kulturellen Besonderheiten der einzelnen Länder steht der zwanghafte Wunsch zur Vereinheitlichung und Schematisierung gegenüber. Dies kann nur zu Bürokratie und Inflexibilität führen, auch wenn zuzugeben ist, dass manches Unternehmen in der Vergangenheit im Prinzip genauso schematisch und undifferenziert vorgegangen ist. Dies wurde z.B. auf der Welthandelskonferenz in Singapore besonders deutlich.

Es muss darüber nachgedacht werden, wie sich die Vorteile der unterschiedlichen Führungsformen in den einzelnen Ländern der Erde am besten auswirken können. Erfolgreiche Führungsprlnzlpien können nicht ohne weiteres auf andere Länder übertragen werden.

3. Auswahl, Zielländer und Entsendungsdauer von Expatriates

3.1 Auswahl von Expatriates

Natürlich gelten diese Argumente für einen Auslandseinsatz nicht uneingeschränkt für jeden Mitarbeiter. Die Expatriates müssen deshalb sorgfältig ausgewählt werden, damit der Auslandsaufenthalt für beide Seiten – für das Unternehmen und den Mitarbeiter – zum Erfolg wird. Um die geeigneten Kandidaten für eine Auslandsentsendung zu finden, muss zunächst festgelegt werden, welche Kriterien zur Auswahl herangezogen werden sollen. Inwieweit die betreffenden Personen diese Kriterien erfüllen, muss anschließend anhand bestimmter Auswahlverfahren überprüft werden (vgl. z.B. *Hummel/Jochmann* 1998).

In der Literatur werden verschiedene Konzepte zur Auswahl potenzieller Expatriates diskutiert (vgl. z.B. *Weber* u.a. 1998). Demnach können vier Dimensionen, die bei der Auswahl von Expatriates berücksichtigt werden sollten, identifiziert werden. Diese Dimensionen werden als Selbstorientierung, Fremdorientierung, Wahrnehmungsfähigkeit und kulturelle Anpassungsfähigkeit bezeichnet.

Selbstorientierung

Die Dimension der Selbstorientierung befasst sich mit der Selbsteinschätzung und dem seelischem Gleichgewicht. Diese Dimension der Selbstorientierung kann in drei Bestandteile unterteilt werden.

- **Verstarkungssubstitution**
  Hier geht es hauptsächlich um die Fähigkeit, im Heimatland vertraute Interessen und Tätigkeiten durch die im Gastland zur Verfügung stehenden zu ersetzen. Demnach sind Entsandte, denen es gelingt, Freizeitaktivitäten und Interessen an die neue Kultur anzupassen, erfolgreicher als Personen, die hierzu nicht fähig sind.

- **Stressreduktion**
  Unter Stressreduktion wird die Fähigkeit verstanden, sich zurückzuziehen und sich neben dem Beruf quasi als Ausgleich anderen Dingen wie Hobbies zu widmen. Demnach besitzen Expatriates, die auch in anderen Kulturen auf Möglichkeiten der Stressreduktion zurückgreifen können, ein höheres Maß an Anpassungsfähigkeit als Mitarbeiter, die dazu nicht in der Lage sind.

- **Fachliche Kompetenz**
  Um sich an neue Gegebenheiten im Gastland anpassen zu können, spielen die Fähigkeiten und das Selbstvertrauen des Expatriates eine wichtige Rolle. Demnach schätzen angepasste Expatriates ihr Fachwissen höher ein als im Gastland schlecht integrierte Kollegen.

Fremdorientierung

Diese Dimension beschreibt das Verhältnis zwischen dem Expatriate und den Einwohnern des Gastlandes. Es werden zwei Bestandteile unterschieden.

- **Beziehungsfähigkeit**
  Hiermit wird die Bereitschaft und Fähigkeit, Kontakte und lang andauernde Freundschaften zu Einheimischen aufzubauen und aufrechtzuerhalten beschrieben.

- **Wille zur Kommunikation**
  Hier geht es nicht in erster Linie um das fehlerfreie Beherrschen der Landessprache des Gastlandes, sondern vielmehr um die Bereitschaft des Expatriates, mit einheimischen Kollegen zu kommunizieren, auch über die am Arbeitsplatz notwendigen Gespräche hinaus.

Wahrnehmungsfähigkeit

Diese Dimension beschreibt das Verständnis eines Expatriates für bestimmte Verhaltens- und Handlungsweisen seiner ausländischen Kollegen. Ist eine Person in der Lage, sich in eine fremde Denkweise hineinzuversetzen, führt dies zu einem verbesserten Informationsaustausch und guten zwischenmenschlichen Beziehungen zwischen Entsandtem und den Kollegen im Gastland.

Kulturelle Anpassungsfähigkeit

Die Untersuchungen geben Hinweise darauf, dass der Grad der Anpassungsfähigkeit an eine fremde Kultur abhängig vom jeweiligen Gastland ist. Demnach existieren hohe Unzufriedenheitsgrade bei Auslandsaufenthalten beispielsweise in Asien und bestimmten afrikanischen Ländern, was auf große kulturelle Unterschiede zwischen Heimat- und Gastland zurückzuführen ist. Neben der fachlichen Kompetenz sollte demzufolge Wert auf die beschriebenen Dimensionen gelegt werden. *Horsch* (1995) untersuchte in seiner Studie die Anforderungen, die an international tätige Mitarbeiter gestellt werden, und zwar sowohl aus der Sicht der Unternehmen als auch aus dem Blickwinkel der Mitarbeiter. Die Ergebnisse der Untersuchungen *Horsch's* basieren auf Befragungen in zwanzig Unternehmen aus dem Dienstleistungssektor und der Metall-, Elektro- sowie der chemischen Industrie; sie haben daher eher explorativen Charakter. Die Resultate finden sich in den nachfolgenden Abbildungen.

Fachwissen	90 %
Sprachkenntnisse	85 %
Kulturelle Anpassungsfähigkeit	65 %
Führungsverhalten	45 %
Motivation	25 %
Kommunikationsfähigkeit	15 %
Unternehmensspezifika	15 %
Flexibilität	10 %
Guter Gesundheitszustand	10 %
Sonstiges	40 %

Zu den Kriterien der Kategorie „Sonstiges" zählen Alter und Familiensituation, Frustrationstoleranz, strategisches Denken, Loyalität, Durchsetzungsfähigkeit, hohes Entwicklungspotenzial und Referenzen des Vorgesetzten.

Quelle: *Horsch* 1995, S. 144.

Abb. 1: Anforderungen aus der Sicht der Unternehmen (Angaben in Prozent)

Fachwissen	4,37
Anpassungsfähigkeit	4,22
Kenntnisse der Unternehmensspezifika	4,03
Psychische Belastbarkeit	4,00
Konfliktfähigkeit	3,87
Fremdsprachenkenntnisse	3,69
Fähigkeit zur Mitarbeiterführung	3,66
Gesundheit/Physische Belastbarkeit	3,55
Alter	2,57
Familiensituation	2,56

(1 = geringe Bedeutung, 5 = hohe Bedeutung)

Quelle: *Horsch* 1995, S. 143.

Abb. 2: Anforderungen aus der Sicht der Mitarbeiter

Zusammengefasst lassen sich die für jede Auslandsentsendung wichtigen Anforderungsmerkmale in tätigkeits- und persönlichkeitsbezogene Anforderungen unterteilen.

Die sich auf die Tätigkeit beziehende Anforderungen sind Fachwissen, Erfahrung sowie Fremdsprachenkenntnisse. Zu den Kriterien, die mit der Persönlichkeit des Mitarbeiters verbunden sind, zählen kulturelle Anpassungsfähigkeit, Integrationsfähigkeit, Lernbereitschaft, Kommunikationsfähigkeit, Überzeugungskraft, Initiative, Toleranz, Mobilität, Teamfähigkeit, Flexibilität und körperliche sowie geistige Belastbarkeit.

3.2 Entsendungsländer

Ein Ergebnis der Studie von *Ernst & Young* (vgl. Abschnitt 5.4) ist, dass China und Osteuropa – insbesondere im Hinblick auf die EU-Erweiterung in 2004 – zunehmend im Focus internationaler Unternehmen stehen. China nicht zuletzt deswegen, weil die derzeitigen Wachstumsraten hoch und die Entwicklungsperspektiven positiv sind (vgl. *Smith* 2003, S. 10). Demzufolge werden Mitarbeiter nicht nur in die großen Industrienationen entsandt sondern zunehmend in Entwicklungs- und Schwellenländer. Hauptgrund hierfür ist die Tatsache, dass der lokale Arbeitsmarkt nicht genügend qualifizierte Fachkräfte zur Verfügung stellen kann. Denoch gehen die meisten Entsendungen deutscher Unternehmen in die benachbarten EU-Staaten (vgl. hierzu *Abb. 3*). 71 Prozent der befragten Unternehmen gaben an, Mitarbeiter in größerer Zahl in die EU-Länder zu entsenden. Mit 58 Prozent liegen die USA und Kanada an zweiter Stelle. Diese Werte ergeben sich einerseits aus den engeren wirtschaftlichen Beziehungen im EU-Bereich und andererseits daraus, dass Entsendungen in EU-Staaten – und auch in die USA – deutlich unkomplizierter sind als etwa in asiatische oder osteuropäische Staaten (vgl. *Hummel/Zander* 2003). Vor dem Hintergrund der EU-Osterweiterung ist allerdings mit stärkeren wirtschaftlichen Aktivitäten deutscher Unternehmen in diesen Ländern zu rechnen. Die für diese Regionen genannten 19 Prozent dürften von daher in den kommenden Jahren deutlich

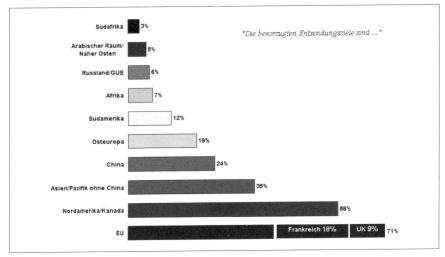

Quelle: *Smith* 2003, S. 11

Abb. 3: Entsendungsländer

zunehmen. Auch der chinesische Markt wird für deutsche Unternehmen (wieder) interessanter und entsprechend wird die Zahl der Entsendungen in diese Region steigen.

3.3 Entsendungsdauer

Die Dauer von Entsendungen ist von verschiedenen Einflussfaktoren abhängig, Entscheidend können sein die jeweilige Hierarchieebene des Entsandten, die vor Ort wahrzunehmende Aufgabe sowie die familiäre Situation. Dabei dauert die Mehrzahl der Entsendungen zwischen einem und drei Jahren (vgl. *Abb. 4*). Kürzere Entsendungen sind eher die Ausnahme, weil der Aufwand der Auswahl und Vorbereitung von Entsendungen häufig in keinem Ergebnis zu Erfolg stehen. Etwa ein Drittel der Unternehmen gibt daher an, dass die Entsendungen durchschnittlich länger als drei Jahre dauern.

Eine Studie von *PricewaterhouseCoopers* bestätigt diese Aussagen; auch hiernach werden die mehrjährigen Entsendungen ihre Bedeutung behalten (vgl. *Iten* 2002, S. 55).

Allerdings gehören die großzügig gestalteten Entlohnungs- und Anreizprogramme der Vergangenheit an. Der Trend zu kürzeren Auslandseinsätzen wird vor allem aus Kostengründen anhalten. Kosten-Nutzen-Relationen von Auslandsentsendungen stehen verstärkt im Vordergrund. Und immer häufiger werden die tatsächliche Sinnhaftigkeit und der Wertschöpfungsbeitrag jeder einzelnen Entsendung hinterfragt. Darüber hinaus suchen die Unternehmen zusätzlich nach alternativen Formen für internationale Einsätze, um im Mix aus allem die entsprechende Ausgewogenheit für ihre Entscheidungsstrategie zu finden und eine entsprechende Kostenoptimierung zu realisieren. Neue Technologien führen zu vermehrter Mobilität, da sie mehr Personen vernetzen und den Zugriff auf einen internationalen Ar-

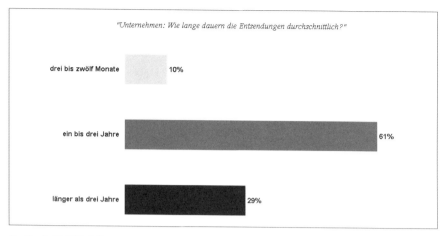

Quelle: *Smith* 2003, S. 11

Abb. 4: Entsendungsdauer

beitskräftepool ermöglichen. Ebenso gewinnt die virtuelle Zusammenarbeit in internationalen Teams zunehmend an Bedeutung. Neue Kommunikationstechnologien ermöglichen immer mehr die internationale Verflechtung von Unternehmen. Die Telearbeit wird sich weiter, auch grenzüberschreitend, verbreitern. Ein steigender Anteil an Arbeitnehmern wird langfristig mit ausländischen Geschäftspartnern zusammenarbeiten, ohne sich dazu im Ausland aufhalten zu müssen (vgl. hierzu ausführlich *Boden* 2003).

Auffallend ist allerdings, dass bei Entsandten nach den Widerständen und Anpassungsschwierigkeiten in der Anfangszeit, nach Ablauf der Entsendung, nicht selten um eine Verlängerung gebeten wird. Meist hat sich der Expat in der Auslandsniederlassung gut integriert und die Familie hat im privaten Bereich Fuß gefasst und es fällt schwer, die in der Auslandstätigkeit vorhandenen Freiheiten und Vorteile wieder aufzugeben (vgl. *Meinhold* 2002, S. 17).

4. Renumeration für internationale Positionen

Unsere Überlegungen konzentrieren sich im folgenden auf befristet im Ausland eingesetzte Mitarbeiter (Expatriates), die i.d.R. Führungs- bzw. Führungsnachwuchskräfte oder hochdotierte Fachkräfte aus dem außertariflichen und leitenden Bereich sind. Die Zahl der so eingegrenzten von deutschen Unternehmen entsandten Mitarbeitern wird auf ca. 25.000 geschätzt. Die Expatriate-Vergütung muss dabei nicht nur attraktiv aus der Sicht des Mitarbeiters sein (zumindest als „Hygienefaktor" ist die Vergütung von Bedeutung), sie muss auch finanzierbar und kosteneffizient für das Unternehmen sein. Als Faustregel wird von folgender Überlegung ausgegangen: Die Basiskosten erhöhen sich bei einem Einsatz in Europa um ca. die Hälfte, sie verdoppeln sich für einen Einsatz in Nordamerika und sie verdreifachen sich bei einem Einsatz in Japan (vgl. *Wirth* 1996 und *Speer* 1998). So ergeben sich z.B. folgende Kosten für eine jüngere

Führungskraft (verheiratet, 2 schulpflichtige Kinder) bei vierjährigem Auslandseinsatz und einem Jahresgehalt von 50.000 Euro. Spanien 340.000 Euro, USA 420.000 Euro und Japan 660.000 Euro. Aufgrund unserer Erfahrung liegen die Werte für den asiatisch-patifischen Raum insgesamt etwa bei den zweieinhalbfachen Kosten.

Um die oben erwähnte Attraktivität für den Mitarbeiter und die Kosteneffizienz für das Unternehmen sicherzustellen, sollte ein unternehmensweit gültiges Konzept erarbeitet werden, das wiederum Teil einer international kompatiblen Vergütungspolitik und damit Teil der Unternehmensstrategie ist.

„Internationale Vergütungspolitik reagiert flexibel auf lokale Besonderheiten, sie orientiert sich aber an weltweit einheitlichen Maßstäben und wird zentral koordiniert. Durch klare Zielvorgaben an für ihre Einheiten ergebnisverantwortliche lokale Führungskräfte und Expatriates und durch die Kopplung von Zielerreichung und Gehaltsfestsetzung kann ein Zusammenhalt des Ganzen gesichert werden. Internationale Vergütungspolitik hat also für weltweit agierende Unternehmen eine wichtige Klammerfunktion".

Kritisch kann bemerkt werden, dass langfristig wohl eine Harmonisierung unterschiedlicher Regelungen entweder auf einem mittleren Niveau oder im Sinne eines Gesamtbetrages sinnvoll wäre, so dass innerhalb des dann vorgegebenen Rahmens eine Individualisierung des Entgelt eher möglich ist und darüber hinaus auch die Spielräume für eine Flexibilisierung größer werden. Unserer Einschätzung nach sind die meisten Unternehmen von diesem Ziel noch sehr weit und wohl auch noch sehr lange entfernt, so dass die tägliche Praxis eher von einem intelligenten „muddling-through" bestimmt wird. Hier besteht sicherlich ein lohnender Anknüpfungspunkt für die anwendungsbezogene Personalforschung.

Unterschiedliche Vergütungsmodelle, die sich am Internationalisierungsgrad des Unternehmens orientieren sind in *Abb. 5* dargestellt.

Wie alle Modelle ist auch dieses stark vereinfacht und schematisiert. Es lässt jedoch erkennen, welche Grundannahmen den unterschiedlichen Berechnungsformen von Expatriate-Gehältern zugrundeliegen. Darüber hinaus verdeutlichen sie wie wichtig es ist, personalpolitische Entscheidungen und damit Vergütungsfragen an der

	Phase I National	Phase II International	Phase III Multinational	Phase IV Global
Weltgeschäft	Marginal	Wichtig	Sehr wichtig	Dominant
Orientierung	Produkt	Markt	Preis	Strategie
Struktur	Zentral	Dezentral	Zentral	Zentral + Dezentral
Perspektive	Ethno- zentrisch	Poly- zentrisch	Geo- zentrisch	Poly- + Geozentrisch
Expatriate- Vergütung	Heimatland- orientiertes Modell	Gastland- orientiertes Modell	Zentrale- orientiertes Modell	Hybridmodell

Quelle: *Hummel/Jochmann* 1998, S. 149.

Abb. 5: Entwicklung weltweit tätiger Unternehmen

aktuellen Situation im Unternehmen zu orientieren. Je nach Internationalisierungsgrad können demnach unterschiedliche Vergütungskonzepte relevant sein.

Berücksichtigt man die Ergebnisse zahlreicher empirischer Studien und Einzeldarstellungen multinational operierender Unternehmen, können bestenfalls Standardisierungstendenzen im Bereich variabler Entgeltbestandteile wie z.B. dem Expatriate-Bonus beobachtet werden. Dabei ist ein allgemeiner Trend hin zu einer eher leistungsabhängigen Bezahlung, nationalen Gepflogenheiten folgend, zu konstatieren. Die Bandbreite reicht derzeit abhängig vom jeweiligen Land von einem Monatsgehalt (Italien) hin zu fünf Gehältern (USA). Von Unilever wird berichtet, dass der Expatriate-Bonus 5 Prozent des Vergleichsjahresgehalts im Heimatland für jedes im Ausland verbrachte Jahr beträgt. Er kann max. 7 Prozent erreichen und wird am Ende des Auslandsaufenthaltes als Nettobetrag ausbezahlt.

Demgegenüber steht die Aussage, dass nur etwa die Hälfte der Unternehmen, die Gesamtkosten von Auslandseinsätzen berechnen. Angesichts der bereits erwähnten vergleichsweise hohen Kosten, die ein Expatriate verursacht, scheint die Erhebung und Budgetierung aller Gehaltsbestandteile und Zusatzkosten geboten. Eine stärkere Betonung variabler Anteile oder flexibler Nutzung von z.B. Cafeteria-Systemen erscheint daher unter Kosten-Nutzen-Gesichtspunkten sinnvoll. Diese sollte dann bereits im Vorfeld des geplanten internationalen Transfers stattfinden. Damit werden dann bei jeder Transferentscheidung der zu erwartende Nutzen und die damit verbundenen Kosten gegenübergestellt und abgewogen. Gekoppelt müssen diese eher „rechnerischen" Überlegungen allerdings sein mit einer persönlichen Motivation des Expatriates, idealerweise basierend auf einem (Personal-) Entwicklungsplan für den Mitarbeiter. Die beiden Kriterien „Akzeptanz" (durch den Mitarbeiter) und „Effizienz" sind damit eng verknüpft.

4.1 Vergütungsmodelle

In der Literatur werden verschiedene Modelle zur Entgeltfindung für Expatriates diskutiert. Am häufigsten werden drei Grundmodelle dargestellt, nämlich das stammlandorientierte, das gastlandorientierte und das geozentrische Vergütungsmodell. In diesen Modellen lassen sich die Grundorientierungen internationaler Unternehmen wiedererkennen, nämlich die ethnozentrische, die polyzentrische sowie die geozentrische Ausrichtung.

Nach *Wirth* (1996) lassen sich vier Modelle unterscheiden, und zwar das stammoder heimatlandorientierte, das gastlandorientierte, das zentralorientierte Vergütungsmodell sowie Hybridmodelle.

4.1.1 Stamm-/Heimatlandorientiertes Vergütungsmodell

Grundlage dieses Modells ist eine ethnozentrische Unternehmensperspektive. Da aus einer solchen Ausrichtung heraus nationale Grundsätze auf Auslandsgesellschaften übertragen werden, orientiert sich auch die Vergütung von Expatriates an der des Heimatlandes. So bezieht der Entsandte ein Gehalt, das in etwa dem für eine vergleichbare Position im Stammland entspricht. Hinzu kommen bestimmte Ausgleichszahlungen, die von Land zu Land variieren. Untenstehende Übersicht zeigt eine Auflistung darüber, wie sich das im Gastland verfügbare Einkommen nach dem stammlandbezogenen Vergütungsmodell berechnet.

Bruttogrundgehalt (Stamm-/Heimatland)

+	Auslandszulage
+	Erschwerniszulage
=	Bruttogehalt
–	hypothetische Steuern (Stamm-/Heimatland)
=	Nettoeinkommen Stamm-/Heimatland
+	Nettodifferenz Lebenshaltungskosten
+	Nettodifferenz Wohnungskosten
+	Nettodifferenz Ausbildungskosten
=	Verfügbares Einkommen Gastland

Quelle: *Hörner* 1991

Die Auslandszulage dient dazu, durch den Auslandsaufenthalt eventuell entstehende Risiken abzudecken. Durch eine für bestimmte Länder gezahlte Erschwerniszulage soll der Tatsache Rechnung getragen werden, dass in manchen Ländern erschwerte Bedingungen wie extremes Klima, Hygiene-, Ernährungs- oder Gesundheitsprobleme herrschen. Von dem sich durch Addition aus Bruttogrundgehalt und den Zulagen ergebenden Bruttogehalt werden die im Heimatland zu zahlenden Steuern aus kalkulatorischen Zwecken abgezogen, während das Stammunternehmen die tatsächlich im Gastland anfallenden Steuern begleicht. Kaufkraftunterschiede zwischen Heimat- und Gastland werden durch den Lebenshaltungskostenausgleich korrigiert. In der Praxis können hier verschiedene Indizes, denen bestimmte Warenkörbe zugrunde liegen, zum Einsatz kommen, beispielsweise der des *Statistischen Bundesamtes* oder der *Lufthansa*. Eine weitere, einfachere Möglichkeit bietet der Einsatz des vom Wirtschaftsrnagazin *The Economist* veröffentlichte ‚Big-MacIndex'. Um die Differenz der Wohnungskosten zu erhalten, werden die Kosten im Heimatland den entsprechenden des Gastlandes gegenübergestellt. Durch eine Ausbildungszulage soll es den Kindern des Expatriates ermöglicht werden, eine dem Standard im Heimatland entsprechende Ausbildung genießen zu können.

Von Vorteil ist bei dieser Berechnungsmethode, dass die Entsandten ihren Lebensstandard aufrechterhalten können, da ihnen das Heimateinkommen zugesichert wird. Außerdem werden Expatriates gleicher Herkunft ähnlich entlohnt, wodurch es nicht zu Neid unter den Entsandten kommt. Nachteilig ist hingegen, dass einheimische Mitarbeiter bei geicher Tätigkeit ein anderes Gehalt beziehen als ihre ausländischen Kollegen, was Konflikte provozieren kann.

4.1.2 Gastlandorientiertes Vergütungsmodell

Bei diesem Modell wird von einer polyzentrischen Ausrichtung des Unternehmens ausgegangen. Es erfolgt eine Orientierung am Gastland, auch, was die Vergütung von Expatriates betrifft. Es muss also zunächst eine Einordnung der Position des Entsandten in das Gefüge der Auslandsgesellschaft erfolgen. Der Kompensation des Mehraufwandes, der dem Expatriate durch den Auslandseinsatz entsteht, dient die Anpassungszulage, die allerdings meist auf einen bestimmten Zeitraum begrenzt ist. Die Ausbildungszulage entspricht auch hier der im stammlandorientierten Modell beschriebenen. Nachfolgende Übersicht zeigt die Zusammensetzung des im Gastland verfügbaren Einkommens, berechnet nach dem gastlandbezogenen Modell.

Bruttogrundgehalt
+   Anpassungszulage
+   Ausbildungszulage
=   Bruttogehalt
–   Steuern
=   Verfügbares Einkommen Gastland

Quelle: *Hörner* 1991.

Ein Vorteil, den dieses Modell mit sich bringt, liegt in der Anreizfunktion für potenzielle Expatriates, die sich ergibt, wenn das Gehaltsniveau am Einsatzort höher als im Heimatland ist. Darüber hinaus werden die Vergütung betreffende Konflikte mit lokalen Mitarbeitern und Kollegen aus anderen Ländern aufgrund der Gleichbehandlung ausgeschlossen, was eine Integration erleichtert. Bei einem höheren Verglttungsniveau im Gastland können allerdings bei der Wiedereingliederung des Expatriates nach dessen Rückkehr Probleme auftreten. Der Zurückgekehrte sieht sich dann nämlich mit einem niedrigeren Gehalt als im Ausland konfrontiert. Ist das Gehaltsniveau im Gastland niedriger als im Heimatland, kann es problematisch werden, Mitarbeiter zu finden, die eine niedrigere Vergütung im Ausland akzeptieren würden.

4.1.3 Zentralorientiertes bzw. Internationales Vergütungsmodell

Grundlage dieses Modells ist eine geozentrische Unternehmensausrichtung. Verschiedene Länderkulturen verlieren zugunsten der Unternehmenskultur an Bedeutung. Somit werden alle Expatriates, egal welcher Nationalität, gleich behandelt, und zwar gemäß den Vorgaben der Unternehmenszentrale.

Der Vorteil dieses Modells liegt in der Gleichbehandlung aller Entsandten, was förderlich für die internationale Zusammenarbeit in Teams im Gastland ist. Allerdings werden Expatriates dennoch anders vergütet als lokale Mitarbeiter, was wiederum Konflikte mit sich bringen kann. Zudem ergibt sich auch hier wieder die Problematik der Über- bzw. Unterbezahlung: Kommt ein Expatriate aus einem Land mit niedrigerem Gehaltsniveau als dem der Zentrale, können Probleme bei der Wiedereingliederung auftreten. Ist das Gegenteil der Fall, ist die Motivation der Mitarbeiter, eine Stelle im Ausland anzunehmen, eher niedrig. Ein weiterer Nachteil ergibt sich, wenn sich die Zentrale in einem Land mit hohem Gehaltsniveau befindet, da durch die Orientierung am Vergütungsniveau der Zentrale hohe Kosten für alle Auslandsentsendungen entstehen.

Ein ähnliches, jedoch mit dem zentral orientierten Modell nicht komplett identisches Modell ist das von *Scherm* (1995) beschriebene internationale Vergütungsmodell. Dieses eignet sich besonders für Mitarbeiter mit wechselnden Einsatzländern. Der Vorteil besteht darin, dass eine ständige Anpassung an neue Aufenthaltsorte nicht stattfinden muss. Nachfolgende Übersicht zeigt die Berechnung des im Gastland verfügbaren Einkommens nach dem internationalen Modell.

Bruttogrundgehalt

–   Hypothetische Steuern (Länderdurchschnitt)

=   Nettoeinkommen Gastland

+   Netto-Wohnkostenzulage

+   Netto-Ausbildungszulage

=   Verfügbares Einkommen Gastland

Quelle: *Hörner* 1991.

4.1.4 Hybridmodelle

Die Hybridmodelle sind prinzipiell Mischformen aus den vorangehend beschriebenen Ansätzen und dienen dazu, deren Vorteile zu vereinen. Die einfachste Ausprägung ist der so genannte „Higher-of-Ansatz". Hier wird die für den Entsandten beste der sich nach den verschiedenen Modellen ergebenden Lösungen gewählt. Andere Hybridmodelle teilen die Gehaltsbestandteile gemäß der Orientierung an verschiedenen Ländern auf. So kann beispielsweise die Höhe des Grundgehalts dem Niveau des Gastlandes entsprechen, Ausgleichszahlungen am Heimatland und Boni am Stammland orientiert sein. Vorteilhaft an solch einer Berechnung ist die Tatsache, dass nicht zu starre bzw. einseitige Positionen eingenommen werden, wie es bei einer reinen Orientierung an Heimat- bzw. Gastland der Fall wäre. Allerdings sind die geringe Transparenz sowie die aufwändige Verwaltung dieses Modells als Nachteile zu betrachten.

4.2 Nettovergleichsrechnung

Unabhängig vom Vergütungsmodell dient diese in der Praxis häufig angewandte Methode der Berechnung von Expatriate-Gehältern unter Berücksichtigung des bisherigen Gehalts im Heimatland. *Abb. 6* verdeutlicht das Prinzip der Nettovergleichsrechnung.

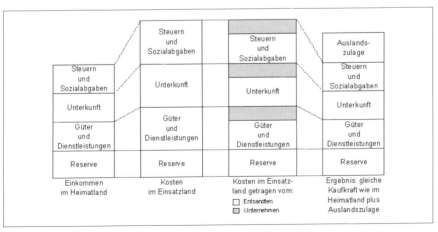

Quelle: *Mayrhofer* 1996, S. 363

Abb. 6: Nettovergleichsrechnung

Diese Berechnungsmethode wird auch als „Balance Sheet Approach" bezeichnet, da so ein Gleichgewicht zwischen dem zukünftigen Auslandsgehalt und dem bisherigen Einkommen im Heimatland erzielt werden kann. In Ländern mit höherem Preisniveau muss das Unternehmen also Zusatzzahlungen leisten, so dass dem Expatriate keine finanziellen Nachteile entstehen. Grundsätzlich ist in Ländern mit niedrigem Preisniveau eine Verminderung des Gehalts im Vergleich zum Heimatland denkbar. Nachfolgende Übersicht gibt einen Überblick über das Berechnungsschema.

Bruttogehalt Inland
−   Steuern
−   Sozialabgaben
−   Wohnkosten
=   Verfügbares Nettogehalt Inland
+/− Kaufkraftausgleich
+   Auslandszulage
+   Mieteigenanteil
=   Netto-Soll-Gehalt Ausland
+   Sozialabgaben
+   Steuern
=   Brutto-Soll-Gehalt Ausland

Quelle: *Wirth* 1996, S. 386.

5. Auslandseinsatz: Entwicklungsperspektiven und Arbeitsverhalten – Ergebnisse empirischer Untersuchungen

5.1 Die Studie der Technischen Universität Braunschweig

In einer empirischen Studie an der TU Braunschweig* wurde untersucht, welcher Stellenwert der interkulturellen Kompetenz im Rahmen der internationalen Personalentwicklung deutscher Großunternehmen zukommt und welche Personalentwicklungsinstrumente zur Vermittlung interkultureller Kompetenz eingesetzt werden. Die Untersuchung erbrachte unter anderem folgende Ergebnisse: International engagierte deutsche Großunternehmen sehen die interkulturelle Kompetenz auslandsorientierter Mitarbeiter als eine außerordentlich wichtige Schlüsselqualifikation an. Gleichwohl gehen die inhaltlichen Vorstellungen davon in der Praxis weit auseinander. Oft wird die interkulturelle Kompetenz nur auf ein erfolgreiches Zusammenarbeiten mit Angehörigen fremder Kulturen bezogen. Toleranz, Offenheit und Neugier werden ebenfalls mit interkultureller Kompetenz gleichgesetzt, eben-

---

* Die Ergebnisse beruhen auf der Studie „Interkulturelle Kompetenz als Gegenstand internationaler Personalentwicklung" von *Wolfgang Fritz* und *Antje Möllenberg*, Institut für Wirtschaftswissenschaften der Technischen Universität Braunschweig.

so die perfekte Beherrschung der Sprache des Gastlands. Seltener versteht man in der Praxis unter interkultureller Kompetenz auch die Fähigkeit, in anderen Kulturkreisen angemessen auftreten zu können.

Bereits für den Einsatz von Mitarbeitern im europäischen Ausland messen die Unternehmen der interkulturellen Kompetenz eine große Bedeutung bei. Dies gilt in weitaus höherem Maße aber für einen Auslandseinsatz in Asien oder in islamischen Ländern. Nur allmählich schlägt sich diese Bedeutung auch in der Personalentwicklung nieder, denn interkulturelle Ausbildungs- und Trainingsprogramme werden erst seit wenigen Jahren in größerem Umfang eingesetzt (vgl. die Programme des *Instituts für Interkulturelles Management*).

Von jenen Personalentwicklungsmaßnahmen, welche die Unternehmen selbst für die Verbesserung der interkulturellen Kompetenz am geeignetsten halten, kommt aber nur ein Teil auch tatsächlich zum Einsatz, was im einzelnen aus der vorherigen Abbildung hervorgeht. So werden die Abordnung von Mitarbeitern zu ausländischen Tochtergesellschaften, das Coaching sowie internationale Gruppendiskussionen und das Teamentwicklungstraining von der Mehrheit beziehungsweise Hälfte der befragten Unternehmen praktiziert. Andere, ebenfalls als gut geeignet angesehene Instrumente, wie beispielsweise Cultural Self-Awareness, Cultural-Assimilator- und Sensitivity-Training, werden demgegenüber meist vernachlässigt. Diese Befunde bestätigen auch, dass insbesondere der Einsatz des für die Förderung der interkulturellen Kompetenz sehr wichtigen Assimilator-Trainings in Deutschland immer noch in den Anfängen steckt.

Insgesamt wird deutlich, dass die große Bedeutung, die der interkulturellen Kompetenz für die auslandsorientierte Personalentwicklung in der Praxis beigemessen wird, sich vorerst noch nicht in demselben Maße in der Auswahl und im Einsatz der Personalentwicklungsinstrumente manifestiert. In vielen Fällen werden Expatriates ihren Auslandseinsatz somit nur unzureichend präpariert antreten, nicht zuletzt auch aufgrund der meist viel zu kurz bemessenen Vorbereitungszeit.

Die Untersuchungsergebnisse zeigen ferner, dass selbst in den international stark engagierten deutschen Großunternehmen klare Defizite hinsichtlich der Entwicklung und VerVerbesserung der interkulturellen Kompetenz der Manager bestehen. Diese Unternehmen laufen damit Gefahr, insbesondere auf solchen Auslandsmärkten, deren kulturelles Umfeld sich von dem des Heimatmarktes stark unterscheidet, Misserfolge zu erzielen.

Es ist daher dringend geboten, die interkulturell orientierte Personalentwicklung zu intensivieren und ganz generell der interkulturellen Kompetenz der Manager eine größere Aufmerksamkeit im Rahmen der Unternehmensführung zu schenken. Entgegen der von der Unternehmensseite vielfach betonten Wichtigkeit der interkulturellen Kompetenz wird dieser Bereich der auslandsorientierten Personalentwicklung in der Praxis oft sträflich vernachlässigt.

5.2 Die Studie des Instituts der deutschen Wirtschaft

Im Frühjahr 2000 wurden bundesweit knapp 4.000 Unternehmen zur Ausbildung und Beschäftigung in ihrem Betrieb befragt, davon haben 775 auswertbare Fragebögen zurückgesandt (vgl. *Lenske/Werner* 2001). Gut zwei Drittel der Betriebe gehören dem Produzierenden Gewerbe an, ein Drittel ist dem Dienstleistungssektor zuzuordnen. Fast jedes sechste Unternehmen ist ein Handwerksbetrieb; zwei Drittel zählen zum Mittelstand. Insgesamt beschäftigen die befragten Unternehmen 1,6 Millionen Mitarbeiter Das immer stärkere weltweite Engagement der Unternehmen schlägt sich auch in den Anforderungen an die Beschäftigten nieder. So halten viele Firmen bei ihren Mitarbeitern Fremdsprachenkenntnisse, Toleranz gegenüber anderen Kulturen sowie ein fundiertes Wissen über die relevanten Auslandsmärkte für wesentliche Qualifikationen. Fast die Hälfte der Betriebe gibt ihren Azubis das entsprechende Rüstzeug bereits mit. Darüber hinaus fordern die Unternehmen aber auch eine stärkere internationale Ausrichtung der Ausbildungsgänge.

Die zunehmende Internationalisierung der Wirtschaft ist schon längst nicht mehr nur eine Angelegenheit der Wirtschaftsforscher, Politiker und Konzernchefs. Sie prägt bereits seit längerem den beruflichen Alltag vieler Beschäftigter und verändert auch die Berufsausbildung nachhaltig.

Insgesamt pflegen drei Viertel der befragten Firmen internationale Geschäftskontakte und machen dabei im Schnitt über ein Drittel ihres Umsatzes im Ausland. Aufgrund der intensiven Beziehungen zu Unternehmen und privaten Kunden in anderen Ländern ist nicht nur das Gros der Führungskräfte, sondern auch ein beträchtlicher Teil der Fachkräfte mit internationalen Tätigkeiten betraut: Rund 37 Prozent der befragten Unternehmen berichten, ein bestimmter Teil ihrer Facharbeiter und -angestellten müsse sich regelmäßig auf internationalem Parkett bewegen.

Wenig erstaunlich ist dabei, dass diese Angabe immerhin von 46 Prozent derjenigen Betriebe gemacht wird, die mit dem Ausland Geschäftskontakte unterhalten. Wer seine Produkte nur in Deutschland oder gar nur in seiner Heimatregion verkauft, ist halt nicht unbedingt auf polyglotte Mitarbeiter angewiesen.

Zu den in international tätigen Firmen gefragten Fähigkeiten zählen in erster Linie die berufsbezogenen Fremdsprachenkenntnisse. Knapp ein Drittel aller Fachkräfte in den befragten Unternehmen greift regelmäßig auf ihr „Business English" oder „Français des Affaires" zurück. An zweiter Stelle rangieren internationale Fachkenntnisse – gut jeder fünfte Beschäftigte muss etwa darüber Bescheid wissen, welche von seinem Betrieb angebotenen Güter und Dienste im Ausland gefragt sind, welche Rechtsvorschriften beim Export in ein bestimmtes Land zu beachten sind oder ob das Produkt den dort geltenden technischen Normen entspricht. Je nach beruflicher Tätigkeit bestehen dabei allerdings deutliche Unterschiede zwischen den Beschäftigten: Während 40 Prozent der IT-Experten laufend auf ihre Fremdsprachenkenntnisse zurückgreifen müssen – Englisch ist nun einmal die Muttersprache der IT-Branche –, sind es bei den kaufmännischen Fachkräften nur 28 Prozent.

In den gewerblich-technischen Berufen hat sogar nur jeder Fünfte mit anderen Sprachen als Deutsch zu tun. Hinsichtlich der für das Auslandsgeschäft erforderlichen Fachkenntnisse sind die berufsspezifischen Unterschiede allerdings geringer. Ihre Qualifikationen benötigen die Mitarbeiter in 23 Prozent der befragten Unternehmen besonders häufig für die Kommunikation mit Partnerunternehmen bzw. Kunden im Ausland.

Die Zusammenarbeit mit ausländischen Kollegen im heimischen Betrieb ist für gut 11 Prozent der Firmen besonders relevant, die Betreuung von ausländischen Geschäftspartnern oder Kunden für knapp 11 Prozent. Dagegen sind nur in rund 7 Prozent der Unternehmen die Beschäftigten häufig im Ausland, um etwa beim Aufbau einer Niederlassung anzupacken oder den Vertrieb der dort produzierten Erzeugnisse zu koordinieren.

Aus den Anforderungen an die Beschäftigten ergibt sich eine Liste von internationalen Qualifikationen, die von den Unternehmen für besonders wichtig gehalten werden. An erster Stelle steht dabei die Beherrschung der Wirtschaftssprache Nummer eins.

Rund 54 Prozent der befragten Unternehmen legen auf die Englischkenntnisse ihrer Mitarbeiter großen oder sogar sehr großen Wert. Im kaufmännischen Bereich gilt dies sogar für drei von vier Betrieben. Bei ihren gewerblich-technischen Fachkräften hält immerhin knapp die Hälfte aller Firmen Englischkenntnisse für (sehr) relevant, bei Mitarbeitern in den IT-Berufen sind es 37 Prozent.

Um erfolgreich mit ausländischen Kunden verhandeln oder mit ausländischen Kollegen reibungslos zusammenarbeiten zu können, müssen die Beschäftigten aber auch die in anderen Kulturkreisen gebräuchlichen Umgangsformen kennen und sich daran gegebenenfalls anpassen können – insgesamt 37 Prozent der Unternehmen messen dieser Eigenschaft eine hohe Bedeutung bei. Ohnehin gilt: Wer beruflich mit unterschiedlichen Menschen zu tun hat, sollte ein großes Maß an Einfühlungsvermögen besitzen. Daher halten 34 Prozent der Unternehmen auch die Fähigkeit ihrer Mitarbeiter für entscheidend, sich in andere hineinversetzen zu können.

Erst hinter diesen so genannten Schlüsselqualifikationen rangieren spezifische Fachkenntnisse über internationale Standards und Normen sowie Kenntnisse über ausländische Märkte und internationale Geschäftspraktiken. Allerdings ist dieses fachliche Know-how gerade für Beschäftigte in kaufmännischen Berufen durchaus von großem Belang – so die Aussage von über der Hälfte der Unternehmen. Damit die Beschäftigten den beruflichen Anforderungen gerecht werden können, legen sich die Firmen schon bei der Ausbildung ins Zeug: Knapp jeder zweite Betrieb fördert die internationale Berufskompetenz seiner Azubis. In den kaufmännischen und den IT-Berufen bietet sogar mehr als die Hälfte der Unternehmen entsprechende Qualifizierungsmaßnahmen an.

Dabei beziehen drei von zehn Betrieben die Auszubildenden in die Betreuung ausländischer Partner oder Kunden mit ein. Gut ein Viertel schult die zukünftigen Fachkräfte innerhalb des Betriebs in den benötigten Fremdsprachen. Immerhin 18 Prozent der ausbildenden Firmen bieten ihren Lehrlingen Auslandspraktika an. Ebenfalls in 18 Prozent der Unternehmen lernen und arbeiten die deutschen Azubis mit hier lebenden jungen Leuten aus anderen Ländern und Kulturkreisen in einer Gruppe zusammen. Dabei geht es nicht nur um das gemeinsame Büffeln von Fachkenntnissen, sondern auch um den Abbau von Berührungsängsten und Vorurteilen. Die Betriebe tun also bereits eine ganze Menge, um die Fachkräfte von morgen auf die globalisierte Arbeitswelt vorzubereiten. Darüber hinaus halten sie jedoch eine stärkere internationale Ausrichtung der Berufsausbildung für erforderlich. Die neuen Anforderungen sollten dabei vor allem als Wahlbausteine angeboten werden, um die Ausbildungsordnungen nicht zu überfrachten. Eine Ausnahme von dieser flexiblen Strategie wünschen sich die Betriebe allerdings in Sachen Fremdsprachen. Die Mehrheit hält Sprachen als Pflichtfach in der Berufsschule für erforderlich, zumal 1998/99 gerade mal knapp ein Fünftel der Azubis an den Berufsschulen in Englisch unterrichtet wurde. Andere Fremdsprachen fehlen im Fächerkanon der Berufsschulen fast völlig.

5.3 Die Studie des Instituts für Interkulturelles Management

Eine weitere Studie wurde vom *Institut für Interkulturelles Management (ifim)* durchgeführt. Zwischen Sommer 1998 und Herbst 1999 fand eine standardisierte Befragung deutscher Expatriates zum Thema „Unterschiede in Arbeitsverhalten und Management" statt. Dabei wurden 325 Expatriates mit Vertrag sowie 132 mitgereiste Partner/innen befragt; der verwertbare Rücklauf der Studie betrug somit 457 Antwortbögen. Die Befragten waren zum Zeitpunkt der Befragung zwischen 9 und 15 Monaten im jeweiligen Gastland. Ausführliche Ergebnisse finden sich unter www.ifim.de.

5.4 Die Studie der Ernst & Young AG

Kostendruck führt zu Rückgang bei Entsendungen – Unprofessionelles Management birgt finanzielle und rechtliche Risiken – Entsandte Mitarbeiter klagen über unzureichende Betreuung und mangelnde Karrierechancen.

Derzeit steht das Thema Kostensenkung ganz oben auf der Agenda vieler Unternehmen – davon ist auch die Zahl der Entsendungen betroffen. Für das Jahr 2003 erwarten die Unternehmen, die Mitarbeiter ins Ausland entsenden, dass diese Zahl leicht zurückgehen wird. Mit Entsendungen verfolgen die Unternehmen weniger das Ziel, die Mitarbeiter zu fördern. Statt dessen stehen konkrete Projekte und der wirtschaftliche Nutzen im Vordergrund. Das sind Ergebnisse einer Studie des Prüfungs- und Beratungsunternehmens *Ernst & Young* (vgl. hierzu auch *Smith* 2003, S. 10 ff.). Die Untersuchung basiert auf telefonischen Interviews mit Personalverantwortlichen von 120 deutschen Unternehmen, die mindestens 10 Mitarbeiter jährlich ins Ausland entsenden. Zusätzlich wurden 135 Mitarbeiter verschiedener Unternehmen befragt, die bereits ins Ausland entsandt worden sind.

Knapp ein Drittel der befragten Personalverantwortlichen geht davon aus, dass die Zahl der Entsendungen in ihrem Unternehmen im Jahr 2003 sinken wird. Die Mehrheit (54 Prozent) erwartet eine Stagnation. „Erst wenn die Wirtschaftslage sich wieder nachhaltig bessert und die Unternehmen wieder steigende Umsätze verzeichnen können, wird die Zahl der Entsendungen wieder deutlich steigen," erwartet *Mark Smith*, Leiter des Bereichs „Human Capital" bei *Ernst & Young*.

Kosten werden unterschätzt

Die meisten Unternehmen unterschätzen die Kosten von Auslandsentsendungen und gehen davon aus, dass ein ins Ausland entsandter Mitarbeiter im Durchschnitt doppelt so hohe Kosten verursacht wie sein in Deutschland verbleibender Kollege. Tatsächlich gilt dies (abhängig vom Entsendungsziel und anderen Faktoren) nur für ledige Mitarbeiter, die nicht auch die Familie ins Ausland mitnehmen. Bei Familien liegen die Kosten für das entsendende Unternehmen bis zu dreimal höher. Beispielsweise kostet ein verheirateter Mann mit zwei Kindern, der in Deutschland

75.000 Euro verdient (zuzüglich 11.300 Euro Arbeitgeberanteil zur Sozialversicherung), bei einem Auslandseinsatz in New York oder Tokio bis zu 250.000 Euro. Zudem nutzen viele Unternehmen die bestehenden steuerlichen Gestaltungsmöglichkeiten nur unzureichend und versäumen es, so ihre Belastung zu reduzieren.

Mitarbeiterförderung tritt in den Hintergrund – Wirtschaftlicher Nutzen hat Priorität

Die große Mehrheit der Unternehmen – 83 Prozent – begründet Entsendungen in erster Linie mit den Erfordernissen konkreter Projekte. Die Förderung der Mitarbeiter und des Austauschs zwischen den Niederlassungen steht nur für wenige Unternehmen im Vordergrund. Gerade in wirtschaftlich schwierigen Zeiten ist zu beobachten, dass Unternehmen die Notwendigkeit von Auslandsentsendungen kritisch hinterfragen. Entsendungen finden nur bei den wenigsten Unternehmen „im großen Stil" statt. Die meisten befragten Unternehmen (69 Prozent) entsenden jährlich zwischen 10 und 30 Mitarbeiter von Deutschland ins Ausland. Gerade für kleinere Unternehmen, die nur in geringerem Umfang Mitarbeiterentsendungen vornehmen, stellt das Management und die Betreuung dieser Entsendungen eine besondere Herausforderung dar. Diese Unternehmen wickeln das Entsendungsmanagement oft sozusagen nebenbei durch die Personalabteilung ab. Da es hier zumeist an Kapazität, Erfahrung und Know-how mangelt, werden die Auslandseinsätze der Mitarbeiter oftmals nur unprofessionell begleitet. Ein unprofessionelles Entsendungsmanagement kann nicht nur für das Unternehmen sehr kostspielig werden, sondern auch private Risiken für den entsandten Mitarbeiter bedeuten. Nicht alle Unternehmen werden der Verantwortung gerecht, die sie für ihre im Ausland tätigen Mitarbeiter tragen.

Die Vorbereitung auf das Ausland: Sprung ins kalte Wasser

Nur bei einer Minderheit der Unternehmen ist die ausreichende Vorbereitung der angehenden „Expatriates" auf den Auslandsaufenthalt gewährleistet. Immerhin 36 Prozent der befragten Mitarbeiter geben ab, dass sie sich nicht ausreichend auf die Entsendung vorbereitet gefühlt haben. Und 60 Prozent bemängeln, dass die notwendigen Regelungen und Vorbereitungen wie Visa, Versicherung und Wohnung nicht oder nur teilweise getroffen worden waren.

Karriereknick statt Karrierekick

Die Mehrzahl – 60 Prozent – der ehemaligen Expatriates gibt an, dass die Reintegration in das heimische Unternehmen eher schlecht oder schlecht vorbereitet war. Und jeder Vierte stellt im Rückblick sogar fest, dass die Reintegration nicht erfolgreich war. Für immerhin 13 Prozent der Expatriates hatte die Entsendung eher negative Auswirkungen auf ihre Karriere. 23 Prozent sind der Meinung, dass der Auslandsaufenthalt ohne Einfluss auf die Karriere blieb. „Mitarbeiter, die in ihr Heimatland zurückkehren, müssen oft feststellen, dass ihr weiterer Karriereweg zunächst verbaut ist," beschreibt *Smith* die Erfahrung vieler Mitarbeiter, die einige Zeit im Ausland gearbeitet haben. „Viele Mitarbeiter, die aus dem Ausland zurückkehren, sehen sich innerhalb kurzer Zeit nach einem neuen Arbeitgeber um, weil die im Ausland gewonnene Erfahrung im eigenen Unternehmen wenig gewürdigt wird. Für die Unternehmen bedeutet der Verlust dieser Mitarbeiter immer auch, dass hohe Investitionen verloren sind." Während die Unternehmen die Themen Steuerrecht und Versicherung als die größten Herausforderungen bei Entsendungen bezeichnen, geben die ehemaligen Expatriates an, dass für sie die größten Probleme im familiären Umfeld und bei der Integration und Reintegration lagen.

5.5 Die Ergebnisse der Organization Resources Counselors (ORC) Worldwide Studie

Über 780 weltweit tätige Unternehmen (repräsentieren ungefähr 110.000 Expatriates) haben am weltweit stattfindenden Survey of International Assignment Policies and Practices 2002/2003 über das Thema Entsendungsbedingungen teilgenommen; über 60 Unternehmen davon aus Deutschland. Die ORC Worldwide-Studie erscheint seit 40 Jahren im Zweijahresrhythmus (vgl. *Laws* 2003, S. 44/45).

Auslandseinsätze sind unverändert ein wichtiges Instrument der Unternehmensstrategie weltweit operierender Unternehmen und Organisationen: Der Aufbau und die Entwicklung von Märkten, der Transfer von Wissen, die Durchsetzung von Konzerninteressen in ausländischen Tochtergesellschaften sind die vorherrschenden Motive, einen Mitarbeiter für mehrere Jahre ins Ausland zu entsenden. Der gezielte Auslandseinsatz von Mitarbeitern ist darüber hinaus auch eine Maßnahme im Rahmen von internationalen Personalentwicklungsprogrammen.

Doch die Zeiten sind nicht einfach: In der heutigen wirtschaftlichen Situation unterliegen die Unternehmen einem starken Kostendruck. Dies schlägt sich auf die Gestaltung der Konditionen für internationale Personaleinsätze nieder. Es wird auch zunehmend die Frage der Kosten-Nutzen-Relation zwischen Expatriates und lokalen Mitarbeitern gestellt. Aber nicht nur das Thema Kostenkontrolle und -effektivität spielt derzeit eine große Rolle bei den Unternehmen, viele weitere Themen stehen ganz oben auf der Agenda der HR Manager, sei es die effektivere Organisation der Personaltransfers oder aber die Reaktion auf ganz neue Entwicklungen z.B. im internationalen Personalwesen.

Entsendungsdauer

Die ORC Worldwide-Studie zeigt, dass sich Veränderungen bei der Entsendungsdauer ergeben. Ein Trend ist die Verkürzung der durchschnittlichen Long-Term-Entsendungsdauer (LongTerm-Assignments). Ebenso lässt sich feststellen, dass der Anteil der Kurzzeitentsendungen (Short-Term) zunimmt. Im Vergleich zu früheren Untersuchungen kann festgestellt werden, dass die meisten Expatriates zwar immer noch bis zu drei Jahre entsandt werden, jedoch Entsendungen von *drei bis fünf* Jahren kontinuierlich zurückgehen und das zu Gunsten relativ kurzer Transfers von bis zu zwei Jahren.

Auch ist erkennbar, dass Short-Term Entsendungen von ca. einem Jahr Dauer bei den Firmen einen immer höheren Stellenwert einnehmen. Immerhin sind bei den befragten Unternehmen schon ein Fünftel aller Entsendungen kürzer als zwölf Monate.

Die Ursachen dieser Entwicklung sind vielfältig: Zum einen spielen die schon zu Beginn erwähnten Kosten eine große Rolle. Da eine längerfristige Auslandsentsendung (inkl, aller üblichen Vergütungs- und Incentive-Elemente) in der Regel das mindestens zwei- bis dreifache eines vergleichbaren Arbeitnehmers in Industrieländern kostet, werden kürzere Entsendungszeiträume für Unternehmen zunehmend attraktiv, da sie kostengünstiger sind. So werden beispielsweise die Mitarbeiter bei Short-Term-Entsendungen in der Regel nicht von ihren Familien begleitet. Doch auch Gründe auf Seiten der Mitarbeiter werden genannt: Trotz der heute viel besprochenen globalen Mobilität und Flexibilität ist es für die Unternehmen durchaus schwierig, vor allem Mitarbeiter mit Familie für einen langfristigen Transfer in ein anderes Land mit einer anderen Kultur zu bewegen. Dabei lässt auch das Problem der Dual Careers die Bereitschaft der Mitarbeiter für längere Auslandseinsätze merklich sinken.

Unternehmen reagieren auf diese Entwicklung der zunehmenden Short-Term-Entsendungen vor allem mit der notwendigen Anpassung der Einsatzbedingungen und der Vergütungspakete. Bei der Ermittlung des Lebenshaltungskostenausgleichs wird z.B. ein spezieller Warenkorb zu Grunde gelegt. der die Kurzfristigkeit des Einsatzes berücksichtigt.

Es zeigt sich, dass eine Reduzierung des Transferzeitraums im Hinblick auf das Ziel und die möglichen Konsequenzen genau bedacht werden muss. Dies sollte auch eine Überprüfung der unternehmenseigenen Prozesse beinhalten. Der *Worldwide Survey* zeigt, dass erst ein geringer Teil der Unternehmen die eigene Praxis an diese neuen Gegebenheiten angepasst hat, dass der Großteil der Firmen allerdings eine Überprüfung und Weiterentwicklung ihrer Policy in naher Zukunft planen. Dabei wird zunehmend eine Trennung von Short-Term und Long-Term Policies vorgenommen.

Expatriate-Vergütung

Die Vergütung bei Auslandsentsendungen bewegt sich zwischen zwei grundsätzlichen Philosophien: dem Heimatlandansatz (Balance Sheet Approach) und der Orientierung an lokalen Gehältern (Host Country Approach). Beim Heimatlandansatz wird die Situation des Mitarbeiters im Heimatland als Basis genommen und zusätzlich ein Lebenshaltungskostenausgleich errechnet. Das Expatriate-Gehalt richtet sich dabei nach dem bisherigen Gehalt im Heimatland und wird aufgebrochen in Steuern, Sozialversicherung, Wohnkosten, Lebenshaltungskosten und Sparrate. Die Cost-of-Living-Zulage ermöglicht es dem Mitarbeiter, seinen Lebensstil auch während der Auslandsentsendung zu erhalten.

Beim reinen Host Country Approach dagegen wird die Vergütung vom Gehalt vor der Entsendung abgekoppelt: Die Vergütung des Mitarbeiters im Ausland orientiert sich ausschließlich an marktüblichen Gehaltsstrukturen vor Ort. Dazu wird für die neue Position des Expatriates im Einsatzland ein sog. Job Pricing durchgeführt. Der Auslandsentsandte wird dann wie ein lokaler Mitarbeiter behandelt, zahlt in der Regel die ortsüblichen Steuern selbst und wird in das lokale Sozialversicherungssystem eingegliedert.

Die überwiegende Anzahl der Unternehmen berechnet die Expatriate-Vergütung nach dem Muster des Heimatlandansatzes und verfolgt damit das Ziel, die Kaufkraft des Auslandsentsandten im Einsatzland sicherzustellen. Sehr häufig wird auch ein Higher-of-Home or-Host Ansatz verwendet, bei dem jeweils das höhere von beiden Gehältern gezahlt wird, oder ein Host Plus, d.h. ein lokales Gehalt, das um bestimmte Expatriate-Zusatzleistungen (z.B. Übernahme der Wohnkosten, Weiterführung der Heimatsozialversicherung) ergänzt wird.

Intra-europäische Transfers

Im Bereich des Expatriate Management scheinen sich die ersten Auswirkungen des gemeinsamen europäischen Binnenmarktes, vor allem der Wirtschafts- und Währungsreform, mit der Einführung des Euro zu zeigen. Bei Personaltransfers innerhalb Europas werden wegweisende Veränderungen von einigen Unternehmen diskutiert.

Bei der Weiterentwicklung ihrer Einsatzbedingungen streben die Unternehmen eine stärkere Integration innerhalb Europas – vor allem in der Eurozone – auch bedingt durch eine stärkere Transparenz der Gehälter, an:

Wie kann man die Vergütung von Auslandsentsendungen innerhalb der EU stärker an die lokalen Gegebenheiten anpassen, so dass sich die Kosten der Transfers in einem vertretbaren Rahmen bewegen? Unstrittig ist, dass ein Vergütungsansatz für innereuropäische Expatriates weiterhin vor allem deren Mobilität sicherstellen muss, wobei für den Mitarbeiter das Prinzip der Kostenneutralität uneingeschränkt gültig bleiben soll. Es bleibt aber die Frage, inwieweit mit der Expatriate-Vergütung weiterhin ein finanzieller Anreiz zum Einsatz im Ausland verbunden sein soll. Festzuhalten ist: Durch Auslandseinsätze erhöhen die Mitarbeiter ihre Employability und sie sind immer stärker eine Voraussetzung für die Karriere in internationalen Unternehmen.

Immer mehr Firmen reduzieren Incentives für Entsendungen wie Mobilitätszulagen, Foreign Service Premiums oder Auslandszulagen und gehen über zur Zahlung leistungsabhängiger Prämien, die der Expatriate bei entsprechender Performance erreichen kann. Ebenso wird in vielen Fällen nach dem System des Gastlandes verfahren. Die Unternehmen überlegen hierbei, ob die Performance-Bewertung auf dem Heimat-oder Einsatzlandsystem basieren soll. Auch ist in den letzten Jahren die Zahl der Unternehmen, die keine Incentives mehr zahlen, stetig angestiegen, immerhin auf über ein Viertel der europäischen Unternehmen, sogar ein Drittel der US-amerikanischen Firmen.

6. Zusammenfassung

Die in der Literatur diskutierten Modelle – sowohl der Auswahl, als auch der Vergütung von Expatriates – und die durch empirische Studien verifizierten Anwendungen haben zunehmend einen kleinsten gemeinsamen Nenner, nämlich den, dass es den „one best way" nicht gibt. Zu unterschiedlich sind demnach die Größenstrukturen der Unternehmen und die kulturellen Unterschiede in den bearbeiteten Märkten. Hinzu kommen die unterschiedlichen Grade der Internationalisierung.

Was die Auswahlkriterien betrifft, so kann festgestellt werden, dass die verschiedenen Ansätze viele Ähnlichkeiten aufweisen. So werden sowohl von den Unternehmen als auch von den Mitarbeitern Fachwissen als das wichtigste Kriterium angesehen. Es folgen jedoch mit ähnlich hohen Werten als persönlichkeitsbezogen definierte Anforderungen wie kulturelle Anpassungsfähigkeit oder Konfliktfähigkeit. Weitere Untersuchungen haben gezeigt, dass es nicht auf reines Fachwissen ankommt, sondern dass dieses nur in Kombination mit bestimmten Charektereigenschaften und Fähigkeiten der potenziellen Expatriates zum Erfolg eines Auslandsaufenthalts beiträgt. Deshalb sollte in den angewandten Auswahlverfahren stets auf das Vorhandensein der beschriebenen Kriterien geachtet werden.

Auch was die Vergütung angeht, werden verschiedene Ansätze beschrieben. Jedes dieser Modelle hat – wie in den vorangegangenen Kapiteln beschrieben – Vor- und Nachteile. Diese sollten vor der Entscheidung für eines der Modelle vor dem Hintergrund der jeweiligen Unternehmensinteressen und der konkreten Situation in der sich das Unternehmen befindet abgewogen werden. So ist es den empirischen Ergebnissen zufolge sinnvoll, das Vergütungsmodell an die Grundorientierung des Unternehmens und somit an dessen Internationalisierungsphase anzupassen. Demnach bietet sich bei einer ethnozentrischen Orientierung das stammlandorientierte Vergütungsmodell an, bei polyzentrischer Ausrichtung das gastlandorientierte Modell und bei geozentrischer Grundhaltung das Zentrale-orientierte Vergütungsmodell. In manchen Fällen erweist sich auch der Einsatz von Mischformen – auch als Hybridmodelle bezeichnet – als sinnvoll.

Generell ist festzustellen, dass es kein Patentrezept bezüglich Auswahl und Vergütung von Expatriates gibt. Die in der Literatur beschriebenen Ansätze liefern zwar wichtige Anhaltspunkte; sollen die Modelle jedoch in die Praxis umgesetzt werden, müssen viele individuelle Aspekte berücksichtigt werden. Dies macht eine Adaption der theoretischen Ansätze an individuelle Gegebenheiten nötig.

Literaturverzeichnis

Blom, H./H. Meier: Interkulturelles Management, Herne, Berlin 2002

Boden, B.: Telearbeit, München, Mering 2003

Hörner, M.: Konzepte der Entgeldbemessung für eine Tätigkeit im Ausland, in: *Berthel, J./H. Groenewald* (Hrsg.): Personal-Management. Landsberg/Lech 1991

Horsch, J.: Auslandseinsatz von Stammhaus-Mitarbeitern. Eine Analyse ausgewählter personalwirtschaftlicher Problemfelder multinationaler Unternehmen mit Sitz in der Bundesrepublik Deutschland, Frankfurt a. M. 1995

Hummel, Th.R./W. Jochmann: Beurteilungs- und Erfolgskriterien des Personaleinsatzes im internationalen Personalmanagement, in: *Kumar, B.N./D. Wagner* (Hrsg.): Handbuch des internationalen Personalmanagements, München 1998, S. 127–152

Hummel, Th.R./E. Zander: Erfolgsfaktor Unternehmensberatung. Auswahl-Zusammenarbeit-Kosten, Köln 1998

Hummel, Th.R./E. Zander: Interkulturelles Management, München, Mering 2005

Iten, P.: Virtuelle Lösungen bei Entsendungen, in: Personal-Magazin, Heft 12 (2002), S. 54–55

Joha, J. (Hrsg.): Vergütung und Nebenleistungen bei Auslandsbeschäftigungen, 2. Aufl., Frechen 2002

Laws, B.: Quo vadis, Expatriate? in: Personal Manager, HR International, Heft 2 (2003), S. 44–45

Lenske, W./D. Werner: Globalisierung und internationale Berufskompetenz. Die IW-Umfrage zu Ausbildung und Beschäftigung 2000, in: iwd, Heft 5 (2001)

Lu, J.: Die Entsendung von Führungskräften nach China. Diplomarbeit am Fachbereich Wirtschaft der Fachhochschule Fulda, 2003

Mätzler, S.: Internationaler Personaleinsatz. Entsendung von Mitarbeitern ins Ausland, in: Personal ManagerHR International, Heft 1 (2002), S. 8–14

Mayrhofer, W.: Entgeltfindung bei Auslandseinsätzen. Konzepte und Problemlösungen, in: *Macharzina, K./J. Wolf* (Hrsg.): Handbuch Internationales Führungskräfte-Management, Stuttgart u.a. 1996, S. 353–372

Meinhold, M.: Botschafter des Unternehmens, in: Personalwirtschaft, Heft 7 (2002), S. 14–17

Personalwirtschaft: Schwerpunkt Internationales, in: Personalwirtschaft, Heft 7 (2002), S. 14–26

Scherm, E.: Internationales Personalmanagement, München, Wien 1995

Smith, M.: Auslandsentsendungen auf dem Prüfstand, in. Personal Manager, HR International, Heft 2 (2003), S. 10–15

Speer, H.: Bestandteile und Formen der Auslandsvergütung, in: *Kumar, N.B./D. Wagner* (Hrsg.): Handbuch des Internationalen Personalmanagements, München 1998, S. 175–195

Stahl, G.K. u.a.: Auslandseinsatz als Element der internationalen Laufbahngestaltung. Ergebnisse einer Befragung von entsandten deutschen Fach- und Führungskräften in 59 Länder, in: Zeitschrift für Personalforschung, Heft 4 (2000), S. 334–354

Thurau, H.: Auslandsabrechnungs-Praxis, 2. Aufl., Frechen 2003

Wagner, D./S. Huber: Grundsatzfragen der Auslandsentsendung, in: *Krystek, U./E. Zur* (Hrsg.): Internationalisierung. Eine Herausforderung für die Unternehmensführung, Heidelberg 1997, S. 203–215

Weber, W./M. Festing/P.J. Dowling/R.S. Schuler: Internationales Personalmanagement, Wiesbaden 1998

Welge, M.K./D. Holtbrügge: Internationales Management, 2. Auflage, Landsberg/Lech 2001

Wirth, E.: Vergütung von Expatriates, in: *Macharzina, K./J. Wolf* (Hrsg.): Handbuch Internationales Führungskräfte-Management, Stuttgart u.a. 1996, S. 373–398

Wichtige Internet-Adressen

www.itim.de

www.orcworldwide.de

www.ernst-young.de

www.management-mobility.com

www.ChinaCoachingCenter.de

www.oav.de

www.dgfp.de

www.bdvb.de

www.magazin4personalmanager.de

Entwicklungstendenzen in der Entgeltpolitik

Hon.-Prof. Dr. Heinz Knebel

Inhalt

1. Ausgangslage

Die Arbeitswelt hat sich in den letzten Jahren mit der Globalisierung der Märkte grundlegend verändert. Kein Unternehmen kann mehr die Personalpolitik für die nächsten fünf Jahre planen, wie es gewohnt war. Denn die Zukunft am Markt, auf die wir unsere Personalpolitik einstellen müssen, verändert sich viel schneller.

Das hat zur Folge: Wir können auch nicht mehr wie gewohnt die Entgeltpolitik und die Elemente unser Entgeltsystematik für die nächsten Jahre festschreiben, denn die Leistungsanforderungen an die Beschäftigten verändern sich häufig und schnell mit den veränderten Vorstellungen unserer Kunden, auf die wir zu reagieren haben. Trotzdem wird sich nicht alles ändern: Die Werte einer angestrebten erfolgreichen Führungskultur werden die Unternehmen aufrechterhalten, und nur daran immer wieder ihre veränderte aktuelle Personal- und Entgeltpolitik neu definieren. Gut geführte Unternehmen werden festlegen, dass sie immer eine Vergütungsstruktur und Entgeltsystematik zur Grundlage ihrer Gehaltspolitik machen wollen, die dauerhaft bestimmte Grundwerte der Führung und Zusammenarbeit fördert, wie z.B.:

Das Vergütungssystem sollte immer

- von den Mitarbeitern als gerecht empfunden werden,
- sich immer den technisch-/technologischen und organisatorischen Veränderungen anpassen,
- flexibel gehandhabt werden können,
- einfach, verständlich und transparent sein,
- Anreiz, Belohnung und Sanktionen ermöglichen,
- Ergebnis-, anforderungs- und leistungsorientiert sein,
- die Arbeits- und Kundenmarktsituation berücksichtigen können.

Um diese Bedingungen zu erfüllen, werden die Unternehmen ihre Entgeltsystematiken regelmäßig auf den Prüfstand stellen und sie ggf. an Veränderungen anpassen
(vgl. *Femppel/Zander* 2000).

Alle Unternehmen und Verwaltungen streben weg – insbesondere im Tarifbereich –
von der vorherrschenden Überregulierung der Entgeltfindung mit Schutzmecha-
nismen, die eine anforderungs- und leistungsorientierte Bezahlung der Beschäftigten immer mehr infrage stellt.

Vielfach ist folgendes festzustellen:

- Viele Entgelte stimmen überhaupt nicht mit den Leistungen der Menschen über-
  ein und werden als ungerecht empfunden.

- Mögliche Anreize von materiellen Belohnungen werden ins Gegenteil verkehrt
  und beeinflussen das Leistungsverhalten nachteilig.

- Die Vorgesetzten und die Verantwortlichen für die Entgeltpolitik vergewaltigen
  die veralteten und vorgegebenen Systeme an allen Ecken und versuchen, mit
  dem gesunden Menschenverstand zu Entscheidungen zu kommen, die etwas
  mehr Gerechtigkeit erzeugen aber die Systematik immer mehr überlagern und
  verfälschen und damit unglaubwürdig machen

Natürlich werden sich die Unternehmen und Verwaltungen bei solchen notwendigen Entwicklungen auch in der Zukunft schwer tun, und dafür gibt es bekannte
Gründe:

- Jede Änderung kostet Geld. Die bisher Benachteiligten müssen gerechterweise
  bei einer Neubeurteilung künftig höher als bisher entlohnt werden und diejenigen, die aufgrund von Arbeitsveränderungen inzwischen zu hoch belohnt
  werden, müssten nach dem weit verbreiteten Verständnis über Sozialverhalten
  sozialverträglich angepasst werden. Das kostet oft 1–3 % der Entgeltsumme (vgl.
  Knebel/Zander 1988).

- Jede Veränderung verursacht die Festlegung und Offenlegung einer neuen Ent-
  gelt- und damit Anerkennungshierarchie, die nur diejenigen gut finden, die
  davon profitieren. Das sind meistens weniger als ein Drittel der Beteiligten. Alle
  anderen – also die Mehrheit – finden dann das im Ergebnis nicht gut, obwohl sie
  zuerst für eine neue anforderungs- und leistungsgerechte Einstufung votierten,
  weil jeder sich etwas ausgerechnet hatte und sich nun nicht an der erhofften Stelle der neuen Entgelthierarchie wiederfindet.

- Der Prozess der Umsetzung neuer Entgeltsysteme an die Veränderungen der
  Anforderungen in der neuen Arbeitswelt und die Neubewertung der Arbeit und
  Arbeitsleistungen aller Beschäftigten kostet sehr viel Zeit und Arbeit für alle
  Führungskräfte und Personalverantwortlichen und bringt nicht nur Freude mit
  sich.

- Arbeitnehmervertreter legen großen Wert auf ihre Mitbestimmungsrechte bei der
  Entgeltfindung. Sie versuchen ungerechtfertigte Besitzstände zu verteidigen
  Neue Initiativen im Entgeltbereich bringen daher neuen Konfliktstoff ins Unter-
  nehmen.

- Es fehlt oft an der für erfolgreiche Reformen erforderlichen Vertrauenskultur. Viele Unternehmer haben nicht genug Vertrauen in die ausreichende Führungs-

qualifikation ihrer Vorgesetzten, um diesen mehr Spielraum bei der gerechten Gestaltung der Belohnung ihrer Mitarbeiter zu geben. Sie ziehen deshalb ein zentral gesteuertes systematisches und kontrollierbares und bürokratischeres System einer flexibleren und individuelleren Lösung mit Hilfe der Führungskräfte vor

2. Vertrauenskultur bestimmt die Wirkung künftiger neuer Anreiz- und Belohnungssysteme

Experten sind sich einig, dass eine schnelle und flexible Anpassung der Belohnungssysteme an die veränderte Arbeitswelt auf Dauer mehr Vorteile für das Unternehmen und die Mitarbeiter bringt, als das Beharren auf Bestehendem. Arbeit ändert sich viel schneller, als wir es glauben und die Mitarbeiter haben ein Anrecht darauf, dass das Management darauf reagiert – wie das im übrigen bei den Managergehältern verbreitet weitgehend geschieht.

Immer wieder werden daher Versuche unternommen, die Entgeltfindung zu reformieren. Hauptsächlich auf betrieblicher Basis, als Haustarifvertrag oder als Betriebsvereinbarung gemeinsam mit dem Betriebsrat, wobei manchmal sogar ein Austritt aus dem Verband in Kauf genommen werden muss, weil der Flächentarifvertrag teilweise betriebliche Lösungen stark blockiert.

Es gibt schon heute Unternehmen, die ihre Vergütungspolitik regelmäßig erfolgreich reformieren. Wesentlich für diese Entwicklung ist ein zunehmendes Umdenken vieler Verantwortlichen – weg von einer Misstrauens- und hin zu einer Vertrauenskultur – die besonders wichtig wird, nicht nur für eine besser funktionierende Entgeltpolitik in bewegten Zeiten.

Die Misstrauenskultur schuf in der Vergangenheit umfangreiche und komplizierte Entgeltfindungsystematiken zur zentralen Steuerung und Kontrolle der Vorgesetzten, die im Laufe der Zeit wegen ihrer bürokratischen und zentralen Handhabung zu Manipulationen und Scheingenauigkeiten führten und die Mitarbeiter und Führungskräfte demotivieren.

Diese starren Systeme trugen nicht dazu bei, das Vertrauen in die Handlungsentscheidungen der Führungskräfte zu stärken. Für eine erfolgreiche Führung in der neuen Arbeitswelt gilt deshalb immer mehr der Führungsgrundsatz:

Entgeltfindungsentscheidungen müssen immer dort stattfinden, wo die Arbeit gemacht wird, die Beobachtung und der Ansporn von Leistungen stattfindet und die Führungsverantwortung für die individuelle Leistungserbringung und Belohnungszufriedenheit liegt, also beim direkten Vorgesetzten (vgl. *Becker* 1990).

Das gilt besonders in immer mehr bewegten Zeiten, in denen sich die Arbeitsbedingungen an alle Beschäftigten permanent ändern – zeitlich, inhaltlich und örtlich.

Damit das funktioniert, benötigen die Unternehmen und Führungskräfte für die funktionierende Entgeltfindung akzeptierte Rahmenbedingungen für die betrieblichen Entscheidungen vor Ort, die in eine akzeptierte und motivierende Führungskultur eingebettet sind.

Unternehmen brauchen dazu künftig nicht mehr eines der bekannten perfekten, aber komplizierten analytischen Entgeltfindungssysteme, wie sie oft – damals zu-

recht – in der Vergangenheit entwickelt wurden und auch heute wieder an mancher
Stelle zur Diskussion stehen. Sie sind in der Praxis nur mit einem riesigen bürokratischen und teuren Abstimmungsaufwand zu bewältigen und bringen dann trotzdem nicht die erwünschten motivierenden Impulse. Analytische Systeme waren in
Zeiten mit ruhigen, beständigen und überschaubaren Märkten und Arbeitsbedingungen nützlich. Aber künftig hindern sie mehr, weil sie für die bewegte Zeit zu un-
flexibel, aufwendig und nie zeitgerecht und damit immer ungerecht sind und somit
oft demotivierend wirken.

3. Einfache und praktikable Handhabung führen zum Erfolg

Wissenschaftlichkeit in der Entgeltdifferenzierung hat sich für die Praxis nicht bewährt. Das Ende des Konstruktivismus in der Personalführung ist in vollem Gange.
Alle sehr anspruchvollen analytischen Systeme sind nach einiger Zeit gescheitert an
den menschlichen Schwächen der Anwender und den Kosten für die perfekte Anwendung.

Die meisten Unternehmen und Tarifvertragsparteien werden umdenken, wenn die
Belohnungssysteme in der Zukunft bei permanenten Veränderungen der Arbeitsanforderungen noch ihre Funktion erfüllen sollen.

Die Dezentralisierung und Flexibilisierung der Vergütungsstrukturen ist nach einer
Studie von *Watson Wyatt* (vgl. Personalführung 7/1999) fast überall auf der Welt erkennbar (vgl. Studie über variable Vergütungsanteile, *Personal Markt Service GmbH,*
Hamburg 2003). Der Einfluss des eingesetzten Vergütungsmodells auf die Unterstützung der Unternehmensstrategie wird bei Befragungen von allen Verantwortlichen als sehr wichtig eingestuft

Viele Unternehmen haben deshalb inzwischen ihre Vergütungssystematiken dort
verändert, wo sie es konnten, und haben dabei gute Erfahrung gesammelt mit einfachen „selbstgestrickten" betrieblichen AT-Vergütungssystemen. Sie versuchen
nun diese positiven Ergebnisse auf den Tarifbereich zu übertragen, was aber nicht
selten an dem Widerstand der Tarifpartner scheitert.

Gute Erfahrungen wurden gesammelt mit mehr summarischen oder „summalyti-
schen" Vorgehensweisen, die mehr Akzeptanz finden in bewegten Zeiten mit den
ständigen Änderungen in der Arbeitswelt, weil sie situativer, flexibler und prakti-
kabler und damit mehr den Bedürfnissen aller Beteiligten angepasst sind.

Das bedeutet kein Zurück zu den Anfängen der Vergütungssystematiken der 1950
er Jahre.

Mit Sicherheit nicht. Das Ziel ist viel anspruchsvoller.

Noch nie in der Geschichte der industriellen Arbeitswelt wurden in der Praxis so intensiv neue Wege für eine erfolgreiche Personalführung gesucht und versucht, die
gezielt eine noch größere Selbständigkeit und Eigenverantwortlichkeit der Mitarbeiter im Arbeitsleben fördern sollen.

4. Die Zukunft heißt Leistungspartnerschaft

Wichtig ist: Um eine bei den Betroffenen wirklich akzeptierte ergebnis-, anforderungs- und leistungsgerechte Vergütung zu erreichen, muss einerseits auch bei allen neuen Wegen der Entgeltpolitik unbedingt darauf Wert gelegt werden, dass die beschriebenen Wertegrundsätze guter Entgeltpolitik immer im Auge bleiben, aber andererseits zugleich im Vollzugsprozess eine zügige Anpassung der Vergütung und der ihr zugrunde liegenden Entgeltsystematik an Veränderungen der Arbeitsbedingungen vor Ort erleichtert wird.

Wir brauchen dazu eine neue Balance zwischen Richtlinien und Freiheiten.

Um das zu erreichen, sind nach Aussagen von *Daniel Coleman* (*Coleman* 2001) und anderer Leadership-Experten zur erfolgreichen Führung in der neuen Arbeitswelt wichtige neue Rahmenbedingungen für die Führungs- und auch Entgeltpolitik zu erwarten:

- Erfolgreiche und fortschrittliche Unternehmensführung gibt den Mitarbeitern in immer mehr bewegten Zeiten mehr Möglichkeiten zur Eigenverantwortlichkeit und Selbständigkeit. Diese Führungskultur wird sich konsequenterweise in allen Führungsentscheidungen reflektieren, auch in der Entgeltfindung.

- Für eine schnelle Akzeptanz und Förderung veränderter Arbeitsbedingungen zum Vorteil des Kunden und des Unternehmens bekommt der Mitarbeiter eine deutliche Zielorientierung und in diesem Zusammenhang eine schnelle anforderungs- und leistungsgerechte sowie erfolgsorientierte Anpassung seiner Entgelte.

- Um eine flexible und schnelle Anpassung der Entgelte an die regelmäßig veränderten Arbeits- und Leistungsbedingungen seiner Mitarbeiter sicherzustellen, erhält jede Führungskraft eigenverantwortliche Handlungs- und Entscheidungsspielräume und -kompetenzen

- Für die verantwortliche Nutzung des Handlungspielraumes für die selbständige Entgeltfindungsentscheidung (im Quervergleich zu anderen) erhält jede Führungskraft Orientierungshilfen und Rahmenrichtlinien und eine kompetente innerbetriebliche Beratung und Unterstützung.

- Für faire Quervergleiche der Vorgesetzten zur selbständigen Veränderung der Entgelte in der Grundentgeltdifferenzierung gibt es zur Orientierung Entgeltbändern (Spannen) mit bereichs- und zentral abgestimmte Schlüsselarbeitsplätzen von der Hilfsarbeit bis zur Führungskraft.

- Für individuelle Leistungsveränderungen und Leistungsentgelte sowie Erfolgsbeteiligungen im variablen Entgelt-Bereich erhält jeder Vorgesetzte leistungs- und erfolgsabhängige Entgelt-Budgets, deren Aufteilung er nur gegenüber seinen Mitarbeitern zu verantworten hat

- Mit allen Mitarbeitern – wo sinnvoll – sind zur gemeinsamen Abstimmung der Leistungserwartungen regelmäßig Zielvereinbarungen zu verabschieden (vgl. *Kiefer/Knebel* 2004).

- Alle Ergebnisse und Veränderungen werden den Betroffenen in ausführlichen Mitarbeitergesprächen erläutert.

- Bereiche mit unterschiedlichen Funktionen werden in Abstimmung mit den Mitarbeitern (im Rahmen vorgegebener Rahmenbedingungen und genehmigter Geld-Budgets) eigene individuelle Entgeltsystematiken verabreden und diese in Abstimmung auch selbständig verändern, wenn dadurch Leistungsanreiz und Entgeltgerechtigkeit gefördert werden können.

- Die Leistungsbewertung geht über in eine Entwicklungsorientierung. Der Schwerpunkt verlagert sich dabei auf eine stärkere Betonung des Beurteilungssystems als Mitarbeitergespräch mit Feedbackcharakter, verstärkter Subjektivität und Schwerpunktverlagerung auf die Förderung und Entwicklung der Mitarbeiter.

- Alle unterschiedlichen Entgeltfindungs-Vorgehensweisen werden im Unternehmen transparent gemacht und müssen die gemeinsamen Rahmenbedingungen für die gewollte Werte- und Unternehmenskultur erfüllen. Das gilt auch für die Vergütungssystematik der Führungskräfte, die aus Vorbildgründen ebenfalls transparent ist.

- Ehrlichkeit und Akzeptanz von Subjektivität in der Beurteilung menschlicher Leistungen wird dabei nicht als schlechtes, sondern als Triebfeder vieler positiver unternehmerischer Entwicklungen und Leistungen beurteilt werden.

- Feedbacks für Individuen gehen über zu Feedbacks für Teams, Unternehmensbereiche und ganze Unternehmen. In der Folge werden aufgezwungene Feedbacks über Leistungserfolge und -ergebnisse ersetzt durch die Entwicklung neuer Sensoren zur verbesserten Wahrnehmungsfähigkeit von Feedbacks für alle Mitarbeiter als multifunktionaler Rollenträger (vgl. *Schuler* 1990).

Denn nur mit einer deutlich stärkeren Wahrnehmung und eigenverantwortlichen Mitwirkung aller Vorgesetzten und Mitarbeiter am Leistungsprozess und insbesondere der Leistungsanreiz- und Belohnungssystematik erreichen Unternehmen in der veränderten Arbeitswelt die notwendigen Impulse für Innovationen, Motivation und Leistungssteigerung, um auch künftig am globalen Markt erfolgreich zu sein.

Literaturverzeichnis

Becker, F.: Anreizsysteme für Führungskräfte, Stuttgart 1990
Coleman, D.: Emotional Intelligence, New York 2001
Femppel, K./Zander, E.: Leistungsorientierte Vergütung, Köln 2000
Kiefer, B./Knebel, H.: Taschenbuch für Personalbeurteilung, Heidelberg 2004
Knebel, H./Zander, E.: Arbeitsbewertung und Eingruppierung, Heidelberg 1988
Schuler, H.: Personalbeurteilungssysteme, Göttingen 1990

Autorenverzeichnis

Prof. Dr. Karl-Friedrich Ackermann
ist Inhaber des Lehrstuhls für Allgemeine Betriebswirtschaftslehre und Personalmanagement an der Universität Stuttgart. Zudem lehrt er als Gastdozent an in- und ausländischen Universitäten und Hochschulen. Zu seinen Arbeitsschwerpunkten gehören unter anderem die Themen Arbeitszeit- und Betriebszeitgestaltung, Leistungsbeurteilung und Vergütungssysteme sowie Internationales Personalmanagement. Prof. Ackermann ist Gesellschafter der *ISPA consult GmbH – Institut für strategische Personalführung und Arbeitszeitgestaltung*, Stuttgart.

Dipl.-Kfm. Jens Bahner
war bis August 2004 wissenschaftlicher Mitarbeiter am Lehrstuhl für Personalmanagement der Universität Stuttgart. Zur Zeit ist er freiberuflicher Dozent und Trainer bei verschiedenen öffentlichen sowie bei privaten Bildungseinrichtungen und promoviert zum Thema: „Messung und Bewertung des betrieblichen Humankapitals".

Prof. Dr. Thomas Doyé
ist Professor für Personal und Organisationsentwicklung an der Fachhochschule Ingolstadt. Er ist Studiengangsleiter für den MBA Personal- und Organisationsentwicklung der Hochschulen Ingolstadt und Deggendorf sowie Vorstand des *gmip (General Management Institute Potsdam)*. Zuvor sammelte er 15 Jahre lang Praxiserfahrungen in Führungsfunktionen bei *BMW, DaimlerChrysler* und bei der *Dresdner Bank*.

Diplom-Betriebswirtin Sabine Eschmann
ist Diplom-Betriebswirtin mit dem Schwerpunkt Personalwesen. Seit 1991 leitet und betreut sie Betriebsvergleiche im Competence Center „Personalcontrolling" bei der *DGFP – Deutsche Gesellschaft für Personalführung mbH*. Als Projektleiterin ist sie bei allen Vergütungsvergleichen für die inhaltliche und organisatorische Konzeption sowie für die Umsetzung verantwortlich und ist direkte Ansprechpartnerin für die Teilnehmer.

Dr. Kurt Femppel
studierte Volkswirtschaftslehre und promovierte zum Dr. oec. Er war Personaldirektor der *Robert Bosch GmbH* sowie Personalvorstand bei der *Porsche AG*. Heute ist Dr. *Femppel* Lehrbeauftragter der Universitäten Stuttgart-Hohenheim und Augsburg. Er ist Verfasser mehrerer Bücher sowie zahlreicher Publikationen mit den Schwerpunkten Personalführung und Vergütungspolitik. Zudem leitet er den Arbeitskreis „Vergütungspolitik" der *DGFP – Deutsche Gesellschaft für Personalführung mbH* und ist freier Berater mit den Schwerpunkten Personalorganisation, Personalpolitik und Vergütungspolitik.

Dipl.-Kffr. Sonja Festerling
war bis September 2004 wissenschaftliche Mitarbeiterin am Lehrstuhl für Personalmanagement der Universität Stuttgart. Im Rahmen dieser Tätigkeit arbeitete sie
seit Mitte 2002 als externe Begleitung eines Projektes zur Umsetzung der neuen Ent-
geltrahmentarifverträge (ERA) bei der *DaimlerChrysler AG* und ist dort seit Oktober
2004 als Mitarbeiterin dieses Projektes tätig.
Begleitend dazu ist *Sonja Festerling* mit der Ausarbeitung einer betriebswirtschaftlichen Dissertation zum Themenfeld ERA beschäftigt.

Prof. em. Dr. Dres. h.c. Eduard Gaugler
lehrte viele Jahre an der Universität Mannheim und war dort u.a. von 1991–1998
Direktor des Instituts für Mittelstandsforschung. Er ist Mitglied in zahlreichen Gremien der Wirtschaft und Wissenschaft, Mitherausgeber der Zeitschrift PERSONAL
sowie Herausgeber und Verfasser zahlreicher Publikationen. Prof. *Gauglers* vorran-
gige Arbeitsgebiete sind Betriebliches Personalwesen, Betriebliche Sozialpolitik, Be-
triebsorganisation sowie Unternehmungspolitik. Er ist Vorsitzender der *Forschungs-
stelle für Betriebswirtschaft und Sozialpraxis e.V. (FBS)* Mannheim sowie Vorsitzender
der Gesellschafterversammlung der *Gesellschaft für innerbetriebliche Zusammenarbeit
GmbH (GiZ)* Forchheim.

Prof. Dr. Achim Grawert
studierte Betriebswirtschaftlehre und Wirtschaftspädagogik an der Freien Universität Berlin und promovierte 1989. Seit 1992 ist er Professor für Unternehmenspolitik und Unternehmensverfassung an der Fachhochschule für Wirtschaft in Berlin.
Seine Forschungsschwerpunkte sind die Konzeption und Wirkung betrieblicher
Anreizsysteme, Arbeitszeitmodelle sowie das Thema Sozialleistungsmanagement,
insbesondere betriebliche Altersversorgung. Prof. *Grawert* ist seit vielen Jahren Auf-
sichtsratsvorsitzender der *RENTA AG*, Berlin.

Diplom-Ökonom Christoph Hauke
studierte Wirtschaftswissenschaften an der Universität Duisburg. Er ist seit der
Gründung der *DGFP - Deutsche Gesellschaft für Personalführung mbH* deren Geschäftsführer und dort u.a. für die spezifische Personalmanagement-Unterstützung
von Unternehmen und Institutionen sowie für eine optimale Kommunikation von
Personaldienstleistern und Personalmanagern zuständig.
Herr *Hauke* ist Leiter der Akademie der *DGFP e.V.* und Mitglied der *Delegate Assem-
bly der European Association for Personnel Management (EAPM)*. Er ist Mitherausgeber
der Bücher „Personalmanagement in der Praxis" und „Handbuch der Personallei-
tung".

Dr. Andreas Hoff
ist Partner der Arbeitszeitberatung *Dr. Hoff Weidinger Herrmann*, Berlin, hat 1983 die
erste deutsche Arbeitszeitberatung mitgegründet und seither viele hundert Betriebe
bei der Einführung innovativer Arbeitszeitsysteme begleitet. Die Schwerpunkte seiner Arbeit sind die Gestaltung von flexiblen Schichtsystemen und Einsatzplänen,
von Zeit- und Langzeitkonten sowie von hochflexiblen Arbeitszeitsystemen für den
Tagesdienst bis hin zur Vertrauensarbeitszeit.

Prof. Dr. Thomas Hummel
war nach seiner Promotion viele Jahre als Leiter des Zentralbereichs Betriebswirtschaft in einer mittelständischen Firmengruppe des Außenhandels in Hamburg tätig. Er ist heute Professor am Fachbereich Wirtschaft der Fachhochschule Fulda mit dem Schwerpunkt Internationales Management. Prof. *Hummel* ist Verfasser zahlreicher Schriften und Monographien zu den Themen Personalwesen, Unternehmensberatung, Personalcontrolling sowie zur Unternehmensführung.

Prof. Dr. Heinz Knebel
war ehemaliger Geschäftsführer der *Consulectra Unternehmensberatung GmbH*, Hamburg. Er ist Autor vieler praxisnaher Publikationen zu Themen wie Arbeitsbewertung, Leitungsbeurteilung, Variable Vergütungssysteme, Personalbeurteilung, Zielvereinbarung und Performance Management. Zudem ist Prof. *Knebel* Honorarprofessor an der Universität Potsdam.

Prof. Dr. Leonhard Knoll
war an der Universität Würzburg als wissenschaftlicher Mitarbeiter bzw. nach der Promotion im Jahre 1994 als wissenschaftlicher Assistent am Lehrstuhl für Betriebswirtschaftslehre tätig. Nach seiner Habilitation war er dort von Oktober 2004 bis August 2005 Vertreter des Lehrstuhls für BWL, Personal und Organisation.
Seine bevorzugten Forschungsgebiete, mit zahlreichen eigenen Veröffentlichungen, sind Personal- und Finanzwirtschaft, insbesondere unter Berücksichtigung steuerlicher Belange, sowie Unternehmenskontrolle.

Prof. Dr. Heiner Langemeyer
war nach seiner Promotion zum Dr. rer. pol. sieben Jahre Berater in einem großen Unternehmen der Finanzbranche. Seit 1999 berät er eine schweizerische Unternehmensberatung im Bereich Banking und Finance und ist Financial Planner bei einer Schweizer Großbank.
Prof. *Langemeyer* ist seit 2000 Vorsitzender des Aufsichtsrats der *Systrion AG* und seit 2001 Professor für Allgemeine Betriebswirtschaftslehre, Finanzdienstleistungen, Investitionen und Finanzierung an der FHDW Paderborn.

Dipl.-Verwaltungswissenschaftler Alexander Legel
ist seit Oktober 2004 Stipendiat des Graduiertenkollegs „Modern Governance" an der Universität Potsdam. Er promoviert zu veränderten Steuerungsmechanismen im Zuge der Bahnstrukturreform. Seine weiteren Forschungsschwerpunkte liegen vor allem in den Bereichen Vergütungsmanagement, Performance Measurement sowie öffentliche Unternehmen.

Dr. Gerfried J. Popp
ist Rechtsanwalt beim Oberlandesgericht Frankfurt am Main und Fachanwalt für Arbeitsrecht in Darmstadt. Davor war er viele Jahre lang als Personalmanager in der Wirtschaft tätig, unter anderem im *Karstadt*-Konzern und im *Mannesmann*-Konzern. Zuletzt war er Personalleiter beim *Börsenverein des Deutschen Buchhandels e.V.* und dessen Wirtschaftsbetrieben in Frankfurt am Main und Leipzig. Er ist Lehrbeauftragter an der Fachhochschule Frankfurt am Main und Mitherausgeber der Loseblatt-Sammlung „Betriebsverfassung in Recht und Praxis", die seit 1977 erscheint.

Prof. Dr. Dieter Wagner
ist Inhaber des Lehrstuhls für Betriebswirtschaftslehre mit dem Schwerpunkt Organisation und Personalwesen an der Universität Potsdam. Zuvor lehrte er acht Jahre an der Universität der Bundeswehr Hamburg und war mehrere Jahre in Führungspositionen der Wirtschaftspraxis tätig.
Prof. *Wagner* ist Redakteur und Mitherausgeber der Fachzeitschrift PERSONAL und Mitglied des Beirates der *Deutschen Gesellschaft für Personalführung mbH*. Zu seinen Forschungsschwerpunkten gehören u.a. die Flexibilisierung und Individualisierung von Entgeltbestandteilen sowie Internationales Management.

Dipl.-Kffr. (FH) Daniela Wilks
ist seit Januar 2004 für die *DCM Deutsche Betriebliche Altersvorsorge AG* als Wissenschaftliche Beraterin tätig. Ihre Tätigkeitsschwerpunkte umfassen u.a. die komplexe Prüfung von bestehenden und der Formulierung von neuen Pensionszusagen, die Rückdeckung der zugesagten Versorgungsleistungen für Gesellschafter, Vorstände und leitende Angestellte sowie hausinterne Schulungen zu diesen Themen. Sie veröffentlichte u.a. bereits in der Fachzeitschrift PERSONAL und ist Dozentin für GGF-Versorgung an der FH Koblenz.

Prof. Dr. Ernst Zander
war über 30 Jahre in zwei internationalen Unternehmen u.a. als Vorstand (Personal, Recht, Verwaltung, Logistik und Tochtergesellschaften) tätig. Danach lehrte er an der Freien Universität Berlin Betriebsverfassung, Personalwirtschaft und Organisation sowie an der Universität Hamburg industrielle Führungslehre.
Gegenwärtig ist er u.a. Stiftungsvorsitzender an der Ruhr-Universität Bochum und Mitherausgeber der Fachzeitschrift PERSONAL. Er engagiert sich in verschiedenen Beiräten wie dem *Umweltkraftwerk Kempten* sowie für Bildungseinrichtungen.

Sachverzeichnis